BETTINA VON ARNIM
DIE GÜNDERODE

Mit einem Essay von Christa Wolf

INSEL VERLAG

Anmerkungen und Register von Heinz Amelung,
neu durchgesehen

ERSTER TEIL

Die Ihr gleich goldnen Blumen auf zertretnem Feld wieder aufsprosset zuerst! In fröhlichen Zukunftsträumen der Muttererde huldigt, harrend voll heiligem Glauben, daß endlich Eurer Ahnung Gebild vollende der Genius und Fesseln der Liebe Euch umlege und großer Männer Unsterblichkeit in den Busen Euch säe —

Die Ihr immer rege, von Geschlecht zu Geschlecht, in der Not wie in des Glückes Tagen auf Begeistrungspfaden schweift; in Germanias Hainen, auf ihren Ebnen und stolzen Bergen, am gemeinsamen Kelch heiligkühner Gedanken Euch berauschend, die Brust erschließt und mit glühender Träne im Aug Bruderliebe schwört einander, Euch schenk ich dies Buch.

Euch *Irrenden, Suchenden!* die Ihr hinanjubelt den Parnassos, zu Kastalias Quell; reichlich der aufbrausenden Flut zu schöpfen den Heroen der Zeit und auch den Schlafenden im schweigenden Tal, schweigend, feierlichen Ernstes die Schale ergießt.

Die Ihr *Hermanns Geschlecht* Euch nennt, *Deutschlands Jüngerschaft!* — dem Recht zur Seite, klingenwetzend der Gnade trotzt; mit Schwerterklirren und der Begeistrung Zuversicht der Burschen Hochgesang anstimmt:

›Landesvater, Schutz und Rater!‹

mit flammender Fackel, donnernd ein dreifach Hoch dem Herrscher, dem Vaterland, dem Bruderbunde jauchzt, und:

›Strömen gleich, zusammenrauschet in ein gewaltig Heldenlied‹.

Ihr, die mit Trug noch nicht nach nichtiger Hoffnung jagtet! — Wenn der Philister Torengeschlecht den Stab Euch

7

bricht, so gedenket, *Musensöhne!* daß ihre Lärmtrommel des leuchtenden Pythiers Geist nicht betäubt; keine Lüge haftet an ihm, keine Tat, kein Gedanke! Er ist wissend! — und lenkt, daß, unberührt von des Gesetzes Zwang, schnellen, feurigen Wachstums das Göttliche erblühe und in der Zeiten Wechsel ein milder Gestirn schützend über Euch hinleuchte.

An die Günderode

Der Plaudergeist in meiner Brust hat immerfort geschwätzt mit Dir, durch den ganzen holperigen Wald bis auf den Trages, wo alles schon schlief; sie wachten auf und sagten, es wäre schon ein Uhr vorbei; auf dem Lande blasen sie abends die Zeit aus wie eine Kerz, die man sparen will. Wie ich erzählte, daß Du mitgefahren warst bis Hanau, da hätten sie Dich all gern hier haben wollen, ein jeder für sich allein, da wär ich doch um Dich gekommen. Durch Dich feuert der Geist, wie die Sonn durchs frische Laub feuert, und mir geht's wie dem Keim, der in der Sonn brütet, wenn ich an Dich denken will, es wärmt mich, und ich werd freudig und stolz und streck meine Blätter aus, und oft bin ich unruhig und kann nicht auf *einem* Platz bleiben, ich muß fort ins Feld, in den Wald; — in freier Luft kann ich alles denken, was im Zimmer unmöglich war, da schwärmen die Gedanken über die Berg, und ich seh ihnen nach.

Alles ist heut nach Meerholz gefahren zum Vetter mit der zu großen Nas, ich bin allein zu Haus, ich hab gesagt, ich wollt schreiben, aber die Hauptursach war die Nas.

Eben komm ich aus der Lindenallee, ich hab das ganze Gewitter mitgemacht, die Bäum geben gut Beispiel, wie man soll standhaft sein im Ungewitter, Blitz und Donner hintereinander her, bis sie außer Atem waren, nun ruhen alle Wälder. Ich war gleich naß, und so warm der Regen, hätt's nur stärker noch regnen wollen, aber bald war's schön Wetter und der Regenbogen auf dem Saatfeld; ich war wohl eine halbe Stunde weit gelaufen und ihm doch nicht näher gekommen, da fiel mir ein, daß man oft denkt, es wäre so nah alles, was man gern erreichen möcht, und wie man mit allem

Eifer doch nicht näher rückt. Wenn nicht die Schönheit vom Himmel herab uns überstrahlt, von selbst, ihr entgegenlaufen ist umsonst — ich hab den ganzen Nachmittag verlaufen; eben kommen sie schon angefahren.

Sonntag

Gestern ging ich noch allein in der Dunkelheit durchs Feld. Da fiel mir wieder ein, alles, was wir am Sonntag von Frankfurt bis Hanau im Wagen zusammen geredet haben; — wer von uns beiden zuerst sterben wird. Jetzt bin ich schon acht Tag hier, unser Gespräch klingt noch immer nach in mir. »Es gibt ja noch Raum außer dieser kleinen Tags- und Weltgeschichte, in dem die Seel ihren Durst, selbst etwas zu sein, löschen dürfe«, sagtest Du. — Da hab ich aber gefühlt und fühl's eben wieder und immer: wenn Du nicht wärst, was wär mir die ganze Welt? — kein Urteil, kein Mensch vermag über mich, aber Du! — auch bin ich gestorben schon jetzt, wenn Du mich nicht auferstehen heißest und willst mit mir leben immerfort; ich fühl's recht, mein Leben ist bloß aufgewacht, weil Du mir riefst, und wird sterben müssen, wenn es nicht in Dir kann fortgedeihen. — Frei sein willst Du, hast Du gesagt? — ich will nicht frei sein, ich will Wurzel fassen in Dir — eine Waldrose, die im eignen Duft sich erquicke, will die der Sonne sich schon öffnen, und der Boden löst sich von ihrer Wurzel, dann ist's aus. — Ja, mein Leben ist unsicher; ohne Deine Liebe, in die es eingepflanzt ist, wird's gewiß nicht aufblühen, und mir ist's eben so durch den Kopf gefahren, als ob Du mich vergessen könntest; es ist aber vielleicht nur, weil's Wetter leuchtet so blaß und kalt, und wenn ich denk an die feurigen Strahlen, mit denen Du oft meine Seele durchleuchtest! — bleib mir doch. —

Bettine

An die Bettine

Ich habe die Zeit über recht oft an Dich gedacht, liebe Bettine. Vor einigen Nächten träumte mir, Du seist gestorben, ich weinte sehr darüber und hatte den ganzen Tag einen traurigen Nachklang davon in meiner Seele. Als ich den

Abend nach Hause kam, fand ich Deinen Brief; ich freute mich und wunderte mich, weil ich glaubte, einen gewissen Zusammenhang zwischen meinen Träumen und Deinen Gedanken zu finden.

Gestern abend ist Clemens hier angekommen, ich wollte, Du wärst hier, es würde ihm viel behaglicher und heimlicher sein, ich glaube, wenn Du nicht bald hierher kömmst, so geht er nach Trages.

In diesem ganzen Brief ist wohl noch kein einziges Wort, was Dich erfreut? Du drehst das Blatt herum und siehest, ob nicht eine Art von russischem Kabriolett gefahren kommt; aber es will nichts kommen; weißt Du warum? weil ich ihn in der ganzen Zeit nur zwei Minuten gesehen habe; weil er geritten kam und weil er kein vernünftiges Wort gesprochen hat. Sei lustig, Bettine, und laß Dir nicht mit Kabrioletts im Herzen herumfahren.

Grüße den Savigny recht freundlich von mir, erinnere ihn doch zuweilen an mich; ich habe ihn sehr lieb, aber nach Trages komme ich doch nicht.

Tue mir den Gefallen und frage die Sanchen, ob ich nicht einen Chignonkamm und eine Kette in Trages hätte liegenlassen? — Wenn Du noch nicht bald wieder zu uns kommst, so schreibe mir wieder, denn ich habe Dich lieb; sage mir auch, wie Ihr lebt.

Karoline

Grüße doch auch die Gundel von mir. Auf meiner Heimfahrt von Hanau hab ich das Gespräch gedichtet; es ist ein bißchen vom Zaun gebrochen. — Ich wollt, die Prosa wär edler, das heißt: ich wollt, sie wär musikalischer; es enthält viel, was wir im Gespräch berührt haben. Du schreibst mit mehr Musik Deine Briefe; ich wollt, ich könnt das lernen.

Die Manen

SCHÜLER. Weiser Meister! ich war in den Katakomben der Schwedenkönige, ich nahte mich dem Sarg des Gustav Adolf mit sonderbarem, schmerzlichem Gefühl, seine Taten gingen an meinem Geist vorüber, ich sah zugleich sein Leben und seinen Tod, seine überschwengliche Tatkraft und die tiefe Ruhe, in der er schon dem zweiten Jahrhundert entgegenschlummert; ich rief mir die grausenvolle Zeit zurück, in der er lebte, mein Gemüt glich einer Gruft, aus der die schwankenden Schatten der Vergangenheit heraufsteigen. Ich weinte so heiße Tränen seinem Tod, als sei er heute erst gefallen. Dahin! Verloren! Vergangen! sagte ich mir, sind dies des großen Lebens Früchte alle? — Ach! — ich mußte die Gruft verlassen, ich suchte Zerstreuung, ich suchte andre Schmerzen, aber der unterirdische trübe Geist verfolgt mich, ich kann die Wehmut nicht loswerden, die wie ein Trauerflor über meine Gegenwart sich legt, dies Zeitalter ist mir nichtig und leer, sehnlich und gewaltig zieht mich's in die Vergangenheit dahin! Vergangen, so ruft mein Geist. O möcht ich mit vergangen sein und diese schlechte Zeit nie gesehen haben, in der die Vorwelt vergeht, an der ihre Größe verloren ist.

LEHRER. Verloren ist nichts, junger Schüler, und in keiner Weise, nur das Auge vermag nicht des Grundes unendliche Folgenkette zu übersehen. Aber willst Du auch dies nicht bedenken, Du kannst doch nicht verloren nennen und dahin, was so mächtig auf Dich wirkt. — Dein eigen Geschick, die Gegenwart bewegen Dich so heftig nicht wie das Andenken des großen Königs, lebt er da nicht jetzt noch mächtiger in Dir als die Gegenwart, oder nennst Du nur Leben, was im Fleisch und im Sichtbaren fortlebt, und ist Dir dahin und verloren, was noch in Gedanken wirkt und da ist?

SCHÜLER. Wenn es Leben ist, so ist es doch nicht mehr als Schattenleben, *dann* ist die Erinnerung des Gewesenen mehr als die bleiche Schattenwirklichkeit.

LEHRER. Gegenwart ist ein flüchtiger Augenblick; sie vergeht, indem Du sie erlebst; des Lebens Bewußtsein liegt in der Erinnerung; in diesem Sinn nur kannst du Vergangenes betrachten, gleichviel ob es längst oder eben nur vorging.

SCHÜLER. Du sprichst wahr! — So lebt denn ein großer Mensch nicht nach *seiner* Weise in mir fort, sondern nach der meinen. Wie ich ihn aufnehme, wie und ob ich mich seiner erinnern mag?

LEHRER. Freilich lebt das nur fort in Dir, was Dein Sinn befähigt ist aufzunehmen, insofern es Gleichartiges mit Dir hat; das Fremdartige in Dir tritt nicht mit ihm in Verbindung, darauf kann er nicht wirken, und mit dieser Einschränkung nur wirken alle Dinge. Wofür Du keinen Sinn hast, das geht Dir verloren wie die Farbenwelt dem Blinden.

SCHÜLER. So muß ich glauben, nichts gehe verloren, da alle Ursachen in ihren Folgen fortleben, daß sie aber nur wirken auf das, was Empfänglichkeit oder Sinn für ihn hat. — Der Welt mag genügen an diesem *Nichtverlorensein*, an dieser Art fortzuleben, mir ist es nicht genug; ich möchte zurück in der Vergangenheit Schoß, ich sehne mich nach unmittelbarer Verbindung mit den Manen der großen Vorzeit.

LEHRER. Hältst Du es denn für möglich?

SCHÜLER. Ich hielt es für unmöglich, als noch kein Sehnen mich dahin zog; gestern hätte ich noch jede Frage danach für töricht gehalten, heute wünsche ich schon, die Verbindung mit der Geisterwelt wäre möglich, ja mir deucht, ich wäre geneigt, sie glaublich zu finden.

LEHRER. Mich deucht, die Manen des großen Gustav Adolf haben Deinem innern Auge zum Lichte verholfen. So vernehme mich denn. So gewiß alles Harmonische in Verbindung stehet, es mag sichtbar oder unsichtbar sein, so gewiß sind auch wir in Verbindung mit dem Teil der Geisterwelt, der mit uns harmoniert. Ähnliche Gedanken verschiedener Menschen, auch wenn sie nie voneinander wußten, ist in geistigem Sinn schon Verbindung; der Tod eines Menschen, der in solcher Berührung mit mir stehet, hebt sie nicht auf; der Tod ist ein chemischer Prozeß, eine Scheidung der Kräfte, aber kein Vernichter; er zerreißt das Band zwischen mir und ähnlichen Seelen nicht, aber das Fortschreiten des einen und das Zurückbleiben des andern kann wohl diese Gemeinschaft aufheben, wie einer, der in allem Trefflichen fortgeschritten ist, mit dem unwissend gebliebenen Jugendfreund nicht mehr zusammenstimmen wird. Du wirst dies leicht ganz allgemein und ganz aufs Besondere anwenden können.

SCHÜLER. Vollkommen! — Du sagst, Harmonie der Kräfte ist Verbindung; der Tod hebt diese Verbindung nicht auf, da er nur scheidet und nicht vernichtet.

LEHRER. Ich fügte hinzu, das Aufheben dessen, was diese Harmonie bedingt, müßte auch notwendig diese Verbindung aufheben — eine Verbindung mit Verstorbenen kann also statthaben, insofern sie nicht aufgehört haben, mit uns zu harmonieren.

SCHÜLER. Ich kann es fassen.

LEHRER. Es kommt nur darauf an, diese Verbindung gewahr zu werden. Bloß geistige Kräfte können unsern äußern Sinnen nicht offenbar werden; sie wirken nicht durch Aug und Ohr, sondern durch das Organ, durch das allein eine Verbindung mit ihnen möglich ist: durch den innern Sinn; auf ihn wirken sie unmittelbar. Dieser innere Sinn, das tiefste und feinste Seelenorgan, ist bei fast allen Menschen unentwickelt und nur dem Keim nach da. — Das Weltgeräusch, der Menschheit Handel und Wandel, der nur oberflächlich und nur die Oberfläche berührt, lassen es zu keiner Ausbildung, zu keinem Bewußtsein kommen; so wird es nicht erkannt, und was sich zu allen Zeiten in ihm offenbarte, hat viele Zweifler und Schmäher gefunden, und bis jetzt ist sein Empfangen und Wirken nur in seltnen Menschen die individuellste Seltenheit. — Ich will nicht ungeistigen Gesichten und Geistererscheinungen das Wort reden, aber ich fühle deutlich, daß der innere Sinn so hoch angeregt werden kann, daß die innere Erscheinung vor das körperliche Auge treten kann, wie auch umgekehrt die äußere Erscheinung vor das geistige Auge tritt; so brauch ich nicht durch Betrug oder Sinnentäuschung alles Wunderbare zu erklären, doch weiß ich, man nennt in der Weltsprache diese innere Entwicklung der Sinne Einbildung.

Wessen Geistesgabe Licht auffängt, der sieht dem andern unsichtbare, mit ihm verbundene Dinge. Aus diesem innern Sinn sind die Religionen hervorgegangen und so manche Apokalypsen alter und neuer Zeit. Aus dieser Sinnenfähigkeit, Verbindungen wahrzunehmen, die andere, deren Geistesauge verschlossen ist, nicht fassen, entsteht die prophetische Gabe, Gegenwart und Vergangenheit mit der Zukunft zu verbinden, den notwendigen Zusammenhang der Ursachen und Wirkungen zu sehen; Prophezeiung ist Sinn für die Zukunft. Man kann die Wahrsagerkunst nicht erlernen, der Sinn für sie ist geheimnisvoll, er entwickelt sich geheimnisvoller Art, er offenbart sich oft nur wie ein schneller Blitz, der dann von dunkler Nacht wieder begraben wird. Man kann Geister nicht durch Beschwörung rufen, aber sie können dem Geist sich offenbaren, das Empfängliche kann sie empfangen, dem inneren Sinn können sie erscheinen. — Der Lehrer schwieg, und sein Zuhörer verließ ihn. Mancherlei Gedanken bewegten sein Inneres, und seine ganze Seele strebte, sich das Gehörte zum Eigentum zu machen.

An die Günderode

Du weißt, daß der Bostel hier ist — der läuft mir immer nach und sagt: »Bettine, warum sind Sie so unliebenswürdig?« — Ich frag, wie soll ich's machen, um liebenswürdig zu sein? — »Sein Sie wie Ihre Schwester Loulou, sprechen Sie ruhig mit einem und bezeigen Sie doch nur ein klein wenig Teilnahme an was man Ihnen sagt; aber wenn man Sie auch aus Mitleid wie ein Mädchen, das schon was bedeutet, behandeln wollt, es ist nicht möglich; Sie haben nicht weniger Unruh als eine junge Katz, die einer Maus nachläuft. Derweil man Ihnen die Ehre antut, mit Ihnen zu sprechen, klettern Sie auf Tisch und Schränken herum, Sie steigen zu den alten Familienporträten und scheinen weit mehr Anteil an deren Gesichtern zu nehmen als an uns Lebenden.« — Ja, Herr von Bostel, das ist bloß, weil die dort so ganz übersehen und vergessen sind, weil kein Mensch mit denen spricht, da geht's mir grade, wie es Ihnen mit mir geht. Aus Mitleid, weil ich übersehen bin, sprechen Sie mit mir jungem Gelbschnabel, und das steckt mich an, daß ich dasselbe Mitleid mit den alten gemalten Perücken haben muß. — »Aber sagen Sie, sind Sie gescheut? — Wie wollen Sie Mitleid haben mit gemalten Bildern?« — Ei, Sie haben's ja auch mit mir! — »Nun ja, aber die Bilder empfinden's doch nicht.« — Ei, ich empfind's auch nicht. — »Aber bei Gott, ich bemitleide Sie, — Sie sind auf dem Weg, närrisch zu werden.«

Ich hätt Dir die Dummheiten nicht erzählt, wenn's nicht einen großen Lärm gegeben hätt; der Clemens wollte das vom guten Bostel nicht haben; sie redeten so heftig hin und her von Schelmufsky und dem Großmogul, und im kleinen Häuschen, wo sie zusammen hingegangen waren, ward es so laut, daß es sich von weitem wie Streit anhörte; ich ging hinunter und wartete, bis der Bostel herauskam; der war ganz erhitzt, ich nahm alles auf mich und bat um Verzeihung, daß ich so unartig gewesen sei, und was weiß ich, was ich alles sagte, bis er endlich versprach, mit dem Clemens nicht mehr bös zu sein, und wenn ich meine Unart eingestehe, so wolle er mir verzeihen. — Ich gestand alles zu, dachte aber doch heimlich, was *der* vor ein possierlicher Kerl wär; der Clemens kam dazu, da ward von beiden Seiten die Schuld auf mich geschoben; ich ließ es ohne Widerspruch geschehen und besänftigte sie beide; sie gaben einander die Hand und mir gute Lehren.

Die Menschen sind gut, ich bin es ihnen von Herzen, aber wie das kommt, daß ich mit niemand sprechen kann? — Das hat nun Gott gewollt, daß ich nur mit Dir zu Haus bin. — Die Manen les ich immer wieder, sie wecken mich recht zum Nachdenken. Du meinst, daß Dir die Sprache nicht drin gefällt? — Ich glaub, daß große Gedanken, die man zum erstenmal denkt, die sind so überraschend, da scheinen einem die Worte zu nichtig, mit denen man sie aufnimmt, die suchen sich ihren Ausdruck, da ist man als zu zaghaft, einen zu gebrauchen, der noch nicht gebräuchlich ist, aber was liegt doch dran? ich wollt immer so reden, wie es nicht statthaft ist, wenn es mir näher dadurch kommt in der Seel; ich glaub gewiß, Musik muß in der Seele walten, Stimmung ohne Melodie ist nicht fließend zu denken; es muß etwas der Seele so recht Angebornes geben, worin der Gedankenstrom fließt. — Dein Brief ist ganz melodisch zu mir, viel mehr wie Dein Gespräch. ›Wenn Du noch nicht bald wieder zu uns kommst, so schreibe mir wieder, denn ich habe Dich lieb.‹ Diese Worte haben einen melodischen Gang, und dann: ›Ich habe die Zeit über recht oft an Dich gedacht, liebe Bettine! Vor einigen Nächten träumte mir, Du seist gestorben; ich weinte sehr darüber und hatte den ganzen Tag einen traurigen Nachklang davon in meiner Seele.‹ Ich auch, liebstes Günderödchen, würde sehr weinen, wenn ich Dich sollt hier lassen und in eine andre Welt gehen; ich kann mir nicht denken, daß ich irgendwo ohne Dich zu mir selber kommen möcht. Der musikalische Klang jener Worte äußert sich wie der Pulsschlag Deiner Empfindung; das ist lebendige Liebe, die fühlst Du für mich. Ich bin recht glücklich; ich glaub auch, daß nichts ohne Musik im Geist bestehen kann und daß nur der Geist sich frei empfindet, dem die Stimmung treu bleibt. — Ich kann's auch noch nicht so deutlich sagen, ich meine, man kann kein Buch lesen, keins verstehen oder seinen Geist aufnehmen, wenn die angeborne Melodie es nicht trägt, ich glaub, das alles müßt gleich begreiflich oder fühlbar sein, wenn es in seiner Melodie dahinfließt. Ja, weil ich das so denke, so fällt mir ein, ob nicht alles, solang es nicht melodisch ist, wohl auch noch nicht wahr sein mag. Dein Schelling und Dein Fichte und Dein Kant sind mir ganz unmögliche Kerle. Was hab ich mir für Mühe geben, und ich bin eigentlich nur davongelaufen hierher, weil ich eine Pause machen wollte. Repulsion, Attraktion, höchste Potenz. — — Weißt Du, wie mir's wird? — Dreherig — Schwindel krieg ich in den Kopf, und dann, weißt Du noch? — ich schäm mich — ja, ich schäm mich, so mit Hacken und Brecheisen in die Sprach hineinzufahren, um etwas da herauszubohren, und daß ein Mensch, der gesund geboren ist, sich ordentliche Beulen an den Kopf denken muß und allerlei physische Krankheiten dem Geist anbilden. — Glaubst Du, ein Philosoph sei nicht fürchterlich hoffärtig? — Oder wenn er auch einen Gedanken hat, davon wär er klug? — O nein, so ein Gedanke fällt ihm wie ein Hobelspan von der Drechselbank; davon ist so ein weiser Meister nicht klug. Die Weisheit muß natürlich sein, was braucht sie doch solcher widerlicher Werkzeuge, um in Gang zu kommen? sie ist ja lebendig — sie wird sich das nicht gefallen lassen. — Der Mann des Geistes muß die Natur lieben über alles, mit wahrer Lieb, dann blüht er — dann pflanzt die Natur Geist in ihn. Aber ein Philosoph scheint mir so einer nicht, der ihr am Busen liegt

und ihr vertraut und mit allen Kräften ihr geweiht ist. —
Mir deucht vielmehr, er geht auf Raub; was er ihr abluchsen
kann, das vermanscht er in seine geheime Fabrik, und da
hat er seine Not, daß sie nicht stockt, hier ein Rad, dort ein
Gewicht, eine Maschine greift in die andere, und da zeigt
er den Schülern, wie sein Perpetuum mobile geht, und schwitzt
sehr dabei, und die Schüler staunen das an und werden sehr
dumm davon. — Verzeih mir's, daß ich so faselig Zeug red;
Du weißt, ich hab's mit meinem Abscheu nie weiter gebracht,
als daß ich erhitzt und schwindelig geworden bin davon, und
wenn die großen Gedanken Deines Gesprächs vor mir auftreten, die doch philosophisch sind, so weiß ich wohl, daß
nichts Geist ist als nur Philosophie, aber wend's herum und
sag: es ist nichts Philosophie als nur ewig lebendiger Geist,
der sich nicht fangen, nicht beschauen noch überschauen läßt,
nur empfinden, der in jedem neu und ideal wirkt, und kurz:
der ist wie der Äther über uns. Du kannst ihn auch nicht
fassen mit dem Aug, Du kannst Dich nur von ihm überleuch-
tet, umfangen fühlen, Du kannst von ihm leben, nicht ihn für
Dich erzeugen. Ist denn der Schöpfernatur ihr Geist nicht gewaltiger als der Philosoph mit seinem Dreieck, wo er die
Schöpfungskraft drin hin und her stößt, was will er doch? —
meint er, diese Gedankenaufführung sei eine unwidersteh-
liche Art, dem Naturgeist nahzukommen? Ich glaub einmal
nicht, daß die Natur einen solchen, der sich zum Philosophen
eingezwickt hat, gut leiden kann. ›Wie ist Natur so hold und
gut, die mich am Busen hält‹ — so was lautet wie Spott
auf einen Philosophen. Du aber bist ein Dichter, und alles,
was Du sagst, ist die Wahrheit und heilig. ›Man kann Geister
nicht durch Beschwörung rufen, aber sie können sich dem
Geist offenbaren; das Empfängliche kann sie empfangen,
dem innern Sinn können sie erscheinen.‹ Nun ja! wenn es
auch die ganze heutige Welt nicht faßt, was Du da aussprichst,
wie ich gewiß glaub, daß es umsonst der Welt gesagt ist,
so bin ich aber der Schüler, dessen ganze Seele strebt, sich
das Gehörte zum Eigentum zu machen — und aus dieser
Lehre wird mein künftig Glück erblühn, nicht weil ich's gelernt hab, aber weil ich's empfind; es ist ein Keim in mir

geworden und wurzelt tief, ja, ich muß sagen, es spricht meine Natur aus, oder vielmehr, es ist das heilige Wort ›Es werde‹, was Du über mich aussprichst. — Ich hab's jetzt jede Nacht gelesen im Bett und empfind mich nicht mehr allein und für nichts in der Welt; ich denk, da die Geister sich dem Geist offenbaren können, so möchten sie zu meinem doch sprechen; und was die Welt ›überspannte Einbildung‹ nennt, dem will ich still opfern und gewiß meinen Sinn vor jedem bewahren, was mich unfähig dazu machen könnte; denn ich empfinde in mir ein Gewissen, was mich heimlich warnt, dies und jenes zu meiden. — Und wie ich mit Dir red heute, da fühl ich, daß es eine bewußtlose Bewußtheit gebe, das ist Gefühl, und daß der Geist bewußtlos erregt wird — so wird's wohl sein mit den Geistern. Aber still davon, durch Deinen Geist haucht mich die Natur an, daß ich erwach, wie wenn die Keime zu Blättern werden. — Ach, eben ist ein großer Vogel wider mein Fenster geflogen und hat mich so erschreckt, es ist schon nach Mitternacht, gute Nacht.

Bettine

An die Bettine

Es kömmt mir bald zu närrisch vor, liebe Bettine, daß Du Dich so feierlich für meinen Schüler erklärst, ebenso könnte ich mich für den Deinen halten wollen; doch macht es mir viele Freude, und es ist auch etwas Wahres daran, wenn ein Lehrer durch den Schüler angeregt wird, so kann ich mit Fug mich den Deinen nennen. Gar viele Ansichten strömen mir aus Deinen Behauptungen zu und aus Deinen Ahnungen, denen ich vertraue, und wenn Du so herzlich bist, mein Schüler sein zu wollen, so werd ich mich einst wundern, was ich da für einen Vogel ausgebrütet habe.

Deine Erzählung vom Bostel ist ganz artig; nichts lieber tust Du, als die Sünden der Welt auf Dich nehmen, Du trägst keine Last an ihnen, sie beflügeln Dich vielmehr zu Heiterkeit und Mutwillen, man könnte denken, Gott habe selber sein Vergnügen an Dir. Aber dahin wirst Du es nicht bringen, daß die Menschen Dich als etwas Besseres achten, als sie selber sind. Doch wie auch Genie sich Luft und Licht mache, es ist immer ätherischerweise, und wär es selbst den Ballast des Philistertums auf den Flügeln tragend. In solchen Dingen bist Du gebornes Genie, darin kann ich nur Dein Schüler sein und trachte auch mit großem Fleiß, Dir nachzukommen; es ist ein spaßiges In-die-Runde-Laufen, daß, während Dich jedermann so oft über Deine sogenannte Inkonsequenzen verklagt, ich heimlich mir Vorwürfe mache, daß mein Genie hierzu nicht ausreicht. — ›Sorglos über die Fläche weg, wo vom kühnsten Wager die Bahn Dir nicht vorgegraben Du siehst‹ — immerhin, nur das einzige tue mir und fange nicht alles untereinander an; in Deinem Zimmer sah es aus wie am Ufer, wo eine Flotte gestrandet war. Schlosser wollte zwei große Folianten, die er für Dich von der Stadtbibliothek geliehen hat und die Du schon ein Vierteljahr hast, ohne drin zu lesen. Der Homer lag aufgeschlagen an der Erde, Dein Kanarienvogel hatte ihn nicht geschont, Deine schön erfundene Reisekarte des Odysseus lag daneben, und der Muschelkasten mit dem umgeworfenen Sepianäpfchen und allen Farbenmuscheln drum her, das hat einen braunen Fleck auf Deinen schönen Strohteppich gemacht; ich habe mich bemüht, alles wieder in Ordnung zu bringen. Dein Flageolett, was Du mitnehmen wolltest und vergeblich suchtest, rat, wo ich's gefunden habe? — im Orangenkübel auf dem Altan war es bis ans Mundstück in die Erde vergraben; Du hofftest wahrscheinlich, einen Flageolettbaum da bei Deiner Rückkunft aufkeimen zu sehen; die Lisbeth hat den Baum übermäßig begossen, das Instrument ist angequollen, ich hab es an einen kühlen Ort gelegt, damit es gemächlich wieder eintrocknen kann und nicht berstet, was ich aber mit den Noten anfange, die daneben lagen, das weiß ich nicht, ich hab sie einstweilen in die Sonne gelegt; vor menschlichen Augen darfst Du sie nicht mehr sehen lassen, ein sauberes Ansehen erhalten sie nicht wieder. — Dann flattert das blaue Band an Deiner Gitarre, nun schon seitdem Du weg bist, zum großen Gaudium der Schulkinder gegenüber, so lang es ist, zum Fenster hinaus, hat Regen und Sonnenschein ausgehalten und ist sehr abgeblaßt; dabei ist die Gitarre auch nicht geschont worden; ich hab die Lisbeth ein wenig vorgenommen, daß sie nicht so gescheut war, das Fenster zuzumachen hinter den dunklen Plänen; sie entschuldigte sich, weil's hinter den grünseidnen Vorhängen versteckt war, da doch, sooft die Türe aufgeht, die Fenster vom Zugwind sich bewegen. Dein Riesenschilf am Spiegel ist noch grün, ich hab ihm frisch Wasser geben lassen, Dein Kasten mit Hafer, und was sonst noch drein gesäet ist, ist alles durcheinander emporgewachsen; es deucht *mir* viel Unkraut drunter zu sein, da ich es aber nicht genau unterscheiden kann, so hab ich nicht gewagt etwas auszureißen; von Büchern hab ich gefunden auf der Erde den ›Ossian‹, die ›Sakontala‹, die ›Frankfurter Chronik‹, den zweiten Band Hemsterhuis, den ich zu mir genommen habe, weil ich den ersten Band von Dir habe; im Hemsterhuis lag beifolgender philosophischer Aufsatz, den ich mir zu schenken bitte, wenn Du keinen besonderen Wert darauf legst, ich hab mehr dergleichen von Dir, und da Dein Widerwille gegen Philosophie Dich hindert, ihrer zu achten, so möchte ich diese Bruchstücke Deiner *Studien wider Willen* beisammen bewahren, vielleicht werden sie Dir mit der Zeit interessanter. ›Siegwart, ein Roman der Vergangenheit‹ fand ich auf dem Klavier, das Tintenfaß draufliegend, ein Glück, daß es nur wenig Tinte mehr enthielt, doch wirst Du Deine Mondschein-Komposition, über die es seine Flut ergoß, schwerlich mehr entziffern. Es rappelte was in einer kleinen Schachtel auf dem Fensterbrett, ich war neugierig, sie aufzumachen, da flogen zwei Schmetterlinge heraus, die Du als Puppen hineingesetzt hattest; ich hab sie mit der Lisbeth auf den Altan gejagt, wo sie in den blühenden Bohnen ihren ersten Hunger stillten. Unter Deinem Bett fegte die Lisbeth ›Karl den Zwölften‹ und die Bibel hervor und auch — einen Lederhandschuh, der an keiner Dame Hand gehört, mit einem französischen Gedicht darin; dieser Handschuh scheint unter Deinem Kopfkissen gelegen zu haben, ich wüßte nicht, daß Du Dich damit abgibst, französische Gedichte im alten Stil zu machen; der Parfüm des Handschuh ist sehr angenehm und erinnert mich und macht mir immer heller im Kopf, und jeden Augenblick sollte mir einfallen, wo des Handschuh Gegenstück sein mag; indes sei ruhig über seinen Besitz, ich hab ihn hinter des Kranachs ›Lukretia‹ geklemmt, da wirst Du ihn finden, wenn Du zurückkommst; zwei Briefe hab ich auch unter den vielen beschriebenen Papieren gefunden, noch versiegelt, der eine aus Darmstadt, also vom jungen Lichtenberg, der andre aus Wien. Was hast Du denn da für Bekanntschaft? — und wie ist's möglich, wo Du so selten Briefe empfängst, daß Du nicht neugieriger bist oder vielmehr so zerstreut — Die Briefe hab ich auf Deinen Tisch gelegt. Alles ist jetzt hübsch ordentlich, so daß Du fleißig und mit Behagen in Deinen Studien fortfahren kannst.

Ich habe mit wahrem Vergnügen Dir Dein Zimmer dargestellt, weil es wie ein optischer Spiegel Deine aparte Art zu sein ausdrückt, weil es Deinen ganzen Charakter zusammenfaßt; Du trägst allerlei wunderlich Zeug zusammen, um eine Opferflamme dran zu zünden, sie verzehrt sich; ob die Götter davon erbaut sind, das ist mir unbekannt.

Karoline

Wenn Du Muße findest, so schreib bald wieder.

Beilage zum Brief der Günderode

Ein apokalyptisches Fragment

1. Auf hohem Fels im Mittelmeer stand ich, vor mir der Ost, hinter mir der West, und der Wind ruhte auf der See.

2. Die Sonne sank, kaum war sie verhüllt im Niedergang, enthüllte im Aufgang sich das Morgenrot; Morgen, Mittag, Abend und Nacht jagten in schwindelnder Eile um des Himmels Bogen.

3. Ich sah staunend sie sich drehen, mein Blut, meine Gedanken bewegten sich nicht rascher; die Zeit, indes sie außer mir nach neuen Gesetzen sich bewegte, ging in mir den gewohnten Gang.

4. Ich wollte ins Morgenrot mich stürzen oder mich tauchen in die Schatten der Nacht, eilend mit ihr dahinströmend, um nicht so langsam zu leben, aber im Schauen versunken ward ich müde und entschlief.

5. Da sah ich ein Meer vor mir, von keinem Ufer umgeben, nicht im Ost, noch Süd, noch West, noch im Nord; kein

Windstoß bewegte die Wellen, aber in ihren Tiefen bewegte sich, wie von innerer Gärung gereizt, die unermeßliche See.

6. Und mancherlei Gestalten stiegen auf aus dem tiefen Meeresschoß, und Nebel stiegen auf und senkten sich in Wolken, und in zuckenden Blitzen berührten sie die gebärenden Wogen.

7. Und immer mannigfacher entstiegen der Tiefe Gestalten, mich ergriff Schwindel und Bangheit, meine Gedanken wurden hiehin und dorthin getrieben wie eine Fackel vom Sturmwind, bis meine Erinnerung erlosch.

8. Als ich wieder erwachte und von mir zu wissen anfing, da besann ich mich nicht, ob ich Jahrhunderte oder Minuten geschlafen, denn in den dumpfen, verworrenen Träumen war mir nichts begegnet, was mich an die Zeit erinnert hatte.

9. Es war dunkel in mir, als habe ich geruht in dieses Meeres Schoß und sei wie andere Gestalten ihm entstiegen. — Ich schien mir ein Tropfen Taues, ich bewegte mich lustig in der Luft hin und wider und freute mich, und mein Leben war, daß die Sonne sich in mir spiegle und die Sterne mich beschauten.

10. Ich ließ von den Lüften mich dahintragen in raschen Zügen; ich gesellte mich zum Abendrot, zu des Regenbogens siebenfarbigen Tropfen, ich reihte mit meinen Gespielen mich um den Mond, wenn er sich bergen wollte, und begleitete seine Bahn.

11. Die Vergangenheit war mir dahin, nur der Gegenwart gehörte ich an, eine Sehnsucht war in mir, die ihr Begehren nicht kannte, ich suchte immer, und was ich fand, war nicht das Gesuchte, und sehnend trieb ich mich umher im Unendlichen.

12. Einst ward ich gewahr, daß alle die Wesen, die dem Meer entstiegen waren, wieder zu ihm zurückkehrten und in wechselnden Formen sich wieder erzeugten. Mich befremdete diese Erscheinung, denn ich hatte von keinem Ende gewußt. Da dachte ich, meine Sehnsucht sei, auch zurückzukehren zu der Quelle des Lebens.

13. Und da ich dies dachte und lebendiger fühlte als all mein Bewußtsein, ward plötzlich mein Gemüt wie mit betäubenden

Nebeln umfangen. Aber sie schwanden bald, ich schien mir nicht mehr ich, meine Grenzen konnte ich nicht mehr finden, mein Bewußtsein hatte ich überschritten, es war größer, anders, und doch fühlte ich mich in ihm.

14. Erlöset war ich von den engen Schranken meines Wesens und kein einzelner Tropfen mehr, ich war allem widergegeben, und alles gehörte mir mit an, ich dachte und fühlte, wogte im Meer, glänzte in der Sonne, kreiste mit den Sternen; ich fühlte mich in allem und genoß alles in mir.

15. Drum, wer Ohren hat zu hören, der höre! Es ist nicht zwei, nicht drei, nicht Tausende, es ist Eins und Alles; es ist nicht Leib und Geist geschieden, daß das eine der Zeit, das andere der Ewigkeit angehöre, es ist Eins, gehört sich selbst und ist Zeit und Ewigkeit zugleich und sichtbar und unsichtbar, bleibend im Wandel, ein unendliches Leben.

An die Günderode

Wie wir hier leben, das will ich Dir erzählen. Morgens kommen wir alle im Schlafzimmer von Savignys zusammen. Da wird gegalert und als ein bißchen Krieg mit Kopfkissen und Rouleaux geführt, und im Nebenzimmer wird gefrühstückt dabei. Wir nehmen uns zwar sehr in acht, den großen Savigny zu treffen, aber er ist gescheut, wenn's Gefecht heiß wird, da zieht er sich zurück. Später zerstreut sich alles. Wir sind auch jetzt schon zweimal geritten, ich bin beidemal heruntergefallen, einmal wie wir bergauf ritten und einmal vor Lachen. Nachmittags gehen wir manchmal in den Wald, und Savigny liest vor, da hab ich meine Not mit dem Zuhören; auf dem Waldrasen hab ich gar zuviel Zerstreuung, alle Augenblick ist ein Kräutchen oder ein Spinnchen oder ein Räupchen oder ein Sandsteinchen, oder ich bohr ein Löchelchen in die Erd und find allerlei da; der Savigny sagt, ich sei hoffärtig und wollt nicht zuhören; er kann's nicht leiden, drum setz ich mich hinter seinen Kopf, da merkt er's als nicht. Wir gehen auch als auf die Jagd, und ich nehm die kleine Flint, ich schieß aber immer, was Du wohl weißt, wonach ich immer auf die Jagd geh, Hirngespinste aus der Luft; gestern wollte mir der Bostel lehren, nach den Vögelchen zielen, ich schoß, und das Vögelchen fiel herunter; ich dacht gar nicht, daß ich's treffen würde, ich war sehr erschrocken, aber der Bostel machte so großen Lärm von meinem scharfen Blick, und die andern lobten mich alle, daß ich so gut ziele, daß ich meine Reue über diesen ersten Mord nicht merken ließ. Ich nahm das Vögelchen in die Hand, wo es vollends erkaltete; in der Nachtstille hab ich's begraben unter dem Fenster von Deiner Schlafkammer und nicht ohne schwere Nachgedanken; wahrlich, ich hab es nicht mit Willen getan, aber doch mit Leichtsinn. Was liegt am Vogel, alle Jäger schießen ihn ja! – Aber ich nicht, ich hätt es niemals getan, aus dem Laub, in seiner heiteren Lebenszeit den Vogel herunterzuschießen, den Gott mit der Freiheit des Flugs begabt hat. Gott schenkt ihm die Flügel, und ich schieß ihn herunter, o nein, das stimmt nicht!

Eben kommt Dein Brief an, Deinen Kamm und die Kette hast Du wohl erhalten? ich hab sie an Mienchen geschickt in einer kleinen Schachtel; Clemens hat einen kleinen Brief beigeschlossen an Deine Schwester und ein paar Zeilen an Dich; mein Zimmer gefällt mir wohl in seiner Unordnung, und ich gefall mir also auch wohl, da du meinst, es stelle meinen Charakter vollkommen dar. Am liebsten ist mir, daß Du zur rechten Zeit kamst, um die Schmetterlinge zu befreien. Du kommst immer zur rechten Zeit, um meine Dummheiten gutzumachen. Den philosophischen Aufsatz, wie Du ihn zu nennen beliebst, schenk ich Dir; ich nenne ihn einen steifstelligen, verschnippelten, buchsbaumernen Zwerg, ein fataler, grüner Würgengel von superklugem Gewälsch, ohne Sprach, ohne Musik, es sei denn das hölzerne Gelächter; dem gleicht's ganz im Ton und Inhalt; mach mich nicht närrisch – ich will nichts mehr davon wissen. Dein apokalyptisch Fragment macht mich auch schwindeln; bin ich zu unreif, oder was ist es, daß ich so fiebrig werd und daß Deine Phantasien mich schmerzlich kränken. ›Meine Gedanken wurden hiehin und dorthin getrieben wie eine Fackel vom Sturmwind, bis meine Erinnerung erlosch.‹ Warum schreibst Du mir so was? – das sind mir bittere Gedanken! es macht mich unzufrieden und voll Bangigkeit, daß Du Deinen Geist in eine Unbewußtheit hinein versetzest. Ich weiß nicht, wie ich immer empfinde, als sei alles Leben inner mir und nichts außer mir, Du aber suchest in höheren Regionen nach Antwort auf Deine Sehnsucht, willst ›mit Deinen Gespielinnen den Mond umwallen‹, wo ich keine Möglichkeit mir denken kann mitzutanzen, willst ›erlöst sein von den engen Schranken Deines Wesens‹, und mein ganz Glück ist doch, daß Gott Dich in Deiner Eigentümlichkeit geschaffen hat; — und dann sagst Du noch so was Trauriges: ›Ich schien mir nicht mehr Ich und doch mehr als sonst Ich.‹ Meinst Du, damit wär mir gedient? — ›Meine Grenzen konnte ich nicht mehr finden, mein Bewußtsein hatte sie überschritten, es war anders.‹ Mit dem allen ist mein Urteil gesprochen, mich quält Eifersucht, mir scheint Dein Denken außer den Kreisen zu schweifen, wo ich Dir begegne. Du bist herablassend, daß Du vor mir solche Dinge aussprichst, die ich nicht nachempfinden kann und auch nicht mag, weil sie unsern engen Lebenskreis überschreiten, in dem allein mir nur lieb zu denken ist. Straf mich nun mit Worten, wie Du willst, daß ich so dumm bin, aber der Eifersucht Brand tobt in mir, wenn Du mir nicht am Boden bleibst, wo auch ich bin. In diesem Fragment lese ich, daß Du nur im Vorübergehen mit mir bist, aber ich wollte immer mit Dir sein, jetzt und immer, und ungemischt mit andern; erst hast Du geweint im Traum um mich, und nachher im Wachen vergißt Du alles Dasein mit mir; ich kann mir nichts denken als nur ein Leben, wie es grad dicht vor mir liegt, mit Dir auf der Gartentreppe oder am Ofen, ich kann keine Fragmente schreiben, ich kann nur an Dich schreiben, aber innerlich weite Wege, große Aussicht, aber nicht dem Mond nachlaufen und im Tau vergehen und im Regenbogen verschwimmen. Zeit und Ewigkeit, das ist mir alles so weitläufig, da fürcht ich Dich aus den Augen zu verlieren, was ist mir ›Ein unendliches Leben bleibend im Wandel‹, jeder Augenblick, den ich leb, ist ganz Dein, und ich kann's auch gar nicht ändern, daß meine Sinne nur bloß auf Dich gerichtet sind, Du wirfst mich aus der Wiege, die Du auf dem großen Ozean schwimmend vor Dir hergetrieben hast, hinaus in die Wellen, weil Du in die Sonne fahren willst, unter die Sterne, und im Meer zerrinnen. — Mir ist schwindelig, taumelig. — So ist einem, der vom Feuer verzehrt wird, und kann doch kein Wasser dulden, das es lösche. Du verstehst mich nicht, und wenn Du noch so klug bist und alles verstehst, das Kind, in Deine Brust geboren, das verstehst Du nicht. — Ich weiß wohl, wie mir's gehen wird mein ganzes Leben, ich weiß es wohl. Leb wohl.

Bettine

Heute haben wir den 19. Mai, am 7. Mai hat's zum erstenmal gedonnert in diesem Jahr, das wird grad gewesen sein, wo Du das verdammte apokalyptische Fieber hattest.

Noch vierzehn Tage bleiben wir; alles blüht, ein Abhang voll Kirschbäume, so dunkelrote Stämmchen, so jung wie unsereins; ich geh alle Morgen früh hinaus und such die Raupennester dort ab, soviel ich hinanreichen kann, bieg ich die Zweige herab und brech die boshaften Raupennester heraus; sie sollen sich freuen dies Jahr, die Bäume, und nicht mit kahlen Häuptern dastehen vor dem Herbst. — Ich tu's auch, weil ich mich gegen Dich zusammennehmen will; hast Du Deine Regenbogenkränzchen und Deine Mondkoterien, wo Du über's Bewußtsein hinausspazierst und das Heimkehren vergißt, mit Deiner Haiden, mit Deiner Nees, mit Deiner Lotte Serviere Reigen im Sternennebel tanzest, so hab ich meine einsame Unterredungen mit den jungen Erbskeimen und mit den Mirabellen und Reineclaude- und Kirschbäumen in der Blüte; und gestern war ich mit dem Gingerich drauß am Goldweiher, da haben wir eine Hütte gemacht von Moos, da haben die zwei jungen Wiedertäufer geholfen, der mit dem braunroten Bart, der so stolz drauf ist, der schöne Hans und der blonde Georg; sie ließen beide ihre Pflüge stehen und kamen heran, mir zu helfen, und schnitten mir Tannenäste herunter, und alles, was ich Loses an mir hatte, damit hab ich die Äste festgebunden, mit meiner hellblauen Schärpe und mit dem rosa Halstuch, wovon Du die andere Hälfte hast, hab ich sie zusammengeknüpft, und am Nachmittag kam der Savigny heraus und legte sich in die Hütte, sehr vergnügt, und ich las vor, Gedichte vom Bruder Anton, eine

Wasserreise nach den verschiedenen Sauerbrünnchen und ein Gedicht auf Euphrosine Maximiliane und eine philosophische Abhandlung von einem gläsernen Esel, der auf einer blumenreichen Wiese sich sattgefressen hatte und dem die seltensten Blumen durch den Bauch schimmern und ihn so verschönen, daß er die Bewunderung aller Laubfrösche ist, die alle auf ihn hinaufhüpfen und sich vergebens abmühen, in diesem schönen Blumenlabyrinth herumzuhüpfen, so müssen sie sich's vergehen lassen, weil der gläserne Bauch es umschließt, und dann die Moral ist von dieser wunderbaren Fabel: ›Streben nach unmöglichen Genüssen hilft zu nichts und verdirbt die Zeit‹, denn einmal hatte Gott schon früher diese schöne Blumenweide zur Verschönerung des Esels bestimmt und nicht zur Schwelgerei der Frösche, und zweitens war der vornehme Esel auch zu ganz was anderem bestimmt als zum Belustigungsort gemeiner Frösche; denn als ihm zwei verständige Philosophen und Gelehrte aus der an schönen Naturseltenheiten reichen Stadt Frankfurt begegneten, so führten beide diesen wunderschönen Esel an einem grünseidnen Band durch die Stadt. Am Gallentor, wo sie einpassierten, präsentierte die Stadtwache das Gewehr vor ihm, und auf dem Roßmarkt (also gerade vor Deinem Stift) versammelten sich alle Bürger und begleiteten ihn mit Siegesgeschrei auf den Römer, allwo der Herr Bürgermeister mit allen Ratsherren versammelt war, und die Herren von der ersten Bank wie auch von der zweiten und dritten stimmten alle ein in das Lob der Wunder Gottes, als sie in dem Bauch des Esels die schönen Tulipanen, Levkojen, Narzissen, Hyazinthen, Schwertlilien, Kaiserkronen und vor allem die schönen Rosen herumflorieren sahen. Als sie dessen sattsam sich erfreut hatten, so ließ der Herr Bürgermeister fortfahren in den angefangenen Ratschlägen und den gläsernen Blumenesel einstweilen auf einem erhabenen Platz aufstellen; wie nun der Rat vollendet war, welcher wegen wichtigen Angelegenheiten etwas lange gedauert hatte, und man den Esel in die Raritätskammer führen wollte, so hatte dieser unterdessen seine Notdurft verrichtet, und es war keine einzige Blume in seinem Bauch geblieben, sondern war alles zu Mist

geworden, und der Bauch des Esels sah nicht anders aus als eine schmutzige, ranzige Ölflasche. Die Stadtmusikanten, welche auf Befehl des Rates herbeigekommen waren, um diese schöne Naturseltenheit Gottes mit Trommeln und Pfeifen durch die löbliche freie Reichsstadt zu geleiten, wurden zum großen Leidwesen der Gassenbuben verabschiedet, die aus Rache den armen Esel mit Steinen warfen, daß sein gläserner Bauch in tausend Stücken ging und er elendiglich sich auf dem Scherbelhaufen vom Dippenmarkt am Pfarreisen zum Verscheiden hinlegte, wo er unter dem Gespött und boshaften Zwicken seiner langen Ohren mit lautem Gestöhn den Geist aufgab. Die Moral und große weise Lehre von dieser Fabel ist: Brüste dich nicht vor deinem Ende; wenn das falsche Glück dir den Bauch voll der schönsten Blumen stopft, so zwingt dich oft die Notdurft, alles, worauf du einst so stolz sein konntest, als stinkenden Mist wieder von dir zu geben, und jene, so dir früher schmeichelten um deiner seltnen Gaben willen, sind dann gerade die, welche dich am unbarmherzigsten verfolgen. Hättest du, Esel, dich nicht von ein paar überspannten, hochtrabenden Gelehrten verführen lassen, deine Blumenschönheit in der Stadt Frankfurt als eine bewundernswürdige Seltenheit zu zeigen, sondern wärst du ruhig in deinen Stall gewandert, so konntest du ruhig deine Verdauung abwarten und jeden Tag in der Blumenzeit aufs neue deinen Bauch mit lieblichen, würzigen Speisen füllen, und dein Ruhm würde auch nicht ausgeblieben sein, denn man würde zu dir hinausgekommen sein ins Feld, um dich zu bewundern. Die dritte Moral ist die, daß doch ein hochweiser Rat es sich zur warnenden Lehre nehme, alles, womit ein Esel in seinem Bauche prahlt, ja nicht hoch anzuschlagen, da es nach kurzer Zeit doch immer zu Mist werden muß. —
Den Savigny und alle hat die Geschichte des Anton höchlich amüsiert, es wurde noch viel gelacht und zuletzt unter Gesang beim Untergehen der Sonne nach Hause gewandert.
Ich wollte zwar früher zurückkommen, und mein Gewissen mahnt mich auch, nicht alles, was ich dort angefangen, so lang aus den Augen zu lassen; aber es schleicht ein Tag nach

dem andern so anmutig vorüber, und der Savigny ist so anmutig und kindisch, daß wir ihn nicht verlassen können; alle Augenblicke hat eins ihm ein Geheimnis anzuvertrauen, der führt ihn in den Wald, der andre in die Laube, und die Gundel muß sich's gefallen lassen, und Gescheutsein ist gar nicht Mode, der Clemens hat ihm schon ein paar Wände mit abenteuerlichen Figuren vollgemalt, und Verse und Gedichte werden mit schwarzer Farbe an alle Wände groß geschrieben. Der Clemens hat Wieland, Herder, Goethe und die Prinzessin Amalie grau in grau gemalt und den Dir bekannten Vers dazu. — Heut muß ich aufhören, ich schick Dir eine Schachtel mit dem großen Maiblumenstrauß, schmücke Dein Hausaltar und verrichte eine Andacht für mich; es ist meine liebste Blum. Geh in Dich und frag Dich, wer Dir am nächsten steht von allen Menschen; und frag Dich recht deutlich, wer sich am liebsten an Dein Herz schmiegt ohne große Anforderungen an ein hyperboreisches Glück, und da wirst Du sagen müssen, daß ich's bin, die allein das Recht hat, Dir nahzustehen, und wenn Du das nicht einsiehst, so ist der Schade mein, aber Dein auch.

Bettine

Beilage zum Brief der Bettine

Der Aufsatz, der im Hemsterhuis lag

Es sind aber drei Dinge, aus diesen entspringt der Mensch, nicht nur ein Teil oder eine Erscheinung von ihm, sondern er selber mit allen Erscheinungen in ihm, und sein Same und Keim liegt in diesen drei Dingen, diese aber sind die Elemente, aus welchen die ganze erschaffne Natur sich in dem Menschen wieder bildet.

Das erste ist der Glaube; aus diesem entspringt der gewisse Teil des Menschen, nämlich der Leib, oder das Kleid des Geistes, der Gedanke; dieser ist die Geburt und sichtliche Erscheinung des Geistes und eine Befestigung seines Daseins. Der Glaube aber ist Befestigung, und ohne diesen schwebt alles und gewinnt keine Gestalt und verfliegt in tausend Auswegen, die die erschaffende Natur noch nicht unter sich gebracht hat, so wie der Natur Eigenschaft aber ist, den ewigen Stoff, die Zeit zu bearbeiten, so ist jener ihre Eigenschaft, die Gestalt von sich abzustoßen und nicht anzunehmen, bis sie von der Natur in seligem Kampf besiegt ist. Der Glaube aber ist die Erscheinung Gottes in der Zeit, der Glaube ist Gewißheit und Ewigkeit. Die Erscheinung Gottes ist immer ewig, in jedem Augenblick, und so ist der Mensch ewig, denn sein Sein ist Gottes Erscheinung. Gott aber ist Alles, das das Gute ist, als Gegensatz gegen Nichts, das das Böse ist. Daher ist auch alles in dem Menschen, der die Erscheinung Gottes ist; daher begreift er einzig in sich Gott und den Glauben an ihn, weil sein Sein der Glaube ist, sein Wesen aber Gott.

Was also der Mensch erblickt mit seinen Augen außer sich, das ist Gottes Blick in ihm; was er aber hört mit seinen Ohren außer sich, das ist Gottes Stimme in ihm; was er aber fühlt mit seinem ganzen Leib und Geist außer sich, das ist Gottes Berührung, der Funke der Begeisterung in ihm; was aber in ihm ist, das erschafft und bildet aus ihm; was aber erschaffen und außer ihm ist, das spricht ihn an und bildet sich wieder in ihn hinein; in ihm aber liegt auch die Zeit, und es ist das Werk des Erschaffens nichts anders als die Zeit umwandeln in die Ewigkeit; wer aber die Zeit nicht umwandelt in die Ewigkeit oder die Ewigkeit herabzieht in die Zeit, der wirkt Böses, denn alles, was ein Ende nimmt, das ist böse.

Die Ewigkeit in die Zeit herabziehen aber heißt, wenn die Zeit der Ewigkeit mächtig wird, wenn die Nichtigkeit mächtiger wird als die Gewalt des Schaffens, wenn der Stoff des Meisters sich bemeistert, der ihn behandelt.

Böse ist also der Selbstmord, denn der Willen der Vernichtung ist zeitlich, und der Gedanke geht in sich selbst zugrund, weil er ein Kleid der Zeitlichkeit ist, nicht aber eine sichtbare Erscheinung des ewigen Geistes, und hier lehnt sich der Stoff — die Zeit — gegen seinen Meister (das Schicksal der Ewigkeit) auf.

Wenn man aber sagt, der Mensch ist im Guten geboren, so ist dieses wahr, weil er im Glauben geboren ist; wenn man aber sagt, er hat das Böse nicht, sondern er zieht es nur an, so ist dieses nicht wahr, denn er hat die Kraft, das Böse von sich zu stoßen, nicht aber, es an sich zu ziehen, denn das Böse ist die Zeit, und sie dient zur Nahrung für das Göttliche und Ewige, die Zeit aber frißt die Ewigkeit und den Geist, der ewig sein soll, wenn er sich nicht ihrer bemächtigt und sich zur Nahrung nimmt; denn das ist das Böse, das das Zeitliche, Irdische, das ewige Himmlische verschlingt, das Gute aber ist, wenn das ewige Himmlische das Irdische in sich umwandelt und alles zu Gott in ihm macht.

Gott aber hat das Zeitliche nicht in sich, denn sein Sein ist die Umwandlung des Zeitlichen ins Himmlische, weil er aber ist, so ist die Ewigkeit.

Die Vernunft aber ist eine Säule, festgepflanzt in dem Menschen, sie ist aber ewig und also eine Stütze des Himmels, und wie sie eingegraben ist in uns und mit uns eins ist, so geht ihr Haupt in die Wolken, und in ihrer Wurzel liegt die Zeit, aber wie sich aus dem Stoff der Geist entwickelt, so entwickelt sich die Ewigkeit aus dieser Zeit und steigt in der Vernunft zur Ewigkeit, und der Mensch wird durch die Vernunft aus einem Irdischen ein Himmlisches.

An die Bettine Frankfurt

Melonen, Ananas, Feigen, Trauben und Pfirsich und die Fülle südlicher Blüten, die eben in Eurem Hause sorglich verpackt werden, haben mir Lust gemacht, Dir das *Violen- und Narzissensträußchen* (Wandel und Treue) beizulegen, ich hätte mich gern selbst mit hineingelegt. Der Heliotrop mit den Nelken und Jasmin zusammen ist ein aparter Strauß vom Gontard für Dich, er trug mir auf, es Dir zu melden. Es ist mir jetzt recht traurig, da Du fort bist. — Das Schicksal frönt Deiner Zerstreutheit, bei Euch auch ist *ein ewiges Wandern, Kommen, Gehen.* Ich bitte Dich, schreib, wie lange Ihr bleibt oder zu bleiben gedenkt. Erst wollt ich nicht, daß Du hier bliebst, und wärst Du nun schon wieder da! — Es ist keine heitere Zeit in mir, viel Muse und keine Begeisterung für sie; man hängt von manchem ab, dem man gar keinen Einfluß zugestehen würde; die Gewohnheit, Dich zu erwarten am Nachmittag, hängt mir wie ein zerrißner Glockenstrang in den Kopf! — Und doch muß ich immer in die Ferne lauschen, ob ich Deinen Tritt nicht höre.

Der Sommer in der Stadt — es bedroht mich ganz dämonisch, den hellen Himmel zu versäumen. — Meine Spaziergänge um das Eschenheimer Tor ertöten mich gänzlich. Auch die Engländer wollen Euch diese Woche noch besuchen, alles geht fort.

Schreib mir viel, auch über meine Sachen, ich schicke dann mehr. Daß ich als Narziß mich gegen Dich verschanze, besser wie im Gespräch, wo Du immer recht behältst, mußt Du Dir gefallen lassen, so mein ich's, und so hab ich recht, und Du hast unrecht; und ich meine, Du könntest immer zufrieden sein damit, so empfunden zu sein durch Deine eigne frische Natur, daß Du meiner sicher bist. Wer im ganzen etwas sein kann, der wird sich auch fühlbar zu machen wissen, und so wird der *Wandel* nirgend anders als bei der *Treue* heimkehren, denn sie ist die Heimat. Du bist ja auch heute nicht, was Du gestern gewesen, und doch bist Du eine ewige Folge Deiner selbst. Mir scheint es noch außerdem höchst verkehrt, durch selbstisches Bestehen auf dem, was nur wie Sonnenschein vorübergehendes Geschenk der Götter ist, dem Geist die Freiheit zu verkümmern. Treue wächst in dem Geist auf, der liebt; gedeiht sie zu einem starken Baum, so wird kein Eisen so scharf sein, ihn auszurotten, aber ehe die Treue von selbst stark geworden, kann man ihr nichts zumuten; sie würde nur bei einer Anforderung ihr aufkeimendes Leben einbüßen; wenn sie aber einmal vollkommen ausgebildet ist, dann ist sie kein Verdienst mehr, dann ist sie Bedürfnis geworden, Lebensatem; — sie hat keine Rechte mehr zu befriedigen, weil sie ganz organisches Leben geworden ist. — Das sei unsre Sorge, daß jede Lebensregung eigentümliches, organisches Leben werde, das sei unsre Fundamentaltreue, durch die wir in allem Erhabenen mit den Göttern uns vermählen. Bis dahin laß uns einander treffen in ihrem Tempel; die Gewohnheit, uns da zu finden, einander die Hand zu bieten in gleicher Absicht, die wird den Baum der Treue in uns pflegen, daß er als selbständiges Leben von uns beiden ausgehe und stark werde.

Ich habe mich mit dem Gedanken oft herumgetragen, ob nicht alles, was sich vollkommen und also lebendig in der Seele ausbilde, ein selbständiges Leben gewinnen müsse, das dann als willenskräftige Macht (wie jene Treue, mit der Du mich magnetisierst) Menschengeister durchdringt und sie zu höherem Dasein inspiriert. — Was sich im Geist ereignet, ist Vorbereitung einer sich ausbildenden Zukunft, und diese Zukunft sind wir selber. — Du sagst, alles gehe ins Innere herein, und Du empfändest die Welt nicht von außen. Aber ist denn die äußere Welt nicht Dein Inneres? — oder soll sie es nicht werden? — von innen heraus lernt man sehen, hören, fühlen, um das Äußere ins Innere zu verwandeln, das ist nicht anders, als wie wenn die Bienen den Blumenstaub in die Kelche vertragen, die für die Zukunft sich befruchten sollen. In der Seele liegt die Zukunft in vielfältigen Knospen, da muß aus reiner Geistesblüte der lebendige Staub hineingetragen werden. Das scheint mir Zukunft zu sein. — Jahre vergehen gleich einem tiefen Schlaf, wo wir nicht vorwärts und nicht zurück uns bewegen, und wirkliche Zeitschritte sind nur die, in denen der Geist die Seele befruchtet; in der Zeiten Raum geht das wirkliche Leben aus solchen einzelnen befruchtenden Momenten wie die Blütenperlen dicht aneinander auf. — Was ist auch Zeit, in der nichts vorgeht? — die nicht vom Geist befruchtet ist? — Pause, bewußtloses Nichts! — Raum, den wir durchschreiten, der noch unerfüllt ist. — Aber jene Momente müssen noch so dicht gesäet werden, daß der ganze Raum ein ewiges Blütenmeer von befruchtenden Lebensmomenten sei. — Alle Anreizung in selbständiges Leben entwickeln, das geistbewaffnet nach eigentümlicher Weise die Zukunftsblüten erweckt, *das* allein ist lebendige Zeit; aber uns selbst für abgeschlossen halten und einer Zukunft entgegenschreiten, die nicht wir selbst sind, das scheint mir Unsinn und ebensowenig wahr, als wenn unsere Einsicht nicht Folge unseres Begriffs wäre. Ich habe mich zusammengenommen, um deutlich zu sein, allein das ist das schwerste, man empfindet etwas unwidersprechlich und kann's dennoch nicht aussprechen. — Deine Eifersucht um mich, die ich wahrhaftig erst für Laune hielt, später aber ihr Gerechtigkeit widerfahren ließ, obschon ich sie nicht billigen kann, leitete mich zu diesen Betrachtungen. Ich bin Dir nicht entgegen, Bettine, daß Du mit Ernst und auch mit besonderem und vielleicht auch mit mehr Recht teil an mir habest wie alle die andern; denn da wir so unwillkürlich manchen lebendigen Begriff nur gegenseitiger Berührung zu danken haben und ich mehr Dir als Du mir, so sollte dies organische Ineinandergreifen uns auch frei machen von jeder kleinlichen Eigensucht, und wir sollten wie die Jünglinge, während sie nach dem Ziel laufen, nicht uns Zeit gönnen, an was anders zu denken als im schwebenden Lauf auszuharren. Und was habe ich auch am Ende von allem andern? — Du kannst Dir das selbst wohl beantworten und Deiner Seele darüber den höchsten Frieden gönnen. —

Schreibe, wenn Du antwortest, auch einen Brief für den Clemens, er mahnt in seinem Schreiben an mich darum; es wird ihm sehr überraschend sein, wenn er Deinen Aufenthalt im Schlangenbad erfährt. Adieu! schreib bald.

Karoline

Beilage zum Brief der Günderode

Wandel und Treue

Violetta

Ja, du bist treulos! laß mich von dir eilen;
Gleich Fäden kannst du die Empfindung teilen.
Wen liebst du denn? und wem gehörst du an?

Narziß

Es hat Natur mich also lieben lehren:
Dem Schönen werd ich immer angehören,
Und nimmer weich ich von der Schönheit Bahn.

Violetta

So ist dein Lieben, wie dein Leben, wandern!
Von einem Schönen eilest du zum andern,
Berauschest dich in seinem Taumelkelch,
Bis Neues schöner dir entgegenwinket —

Narziß

In höhrem Reiz Betrachtung dann versinket
Wie Bienenlippen in der Blume Kelch.

Violetta

Und traurig wird die Blume dann vergehen,
Muß sie sich so von dir verlassen sehen!

Narziß

O nein! es hat die Sonne sie geküßt.
Die Sonne sank, und Abendnebel tauen.
Kann sie die Strahlende nicht mehr erschauen,
Wird ihre Nacht durch Sternenschein versüßt.
Sah sie den Tag nicht oft im Ost verglühen?
Sah sie den Tag nicht tränend still entfliehen?
Und Tag und Nacht sind schöner doch als ich.
Doch flieht ein Tag, ein andrer kehret wieder;
Stirbt eine Nacht, sinkt eine neue nieder,
Denn Tröstung gab Natur in jedem Schönen sich.

Violetta

Was ist denn Liebe, hat sie kein Bestehen?

Narziß

Die Liebe will nur wandeln, nicht vergehen;
Betrachten will sie alles Treffliche.
Hat sie dies Licht in einem Bild erkennet,
Eilt sie zu andern, wo es schöner brennet,
Erjagen will sie das Vortreffliche.

Violetta

So will ich deine Lieb als Gast empfangen;
Da sie entfliehet wie ein satt Verlangen,
Vergönnt mein Herz ihr keine Heimat mehr.

Narziß

O sieh den Frühling! gleicht er nicht der Liebe?
Er lächelt wonnig, freundlich, und das trübe
Gewölk des Winters, niemand schaut es mehr!
Er ist nicht Gast, er herrscht in allen Dingen,
Er küßt sie alle, und ein neues Ringen
Und Regen wird in allen Wesen wach.
Und dennoch reißt er sich aus Tellus' Armen,
Auch andre Zonen soll sein Hauch erwärmen,
Auch andern bringt er neuen, schönen Tag.

Violetta

Hast du die heilge Treue nie gekennet?

Narziß

Mir ist nicht Treue, was ihr also nennet,
Mir ist nicht treulos, was euch treulos ist! —
Wer den Moment des höchsten Lebens teilet,
Vergessend nicht, in Liebe selig weilet,
Beurteilt noch und, noch berechnend, mißt,
Den nenn ich treulos, — ihm ist nicht zu trauen,
Sein kalt Bewußtsein wird dich klar durchschauen
Und deines Selbstvergessens Richter sein.
Doch ich bin treu! Erfüllt vom Gegenstande,
Dem ich mich gebe in der Liebe Bande,
Wird alles, wird mein ganzes Wesen sein.

Violetta

Gibts keine Liebe denn, die dich bezwinge?

Narziß

Ich liebe Menschen nicht und nicht die Dinge,
Ihr Schönes nur, — und bin mir so getreu.
Ja, Untreu an mir selbst wär andre Treue,
Bereitete mir Unmut, Zwist und Reue,
Mir bleibt nur so die Neigung immer frei.
Die Harmonie der inneren Gestalten
Zerstören nie die ordnenden Gewalten,
Die für Verderbnis nur die Not erfand. —
Drum laß mich, wie mich der Moment geboren.
In ewgen Kreisen drehen sich die Horen;
Die Sterne wandeln ohne festen Stand,
Der Bach enteilt der Quelle, kehrt nicht wieder,
Des Lebens Strom, er woget auf und nieder
Und reißet mich in seinen Wirbeln fort.
Sieh alles Leben! es hat kein Bestehen,
Es ist ein ewges Wandern, Kommen, Gehen.
Lebendger Wandel! buntes, reges Streben!
O Strom! in dich ergießt sich all mein Leben!
Dir stürz ich zu! vergesse Land und Port!

An die Günderode

Den ersten Tag, als wir ankamen, war's so heiß, daß es mehr
wie unerträglich war; wir warfen unsere Nanking-Reise-

jacken aus und legten uns in den Unterkleidern, in Hemdsärmel, auf dem Gang vor unserer Zimmertür ins Fenster;
von da kann man, versteckt hinter Bäumen, auf eine Terrasse
sehen, wo sich die Gesellschaft zum Tee bei der Kurprinzessin von Hessen versammelt, die gerade unter uns wohnt. Das
machte mir Spaß, man konnte manches verstehen, und ein
Wort aus der Ferne, wenn's auch an sich unbedeutend ist,
ist immer anregend wie eine Komödie. Doch hat das Vergnügen dran nicht lang gedauert; ein krebsroter Kammerherr, der mir im Anfang Vergnügen machte zu sehen, wie
er hin und wider lief und den Frauen allerlei in die Ohren
zischelte, und dann ein Herzog von Gotha mit langen Beinen,
rotem Haar und sehr melancholischen Gesichtszügen und ein
großes weißes Windspiel zwischen den Knien, der trägt
einen lederfarbnen Rock; dann viele Damen mit überflüssigem
Putz, die Hauben aufhatten, als wär's die Flotte vom Nelson
mit aufgeschwellten Segeln und dann französische Schiffe,
wenn so zwei miteinander parlierten, das war grad, als ob
einzelne Schiffe handgemein würden, bald brüstete sich das
Schiff, dann thronte es wieder, dann streckte es seinen Schna-
bel in die Höh, und Herren und Damen von besonderer
Affektion gegeneinander; bald zerstreuten sie sich auf der
Promenade, und plötzlich stand der rote Kammerherr hinter
uns auf dem Gang. Die Tonie entsetzte sich und ging ins
Zimmer, ich aber war gar nicht erschrocken und fragte, was
er wünsche; er war verlegen und sagte, er wünschte der
Dame Bekanntschaft zu machen; ich fragte: »Warum werden
Sie denn so rot?« Er ward noch roter und wollte mich bei
der Hand nehmen, ich sagte: »Nein!« und ging ins Zimmer;
er drängte sich mir nach, ich rief: »Tonie, helf mir den Mann
bezwingen«, sie war aber so voll Angst, daß sie sich nicht
vom Platz regte, denk Dir nur, und ich lehnte mich mit aller
Gewalt wider die Tür, und der rote Mann dazwischen, der
durch wollte; ich rief: »Tonie, zieh an der Schelle«, denn
unsre Bedienten waren alle noch am Packwagen beschäftigt,
aber die Tonie fand den Schellenzug nicht; — der unartige
Mann, immer wollte er doch noch herein, wo er doch sah,
daß man ihn nicht wollte; ich konnt gar nicht begreifen, was

er wollte, ich dachte einen Augenblick, er wolle uns umbringen; ich erwischte einen Sonnenschirm, der an der Tür stand, und stach mit dem nach seiner Lunge oder Leber, ich weiß nicht — er zog sich zurück, und die Türe fiel ins Schloß; da stand ich wie einer, der über Berg und Tal gejagt war von einem Gespenst, ich konnte eine Viertelstunde keinen Atem kriegen; ich dachte wirklich, er sei ein Mörder, ich hatte schon allerlei Anschläge im Kopf, wie ich ihn erwürgen wollte. Die Tonie lachte und sagte: »Geh doch, ein Kammerherr und ein Mörder«, sie meinte, er sei nur ein boshafter und gemeiner Schelm, wie's deren am Hof die meisten seien. — Wir haben aber den Bedienten die Nacht vor der Schlafzimmertür schlafen lassen und die Lisette zu uns ins Zimmer genommen, ich konnte aber die ganze Nacht nicht schlafen, mich störte es, daß der Diener vor der Tür lag. Es ist doch zum erstenmal in meinem Leben, daß ich Angst hatte; aber denk doch nur, am andern Tag meldet uns der Bediente den roten Herrn, er komme von der Frau Kurprinzessin mit einem Auftrag und ließ sehr bitten, ihn anzunehmen; ich rufe: »Nein! wir wollen von keiner Kurprinzessin was wissen«; die Tonie aber sagt: »Das geht nicht an, wir müssen ihn annehmen.« Ich bewaffnete mich mit dem Sonnenschirm, als er eintrat und uns zur Frau Kurprinzessin zum Tee auf die Terrasse einlud; zugleich machte er viele Entschuldigungen, er habe gar nicht geahnt, wer wir seien, weil wir in Hemdsärmel im Fenster gelegen haben; ich war still, aber ich war sehr ergrimmt über den roten Mann. Als wir bei der Kurprinzessin vorgestellt waren, die mich bei der Hand nahm und ins Gesicht küßte, da saßen wir alle in einem Kreis, und der Rote stellte sich hinter mich, daß ich seinen Atem fühlte; das kränkte mich sehr, ich sagte: »Gehen Sie fort hinter mir, Sie garstiger Mann«, da lief er weg; aber die Tonie sah mich sehr ernsthaft an, und wie wir wieder oben waren, da schmälte sie, daß ich so laut gesprochen habe; das ist mir aber einerlei, ich kann ihn nicht in meiner Nähe leiden; was liegt mir dran, ob's die Kurprinzessin merkt; wenn sie fragt, so sag ich, er hat uns wollen ermorden in unserem Zimmer, und dann kann er sich nachher verteidigen, wenn's nicht

wahr ist, und kann sagen, warum er uns so mörderischerweise angefallen hat. — Die Tonie will auch nicht, daß ich abends allein spazieren geh, sie sagt, der Kammerherr könnte mir begegnen; so muß ich immer einen hinter mir drein laufen haben. — Es ist nichts schöner als so ein Spaziergang im Nebel, mit dem sich, wenn die Nacht kommt, alle Schluchten füllen und der in tausenderlei Gestalt im Tal herumtanzt und an den Felsen hinauf. — Aber einen hinter mir dreinlaufen zu haben, das ist mir verdrießlich. — Ich kann nicht dichten wie Du, Günderode, aber ich kann sprechen mit der Natur, wenn ich allein mit ihr bin; aber es darf niemand hinter mir sein, denn grad das Alleinsein macht, daß ich mit ihr bin. Auf der grünen Burg im Graben, im Nachttau, da war es auch schön mit dir; es sind mir meine liebsten Stunden von meinem ganzen Leben, und sowie ich zurückkomm, so wollen wir noch acht Tage zusammen dort wohnen; da stellen wir unsere Betten dicht nebeneinander und plaudern die ganze Nacht zusammen, und dann geht als der Wind und klappert in dem rappeligen Dach, und dann kommen die Mäuschen und saufen uns das Öl aus der Lampe, und wir beiden Philosophen halten, von diesen Zwischenszenen lieblich unterbrochen, große tiefsinnige Spekulationen, wovon die alte Welt in ihren eingerosteten Angeln kracht, wenn sie sich nicht gar umdreht davon. — Weißt Du was, Du bist der Platon, und Du bist dort auf die Burg verbannt, und ich bin Deiner liebster Freund und Schüler Dion; wir lieben uns zärtlich und lassen das Leben füreinander, wenn's gilt, und wenn's doch nur wollt gelten, denn ich möcht nichts lieber als mein Leben für Dich einsetzen. Es ist ein Glück — ein unermeßliches, zu großen heroischen Taten aufgefordert sein. Für meinen Platon, den großen Lehrer der Welt, den himmlischen Jünglingsgeist mit breiter Stirn und Brust, mit meinem Leben einstehen! Ja, so will ich Dich nennen künftig, Platon! — und einen Schmeichelnamen will ich Dir geben, Schwan will ich Dir rufen, wie Dich der Sokrates genannt hat, und Du ruf mir Dion. —
Es wächst hier viel Schierling in dem feuchten Moorgrund, ich fürchte es aber nicht, obschon's Gift ist; es ist mir ein

geheiligt Kraut, ich breche es ab im Vorübergehn und berühre es mit meinen Lippen, weil der Sokrates den Schierlingsbecher getrunken. Lieber Platon, es ist meine Reliquie, die mich von bösen Schwächen heilen soll, daß ich vor dem Tod nicht verzagen muß, wenn es gilt. — Gute Nacht, mein Schwan, gehe dort schlafen auf dem Altar des Eros. —

Am Sonntag — Schlangenbad
Hier ist auch eine Kapelle und eine kleine Orgel, die hängt an der Wand, die Kapelle ist rund, ein mächtiger Altar nimmt fast den ganzen Platz ein, ein großer goldener Pelikan krönt ihn, der einem Dutzend Jungen sein Blut zu trinken gibt. Das Ende der Predigt hörte ich aus, als ich hineinkam; ich weiß nicht, war's der goldne Pelikan, die mit vielen Spinnweben überflorten Zieraten und Kränze von Golddraht, die frischen Sträußer daneben von Rosen und gelben Lilien und die düsteren Scheiben, wo oben grad über dem Pelikan die dunkelroten und gelben Scheiben die Sonnenstrahlen färben. Der Geistliche war ein Franziskaner aus dem Kloster bei Rauenthal. »Wenn ich jetzt von Unglück sprechen höre, so fallen mir immer die Worte Jesu ein, der zu einem Jüngling sagte, der unter seine Jünger wollte aufgenommen werden: Die Füchse haben Gruben, die Vögel des Himmels haben ihre Nester, aber des Menschen Sohn hat keinen Stein, da er sein Haupt hinlege. — Ich frage Euch, ob durch diese Worte allein nicht schon alles Unglück gebannt ist? — Er hatte keinen Stein, um auszuruhen, viel weniger einen Gefährten, der ihm sein irdisch Leben heimatlich gemacht hätte, und doch wollen wir klagen, wenn uns ein geliebter Freund verloren geht, wollen uns nicht wieder aufrichten, finden es nicht der Mühe wert, ins Leben uns zu wagen, werden matt wie ein Schlaftrunkner. Sollten wir nicht gern die Gefährten Jesu sein wollen, wenn die Not uns trifft? sollten wir nicht Helden sein wollen neben diesem großen Überwinder, der ein so weiches Herz hatte, daß er aus liebendem Herzen die Kinder zu sich berief, daß er den Johannes an seiner Brust liegen hieß? Er war menschlich, wie wir menschlich

sind; was uns zu höheren Wesen bildet, nämlich das Bedürfnis der Liebe, und zu selbstverleugnenden Opfern befähigt, das war die Grundlage seiner göttlichen Natur; er liebte und wollte geliebt sein, bedurfte der Liebe; weil nun die Liebe auf Erden nicht zu Hause war, so fand er keinen Stein, da er sein Haupt ruhen konnte, da verwandelte sich dieses reine Bedürfnis der Liebe in das göttliche Feuer der Selbstverleugnung, er brachte sich dar, ein Opfer für die geliebte Menschheit, sein Geist strahlte wieder himmelwärts, von wo er in seine Seele eingeboren war, wie die Opferflamme hinaufsteigt ein Gebet für den Geliebten, und dies Gebet ist erhört worden, denn wir fühlen uns allzumal durch diese Liebe geläutert, und wenn wir uns ihrer Betrachtung weihen, so werden wir göttlich durch ihr Feuer, und dieses ist wie der Odem Gottes, der alles ins Leben ruft, jeden Keim des Frühlings, so auch ruft nun die Liebe Jesu, die auf Erden nicht begnügt und beglückt konnte werden, zu sich alle, die mühselig und beladen sind, sie sind verschloßne, tränenschwere Knospen; die mächtige Sonne der göttlichen Liebe wird sie zum ewigen Leben der Liebe wecken, denn dies ist alles Lebens, alles Strebens Ziel auf Erden. Amen.« Diese schönen Worte waren die einzigen, welche ich von der Predigt hörte, aber sie waren mir genügend, um mich den ganzen Tag zu begleiten; sie klangen wie ein himmlisch Geläut in mein Ohr, wie ein schöner Sonntagmorgen; als alles zum Tempel hinaus war, ging ich von der Emporkirche herab in die runde Kapelle, ein andrer Priester hatte eben die Messe gelesen, es kam ein alt Mütterchen, die löschte die Kerzen und räumte auf; ich frug, ob sie Sakristan sei, sie sagte, ihr Sohn sei Küster, aber der sei heut über Land; ich frug, wo sie die vielen Blumen hernehme, da ich doch nirgend einen Blumengarten gesehen; sie sagte: »Die Blumen sind aus unserem Garten, mein Sohn pflegt sie alle«; ich hatte eine rechte Lust, mit in den Garten zu gehen, das war sie zufrieden; das ist ein Garten, so groß wie der Hof von unserm Haus, an der weißen Wand des Hauses wachsen Trauben, und ein paar hohe Rosenbüsche sind dazwischen verflochten, Rosen und Trauben, ich kann mir keine schönere Vermählung denken,

Ariadne und Bacchus. Ein hölzern Bänkchen war da an der Mauer, ich setzte mich ganz ans End, und die Frau neben mich, es war kaum groß genug, daß wir Platz hatten, ich mußte recht dicht an die Frau heranrücken; ich legte meine Hand in ihre auf ihren Schoß, sie hatte eine so harte Hand; sie sagte: »Das sind Schwielen vom Graben im Land, denn hier ist ein felsiger Boden.« Du glaubst nicht, wie schön der Garten in der Sonne lag, denn jetzt ist grade die reichste Blumenzeit, alles ist doch so schön; wenn die Natur mit Ordnung bedient wird, gleich ist's ein Tempel, wo ihre Geschöpfe als Gebete aufsteigen, gleich ist's ein Altar, der voll kindlicher Opfergeschenke beladen ist. — So ist das Gärtchen mit seinen reinlichen Kieswegen und buchsbaumnen Felderteilchen; der Buchsbaum ist so ein rechter Lebensfreund, von Jahr zu Jahr umfaßt und schützt er, was der Frühling bringt; es keimt und welkt in seiner Umzäunung, und er bleibt immer der grüne treue, auch unterm Schnee; das sagt ich der alten Frau, die sagte: »Ja das ist wohl wahr, der Buchsbaum muß alles Schicksal mitmachen.« — Aber stell Dir doch das hübsche Gärtchen vor, links vom traubenbewachsnen Haus die Mauer mit Jasmin, gegenüber im Schatten eine recht dichte Laube von Geißblatt, der Eingang zum Haus von beiden Seiten mit hohen Lilien besetzt. So viel Levkojen, so viel Ranunkeln, so viel Ehrenpreis und Rittersporn und Lavendel, ein Beet mit Nelken, ein Maulbeerbaum in der einen Ecke und in der andern, geschützt gegen die kalten Winde, zwei Feigenbäume mit ihren lieben, rein gefalteten Blättern; ich war ganz erfreut, Kameraden von meinem Baum zu finden, unter denen springt ein Quellchen hervor in einen Steintrog, da kann die Frau gleich ihre Blumen begießen, und in den offnen Fenstern hing ein Käfig mit Kanarienvögel, die schmetterten so laut. Ach, es war recht Sonntagswetter und Sonntagslaune in der Luft und Sonntagsgefühl in meinem Herzen. Ich bitte Dich, sorg, daß mein Baum von der Lisbeth nicht versäumt werde, er muß bald reife Früchte haben, wenn er so weit ist wie die im Küstergärtchen, die brech Dir ab. — Die Frau schüttelte mir Maulbeeren ab, die sammelte ich auf einem Blatt, und einen

Strauß von Nelken und Ehrenpreis und Rittersporn hatte ich mir auch gepflückt; und wie ich so dasteh ganz still in der Sonn, da kommt der geistliche Herr aus der Tür; er hatte da sein Frühstück genossen, was die Küsterfrau immer nach der Kirche bereithält. — Der Geistliche ist ein schöner, ganz stiller Kopf, und sanfte Augen, und noch jung. Mich strahlten die schönen Worte, die ich von ihm gehört hatte, noch einmal aus seinem Gesicht an, ich konnte auch aus Ehrfurcht ihm nichts sagen; er sah mich aber freundlich an und sagte: »Ei wie! schon reife Maulbeeren«; ich reichte ihm die Maulbeeren, er nahm auch welche davon, und den Strauß nahm er mir auch ab und steckte ihn in seinen Ärmel, denn ich war so überrascht, als ich ihn kommen sah, daß ich nicht wußte, was ich tat, und ihm beide Hände entgegenstreckte; ich wußte gar nicht, daß ich ihm den Strauß geboten hatte, und erst als er ihn mir mit einem Dank abnahm, merkte ich's. Nun ging er weg, und ich blieb betäubt stehen, der Spitzhund aber begleitete ihn sehr höflich vor die Gartentür, ich hörte ihn noch vor der Tür freundlich mit dem Hund sprechen: »Geh nach Haus, Lelaps«, sagte er. — Ich war recht vergnügt, und mehr als all die Tage über auf der Terrasse, mit meinem Sonntagmorgen.

Wie ich nach Haus kam, waren alle bei Leonhardi versammelt und tranken Schokolade; sie fragten, wo ich geblieben war nach der Kirche; ich erzählte, daß ich im Küstergärtchen gewesen und hätte den lieben Prediger gesehen. Da war aber schon die Kritik drüberher gewesen und hatte die Unmöglichkeiten von unchristlicher Gesinnung drin gefunden; der Mann ist berühmt, und Leonhardis waren aus Neugierde auch drin gewesen und die Engländer und die Lotte und der Voigt und noch ein paar Stiftsfräulein, die Leonhardis kennen; der Fritz lag auf dem Bett ganz blauschwarz von seinem Stahlbad, aus dem er eben gekommen war; wenn das noch lange dauert, so wird er ein Mohr. Du hättest diesen Schnattermarkt mitanhören sollen, und der Niklas Voigt, der im Mainzer Dialekt sie alle auslachte, und die Lotte, mit der besten Weisheit versehen, und der Christian Schlosser; was jeder sagte oder vielmehr über die andern hinausschrie, das verstand ich nicht, also noch weniger, was jeder meinte, aber der Niklas Voigt, dem Lotte in Ermanglung eines besseren Auditoriums ihre Weisheit übermachte, taumelte wie ein Betrunkener um den geschlossenen Zirkel der Disputierenden, bejahte alles, was sie sagten, und dann rief er wieder: »In meinem Leben hab ich kein ärger Kauderwelsch gehört, als die Narren da durcheinander schreien, hören Sie doch, Bettine, was die vor Zeug schwätzen«, und dann schrie er wieder drein, sie hätten ganz recht, so ein Prediger wäre ein eitler Narr, ich sagte: »Ei, Voigt!« — »Nun, was wollen Sie denn machen, wenn Sie mitten unter den Wölfen sind, so müssen Sie mitheulen, daß Dich, daß Dich, was vor kapitale Narren sind's! Ei freilich ist ein Prediger ein Narr, der seine himmlische Weisheit so vor die Narren gibt« — und so zerrte er mich zum Zimmer hinaus auf die Terrasse, war ganz begeistert von der Predigt, »ein Mann ist's, wie's unter Hunderttausenden keinen wieder gibt! ein Mann, der seine individuelle Natur von Gott durchdringen läßt! ein lebendiger Mann, der leider die Weisheit den hölzernen Maulaffen vorpredigt. Kein Mensch hat Andacht, Geistesandacht hat kein Mensch! — Maulandacht, und eine Zucht und eine Sitte, wie man Hunde dressiert: so dressiert die ganze Menschheit ihr eigen Gewissen, sie verstehens nicht besser, sie wissen nichts davon, daß der ganze Mensch gar kein Richter mehr über sich selber sein soll, sondern ein lebendiger Anger, wo kein Urteil mehr stattfindet, sondern lauter Seelennahrung, lauter Himmelsspeis der Weisheit; wahre Weisheit, die kann nur genossen werden, nicht beurteilt, denn die ist größer, als daß der geringe Verstand sie durchschaut — aber so geht's! — was hilft mich die christliche Religion, die Menschen sind Narren und werden's bleiben, und da hat's dem Herrn Christus auch nicht besser geglückt, daß er da heruntergekommen ist. Ein Narr, der sich Christ nennt, ist halt eben auch einer! — wenn er hundertmal vom Himmelsthron heruntergekommen ist, er hat tauben Ohren gepredigt, die es nach ihrem Behagen ausgelegt haben. — Wäsch mir den Pelz und mach mir ihn nicht naß, das ist die ganze Geschicht mit der Frömmigkeit. Tu die Augen auf und werd gescheut, denn unser

Herrgott kann keine Esel brauchen, aber Ihr werd Esel bleiben, und so tragt nur Euer schwere Säck von Vorurteil auf Euerm Buckel bis in alle Ewigkeit, Ihr seid doch zu nichts tauglich als die Mühl zu treiben, in der Euch der Kopf immer duseliger wird.« — Aber das war nicht alles, was der Voigt sagte, und dabei machte er Sätze links und rechts. Jetzt erzähl ich Dir wieder weiter, wie's noch mit dem roten Kammerherrn weitergegangen ist; alle Tage sind wir auf der Terrasse, da gibt bald eine Dame, bald die andere ein Gouté und dann wieder die Prinzeß, aber der Krebs ist immer wieder hinter mich gekommen; da hab ich mir eine Schawell aus unserm Zimmer geholt und dicht neben die Kurprinzeß gestellt und mich draufgesetzt; und nun ist das alle Tag mein Platz, und da darf er nicht mehr an mich streifen, und wenn wir spazierengehen über die Bergrücken nach dem Tee, da nimmt mich die Kurprinzeß immer bei der Hand; sie hat ein klein Blondchen weiß und rot, dem fliegen die Sonnenhaare so flammig um den Kopf, dem lieben Hessenkind; ich könnt recht gut mit ihm spielen, sie halten mich ja doch für ein Kind, weil ich keine Gesellschaftsmanieren hab; Ballwerfen, um die Wett laufen — aber so einem Prinzeßchen ist nicht beizukommen; da ist eine Frau von Gundlach, die führt das Regiment, und Kammerfrauen, die begleiten es. Dann ist mir's auch nicht möglich, mit einem Kind Komödie zu spielen; ich muß mit ihm sein können unter Gottes Schutz, nicht unter Menschenaufsicht. — Prinzeßchen, in Gold und Silber angetan — zu ihrer Geburt kommen gute Feen, die sie beschenken — das erfährt man in Feenmärchen. Was mögen sie dem feinen Kind alles geschenkt haben? — Gaben, die es noch nicht zu brauchen weiß, wer wird's ihm lehren? — Scheu! — aber keine scheinheilige — ich hab sie vor allem Kinderschicksal unentfaltet noch in so süßer Knospe verschlossen; man hat auch Scheu, eine junge Knospe zu berühren, die der Frühling schwellt. Ein Wiegenkindchen lallt so berührsam wie kein Gespräch mit Menschen. Nur allein mit Dir ist Sprechen lebendig, wo wir ohne Vor- und Nachurteil den Gedanken uns auf die Schwingen werfen und jauchzen und gen Himmel fahren. Um so ein Kinderschicksal möcht ich einen Kreis ziehn, das Erdenschicksal wollt ich aufheben von ihm, daß es ganz gleichgültig wär, ob ihm dies oder jenes zuteil werde, und nur sein himmlisch Weisheitsschicksal darf gelten. Lautere Güte, das ist der Erfrischungsquell für die Kindernatur, aus dem sie Gesundheit trinkt — und abends, wenn's schlummert, da haucht es Segen, wie die schlummernden Sträucher auch Segen duften, an denen man hingeht in der Dämmerung. — Ein Kindchen einwiegen bei Mondenschein, dazu würden mir gewiß schöne Melodien einfallen; was geht einem die Welt an, die verkehrt ist. Alles, was ich seh, wie man mit Kindern umgeht, ist Ungerechtigkeit. Nicht Großmut, nicht Wahrhaftigkeit, nicht freier Wille sind die Nahrung ihrer Seele, es liegt ein Sklavendruck auf ihnen. Ach, wenn ein Kind nicht innerlich eine Welt hätte, wo wollt es sich hinretten vor dem Sündenunverstand, der bald den keimenden Wiesenteppich überschwemmt. — Da sagen die Leute, ein Kind darf nicht alles wissen. — Wie dumm! — Was es fassen kann, das darf's auch wissen, für was hätte es die Macht zu begreifen? — Der Geist langt wie eine Pflanze mit jungen Ranken hinaus in die Lüfte und will was fassen, und da kommt der Unverstand, an den kann er sich freilich nicht ansaugen, da muß der Kindergeist absterben; sonst, wie bald würde die Weisheit der Unschuld den Aberwitz der Unverschämtheit beschämen. Ungeduld und Zorn und Mißstimmung werden ihnen wie Autoritäten entgegengestellt; man schämt sich vor ihnen keiner bösen Regung, vor andern hütet man sich wohl, da versteckt man die böse Natur, aber vor Kindern nicht, man denkt, sie begreifen's noch nicht; man sollte doch lieber auf ihre Reinheit bauen, die das Böse nicht gewahr wird, oder auf ihre Großmut, sie verzeihen viel und rechnen es einem nicht an. Deswegen sind sie aber nicht witzlos und untüchtig für den höchsten Begriff. Aber die Menschen sind über sich selber so dumm, sie glauben in ihrem schmählichen Unrecht noch an ihre eigne Weisheit wie an einen Ölgötzen, dem sie Opfer bringen aller Art, nur die eigne Bosheit erwischen sie nicht bei den Ohren, um sie einmal zu schlachten. Der knospenvolle Lebenstrieb wird nichts geachtet, der soll nicht aufgehen, aus dem die Natur hervor ans Licht sich drängen will; da wird ein Netz gestrickt, wo jede Masche ein Vorurteil ist — keinen Gedanken aus freier Luft greifen und dem vertrauen — alles aus Philistertum beweisen und erfordern, das ist die Lebensstraße, die ihnen gepflastert wird, und wo statt der lebendigen Natur lauter verkehrte Grundsätze und Gewohnheiten es umstricken. Der Voigt sagte, ihm sei das Lachen und Weinen nah gewesen beim Examen in der Musterschule, wo der Molitor mit so großem Eifer die Judenkinder examiniert habe über die Großtaten der Römer und Griechen, wenn er dächte, welchen schmutzigen Lebenspfad sie wandern müßten; ›Zieh Schimmel, zieh, im Kot bis an die Knie‹, ja da mag einer noch so ein weißer Schimmel sein, er muß im Morast steckenbleiben; und das ganze Lehrgebäude ist bloß wie ein Fabelwerk, alles lehrt man durch Exempel, aber große Taten, die zeigt man nur wie die Schimäre aus dem Bilderbuch, da dreht jedermann um und läßt sie stehen ohne weitere Gebrauchsanweisung. Diese Bemerkungen sind alle aus Gesprächen mit dem Voigt, der mir gern seine Weisheit bringt aus dem Grund, weil ihn kein Mensch sonst anhört; er sagte, ich bin jedermann langweilig, aber ich kann Ihnen versichern, die Leute sagen, Sie wären auch langweilig; er sagte: aus einem Kind sollte lauter Weisheit hervorblühen, daß alles Denken freudige Religion in ihm würde, ohne ihm das Kreuzschlagen zu lehren oder Heiden und Christen zu unterscheiden, und seine Seele müßte aufblühen am Lebensstamm, ohne zu fragen nach Gutem und Bösen. — Weißt Du was — heut hat sich das zarte Kind in der Tür den Finger sehr arg geklemmt, und die Kurprinzeß war sehr erschrocken und ganz hinfällig geworden, denn es hat ihm sehr arg weh getan, mich hat's auch geängstigt, es hatte Fieber, jetzt liegt's im Bett und schläft; als es beruhigt war, ging die Kurprinzeß zur Erholung spazieren; sie nahm mich mit, ich lief von ihrer Seite, um ihr Blumen zu holen, die ich in der Ferne sah, die nimmt sie mir immer freundlich ab und zeigt mir wohl selbst, welche ich pflücken soll; ich brach aber so viele und kletterte jede steile Seite hinan; die Damen wunderten sich über meine großen weiten Sprünge und sagten, ich beschwere die Hoheit mit den vielen Blumen, ich band einen Strauß mit meinem Hutband und gab ihn ihr zu tragen; ich sagte, er sei für's kranke Kind zum Spielen, nicht ins Wasser zu stellen; sie trug den großen Strauß und wollte nicht, daß man ihn ihr abnahm. Die Gesellschaft wunderte sich über meine *naive Art,* damit meinen sie *Unart,* ich merkte es; sie halten mich für einen halben Wilden, weil ich wenig oder nie mit ihnen spreche, weil ich mich durchdränge, wohin ich will, weil ich mich ohne Erlaubnis an der Prinzeß Seite setze, als ob ich den Platz gepachtet habe, sagt Frau von B. R., weil ich so leise geschlichen komm, daß mich keiner merkt, weil ich davonlaufe und nur das Windspiel vom Herzog von Gotha sich mit mir zu schaffen macht, das mir nachsetzt und bellt, wenn ich ins Gebüsch spring; der L. H. sagte mir, daß man sich über meine Unart aufgehalten, den Hund so laut bellen zu machen; er erzählte mir aber nicht, was ich von der Tonie hernach hörte, daß die Kurprinzeß sagte: »Sie ist ein liebes Kind«, und daß der Herzog von Gotha sagte: »Ein allerliebstes Kind.« — Nun, ich gefall mir selbst gut. —

Lieb Günderödchen, über allen Wechsel und Zerstreuung von heute hinweg klingen noch immer die Worte der Predigt in mich hinein, als wär heut ein feierlicher Tag gewesen. — Es ist ja wahr, Du und ich sind bis jetzt noch die zwei einzigen, die miteinander denken; wir haben noch keinen Dritten gefunden, der mit uns denken wollt oder dem wir vertraut hätten, was wir denken, Du nicht und ich nicht; niemand weiß, was wir miteinander vorhaben, und wir lassen jetzt schon ein ganzes Jahr die Leute sich wundern, warum ich doch alle Tag ins Stift lauf. — Aber den Geistlichen — wär's in Frankfurt gewesen, den hätt ich angeredet, daß er mit mir zu Dir gegangen wär. — Der hat gewiß keinen Freund — sein Geist wird sein Freund sein müssen, der wird ihm antworten. Ich denk, ob einer mit seinem eignen Geist reden kann? — Der Dämon des Sokrates, wo ist der geblieben? — Ich glaub, jeder Mensch könnte einen Dämon haben, der mit ihm sprechen würde, aber worauf der Dämon antworten kann, das muß unverletztes Forschen nach Wahrheit sein; da mein ich mit, es darf sich kein andrer Wille dreinmischen als bloß die Begierde zur Antwort. — Frage ist Liebe und Antwort Gegenliebe. Wo die Frage bloß Liebe zum Dämon ist, da antwortet er, der Lieb kann Geist nicht widerstehen, wie ich nicht und Du nicht. Solang ich vom Sokrates weiß, geh ich dem Gedanken nach, wie er einen Dämon zu haben; er hatte wohl ein inneres Heiligtum, ein Asyl, wo der Dämon zu ihm kommen mochte; ich hab in mir gesucht nach dieser Türe zum Alleinsein, wo ich diesem Weisheitsgeist ins Gesicht sehen könnt, flehend um Lieb. Aber Du hast recht, ein mutwilliger Wind jagt meine Gedanken wie Spreu auseinander, ich werd fortgerissen von einem zum andern von meiner Zerstreutheit; dann ist's so nüchtern in mir und so beschämend öde, wenn ich mich sammeln will; wie soll da der Geist sich einfinden, wo es so leer ist; der Sokrates hatte wohl große Taten getan vorher und nie seinen Genius verleugnet, dann kam er zu ihm. — Ich sag als zu mir, laß nur ab, der Geist würde von selber kommen, könnt deine Natur ihn herbergen. Ich denk als, der Geist muß entspringen aus vereinigten Naturkräften, und ich hab so keine Feuernatur, die sich so konzentrieren kann, daß der Geist aus ihr entspringe; aber ich wollt es doch, ich sehne mich nach ihm. Ich hab ihn nicht, ich denk mir ihn aber und trag ihm alles vor in meinen Nachtgedanken, und manchmal schreib ich an Dich, als wärst Du sein Bote und er würde durch Dich alles erfahren von mir. Manchmal, wenn wir zusammen schwätzten im Dunkel bei dem verglommenen Feuer in Deinem Öfchen, wo der Märzschnee vom Baum vor Deinem Fenster herunterfiel, da dacht ich, was schüttelt doch den Baum? — und da war ich gleich so begeistert, als lausche was und reize mich an, und Du sagtest, es fülle sich unser Gespräch mit Gas, ein Gedanke nach dem andern stieg in die Wolken, und verglichst sie mit romantischen Lichtern, die hoch über uns sich in sanften Leuchtkugeln ausbreiten. Das Rasseln im beschneiten Baum, an der Wand das neugierige Mondlicht, das aufflammende Feuerchen, Du und ich, die mit Deinen Fingern spielte beim Sprechen, das war als so, daß ich dacht, der Geist wär nah bei uns und trenne uns von allem Unsinn; und das Leben war auch so weit ab, auf der Straße, wenn ich nach Haus ging, wenn mir da Menschen begegneten, so wars wie eine Scheidewand zwischen mir und ihnen und zwischen allem, was in der Welt vorgehe — ja, die Welt, die auch von Begeistrung leben sollte wie der Baum vom Tau, die strömt so viel Stickluft aus (Langeweile), daß der Geist nicht eratmen kann.

Heut sind die Früchte angekommen und die Blumen all noch frisch, Dein Brief duftet mit dem Heliotrop und gelben Jasmin in meiner Brust, wo ich ihn hingesteckt hab. — Was Du mir sagst, scheint mir auch vom Dämon durch Dich gemeldet, Du kleidest seine Weisheit in Balsam hauchende Redeblüten — ich soll und muß Dir recht geben, nicht wahr? — Meinst Du, es wird den Dämon verdrießen, wenn ich ihm nicht nachgebe mit der Eifersucht? — und daß meine Leidenschaft in so stolzen Flammen aufsprüht und will ihn gefangennehmen, wo er sich verborgen hat in Dir? — Eifersucht fährt heraus aus dem Geist der Liebe, als wär's der Dämon selber; sie ist eine stark bewegende Kraft, ich weiß, was ich ihr zu danken hab; — ja, vielleicht ist sie eine Gestalt, in die sich der Dämon kleidet; wenn ich eifersüchtig bin, ist mir's immer göttlich zumut, alles muß ich verachten, alles seh ich unter mir, weil es so hell in mir leuchtet, und nichts scheint mir unerreichbar, ich fliege, wo andre mühselig kriechen; und während mir's im Herzen ängstlich pocht, da rauscht's im Geist so übermütig, ich biete Trotz, so arg Trotz, daß ich ohnmächtig werden muß, aber mein Mut sinkt nicht, der ist noch stärker, wenn ich mich erhole; nach was verlang ich denn? — was will ich mir erzwingen? — Ja, es ist gewiß der Dämon, den ich wittere; als ich Dir in die Hand biß und an zu weinen fing, so war es doch der Dämon, der mich neckte, nicht Deine Geheimnisse, die Du mit andern hast, die mich nichts angehen; ich weiß, daß die nicht zwischen uns treten, und Du, wo willst Du hin? — Ich und Du, uns berührt nichts in unserer Eigentümlichkeit miteinander. Aber es schlägt Feuer aus mir, daß ich ihn fassen will und will mich an ihn klammern, denn er war gewiß oft zwischen uns beiden; meine Ahnung war nicht falsch, und ich wollt ihn gern an mich reißen, als ich von Dir ging; drum biß ich Dich und schrie. — Ja, es ist Eifersucht — wie soll ich aber nicht eifersüchtig sein, es ist ja die einzige Möglichkeit meines Gefühls; schmeicheln kann ich ihm nicht, ihm vertrauen, wie kann ich das; ich weiß ja nicht, ob er mir lauscht. Aber daß meine Eifersucht rege wird, wo ich ihn ahne, daß ich da mächtig mit den Flügeln schlage um ihn, der mich selber dazu reizt, das ist die Stimme der Wahrheit heißer Liebe. Ja! ja! ja! — da brauch ich mich nicht zu erschöpfen in Vorbereitungen, da bin ich nicht mehr zerstreut und zaghaft gar nicht. Ach, Günderode! und nun antwortet er mir so sanft in Deinem Brief, Du bist ganz mitleidig geworden durch ihn, er hat Dich so gestimmt und verkündet mir in Deinen Worten, wie der Baum der Treue zwischen uns erwachsen und erstarken werde und daß ich nicht verzage. — Ja, ich glaub's, daß er mir alles sagt, was Du mir schreibst; er versüßt mir die Pausen mit Träumen von ihm und verheißt mir, daß er allen Raum ausfüllen werde mit Geistesblüten, wie das Meer mit Wellen ausgefüllt ist. Ewigkeit ist allumfassendes Empfinden, nicht wahr, das sagt die Narzisse zur Viole, und die senkt den Blick in den eignen Busen und beschränkt sich in die Unumgrenztheit der Liebe, die sie da ahnt und fassen lernt. — Nicht alles ist der Liebe fähig, aber wenn ich dem nachgehe, was ihrer fähig ist, dann werd ich's durchdringen. Wo soll mein Geist den Fuß aufsetzen, überall ist er fremd, wenn es nicht selbsteroberts Eigentum der Liebe ist. — Versteh ich mich? — ich weiß selbst nicht. — Die Augen sind mir vor Schlaf zugefallen so plötzlich über dem Besinnen, ich muß morgen früh um sieben Uhr den Brief dem Boten mitgeben; überdies brennt mein Licht so düster, es wird bald ausgehen; gute Nacht, Brief! Der Mond scheint so hell in meine Stube, daß sie ganz klingend aussieht — die Berge gegenüber sind prächtig, sie dampfen Nebel in den Mond. Alleweil will das Licht den Abschied nehmen, ich will aber sehen, ob ich nicht im Mondschein schreiben kann. — Ich bin so vergnügt wie die Blätter, wenn sie ganz beregnet sind vom Gewitter in der Nacht, und der Himmel

wird wieder hell, und sie schlafen dann ruhig ein, weil's Gewitter vorbei ist. Da hör ich schon die ganze Zeit einen fremdartigen Vogel schreien; sollte das ein Käuzchen sein, das die Frau Hoch einen Totenvogel nennt? Er schreit ganz dicht vor meinem Fenster; ach, Günderödchen, ich schäm mich ein wenig, weil ich mich ein wenig fürchte. Meine Stube ist so düster, das Licht wird gleich ausgehn, die Berge da üben sind so grausend, man sieht sonderbare Gestalten, die kleine Quell unter meinem Fenster ruschelt so leis und bedächtig wie ein alt Hausgespenst. Was bin ich so dumm? — Da fällt mir der Dämon ein, und sollt mich fürchten vor dem Käuzchen; siehst Du, so albern bin ich, und doch macht die inwendig Seel solchen Anspruch, der Geist soll sie heimsuchen, und fürcht mich vor dem Käuzchen! — gleich mach ich's Fenster auf und seh nach ihm, da fliegt's weg; die Sterne funkeln zu Tausenden am Himmel; da unter meinem Fenster steht meine alte Invalidenschildwach und paßt vermutlich auf ein Ständchen von meiner Gitarre, was er gewohnt ist, alle Nacht zu hören; ich werd ihm ein Lied von der heiligen Jungfrau Maria singen, denn es ist heut Maria Himmelfahrt und nicht Sonntag, wie ich irrigerweise sagte; ich hab diese Seite im Mondschein geschrieben, Du wirst nicht lesen können; nun, es schad nichts, es steht auch nichts drauf, was Du notwendig wissen müßtest; es ist mir doch so wohl seit dem kleinen Schauerchen von Furcht, ich hab auch keinen Schlaf mehr. Der Mond schwimmt so eilig hinter den weißen Wölkchen hervor, daß es mir ordentlich im Herzen Gewalt antut. Ich muß singen, sonst muß ich weinen.
Gute Nacht.

Bettine

Günderödchen. Die Engländer sind recht närrische Passagiere, sie brachten mir einen Brief vom L'ange mit, der mich warnt, mich nicht in sie zu verlieben. — Der mit dem gepuderten Haupte, Mr. Haise, ließ sich gestern in einem Nanking-Morgenrock auf der Terrasse sehen und gelben Pantoffeln; die Tonie sah zum Fenster hinaus, sie wollte nicht hinunter, sie schämte sich vor den Leuten, wenn er mit ihr spreche, weil er so absonderlich aussieht. — Ich sah aber, wie er herauflugte nach unsern Fenstern, und wie er die Tonie erblickte, da rief er sie an, bei dem herrlichen Wetter herunterzukommen; ich mußte mit; er spannte einen grünen Parapluie über ihr auf, um sie vor der Sonne zu schützen; so mußte sie mit ihm die Terrasse auf und ab wandeln, ich lief herauf und machte eine Zeichnung davon, die ich der Tonie ins Arbeitskästchen legte, was sie immer mitnimmt auf die Terrasse zum Tee, und freute mich schon auf die Bewundrung, wenn es erblickt würde. Aber sie legte das Papier schnell zusammen und wickelte Seide drauf; sie wollte nachher schmälen, ich hatte ihr aber einen so schönen Kranz gemacht von Farnkraut, der ihr so gut stand und ihre Wunderschönheit noch erhöhte, daß wir ganz kontent auf den Ball kamen, der beinah aus so viel Karikaturen bestand, als Menschen da waren. Der Clemens hat mir aus Weimar geschrieben und mich gewarnt vor dem Verlieben — überflüssig! — wär er doch auf dem Ball gewesen — höchstens daß man einem Rippenstoß ausgesetzt ist, sonst ist keine Gefahr. — L. H. war auch da mit seinen Schwestern, wird alle Tage blauschwärzer von seinen Stahlbädern; sein extraweißer Jabot und Halsbinde machten dies in die Augen fallend; er war sehr fein und elegant gekleidet, denn da er eine diplomatische Ambition hat, so versäumt er keine Gelegenheit, sich standesmäßig auszuzeichnen. Solange wir am Eingang saßen, wo viele Menschen sich drängten, merkte keiner was; als L. H. aber vortrat, um irgendwem sein Kompliment zu machen, entdeckte man, und Franz, der an meiner Seite saß, zuerst, daß er statt eines Fracks einen Joppel anhatte ohne Schößen, rund wie ein Fleischerwams; dies sah gar zu närrisch aus, mit schwarzseidnen Beinkleidern, weißseidnen Strümpfen und Schnallenschuh, kurz, vollkommene Hofetikette und Federclaque unterm Arm. — Er hatte, während die Familie sich zum Ball fertig machte, den Überrock angezogen, dann lief er in sein Zimmer, wo ihm der Wind das Licht auslöschte, um den Frack anzuziehen, und ergriff statt dessen einen englischen Halbrock, den die Herrn nach neuster Mode bei kühler Witterung über den Frack anziehen.

— Er hatte sich bis jetzt noch nicht von hinten dem großen Publikum präsentiert und noch mit dem Rücken gegen uns gewendet; es wurde in Eile Konzilium gehalten und beschlossen, zwei Damen, Lotte und die B., sollten ihn gesprächsweise sanft rückwärts schreiten machen, ohne ihm das verfänglich Dilemma, in welchem er sich befinde, zu entdecken, bis er gerettet sei; dabei sollten Tonie, Franz und Voigt eine kleine Hintertruppe bilden, um seinen Rückzug zu decken; ich wurde ausgemerzt von dieser Expedition, weil ich vor Lachen über die unerschöpflichen Witze von Franz untauglich dazu war. Der Zug rückte aus und drängte sich schon zwischen manchen verwunderten Blick, der auf dem schößlosen Rücken haftete; sie schlichen immer behutsamer heran, je näher sie kamen; so schleicht man sacht hinter einem Vogel her, dem man Salz auf den Schwanz streuen will, um ihn fangen zu können, aber er fliegt weg, ehe man nah genug kommt; so kam es auch hier; als sie schon ganz nah waren und eben ihn zu haschen meinten, wendete er sich plötzlich um. Ach! ich sprang hinter den Vorhang am Fenster und wickelte mich hinein und biß in den Vorhang vor Lachvergnügen und ging nachher auch fort, denn mir war's zu übermütig für den Gesellschaftssaal; der Voigt begleitete mich und erzählte mir, daß die Arrieregarde ihn durchpassieren lassen, sich dann dicht angeschlossen und wie einen vornehmen Staatsgefangenen transportiert bis zum Eingang, dort habe er sich niedergelassen, wo man ihm seine ästhetische Fatalität mitteilte und er sich, umgeben von seinen Getreuen, zurückzog; jetzt würden sie wohl die ganze Nacht kein Auge zutun, denn da er bei dem hessischen Hof angestellt sein möchte, so ist ihm gewiß bange, sein Schicksal untergraben zu haben durch den zipfellosen Aufzug. Voigt ging noch eine Weile mit mir auf der Terrasse, wo es so still war; man hörte die Violinen vom Ball; die Wolken überzogen prophezeiend (ein Gewitter nämlich) das Sternenheer und senkten sich auf unsere Berge; die Bäume standen so erwartungsvoll still den Gewittersegen erwartend; die ganze Gegend sah aus, als ob sie sich zu ihrem Schöpfer wende; Voigt vergaß darüber seine unzähligen Witze, mit denen er mich überschwemmt hatte; die entfernten Lichter und Feuer, die in den umliegenden Hütten brennten, funkelten durch das Grün der Bäume wie Opferfeuer zum Allliebenden; so weit man sehen konnte, sah die Welt aus, als ob sie unsern Herrgott um eine sanfte Nacht bitten wolle für alle, für Dich und für mich, für unser ganz Leben, bis an die letzte Nacht. — So ist die Natur süße Fürbitterin, immerdar; alle Seufzer wiegt sie ein; so wollen wir ihr denn danken dafür und ihr vertrauen bis an die letzte Nacht.

Der Clemens mit seinen Warnungen? — Ich hab ihm heut geschrieben. Die Linden blühen wohl noch und hauchen einen süß an, aber keine Menschen, und die Natur ist schöner und gütiger und größer als alle Weisheit der Welt. Was einer mit mir spricht, darauf möcht ich ihm antworten mit einem Tannenzapfen, den ich ihm in die Hand drücke, oder eine Schnecke, die am Weg kriecht, oder einen angebißnen Holzapfel, es wär immer noch gescheuter als die Antwort, die mir einfällt. Mich geht kein Erdenschicksal was an, weil ich doch nicht Freiheit es zu lenken hab. — Wär ich auf dem Thron, so wollt ich die Welt mit lachendem Mut umwälzen, sagte ich gestern abend zum Voigt. »Meinetwegen«, sagte er, »schad ist's nicht drum; auf der neuen Seite kann sie nicht verkehrter liegen als auf der alten. Alle die mühseligen Personagen, die etwas unter Narren bedeuten, sind ein absurdes Zeugnis von ihrer lächerlichen Autorität; solche haben so großen Respekt vor ihrer hohen Tendenz, daß sie sich nicht getrauen, sich ins Gewissen zu reden; sie meinen, was durch sie geschähe, wäre der Schicksalsschlüssel, der durch sie die Zukunft aufschließt, die schon fertig daläge und nicht erst durch ihren Unsinn verkehrt gemacht wird, sie würden sich nicht getrauen, vollkommne Menschen aus sich zu bilden und allenfalls die Bedürfnisse der höheren Menschenrechte vor sich selber zu vertreten; o nein! je dringender die Forderungen der Zeit ihnen auf den Hals rücken, je mehr glauben sie sich mit Philistertum verschanzen zu müssen und suchen sich Notstützen an alten, wurmstichigen Vorurteilslasten und erschaffen Räte aller Art, geheime und öffentliche, die weder heimlich noch öffentlich anders als verkehrt sind — denn das rechte Wahre ist so unerhört einfach, daß schon deswegen es nie an die Reihe kommt. Wenn alle Pharisäer an der Regierungsmaschine auf einmal die Starrsucht bekämen, es würde der Welt nichts abgehen an ihrer Gesundheit, nicht einmal verschnupfen würde sie.« — So politisiert mir der Voigt gewöhnlich unterm Sternenhimmel noch eine Stunde vor, wo ich bei schönem Wetter auf der menschenleeren Terrasse mit ihm wandle; er sagt: »Hören Sie mir immer zu, Sie sind noch jung und haben mehr Energie im Judizium vor den andern allen, oder vielmehr: wo ist's geblieben, könnte man die andern fragen, denen die Ohren nach Fabeln jücken und die sich von der Wahrheit abwenden oder sie nach eignem Gelüst auslegen, daß sie ihnen zur Fabel wird.« — Den Voigt will kein Mensch anhören, jedermann schreit über ihn, ich aber fühl mich sehr geehrt, daß er mir gern das ernste Große seines Geistes darlegt, ich hör ihm begierig zu. Er ist so kurz und entschieden zwischen Recht und Unrecht, daß man keine Zeit im Schwanken verliert und daß man einen Heldencharakter bedarf, ihm zu folgen. »Für einen Freund muß man in den Tod gehen können. — Wer nicht alles hingibt, den eignen Genuß, die selbsterworbne Größe, um den Freund zu stützen, gehört nicht zu der Gattung Geschöpfe, die Freundschaft empfinden. — Was ist Gefühl? — Farbe, die nicht lebendig ist als nur im Lichtstrahl, der ist die Liebe — also braucht man vor keinem Sentiment Respekt zu haben, es ist lauter eingebildet Zeug. — Es gibt tausend Handlungen, die man niemand verargen kann, wer aber Hochsinn hat, der wird selbst aus Demut solche Handlungen töten, zum Beispiel: einer, der seinem Freund alles Böse, was in seiner Natur ihm widerspricht, offenbarte, tötet der nicht auf der Stelle alle Pharisäer?« — Das war noch gestern abend, was ich von seinem Gespräch behielt, nicht der zehnte Teil, denn er ist rasch, wie ein Schmied beim glühenden Eisen; ich frug ihn, warum er vor andern nicht auch so spreche; er sagte: »Wenn ich mit einem Wein will trinken, so muß ich einen Becher haben, in den ich ihn eingieße; Ihre Seele ist ein Becher.«

Zwei-, dreimal zwischen Eichen und Buchen und jungem
lichtem Gebüsch, bergauf, bergab — da kommt man an einen
Fels, glatte glänzende Basaltfläche, die die Sonnenstrahlen
wie ein dunkler Zauberspiegel auffängt, dazwischen grüne
Moossitze; heute morgen war ich hierher gegangen, es ist
mein gewöhnlicher Spaziergang, wenn ich allein bin, nicht
zu weit und doch versteckt — da sah ich noch den Nebel
wie jungen Flaum zwischen den Felsspalten hin und her
schwimmen, und über mir ward's immer goldner, die Morgen-
schatten zogen ab, die Sonne krönte mich, sie prallte scharf
vom schwarzen Stein zurück, sie brennte sehr stark, sie
drückte doch nicht meine Stirn, ich wollte eine Krone schon
tragen, wenn sie nicht schärfer drückt als die heiße August-
sonne; so saß ich und sang gegen die Felsen hin und hörte
aufs Echo, und die Regierungsgedanken stiegen mir in den
Kopf. So nach Grundsätzen die Welt regieren, die in inner-
ster Werkstätte meiner Empfindung erzeugt wären und alles
Philistertum um und um stoßen, das sind solche Wünsche,
die an einem so heißen Sommermorgen mir in den Kopf steigen und wozu Voigts Sternengespräche einen starken Reiz
geben; er sagte, alles Gefühl, aller Begriff werde zu einem
Vermögen, es ziehe sich wohl zurück, aber zur unerwarteten
Stunde trete es wieder hervor — und da setze ich mich an
einsame Orte und simuliere so ins Blaue hinein und komme
zu nichts, zu keinem hellen Augenblick, nur daß mir oft das
Herz unbändig klopft, wenn ich dran denke, daß ich das Geschrei der Philister, die des Geistes Stimme mit Grundsätzen
bedrängen, durch das bloße Regiment meiner Empfindung
ersticken wolle; ja, es wär eine himmlische Satisfaktion für
die Rutenstreiche, womit sie blind alle Begeistrung verfolgen.
Günderode, ich wollt, Du wärst ein regierender Herr und
ich Dein Kobold, das wär meine Sach, da weiß ich gewiß,
daß ich gescheut würde vor lauter Lebensflamme. Aber so!
— ist es ein Wunder, daß man dumm ist? — Und so war
ich bald im Sonnenbrand ganz träumerisch versunken und
jagte im Traum auf einem Renner wie der Wind nach allen
Weltgegenden und richtete mit hoher, übertragner Begei-

strung von Dir die Welt ein und kommandierte wohl auch hier und da mit einem Fußtritt, mit einem Fluch dazwischen, damit es geschwind gehe — aber Dein Dramolett zu lesen, was ich mitgenommen hatte, mich recht hineinzustudieren, das hab ich versäumt durch die vielen heftigen Bewegungen meiner Seele; ich mußte mich beschwichtigen mit Schlafen, was mich immer befällt, wenn mir die Schläfen so brennen vor heißem Eifer in die Zukunft. O Seelenbecher, wie kunstreich und göttlich begabt ist dein Rand geformt, daß er die brausenden Lebensfluten faßt, wie unrettbar wär ich sonst über dich hinausgebraust. — Mein Freund, das Windspiel, hatte mich aufgespürt, es weckte mich mit seinem Bellen und wollte mit mir spielen, es bellte, daß alle Felsen dröhnten und echoten, es war, als wenn eine ganze Jagd los wär, ich mußte jauchzen vor Vergnügen und Lust mit dem Tier; es hatte mir meinen Strohhut apportiert, den ich den steilen Fels hinabgeworfen hatte, mit so zierlichen, langhalsigen Sprüngen — so ist's, wenn man einem gut ist, da mißt man nicht die Gefahr des Abgrunds, man vertraut in die eignen Kräfte, und es gelingt. — Ach, Günderode, es wär viel, wenn der Mensch nur erst so weit wär, seinem eignen Genie zu trauen wie so ein Windspiel; es legte mir seine Pfoten um den Hals, wie es mir meinen Hut gebracht hatte, ohne ihn zu verderben; ich nannte es zum Scherz Erodion und dachte, so müsse der an der Göttin Immortalita hinaufgesehen haben, denn es ist so edel und schön und kühn, und Menschen sehen nicht leicht so einfach, groß und ungestört aus in ihrer Weise, wie Tiere es oft sind. Der Herzog war dem Bellen seines Hundes nachgegangen und kam hinter den Bäumen hervor; er fragte, warum ich den Hund so nenne, dem er Cales ruft, und sagte, es sei der Name eines Wagenführers vor Troja, den der Diomedes erschlagen; ich zeigte ihm Dein Gedicht, um zu erklären, wo mir der Name Erodion herkomme; er setzte sich auf den Fels und las es teilweis laut und machte mit dem Bleistift Bemerkungen, die send ich Dir; Du siehst, er hat es mit Sammlung gelesen und dann sogar mit Liebe. Ich weiß nicht, wie oft Dich der Zufall begünstigen wird, die feineren Saiten der Seele zu rühren, so wird's Dich freuen. — Er frug mich, ob ich denn das Gedicht verstehe? — ich sagte nein! aber ich lese es gern, weil Du meine Freundin seiest und mich erziehst. Er sagte, eine Knospe ist dieses kleine, sorgsam vor jeder fremden Einwirkung geschützte Erzeugnis, die die große Seele der Freundin umschließt; und in diesen sanft gefalteten Keimen einer noch unentwickelten Sprache schlummern Riesenkräfte. Die Inspiration der Wiedergeburt hebe ahnungsvoll die Schwingen in Dir; und weil die Welt zu schmutzig sei für so kindlich reine Versuche, Deine Ahnungen auszusprechen, so werde sie diesen anspruchslosen Schleier, der Deine weitausgreifende Phantasie und Deinen hohen philosophischen Geist umschlinge, nicht entfalten. — Ich ließ mir dieses Lob verwundert gefallen; er begleitete mich, ich mußte ihm auf dem Weg von Dir erzählen, von unserm Umgang, von Deinem Wesen, von Deiner Gestalt; da hab ich mich zum erstenmal besonnen, wie schön Du bist, wir sahen eine vollsaftige weiße Silberbirke in der Ferne mit hängenden Zweigen, die mitten am Fels aus einer Spalte aufgewachsen ist und vom Wind sanft bewegt gegen das Tal sich neigt; unwillkürlich deutete ich hin, wie ich von Deinem Geist sprach und auch von Deiner Gestalt; der Herzog fragte, die Freundin werde wohl jener Birke gleich sein, auf die ich hinweise? — Ich sagte ja. So wollte er mit mir zusammen hin und Dich von nahem beschauen, aber es war so glatt und steil da hinan, ich meinte nicht, daß wir hinkommen würden — er vertraute auf den Cales, der werde uns schon einen Weg ausfinden. »Was hat sie denn für Haar?« — »Schwärzlich glänzend braunes Haar, das in freien, weichen Locken, wie sie wollen, sich um ihre Schultern legt.« — »Was für Augen?« — »Pallasaugen, blau von Farbe, ganz voll Feuer, aber schwimmend auch und ruhig.« — »Und die Stirn?« — »Sanft und weiß wie Elfenbein, stark gewölbt und frei, doch klein, aber breit wie Platons Stirn; Wimpern, die sich lächelnd kräuseln, Brauen wie zwei schwarze Drachen, die mit scharfem Blick sich messend, nicht sich fassend und nicht lassend, ihre Mähnen trotzig sträuben, doch aus Furcht sie wieder glätten. So bewachet jede Braue, aufgeregt in Trotz und Zagheit, ihres Auges

sanfte Blicke.« — »Und die Nase, und die Wange?« — »Stolz
ein wenig und verächtlich, wirft man ihrer Nase vor, doch
das ist, weil alle Regung gleich in ihren Nüstern bebet, weil
den Atem sie kaum bändigt, wenn Gedanken aufwärts steigen von der Lippe, die sich wölbet frisch und kräftig, über-
dacht und sanft gebändigt von der feinen Oberlippe.« —
Auch das Kinn mußt ich beschreiben; wahrlich, ich hab nicht
vergessen, daß Erodion dort gesessen und ein Dellchen drin
gelassen, das der Finger eingedrückt, während weisheitsvolle
Dichtung füllet ihres Geistes Räume; und die Birke stand so
prächtig, so durchgoldet, so durchlispelt von der Sonne, von
den Lüftchen, war so willig sich zu beugen, hold dem Strom
der Morgenwinde, wogte ihre grünen Wellen freudig in den
blauen Himmel, daß ich nicht entscheiden konnte, was noch
zwischen beiden liege, jenem zukömmt und dem andern
nicht. — Cales fand mit manchen Sprüngen erst den Weg
zur Birke, dann der Herzog, ich blieb zurück; ich hätte leicht
nachkommen können, aber ich wollte nicht in seiner Gegenwart. Er schnitt dort Buchstaben in die Rinde ganz unten
am Fuß und sagte, er wolle, sie solle die Freundschaftsbirke
heißen; und er wolle auch unser Freund sein. Ich war bereit-
willig dazu; ach laß ihn, er kommt den Winter nach Frankfurt, erstlich vergißt ein Prinz leicht so was über vielen andern Zerstreuungen, denn er glaubt gar nicht, daß es möglich
wär, daß, wenn man sich ganz an etwas hingäbe, daß dadurch grade allein der Scharfblick die Wägungskraft der
Allseitigkeit entspringe, nach der sie alle jagen und sich drin
verflattern, und dann ist er auch krank und hat wenig ge-
sunde Tage; einem solchen muß man alle heilende Quellen
zuströmen. — Adieu. Morgen nachmittag ist eine große Par-
tie zu Esel, und morgen vormittag geht die gute Kurprinzessin weg. — Und in aller Früh, um drei Uhr, wollen die Engländer mit uns einen Berg ersteigen und die Sonne aufgehen
sehen; die andern wollten den Voigt nicht mit haben, ich
hab's ihm aber doch gesteckt, sonst langeweile ich mich, so
wie die andern behaupten, daß er sie langeweilt. Morgen
früh kommt die Botenfrau, ich schicke diesen Brief mit, obschon er noch nicht so gefährlich lang ist wie mein erster,

aber Du bist maulhängolisch, und da will ich Dich ein bißchen kitzeln mit der anmutigen Geschichte vom Herzog, daß Du mit Gewalt lachen mußt, wenn Du auch noch so sehr den Mund zusammenziehst. Gelt, es macht Dir doch Pläsier? Ich hab mir seine Liebeserklärung abgeschrieben an Deine Immortalita, die von seiner Hand gehört Dein — er hat's geschrieben für Dich, Du kannst Wert darauf legen; ich hör, daß er sehr berühmt ist, großartig, witzig und sehr gefürchtet deswegen von manchen Menschen; er wär aber auch sehr großmütig und gutmütig, aber viele wollen doch nicht gern mit ihm zu tun haben aus Furcht, seine beste Freundlichkeit wär doch ein heimlicher Witz. Was das für eine Narrheit ist; über mich möcht einer sich lustig machen, soviel er wollt, es wär mir recht angenehm, wenn's ihm Pläsier macht.

Bettine

Beilage zum Brief an die Günderode

Immortalita

Personen:
Immortalita, eine Göttin
Erodion
Charon
Hekate

Erste Szene

Eine offene schwarze Höhle am Eingang der Unterwelt, im Hintergrunde der Höhle sieht man den Styx und Charons Nachen, der hin- und herfährt, im Vordergrund der Höhle ein schwarzer Altar, worauf ein Feuer brennt. Die Bäume und Pflanzen am Eingang der Höhle sind alle feuerfarb und schwarz, so wie die ganze Dekoration, Hekate und Charon sind schwarz und feuerfarb, die Schatten hellgrau, Immortalita weiß, Erodion wie ein römischer Jüngling gekleidet. Eine große feurige Schlange, die sich in den Schwanz beißt, bildet einen großen Kreis, dessen Raum Immortalita nie überschreitet.

IMMORTALITA *aus der Betäubung erwachend:* Charon! Charon!

CHARON *seinen Kahn innehaltend:* Was rufst du mich?

IMMORTALITA: Wann kommt die Zeit?

CHARON: Sieh die Schlange zu deinen Füßen, noch ist sie fest geschlossen, der Zauber dauert, solange dieser Kreis dich umschließt; du weißt es, warum fragst du mich?

IMMORTALITA: Ungütiger Greis, wenn es mich nun tröstet, die Verheißung einer bessern Zukunft noch einmal zu vernehmen, warum versagst du mir ein freundlich Wort?

CHARON: Wir sind im Land des Schweigens.

IMMORTALITA: Wahrsage mir noch einmal.

CHARON: Ich hasse die Rede.

IMMORTALITA: Rede! Rede!

CHARON: Frage Hekate. *Er fährt hinweg.*

IMMORTALITA *streut Weihrauch auf den Altar:* Hekate! der Mitternacht Göttin! der Zukunft Enthüllerin, die schläft in des Nichtseins dunklem Schoß! Geheimnisvolle Hekate! Hekate, erscheine!

HEKATE: Mächtige Beschwörerin! Was rufst du mich aus den Höhlen ewiger Mitternacht? Dies Ufer ist mir verhaßt, sein Dunkel zu helle, ja, mir deucht, ein niedrer Schein aus des Lebens Lande habe hierher sich verirrt.

IMMORTALITA: O vergib, Hekate! und erhöre meine Bitte.

HEKATE: Bitte nicht, du bist hier Königin, du herrschest hier und weißt es nicht.

IMMORTALITA: Ich weiß es nicht! warum kenn ich mich nicht?

HEKATE: Weil du nicht dich selber sehen kannst.

IMMORTALITA: Wer wird mir einen Spiegel zeigen, daß ich mich schaue?

HEKATE: Die Liebe.

IMMORTALITA: Warum die Liebe?

HEKATE: Weil ihre Unendlichkeit nur ein Maß für deine ist.

IMMORTALITA: Wie weit erstreckt sich mein Reich?

HEKATE: Über jenseits einst, über alles.

IMMORTALITA: Wie? — die undurchdringliche Scheidewand, die mein Reich scheidet von der Oberwelt, wird sie einst zerfallen?

HEKATE: Sie wird zerfallen! Du wirst wohnen im Licht! — alle werden dich finden.

IMMORTALITA: O wann wird das sein?

HEKATE: Wenn gläubige Liebe dich der Nacht entführt.

IMMORTALITA: Wann? – in Stunden – in Jahren?

HEKATE: Zähle nicht die Stunden, bei dir ist keine Zeit. Siehe zur Erde! – die Schlange, die ängstlich sich windet – fester beißt sie sich ein, vergeblich möcht in ihrem engen Kreis sie dich gefangenhalten, vergeblich ist ihr Widerstand; des Unglaubens Herrschaft, der Barbarei und der Nacht sinkt dahin. *Sie verschwindet.*

IMMORTALITA: O Zukunft, wirst du ihr gleichen? – jener seligen, fernen Vergangenheit, wo ich mit Göttern in ewiger Klarheit wohnte. Ich lächelte sie alle an, und ihre Stirnen verklärte mein Lächeln, wie kein Nektar sie verklären konnte, und Hebe dankte ihre Jugend mir und immer blühender Aphrodite ihre Reize. Aber durch der Zeiten Finsternis getrennt von mir, noch ehe mein Hauch ihnen Dauer verliehen, stürzten von ihren Thronen die seligen Götter und gingen zurück in die Lebenselemente, Jupiter in des Urhimmels Kräfte, Eros in die Herzen der Menschen, Minerva in die Sinne der Weisen, die Musen in die der Dichter Gesänge; und ich Unseligste von allen wand nicht des unverwelklichen Lorbeers um die Stirne dem Helden, dem Dichter. Verbannt in dies Reich der Nacht, der Schatten Land, dies düstere Jenseit, muß ich der Zukunft nun entgegenleben.

CHARON *fährt mit Schatten vorüber:* Neigt euch, Schatten, der Königin des Erebos, daß ihr noch lebt nach eurem Leben, ist ihr Werk.

CHOR DER SCHATTEN:
Stille führet uns der Nachen
Nach dem unbekannten Land,
Wo die Sonne nicht wird tagen
An dem ewig finstern Strand. –
Zagend sehen wir ihn eilen,
Denn der Blick möcht noch verweilen
An des Lebens buntem Rand.
              Sie fahren weg.

Die vorige Szene

Charons Nachen landend. Erodion springt ans Ufer. Immortalita im Hintergrund.

ERODION: Zurück, Charon, von diesem Ufer, das kein Schatten darf betreten! Was siehst du mich an? — Ich bin kein Schatten wie ihr; eine frohe Hoffnung, ein träumerischer Glaube haben meines Lebens Funken zur Flamme angefacht.

CHARON *für sich:* Gewiß ist dieser der Jüngling, der die goldne Zukunft in sich trägt. *Er fährt ab mit seinem Nachen.*

IMMORTALITA: Ja, du bists, von dem Hekate mir weissagte, bei deinem Anblick werde des Tages Strahl durch diese alte Hallen, durch diese erebische Nacht hereinbrechen.

ERODION: Wenn ich der Mann bin deiner Weissagungen, Mädchen oder Göttin! wie ich dich nennen soll, so glaube, du bist die innerste Ahnung des Herzens mir.

IMMORTALITA: Sage, wer bist du, wie heißest du und wo fandst du den Weg zum pfadlosen Gestade hierher? — wo Schatten nicht noch Menschen wandeln dürfen, nur unterirdische Götter.

ERODION: Ungern möcht ich zu dir von anderm reden als nur von meiner Liebe. Aber red ich dir von meiner Liebe, so ists ja mein Leben. Höre mich denn: Eros' Sohn bin ich und seiner Mutter Aphrodite, der Liebe und Schönheit Doppelverein hatte in mein Dasein schon die Idee jenes Genusses gelegt, den ich nirgend fand und überall doch ahnete und suchte. Lange war ich ein Fremdling auf Erden, von ihren Schattengütern mocht ich nichts genießen, bis träumend mir durch deine Eingebung eine dunkle Vorstellung von dir in die Seele kam. Überall geleitete mich dieser Idee Abglanz von dir, überall verfolgte ich ihre geliebte Spur, auch wenn sie mir untertauchte im Land der Träume, und so führte sie mich zu den Toren der Unterwelt, aber nie konnt ich zu dir durchdringen; ein unselig Geschick rief mich immer wieder zu der Oberwelt.

IMMORTALITA: Wie, Knabe! — so hast du mich geliebt, daß lieber den Helios und das Morgenrot du nicht mehr sehen wolltest als mich nicht finden?

ERODION: So hab ich dich geliebt, und ohne dich konnte die Erde nicht mehr mich ergötzen, nicht mehr der blumige Frühling, der sonnige Tag, die tauige Nacht, die zu besitzen der finstere Pluto gern sein Zepter hätt vertauscht. Aber wie eine größere Liebe in meiner Eltern Umarmungen sich vereint hatte als alle andre Liebe — denn sie waren die Liebe selbst — so die Sehnsucht auch, die zu dir mich trieb, war die mächtigste, und über alle Hindernisse siegreich war mein Glaube, dich zu finden; denn meine Eltern wußten, daß, der aus Lieb und Schönheit entsprungen, nichts Höheres auf Erden finde als sich selbst, und hatten diesen Glauben zu dir mir gegeben, daß meine Kraft nicht sollt ermüden, nach Höherem zu streben außer mir.

IMMORTALITA: Aber wie kamst du endlich zu mir? Unwillig nimmt Charon Lebende in das morsche Fahrzeug, für Schatten nur erbaut.

ERODION: Einst war mein Sehnen, dich zu schauen, so groß, daß alles, was die Menschen erdacht, dich ungewiß zu machen, mir klein erschien und nichtig. Mut begeisterte mein ganzes Wesen: ich will nichts, nichts als sie besitzen, so dacht ich, und kühn warf ich dieser Erde Güter alle weg von mir und führte mein Fahrzeug hin zu dem gefahrvollen Fels, wo alles Irdische scheitern sollte. Noch einmal dacht ich: wenn du alles verlörst, um nichts zu finden? — aber hohe Zuversicht verdrängte den Zweifel, fröhlich sagt ich der Oberwelt das letzte Lebewohl, die Nacht verschlang mich — eine gräßliche Pause! — ich fand mich bei dir. — Die Fackel meines Lebens flammt noch jenseits der stygischen Wasser.

IMMORTALITA: Die Heroen der Vorwelt haben diesen Pfad schon betreten, der Mut hat herüberzustreifen gewagt, aber der Liebe nur war vorbehalten, ein dauernd Reich hier zu gründen. Die Bewohner des Orkus sagen, mein Dasein hauche ihnen unsterbliches Leben ein; so sei denn auch du unsterblich; denn du hast Unnennbares in mir bewirkt, ich lebte ein Mumienleben, aber du hast mir eine Seele eingehaucht. Ja, teurer Jüngling! in deiner Liebe erblicke ich mich verklärt; ich weiß nun, wer ich bin, weiß, daß ein sonniger Tag diese alten Hallen beglänzen wird.

Hekate tritt hinter dem Altar hervor.

HEKATE: Erodion! trete in den Kreis der Schlange. *Er tut es: die Schlange verschwindet.* Zu lange, Immortalita, warst du, durch die Macht des Unglaubens und der Barbarei von wenigen gekannt, von vielen bezweifelt, in diesen engen Kreis gebannt. Ein Orakel, so alt als die Welt, sagt, der gläubigen Liebe werde gelingen, dich *selbst* in dem erebischen Dunkel zu finden, dich hervorzuziehen und deinen Thron in ewiger Klarheit zu gründen, zugänglich für alle. Diese Zeit ist nun gekommen, dir, Erodion, bleibt nur noch etwas zu tun übrig. *Der Schauplatz verwandelt sich in einen Teil der elysäischen Gärten, die Szene ist matt erleuchtet, man sieht Schatten hin und wider irren. Zur Seite ein Fels, im Hintergrund der Styx und Charons Nachen.*

Die Vorigen

HEKATE: Sieh, Erodion, diesen einsturzdrohenden Fels; er ist die unübersteigliche Scheidewand, der des sterblichen Lebens Reich von dem deiner Gebieterin scheidet, er verwehrt der Sonne, ihre Strahlen herzusenden, und getrennten Lieben sich wiederzubegegnen. Erodion! versuche es, diesen Felsen einzustürzen, daß deine Geliebte auf seinen Trümmern aus der engen Unterwelt steigen möge, daß ferner nichts Unübersteigliches das Land der Toten von dem der Lebenden mag trennen. *Erodion schlägt an den Felsen, er stürzt ein, es wird plötzlich helle.*

IMMORTALITA: Triumph! der Fels ist gesunken, von nun an sei den Gedanken der Liebe, den Träumen der Sehnsucht, der Begeisterung der Dichter vergönnt, aus dem Lebenslande in das Schattenreich herabzusteigen und wieder zurückzugehen auch.

HEKATE: Heil! dreifaches, unsterbliches Leben wird dies blasse Schattenreich beseelen, nun dein Reich gegründet ist.

IMMORTALITA: Komm, Erodion, steige mit mir auf in ewige Klarheit; und alle Liebe, alles Hohe soll meines Reiches teilhaftig werden. Du, Charon, entfalte deine Stirn, sei freundlicher Geleiter denen, die mein Reich betreten wollen.

ERODION: Wohl mir, daß ich die heilige Ahnung meines Herzens wie der Vesta Feuer treu bewahrte; wohl mir, daß ich der Sterblichkeit zu sterben, der Unsterblichkeit zu leben, das Sichtbare dem Unsichtbaren zu opfern Mut hatte.

*

Von der Hand des Herzogs Emil August von Gotha auf das Manuskript der Immortalita geschrieben:
Es ist eine Kleinigkeit, die deiner Aufmerksamkeit nicht wert ist, daß ich es ein Geschenk des Himmels achte, dich zu verstehen, du edles Leben. Siehst du zur Erde nieder, gibst gleich der Sonne du ihr einen schönen Tag, doch auf zum Himmel wirst du vergeblich schauen, suchst deinesgleichen du unter den Sternen.
Wie frische Blütenstengel, so schmückt deiner Gedanken sorglos Leben den bezwungenen Mann; sein Busen bebt von tiefen Atemzügen, wenn dein Geist gleich aufgelösten Locken, die jetzt dem Band entfallen, ihn umspielt.
Er sieht dich an, ein Liebender! wie stille Rosen und schwankende Lilien schweben deiner segnenden Gedanken Blicke ihm zu. Vertraute, nahe dem Herzen sind sie. Wahrhaftiger, heller und schöner beleuchten sein Ziel sie ihm und seinen Beruf, und auf schweigendem Pfade der Nacht sind hochschauende Sterne Zeugen seiner Gelübde dir.
Doch ist eine Kleinigkeit nur, die deiner Aufmerksamkeit nicht wert ist, daß ich als ein Geschenk des Himmels es achte, dich zu verstehen, du edles Leben.

Emil August

An die Bettine

Dein Brief, liebe Bettine, ist wie der Eingang zu einem lieblichen Roman, ich habe ihn genippt wie den Becher des Lyäus, der ein Sorgenbrecher ist; es tat mir auch sehr wohl, mich bewegten gerade Sorgen um Dinge, die eine notwendige Folge des Lebens und daher nicht unerwartet sind, die ich Dir nicht mitteile, weil sie in Deinen Lebensgang nicht einstimmen.* Du bist mein Eckchen Sonne, das mich erwärmt, wenn überall sonst der Frost mich befällt. Ich werde die

---

* Ihr war eine Schwester gestorben.

Stadt auf ein paar Wochen verlassen; ein Brief wird mich am Donnerstag noch treffen, dann aber den nächsten find ich, wenn ich zurückkomme, und dann sind wir bald wieder ganz beisammen. Lasse Deine Briefe recht heiter sein, ohne schwermütigen Nachklang; Deiner Natur ist eine freie ungehemmte Lebenslust gemäß; die trüben, mißmutigen Regungen, mit denen Du zuweilen prahlst, sind nur Zeichen geheimnisvoller Gärungen, denen der Raum zu eng ist, sich zu läutern; das muß ich glauben, wenn ich Deine jetzige natürliche Stimmung vergleiche mit jener gereizten, die Dich zuletzt hier befiel, wo mir ganz bange um Dich war. Es war Dir nichts weiter nötig, als die beengende Stadtluft nicht mehr zu atmen. Du bist wie eine Pflanze, ein bißchen Regen erfrischt Dich, die Luft begeistert Dich, und die Sonne verklärt Dich. — Die Tonie schreibt hierher, daß Du gesund aussähest und keine Spur von der interessanten Blässe übrig sei; — rate, wer darüber seinen Ärger nicht verhehlen kann? — »Elle ne sera plus ce qu'elle a été«, gab er mir auf alle Trostgründe zur Antwort. Indessen hoffe ich, daß unsereins auch noch bei Dir gilt, und mir ist's lieber, daß Du auf Kosten jener interessanten Blässe zunimmst, als daß ich immer hören muß, Deine Lebendigkeit werde Dich noch töten, was komisch klingt und auf mich gestichelt ist. Ich habe mir selber die Vorwürfe nicht erspart. — Was Du Schlaftrunkenheit nenntest, das war nach Sömmering Nervenfieber; er sagt, Du habest keinen Sinn für Krankheitszustände, Du habest die Kinderkrankheiten wie lustige Spiele durchgemacht, diesmal sei es von überspanntem Studieren gekommen. Die philosophischen Ausdrücke Absolutismus, Dualismus, höchste Potenz etc., mit denen Du in Deinen Fieberphantasien spieltest, zeugten wider mich. Ich habe mir fest vorgenommen, diesen Winter nur solche Sachen mit Dir zu treiben, die Dir recht von Herzen zusagen. — Ich bin zwar nicht so ganz allein an diesem Mißgriff schuld; andre, denen ich vertraue, die, wie mir schien, nicht mit Unrecht Dir viel philosophischen Sinn zusprechen, meinten, er müsse entwickelt werden; ich folgte unschuldig diesen Weisungen und nahm Deinen Widerspruch für die gewohnte Unbequemheit, Dich etwas Ernstem zu fügen. Der Hohenfeld sagte mir, Ebel erzähle, Du habest aus überreiztem Widerwillen gegen die Philosophie starkes Erbrechen gehabt, daraus sich ein galliges Nervenfieber gebildet habe; er warnte mich und sagte, Du seiest ein unbedeutendes Mädchen und kein philosophischer Kopf, der Deine könne zwar übermütig und überspannt, weiser aber nicht werden etc. — Ich erriet, daß er ein diplomatischer Abgesandter sei von klugen Leuten, die viel von einem wissen und von denen man nichts weiß; seine Zitationen von überspannten Reden und absurden Behauptungen, die hier unter den Philistern in Umlauf sind, ergötzten mich; Dein eigner Brief, der wie der junge Strauch das kränkelnde Laub abwirft und in frischen Trieben ergrünt, macht mich mit dem guten Hohenfeld einverstanden über Deine Unbedeutenheit, auch gefällt sie mir besser, als was ich an Gelahrtheit Dir zuschanzen könnte; Du bist gefühlig für die Alltäglichkeit der Natur, Morgendämmerung, Mittagschein und Abendwolken sind Deine lieben Gesellen, mit denen Du Dich verträgst, wenn kein Mensch mit Dir auskommt. — Wenn Du willst, so können wir umtauschen und ich Dein Jünger werden in der Unbedeutenheit, so wie Du Dich für meinen Schüler hieltest, als ich einen starken Geist aus Dir bilden wollte. Jetzt, wo es rückwärts geht, mußt Du mein Lehrer sein; ein Zaghafter kann sicherer bergauf gehen, aber einen steilen Weg hinab, dazu gehört Entschlossenheit, die hast Du, Du schwindelst nicht und hast Dich noch nie besonnen, über Hecken und Gräben zu setzen. Es dämmern mir schon ganz glückliche Spekulationen über den Geist der Unbedeutenheit auf; ich hatte unsägliche Lust, dem Domdechant, der mich so hochstellt, als Überläufer ein paar Dummheiten zu sagen, die ihm Zweifel in sein Urteil gäben; ich habe ihm auch eine gesagt, worüber er die Hände zusammenschlug und meine Behauptung, daß ich viel von Dir empfange und Dein Umgang mich belehre, auf mein Unvermögen, mich selbst zu schätzen, schob, das mir da einen absurden Streich spiele; alle Welt wundere sich, daß ich meine Zeit mit dem Sausewind verbringe und ihm vor *andern* solche köstliche Minuten schenke. — Nun, es wird mir nicht fehlen, daß mir nächstens die ergötzliche Unbedeutenheit aus diesen meinen Verkehrtheiten zuerkannt werde, um die mich keiner beneiden wird, weil man eben das Bedeutende nicht zu schätzen weiß. Ich ahne sehr hell, daß, wenn in dem bescheidenen Knospenzustand Unbedeutenheit verborgen, nicht der volle innere Lebensbetrieb wirkte, das Bedeutende nie ans Licht blühen würde, am wenigsten, wenn diebischer Eigennutz sich der Zeit vordrängt, bloß um auf der Höhe zu stehen, wo die andern zu seinen schimmernden Phantomen aufsehen müssen. Wie die Titanen mit großem Gepolter ihre Treppe zu der Götter Burgen auftürmten und die stillen Gipfel des Olympos als unbedeutend hinabstürzten. Eins empfinde ich in Dir, daß die Natur das Ideal des Menschengeistes gleichwie das Pflanzenglück unter warmer, nährender Decke vorbereiten muß, sonst werden die Menschen davon nicht wachsen und reifen und im Sonnenglanze grünen.

Deine Begebenheiten, Deine Bemerkungen, alles macht mir Freude; sorge, daß mir nichts verlorengehe; wenn's nur Deiner Gesundheit nicht schadet, so schreibe doch jeden Abend; darum bittet der Dämon, der mir's zuflüstert und gern alles von Dir bewahren will.

Wo soll ich mit Deinem Kanarienvogel hin? Ich nehme ihn mit in fremde Lande, es wird nicht viel Mühe machen, ich kann ihn niemand anvertrauen, so wenig wie Dich. — Apropos! Wenn ich nun auch eifersüchtig sein wollte auf die Prinzeß, mit der Du immer Hand in Hand gehst? Hast Du Dich je von mir an der Hand führen lassen, wenn wir draußen waren? — summtest umher wie eine wilde Hummel durch alle Gebüsche und ließest mich allein nachsteigen? Was vermag doch diese Fürstlichkeit über Dich, daß Du Dich so zahm an der Hand führen läßt im Freien? — Dein Vogel ist mir ebenso zahm geworden, daß er mir in den Mund pickt, das ist nicht anders als Liebe zu mir; ich weiß nicht, ob er mir jetzt nicht mehr zutunlich ist wie Dir, gerad wie Du mit der Kurprinzeß. — Ich war in Sorgen um ihn, denn wie ich einmal zur Gartentür hinausging, flog er mir nach in den Garten; aber wie er eine Weile unter den Bäumen herumgeflattert war, setzte er sich mir auf den Kopf und ließ sich ruhig wieder hineintragen; ich war recht froh, denn ich hätte nicht gewußt, wie ich bestehen solle, wenn Du ihn nicht wiederfandst. Der Feigen waren elf an Deinem Baum; ich habe am Montag Ernte gehalten, drei davon habe ich vom Baum verspeist, drei habe ich in Gesellschaft verzehrt mit dem Jemand, der mich in der Tür begegnete; er begleitete mich nach Haus und schien sich zu freuen, daß der Baum, der von ihm stammt, so süße Früchte bringt. Nun liegen noch fünf Früchte, die noch etwas härtlich waren, unter der Glasglocke beim Apoll, die ich in die Sonne gestellt habe; sie haben auch schon nachgereift; ich werde sie vor meiner Abreise in Kompanie verzehren, aber mit niemand, der sie allenfalls wie eine *unbedeutende* Frucht mit Stumpf und Stiel hinunterschluckte, sondern mit *jemand,* der Deiner Pflege für den Baum die Süßigkeit der Frucht zuschreibt und sie dankbar genießt. —

Karoline

Eine Merkwürdigkeit muß ich Dir noch melden von Deiner Altan; die Spinnen haben eine große Brabanter Spitze gewoben von einem Ende zum andern, von der kleinen Edeltanne über den Orangenbaum, über die Bohnenlaube, in die man nicht hinein kann, wenn man dies Kunstwerk nicht durchbrechen will, dann über den Granatbaum zum Feigenbaum; ich habe alles geschont beim Brechen der Früchte. Dein Bruder Dominikus kam herunter und spritzte im Kreis sie alle an mit der kleinen Gießkanne, die Mittagssonne schien sehr hell. Da spiegelten die kristallnen Tropfen allerliebst in den Netzen; Dein Bruder meinte, wenn die Netze noch weitergingen, so könne das eine Voliere für Schmetterlinge sein, die er vergeblich sich bemüht, als Raupen zu zähmen, denn wenn sie aus der Puppe ausflögen, so hätten sie aller Pflege und Nahrungssorgen, die er für sie als Raupen getragen, vergessen. — Mich amüsierte sehr seine ernsthafte Behauptung, bei der Raupe und Puppe auf die Seele des Schmetterlings wirken zu wollen. — Ich meine, die ungeheuren Spinnen würden wohl alle Dankbaren und Undankbaren verzehren, die in dieser Voliere eingefangen wären. — Noch soll ich Dir sagen von ihm, daß der Hopfen übers Dach hinaufgewachsen ist in die offnen Fenster herein. — Du hörst gern von Deinem kleinen Paradiesgarten, in dem alles so schön ist und kein Baum, von dem man die Äpfel nicht essen darf.

An die Günderode
Mit der einen Hand hab ich meinen Brief dem Bot gereicht, mit der andern Deinen genommen; wir kamen eben von unserm Sonnenaufgang zurück, so sah ich den Bot überm Tal am Berg hersteigen; ich wollt mit ihm zusammen ankommen, ich lief, die andern wußten nicht warum, sie riefen mir nach; ich galoppierte als an der Bergwand hin und schlug mit dem Stecken an die Äst, das regnete im heißen Lauf kühlen Tau auf mich, dann schoß ich bergab ins Tal und konnt nicht einhalten; der gut Bot stellte sich gegenüber und fing mich auf; oben stand die ganz Gesellschaft, ein Kopf über dem andern, der Mstr. Haise in der Mitt, und guckt durchs Perspektiv; ich legt mich ins Gras und schnaufte aus. — Potztausend, wieviel Hämmerchen pochten in meinem Kopf, lauter Goldschmied, und der große Hammer in meiner Brust, das war ein Grobschmied; die andern kamen herbei; wie ich im hohen Gras verschwand, glaubten sie, ich sei ohnmächtig oder sonst was; der Voigt schrie, Gott bewahr, solche Einbildungen hat sie nicht; ich guckte aus dem Gras hervor und lachte sie aus, aber da schrie alles: ich hätt können den Hals abstürzen, ich hätt können Arm und Bein brechen, mich hätt können der Schlag rühren, unvorsichtig, tollkühn, sinnlos, schrien sie, — Was Kuckuck, ich wollt's nicht mehr hören; ich setzt mich wieder in Galopp; der Badepeter hatte gerad die Bäder angelassen, ich rief ihm zu: »Sagt nicht, wo ich geblieben bin«, und sprang ins Wasser mit Schuh und Strümpf und allen Kleidern; da unterm Wasser warf ich die Kleider ab und dacht nicht gleich, daß ich Deinen Brief im Busen stecken hatt, bis er auf dem Wasser schwamm; ich hab ihn gleich auseinandergelegt und an dem Strick festgemacht in der Mitte vom Badegewölb, womit man die Klapp aufzieht, wenn's zu heiß ist; er flatterte im Luftzug über mir und

drehte sich hin und her, ich bin ihm immer nachgeschwommen, links und rechts, und hab ihn buchstabiert, hier ein Teil und dort wieder, wie der Wind das Blatt drehte; das hat mich ergötzt, und auch hab ich mich gefreut, wenn ich aus dem Bad käm, ihn zu lesen, und dann stimmt ich an: »O du der Götter Höchster, der über Olympia mächtiglich waltet, laß beim Laufe der Flur günstige Winde in den Schläfe beschattenden Kränzen mir wehen.« — Da wußten sie auf einmal, wo ich geblieben war, denn alles war in den Bädern, und meine Stimme schallte laut am Gewölb; und da hört ich sie rufen: »La voilà!« — und: »Wieder eine Tollheit, so erhitzt ins Wasser zu springen.« — Wollt ich nicht von allen Seiten schreien hören, so mußt ich wieder singen: »Laß, o Jupiter, mit leichten Füßen mich hingleiten dem schnellfüßigen Tage zuvor, der mich sieggekrönt am Abend begrüße mit der Unsterblichkeit süß hallendem Ruf.« — Da kam die Lisett als Gesandtschaft von den andern; was war die verwundert, als sie die Kleider unter Wasser sah und die Schuh auf der untersten Treppe, zwei volle Becher. — Ich sah ihr die Bestürzung an; sie glaubte, ich sei toll geworden; sie reichte mir verstummt ein Zettelchen, darauf stand: ›Wohlan, Füllenbändiger, opfere einen festen Stier der Rossebezähmerin Pallas Athene, und ihren goldgewirkten Zügel wirf schnell um den jungfräulichen Hals.‹ — Ich frag, wer ihr den Zettel gab: sie sagt, der Badpeter; ich frag den Badpeter, der sagt, sein Sohn Lipps; ich frag den Lipps, der sagt, am Röhrbrünnchen ein Herr in Schlappschuhen, eine Zigarre im Mund. — Was hatte er an, wie sah er aus? — Weißer Mantel, graue Sammetmütze. — Ich hielt fürs beste, zu schweigen und niemand was vom Zettel zu sagen; den Zettel legt ich zu meiner merkwürdigen Naturaliensammlung, worunter ist ein goldglänzendes Horn von einem Weinschröter, das hohl ist und so zierlich, daß es sehr gut als Trinkhorn könnt passen für ein Elfchen, das ein Jäger wär; ich hab's deswegen aufgehoben, wenn mir einmal eins begegnet, ferner mehrere durchsichtige Steine, die sehr gut Edelsteine sein könnten, wenn die Sonn nur noch ein bißchen besser durchschien, und eine Puppe, aus der ich selbst den

Schmetterling hab auskriechen sehen, die tut sich auf und entläßt den Schmetterling und schließt sich wieder, sie hat inwendig wie kleine Stahlfedern, an die rührt der Schmetterling, wenn er reif ist, und dann öffnet sie sich; außen ist die Puppe ganz hart, daß man sie nicht verletzen kann. — Ich hab mir's expreß aufgehoben für Dich, ich will Dir's zeigen und über die Unsterblichkeit mit Dir nachdenken dabei. — Wenn ich so was seh in der Natur, wovor gesorgt ist, daß alles geschützt ist so sorgsam, daß es nicht gestört wird, bis es reif ist, das schauert mich an, und gewiß ist nichts so traurig als sie stören, denn so zärtlich, wie sie ist, muß es ihr durch die Seele gehen. — Ich mag mich nicht an ihr versündigen, nicht mich empordrängen und was sein wollen vor der Zeit, mag nicht ein starker Kopf werden, sie will's nicht, die Natur; sie sagt, ich soll laufen und springen, und Überlegung soll ich gar nicht haben; und in Deinem Brief steht's nun auch geschrieben, was mich so sehr freut: Unbedeutend! — Da bin ich von Herzen dabei, wenn Du nur auch so dumm sein willst und mich den bedeutenden Leuten vorziehen. Du mußt allen Leuten zugeben, daß nichts ist mit mir, da wird sich's bald geben; eigentlich wer schuld ist, das ist der Clemens, der hat aus großer Lieb zu mir sich immer an allem gefreut, was ich getan hab, und hat meine unbedachtsame Reden als wunderschön gefunden. Nun, was liegt dran? — Aber auf die Burg kommst Du doch noch? — Nicht wahr? da sind wir zwei mit dem Dämon zusammen und fragen nach sonst niemand. — Ich freu mich so drauf, daß mir manchmal das Herz klopft, und wenn ich mich besinn, was es ist, so sind es die acht Tage, wo wir zwei zusammen in einer Stube schlafen, und der Herbstwind geht dann schon und schüttelt das Laub ab von den Platanen, und nachts wecken wir uns, wenn wir einen Gedanken haben, und schlafen dann gleich wieder. Ich kann Dir auch viel von hier erzählen, ich hab eine Menge Gedanken, die ich nicht aufschreiben kann; manchmal spring ich auf, als müßt ich zu Dir und Dir gleich was ganz neu Gedachtes sagen. — Aber ich hab Dir ja noch nicht erzählt, was heut noch vorgefallen. Um zwölf Uhr sind wir hinunter, bloß ich und die Tonie, zur Kurprinzessin, um Abschied von ihr zu nehmen; die Tonie hatte ihr auf den Tisch im Vorsaal all die schönen Früchte aufgestellt und die Blumen dazwischen, sie nahm sehr freundlich von allen und sagte so viel herzlich Gutes zur Tonie, daß ich zum erstenmal empfand, als wenn es wahr wär, was ich bei andern nie glaub, wenn sie höflich sind. Du frägst: wenn Du nun auch eifersüchtig sein wolltest auf die Kurprinzeß. Ei, warum bist Du's nicht? — Das ist eben, was mir leid ist, wenn ich Dir heut sagte, sie wollt mich mitnehmen und ganz bei sich behalten, da würdest Du am End ganz kalt schreiben: Liebe Bettine, es tut mir zwar leid, daß unser Umgang hierdurch unterbrochen wird, aber ich rate Dir sehr, laß Dich dadurch nicht abhalten. — Und ich würde das aber nicht tun, selbst wenn ich mir denk, daß Du mir so kalt antworten könntest und könntest es leicht verschmerzen, obschon mir die Kurprinzeß am liebsten ist von allen, die ich gesehen hab, denn außer der Großmama und Dir hab ich nie Frauen gesehen, die mir edel vorkamen, denn ich häng innerlich mit Dir zusammen, das weiß ich, und der Dämon hält mich auch fest bei Dir; und wo sollt ich noch einmal fühlen so vertraulich? — kann man so bei Prinzessinnen simulieren, so im Mondschein im Zimmer an der Erde liegen und ihm nachrücken und Geschichten erfinden wie wir den Winter; und wenn ich Dein Haar flechten wollt, da hast Du mich's lassen aufflechten und wieder flechten und erfandest Ossians Gesänge, während ich es kämmte.

Deine Locken gleich den Raben düster,
Deine Stimme wie des Schilfs Geflüster,
Wenn der Mittagswind sich leise wiegt.

Weißt Du noch, wie ich's Dir still nachsang, was Du so schauerlich mir vorsagtest, und weißt Du wohl, daß da mein Herz ganz voll Tränen war, mehr wie einmal, und heimlich stritt ich mit mir, daß ich stark sein wollt und meine Schmerzen bezwingen? — Ich wollt Dir's nicht zeigen, wie tief das in mich ging:

Denn mein Schwert umgibt wie Blitzes Flügel
Dich, du Liebliche, du schönes Licht. —

Wie oft hab ich das gesungen für mich und war ein Held. —

Collas Tochter sank zum Schlafe nieder,
O! wann grüßest du den Morgen wieder?
Schöngelockte, wirst du lange ruhn? —
Ach, die Sonne tritt nicht an dein Bette,
Spricht: erwach aus deiner Ruhestätte,
Collas schöne Tochter, steig herauf! —
Junges Grün entkeimet schon dem Hügel,
Frühlingslüfte fliegen drüberher.
Sonne, birg in Wolken deinen Schimmer!
Denn sie schläft, der Frauen Erste! — nimmer
Kehret sie in ihrer Schönheit mehr.

Das hab ich so oft gesungen und auch am Fels vorgestern, und ich kann so schöne Melodien drauf, die mir alle durchs Herz gehen, und wenn wir auf der Burg sind den Herbst, dann wollt ich Dir's vorsingen, wenn's dunkel ist, eh das Licht kommt; wie kannst Du denn nur denken, daß ich die Kurprinzeß lieber haben könnt? — aber Du denkst es auch nicht, Du stellst Dich nur so, denn sonst wär's gar zu traurig für mich, daß Du nicht betrübt darüber wärst. — Ich kann mir unter Collas Tochter immer nur Dich denken; denn sie schläft, der Frauen Erste! — und so hab ich in mancher Stunde mit Tränen Dich besungen, denn ich kann das nicht singen, ohne daß es mein Herz so stark bewegt abends, wenn ich allein bin, daß ich oft meinen Kopf in die Kopfkissen stecke und will alle Wehmut ersticken, weil sie mich gar zu schmerzlich befällt. — Aber was soll ich doch hier so fern von Dir, Dir von meinen bitteren Stunden sagen, das kann Dich nur traurig machen, und Du bist jetzt so betrübt. — Aber laß Dich's nicht betrüben von mir, das ist nur so vorübergehend, wie eben die Schloßen, die hier fielen; ich will Dir lieber noch weiter erzählen von der Kurprinzeß; Du weißt, daß ich traue in Deine Lieb und gar nicht denk, daß ich Dir gleichgültig bin und auch nicht, daß Du an mir zweifelst. Die Kurprinzeß verlangte heut morgen, ich sollte ihr noch ein Lied singen zur Gitarre, das sie als zuweilen vom Fenster gehört habe; das erschreckte mich sehr, denn der Herzog stand dabei und zog den Mund so kurios zusammen und sagte, er hab auch meine Stimme gehört, sie sei sehr schön; ich hätt gern ausgewichen, aber ich fühlte, daß es unschicklich war, ich holte also meine Gitarre, und unterwegs bezwang ich meine Angst vor dem Herzog, vor der Prinzeß hätt ich mich auch nicht gefürcht, denn ich hatte schon oft die Abende in dem Laubgang vor ihrem Fenster allerlei Melodien improvisiert, weil mich einmal eine geheime Neigung zu ihr anregte, daß ich als recht zärtliche Melodien erfand. Vor dem Herzog hätt ich mich auch nicht gefürcht, aber weil ich den Morgen im Bad gesungen hatte, so dacht ich, er hätt's gehört und möcht wohl gar davon anfangen, und an den Zettel dacht ich auch. — Aber da kam mir mit einmal ein Gedanke, der half mir drüber hinaus, ich nahm Dein Darthula-Gedicht* aus meiner Brieftasche mit und sang draus, was ich da oben Dir hingeschrieben aus dem Kopf in eine Melodie hinein, im Anfang war's ein wenig steif, aber bald ging's recht, wie ich manchmal selbst überrascht bin und tief erschüttert, wie die Melodei so viel gewaltiger ausdrückt und erst das Herz empfinden lehrt, und ich wiederholte es, da war's so schön, ach wenn ich's doch noch einmal so singen könnt vor Dir; — der Herzog verlangte, ich sollte noch fortsingen, da war ich nicht mehr bang, ich sang gleich:

»Laß zehntausend Schwerter sich empören,
Usnoth sollt von meiner Flucht nicht hören,
Ardan! sag ihm, rühmlich war mein Fall.
Winde! warum brausen eure Flügel?
Wogen! warum rauscht ihr so dahin?
Wellen! Stürme! denkt ihr mich zu halten?
Nein, ihr könnts nicht, stürmische Gewalten!
Meine Seele läßt mich nicht entfliehn.
Wenn des Herbstes Schatten wiederkehren,
Mädchen, und du bist in Sicherheit,
Dann versammle um dich Ethas Schönen,
Laß für Nathos deine Harfe tönen,
Meinem Ruhme sei dein Lied geweiht.«

Und dies zweite Mal sang ich noch besser, mit tieferer Stimme,

* Anhang I

und war selbstfühliger; es sind die zwei Stellen, die ich aus Deinem Lied auswendig weiß, weil Du sie in meiner Gegenwart gemacht hast, im Dunkel, und sagtest zu mir: behalt es auswendig, bis Licht kommt, ich will unterdes weiterdichten, und ich wiederholte immer vier Verse, bis noch vier dazu fertig waren, die Du auch meinem Gedächtnis vertrautest und immer weiter schifftest im Ozean; Günderode, wie schön war doch das! – wie werd ich je Schönres erleben als mit Dir! – Dem Herzog hab ich Dein Gedicht gegeben und gesagt, es sei von Dir, und auch den Don Juan* hab ich ihm geschenkt; er lag dabei, ich dacht, Du gibst mir's wieder; ich wollt ihm es so gern geben, weil ich sah, daß er große Freude dran hatte; Du gibst mir's wieder. – Die Kurprinzeß verlangte, ich soll ihr die Melodie abschreiben lassen von dem Lied, ich sagte ja; aber wo ist die hin? ich weiß nicht mehr – sie hat mich auch noch herzlich geküßt auf beide Wangen; und der Tonie sagte sie sehr freundlich, wenn sie es erlaube, so wolle sie den Strauß aus der Ananas mitnehmen und zum Andenken in ihrem Treibhaus pflanzen lassen. – Gelt, das war so freundlich, und ich will Dir's nur gestehen, daß mir heimlich recht leid getan hat, wie sie fort war, und alles kam mir so leer vor, daß ich doch drüber weinen mußte, obschon ich nicht wollt; ich hielt mich auch gar nicht dabei auf, eben weil ich an Dich dachte und Dir keine Untreue wollte begehen. – Wir begleiteten sie bis zum Wagen, und sie sagte mir noch, wo ich sie begegnete, da sollte ich immer zu ihr kommen; ich küßte ihre Hand und ging zurück, denn der Herzog sprach noch mit ihr. – Sein Wagen war auch vorgefahren; er legte mir die Hand auf den Kopf und sagte: auf Wiedersehen – und lachte mich an, und ich dachte: Ach Gott, am End hat er den Zettel dem Lipps gegeben. Er stieg in den Wagen im lederfarbnen Rock, und wie das Windspiel nachsprang und sich zu seinen Füßen legte, da sah ich wohl so etwas auf dem Rücksitz liegen wie einen weißen Mantel, der hellblau gefüttert war; aber er sah doch nicht ganz weiß aus, sondern mehr hellgrau, aber die

* Anhang II

graue Mütze sah ich, wie mich deucht, auch. — Ja, ich sah sie gewiß, ich wollt sie nur nicht erkennen, weil ich mich schämte; aber das dauerte noch eine Weile, daß ich mich gar nicht trösten konnte, und sooft mir's einfällt, werd ich aufs neue rot vor mir selber. — Aber ich denk nur immer, ein Prinz hat kein lang Gedächtnis, er wird's bald vergessen. Ach, wenn er's nur recht bald vergäße! — Gute Nacht. Morgen erzähl ich Dir noch mehr von heut; von unserm Sonnenaufgang hab ich Dir noch gar nichts erzählt, daß wir den gar nicht gesehen haben und daß die Sonne hinter uns aufging — und daß alles über die in der Ferne liegenden Berge sah und meinte, sie sollt dort hervorkommen, und daß sie hinter der Felswand in unserm Rücken aufstieg, und der Mstr. Haise, mit dem Perspektiv bewaffnet, und der Voigt, der mir immer ins Ohr sagte: geben Sie acht, was passieren wird, sie werden sich alle bald verwundern, kein Mensch achtete seiner Reden. — Es ward hell und heller, und die Sonn kam nicht, und auf einmal war sie hinter uns, ganz mäßig und vernünftig, ohne Aufwand, wie wir sie beim Frühstück auf der Terrasse auch hätten sehen können; aber der große Streit, der vorfiel, keiner wollte der sein, der es nicht gleich gedacht hatte, jeder sollt den andern verführt haben; es war wirklich ein wunderlicher Streit, und der Mstr. Haise mit dem Perspektiv, mit dem er die Sonn zuerst hatte entdecken wollen! — der Voigt wurde am meisten gezankt, und er sollte zuletzt allein dran schuld gewesen sein, er hätt sie mit Fleiß all herumgewendet, und er hätte davon gesprochen zuerst, daß dort gen Morgen lag. Er sagt aber: nein, er hätte sie nicht verführt, er hätt es aber wohl gewußt; drum hätt er auch gesagt: sie würden sich bald alle sehr verwundern, aber er wüßt, er stände in so schlechtem Kredit bei ihnen, daß er sich nicht getraut hab, es ihnen zu sagen, denn sie hätten's doch nicht geglaubt.

Am Samstag
Den Kanarienvogel schenk ich Dir, Du sollst ihn behalten, er hat Dich lieber wie mich, und ich bin ihm gut, was soll ich ihm seine eingesperrte Lebensfreud verketzern? Ich bin

aber kein Kanarienvogel, und Du kannst mich nicht hingeben wollen, denn ich schenk Dir alles, Du sollst mich nicht hergeben. — Meine Altan ist doch schön, nicht wahr? — als Kinder hat uns da der Herr Schwab die biblische Geschichten vorerzählt; abends, eh wir zu Bett gingen, da hab ich den Mond zum erstenmal scheinen sehen. Wie wunderlich war's doch, und die Fenster von den Stuben nebenan, wenn da abends Licht drin war, die malten den Schatten von den Sträuchern auf den Boden, da saß ich so gern allein auf dem Boden und sah den Schatten rund um mich sich bewegen. Ich hab mich wohl immer gefürchtet als Kind, aber mehr bei Tag, wenn ich allein war und im Zimmer, wo alles so nüchtern aussah; aber in der Nacht war was Vertrauliches, was mich lockte, und noch eh ich was von Geistern gehört hatte, war die Empfindung in mir, daß etwas Lebendiges in der Umgebung sei, dessen Schutz ich vertraute; so war mir's auf der Altan als Kind von drei oder vier Jahren, wo beim Sonnenuntergang immer alle Glocken den Tod des Kaisers einläuteten, und wie's da immer nächter ward und kühler, und es waren keine Leute um mich, und als ob die Luft lauter Geläute sei, was mich umfing, da kam eine Traurigkeit über mein kleines Herzchen und dann wieder so rasches Zusammennehmen, ich fühl's noch, wie wenn der Schutzengel mich auf den Arm nähm. Jetzt muß ich aber sagen: Was ist doch das Leben für ein groß Geheimnis, das so dicht die Seel umschließt wie die Puppe den Schmetterling; kein Licht strahlt durch den Sarg, aber die Sonnenwärme empfindet die inwendige Seele und wächst und wächst unter schweren Ahnungen, unter Tränen. Ach verzeih's, daß ich gleich traurig war, aber die Altan! — Dort hab ich ganz sehnsüchtige Augenblicke schon gehabt, die mir wie Schwerter durch's Herz gingen, und ich wußte nicht, was es war, und weiß es noch nicht. — Grad in der schönen blühenden Zeit war mir's immer so traurig, grad am hellen Mittag, wenn da so ein Bienchen eine Weile herumschwärmte. — Ach was! — ich will lieber was anders denken. — Du bist recht gut, daß Du allerlei so sub rosa hervorleuchten läßt, was mich heimlich freut. — Was mir doch noch wird? — ob ich je aus dem Licht heraustrete, was Dein lebendig Aug auf mich strahlt? — denn Du kommst mir vor wie ein ewig lebender Blick — und als wenn von ihm mein Leben abhing. — Aber davon will ich auch nicht reden. — Von der Eselspartie gestern nach Rauenthal, sie ist zu Wasser geworden, aber erst am End; es kam ein ungeheurer Platzregen, wie wir noch eine halbe Stunde von der Heimkehr entfernt waren; das zusammenlaufende Wasser von den Bergen herab ins Tal gab ordentlich Seen, die der Wind wellig kräuselte. — Und wie die Esel mitten durchs Wasser pfatschten mit uns, kam ein ungeheurer Donnerschlag; die meisten schrien auf, die Esel schrien nicht, aber sie warfen uns alle mit einemmal herunter in die Pfützen, und da konnt keiner sich halten, nur der Engländer wollte es zwingen mit seinen langen Beinen; der Esel warf sich nieder und bäumte sich, und so galoppierten alle Esel fort, daß sie im Nu aus den Augen waren, die Eseltreiber hinterdrein, denen nachgerufen wurde, uns Laternen zu schicken. Der ganze Haufe konsultierte in der Pfütze, setzte sich nach wiedererlangter Besinnung in Bewegung, auf das verwirrte Untereinanderschreien folgte bald Stille; der Weg war zu beschwerlich, als daß man auf etwas anders denken konnte als nur, wie man den Fuß mitsamt dem Schuh wieder aus dem Morast heben wolle, dies aber war nicht möglich, die meisten Schuhe blieben stecken; die Laternen kamen uns bald entgegen, die beschwichtigten Esel wurden wieder herangeführt, und so kamen wir zwar beritten an, aber in welchem Zustand? — Alle Strohhüte hatten im Morast gelegen. Die Schuhe fehlten, die Damengewande so naß, als sollten sie zu Statuen Modell stehen, und die Herren nicht minder; man verfügte sich in die Bäder und kam neugeboren und neugestrählt heraus, ein Gesamt-Abendtee, in Pantoffel und Schlafröcken und Pudermäntel eingenommen, machte den Beschluß, alles beschrie des Unfalls Jammer und lachte sich halbtot drüber. Mstr. Haise, dessen natürliche Haarfarbe jetzt zutag kam, war nicht mehr zu erkennen; aber seine Schönheit wurde allgemein bewundert, sein braunrotes Haar stand ihm so viel schöner als der Puder, womit er's hatte verbergen wollen, daß man schrie: jetzt könne er erst interessieren, was man vorher für unmöglich hielt. Wer war vergnügter wie er, der feierlich dem Puder abschwor und mit himmlischer Selbstzufriedenheit bei den Frauen herumspazierte, sich bewundern zu lassen. — Ich und die Lisett haben noch bis Mitternacht die Strohhüte renoviert, ich schlug sie alle auf der einen Seite mit einer Kokarde auf; wenn man nun im Schatten sein will, so setzt man die Schippe nach vornen, wo die Sonn nicht scheint, dreht man sie herum; die Verwandlung fand allgemeinen Beifall und sieht nach Voigt malerisch aus. Heut morgen kamen die Eseltreiber mit den verlornen Schuhen auf ihren Stecken in Prozession angerückt; sie hofften ein Trinkgeld, es mußte auch bezahlt werden, obschon die Schuhe besser wären geblieben, wo sie begraben waren; man war ärgerlich, daß sie die beschmutzten Schuhe so öffentlich zur Schau trugen. Das war die gestrige Geschichte. Voigt hatte schon lange drum gebeten, die ganze Gesellschaft zu Esel in sein Skizzenbuch zeichnen zu dürfen; heut morgen war ein schöner heller Himmel, und doch war's abgekühlt vom Gewitter; wir machten uns so malerisch wie möglich, ließen Bänder flattern, Schleier wehen, die Herren steckten Sträucher auf den Hut, gaben sich nachlässige Posituren, schaukelten mit den Beinen, so ging's langsam vorwärts; Voigt war voran mit seinem Malkasten, hatte die Palette aufgesetzt, saß auf einem Zeltstuhl vor der Höhe, wo wir herabkamen, und beobachtete den Zug mit dem Fernglas; auf einmal rief er: halt! Ich war voran mit einer grünseidnen Fahne, die ich mir gemacht hatte, die stemmt ich in die Seite und hielt recht feierlich still, die Gitarre hing auch am Sattel. Voigt malte eifrig auf ein Stück Wachsleinwand, das auf ein Brett genagelt war. Es dauerte ein Weilchen, die Esel hingen die Ohren und waren eingeschlafen, die Sonne brannte, die Mücken stachen, die Schleier und Bänder hingen schlaff, sie glaubten alle, sie könnten's nicht länger aushalten; ich hätte doch dem guten Voigt so gern das Pläsier gegönnt, daß seine Skizze fertig wurde; ich nahm meine Gitarre und stimmte den Kosiusko an, Crothwith begleitete mich auf dem Flageolett, mehrere Maultrommeln der Eseltreiberjungen fielen ein, es erhob die Stimme Baß und Diskant, andere pfiffen, Haise neben mir an gab einen Ton von sich, mit dem er eine Pauke nachmachte, die mit einer Rute und einem Klöppel geschlagen wird, pfitsch, pfitsch, bum bum. Die Esel wachten auf und spitzten die Ohren wieder, die Lüftchen regten sich wieder in den flatternden Bändern, alles war begeistert, und Voigt malte schneller als eine Windmühle, in die der Sturmwind bläst; die Eseljungen hatten sich auch in nachlässigen Stellungen postiert; bald war's so weit, daß wir umwenden konnten; Voigt bestieg seinen Esel, und wir zogen vergnügt und singend zurück. Die Skizze ist allerliebst kräftig, er will sie zu Frankfurt fertig malen; wärst Du doch auch dabei gewesen. — Im Nachhausereiten sah ich die Birke von fern, die so leise wehte, in der ich, ohne daran zu denken, wie eine Vision Dein Bild gesehen hatte. Ich dachte daran, ob ich's doch versuchen wollte, Dich hier zu besuchen; wenn man allein ist, da kann man viel besser klettern, und wie heut nachmittag alles Siesta hielt, bin ich hierhergekommen und hab gesehen, was der Herzog für Buchstaben in den Baum geschnitten hat: ZDF und seinen Namen drunter; ich weiß, was es heißt, grade was er unter Dein Manuskript von der Immortalita geschrieben hat. — Der Voigt sagt mir, sein Buch sei sehr witzig, und hat mir noch manches Schöne erzählt von ihm und auch Sonderbares. — Das Buch müssen wir zusammen lesen den Winter. Heut nachmittag war alles versammelt beim Tee auf der Terrasse. Die Lust auf weite Partien ist gedämpft; wir spielten Federball und machten Seifenblasen, die flogen zwischen die Bäum und bald hier- oder dorthin, auch eine auf dem Haise seine Nas, glaub ich.

Sonntag

Heut morgen war man zum letzten Frühstück versammelt, denn morgen geht alles fort; der ganze Vormittag verging mit Spaziergängen von Paar und Paar im Wald; ich schlenderte mit dem Voigt nach einem grünen Platz und las ihm vor aus Deiner Brieftasche, ich las ihm die ›Manen‹ vor und knüpfte allerlei Ideen dran, die ich nicht recht aussprechen konnt; ich kann vor niemand sprechen wie vor Dir, ich fühl auch die Lust und das Feuer nicht dazu als nur bei Dir, und was ich Dir auch sag, oder wie es herauskommt, so spür ich, daß etwas sich in mir regt, als ob meine Seele wachse; und wenn ich's auch selbst nicht einmal versteh, so bin ich doch gestärkt durch Deine ruhigen, klugen Augen, die mich ansehen, erwartend, als verständen sie mich und als wüßten sie, was noch kommen wird; Du zauberst dadurch Gedanken aus mir, deren ich vorher nicht bewußt war, die mich selbst verwundern; andre Leut haben mit mir keine Geduld, auch der Voigt nicht, der sagt: ich weiß schon, was Sie wollen, und sagt etwas, was ich gar nicht gewollt hab. – Dann mach ich's aber wie Du und hör ihm zu, und da hör ich allemal was Kluges, Gutes. – Heut sagte er: die Vernunft sei von den Philosophen als ihr Gott umtanzt und angebetet, wie jeder seinen Gott anbete, nämlich als ein Götze, der zu allem gelogen werde; was man auf dem Weg des Menschensinnes und der Empfindung allein finden könne und solle, die würden zu Sätzen, die auf keiner empfundenen Wirklichkeit beruhen, nur als willkürliche Einbildung gelten und wirken. – Philosophie müsse nur durch die Empfindung begriffen werden, sonst sei es leeres Stroh, was man dresche; man sage zwar, Philosophie solle erst noch zur Poesie werden, da könne man aber lange warten; man könne aus dürrem geteerten Holz keinen grünen Hain erwarten, und da möge man Stecken bei Stecken pflanzen und den besten Frühlingsregen erbitten, er werde dürr bleiben, während die wahre Philosophie nur als die jüngste und schönste Tochter der geistigen Kirche aus der Poesie selbst hervorgehe; dies sagte er dem Mstr. Haise, der studierter Philosoph ist, der war darüber so aufgebracht, daß Voigt die Poesie die Religion der Seele nenne, daß er mit beiden Füßen zugleich in die Höhe sprang – und nachher mir allein sagte: ich möge dem Voigt nicht so sehr trauen, denn seine Weisheit sei ungesund und könne leicht ein junges Herz verführen; sonst war alles ganz gut, wir tranken Nachmittag auf dem Musenfels Kaffee und machten ein lustig Feuer im Wald an und tanzten zuletzt einen Ringelreihen drum, bis die letzten Flammen aus waren, und alle waren wie die Kinder so vergnügt, und mir kam vor, als wenn gar kein Falsch oder versteckte Gesinnung mehr unter allen wäre. Ein freies Gemüt ist doch wohl das Höchste im Menschen. Nie eine Periode des Menschenlebens verlassen, so, wie sie rein erschaffen ist, um in eine andre überzugehen, dabei nie eine derselben vermissen, ewig Kind sein, als Kind schon Mann und Sklave des Guten sein, Gott anbeten in Ehrfurcht und mit ihm scherzen und spielen in seinen Werken, die selbst ein Spiel seiner Weisheit, seiner Liebe sind, sagte Voigt auf dem Heimweg zum Mstr. Haise, und der war zufrieden und reichte ihm die Hand. Gute Nacht.

Am Montag

Gestern hätt ich nun rechte Zeit gehabt, Dir zu schreiben, alles ist fort, aber ich war müde. Tonie liegt auf dem Bett und schläft; man war bis spät in der Nacht aufgewesen; ich ging noch auf die Terrasse, um Abschied zu nehmen, weil am Morgen alles vor Tag abreiste; nur der Voigt blieb da bis Mittag, weil er nur bis Mainz ging. Er ging mit mir in die kleine Kapelle zur Messe, da war eben die Predigt wieder am End; es war unser Franziskaner. »Warum hat Jesus, da er ans Kreuz geschlagen ist und die bittersten Schmerzen leidet, zugleich eine himmlische Glorie um sein Haupt, die allen Anwesenden das Mitleid verbietet, die zugleich das seligste, ruhmvollste Entzücken andeutet mit dem menschlichen Kampfe im Elend? — Warum liegt in jedem seiner Taten, seiner Worte das Irdische mit dem Ewigen so eng verbunden? — Er hat seine Leiden nicht mit Freuden vertauscht, da er es wohl vermochte. — Also, Mensch, hab dein Schicksal lieb, wenn es dir auch Schmerz bringt, denn nicht dein Schicksal ist traurig, wenn es dir auch noch so viel Menschenunglück zuführt, aber daß du es verschmähest, das ist eigentlich das große Unglück, und so schließ ich, wovon ich ausging, daß allemal das Schicksal des Menschen das höchste Kleinod sei, das nicht wegwerfend zu behandeln ist, sondern es soll mit Ehrfurcht gepflegt und sich ihm unterworfen werden.« — Der Voigt bereuete sehr, daß er die Predigt nicht ganz gehört habe, und meint, da er in wenig Worte so viel zusammendränge, so müsse er in der Entwicklung sehr geistreich sein.

Ich aber war froh, daß wir zu spät gekommen waren, denn mir schien das Thema sehr traurig, Leiden im voraus zu ahnen und sich darauf vorzubereiten, das will mir nicht in den Sinn. — Am Abend waren wir ganz einsam, die Tonie und ich, es ist gar niemand mehr hier; ich wär so gern noch hinaus spazieren gegangen und ließ mir den Lelaps holen, den Hund von der Küstersfrau, der mich kennt, weil ich schon oft ihn mitgenommen habe auf dem Spaziergang; der kam mit einem Laternchen am Hals mit einem brennenden Lämpchen, womit er immer bei nebligem Wetter seinen Herrn begleitet; das machte mir groß Pläsier, ich nahm meinen guten Stock, der zusammengeflochten ist von drei guten spanischen Rohren und den mir der Savigny geschenkt hat, und ging mit meinem guten Lelaps als fort zwischen die Schluchten, in denen der Nebel hin und her wogte, und sein klein Lichtchen verschwand oft, daß ich ihn nicht mehr sah, aber wenn ich rief, da kam er durch den dicken Nebel herbeigelaufen, da wurde das Lichtchen wieder sichtbar; was mir das für Spaß gemacht hat, der Hund und ich allein, und die Nebel, die herumflankierten wie Geister, herüber und hinüber, aufstiegen und hinabkletterten; es war eine Geschäftigkeit in diesen Felsritzen und an den Bergwänden hinab, wo man einen freien Blick ins Tal hatte, ich konnt mir gar nicht denken, daß es nicht Geister wären, und ich glaub's noch, und ich war innerlich recht glücklich und froh, daß ich dazu gekommen war und daß ich und der Hund von den Geistern so gut gelitten war, denn Du glaubst nicht, wie gut der Nebel tut, wie sanft, wie weich er sich einem anschmiegt, mein Gesicht war ganz glatt davon, und wir sind auch glücklich wieder nach Haus gekommen. — Ich bin so froh, daß ich unbedeutend bin, da brauch ich keine gescheute Gedanken mehr aufzugablen, wenn ich Dir schreib, ich brauch nur zu erzählen; sonst meint ich, ich dürfte nicht schreiben ohne ein bißchen Moral oder sonst was Kluges, womit man den Briefinhalt ein bißchen beschwert; jetzt denk ich nicht mehr dran, einen Gedanken zurechtzumeißeln oder zusammenzuleimen, das müssen jetzt andre tun, wenn ich's schreiben soll, ich selbst denk nicht mehr. Ach, von dem

Einfältigsten, Ungelehrtesten verstanden und gefühlt zu werden, ist auch was wert; und dann dem Einzigen, der mich versteht, der für mich klug ist, keine Langeweile zu machen, das kommt auf Dich an.

Wir waren am Rhein und sind wieder den andern Tag zurück spät abends, so ist heut schon Donnerstag; es war schön in Rüdesheim; die Tonie hatte dort über jemand zu sprechen, der als Geistlicher in unser Haus soll; ich guckte indes auf der Bremserin aus dem großen schwarzen Gewölb auf die Wiese im Abendschein; es flogen als die Schmetterlinge über mich hinaus, denn da oben auf der Burg wächst so viel Thymian und Ginster und wilde Rosen, und alles hat der Wind hinaufgetragen; man meint als, der fliegende Blumensamen müßt eine Seel haben und hätt sich nicht weiter wollen treiben lassen vom Wind und wär am liebsten dageblieben; alles blüht und grünt, so viel Glockenblumen und Steinnelken und Balsam; ich dacht, wie ist's doch möglich, daß das alte Gemäuer so überblüht ist. — Blum an Blum! Unten in der Ruine wohnt ein Bettelmann mit der Frau und zwei Kindern, sie haben eine Ziege, die bringen sie hinauf, die grast den duftenden Teppich mir nichts, dir nichts ab. — Ich war eine ganze Stunde allein da und hab hinaus auf dem Rhein die Schiffe fahren sehen; da ist mir's doch recht sehnsüchtig geworden, daß ich wieder zu Dir will; und wenn's noch so schön ist, es ist doch traurig ohne Widerhall in der lebendigen Brust; der Mensch ist doch nichts als Begehren, sich zu fühlen im andern. Du lieber Gott! eh ich Dich gesehen hatt, da wußt ich nichts, da hatt ich schon oft gelesen und gehört, Freund und Freundin, und nicht gedacht, daß das ein ganz neu Leben wär; was dacht ich doch vorher von Menschen? — gar nichts! — Der Hund im Hof, den holt ich mir immer, um in Gesellschaft zu sein; aber nachher, wie ich eine Weile mit Dir gewesen war und hatte so manches von Dir gehört, da sah ich jed Gesicht an wie ein Rätsel und hätt auch manches gern erraten, oder ich hab's erraten, denn ich bin gar scharfsinnig. Der Mensch drückt wirklich sein Sein aus, wenn man's nur recht zusammennimmt und nicht zerstreut ist und nichts von der eignen Einbildung dazutut; aber man ist immer blind, wenn man dem andern gefallen will und will was vor ihm scheinen, das hab ich an mir gemerkt. Wenn man jemand lieb hat, da sollt man sich lieber recht fassen, um ihn zu verstehen, und ganz sich selbst vergessen und ihn nur ansehen; ich glaub, man kann den ganz verborgnen Menschen aus seinem äußern Wesen heraus erkennen. Das hab ich so plötzlich erkennt, wie ich Menschen sah, die ich nicht verstand, was sie mir sollten, und nun sind mir die meisten, daß ich sie nicht lang überlegen mag, weil ich nichts merk, was mir gefällt oder mit mir stimmt, aber mit Dir hab ich wie eine Musik empfunden, so daheim war ich gleich; ich war wie ein Kind, das, noch ungeboren, aus seinem Heimatland entfremdet, in einem fremden Land geboren war und nun auf einmal von weither übers Meer wieder herübergetragen von einem fremden Vogel, wo alles neu ist, aber viel näher verwandt und heimlicher; und so ist mir's immer seitdem gewesen, wenn ich in Dein Stübchen eintrat; und so war's auch auf den alten Burgtrümmern gestern: so lachend wie die Wiesen waren und die lustigen Mädchen, die sangen, und der Abendschein und die Schiffe und die Schmetterlinge; alles war mir nichts; ich sehnt mich nach Dir, nur nach Deinem Stübchen, ich sehnt mich nach dem Winter, daß doch drauß Schnee sein möcht und recht früh dunkel und drin brennt Feuer; der Sonnenschein und's Blühen und Jauchzen zerreißt mir's Herz. — Ich war recht froh, wie die Tonie mit dem Wagen vorfuhr; wie ich unten hin kam, waren dem Bettelmann seine zwei hübschen Kinder bloß im Hemdchen und kugelten mit Lachen übereinander und hatten sich so umfaßt; ich sagt: »Wie heißt ihr denn?« — »Röschen und Bienchen.« — Das Röschen ist blond mit roten Wängelchen, und das Bienchen ist braun mit schwarzen stechenden Augen. Das Bienchen und Röschen hatten sich so recht ineinandergewühlt. — Um Mitternacht heimgekehrt — höchst angenehmer Schlaf beim Rauschen vom Springbrunnen.

Am Montag
Ich hab Deinen letzten Brief noch oft gelesen, er kommt mir ganz besonders vor; wenn ich ihn mit andern vergleiche, die

ich auch hier in derselben Zeit erhalten hab, so muß ich denken, daß es Schicksale gibt im Geist, die so entfernt sind voneinander und so verschieden wie im gewöhnlichen Tagesleben; der eine wird sich's nicht einbilden vom andern, was der denkt und träumt und was er fühlt beim Träumen und Denken. — Dein ganz Sein mit andern ist träumerisch, ich weiß auch warum; wach könntest Du nicht unter ihnen sein und dabei so nachgebend; nein, sie hätten Dich gewiß verschüchtert, wenn Du ganz wach wärst; dann würden Dich die gräßlichen Gesichter, die sie schneiden, in die Flucht jagen. — Ich hab einmal im Traum das selbst gesehen, ich war erst zwei Jahr alt, aber der Traum fällt mir noch oft plötzlich ein, daß ich denke, die Menschen sind lauter schreckliche Larven, von denen ich umgeben bin, und die wollen mir die Sinne nehmen, und wie ich auch damals im Traum die Augen zumachte, um's nicht zu sehen und vor Angst zu vergehen, so machst Du auch im Leben aus Großmut die Augen zu, magst nicht sehen, wie's bestellt ist um die Menschen; Du willst keinen Abscheu in Dir aufkommen lassen gegen sie, die nicht Deine Brüder sind, den Absurdes ist nicht Schwester und nicht Bruder; aber Du willst doch ihr Geschwister sein, und so stehst Du unter ihnen mit träumendem Haupt und lächelst im Schlaf, denn Du träumst Dir alles bloß als dahinschweifenden, grotesken Maskentanz. — Das lese ich heute wieder in Deinem Brief, denn es ist jetzt so still hier, und da kann man denken — Du bist zu gut, für mich auch, weil Du unter allen Menschen gegen mich bist, als wärst Du mehr wach, als machtest Du die Augen auf und trautest wirklich mich anzusehen. Oh, ich hab auch schon oft dran gedacht, wie ich Deinen Blick nie verscheuchen wollte, daß Du nicht auch am End nachsichtig die Augen zumachst und mich nur anblinzelst, damit Du alles Böse und Schlechte in mir nicht gewahr werdest.

Du sagst: ›Wir wollen unbedeutend zusammen sein!‹ — Weißt Du, wie ich mir das ausleg? — wie das, was Du dem Clemens letzt in meinem Brief schriebst: ›immer neu und lebendig ist die Sehnsucht in mir, mein Leben in einer bleibenden Form auszusprechen, in einer Gestalt, die würdig sei, zu den Vortrefflichsten hinzuzutreten, sie zu grüßen und Gemeinschaft mit ihnen zu haben. Ja, nach dieser Gemeinschaft hat mir stets gelüstet; dies ist die Kirche, nach der mein Geist stets wallfahrtet auf Erden.‹ — Du sagst aber jetzt, wir wollen unbedeutend zusammen sein — weil Du lieber unberührt sein willst, weil Du keine Gemeinschaft findest — und Du glaubst wohl jetzt noch, daß irgendwo eine Höhe wär, wo die Luft so rein weht und ein ersehnt Gewitter auf die Seele niederregnet, wovon man freier und stärker wird? — Aber gewiß ist's nicht in der Philosophie; es ist nicht der Voigt, dem ich's nachspreche, aber er gibt mir Zeugnis für meine eigne Empfindung. Menschen, die gesund atmen, die können nicht sich so beengen; stell Dir einen Philosophen vor, der ganz allein auf einer Insel wohnte, wo's so schön wär, wie der Frühling nur sein kann, daß alles frei und lebendig blühte, und die Vögel sängen dann, und alles, was die Natur geboren hätt, wär vollkommen schön, aber es wären keine Geschöpfe da, denen der Philosoph was weismachen könnt, glaubst Du, daß er da auf solche Sprünge käm, wie die sind, die ich bei Dir nicht erzwingen konnt? — Hör, ich glaub, er biß lieber in einen schönen Apfel, aber so eine hölzerne Kuriosität von Gedanken-Sparrwerk würde er wohl nicht zu eigener Erbauung aus den hohen Zedern des Libanon zurechtzimmern; so verbindet und versetzt und verändert und überlegt und vereinigt der Philosoph also nur sein Denkwerk, nicht um sich selbst zu verstehen, da würde er nicht solchen Aufwand machen, sondern um den andern von oben herab den ersten Gedanken beizubringen, wie hoch er geklettert sei, und er will auch nicht die Weisheit seinen untenstehenden Gefährten mitteilen, er will nur das Hokuspokus seiner Maschine Superlativa vortragen, das Dreieck, das alle Parallelkreise verbindet, die gleichschenkligen und verschobenen Winkel, wie die ineinandergreifen und seinen Geist nun auf jener Höhe schwebend tragen, das will er; es ist aber nur der müßige Mensch, der noch sich selber unempfundne, der davon gefangen wird; ein andrer lügt, wenn er die Natur verleugnet und diesem Sparrwerk anhängt und auch hinaufklettert; es ist Eitelkeit, und oben wird's Hoffart, und der haucht Schwefeldampf auf den Geist herab; da kriegen die Menschen in dem blauen Dunst eine Eingebildetheit, als nähmen sie den hohen Beweggrund des Seins wahr; ich bin aber um dies Wissen gar nicht bang, daß es mir entgehen könnt, denn in der Natur ist nichts, aus dem der Funke der Unsterblichkeit nicht in Dich hineinfährt, sobald Du's berührst; erfüll Deine Seele mit dem, was Deine Augen schöpfen auf jener segensreichen Insel, so wird alle Weisheit Dich elektrisch durchströmen, ja, ich glaub, wenn man nur unter dem blühenden Baum der Großmut seine Stätte nimmt, der alle Tugenden in seinem Wipfel trägt, so ist die Weisheit Gottes näher als auf der höchsten Turmspitze, die man sich selbst aufgerichtet hat. Alle Früchte fallen zur Erde, daß wir sie genießen, sie haben keine Flügel, daß sie davonfliegen, und die Blüten schwenken ihren Duft herab zu uns. Der Mensch kann nicht über den Apfel hinaus, der für ihn am Baum wächst; steigt er hinauf in den Wipfel, so nimmt er ihn sich, steht er unterm Baum und wartet, so fällt der Apfel ihm zu und gibt sich ihm, aber außer am Baum wird er sich keine Früchte erziehen. — Du sprichst von Titanen, die die Berge mit großem Gepolter aufeinandertürmen und dann die stillen Gipfel der Unsterblichkeit hinabstürzen; da meinst Du doch wohl die Philosophen, wenn Du von ihnen sagst, daß ihr diebischer Eigennutz sich der Zeit vordrängt und sie mit schimmernden Phantomen blendet. — Ach, aller Eigennutz ist schändliche Dieberei; wer mit dem Geist geizt, mit ihm prahlt, wer ihn aufschichtet oder ihm einen Stempel einbrennt, der ist der eigennützigste Schelm; und was tun denn die Philosophen, als daß sie sich um ihre Einbildungen zanken, wer zuerst dies gedacht hat? — hast Du's gedacht oder gesagt, so war es doch ohne Dich wahr, oder besser: so ist's eine Schimäre, die Deine Eitelkeit geboren hat. Was geizest Du mit Münze, die nur dem elenden Erdenleben angehört, nicht den himmlischen Sphären? Ich möcht doch wissen, ob Christus besorgt drum war, daß seine Weisheit ihm Nachruhm bringe? — Wenn das wär, so war er nicht göttlich. Aber doch haben die Menschen ihm nur einen Götzendienst eingerichtet, weil sie so drauf halten, ihn äußerlich zu bekennen, aber innerlich nicht; äußerlich dürfte er immer vergessen sein und nicht erkannt, wenn die Lieb im Herzen keimte. — Ich will Dir was sagen, mag der Geist auch noch so schöne erhabene Gewande zuschneiden und anlegen und damit auf dem Theater herumstolzieren, was will's anders als bloß eine Vorstellung, die wir wie ein Heldenstück deklamieren, aber nicht zu wirklichen Helden werden dadurch. Du schriebst an den Clemens: ›Sagen Sie nicht, mein Wesen sei Reflexion, oder gar, ich sei mißtrauisch — das Mißtrauen ist eine Harpyie, die sich gierig über das Göttermal der Begeistrung wirft und es besudelt mit unreiner Erfahrung und gemeiner Klugheit, die ich stets jedem Würdigen gegenüber verschmäht habe.‹ Diese Worte hab ich oft hingestellt wie vor einen Spiegel Deiner Seele, und da hab ich immer ein Gebet empfunden, daß Gott einen so großen Instinkt in Dich gelegt hat, der einen aus den Angeln der Gemeinheit heraushebt, wo alles klappt und schließt; und wenn's sich nicht passen wollt, zurechtgerichtet wird fürs Leben; ach nein, Du bist ein Geist ohne Tür und Riegel, und wenn ich zu Dir mein Sehnen ausspreche nach etwas Großem und Wahrem, da siehst Du Dich nicht scheu um, Du sagst: Nun, ich hoff es zu finden mit Dir.

Am Montag

So ernsthaft hab ich geschrieben, ich weiß selbst nicht, wie ich darzu komme, doch ist's der Nachklang von vor Mitternacht. Ich weiß selbst nicht, wenn ich's ansehe, warum's dasteht. Du gehst weit über mich hinaus im reinen Schauen, denn Du bist ein Seher; ich betrachte nur die Schatten des Geistertanzes in den Lüften, die Dich umschweben. Was soll das alles vor Dir; ich fühl, daß ich von einer viel niederen Stufe zu Dir hinanrufe, ob dies und das so ist; ich ahne auch, daß Du mit einem leisen Zauberschlag mich strafen kannst, daß ich bei solchen Nachgedanken mich aufhalte. Ich weiß und weiß nicht. — Im Tau baden, in den Mond schauen bei nächtlicher Weile ist schöner als sich wenden und den Schatten messen, den man in die beleuchtete Ebene wirft; ja, ich war auch traurig, wie ich gestern schrieb, und aus der

Traurigkeit steigt mir immer solcher Qualm von Hyperklug-
heit auf, Philistergeist! — Ich schäme mich — es ist eine
schlechte Sonate, deren Thema man bald auswendig kann,
und die einem abgeleiert vorkommt, wenn man sie wiederholen wollt; das kommt vom Einsamsein her, da meint man,
man müsse was Bessers vorstellen, wenn man mit sich selber
spricht. Ich merkt es, als beim Schreiben das selbstgefällige
Geschwätz, was sich so schön fügte, mich verführte, und nun
auf einmal bin ich's satt. Wie anmutig und scherzend hast
Du alles ausgesprochen und mit Deinem Zauberstab Dir
spielend einen Kreis gemacht, mit mir drin zu scherzen, und
ich hab mit Dornen und Nessel und Disteln um mich ge-
peitscht; ach, ich fühl einen Widerwillen gegen meine Schrei-
berei von gestern. — Hätt ich Dir nicht besser den wunderlichen Abend beschrieben, die seltsame Nacht, die ich mit
der Tonie erlebt habe. — So eine Wundernacht vergeht
nicht, sie besteht ewig mit ihren leisen Schattenbildern, mit
ihren Lichtdämmerungen und eiligen Luftzügen, und wie sie
den Schlummer Woge auf Woge wälzt; gewiß, wie die Welt
geboren wurde, da war es Nacht, und da stiegen die Gipfel
der Unsterblichkeit, die stillen, von denen Du sagst, zuerst
auf aus den Wassern, und da drängte sich die Welt ihnen
nach und liegt nun, und über ihr strömen die Sprachen jener
Einsamen durch den Nachthimmel. — Ja, ich find mich nicht
zurecht, wenn in einer solchen Nacht alles schläft weit und
breit und der Geist mächtig mit seinen Flügeln die Luft
durchsegelt. — Und alle die Philosophen, die die Menschheit erwecken wollen, schlafen doch so fest und fühlen's
nicht. — Und ob bloß, wenn's einem gegönnt wär, in jeder
Nacht die Augen zu öffnen und ihren tiefen Faltenmantel
zu durchschauen, den sie über die Natur ausbreitet, und dann
ihre heimlichen Geister umherschweifen, anhauchen — alles
Lebende; ob der nicht hierdurch ein Seher würde himmlischem Wissen. Es ist doch so Seltsames in der Nacht; man
sollte meinen, der Tag sei einmal schon in Beschlag genommen von der Verkehrtheit, aber die Nacht sei noch ganz frei
davon; man fühlt sich in der lautlosen silbernen Mondzeit
aufgezogen wie die rankende Pflanze, die hinausstrebt in die

Lüfte — den vorüberschweifenden Geistern sich anzuhängen und hier und dort von ihrem Hauch zu trinken. — Aber was steig ich und schwindel ich denn immer noch, als lief ich am Waldrand hin? — ja, in der Nacht war's so klar in meinem Sinn, daß ich laut lachte, und nun schweift's von Berg zu Tal und betastet die Erinnerung. — Und all mein Denken solcher Nachhall, wie wär ich in eine Kluft gefallen. Wir waren am Nachmittag zum weiten Spaziergang fortgewandert und wußten wohl nicht genau die Zeit, die später war, als wir glaubten, und weil überall der Pfad an etwas Neugierigem sich hinzog, bald ein brausend Bächlein zwischen Klippen, bald sonnenhelles Grün und Hügel und Gemäuer und dann ein Wald mit mächtigen Kronen, da kamen noch Scharen von Vögeln über uns hingezogen, denen wir nachsahen; da war's bald gar aus, wir wußten nicht, wo wir hergekommen waren und wo wir hinwollten; gern wären wir wieder umgewendet, wenn wir nur ahnen konnten, wo der Heimweg war. Wir machten einander Mut, durch den Wald auf einem breitern Weg, der quer lief, fortzuwandern; weil frische Spuren da waren, so mußte er dort zu Menschen führen; noch hielten wir den Wind, die allmählich sinkende Helle für vorüberziehende Wolken, aber es war der Abendwind, der das Laub vor uns herwehte; wir sagten es einander nicht, aber merkten es bald, schritten immer fort und sahen bald zwischen den hohen Wipfeln durch den roten Himmel glänzen, und wie der sich verzog in ein dämmerndes Gold, aber ohne Schein, und endlich ein Blau, schweigende Sternchen glitzerten, und der Pfad lief immer fort im Wald, und die Sterne sahen hoch herab, und keins wagte die Stille zu unterbrechen, schweigend, ein Tritt nach dem andern raschelte durchs Laub. — Ach, sagt ich, laß uns einen Augenblick ausruhen, du wirst sehen, dann wird der Wald auf einmal sich auftun. »Ach«, sagte die Tonie leise, »was wird das werden, wo kommen wir hin?« — Statt zu klagen, mußte ich laut lachen. — »Um Gottes willen, wie kannst du so schaurig lachen; schweig still, es können böse Leute in der Nähe sein, die uns hören.« Ich meint aber, wenn wir so sacht redeten und wanderten, das könnt noch viel gefährlicher sein, und die Tonie ließ sich überreden, daß ich ein Lied sang. — Das schallte! — Das machte mich so glücklich, und der schweigende Wald — und dann ich wieder, und dann er wieder. Die Tonie hatte sich auf dem Pfad so gesetzt, um die Richtung nicht zu verlieren, der wir schon die ganze Zeit gefolgt waren, ich aber lag rückwärts und sah in die Höh; auf einmal entdeckte ich, daß der Wald links lichter ward und daß der Himmel ganz frei war; ich sagte, dort müssen wir hin, da sind wir gleich aus dem Wald. »Um Gottes willen, verlaß den Pfad nicht, denn so im Dickicht herumzustolpern in der Nacht, da können wir in Gruben fallen; laß uns ruhig auf dem Weg fortgehen.« Ich war aber schon vorwärts geschritten und stolperte wirklich und raffte mich auf und fiel wieder und kletterte über Stock und Stein, und die Tonie rief von Zeit zu Zeit, ich antwortete, und da war ich plötzlich im Freien auf der Höhe, die sich abflachte in eine weite Ebene, die ich nicht ermessen konnt, aber ganz in der Ferne sah ich's glänzen, ich rief: Hier steh ich und seh den Rhein, du mußt aus dem Wald heraus, denn auf dem Waldpfad kannst du noch stundenlang unnütz fortwandern. Wir kamen uns entgegen mit Rufen durch die Nacht, doch rück ich nicht weit herein, aus Furcht, den Weg zu verlieren; endlich reichten wir einander die Hand, und nun zog ich sie hinter mir her. Es ist ein dumm klein Abenteuerchen, aber es machte mich doch so froh, so aus dem finstern Wald herausgefunden zu haben. Da standen wir und guckten uns um — ob das dort ein Dorf ist; oder dort, ob das ein Licht ist? — Wir setzten uns am Waldrand hin und lugten, es ließ sich nichts hören, kein Vögelchen; es war gewiß schon spät, vielleicht bald elf Uhr, und da brennte auch kein Licht mehr in den Örtern, drum konnten wir sie in der Ferne nicht sehen; wir ruhten gelassen ein Weilchen, und da war es so groß um uns her, und das tat so wohl, und dann ward es heller, der Mond mußte bald kommen; da wußten wir, daß es um elf Uhr war. — Jetzt sah die Tonie einen Ort für ganz gewiß, sie sah das Kirchdach deutlich glänzen; wir schlenderten, rutschten, kletterten und kamen in die Ebene. Die Tonie behielt das Kirchdach im Aug, ich war zu kurzsichtig; aber ich lief voran, denn einen Weg zu bahnen, das kann ich besser. — Links! — rechts! — rief sie, und so ging's über abgemähte Felder, endlich an einen Graben mit Wasser, den wir glücklich übersprangen, dann über Zäune, dann Wiesen, dann Gärten, und der Mond war auf, beleuchtet einen breiten Weg, der nach dem Ort führt; aber ein großes festes Tor schließt diese verwünschte Stadt, die in ihrem Mondschein in Totenstille versunken liegt, daß nicht ein Hund bellt, nicht eine Katz mauzt. Da stehen wir mit unsern Stecken in der Hand und gucken das Tor an, das war mir schon sehr lächerlich; ich sag: »Ob ich versuch, hinüberzuklettern?« — denn es war oben offen, aber unmöglich, denn es war sehr hoch, von eichnen Bohlen, in ein paar glatte dicke Pfähle die Angeln eingefügt. »Da seh mal«, sagt die Tonie, »da ist zwischen dem Pfahl und der Stadtmauer ein Ritz — handbreit« — wenn ich die Oberkleider abwerf und den Atem anhalt, so kann ich durch; und nun geschwind alles, was mich hinderte, an die Erd geworfen, und durch war ich; da setzte ich mich aber erst auf den Eckstein am Tor und lachte, und das schallte die Straße hinab und fand ein Echo und schallte wieder herauf. — »Ach, ich bitte dich, lach nicht, du weckst alle Leute auf, und die können uns wer weiß was tun«, flehte sie durch den Ritz; ich nahm mich zusammen, besichtigte das Tor, fand, daß es mit zwei starken eisernen Riegeln zugebumst war, nahm einen Stein und klopfte die Riegel zurück. »Mach keinen Lärm, poltere nicht so« — aber das half nicht, ich war im heißen Eifer, das Tor mußte weichen; auf einmal gingen beide Flügel auseinander, und da stand sie vor mir und hielt ihren Einzug; jetzt wanderten wir schweigend durch die Straßen und musterten die Häuser, wir klopften an den Türen, an den Laden, kein Laut gab Antwort; endlich öffnet sich ein Giebelfensterchen, ein Männchen guckt heraus, mit einem brennenden Kienspan in die Luft leuchtend, bei dessen Flamme wir ein bebartetes Kinn entdecken und also auf ein ungetauftes Mitglied der Menschheit schließen, welches seine Stimme auch nicht leugnet. »Wir sind Kurgäste aus Schlangenbad, die sich verirrt haben, und hätten gern einen Führer.« — Er bedeutet, daß gegenüber der Torwächter wohnt. Wir klopfen an — eine Weile dauert es, auf einmal tut sich ein Loch am Boden auf, und unter der Erde kommt herauf ein in braunem Pelz eingehüllter Riese mit einem Baum in der Hand; ein Stock war's nicht, dazu war's zu groß; er setzt sich in Trab und treibt uns vor sich her zum Tor hinaus, immer zu, den Pfad am Berg hinauf — bald aber sagt mir die Tonie ins Ohr: »Wenn der gewaltige Mann dahinter uns mit seinem Kolben einen Schlag gäbe, es ist mir recht bang« — »Nun, wir lassen den Mann vor uns gehen, da sehen wir doch, wenn er uns was tun will.« So marschierte denn der Goliath vor uns her; ach, wie rauschten die Birken neben uns her und malten ihren Schatten uns unter die Füße, wie quoll das Dunkel aus dem Wald dem Mondlicht entgegen, und die kleinen Wässer rauschten von den Bergen nieder und wallten zwischen Weiden fort, und an manchem schlafenden Dorf ging's vorüber, und dann auf der Höh, noch einmal mußt ich mich noch umsehen nach dem Silberstreifen des Rheins im Mondglanz, und Berge in der Ferne sanken und stiegen, aber am meisten war doch das Regen in der Luft, was umherschwirrte und flüsterte in den Zweigen, und Träume, kindische, die mir das Herz beben machten, und dunkle Bilder, die aus dem Wald nebenan hervortraten, das hielt mir die Seele wach, und doch war's, als schlummre ich sorglos und wandle nur im Traum, und die Himmelssterne erblaßten allmählich — und die einzelnen Hütten im Tal waren noch unbewußt des Tags, der sich ahnen ließ, aber die Wachteln schlugen im Feld und kündeten ihn an; da sahen wir Schlangenbad. Wer war froher wie wir, ich aber über alles; mich freut die herrliche Nacht. Die Schatten am Weg, die unsern beleuchteten Weg still umstanden, und der Abschied der Nacht, wie sie noch einmal die Wipfel schüttelte, das alles ist mir lieb, es ist ein Geschenk von den Göttern, wie so manche andre Stunden, wo's war, als wollten sie mich beschenken mit süßem, schwärmerischem Gefühl von innerlicher Kraft des Entzückens. — Das war's, was ich Dir erzählen wollt und was viel schöner ist wie alles Denken und Urteilen: sich dem Leben der Natur nahen und still und stumm ihre

Vorbereitungen mit ansehen, und wie sie weiht und reinigt in feierlicher Nachtstille.

An die Günderode

Offenbach, Mai 1805

Sorg nicht um meine Gesundheit; im Dachstübchen bin ich ganz fidel; ich muß mit meinem Schatten an der Wand lachen. Drei Sätz die Trepp herauf und die Flügel gespreizt und herunter hinter die Pappelwand, wo was Weißes flattert. — Da, wo wir vorm Jahr den Spitz begraben haben, spielte der Wind im Mondschein mit einem Papier; es flog aber gleich über die Gartenwand, wie ich's haschen wollt. Mit dem guten Spitz fürchtete ich mich nicht in der Nacht; er bellte mir als immer die Geister aus dem Weg. Der Klavier-Hofmann ist noch immer unser Nachbar; heut nacht, wie ich im Bett lag, da jagte er wieder wie sonst seine enharmonischen Läufe im gestreckten Galopp auf und ab; ich gab meinen Schlaf auf und meine Sinne freudig drein, die jagten mit. — Mit dem Verstand Musik fassen wie die musikalischen Philister, das geht nicht — ich muß empfinden. — Sinnegewiegt von der Musik — mich hingeben wie schlummernd, dann hab ich Gedanken, schnell — wie die Sterne dahinfahren, oft — am Himmel. Ich bekümmere mich als, daß ich nicht denken kann, was ich will, und muß von allem mich irren lassen, wie auf dem Markt, wo man hin und her läuft vom Guckkasten zum Puppenspiel, zum Bär, der tanzt, oder mit den Zigeunern mich ergötzen am Mainufer, wenn's Marktschiff Philister ausspeit, und die betrunknen Musikanten schmettern sie hinaus. Allerlei geht mir im Kopf herum, aber wenn ich schreiben will, ist die Luft leer von Gedanken, und die meisten Worte sind überflüssig, ich muß sie wieder wegstreichen wie hier im Brief. Bei Musik bin ich gesammelt, die Gedanken fahren nicht herum, sie sind still und schauen innerlich Ding, was mich vergnügt. Die Seel wächst, die Knosp springt auf und saugt Mondlicht. — Eine Weil hört ich zu im Bett; wie's Gewitter kam, sprang ich heraus und setzte mich aufs Fenster. — Musik bringt alles in Einklang, sie donnert durch die hellsternige Nacht ihren gewaltigen Strom, dann

99

tanzt sie hin und grüßt mit jeder Well die Blum, die da heimlich blüht am Ufer. Wenn dann die Wolken vom Windsturm
dahergejagt kommen, dann werden sie als gleich als von ihrem
Hauch bezaubert; der Regen rollt Perlen unter ihren tanzenden Schritt, beim leuchtenden Blitz vom Donner durch die
schwarze Nacht geschnellt, die er mit schallenden Schwingen
durchrast, das ist alles ein Hymnus mit der Musik; — nichts
widerspricht, noch stört's das stille Brüten der Sinne. So hab
ich die halbe Nacht verlebt, ein Leben, wie's nicht besser
ist noch sein wird mit der Zeit. — Jetzt steh ich in der Blüt,
Honig bis an Rand voll, alles aus dem Innern. Mit den
andern hab ich kein Verstehen; ich schäm mich, vor ihnen
anders zu sein wie sie. Du bist mir gut, und der Clemens,
mit dem kann ich doch nicht sein, wie ich bin, er fürchtet
sich und kann nicht vertragen, daß ich mich ausström; bald
ist's zu feurig, bald zu wehmütig, wo ich doch gar nicht traurig bin, aber weil er schön ist wie ein Gedanke aus meiner
Seel, so muß ich liebvoll zu ihm sein. — Das weiß er nicht,
daß es Musik ist in mir, die ihn liebt; ich muß es so gehn-
lassen, alles muß reifen mit der Zeit. Mit Dir ungestört sein,
da fühl ich das junge Grün, wie das aus mir hervorkeimt;
Du machst kein Wesen davon, daß im Frühjahr die frischen
Grashalme und Kräuter duften; — so bin ich zufrieden und
blüh all meine Gedanken heraus vor Dir.

20. Mai

Gestern war Sonntag; heut morgen war ich gar nicht ärgerlich, wie mich die Hühner aus dem besten Traum gegagst
haben, wie als in Frankfurt, wo die Lisbeth als grad Holz
in Ofen geworfen hat, wie eben ein goldner Vogel mir wollt
auf die Hand fliegen. Die Akazien im Hof sind recht gewachsen, sie schneien im Sonnenschein ihr letzt Silber aufs
Grün. Der Garten lag so morgentrunken vorm Fenster; ich
ging hinab, meinen alten Weg nach der Bretterwand hinter
den Pappeln, und kletterte herüber ins Boskett, wo ich Dir
hier schrieb. — Daß doch immer meine Kleider reißen, wenn
ich recht jauchzend bin. Zank nur nicht, *daß ich mein Gewand nicht geschont habe.* Dornenröschen hat mir ein Fetz-

chen davon behalten, wie ich versucht hab, ob ich noch zwischen dem Eisengeländer vom Boskett durchwitschen kann; es geht noch, ich hab noch nicht zugenommen an Erdenballast — da sitz ich auf der Terrass am Main, auf dem die Wasserspinnen lustig in der Frühsonne herumfahren. Käm der Genius doch dahergewandelt; ich könnt ihm mehr nicht sagen, als was die Bienen summen. — Ist mir doch, als gehör ich zu dem blühenden Zitronenbaum; ist so still alles — wie am Feiertag, und der reinliche Kies mir unter den Füßen klirrt schüchtern — alles voll Schauer und Harren, daß Er komme, *Der,* auf den ich auch harre; oder war Er schon hier? — und hat es früher so geordnet für mich, daß ich merke, Er sei's gewesen, dem die sonnebelasteten Äste sich gebeugt und die Welle nachmurmelt zu meinen Füßen. Ich wollt's besingen, aber's Lüftchen, das nach ihm sucht im Gebüsch, kehrt wieder und hat ihn nicht gefunden und schweigt und regt sich nicht mehr; so muß ich auch stumm sein.

An die Bettine

Dein Brief macht mir Freude; es ist ein gesundes, munteres Leben darin, das ich immer lieb in Dir gehabt habe. Du führst eine Sprache, die man Stil nennen könnte, wenn sie nicht gegen allen herkömmlichen Takt wär. Poesie ist immer echter Stil, da sie nur in harmonischen Wellen dem Geist entströmt; was dessen unwürdig ist, dürfte gar nicht gedacht werden, oder vielmehr darf alles Ereignis den Geist nur poetisch berühren, sonst leidet er Abbruch, wie ich das heute morgen habe erfahren müssen, wo mir von Hanau eine veraltete Familien-Schuhmacher-Rechnung von 17 Flr. zugeschickt wurde, die ich nicht bezahlen kann; meine Verlegenheit poetisch aufzulösen, schicke ich Dir den kleinen Apoll als Geisel samt Türkheims ›Lorbeerkranz‹; gib mir das Geld. Wenn Du einige Stunden in der Geschichte genommen hast, so schreibe doch darüber; besonders in welcher Art Dein Lehrmeister unterrichtet und ob Du auch rechte Freude dran hast. — An dem Märchen hab ich die Zeit sehr fleißig geschrieben, aber etwas so Leichtes, Buntes, wie mein erster

Plan war, kann ich wohl jetzt nicht hervorbringen; es ist mir oft schwer zumut, und ich habe nicht rechte Gewalt über diese Stimmung.

Grüße den Clemens, wenn Du schreibst; ich denke daran, ihm zu schreiben, und warte nur den Moment ab, wo mir's wieder leichter ist, damit ich ihm mit gutem Gewissen seinen Unmut und seine Launen vorwerfen kann.

Karoline

An die Günderode

Geld liegt im Pult am großen Spiegel, in der dritten Schublad links; in den andern Schubladen liegt aber auch vielleicht noch; zieh alle Schubladen ganz heraus, ob etwas dahintergefallen ist. Der Schlüssel liegt unter dem Blumenkasten auf der Altan, wo die Kapuzinerblumen stehn; den Apoll halt rein vom Staub, und daß ihn die Fliegen nicht bedippeln mitsamt dem Lorbeerkranz, und vom Stil weiß ich nichts als von Dir; nichts Überflüssiges, nur was zur Sach gehört, sollt ich schreiben. Ich hab meinen Brief verputzt wie beim Apfelbaum, alle Raupennester und Zweige ohne Fruchtkeime ausgebrochen, bis er ganz kahl war. — Man soll von jedem unnützen Wort Rechenschaft geben; geschrieben kann man nicht ableugnen, so muß man sich zusammennehmen. Der Mensch empfängt den Geist mit Gedanken und Worten; es sind die Gemächer, in denen er ihn beherbergt, die Ehrengewande, die er ihm umlegt; aber die müssen durchsichtig sein und knapp anliegen und die Räume einfach; denn was er nicht ausfüllt, das verbaut ihn. Ich merk als, daß die Menschen sehr dumm sind und fürchterliche Umwege machen ums Zentrum; ja mir scheint jede Wahrheit ein Zentrum zu sein, das wir nur umkreisen, nie berühren. Gestern mußt ich der Großmutter aus dem Hemsterhuis vorlesen, sie sagte: »Das ist ein herrlicher Gedanke«, und legte mir eine Pfeffernuß drauf, da kam mir dieser Gedanke.

Am Montag

Der Geschichtslehrer kommt dreimal die Woch, Dienstag, Mittwoch und Donnerstag, eingeklammert hinten und vorn in zwei Faulenzer, Freitag, Samstag am End, Sonntag, Montag am Anfang. — Er unterrichtet mich so, daß ich wahrscheinlich der Zukunft ewig den Rücken drehen werde und so auch um die liebe Gegenwart geprellt wär, wenn die unreifen Aprikosen in der Großmutter Garten nicht meinen Diebssinn weckten, mit dem ich doch für meinen Verstand etwas Handgreiflicheres zu erbeuten gedenke als: ›Die Geschichte Ägyptens ist in den ersten Zeiten dunkel und ungewiß.‹ Das ist ein Glück, sonst müßten wir uns auch noch darum bekümmern; — ›Menes ist der erste König, von dem wir wissen‹ — mir auch recht, wenn wir nur was Gescheutes von ihm erfahren haben. — ›Er erbaute Memphis und leitete den Nil in ein sicheres Bett. Möris grub den See Möris, die schädlichen Überschwemmungen des Nils zu hindern. — Dann folgt Sesostris der Eroberer, der sich selbst entleibte.‹ — Warum? — war er schön? — hat er geliebt? — war er jung? — war er melancholisch? — auf all dies erfolgt vom Lehrer keine Antwort, nur die Bemerkung, er möge wohl eher alt zu denken sein. — Ich demonstriere ihm vor, daß er jung war, bloß um das Rad der Zeit in Schwung zu bringen, das im Geschichtskot der Langenweil immer steckenbleibt. — Es rumpelte auch noch über den Busiris, der Thebä erbaute, Psamtichus, der die geteilten Staaten unter seine Flügel nahm, dann die Kriege mit Babylonien, Nebukadnezar, dem's der Cambyses, Cyrus' Sohn, wieder abnimmt. Die Ägypter vereinen sich mit Libyen, machen sich wieder frei, kriegen mit den Persern, bis Alexander dem Streit und zu meinem Vergnügen dieser Geschichte ein End macht. — Das ist der Inhalt der ersten Stunde; Du siehst, daß ich aufgepaßt hab. Hätt ich aber den Sporn nicht gehabt, Jagd auf die Langeweile zu machen und Dir zu zeigen, wie unnütz es ist, die Asche, von der die Natur nicht einmal das Salz verbrauchen kann, wieder anzufachen, es gibt doch keine Glut mehr; ich dächte, wir ließen einstweilen die alten Herrscher in ihren Pyramiden fortschimmeln. — Frühling schwellet die Erde, ringsum drängt er die Keime — und grünt in entfaltenen Blättern — drängt auch wohl meinen Sinn, berauschet mir schwellend die Lippe, daß in erneuerter Sonne die spröden

Hüllen und Knospen meiner Gedanken zerbersten. — Ich war heut morgen im Wald, an der Chaussee schon mit der Morgenröt, die eine Safranbinde um den Wipfel legte, der feuchte Grund wechselte die blauen Vergißmeinnichtbeete mit den goldenen Butterblumen; es war so feucht, so warm, so moosig, es war so brennend im Gesicht und so kühlig am Boden.

Der Tau war so stark, ich war ganz naß geworden; als ich nach Hause kam, da trat mir der Lehrer schon mit dem achtzehnhundertsten Jahr der Welt entgegen, wo Nimrod Babylonien gestiftet. Ich wollte nicht fragen, wer der Nimrod war, aus Furcht, er möcht mir's sagen; und es wär eben auch unnütz, es zu wissen. Wenn nun der Nimrod ein guter Kerl war, um den es schad wär und der mir besser gefallen könnt als die jetzigen Menschen, so wollt ich ihm wohl die Dauer der Unsterblichkeit gönnen; aber der Lehrer jagte gleich den Assyrer Ninus hinterdrein, der das Reich erobert, von wo er Mittelasien beherrscht; ich jagte also ohne Aufenthalt mit, bis das Reich wieder befreit wird durch Nabopolasar, von dem ich auch nicht weiß, woher er geflogen kam. — Nebukadnezar erobert Ägypten; Babylonier, Assyrer, Meder führen Krieg — bis Cyrus der Perser alle Reiche wieder erobert. — Babylonische Geschichte umfaßt 1600 Jahr, hat um elf Uhr angefangen und Glockenschlag zwölf Uhr aus; ich spring in Garten.

Freitag

Heut morgen war der Geschichtskerl nicht da, da hab ich Generalbaß studiert; von dem könnte ich eher sagen, daß ich was gelernt hab, über den hab ich Gedanken, er spricht mich an wie Geheimnis, obschon der Hofmann sagt: Alles ist klar wie der Tag — ich geb's zu — deswegen ist der klare Tag mir auch ein Geheimnis so gut wie der einfache Harmoniensprung, von dem Hofmann heut sagte: »Betrachtet man die Tonika nicht allein als solche, sondern auch in bezug auf jede andre Tonika als eine ihr verwandte Tonart, wo sie vermöge und in dem Grade ihrer Verwandtschaft wieder Beziehung hat auf alle Seitenverwandtschaften und daher immer wieder als solche sich geltend machen kann, so sieht man leicht, wie alle möglichen Gattungen von Dreiklängen ver-

mittelst einfacher Harmoniensprünge aufeinanderfolgen können.« Ich glaub's, aber begreif's nicht; — betrachten? —
kann man denn alles betrachten, wie man will? — kann ich
die Wolken da oben betrachten wie mein Daunenbett, so
werden sie doch nicht herunterkommen, mich zudecken. Der
kleine Hofmann sieht mich an, erstaunt über meine Dummheit, und wird selbst ganz dumm, denn er verstummt. Endlich sagt er ganz freundlich, das nächste Mal werde er gewiß
eine Form gefunden haben, um mir's begreiflich zu machen,
er ging in die Musikprobe, wo er tausend Harmoniensprünge
mitspringen wird. Käm doch bald die nächste Stund; am
Tanz der Dreiklänge möcht ich erproben, ob mein Geist auch
einen kühnen Sprung tun kann oder ob ich geboren bin, krie-
chend zu lernen wie die Raupe. — Wahrlich, ich möchte
gern wissen; — nicht wie mit der alten raupenfräßigen Geschichte. — Ach Gott! — ich hab keine Aussicht! — Gestern
abend ging ich noch nach dem Nachtessen hier im Garten;
da hört ich ordentlich das Gras wachsen, aber so was gilt
nicht für Gescheutheit oder Verstand. Die grünen Äpfel am
Spalier unterm grauen Laub, die bepelzten Pfirsich muß ich
respektieren, die kommen vorwärts, aber ich — da wollt ich
mich besinnen, auf was ich von je an gelernt hab; da kann
ich doch nicht die Gebetchen mehr, die ich vier Jahr lang
jeden Tag hersagte. Das Vaterunser, den Glauben, den englischen Gruß kann ich nur noch bruchstückweis; den ganzen
Sommerabend, auf den ich so lüstern war, hab ich versimu-
liert, um den Glauben wieder zusammenzuflicken: ›Aufgefahren zu den Himmeln‹ — so weit — schreibe mir's im nächsten
Brief, was folgt. — Aber im Grund: — Aufgefahren zu den
Himmeln, wär ein gut End; wenn Du's also auch vergessen
hast, so schadet's nichts, so brauchen wir beide es nicht zu
wissen; aber nachkommen tut noch was, das weiß ich. —

Samstag
Ach, gestern war ein Tag voll Sonnenschein; die Mückchen
und Käfer haben ihn vertanzt und versummt, die verstehn
das Schwelgen im Genuß; ich hab sie belauscht, im hohen
Gras, überbaut von der Leinwand, die da auf der Bleiche

liegt. Die alte Cousine begoß sie ein paarmal in der Mittags-
glut; es dauerte eine Weile, bis die einzelnen Tropfen durch-
kamen und mich benetzten; ich hörte da unten der Musikprobe zu von den Symphonien, die aus dem Boskett herüber-
schallten in mein ungebildet Ohr und es in Erstaunen setzten
über alles, was es nicht fassen konnt. Musik — in Tönen da-
hergetragen, durch die Lüfte, die ganze Gewalt der Offenbarung über uns ausströmend und dann verschwebend — wer
kann sie wieder wecken, wenn sie verhallt ist; ich bin so närrisch, mir deucht, ich müßt verzweifeln, daß sie verklungen
ist, und hab ihr nichts abgewinnen können. So wird's noch
manchmal gehen, *es wird klingen, und ich werd's nicht fassen.* Gestern sprach ich mit der Großmutter, die sagte: »Was
der Verstand nicht faßt, das begreift das Herz.« — Ich begreif das wieder nicht.

Heut morgen sagt der Hofmann: »Der einfache Harmoniensprung ist, wenn zwischen zwei aufeinanderfolgenden Akkor-
den eine Harmonie im Verstande gehört wird.« — Ich hör
nicht im Verstand diese Harmonie; ich bin ganz durchdrungen von dem, was ich fühle, nicht, was ich versteh. — Glaub's,
Musik wirkt, begeistert, entzückt, nicht dadurch, daß wir sie
hören; sondern durch die Macht der übergangnen dazwischen-
liegenden Harmonien; *diese* halten den hörbaren körper-
lichen Geist der Musik durch ihre unhörbare geistige Macht
verbunden mit sich. — *Das* ist das ungeheure Einwirken auf
uns, daß wir durchs Gehörte gereizt werden zum Ungehör-
ten; denn wir sind durch *einen* Ton mit allen verwandt und
durch alle mit jedem einzelnen besonders; allein ich kann's
sagen — gewiß, ich bin während der Musikprobe auf einen
Gedanken gefallen, wie Gott die Welt erschaffen hat. — Das
große Wort: *Es werde,* leuchtet mir ein. Ohne das eine ist
alles nichts; ohne alles ist nicht das eine. Im Atemzug wallt
die ganze Schöpfung: Feuer, Erde, Luft und Wasser, und
alles Leben und alles Sein ist Vermählung dieser vier Geister, die das Leben des Weltalls sind. Diese vier schaffen und
erzeugen auch sich selbst im Geist, den sie ineinander ver-
einigen. Musik ist Selbsterzeugung dieser vier Elemente ineinander. In jedem Wesen, das lebt, erzeugen sich die Ele-

mente; das ist Geist, der ist Musik. Auch das Tier hat Musik, es ist sinnlich durchdrungen von Wasser, Luft, Erde und Feuer, von ihrem Geist, der in ihm sich erzeugt; darum wird's so aufgeregt durch Musik, weil seine Sinne in ihr schlummern, träumen; und alles hat gleiche Rechte an die Gottheit, was durch Selbsterzeugung der Elemente in ihm zu Geist erhoben wird. – Ich hab's aufgeschrieben; ich starr diese Zeilen an und weiß nicht, was ich sagen wollte. – Am lichten Tag zerstiebt das Geisterheer der Gedanken; aber dort unter der Leinwand, wo die Sonne durch die gesammelten Wassertropfen auf mich tropfte, wo ich im Netz gefangen lag all der blühenden Gräser, dort war mir's klar: Nicht, was wir mit den Sinnen vernehmen, ist wahre Wollust – nein! – vielmehr das, was unsere Sinne bewegt – zum Mitleben, Mitschaffen, das ist Leben, das ist Wollust – wirkend sein! – Genug, die Geister waren mächtig in mir während der Musik; deutlich riefen sie mir zu: Eine Geige nimm und fall ein, so wie du fühlst, daß du zur Entfaltung des Harmonienstroms mitwirken kannst, und kannst ihn heben und dich geltend machen im Verbrausen deiner Begeistrung – und dort auf der Höhe dich ausdehnen, dich fühlen in jedem Ton durch die Verwandtschaft deiner Stimme mit. – Sollte einer Harmonielehre verstehen und mit Verstand anwenden, er müßte heimlich die Welt beherrschen, ohne daß es einer merkt; und das ganze Universum kläng ihm wie *eine* Symphonie, und die ganze Weltgeschichte trommelte und pfiff und schalmeite zu seinem großen Weltpläsier.

Ja, ich versteh's; dem Hofmann werd ich's zwar so nicht sagen, dem werd ich den ersten, zweiten und dritten Grad aller Verwandtschaften darlegen, und wie alles mir unterworfen ist zu dienen, wie ich jedem die Herrschaft übertragen kann und wieder abnehmen, und wie ich also immer herrsche, solang ich im Strom göttlicher Harmonie mitschwimme.

       Adieu! ich strecke wie ein Krebs meine Scheren aus dem seichten Grund meiner Wahrnehmungen und packe, was ich zuerst erwische, um mich aus dem eignen Unverstand loszuwinden.

An die Bettine

Halte doch noch eine Weile aus mit Deinem Geschichtslehrer, daß er Dir möglichst kurz die Physiognomien der Völkerschaften umschreibt, ist ganz wesentlich. Du weißt jetzt, daß Ägypten mit Babylonien, Medien und Assyrien im Wechselkrieg war; fortan wird dieses Volk kein stehender Sumpf mehr in Deiner Einbildung sein. Regsam und zu jeder Aufgabe kräftig — waren ihre Unternehmungen für unsre Fassungsgabe beinah zu gewaltig; sie zagten nicht, bei dem Beginn das Ende nicht zu erreichen, ihr Leben verarbeitete sich als Tagwerk in die Bauten ihrer Städte, ihrer Tempel; ihre Herrscher waren sinnvoll und umfassend heroisch in ihren Plänen, das wenige, was wir von ihnen wissen, gibt uns den Vergleich von der Gewalt ihrer Willenskraft, die stärker war, als die jetzige Zeit zugibt, und leitet zu dem Begriff hin, was die menschliche Seele sein könnte, wenn sie fort und fort wüchse, im einfachen Dienst ihrer selbst. Es ist mit der Seelennatur wohl wie mit der irdischen, ein Rebgarten, auf einen öden Berg gepflanzt, wird die Kraft des Bodens bald durch den Wein auf Deine Sinne wirken lassen; so auch wird die Seele auf Deine Sinne wirken, die vom Geist durchdrungen den Wein Dir spendet der Kunst oder der Dichtung oder auch höherer Offenbarung. Die Seele ist gleich einem steinichten Acker, der den Reben vielleicht gerade das eigentümliche Feuer gibt, verborgne Kräfte zu wecken und zu erreichen, zu was wir vielleicht uns kein Genie zutrauen durften. Du stehst aber wie ein lässiger Knabe vor seinem Tagwerk, Du entmutigst Dich selbst, indem Du Dir den steinichten Boden, über den Dorn und Distel ihren Flügelsamen hin und her jagen, nicht urbar zu machen getraust. Unterdes hat der Wind manch edlen Keim in diese verwilderte Steppe gebettet, der aufgeht, um tausendfältig zu prangen. — Dein scheuer Blick wagt nicht den Geist in Dir selber aufzufassen. Du gehst trutzig an Deiner eignen Natur vorüber, Du dämpfst ihre üppige Kraft mit mutwilliger Verschwörung gegen ihren Wahrnehmungsgeist, der Dir's dann doch wieder über dem Kopf wegnimmt, denn mitten in Deiner Desolationslitanei sprühst Du Feuer, wo kommt es her? — haben Dich die Erd-

geister angehaucht? — fällt Dir's vom Himmel? — schlürfst
Du's mit der Luft in Dich? — ich weiß es nicht, soll ich Dich
mahnen, soll ich Dich stillschweigend gewähren lassen? —
und vertrauen auf den, der Dir's ins Gesicht geschrieben
hat? ich weiß es wieder nicht. — Ich möchte wohl, aber dann
wird mir zuweilen so bange, wenn ich, wie in Deinem letzten
Brief, das Vermögen in Dir gewahr werde, wie das lässig
in sich verschränkt keinen Mucks tut, als ob der Schlaf es
in Banden halte, und wenn's sich regt, dann ist's wie im
Traum, nur Du selber schläfst um so fester nach solchen Ex-
plosionen! — Ob ich recht tue, Dir so was zu sagen? — das
quält mich auch; man soll den nicht wecken, der während
dem Gewitter schläft! — Du kommst mir nun immer vor,
als entlüden sich elektrische Wolken über Deinem verschlafe-
nen Haupt in die träge Luft, der Blitz fährt Dir in die gesunkne
Wimper, erhellt Deinen eignen Traum, durchkreuzt ihn mit
Begeisterung, die du laut aussprichst, ohne zu wissen, was
Du sagst, und schläfst weiter. — Ja, so ist's. Denn Deine
Neugierde müßte aufs höchste gespannt sein auf alles, was
Dir Dein Genius sagt, trotzdem daß Du ihn oft nicht zu verstehen wagst. Denn Du bist feige — seine Eingebungen fordern Dich auf zum Denken; das willst Du nicht, Du willst
nicht geweckt sein, Du willst schlafen. Es wird sich rächen
an Dir — magst Du den Liebenden so abweisen? — der sich
Dir feurig nähert? — ist das nicht Sünde? — ich meine nicht
mich, nicht den Clemens, der mit Besorgnis Deinen Bewegungen lauscht, ich meine Dich selbst — Deinen eignen Geist,
der so treu über Dir wacht und den Du so bockig zurück-
stößt. — Je näher die Berge, je größer ihr Schatten, vielleicht
daß Dich die Gegenwart nicht befriedigt; was uns näher liegt,
wirft Schatten in unsre Anschauung, und daher ist gut, daß
der Vergangenheit Licht die dunkle Gegenwart beleuchte.
Darum schien mir die Geschichte wesentlich, um das träge
Pflanzenleben Deiner Gedanken aufzufrischen; in ihr liegt
die starke Gewalt aller Bildung — die Vergangenheit treibt
vorwärts, alle Keime der Entwicklung in uns sind von ihrer
Hand gesäet. Sie ist die eine der beiden Welten der Ewigkeit,
die in dem Menschengeist wogt, die andere ist die Zukunft;

daher kömmt jede Gedankenwelle, und dorthin eilt sie! Wär der Gedanke bloß der Moment, in uns geboren? — Dies ist nicht. Dein Genius ist von Ewigkeit zwar, doch schreitet er zu Dir heran durch die Vergangenheit, die eilt in die Zukunft hinüber, sie zu befruchten; das ist Gegenwart, das eigentliche Leben; jeder Moment, der nicht von ihr durchdrungen in die Zukunft hineinwächst, ist verlorene Zeit, von der wir Rechenschaft zu geben haben. Rechenschaft ist nichts anders als Zurückholen des Vergangenen, ein Mittel, das Verlorne wieder einzubringen, denn mit dem Erkennen des Versäumten fällt der Tau auf den vernachlässigten Acker der Vergangenheit und belebt die Keime, noch in die Zukunft zu wachsen. — Hast Du's nicht selbst letzten Herbst im Stiftsgarten gesagt, wie der Distelbusch an der Treppe, den wir im Frühling so viele Bienen und Hummeln hatten umschwärmen sehen, seine Samenflocken ausstreute: ›Da führt der Wind der Vergangenheit Samen in die Zukunft.‹ Und auf der grünen Burg in der Nacht, wo wir vor dem Sturm nicht schlafen konnten — sagtest Du damals nicht, der Wind komme aus der Ferne, seine Stimme töne herüber aus der Vergangenheit, und sein feines Pfeifen sei der Drang, in die Zukunft hinüberzueilen. — Unter dem vielen, was Du in jener Nacht schwätztest, lachtest, ja freveltest, hab ich dies behalten und kann Dir nun auch zum Dessert mit Deinen eignen großen Rosinen aufwarten, deren Du so weidlich in Deinen musikalischen Abstraktionen umherstreust. — Du gemahnst mich an die Fabel vom Storch und Fuchs, nur daß ich armes Füchslein ganz unschuldig die flache Schüssel Geschichte Dir anbot; Du aber, Langschnabel, hast Dir mit Fleiß die langhalsige Flasche der Mystik im Generalbaß und Harmonielehre erwählt, wo ich denn freilich nüchtern und heißhungrig dabei stehe. Den Blumenstrauß hat der Jude* abgegeben, den Wacholderstrauch hab ich hinter dem Apoll aufgepflanzt; sie umduften ihn, die blauen Perlen, und die feinen Nadeln sticheln auf ihn. — Wenn Du kommst, so verbrennen wir sie im Windöfchen in meiner Kammer und alle böse Omen mit; drum

---

* Ein Briefbote, der alle Tage von Offenbach nach Frankfurt ging.

sei nicht ungehalten, wenn ich Dir manchmal ein wenig ein-
heize, ich freu mich aufs lustige Feuerchen.

Karoline

Sei mir ein bißchen standhaft, trau mir, daß der Geschichts-
boden für Deine Phantasien, Deine Begriffe ganz geeignet,
ja notwendig ist. – Wo willst Du Dich selber fassen, wenn
Du keinen Boden unter Dir hast? – Kannst Du Dich nicht
sammeln, ihre Einwirkung in Dich aufzunehmen? – Vielleicht weil, was Du zu fassen hast, gewaltig ist, wie Du nicht
bist. – Vielleicht weil der in den Abgrund springt freudigen
Herzens für sein Volk, so sehr hatte ihn Vergangenheit für
Zukunft begeistert, während Du keinen Respekt für Vater-
landsliebe hast – vielleicht weil der die Hand ins Feuer legt
für die Wahrheit, während Du Deine phantastischen Abwei-
chungen zu unterstützen nicht genug der Lügen aufbringen
kannst, denen Du allein die Ehre gibst, und nicht den vollen,
süßen Trauben der Offenbarung, die über Deinen Lippen reifen.
Ob Hofmann Deine musikalischen Erleuchtungen unter der
nassen Leinwand begreifen wird, bin ich begierig zu erfahren. – Wenn er verstehen soll, ob Du recht verstanden hast,
so wirst Du ihm wenigstens in deutlicheren Modulationen
Deinen enharmonischen Schwindel vortragen wie mir. –
Das ist es eben – die heilige Deutlichkeit – die doch allein
die Versicherung uns gewährt, ob uns die Geister liebend
umfangen. – Wenn's nur nicht bald einmal aus wird sein
mit der Musik wie mit Deinen Sprachstudien, mit Deinen
physikalischen Eruptionen und Deinen philosophischen Aufsätzen, und dies alles als erstarrte Grillen in Dein Dasein
hineinragt; wo Du vor Hochmut nicht mehr auf ebnem Boden
wirst gehen können, ohne jeden Augenblick einen Purzel-
baum wider Willen zu machen. –

Karoline

An die Günderode

Du strahlst mich an mit Deinem Geist, Du Muse, und kommst,
wo ich am Weg sitze, und streust mir Salz auf mein trocken
Brot. — Ich hab Dich lieb! pfeif in der schwarzen Mitternacht vor meinem Fenster, und ich reiß mich aus meinem
mondhellen Traum auf und geh mit Dir. — Deine Schel-
lingsphilosophie ist mir zwar ein Abgrund; es schwindelt
mir, da hinabzusehen, wo ich noch den Hals brechen werd,
eh ich mich zurechtfind in dem finstern Schlund, aber Dir
zulieb will ich durchkriechen auf allen vieren. — Und die
Lüneburger Heid der Vergangenheit, die kein End nimmt,
mit jedem Schritte breiter wird; — Du sagst im Brief, der
mir zulieb so lang geschrieben ist, sie sei mir notwendig zum
Nachdenken, zur Selbsterkenntnis zu kommen; ich will nicht
widersprechen! — Könntest Du doch die neckenden, grausen-
erweckenden Gespenster gewahr werden, die mich in dieser
Geschichts-Einöde verfolgen und mir den heiligen Weg zum
Tempel der Begeistrung vertreten, auf dem Du so ruhig da-
hinwallest, und mir die Zaubergärten der Phantasie unsicher
und unheimlich machen, die Dich in ihre tausendfarbigen
Schatten aufnehmen. — Tut der Lehrer den Mund auf, so
sehe ich hinein wie in einen unabsehbaren Schlund, der die
Mammutsknochen der Vergangenheit ausspeit und allerlei
versteinert Zeug, das nicht keimen, nicht blühen mehr will,
wo Sonn und Regen nicht lohnt. — Indes brennt mir der
Boden unter den Füßen, um die Gegenwart, um die ich mich
bewerben möcht, ohne mich gerad erst der Vergangenheit
auf den Amboß zu legen und da plattschlagen zu lassen. Du
sprichst von meinem Wahrnehmungsvermögen mit Respekt;
hab ich's aus der Vergangenheit empfangen, wie Du meinst?
Wenn ich Dich nämlich recht versteh, so weiß ich's doch
nicht, wie's zuging. — Ist's der Genius, der dort herüberge-
wallt kommt? — das willst Du mir weismachen! — feiner
Schelm! — Mein Genius, der blonde, dem der Bart noch
nicht keimt — sollte aus dem Schimmel herausgewachsen
sein wie ein Erdschwamm! — Wahrlich, es gibt Geister, die
drehen sich um sich selber wie Sonnen; sie kommen nicht
woher und gehen nicht wohin, sie tanzen auf dem Platz, Tau-

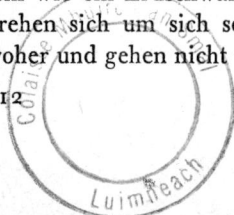

meln ist ihr Vergnügen; der meinige ist ganz berauscht davon, ich lasse mich taumelnd dahintragen. Der Rausch gibt Doppelkraft, er schwingt mich auf, und wenn er mich auch aus Übermut den vier Winden preisgibt, es macht mir nicht Furcht, es macht mich selig, wie sie Ball mit mir spielen, die Geister der Luft! – und dann komm ich doch wieder auf gleiche Füße zu stehen, mein Genius setzt mich sanft nieder – das nennst Du schlafen in träger Luft, das nennst Du feige? – ich bin nicht feige; seine Eingebungen fordern mich auf zum Denken, meinst Du – und daß ich dann lieber schlafe, meinst Du, – ach Gott! – Denken, das hab ich verschworen, aber wach und feurig im Geist, das bin ich. – Was soll ich denken, wenn meine Augen schauen jene Vergangenheit hinter mir im Dunkeln; wie kann ich sie an den Morgen knüpfen, der mit mir vorwärts eilt? – Das ist die Gegenwart, die mich mit sich fortreißt ins ungewisse Blaue, ja ins Ungewisse, aber ins himmlische, blonde, goldstrahlende Antlitz des Sonnengotts schauen, der die Rosse gewaltig antreibt, und weiter nichts. Der Abend fängt mich auf in seinem Schoß, sinnend lieg ich ein Weilchen, lausch in die Ferne! größere Helden deucht mir da auf der vollen Heerstraße der Geschichte am heutigen Tage ihre mutigen Rosse tummeln zu hören; ja, ich will, ich möcht hin, das Banner vor ihnen hertragen; wie wollt ich mich des Lüftchens freun, das drin flattert, wie wollt ich mich der eignen Locken freun, die getragen im jauchzenden Galopp mich umspielen mit leisem Schlag auf meine Wangen, wie kühn ins Leben hineingejagt, wie rasch hinter ihm drein, über die Heid! – Wie lustig! aufwärts, vorwärts, hinab durch den Dampf. – Der auf dem Berg winkt, sein Aug ruht auf mir, seine Trommeln lenken, seine Trompete ruft! – und dann in der Nacht – vor seinem Zelt! – und schlaf fest, denn er, der Zeiten Genius, weckt zur rechten Stund, und im Schutz seines Gefieders schau ich die Gefilde ihn überwallen, die Völker wekken, sie anglühn mit seinem Feuerblick, daß sie freudig Hochzeit machen mit dem Tod, auf lorbeerumsproßtem Bett; – nun, Kamerad, willst Du mit? Heute hat die Vergangenheit ausgespien, so kurz wie möglich, denn ich saß ihr auf dem

Dach, *das assyrische Reich* von Asser gleich nach dem babylonischen Reich gestiftet; das Wort ›gestiftet‹ macht mir immer Zerstreuung, vom Kloster her noch, wo ich so oft hab vorlesen müssen, der heilige Bonifacius stiftete den heiligen Orden der Benediktiner, oder der Antonius von Padua oder Franciscus etc.; es gemahnt mich an jene Kämpfe, die diese heiligen Feldherrn mit der Legion Teufel zu bestehen hatten, und da denk ich mir gleich alle Völker, mit denen sie im Kampf waren, gehörnt, mit Bocksfüßen, feuerspeiend und pestilenzialischen Gestank verbreitend, den mir die Vergangenheit herüberweht. – Die heiligen Assyrer aber in Kutten, die ihnen das Kämpfen erschweren. – Ich denk, ich denk – alle Teufel, unterdes Ninus der Eroberer von Mittelasien herüberwitscht, Ninive, die Hauptstadt von Assyrien, erbaut, mit Tod abgeht, seinem kriegs- und baulustigen Weib Semiramis noch ein Stück Babylonien zu bauen übrigläßt, worauf sie glänzende Feldzüge macht; – das alles versäumt über dem Kloster und Waldteufel samt heiligen Ordensmännern. – Durch Winkelzüge und Fragen kriegt ich's aus dem Lehrer noch heraus, *daß weiter nichts passiert* war. Über der Geschichte der Semiramis hat Vergangenheit so dicken Schimmel wachsen lassen, daß sie noch eben mit dem blauen Aug der Unsterblichkeit ihres Namens davonkommt, sonst wüßten wir gar nichts. In der Folge beherrschten die Meder Assyrien; es machte sich wieder frei, bis der Babyloner, König Nabopolasar, (unter welchem ich mir einen Zentaur denk, der Silbenfall seines Namens hat etwas Ähnliches mit dem Galopp eines leichten arabischen Renners) es erobert und mit den Persern teilt. – Damit hat die Vergangenheit für heute noch nicht genug, sondern meldet ferner: Die älteste Geschichte der Meder ist unbekannt; Arbazes, ihr Statthalter, befreit sie durch Überwindung des Sardanapals vom assyrischen Joch im Jahr der Welt 3108, genau gemessen, des Lehrers Phantasie erstreckt sich lediglich aufs Jahr der Welt. Dejozes erbaut Ekbatana (lies Tians Offenbarungen über diese herrliche Stadt). – Astyaches (wo kommt der her?) vermählt seine Tochter dem Perserkönig Kambyses, dessen Sohn Cyrus seinen Großvater vom Thron stieß (der also zu lang sitzen geblieben war) — er vereinigt Medien, Assyrien und Persien und *stiftet* das große Medopersische Reich, der Jud Hirsch vom Geschlecht Esau streckt seine rauhe Hand herein, es in Besitz zu nehmen; er wird's unterjocht halten in seinem alten Sack, bis Du's befreist; schmeißt Du's ins Ofenloch mit dem alten Papier, so bringst Du mich um einige schwer eroberte Vergangenheit.

Schreib vom Märchen. —

Schreib dem Clemens nichts von mir, sag ihm nur nichts von meiner Ausgelassenheit, er meint gleich, ich wär besessen, er tut mir tausend Fragen, er ist ganz verwundert, daß ich so bin, er forscht, er sucht eine Ursach und frägt andre Leut, ob ich verliebt sei, wo ich doch nur im heiligen Orden meiner eignen Natur lebe. Zum Beispiel, wenn er wüßte, daß ich abends auf dem Dach vom Taubenschlag sitz und der untergehenden Sonne auf dem Flageolett vorblase, würde er's gutheißen? — Mein arm jung Leben liegt mir am Herzen, ich kann ihm nichts versagen. — Red nichts von mir, laß die Leute bei ihrer herzlich schlechten Meinung von mir, es ist meine beste Freud; ich geh mit meinem Dämon um, der sagt: *Du sollst dich nicht verteidigen.* — Ich tu, was er will, alles andre ist mir einerlei; einmal hab ich Visionen von ihm; so gut ward's der Psyche nicht, sie sah doch nicht seinen Widerschein, denn es war stockfinstre Nacht um sie, ich aber, wenn ich's im Herzen fühl, so seh ich's auch, was mich entzückt, warum ich leben mag, himmlisch feucht Leben im Jugendstrahl, vortretend, ein bißchen auf die Seit geneigt, steht er immer vor mir, nicht den Blick mir gerade zuwendend, nein, bescheiden zeigt er sich in meiner Brust, der Gott, dem ich mich einschmeichle, mit süßen Tränen, der mich morgens vom Lager schüttelt, wo's kaum tagt, ich soll mich aufmachen, vielleicht begegne ich ihn bei Tagesanbruch; so eil ich flüchtig vorwärts, ich fühl mich schön im Herzen, ich fühl meine Schönheit, mein Geist ist ein Spiegel, der ist voll himmlischem Reiz — jeder Tautropfen am Weg sagt mir, ich gefalle meinem — ihm, was braucht's mehr, wem sollt ich noch gefallen wollen außer ihm? — Nein, glaub's doch nur, er ist wirklich! er schreitet so leicht, er entschwindet mit jedem

Tritt, aber er ist gleich wieder da! – Wie sich das Licht im Auge spiegelt, mich blendend deckt es sich im Schatten, dann faßt es wieder Licht, dann schwindelt's, es sieht den Strahl verschweben, doch leuchtet der fernhin wieder auf, das Auge sucht ihn, es hat ihn schon gefunden, dann schließt sich's und siehet innerlich, das ist ein still Genießen. – Oh, ich weiß alles! – ich weiß zu lieben, aber nur den Genius. – Keiner darf wissen das Geheimnis, was sich im Feuerkreis um mich schwingt. – Wenn ich so dasteh, still – mit geschlossenen Armen. – Und der Blick, den nennt die Großmama starr; – »Mädele, was starrst, – sollt man glauben, du wärst außer der Welt entrückt.« – Ich fuhr auf – da lacht sie. – »Gutes Kind, wo bischt? – bischt beim Schutzengel?« – und zieht meine Hand an ihre Brust – »so sagen die Schwaben, wenn einer so in sich verstummt.« – Ich wollt's bejahen und konnt doch nicht. – Der ruft mir: Schweig! – und sollt ich einen Laut tun? – ? – Nein, er sagt: Schweig! das schließt mir den Mund auf ewig. – Ewig, Günderod. – Du bist der Widerhall nur, durch den mein irdisch Leben den Geist vernimmt, der in mir lebt; sonst hätt ich's nicht, sonst wüßt ich's nicht, wenn ich's vor Dir nicht ausspräch. – Dem Clemens sag nichts, als daß ich brav studier, wie's vom Himmel regnet, und daß nichts dabei herauskommt, das sage auch, aber von mir – von uns sag nichts. Er braucht's nicht zu wissen, daß wir so himmlische Kerle sind, heimlich miteinander, wo er nicht dabei ist und keiner. Schau auf, Günderod, gleich wird ein himmlischer Tänzer aus den Kulissen hervorschweben. Tanz ist der Schlüssel meiner Ahnungen von der anderen Welt. Er weckt die Seel, sie redt irr wie ein Kind, was in Blumenlabyrinthen sich verliert; da schwankt's Kindchen, und die Ärmchen streckt's aus, nach blühenden Zweigen, weil's taumelt, weil's so lang im Kreise sich drehte; – und schaut's auf, da steht der Mond über ihm und sänftigt den Schwindel – mit angehaltnem, stillem Blick; an dem erholt's sich wieder. – Was meinst Du, was ich Dir da vorschwindel und muß die Tränen verbeißen? – Ich mein als, ich könnt die ganz Welt auf die Welt bringen mit meinem Mund, wenn der nur sprechen wollt, wie's Gott

ihm auf die Zung legt, aber wenn sie heraus damit soll, dann
stockt sie. Aber dabei bleibt's, wir mögen stammeln oder
lallen oder auch nur seufzen, wir wollen's einander alles still
verborgen abhören, nicht wahr? — wie auf der grünen Burg
im Abendrot, wo wir im Feldgraben lagen; da war ich freudig mit der Zung, da war's immer, als wär einer hinter mir,
der mir's einflüstre; Du frugst, was ich mich denn umdreh
so oft? — ich sagt: hinter mir tanzt's — denn ich wollt nicht
sagen: *spricht's*; denn es war mehr so getanzt und flüchtig
geschwungen im Kreis, Nymphen, die sich bei der Hand hielten, hinter den drei großen Zypressen hervor, schmiegten
sich anmutig, die Füßchen zusammen und die Köpfchen; Du
gucktst mich an und sagtest: sei kein Narr! — haha, ich muß
lachen — das war zu spät, freilich bin ich ein Narr! — denn
was ich Dir da vorplaudre, das ist eine Weise, nach der wird
getanzt hinter mir, und so war unser tiefer Philosophentext
in die Luft gesprengt, was war's doch? — von der innerlichen
Wahrnehmung und von der Anschauung im Geist, ob die
verschieden wären und wo sie herkämen, aus der Empfindung oder aus dem Gefühl, und wo diese Quellen sich her-
leiten, ob links, ob rechts; das alles wolltest Du da im zuneh-
menden Dämmerlicht aus mir herauspumpen. Schwernot! —
das war zu arg, ich möcht Dir *heut* noch eine Ohrfeig geben
drüber — aber das war gerad mein Himmlischstes, daß Du
nicht bös geworden bist und hast die geschlagne Wange sanft
an mich gelehnt und hast gegirrt wie eine Taube und sagtest:
»ja«, wie ich fragte, tut's weh, »aber es tut nichts.« — Hier
hab ich's hingeschrieben, denn wenn so viel unnütz Zeug geschrieben steht, so kann auch geschrieben stehen, daß ich Dir
eine Ohrfeig gab. — Aber die große schöne Versöhnungs-
stille über uns — die Dämmerung, die immer breiter ward
und größer, und der Nebelvorhang vor dem Weidengang
vom Feldberg herab — und der Feuersaum längs dem ganzen
Horizont, wie werd ich's vergessen! — erst hingen wir einander im Arm, ganz still, und dann lag ich quer über Deinen
Füßen; so dacht ich, Du schläfst, weil ich Dich hart atmen
hörte, und wollt eben auch einschlafen. — Da fingst Du an
zu reden (da hast Du's in Musik gesetzt):

Liebst du das Dunkel
Tauichter Nächte,
Graut dir der Morgen?
Starrst du ins Spätrot,
Seufzest beim Mahle,
Stößest den Becher
Weg von den Lippen,
Liebst du nicht Jagdlust,
Reizet dich Ruhm nicht,
Schlachtengetümmel,
Welken dir Blumen
Schneller am Busen,
Als sie sonst welkten,
Drängt sich das Blut dir
Pochend zum Herzen —

Ach, Du stocktest. Das hab ich meiner Ungeduld zu danken —
zu hören, nein, zu fühlen Deinen süßen Wörtertanz, wie er
sich mit vollem Busen sanft hinablehnte zu den Wellen, die
ihn umfassen wollten und kühlen. — Ich konnt's nicht erwarten, daß Du weitertanztest Deiner Seele Tanz. — Und
da war's vorbei: da macht ich einen Vers dazwischen, um
Dich in Trapp zu bringen, Du sagtest: »Geh, du Esel« —
da war's aus. — Ach, wieviel Melodien hab ich auf diesen
Vers gesungen, alle Stimmungen hat er müssen aufnehmen;
heut noch längs der Gartenwand schlug ich mit einem Stock
ans Eisengitter, das dröhnte mir im Herzen wider, als wär's
Herzpochen, und sang dazu so kühn, so laut, so schreivoll,
als stünd mein Herz mitten in Flammen und eilte sich mit
Pochen über alle Maßen. Weißt Du nicht weiter zu singen,
was passiert, wenn sich das Blut pochend zum Herzen
drängt? — oder willst mir's nicht sagen? — ich bin Dir dazu
auch noch zu jung? — wenn Du das meinst, dann will ich Dir
beweisen, daß ich weit drüber hinausgreif und daß ich mehr
weiß als viele, denen das Herz schon gepocht hat wie mir
nicht. — Einmal erregt sich das Herzpochen durch Anlächeln —
das hab ich aus eigner Wahrnehmung; gestern abend erst
auf der Bank vor der Hoftür, da saß ich — es war elf Uhr,
alles schlief, beim Nachbar brannte ein Nachtlämpchen.

Adieu, schlaf recht wohl, denn es ist elf Uhr, alles schläft wieder; ich will wieder mich auf die Bank setzen vor die Hoftür; es ist Vollmond, geht gleich auf, will ihn steigen sehen. Gute Nacht.

An die Bettine

Dein buntes Füllhorn fröhlicher Verschwendung erlöst mich vom Übel. — Gedanken sind mir oft lästig in der Nacht, die mir am Tage einen trüben Nachklang geben; so war's heute! — Dein jung frisch Leben, das Schmettern und Tosen Deiner Begeisterung und besonders Dein Naturgenuß sind Balsamhauch für mich; laß mir's gedeihen und schreib fort; auch Deine dithyrambischen Ausschweifungen, die so plötzlich der Flamme beraubt verkohlen, als habe sie ein mutwilliger Zugwind ausgeblasen, sind mir gar lieb. — — Bleib mir zulieb noch eine Weile bei der Geschichte; so wie Du es jetzt treibst, kann es Dir nicht lästig fallen, wenn sie auch jetzt Dir noch nicht viel Ausbeute gibt, so weißt Du sie doch ins Kunstgeflecht Deines Tags zu verwenden; ich seh Dich bald, George hat mir versprochen, mich im Gig mit hinauszunehmen; verbring Deine Nächte nicht ohne Schlaf, klettre nicht auf die Dächer und Bäume, daß Du den Hals nicht brichst, und denk, daß dies der Weg nicht ist, Deine Gesundheit zu stärken. Was sagt denn die Großmama dazu, ist sie damit zufrieden? —

Dem Clemens will ich gern von Deinen Briefen an mich nichts sagen, weil Du es nicht willst, und ich fühl auch, daß es nicht sein kann, es wär Störung ohne Gewinn; er sieht Dich so ganz anders, ohne daß er Dich falsch beurteilt; nur sieht er in jedem Farbenstrahl Deines Wesens wie Diamanten, die er meint fassen zu müssen und doch nicht erfassen kann, weil es eben nur Strahlenbrechen Deiner Phantasie ist, die ihn und jeden verwirrt. Glaubst Du denn, daß ich ruhig bin, wenn Du so mit mir sprichst, von einem zum andern springst, daß ich Dich jeden Augenblick aus dem Auge verliere. Du hebst mich aus den Angeln mit Deinen Wunderlichkeiten! — Doch ich will nicht freveln! — Dein Lachen, das mich oft außer mir gebracht hat, womit Du mich beschwichtigen wolltest – nun, ich muß mir es gefallen lassen, daß Du mit allen Pfeilen wie ein armes Wild mich hetzest. – Und der Clemens, der mich immer spornt, mit Dir zu lernen, der immer von mir wissen will, was und wie Du es treibst. Dem es leid tut um jeden Atemzug, der von Dir verloren geht, der hingerissen ist von Deinen kleinen Briefen an ihn, wo Du ganz anders, wie ein Kind, schreibst, so fromm, und an mich so ausgelassen; was soll ich dem nur sagen? – Das eine tu mir nur und rappel mir nicht einmal vom Dach herunter mit Deinem Flageolett; hätt ich nicht Vertrauen in Gott, daß er weiß, zu was alles in Dir so ist und nicht anders, und daß es ja doch nur ihn angeht, da es sein Belieben war, Deine Seele so zu bilden. – Was sollt ich von Dir denken? – Clemens schreibt, Du müßtest fortwährend dichten und nichts dürfe Dich berühren als nur, was Deine Kräfte weckt; es ist mir ordentlich rührend, daß, während er selber sorglos leichtsinnig, ja vernichtend über sich und alles hinausgeht, was ihm in den Weg kommt, er mit solcher Andacht vor Dir verweilt; es ist, als ob Du die einzige Seele wärst, die ihm unantastbar ist; Du bist ihm ein Heiligtum; wenn er manchmal von Offenbach herüberkam, da war er ganz still in sich vertieft, wo sonst seine Koketterie fortwährend gespannt war; kleine Kritzeleien von Dir hat er oft sorgfältig aufgehoben, es wäre traurig, wenn Du keinen liebenden Willen zu ihm hättest; schreib doch nicht mehr ›passiert‹, das Wort ist nicht deutsch, hat einen gemeinen Charakter und ist ohne Klang; kannst Du nicht lieber in den reichen deutschen Ausdrücken wählen, wie es der reine Ausdruck fordert. Vorgehet, ereignet, begibt, geschieht, wird, kömmt; das alles kannst Du anwenden, aber nicht: passiert. Ich muß Dir aber doch antworten, weiter passiert nichts. – Und Du weißt's ja schon alles besser, wie Du schreibst, da Du in der Nacht auf der Hofbank so große Abenteuer erfahren haben willst, die Dein Herz bewegten. Ich bin nicht bange, daß Du es mir nicht sagen solltest, wenn's wirklich was Erlebtes ist und Du Deine Lügen bis zum nächsten Brief nicht vergessen hast. – Dann auch bitt ich, daß Du nicht mehr fluchst; Deine Briefe sind mir lieb, und Deine Extravaganzen alle sind mir verständlich und lieb; aber Worte, die Du bloß um zu prahlen hinzufügst, wie ›Schwerenot‹, und die keine Bedeutung haben in Deinem Mund, die kannst Du ungesagt lassen; denn sonst glaub ich nicht, daß der Wohllautenheit und des Tanzes Genius Deine innern Erlebnisse begleiten. — Zweitens schieb mir nichts zu, was ich nicht verschuldet habe; des Abends auf der Burg erinnere ich mich deutlich, gerade wie Du ihn beschreibst; ich war auch sehr heimlich und bewußt, und bis zum andern Tag war die Stimmung mir geblieben von den Worten, die Du mit mir wechseltest; aber Esel hab ich Dich nicht geschimpft, das ist wieder eine von Deinen ungeeigneten Erfundenheiten—laß nichts dergleichen wieder auf mir belasten, ich bin empfindlich; im Anfang Deines Briefes nennst Du mich Muse, und am End läßt Du Deine Muse Dich Esel schimpfen; es wär zum Lachen, wenn's nicht zum Weinen wär, daß Du Deine eigene Muse so zu beschimpfen wagst. —

Karoline

An die Günderode

Drei Uhr morgens! — Hier bin ich — auf der Terrasse am Main; ich wollt als immer einmal hergehn in der Früh, wenn der Tag noch nicht auf den Beinen ist und Lärm macht; am Tag bin ich zerstreut, was mir immer wie Sünde deucht, daß ich Anteil nehm an was mich nichts angeht. — Aber in der Früh, da hab ich ein ganz lauter Herz und schäm mich nicht, die Natur zu fragen, und ich versteh sie auch; gestern abend war mir so wohl hier, wie Bernhards Schiff mit der Harmonie hin und her fuhr auf dem Main; die meisten Leute waren nachgefahren auf Nachen, wir blieben am Ufer, ich hatt mich ganz in die Ecke gesetzt, da steht ein großer Zitronenbaum, es war Wetterleuchten, aber die Hitz war doch nicht abgekühlt, und die Blüten vom Baum wetterleuchteten auch, oder sollt ich mich getäuscht haben? — denn ich war eingeschlafen über der Musik, und wie ich aufwachte, da sah ich ganz verwundert, wie der Zitronenbaum Flammen hauchte aus den Blüten. — Ich kann's doch nicht geträumt haben? — Denn ich guckte eine ganze Weile zu, bis ein leiser Regen kam; da gingen wir nach Haus. Wer weiß, was doch alles vorgeht in der Natur, was sie uns verbirgt. Der Mensch hat ja auch als Gefühle, die er nimmer wollt belauscht haben. Daß aber der Baum über mir fortleuchtete, wie ich mich besann und ihm zuschaute, das ist mir so lieb; — ich konnt nicht schlafen im Bett, es war mir zu wohl dort gestern, wo ich den Herzschlag der Natur fühlte und wo sie mit ihren Blumen mich anflammte. Im Dunkel haucht man die Lieb aus und schämt sich nicht vor dem Schatz, weil's dunkel ist. — Nun bin ich mit Zagen hergeschlichen, heimlich, daß es nicht gewußt sei, wie auch jenes Leuchten nicht gewußt ist. — Erst greinte die Hoftür, aber heut abend will ich sie salben, wie der Properz, wenn er einen Liebesweg vorhat; dann krachte die Gartentür, dann schnurrte der Kies unter den Füßen. — Man scheut das Gebüsch zu wecken, so still ist alles mit Ruh gedeckt. Die verschlafnen Federnelken schuckern zusammen im frühen Tau, und mich schauert auch das stille Wirken der Natur, hier über der schlafenden Welt, obschon der Wind nicht so scharf ist, der den Tag heraufweht. Heut ist doch ganz milde; gestern abend war der Himmel grün und mischte sich mit dem Rot, das vom Untergang heraufzog, unten waren Purpurstreifen und violett mit Feuer umsäumt; dann kam die Nacht herauf. — Heut früh schlagen die Morgenwolken ihre Feuerflügel um Euern schwarzen Dom; man denkt als, sie wollten ihn in der Glut verzehren; dazu schmettern die Nachtigallen, und das blaue Gebirg drüben, so stolz und kühl! — das alles freut mich besser als Weisheit, hier unter dem Zitronenbaum, der gestern Flammen und heut Tränen über mich schüttelt.

Und jetzt geh ich, Dir hab ich alles eingeprägt, das ist nicht ausgeplaudert; mich lockt's, damit es nicht vergessen sein soll, daß ich Dir's vertraut hab.

Nr. 2. Am Abend

Heut ist der Jud erst um sieben Uhr kommen.

Mit der Großmama bin ich im besten Vernehmen; solang die Tante im Bad ist, bleib ich hier; es gefällt ihr, daß ich gern bei ihr bleib; ich hab aber noch so manch andres, was mich anzieht, wovon sie nichts weiß. Heut morgen kam ich dazu, wie der Bernhards Gärtner mit einem Nelkenheber die dunkelroten Nelken in einen Kreis um einen Berg von weißen Lilien versetzte; in der Mitte stand ein Rosenbusch. Diese Früharbeit gefiel mir wohl und hab mit Andacht dabei geholfen; der Dienst der Natur, der ist wie Tempeldienst. Wenn der Knabe Jon vor die Tempelhalle tritt und die ziehenden Störche bedeutet, daß sie ihm die Zinne des Tempels nicht verunreinigen sollen, wenn er dann die Schwelle mit kühler Flut besprengt, die Halle fegt und schmückt, so fühl ich in diesem einsamen Tagwerk ein hohes Geschick, vor dem ich Ehrfurcht habe. Ach, ich möcht ein Knab sein, Wasser holen in der Morgenfrische, wenn alles noch schläft, den Marmor polieren von den Säulen, meine Götterbilder still bedeutsam waschen und alles reinigen vom Staub, daß es leuchte im Dämmerlicht; dann nach der Arbeit die heiße Stirn auf die kühlen Stufen legen und ruhen, in heimlichem Genügen; ruhen die Brust, die schwillt von Tränen, daß es so schön ist in der dämmrigen Stille im Tempel; so scheint mir auch die heutige Arbeit ein Tempeldienst der Natur; denn ihre Blumen in Kreisen schön verschlingen, ist das nicht ihr gedient? — Die Blumen, die ihren Duft untereinander schwenken in so dichter Fülle, ist denen nicht ein schönerer Frühling bereitet? — denn was uns schöner ist in der Natur, ist das nicht auch ihr selber schöner? — Und ihre Bäume vom Moos reinigen, in nachbarliche Reihen pflanzen, ihre Blumenkelche füllen, ist das nicht ihrem Willen sich hingeben? — Läßt sie die Sorge nicht gedeihen und gibt der Früchte vom gepfropften Reis mehr und schöner und süßer dafür? — Tempel und Natur, friedliche Nachbarn, Freunde! wie ich und Du, teilen ihre Gaben wie ich und Du. — Vom Frühling bis zum Winter — (da hast Du mein Gelübde) teil ich mit Dir, wie mit dem Tempel der Naturgarten, der ihn umzieht — im Frühling hast Du meine Keime, die alle dicht um Dich her aufwachen. Im Sommer wilder Vögelgesang, der anschlägt in einsamer Nacht an Deinen verschloßnen Pforten, und dann in der Ferne auch, wenn die Pilger heimziehen, die am Tag Deinen Göttern huldigten, da glühen die Blumen am Weg von mir zu Dir. — Im Herbst, da roll ich meine Früchte zu Dir hin, leg sie auf Deinen Altar, und den Honig meiner Bienen, die Dich umsummen, bewahr ich in Deinen Opferschalen. Dann rausch ich die falben Blätter herab auf Deine Stufen, die umtanzen Dich im Winterwind, begraben sich unterm Schnee, den meine belasteten Äste auf Dich niederstürzen; dann braust es draußen und stürmt, aber meine Seele wohnt in Dir und pflegt Dich, gibt der Lampe reines Öl zu, die Deine stille Halle erleuchtet, und die Sterne vom hohen Firmament herab leuchten über Deiner Zinne. Still ist's dann, und verlassen von allen Menschen sind wir, die gebahnten Wege verschneit, allein in Dir zu wohnen, wenn wir des Lebens Grenzen miteinander ermessen haben. — Wie die Natur eingeht zum Tempel im Winter und ruht da im Gottfühlen aus, das nennen die Menschen Winterschlaf; dann kehrt sie wieder mit neuer Blütekraft und taut und duftet den eingesognen Himmelsatem, und ewig ist der Tempel Gottes angehaucht von der Liebe der Natur.

Ich schreib's dahin, daß mir's so wohl ist heut, weil die Sonn mir auf's Papier scheint und meine Gedanken beleuchtet; da lese ich so deutlich in meinem Herzen. —

Der Gärtner ist so gut, er suchte mir aus allen Büschen die schönsten Blumen heraus; der Strauß ragte mir über den Kopf mit schönem Bandgras, auch frisches Laub dabei und vom Lärchenbaum und von der Scharlach-Eiche. Dieser Baum ist, was man schön gewachsen nennt, er streckt sein scharlachrotes Laub in die blaue Luft hinaus zum Tanzen, der leiseste Wind bewegt ihn. — Im Heimgehn hatt ich Gedanken, die mich ergötzten, an denen mir gelegen ist, daß sie wahr sein möchten; sie waren nicht in mich gepflanzt, sie wuchsen von selbst auf wie jene Blumen auf der Heide. — Morgenstund hat Gold im Mund — wär ich nicht früh drauß gewesen, so hätt ich sie nicht denken können. — Natur ist lehrsam; wer ihre Lehrstund nicht versäumt, der hat zu denken genug; er kriegt die trocknen Lebenswege gar nicht unter die Füße, auf denen andern die Sohlen brennen. Was hast Du zu sorgen um mein Nachtwachen? — So viel Blumen, die nur des Nachts duften! — Müssen denn alle Menschen in der Nacht schlafen? — können sie nicht auch wie der

Nachtschatten und Viola matronalis am Tag schlafen und nachts ihren Duft aushauchen? — Warum sind manche Menschen so unaufgeweckt und können nicht zu sich selbst kommen am Tag, als weil es Nachtblüten sind; aber die leidige Tagesordnung hat sie aus den Angeln gerückt, daß sie kein Gefühl haben von ihrem Naturwillen. — Drum verlieben sie sich auch verkehrt, weil ihre Sinne ganz verwirrt sind. Manche Leut sind nur gescheut zwischen Licht und Dunkel, am Abend verstehen sie alles, morgens haben sie lebhafte Träume, am Tag sind sie wie die Schaf; so geht mir's, mein Wachen ist früh, ich muß dem Sonnengott zuvorkommen, wie jener Tempelknabe seinen Tempel reinigen — dann kehrt er ein bei mir und lehrt mir Orakelsprüche — alles paßt — fügt sich, wollt ich sagen — auch daß ich immer so unaufgeweckt bin, wenn der Geschichtslehrer kommt in der Mittagsstund; das ist gerad meine verschlafenste Zeit. — Du bist auch keine Tagsnatur; Dein Wachen deucht mir anzufangen, wenn der Taggott sich neigt und nicht mehr so hoch am Himmel steht — Dir neigt er sich herab, und wandelst anmutig mit ihm die Bahn vom späten Nachmittag zum späten Untergang, und winkt Euch noch mit Eurer Gewande Saum fernhin; dann leuchtet der Abendstern zu Deinen Nachtgedanken von ihm, und wogst einsam in der Erinnerung, wie die Meereswelle am Fels wogt zur Zeit der Flut und ihn abspült von den Gluten, die ihm der Tagesgott eingebrannt hat zur Zeit der Ebbe. Der Jud kommt, adieu. Was hast Du denn, das Dich so unmutig macht; laß Dich anhauchen von meinem Brief. Savignys sind noch drei Wochen auf dem Trages, geh doch hin. Aber, ›Teufel, Donnerwetter‹ ist das auch geflucht? Darf ich das auch nicht sagen? —

Vom Clemens glaub doch nicht, daß ich ihn belüg; ich bin anders mit ihm in meinen Briefen, weil ich so sein muß. In Bürgel die kleine Orgel hat elf Register, groß und kleine Choralstimm, Harfenstimm, Trompetenstimm, Posaunenton, schnarrende Engelsstimm, was weiß ich alles — und vox humana, der Hofmann hat mir gestern eine halbe Stund lang davon erzählt, und daß es Orgeln gibt, die dreißig Register haben; er sagt, meine Kehl wär wie so eine Orgel, ich zög allemal ein ander Register, wenn ich sanft oder begeistert sing oder schmetternd, wenn ich tob oder bewegt, wenn's zum Seufzen stimmt in meiner Brust oder gewaltig, wenn mir's ist, als ob ich's allein alles zwingen müßt. — Das hat der kleine Kerl alles gewußt; er hat mir zugehört gestern Abend, wie ich einen homerischen Hymnus an die Diana ableierte auf dem Dach, weil's Vollmond ist. Das deuchte mir so schön, dieser Göttin einen vollen strömenden Gottesdienst aus meiner Brust zu halten, daß ich nicht dran dachte ans Belauschen und hab recht geschmettert. — Der Hofmann sagt, es war zum Verwundern. — Nun, ich mein, der Clemens zieht immer das Register der Kinderstimm aus meiner Brust. — In Frankfurt, in der Gesellschaft beim Primas, da prädominiert die quarrende Engelsstimm. Bei Dir da muß ich immer das Gewalts-Posaunenregister mit Gewalt mit der sanften vox humana unterdrücken.

An die Bettine

Mit dem Clemens versteh ich Dich oder ahne doch, wie es zusammenhängt; ich hab auch gar nicht die Idee, daß es anders sein solle, nur über das, was er von Dir sagt, wie er Dich ausspricht, und das geschieht oft, ist mir manchmal so wunderlich zumut, weil er ganz prophetisch Dich durchsieht; andre Leute sagen, er schneide auf, und das ist auch eigentlich so, aber er trifft die Wahrheit, wie ich unter allen allein es am besten weiß. — Dann, um seine Extravaganz zu beweisen, fällt wohl alles hinter seinem Rücken über Dich her, was in seiner Gegenwart man nie wagt, wo man immer stillschweigt; mir ist's oft peinlich gewesen, über Dich urteilen zu hören, jetzt aber hab ich diese kleinliche Ängstlichkeit überwunden. Gestern war Ebel, St. Clair, Link, die Lotte und ich im kleinen Kabinett bei der Tonie; da ich weiß, wie weit die Pfeile vom Ziele ablenken, die man gegen Dich schnellt, so hatt ich keine Furcht um Dich; Ebel ist nicht aus persönlichem Widerwillen, sondern aus Abgeneigtheit seiner Natur wider Dich. Und weil er während dem Hiersein von Clemens immer am meisten erdulden mußte, da er aus Zaghaftigkeit seinem Eifer nie auszuweichen wagte, so ist's ihm nicht zu verdenken, daß er jetzt mit vollem Genuß sich schadlos halte. St. Clair schüttelte mit dem Kopf und sah mich an, weil die Lotte perorierte: gänzlicher Mangel an historischem Sinn und gar keine Logik beweise, daß Du ein Narr seist. Er sagte: Gebt ihr eine Fahne in die Hand und laßt sie uns voran-schreiten, so führt sie uns sicher, trotz ihrem Mangel an histo-rischem Sinn, zu einem gesunden Wendepunkt der Ge-schichte. Möcht Ihr mit Eurer Logik in Gefahr schweben, so wird sie ihr entgehen lehren, so unlogisch sie's nach Eurer Weise auch anfangen würde. Und geht doch, sagte er, mit Eurem Weisheitsurteil über ein Naturkind, das von ihr nicht stiefmütterlich behandelt ist; es ist ihr an der Stirne geschrie-ben, daß ihr keine Sorge zugemessen ist. Er reichte mir die Hand, er sah mir's an, daß es mich freute; auf der Lotte ihre breite Rede, die nun mit verdoppeltem Eifer sich durch-drängte mit ihrer Weisheit, sagte er nichts weiter und kei-ner; das Gespräch ging aus wie ein Licht, das ein starker Windzug ausgeblasen. — Um so mehr bin ich geneigt, Dich vor allen zu verschweigen. — Der Clemens — er wird Dich einst nach hundert Jahren auf dem Berge Arafat finden — wie Adam, als er nach seiner Verbannung aus dem Paradiese die Eva aus den Augen verlor, die in der Nähe von Mekka auf jenem Berge weilte, er aber auf Serendib oder die Insel Ceylon verschlagen war; er kannte sie wohl, ihre Seele war in seine Seele eingeprägt, und suchte sie fleißig; oft auch redete er die wilden Tiere an und die Gewitter auf den Ber-gen und die Vögel, daß, wenn sie hinziehen und ihr begeg-nen, sie sollen sie ehren; und so suchte er nach ihr und sprach von ihr zu dem Gevögel und den Pflanzen und Tieren des Waldes, bis der Engel Gabriel den Adam auf den Gipfel jenes Berges bei Mekka führte, wovon der Berg seinen Namen Arafat, heißt auf arabisch: Erkennen, erhielt. — Auf wel-chem die Pilgrime von Mekka am Tage Arafah, dem neunten im letzten Monat des arabischen Jahres, ihre Andacht auf diesem Berge verrichten. Mag denn Clemens wie Adam den Untieren und Bergklüften von Dir vorpredigen, ich bin zu-frieden unterdes, daß Du mich zum Hüter Deiner verborgnen Wohnung bestellt hast und mich zum Kerbholz Deiner heimlichen Seligkeiten machst; ich möchte Dir immer stillhalten, so anmutig fühle ich mich bemalt und beschrieben von Deinen Erlebnissen; versäume nichts, schreib mir alles, wie wenn es gesungen wär, wo Du auch keinen Ton auslassen darfst, ohne die Harmonie zu zerstückeln, ich werd gewiß stillhalten und stillschweigen. Und die Gedanken, ›die Dich ergötzen, von denen Du wünschest, daß sie wahr sein mögen, und die von selbst in Dir aufwachsen‹, willst Du sie nicht auch aufzeichnen für mich? – Ich warte alle Tage auf Deine Briefe, mir bangt immer, Du mögest einen Tag überschlagen; bis jetzt warst Du sehr gütig gegen mich – ich geh mit Zuversicht, wenn ich abends nach Hause komme, und fasse den Brief auf meinem Kopfkissen, wo er hingelegt wird von der Magd, im Dunkeln und halt ihn, bis Licht kommt – im Bett lese ich ihn noch einmal, das macht mir gute Gedanken, ich bin auch jetzt ganz heiter, nur kann ich selbst nichts tun. – Deine Erzählungen und Ahnungen beschäftigen mich, ich träum mich in den Schlaf, in dem ich Dir alles nachfühle und nachdenke. Ich hab einen innerlichen Glauben an Deine Schwindeleien von mir; ich ging heut hinaus vors Gallentor, als der Sonnengott hinabstieg, weil Du meinst, es sei meine Zeit mit ihm; ich war auch da ganz durchdrungen von seiner großen Gegenwart, allein beim Nachhausegehen verdarben mir zwei Frankfurter Philister die Andacht, die hinter mir gingen und von Dir und mir sprachen; die Frau sagte zum Mann: Im Stift wird dem Mädchen noch ganz das Konzept verdorben, daß sie am End gar närrisch wird; sie ist so schon zu allen Tollheiten aufgelegt, sie soll im Stiftsgarten immer aufs Dach steigen vom Gartenhaus oder auf einen Baum und von da herunterpredigen – und die lange G...s, die Günderode, steht unten und hört zu. – Jetzt gingen sie an mir vorüber, ich erkannte die Frau Euler mit ihrer Tochter Salome und den Doktor Lehr; der erkannte mich in der Dämmerung und sagte es ihr; sie blieb stehen und sah mich an, bis ich wieder an ihr vorbeigegangen war, was doch gewiß noch dummer war, als wenn ich unterm Baum stehenblieb, wo Du predigst. – *Teufel* und Donnerwetter ist auch zum Fluchen üblich, hat aber einen anregenden kriegerischen

Geist, also unter gewissen Bedingungen, wenn zum Beispiel Du jenes Banner wehen ließest, das St. Clair, Dir Glück und Heil vertrauend, überantworten wollte, allen Philistern zum Trotz, dann magst Du Deiner Zunge den Zügel schießen lassen, bis dann aber lasse Deinen Mut nicht in vergeblichen Ausbrüchen verrauchen.

Adieu! Am Märchen schreib ich nicht. — *Der* vergißt mit dem Pflug umzudrehen, über den Sternen, die er im Wasser blinken sieht. Leb wohl und gedenke meiner.

Karoline

Die Ursache, warum der Streit angegangen war über Dich, war ein Brief von Dir, den Du im achten oder neunten Jahr kurz vor Deines Vaters Tod aus dem Kloster an ihn geschrieben hattest, und der Deinen Vater sehr gefreut haben soll, so daß er ihn in seiner Krankheit oft gelesen; St. Clair hatte ihn vom Clemens, der ihn aufbewahrt, abgeschrieben und sagte, in diesem Brief läge Deiner ganzen Anmut Keim. Das wollte die Lotte nicht zugeben und meinte, es sei lächerlich, nur ihn als Brief zu rühmen, der Clemens verdrehe Dir den Kopf. Der Brief lautete wie folgt, da magst Du selbst Dich beurteilen: Lieber Papa! Nix — die Link (da war eine Hand mit der Feder gezeichnet) durch den Jabot gewitscht auf dem Papa sein Herz, die Recht (wieder eine Hand gemalt) um den Papa sein Hals. Wenn ich keine Händ hab, kann ich nit schreiben

Ihre liebe Tochter Bettine
Fritzlar 1796, am 4ten April

Was mich verstimmte, war, daß die Lotte den Brief fortwährend mit gellender Stimme vortrug und die Dummheit eines achtjährigen Kindes und die Liebe des verstorbenen Vaters nicht schonte; ich warf dem St. Clair vor, daß er ihn herausgegeben hatte; ach! sagte er, ich hab's schon hundertmal bereut. — Man kann ihr auch einst zurufen wie dem Simson: Bettine, Philister über Dir; zum Glück liegt ihre Stärke nicht in den Locken, die man abschneiden kann, sondern im Geist, und der wird sich nicht gefangengeben. Gelt, das ist ein gut Geschichtchen; ich glaub, der St. Clair liebt Dich; die Lotte meinte, Du habest letzt auf der Gerbermühl eine so lange Unterhaltung heimlich mit ihm gepflogen.

An die Günderode

Vor ein paar Jahren wohnte hier nebenan in dem jetzt leerstehenden Haus ein Mann, der war aus der Fremde gekommen, ich glaub, es war die Schweiz, der tat Wunder mit seiner Willenskraft; bei Tisch war viel die Rede, er könne mit seinem Blick die kranken Menschen zum Schlafen bringen, daß die ihm dann über ihre Krankheit im Schlaf mitteilen, wie man sie heilen könne, und daß sie auch hellsehen in die Zukunft und in die Vergangenheit, beim Erwachen aber nichts mehr davon wissen — dieser Mann hatte mir was Geheimnisvolles, da die Leute so unheimlich von ihm sprachen. Auf einer Rasenbank an der Gartenwand konnt ich in seinen Garten sehen, wo er im Mondschein auf und ab wandelte; er kam auf mich zu und reichte mir ein paar Erdbeeren über die Wand und sagte: »Esse sie mit Bedacht und koste sie recht, so hast du mehr davon, als wenn du einen ganzen Korb voll unbedachtsam ißt.« — Ich stieg von der Bank mit meinen Erdbeeren und aß eine nach der andern, verwundert über den freundlichen Mann. Und am andern Tag, wie ich ihn im Garten wandeln sah, ging ich wieder hin; er kam und reichte mir die Hand, die hielt ich fest und sagte: »Die Erdbeeren hab ich *geschmeckt*.« — »So? — Nach was schmecken sie denn?« — Nach schönem Wetter und ganz fruchtbarem Erdboden. — Dem Mann gefiel die Antwort, er sagte: »Jetzt ist's zu dunkel, aber morgen bei Tag nehme ein Blatt von einem Baum oder sonst von einer Blume und halte es so, daß die Sonnenstrahlen durchschimmern, da wirst du eine Menge Gefäße drin erkennen, die vom Licht durchströmt sind; so ist es auch mit deinem kleinen Kopf, er ist geeignet, daß das Licht leichtlich durchströme und dich reife, daß du auch dann schmeckst wie die Erdbeere, nach schönem Wetter, nach Sonnen- und Mondstrahlen.« — Ich sagte ihm, daß ich gehört habe, er schaue mit seinem Willen in die Menschen, daß sie denken müssen, was er wolle. — Er sagte: »Ja, ich will immer, daß sie die Wahrheit denken von sich — und da folgen sie ganz leicht, weil es ihrer Natur gemäß ist; von dir will ich auch, daß du die Wahrheit denkst, die dir gemäß ist; wenn du dem folgst, wirst du so manches in dir erleben, was dir vollauf genügt.« — Ich redete noch mehr mit ihm — er sagte ein paarmal: »Du tust recht wunderliche Fragen, aber ich muß immer ja dazu sagen, denn sie sind wahr.« Er ehrte mich noch mit manchen freundlichen Lehren, ich hab ihn nicht mehr gesehen und hab auch nichts mehr von ihm gehört, er war wenige Tage darauf weggezogen, man wußte nicht wohin. — Es wurde noch mancherlei von ihm gesprochen, als sei er ein Betrüger; ich nahm mir das nicht an, ich hielt am Wort, was er mir gesagt hatte, daß die Sonne und Mond mich wollten wohlschmeckend machen, obschon es mir beinah so ging wie den andern, die beim Erwachen nichts mehr wissen; ich konnte mich nicht mehr auf das besinnen, was ich mir doch gewiß vorgenommen hatte, nicht zu vergessen. Aber wenn mir so Gedanken kommen, die mich belehren, da denk ich manchmal auf den Mann zurück; ich möchte sie zwar gern behalten oder aufschreiben, aber sie ziehen mich immer weiter, und um den nächsten nicht zu versäumen, muß ich den früheren aufgeben; so ist's, daß ich nicht anders kann; es muß doch so in der Natur des Lichts liegen, was den Menschen durchströmt und ihn nährt, wie die Sonnenstrahlen die Pflanze — daß das frische Licht immer das frühere verdrängt wie im Strom eine Welle die andere; so mag es denn hingehen, daß ich kein Buch schreiben kann wie der Clemens will; ich müßt ein Herbarium machen und sie trocknen, daß ich sie könnt nebeneinander hinlegen; unterdessen würden so manche Blumen verblühen, das will ich nicht; weil ich aber auf Dich gerichtet bin, fliegen so manche Gedanken auf zu Dir von selbst. Ja, sie kommen sogar zwischen uns, wenn ich mit Dir bin. Du bist eben gar nicht wie ein Mensch, der mich fassen und halten will, Du bist wie die Luft, der Sonnenstrahl fährt nieder durch Dich in meinen Geist, so hell bist Du.

Die Eule, die Jungfer Salome, der weise Meister im Abendschein, eine Vision des Philistertums, in dessen Geist sie versammelt waren.

In der Bibliothek hab ich heute einen geschnittnen Stein gefunden; der blecherne lackierte Kerl, der heut aus Homburg herüberkam, der G.r.g., der die Welt durchs Perspektiv beguckt, um alles zu durchschauen (zufällig passiert nichts vorm Guckloch), erklärt den Stein für antik; sonst wollt die Großmama mir ihn schon schenken für Dich. — Daphnis vom Apoll verfolgt, wurzelt fest mit der flüchtigen Sohle und sprießt in Lorbeer auf. Das paßt so schön auf Dich. Dein Schicksal, Du siehst's vor Augen. Geliebt, verfolgt, umfangen vom Gott der Musen und dann ewig immerdar goldne Keime aufschossend und der Dichter reiner Orden, der Dich umwandelt, mit Dir sich zu berühren, das ist kein Philistertum; solche Geschicke, wie heilige Gefäße, umfaßten ein Menschenleben zur Zeit der Griechen. (Ist mir doch, als spräch ich mit Deinen Lippen.) Aber heut! aber ich — Mein Kopf ein Feld, das brachliegt — ich wandle zwischen Hekken, seh jede Erdscholle benutzt, der Salatkopf in der Mitt, die Bohnenstangen oben drüber, und mir bangt, daß ich nicht angepflanzt bin; ich denk, daß Du Dir Müh gibst mit mir, daß es nichts hilft. Nachts denk ich als, wenn die Sonn aufgeht, will ich lernen; am Tag wollt ich, die Nacht käm doch, daß ich allein wär und könnt mich selbst verstehen, ich armes Käuzlein kleine.

Und stiftete das große medopersische Reich. — Da sind wir geblieben, da hab ich ein groß Medusenhaupt in mein Geschichtbuch gezeichnet mit aufgesperrtem Rachen; fräß es doch die ganze alte Geschichte mitsamt dem Arenswald auf. Ich war so froh über die Pfingsttage — eine ganze Woche war er ausgeblieben, ich hatte mich so schön entwöhnt! — Die Perser, von den Griechen Cephonen genannt, von Cepheo, dem Sohn Belli, dessen Tochter Andromeda Perseus, der Sohn Jupiters und der Danae, geehelicht; ich glaub, der Kerl hat gefautelt, ich mein den Geschichtslehrer. Wird ein Götterjüngling ein Philister sein und ehelichen. Indes meldet Arenswald einen Sprößling dieser Ehe, der das Cephonenland beherrscht unter dem Namen Persien; Cyrus vereint's mit Medien, erobert Babylon, Kleinasien, bleibt in der Schlacht gegen die Königin der Masageten. Ich frag gar nicht mehr, wer und woher — wer kann das Volk all im Kopf behalten. — 3458, Cambyses erobert Ägypten, bekriegt die Äthioper, der Magier Smerdis schwingt sich auf den Thron und hätt das Land bezaubern können; die Großen des Reichs, zu eselhaft, von einem Zauberer sich beherrschen zu lassen, entthronten ihn durch Mord. — 3462, Darius Hystaspis bezwingt Babylon im Aufruhr, erobert Thrazien, Mazedonien, Indien. — Sein Sohn Xerxes bezwingt Ägypten im Aufruhr, zieht gen Griechenland, wird besiegt — heimkehrend ermordet. Artaxerxes schließt Frieden; sein Feldherr kehrt die Waffen gegen ihn, wird vom II. Xerxes unterjocht; Sogdian aber mordet seinen Bruder Xerxem; Ochus aber mordet seinen Bruder Sogdian, beherrscht als II. Darius Persien; der zweite Artaxerxes aber mordet seinen Bruder Ochus, zerstört das Reich; der dritte Artaxerxes aber mordet seine Brüder alle, erobert Ägypten; Togoas aber ermordet den III. Artaxerxem. — Togoas aber mordet dessen Sohn Aestes und den größten Teil der königlichen Familie, damit's gleich in einem hingeht (Bemerkung des Lehrers); der Statthalter aber mordet den letzten Königssprößling Darius Codomanus. Zweihundertfünfundzwanzig Jahre bestand die Fürstenschlachtbank von Persien. Alexander kommt und beherrscht's 3654. — Der Lehrer sieht mir den Ärger über seine lederne Geschichte an, reißt aus; Gott weiß, wie's zuging, daß die Tür seine Hosen faßte, es blieb ein Fetzen dran hängen; jetzt muß ich ihm für seine Mordlitanei noch eine Gratifikation geben, damit er sich ein Paar neue kaufen kann. — Clemens verfolgt mich mit Bitten, daß ich Bücher oder Verse oder Erlebnisse und Erinnerungen aus dem Kloster aufschreiben soll. — Da hast Du seinen Brief. — Der Abgrund der vermoderten Geschichte unter mir, der unerreichbare Sternenhimmel über mir — und nachts Gedanken, die mir den Kopf zerbrechen.

(Am 10.)

Heut morgen hab ich Deinen Brief beim Frühstück der Großmama vorgelesen; sie ist schon so alt, sie nimmt's all mit ins Grab, sie hat Dich so lieb, sie sagt, Du wärst die edelste

Kreatur, die sie je gesehen, und dann sprach sie von Deiner Anmut; sie spricht immer Schwäbisch, wenn sie recht heiter ist. »Siehst, Mädele, wie anmutig und doch gar bequem Deine Freundin ist.« — Sie ist wirklich liebreizend, und da las ich ihr auch meinen Brief vor; sie sagt: »Du bischt halter e verkehrts Dingele«, und dann hat sie mir den Stein mit der Daphnis doch geschenkt für Dich; ich lasse ihn fassen, Du mußt ihn tragen und mußt nicht sagen, von wem er ist. — Was ist Dein Brief voll schöner Geschichten, nur der Clemens ist doch mein Adam nicht; das prophezeist Du schlecht, daß er mich erst nach hundert Jahren auf dem Berg der Erkenntnis treffen werde. Ich hab ihn so lieb; so lang kann ich nicht Versteckelches mit ihm spielen, und doch hast Du vielleicht recht, im nächsten Brief will ich's sagen: aber dem Clemens fall ich um den Hals und küß ihn, da hat er mich, wie ich bin. Aber! — es geht ein Weg — der führt in die Alleinigkeit. — Ist der Mensch in sein eignen Leib allein geboren, so muß er auch in seinen Geist allein geboren sein. — Der St. Clair ist gut, voll Herz; er wollt ja zum kranken Hölderlin reisen — er soll doch hin! nach Homburg — ich möcht wohl auch hin. — Er sagt, es würde dem Hölderlin gesund gewesen sein; ich möcht wohl, ich darf nicht. — Der Franz sagt: »Du bist nicht recht gescheut, was willst Du bei einem Wahnsinnigen? willst Du auch ein Narr werden?« — — Aber wenn ich wüßt, wie ich's anfing, so ging ich hin, wenn Du mitgingst, Günderode, und wir sagten's niemand, wir sagten, wir gingen nach Hanau. Der Großmama dürften wir's sagen, die litt's; ich hab heute auch mit ihr von ihm gesprochen und ihr erzählt, daß er dort an einem Bach in einer Bauernhütte wohnt, bei offnen Türen schläft und daß er stundenlang beim Gemurmel des Bachs griechische Oden hersagt; die Prinzeß von Homburg hat ihm einen Flügel geschenkt, da hat er die Saiten entzweigeschnitten, aber nicht alle, so daß mehrere Klaves klappen, da phantasiert er drauf; ach, ich möcht wohl hin, mir kommt dieser Wahnsinn so mild und so groß vor. Ich weiß nicht, wie die Welt ist, wär das so was Unerhörtes, zu ihm zu gehen und ihn zu pflegen. Der St. Clair sagte mir, »ja, wenn Sie das könnten, er würde gesund werden, denn es ist doch gewiß, daß er der größte elegische Dichter ist; und ist's nicht traurig, daß nicht ein solcher behandelt werde und geschützt als ein heiliges Pfand Gottes von der Nation«, sagte er; »aber es fehlt der Geist, der Begriff, keiner ahnt ihn und weiß, was für ein Heiligtum in dem Mann steckt; ich darf ihn hier in Frankfurt gar nicht nennen, da schreit man die fürchterlichsten Dinge über ihn aus, bloß weil er eine Frau geliebt hat, um den Hyperion zu schreiben; die Leute nennen hier lieben heiraten wollen, aber ein so großer Dichter verklärt sich in seiner Anschauung; er hebt die Welt dahin, wo sie von Rechts wegen stehen sollte, in ewiger, dichterischer Fermentation; sonst werden wir nie die Geheimnisse gewahr werden, die für den Geist bereitet sind. Und glauben Sie, daß Hölderlins ganzer Wahnsinn aus einer zu feinen Organisation entstanden; wie der indische Vogel in einer Blume ausgebrütet, so ist seine Seele, und nun ist es die härteste rauhe Kalkwand, die ihn umgibt, wo man ihn mit den Uhus zusammensperrt; wie soll er da wieder gesund werden. Dieses Klavier, wo er die Saiten zerrissen, das ist ein wahrer Seelenabdruck von ihm; ich hab auch den Arzt darauf aufmerksam machen wollen, aber einem Dummen kann man noch weniger begreiflich machen als einem Wahnsinnigen.« — Er sagte mir noch so viel über ihn, was mir tief durch die Seele ging, über den Hölderlin, was ich nicht wieder sag, und ich hab mehre Nächte nicht schlafen können vor Sehnsucht hinüber nach Homburg; ja, wollt ich ein Gelübde tun, ins Kloster zu gehen, das könnt doch niemand wehren; gleich wollt ich das Gelübde tun, diesen Wahnsinnigen zu umgeben, zu lenken, das wär noch keine Aufopferung; ich wollt schon Gespräche mit ihm führen, die mich tiefer orientieren in dem, was meine Seele begehrt; ja, gewiß weiß ich, daß die zerbrochnen unbesaiteten Tasten seiner Seele dann wieder anklingen würden. Aber ich weiß, daß es mir nicht erlaubt würde. So ist es, das natürliche Gefühl, was jedem aus der Seele tönt, wenn er nur drauf hören wollte (denn in jeder Brust, auch in der härtesten, ist die Stimme, die ruft: hilf deinem Bruder), diese Stimme wird nicht allein unterdrückt, sondern auch noch als der größte Unsinn gestraft, in denen sie sich vernehmlich macht. Ich mag gar von Religion und von Christentum nichts mehr hören, sie sind Christen geworden, um die Lehre Christi zu verfälschen. — Brocken hinwerfen und den nackten Leib decken, das nennt man Werke der Barmherzigkeit — aber Christus in die Wüste folgen und seine Weisheit lernen, das weiß keiner anzufangen. — Bildungsflicken hängt man einem auf, mit denen man nichts anzufangen weiß, aber die Tiefe und Gewalt eines einzigen Seelengrundes zu erforschen, da hat kein Mensch Zeit dazu; glaubst Du denn nicht, daß ich statt dem Geschichtsgerümpel, wohl mit der größten Sammlung, mit der tiefsten Andacht hätte jenem folgen wollen, wenn er mir gelehrt hätte, wie er andern lehren mußte, um sein Leben zu gewinnen, und wahnsinnig drüber werden mußte. Wenn ich bedenk — welcher Anklang in seiner Sprache! — Die Gedichte, die mir St. Clair von ihm vorlas — zerstreut in einzelnen Kalendern — ach, was ist doch die Sprache für ein heilig Wesen. Er war mit ihr verbündet, sie hat ihm ihren heimlichsten, innigsten Reiz geschenkt, nicht, wie dem Goethe, durch die unangetastete Innigkeit des Gefühls, sondern durch ihren persönlichen Umgang. So wahr! er muß die Sprache geküßt haben. Ja, so geht's, wer mit den Göttern zu nah verkehrt, dem wenden sie's zum Elend.

St. Clair gab mir den Ödipus, den Hölderlin aus dem Griechischen übersetzt hat; er sagte, man könne ihn so wenig verstehen oder wolle ihn so übel verstehen, daß man die Sprache für Spuren von Verrücktheit erklärt; so wenig verstehen die Deutschen, was ihre Sprache Herrliches hat. — Ich hab nun auf seine Veranlassung diesen Ödipus studiert; ich sag Dir, gewiß, auf Spuren hat er mich geleitet, nicht der Sprache, die schreitet so tönend, so alles Leiden, jeden Gewaltausdruck in ihr Organ aufnehmend, sie und sie allein bewegt die Seele, daß wir mit dem Ödipus klagen müssen, tief, tief. — Ja, es geht mir durch die Seele; sie muß mittönen, wie die Sprache tönt, aber wie mir das Schmerzliche im Leben zu kränkend auf die Seele fällt, daß ich fühl, wie meine Natur schwach ist. So fühl ich in diesem Miterleiden eines Vergangnen, Verlebten, was erst im griechischen Dichter in seinen schärfsten Regungen durch den Geist zum Lichte trat und jetzt durch diesen schmerzlichen Übersetzer zum zweitenmal in die Muttersprache getragen, mit Schmerzen hineingetragen — dies Heiligtum des Wehtums — über den Dornenpfad trug er es, schmerzlich durchdrungen. Geweihtes Blut tränkt die Spur der verletzten Seele, und stark als Held trug er es herüber. — Und das nährt mich, stärkt mich; wenn ich abends schlafen gehe, dann schlag ich's auf und lese es, lese hier, dem Päan gesungen, den Klaggesang; den sing ich abends auf dem Dach vom Taubenschlag aus dem Stegreif, und da weiß ich, daß auch ich von der Muse berührt bin und daß sie mich tröstet, selbst tröstet. Oh, was frag ich nach den Menschen, ob die den Mangel an historischem Sinn und der Logik an mir rügen; ich weiß den Teufel, was Logik ist. — Und daß mir St. Clair so viel zutraut, daß ich die Fahne glücklich schwingen werde und sicher und die Besseren und Hohen unter ihr sammeln. — Sag ihm von mir, ich werde nicht fehlen, was mir einer zutraut, alle Kräfte dranzusetzen. Den kleinen Brief vom Papa hab ich ihm selbst geschenkt; er wollte ein Andenken von mir zum Gegengeschenk für den Ödipus, da hab ihn wählen lassen unter meinen Papieren; da hat er den hervorgezogen.

Lese hier den Klaggesang, dem Päan geweiht, ob's Dir nicht durch die Seele weint.

Weh! Weh! Weh! Weh!
Ach! wohin auf Erden?
Jo! Dämon! wo reißest du hin?

Jo! Nachtwolke mein! du furchtbare,
Umwogend, unbezähmt, unüberwältigt!
O mir! wie fährt in mich
Mit diesen Stacheln
Ein Treiben der Übel!

Apollon wars, Apollon, o ihr Lieben,
Der das Wehe vollbracht,
Hier meine, meine Leiden.
Ich Leidender

Was sollt ich sehn,
Dem zu schauen nichts süß war?

Was hab ich noch zu sehen und zu lieben,
Was Freundliches zu hören? — ihr Lieben!
Führt aus dem Orte geschwind mich,
Führt, o ihr Lieben! den ganz Elenden,
Den Verfluchtesten und auch
Den Göttern verhaßt am meisten unter den
                                    Menschen.

So hab ich mir die Zeilen zusammengerückt, sie zu singen,
diese Leidensprache, und sie fesselt mich an seine Ferse, der
sich Frevler nennt.

Wirf aus dem Lande mich, so schnell du kannst,
Wo ich mit Menschen ins Gespräch nicht komme.

In die Ferne sehend, nach dem Taunus, still getränkt im
Abendschein, der die Nebel durchlichtet, die flüchtenden, die
ihn umschweifen; — da denk ich mir das Grabmal selber
ihm erkoren von Vater und Mutter, sein Kithäron. Da sing
ich meinen Gesang hinüber, und der Wind spielt mich an,
und gewiß, er bringt mein Lied hinüber zum Grab; mir ist's
eins, ob der Zeiten Last sich drübergewälzt, doch dringt die
Trän hinab, das Grab zu netzen; drang doch sein Weh herauf zu mir, und heute nur stieg's auf mir im Herzen, als
ich die Laute dem Gott — die jammernden, der ganzen Welt
geschrien — zaghaft in Musik verwandelte. — Und dort
wohnt auch er, der die noch lebenswarme Brust voll Wehe,
und gesäet voll der Keime des Dichtergottes, jetzt zermalmt
im Busen die Saat — in aufseufzenden Tönen herübertrug
ins Mutterland, und wärmte — das Jammergeschick des
Zwillingsbruders — in der Liebe, die aus der Verzweiflung
Abgrund ihn mit heißer Begierde heraufrief, das müde, jammervolle Haupt sanft zu lehnen, zusammen mit dem Geschick, das ausgeblutet hat. Ja, wer mit Gräbern sich vermählt, der kann leicht wahnsinnig werden den Lebenden —
denn er träumt nur hier am Tag, wie wir träumen in der
Nacht; aber drunten im Schlaf wacht er und geht mit jenen
mitleidsvoll Hand in Hand, die längst verschollen der ge-

schäftigen Eile des Tags sind. Dort fällt der Tau auf die Seele ihm, die hier nicht Feuchtung in der Kehle mehr hatte zum Seufzen. Dort grünen die Saaten und blühen, die hier der Dummheit Pflug — die Wurzel umstürzend, wie Unkraut der Luft preisgab, und die tauvolle Blüte rein vom Staube stürzt in der Erde Grab. — Denn irgendwie muß die Saat der Götter lebendig werden, sie können Ewiges nicht verdorren lassen. Seine Seele wächst, die hier unten schläft und verwirrte Träume hat, hinauf als himmlisches Grün, die schwebende Ferse der Götterjünglinge umspielend, wie der frische Rasen hier seine tanzenden Blumen an meinem flüchtigen Lauf hinbewegt. — Ach, Poesie! heilig Grabmal, das still den Staub des Geistes sammelt und ihn birgt vor Verletzung. — Oh, du läßt ihn auferstehen wieder; laß mich hinabsteigen zu ihm und die Hand ihm reichen im Traum, daß er mit heiligem Finger die goldnen Saatkörner mir auf die offne Lippe streue und mich anblase mit dem Odem, den er nach dem Willen der Götter aus ihrem Busen trinkt. Denn ich begehr sehnsüchtig, mitzutragen gemeinsam Weh des Tags und gemeinsam Tröstung zu empfangen in den Träumen der Nacht. —

Was willst Du? halte mir's zugut, Günderode, daß ich so spreche; verfolg den Faden meiner Gedanken, so wirst Du sehen, es geht nicht anders. Du trägst ja auch mit mir, daß sie Dich meiner Narrheit beschuldigen. Mangel an historischem Sinn — ist es doch, das Weh, was in der Fabelwelt begraben liegt, mit dem zu mischen des heutigen Tages. — Sie haben recht, mir keine Logik zuzusprechen; da müßt ich ja den dort verlassen, der aufgegeben ist, da müßt ich mich aufgeben, was doch nichts fruchtet. — Sei nicht bang um mich, ich bin alle Tage so; aber ich komm eben vom Taubenschlag, wo die Sonne mir die blauen Berge anglänzte, wo Hölderlin schläft über dem Grabe des Ödipus, und hab ihnen den Gesang gesungen, mit Tönen, unzurechnungsfähig der Kunst, auffassend, was sie vermochten an scharfem Wehe, und es besänftigend mit dem Schmelz der Liebe, den ich durch die Stimme hinzugoß aus dem Herzen, daß er durch die Wolken dringe — hinab am Horizont, hinauf — wo die gewaltigen Geschicke immer auch weilen — und sich mische mit ihren bitteren, salzigen Fluten. Was wären doch die Dichter, wären sie es nicht, die das Schauervolle ins Göttliche verwandeln. — Wo der Gesang doch allein aus meinen Sinnen hervordringt, nicht aus dem Bewußtsein, da spricht's nachher so aus mir, daß Stimmen aus mir reden, die mit keinem andern im Einklang sind; der Ton, der Rhythmus, den ich übe, ist es auch nicht; keiner würde zuhören wollen, aber jene, denen ich singe, die müssen's doch wohl hören, nicht wahr? —

Es ahnt mir schon, Du wirst wieder bange werden um mich, wie vorm Jahr! — aber Du weißt ja, es ist nichts, ich rase nicht, wie die andern mich beschuldigen und mir die Hand auf den Mund legen, wenn ich sprechen will. Sei nicht dumm, lasse Dir nicht von den Philistern bange machen um meine Gesundheit, wo sie mir schon den Verstand absprechen; wer seinen Bruder einen Narren schilt, ist des Todes schuldig; sie sind unschuldig, ich bin ihr Bruder nicht, Du bist mein Bruder. Noch einmal, ich bin nicht krank, störe mich nicht damit, daß Du mir das geringste sagst, denn ich will Dir noch mehr sagen, wenn's möglich ist; was hättest Du an mir, wenn ich nicht lernte Dir meine Seele geben, nackt und bloß. Freundschaft! das ist der Umgang der Geister, nackt und bloß. —

An die Bettine

Liebe Bettine! — Du drückst mir die Schreibefinger zusammen, daß ich kaum atme, noch weniger aber es wage zu denken, denn aus Furcht, ich könne willkürliche Gedanken haben, denke ich lieber gar nicht, magst Du am Ende meines Briefes fühlen, ob ich in den engen Grenzen meiner geistigen Richtungen Dich nicht verletzte, so daß Dein Vertrauen ohne Hindernis hinabströme zu mir, ja hinab, denn ich bin nichts. So lasse mich denn gesund mit Dir sprechen, da nichts mir fremd ist in Dir, denn in Deine Töne eingehen, das wäre Deinen Lauf stören.

In Dein Lamento über Deine Geschichtsmisere stimme ich ein, sie macht mich mit kaputt, kauf in Gottes Namen ein

Paar Beinkleider als Sühneopfer und entlasse Deinen Arenswald in Gnaden. Clemens schreibt, daß ich ihm Antwort schuldig sei; ich wußte nicht, daß er in Marburg ist; wenn Du ihm schreibst, so gib ihm die Einlage; er ist mehr wie unendlich gut gegen Dich, und es ist ein eigen Schicksal, daß unser beider Bemühung, Dich zu einer innern Bildung zu leiten oder vielmehr sie Dir zu erleichtern, nicht gelingen will, so schreibt er mir heute. Unter vielen Witzfaseleien, träumerischem Geseufze und Beteuerungen, daß er gar nicht mehr derselbe sei, ist es das einzige, was auf Dich Beziehung hat. Weil er Dich immer auffordert, Deine phantastischen Ahnungen zu sammeln, diese Fabelbruchstücke Deiner Vergleiche, Deine Weltanschauung in irgendeiner Form niederzulegen, so meinte ich wie ein guter Bienenvater Deinen Gedankenschwärmen eine Blumenwiese umherzubauen, wo Deine Gedanken nur hin und her summen dürfen, Honig zu sammeln. Ein glücklicher Schiffer muß guten Fahrwind haben; ich dachte, Deine Studien sollten wie frischer Morgenwind Dir in die Segel blasen. — Ich schrieb heute an Clemens, es werde sich nicht tun lassen, Deinen Geist wie Most zu keltern und ihn auf Krüge zu füllen, daß er klarer, trinkbarer Wein werde. Wer nicht die Trauben vom Stock genießen will, wie Lyaeus der Berauscher, der Sohn zweier Mütter, der aus der Luna Geborne, endlich sie reifen lasse, der Vorfechter der Götter, der Rasende; — und heilige Bäume pflanzte, heilige Wahrsagungen aussprach.

Der Naturschmelz, der Deinen Briefen und Wesen eingehaucht ist, der, meint Clemens, solle in Gedichten oder Märchen aufgefaßt werden können von Dir; — ich glaub's nicht. In Dich hinein bist Du nicht selbsttätig, sondern vielmehr ganz hingegeben bewußtlos; aus Dir heraus zerfließt alle Wirklichkeit wie Nebel; menschlich Tun, menschlich Fühlen, in das bist Du nicht hineingeboren, und doch bist Du immer bereit, unbekümmert alles zu beherrschen, Dich allem anzueignen. Da war der Ikarus ein vorsichtiger, überlegter, prüfender Knabe gegen Dich, er versuchte doch das Durchschiffen des Sonnenozeans mit Flügeln, aber Du brauchst nicht Deine Füße zum Schreiten, Deinen Begriff nicht zum Fassen,

Dein Gedächtnis nicht zur Erfahrung und diese nicht zum Folgern. Deine gepanzerte Phantasie, die im Sturm alle Wirklichkeit zerstiebt, bleibt bei einer Schwarzwurzel in Verzückung stocken. Der Strahlenbündel im Blumenkelch, der Dir am Sonntag im Feldweg in die Quer kam, wie Du dem rückwärts gehenden Philosophen Ebel Deine Philosophie eintrichtern wolltest, ist eine blühende Scorza nera, so sagt Lehr, der weise Meister. — Ich werd eingeschüchtert von Deinen Behauptungen, ins Feuer gehalten von Deiner Überschwenglichkeit. Hier am Schreibtisch verlier ich die Geduld über das Farblose meiner poetischen Versuche, wenn ich Deines Hölderlin gedenke. Du kannst nicht dichten, weil Du das bist, was die Dichter poetisch nennen; der Stoff bildet sich nicht selber, er wird gebildet; Du deuchst mir der Lehm zu sein, den ein Gott bildend mit Füßen tritt, und was ich in Dir gewahr werde, ist das gärende Feuer, was seine übersinnliche Berührung stark in Dich einknetet. Lassen wir Dich also jenem über; der Dich bereitet, wird Dich auch bilden. — Ich muß mich selber bilden und machen, so gut ich's kann. Das kleine Gedicht, was ich hier für Clemens sende, hab ich mit innerlichem Schauen gemacht; es gibt eine Wahrheit der Dichtung, an die hab ich bisher geglaubt. Diese irdische Welt, die uns verdrießlich ist, von uns zu stoßen wie den alten Sauerteig, in ein neues Leben aufzustreben, in dem die Seele ihre höheren Eigenschaften nicht mehr verleugnen darf, dazu hielt ich die Poesie geeignet; denn liebliche Begebenheiten, reinere Anschauungen vom Alltagsleben scheiden, das ist nicht ihr letztes Ziel; wir bedürfen der Form, unsere sinnliche Natur einem gewaltigen Organismus zuzubilden, eine Harmonie zu begründen, in der der Geist ungehindert einst ein höheres Tatenleben führt, wozu er jetzt nur gleichsam gelockt wird durch Poesie; denn schöne und große Taten sind auch Poesie, und Offenbarung ist auch Poesie; ich fühle und bekenne alles mit Dir, was Du dem Ebel auf der Spazierfahrt entgegnetest, und ich begreife es in Dir als Dein notwendigstes Element, weil ich Deine Strömungen kenne und oft von ihnen mitgerissen bin worden, und noch täglich empfinde ich Deinen gewaltigen Wellenschlag. Du bist die wilde Brandung, und ich bin kein guter Steuermann, glücklich durchzuschiffen; ich will Dich gern schirmen gegen die Forderungen und ewigen Versuche des Clemens, aber wenn auch in der Mitte meines Herzens das feste Vertrauen zu Dir und Deinen guten Sternen innewohnt, so zittert und erbebt doch alles ringsumher furchtsam in mir vor Menschensatzung und Ordnung bestehender Dinge, und noch mehr erbebe ich vor Deiner eignen Natur. Ja, schelte mich nur, aber Dir mein Bekenntnis unverhohlen zu machen: mein einziger Gedanke ist, wo wird das hinführen? — Du lachst mich aus und kannst es auch, weil eine elektrische Kraft Dich so durchdringt, daß Du im Feuer ohne Rauch keine Ahnung vom Ersticken hast. — Aber ich habe nichts, was mich von jenem lebenerdrückenden Vorläufer des Feuers rette; ich fühle mich ohnmächtig in meinem Willen, so wie Du ihn anregst, obschon ich empfinde, daß Deine Natur so und nicht anders sein dürfte, denn sonst wär sie gar nicht, denn Du bist nur bloß das, was außer den Grenzen, dem Gewöhnlichen unsichtbar, unerreichbar ist; sonst bist Du unwahr, nicht Du selber, und kannst nur mit Ironie durchs Leben gehen. Manchmal deucht mir zu träumen, wenn ich Dich unter den andern sehe; alle halten Dich für ein Kind, das seiner selbst nicht mächtig; keiner glaubt, keiner ahnt, was in Dir, und Du tust nichts als auf Tisch und Stühle springen, Dich verstecken, in kleine Eckchen zusammenkauern, auf Euren langen Hausgängen im Mondschein herumspazieren, über die alten Boden im Dunkeln klettern; dann kommst Du wieder herein, träumerisch in Dich versunken, und doch hörst Du gleich alles, will einer was, so bist Du die Treppe schon hinab, es zu holen, ruft man Deinen Namen, so bist Du da und wärst Du in dem entferntesten Winkel; sie nennen Dich den Hauskobold, das alles erzählte mir Marie gestern; ich war zu ihr gegangen, um sie zu fragen, ob es tunlich sein möchte, daß ich mit Dir nach Homburg reise; sie ist gut, sie hätte es Dir gern gegönnt, und ich wär Dir zu Gefallen gerne mit Dir hingereist; St. Clair hatte uns begleiten wollen, und ich sagte auch der Marie nichts als, ich möchte wohl nach Homburg reisen und Dich mitnehmen, dort den kranken Hölderlin zu sehen; das

143

war aber leider grad das Verkehrte; sie meinte im Gegenteil, dahin solle ich Dich nicht mitnehmen, sie glaube, man müsse Dich hüten vor jeder Überspannung — ich mußte doch lachen über diese wohlgemeinte Bemerkung; nun kam Tonie, der es Marie mitteilte; sie meinten, Du seist so blaß gewesen im Frühjahr, und auch letzt habest Du noch krankhaft ausgesehen; nein, sagt Tonie, nicht krank, sondern geisterhaft, und wenn ich nicht wüßte, daß sie das natürlichste Mädchen wär, die immer noch ist wie ein unentwickeltes Kind, was noch gar nichts vom Leben weiß, so müßte man fürchten, sie habe eine geheime Leidenschaft; aber hier in der Stadt befindet sie sich nur wohl in der Kinderstube; sie schleicht immer weg aus der Gesellschaft und vom Tisch und geht an die Wiege, nimmt die kleine Max heraus, hält sie wohl eine Stunde auf dem Schoß und freut sich an jedem Gesicht, das sie schneidet. Das Kind hatte die Röteln, niemand kam zu mir. Sie allein saß stundenlang beim Kinde, es hat ihr nicht geschadet; sie kann alles aushalten, noch nie hab ich sie klagen hören über Kopfweh oder sonst etwas; wie lange hat sie bei der Claudine gewacht, kein Mensch könnte das, ich glaub, sie ist vierzehn Tage nicht ins Bett gekommen; sie ist wie zu Haus in jeder Krankenstube und amüsiert sich köstlich, wo andre sich langweilen. Aber ihr ganzer Geist besteht in ihrem Sein, denn ein gescheutes Wort hab ich noch nie von ihr gehört; ihr Liebstes ist, den Franz zu erschrecken, alle Augenblicke sucht sie sich einen andern Ort, wo sie ihn überraschen kann; letzt hat sie sich sogar auf den einen Bettpfosten gehockt, ich dachte, sie könne keine Minute da aushalten; nun dauerte es eine Viertelstunde, bis Franz kam; als der im Bett lag, schwang sie sich herunter, ich dachte, sie bricht den Hals; wir konnten sie die ganze Nacht nicht aus dem Zimmer bringen. — Über dieser Erzählung war Lotte gekommen; die behauptete ernsthaft, Du hättest Anlage zum Veitstanz. Deine Blässe deute darauf, du kletterst auch beim Spazierengehen immer an so gefährliche Orte, und letzt wärt Ihr im Mondschein noch um die Tore gegangen mit dem Domherrn von Hohenfeld, und da seist Du oben auf dem Glacis gelaufen bald hin, bald her Dich wendend, ohne nur ein einzig Mal zu fallen, und der Hohenfeld auch habe gesagt, das ging nicht mit natürlichen Dingen zu. Kaum hatte Lotte ihre Geschichte, wo immer der Refrain war, Mangel an historischem Sinn und keine Logik, geendet, so trat Ebel ein; er wurde auch konsultiert wegen der Fahrt nach Homburg (ach, hätt ich doch nicht in dies Wespennest geschlagen), der fing erst recht an zu perorieren, der wußte alles: »Um Gottes willen nicht«, Lotte saß im Sessel und sekundierte: »Nein, um Gottes willen nicht, man muß logisch sein.« Ebel sagte: »Wahnsinn steckt an.« — »Ja«, sagt L., »besonders wenn man so viel Anlage hat.« Nun, Lotte, du machst's zu arg, sie kann wohl dumm sein, und das ist noch die Frage, denn sie ist eigentlich weder dumm noch gescheut, oder vielmehr ist sie beides, dumm und gescheut. — Ebel aber sagte: »Ich muß hier als Naturphilosoph sprechen; sie ist ein ganz apartes Wesen, das von der Natur zu viel elektrischen Stoff mitbekommen, sie ist wie ein Blitzableiter, wer ihr nahe ist beim Gewitter, der kann's empfinden«; er war nämlich letzt auf der Spazierfahrt mitten im Gewitter unter Donner und Blitz im stärksten Platzregen trotz Schuh und Strümpfen bloß wegen Dir aus dem Wagen und im kurzärmeligen Rock querfeldein nach Hause gesprungen. Die Tonie sagte ihm dies, und er gestand es ein, es sei Furcht gewesen, das Gewitter könne durch Deine elektrische Natur angezogen werden; er glaubt steif und fest, der Schlag sei so dicht vor den Pferden niedergefahren, weil Du in Deiner Begeistrung zu viel Elektrizität ausströmtest. — Der arme Freund, seine Rockärmel sind vom Regen noch mehr verkürzt. — Lotte behauptete, es sei unlogisch von Ebel, zu sagen Begeisterung, denn dazu müsse ein logischer Grund sein, und der sei in Deiner Seele nicht zu finden. — Dabei kam St. Clair auch zur Teestunde; ich hatte ihn hinbestellt, um zu hören, wie der Versuch ausfallen werde; wär's gelungen, so hätten wir Dich heute überrascht und Dich gleich mit dem Wagen abgeholt, aber Franz kam herauf und George, denen wurde es vorgetragen. Lotte behauptete fort und fort, es würde das Unlogischste der Welt sein, Dich hingehen zu lassen, denn trotz Deiner Unweisheit, Faselei und gänzlichen Mangel etc.

seist Du doch sehr exzentrisch, und es wurde einmütig beschlossen, Du sollest nicht mit; Tonie behauptete noch, Du seist ihr von Clemens noch mehr auf die Seele gebunden, und der würde ihr ein unangenehmes Konzert machen, wenn sie ihren Beifall dazu gäbe. — Ich weiß einen, der ihnen allen gern die Hälse herumgedreht hätte, das war St. Clair; er war so ernst, er tat den Mund nicht auf, aber ich sah seine Lippen beben, kein Mensch wußte, welchen Anteil er daran nahm; er nahm, ohne ein Wort zu sagen, seinen Hut und ging, und ich sah, daß ihm die Tränen in den Augen standen, Deinem Ritter.

An Clemens

Die Hirten lagen auf der Erde
Und schlummerten um Mitternacht,
Da kam mit freundlicher Gebärde
Ein Engel in der Himmelspracht.
Mit Sonnenglanz war er umgeben,
Und zu den Hirten neigt er sich,
Er sprach: geboren ist das Leben,
Euch offenbart der Himmel sich. —
Auch ich lag träumend auf der Erde,
Ihr dunkler Geist war schwer auf mir,
Da trat mit freundlicher Gebärde
Die heilge Poesie zu mir,
In ihrem Glanz warst Du verkläret,
Vertrauet mit der Geisterwelt,
Den Becher hattest Du geleeret,
Der Dich zu ihrem Chor gesellt.
Dein Lied war eine Strahlenkrone,
Die sich um Deine Stirne wand,
Die Töne eine Lebenssonne,
Erleuchtend der Verheißung Land.
Der Liebe Reich hab ich gesehen
In Deiner Dichtung Abendrot,
Wie Moses auf des Berges Höhen,
Als ihm der Herr zu schaun gebot;
Er sah das Ziel der Erdenwallen
Und mochte fürder nichts mehr sehn,

Wohin, wohin soll ich noch wallen,
Da ich das Heilige gesehn? —

An die Günderode
Ich hab mir's nicht gedacht, daß ich so sein könnt in diesen
schönen Tagen. In Deinem Brief, Zeile für Zeile, lese ich
nichts Trauriges, und doch macht er mich schwer. — Du re-
dest von Dir, als seist Du anders wie ich, ganz anders, ach,
und stehst mir doch allein unter allen Menschen gegenüber,
und alles, was wir miteinander besprachen, da waren wir
nicht eins, Du warst anders gesinnt und ich anders, und doch
hast Du mich immer vertreten; ja gewißlich, ich bin anders
wie Du, ich fühl's auch heut aus jeder Zeile Deines Briefs,
die mir doch so wahr sind und den tiefen Grund Deiner
Seele beleuchten. Wie ist doch jeder Mensch ein groß Geheimnis, und bis alles ins Himmlische sich verwandelt, wieviel bleibt da unverstanden. Aber ganz verstanden sein, das
deucht mir die wahre alleinige Metamorphose, die einzige
Himmelfahrt. — Im Gartenhäuschen, wo wir vorm Jahr um
die Zeit uns zum erstenmal gesehen haben — also ein ganz
Jahr sind wir schon gut Freund miteinander???!!! — — —
und so könnt ich fortfahren, Zeichen zu machen der Verwunderung, des Stummseins, des Denkens — Seufzens; ja, wenn
ich ein Zeichen des Schauderns, der Tränen zu machen
wüßte, so könnte ich die Blätter voll der merkwürdigsten Gefühle bezeichnen, denen ich keine Namen zu geben weiß. —
Das Geißblatt, das da herabschwankt über die Latten, blüht
dies Jahr viel üppiger. Weißt Du, das war unser erst Wort;
ich sagte zu Dir: »Es war ein recht kalter Winter dies Jahr,
der Hahnenfuß hat seine meisten Zweige erfroren; die Laube
gibt wenig Schatten«; da sagtest Du: »Die Sonne gibt, und
die Laube nimmt; was sie nicht fassen kann vom Licht, das
muß sie durchlassen zu uns«, und dann sagtest Du, diese
Pflanze sei schöner benannt Geißblatt als Hahnenfuß, weil
man dabei eine schöne Ziege sich denke, die mit Anmut ge-
würzige Blumen fresse, und daß die Natur für jedes Geschöpf ein idealisch Leben darbiete. — Und wie die Elemente in ungestörter Wirkung das Leben erzeugen, tragen,

nähren und vollenden, so bereite sich im Genuß einer ungestörten Entwicklung abermal ein Element, in dem das Ideal des Geistes blühen, gedeihen und sich vollenden könne. — Und dann sagtest Du, ich solle mich doch weiß kleiden der Natur zulieb, die rund um uns her so herrliche Blumen aussprieße; dabei ein Kleid tragen zu wollen mit gedruckten Blumen, das sei geschmacklos, und man müsse im Einklang leben wollen mit der Natur, sonst könne die Knospe des Menschengeistes nicht aufblühen. — Ich dachte ein Weilchen über Deine Reden, so waren wir beide still — die Antwort war an mir — ich getraute mich gar nicht, Du kamst mir so weisheitsvoll vor; es schien mir Dein Denken wirklich mit der Natur übereinzustimmen, und Dein Geist rage über die Menschen hinaus, wie die Wipfel voll duftiger Blüten im Sonnenschein, im Regen und Wind, Nacht und Tag immer fortstreben in die Lüfte. Ja, Du kamst mir vor wie ein hoher Baum, von den Naturgeistern bewohnt und genährt. Und wie ich meine Stimme hörte, die Dir antworten wollte, da schämte ich mich, als sei ihr Ton nicht edel genug für Dich. — Ich konnt's nicht heraussagen, Du wolltst mir helfen und sagtest: »Der Geist strömt in die Empfindung, und die geht aus allem hervor, was die Natur erzeugt; der Mensch habe Ehrfurcht vor der Natur, weil sie die Mutter ist, die den Geist nährt mit dem, was sie ihm zu empfinden gibt.« — Wie sehr hab ich an Dich gedacht und Deine Worte und an Deine schwarzen Augenwimpern, die Dein blau Aug decken, wie ich Dich gesehen hatt zum allerersten Mal, und Dein freundlich Mienenspiel und Deine Hand, die mein Haar streichelte. Ich schrieb auf: Heut hab ich die Günderode gesehen, es war ein Geschenk von Gott. — Heut lese ich das wieder, und ich möcht Dir alles zulieb tun, und sag mir's lieber nicht, wenn Du mit andern Menschen auch gut bist. Das heißt: sei mit andern, was Du willst; nur laß das uns nichts angehen. Wir müssen uns miteinander abschließen; in der Natur, da müssen wir Hand in Hand gehen und miteinander sprechen nicht von Dingen, sondern eine große Sprache. Mit dem Lernen wird nichts, ich kann's nicht brauchen, was soll ich lernen, was andere schon wissen, das geht ja doch nicht verloren, aber das, was grad nur uns zulieb geschieht, das möcht ich nicht versäumen, mit Dir auch zu erleben, und dann möcht ich auch mit Dir all das überflüssige Weltzeugs abstreifen, denn eigentlich ist doch nur alles comme il faut eine himmelschreiende Ungerechtigkeit gegen die große Stimme der Poesie in uns, die weist die Seele auf alles Rechte an. Einmal ist mir die Höflichkeit zuwider, die sich immer neigt vor andern und doch keinen Verkehr mit einem hat; als ob das unhöflich wär, dem auszuweichen, der einem nichts angeht; — wär die Natur so verkehrt, so intrigant und unsinnig, wie die Menschen sind, es könnt kein Erdapfel reifen, viel weniger denn ein Baum blühen; alles ist die reine Folge der Großmut in der Natur, jede Kornähre, die den Samen doppelt spendet, gibt Zeugnis. Engherzigkeit wird nimmer ihren Samen spalten zum Licht, sie verkeimt. Jetzt fang ich an zu fühlen, zu was ich da bin. Alle Morgen bet ich, wenn ich aufwache: »Lieber Gott, warum bin ich geboren«, und jetzt weiß ich's — darum daß ich nicht so unsinnig sein soll, wie die andern sind, daß ich den reinen Pfad wandle in meinem Herzen bezeichnet, für was hätt ihn der Finger Gottes mir eingeprägt und meine fünf Sinne in die Schule genommen, daß ein jeder ihn buchstabieren lerne, wenn es nicht wär, diesen Weg zu bekennen. — Ja, man muß dem Menschen Weisheit zumuten und sie ihm als den einfachen Weg der Natur vorschreiben, aber das Verleugnen eines großen mächtigen Weltsinnes in uns ist immer Folge unseres Sittenlebens mit andern; das hängt sich einem an, daß man keinen freien Atemzug mehr tun kann, nicht groß denken, nicht groß fühlen aus lauter Höflichkeit und Sittlichkeit. Groß handeln, das dank einem der Teufel, das müßte von selbst geschehen, wenn alles natürlich im Leben zuging. Es ist eine Schande, was die Menschen alles mit dem Namen Großmut belegen, als ob nicht ein rasches selbsttätiges Leben immer das als elektrisches Feuer ausströmen müsse, was man große Handlung nennt. — Das mühselige Menschengeschlecht plappert wie die Elstern, es versteht nicht das Stöhnen der Liebe, das muß ich sagen, weil die Nachtigallen so süß stöhnen über mir. Vier Nachtigallen sind's, auch im vorigen Jahr waren's vier. Ja, lieben werd ich wohl nie, ich müßt mich vor den Nachtigallen schämen, daß ich's nicht könnt wie die. — Wie hauchen sie doch ihre Seel in die Kunst der Wollust, in die Musik — und in einen Ton hinein, so rein, so unschuldig — so wahr und tief — was keine Menschenseele weder durch die Stimme noch durch das Instrument hervorbringen kann. Warum doch der Mensch erst singen lernen muß, während die Nachtigall es so rein, so ganz ohne Fehl versteht, tief ins Herz zu singen; ich hab noch gar keinen Gesang gehört von Menschen, der mich so berührt wie die Nachtigall — eben dacht ich, weil ich ihnen so tief zuhör, ob sie mir wohl auch zuhören wollten, wie sie eine Pause machten; kaum heb ich die Stimm, da schmettern sie alle vier zusammen los, als wollten sie sagen, lasse uns unser Reich. Arien, Operngesänge sind wie lauter falsche Tendenzen der sittlichen Welt, es ist die Deklamation einer falschen Begeisterung. Doch ist der Mensch hingerissen von erhabner Musik; warum nur, wenn er nicht selbst erhaben ist? — Ja, es ist doch ein geheimer Wille in der Seele, groß zu sein. Das erquickt wie Tau, den eignen Genius die Ursprache führen zu hören — nicht wahr? — Oh, wir möchten auch so sein wie diese Töne, die rasch ihrem Ziel zuschreiten, ohne zu wanken. Da umfassen sie die Fülle, und dann in jedem Rhythmus ein tief Geheimnis innerlicher Gestaltung, aber der Mensch nicht. Gewiß, Melodien sind gottgeschaffne Wesen, die in sich fortleben, jeder Gedanke aus der Seele hervor lebendig; der Mensch erzeugt die Gedanken nicht, sie erzeugen den Menschen. — Ach! Ach! Ach! — da fällt mir ein Lindenblütchen auf die Nas — und da regnet's ein bißchen; was schreib ich doch hier dumm Zeug hin und kann's kaum mehr lesen, jetzt dämmert's schon stark — wie schön doch die Natur ihren Schleier ausbreitet — so licht, so durchsichtig — jetzt fangen die Pflanzenseelen an umherzuschweifen und die Orangen im Boskett. Und der Lindenduft — es kommt Well auf Well herübergeströmt — es wird schon dunkel — Nachtigallen werden so eifrig — sie schmettern recht in die Mondstille; — ach, wir wollen was recht Großes tun — wir wollen nicht umsonst zusammengetroffen haben in dieser Welt — laß uns eine Religion stiften für die Menschheit, bei der's ihr wieder wohl wird — ein Sein mit Gott — dein Mahomed hat's mit ein paar Ritt in den Himmel auch zuwege gebracht. — Ein bißchen Spazierenreiten in den Himmel.

An die Günderode
Gestern hab ich vergessen, Dir zu schreiben, daß ich Dein Gedicht an den Clemens geschickt hab nach Marburg; ich hab mir's aber erst abgeschrieben, ich wollt Dir auch sagen, wie schön ich's find. Aber vor Dankbarkeit, daß ich Dich als Freundin hab, hab ich's versäumt. Aber Du siehst's doch im Brief gespiegelt, daß es Dein groß Herz ist, das mich rührt, und daß ich mich unwert halt, Deine Schuhriemen zu lösen. — Du wählst Dir einen schönen Gedanken und fügst ihn in Reime zu einem Ehrenmantel für den Clemens; ach, was hast Du da für eine schöne Tugend, hebst den Geist heraus aus dem Erdenleben. — Gott schuf die Welt aus nichts, predigten immer die Nonnen — da wollt ich immer wissen, wie das war — das konnten sie mir nicht sagen und hießen mich schweigen; aber ich ging umher und schaute alle Kräuter an, als müßt ich finden, aus was sie geschaffen seien. — Jetzt weiß ich's, er hat sie nicht aus nichts geschaffen, er hat sie aus dem Geist geschaffen, das lern ich vom Dichter, von Dir; Gott ist Poet — ja — so begreif ich ihn — heut las ich bei der Großmama aus dem Hemsterhuis vor: der Choiseil sagte, il faut que Dieu ait la figure de l'homme comme il l'a créé d'après son immage, der d'Allaris meinte: C'est fort singulier monsieur de se figurer la figure de Dieu avec un visage humain, comme celui-la est fait pour des besoins et des fonctions terrestres au quelles dieu ne doit avoir aucun rapport, en raison de sa force et de son grand courage le monde entier devrait s'en aller en poussière si par exemple le bon Dieu s'amusait une seule fois à eternuer de bon cœur. — Wenn Gott den Menschen nach seinem Ebenbild geschaffen, so begreife ich dies so, Gott hat eine Persönlichkeit, die kann aber er selbst nur fassen, denn er steht sich selbst allein gegenüber, aber als Poet verschwindet ihm seine Persönlichkeit,

sie löst sich auf in die Erfindung seiner Erzeugung. So ist Gott persönlich und auch nicht. Der Dichter stellt dies dar — der ist persönlich und auch nicht, eben ganz nach Gottes Ebenbild, denn er erschafft mit dem Geist, was ganz außer dem sinnlichen Dasein liegt, und doch ist es sinnlich, da es die Sinne fassen und sich hierdurch gewiegt fühlen und genährt, und da doch Nahrung der Sinne nur ihre höhere Entwicklung ist, so löst der Dichter, wie Gott, seine Persönlichkeit auf, durch sein Denken in eine höhere Form und bildet sich selbst in eine höhere Entwicklung hinüber. — Was sag ich Dir da? — Ach, ich hab's einen Augenblick verstanden, was Gott ist, als könnt ich's in den Wolken lesen, und da sah ich am Himmel, wie der Mond hervorschwippt und zerstreut mir die Gedanken, daß ich eben gar nichts mehr lesen kann; alles ist zerflossen, und die Worte da oben, in denen ich's festhalten wollt, die sind verschwommen; ich hab's mit andern Worten müssen reden, es ist nicht recht, wie ich's gemeint hab. Ja, Gott läßt sich nicht fangen; ich dacht, ich hätt ihn schon. — Aber das eine hab ich behalten, daß Gott die Poesie ist, daß der Mensch nach seinem Ebenbild geschaffen ist, daß er also geborner Dichter ist; daß aber alle berufen sind und wenige auserwählt, das muß ich leider an mir selber erfahren; aber doch bin ich Dichter, obschon ich keinen Reim machen kann; ich fühl's, wenn ich gehe in der freien Luft, im Wald oder an den Bergen hinauf, da liegt ein Rhythmus in meiner Seele, nach dem muß ich denken, und meine Stimmung ändert sich im Takt. — Und denn, wenn ich unter Menschen bin und lasse mich von ihrem Takt oder Metrum, was ganz auf den gemeinen Gassenhauer geht, mit fortreißen, da fühl ich mich erbärmlich und weiß nichts mehr als lauter dumm Zeug; fühlst Du das auch, daß dumme Menschen einen noch viel dummer machen als sie selber sind, — die haben nicht so unrecht, wenn sie sagen, ich sei dumm. Aber, Herz, was mich versteht, komme nur, und ich will Dir ein Gastmahl geben, was Dich ehrt. — Aber hör doch nur weiter: — Alle große Handlung ist Dichtung, ist Verwandlung der Persönlichkeit in Gottheit, und welche Handlung nicht Dichtung ist, die ist nicht groß; aber groß ist alles, was mit dem Licht der Vernunft gefaßt wird — das heißt: alles, was Du in seinem wahren Sinn fassest, das muß groß sein, und gewiß ist es, daß jeder solcher Gedanke eine Wurzel muß haben, die in den Boden der Weisheit gepflanzt ist, und eine Blume, die blüht im göttlichen Licht. Hervorgehen aus dem Seelengrund, nach Gottes Ebenbild, hinüber, hinauf in unsern Ursprung. Gelt, ich hab recht? — Und wenn es wahr ist, daß der Mensch so sein kann, warum soll er anders sein? — ich begreif's nicht, alle Menschen sind anders, als wie es so leicht wär zu sein; — sie hängen an dem, was sie nicht achten sollten, und verachten das, an dem sie hängen sollten.

Ach, ich hab eine Sehnsucht, rein zu sein von diesen Fehlen. Ins Bad steigen und mich abwaschen von allen Verkehrtheiten. Die ganze Welt kommt mir vor wie verrückt, und ich schußbartele immer so mit, und doch ist mir eine Stimme, die mich besser belehrt. — Lasse uns doch eine Religion stiften, ich und Du, und lasse uns einstweilen Priester und Laie darin sein, ganz im stillen, und streng danach leben und ihre Gesetze entwickeln, wie sich ein junger Königssohn entwickelt, der einst der größte Herrscher sollt werden der ganzen Welt. — So muß es sein, daß er ein Held sei und durch seinen Willen alle Gebrechen abweise und die ganze Welt umfasse und daß sie *müsse* sich bessern. Ich glaub auch, daß Gott nur hat Königstämme werden lassen, damit sie dem Auge den Menschen so erhaben hinstellen, um ihn nach allen Seiten zu erkennen. Der König hat Macht über alles, also erkennt der Mensch, der seinem öffentlichen Tun zusieht, wie schlecht er es anfängt, oder auch, wenn er's gut macht, wie groß er selber sein könne. Dann steht grade der König so, daß ihm allein gelinge, was kein andrer vermag; ein genialer Herrscher reißt mit Gewalt sein Volk auf die Stufe, wohin es nie ohne ihn kommen würde. Also müssen wir unsere Religion ganz für den jungen Herrscher bilden. — Oh, wart nur, das hat mich ganz orientiert, jetzt will ich schon fertig werden. Ach, ich bitt Dich, nehm ein bißchen Herzensanteil dran; das macht mich frisch, so aus reinem Nichts alles zu erdenken, wie Gott, dann bin ich auch Dichter. Ich denke mir's so schön, alles mit Dir zu überlegen; wir gehen dann zusammen hier in der Großmama ihrem Garten auf und ab in den herrlichen Sommertagen oder im Boskett, wo's so dunkle Laubgänge gibt; wenn wir simulieren, so gehen wir dorthin und entfalten alles im Gespräch, dann schreib ich's abends alles auf und schick Dir's mit dem Jud in die Stadt, und Du bringst es nachher in eine dichterische Form, damit, wenn's die Menschen einst finden, sie um so mehr Ehrfurcht und Glauben dran haben; es ist ein schöner Scherz, aber nehm's nur nicht für Scherz, es ist mein Ernst, denn warum sollten wir nicht zusammen denken über das Wohl und Bedürfnis der Menschheit. Warum haben wir denn so manches zusammen schon bedacht, was andre nicht überlegen, als weil's der Menschheit fruchten soll; denn alles, was als Keim hervortreibt aus der Erde wie aus dem Geist, von dem steht zu erwarten, daß es endlich Frucht bringe; ich wüßte also daher nicht, warum wir nicht mit ziemlicher Gewißheit auf eine gute Ernte rechnen könnten, die der Menschheit gedeihen soll. Die Menschheit, die arme Menschheit, sie ist wie ein Irrlicht in einem Netz gefangen, sie ist ganz matt und schlammig. — Ach Gott, ich schlaf gar nicht mehr, gute Nacht; alleweil fällt mir ein, unsre Religion muß die *Schwebe-Religion* heißen, das sag ich Dir morgen.

Aber ein Gesetz in unserer Religion muß ich Dir hier gleich zur Beurteilung vorschlagen, und zwar ein erstes Grundgesetz. Nämlich: Der Mensch soll immer die größte Handlung tun und nie eine andre, und da will ich Dir gleich zuvorkommen und sagen, daß jede Handlung eine größte sein kann und soll. — Ach hör! — ich seh's schon im Geist, wenn wir erst ins Radschlagen kommen, was wird das für Staubwolken geben. —

　　　Wer nit bet, kann nit denken,

das laß ich auf eine erdne Schüssel malen, und da essen unsre Jünger Suppe draus. — Oder wir könnten auch auf die andre Schüssel malen: Wer nit denkt, lernt nit beten. Der Jud kommt, ich muß ihm eilig unsere Weltumwälzung in den Sack schieben; auch wir werden einst sagen können, was doch Gott für wunderbare Werkzeuge zum Mittel seiner

Zwecke macht, wie die alt Nonn in Fritzlar. Siehst Du den St. Clair? – grüß ihn.

An die Bettine
Oder am besten können wir sagen: *Denken ist beten,* damit ist gleich was Gutes ausgerichtet, wir gewinnen Zeit, das Denken mit dem Beten und das Beten mit dem Denken. Du willst ungereimtes Zeug vorbringen, Du bist ungeheuer listig und meinst, ich soll es reimen. Deine Projekte sind immer ungemein waghalsig wie eines Seiltänzers, der sich darauf verläßt, daß er balancieren kann, oder einer, der Flügel hat und weiß, er kann sie ausbreiten, wenn der Windsturm ihn von der Höh mit fortnimmt. Übrigens hab ich Dich wohl verstanden, trotz der vielen süßen Lobe, die Du einstreust wie Opfergras, daß ich das Opfer bin, was Du geschächtet hast, um mit dem Jud zu reden. Ich fühl's, daß Du recht hast, und weiß, daß ich zu furchtsam bin, und kann nicht, was ich innerlich für recht halte, äußerlich gegen die aus der Lüge hergeholten Gründe verteidigen; ich verstumme und bin beschämt, grade wo andre sich schämen müßten, und das geht so weit in mir, daß ich die Leute um Verzeihung bitte, die mir unrecht getan haben, aus Furcht, sie möchten's merken. So kann ich durchaus nicht ertragen, daß einer glaube, ich könne Zweifel in ihn setzen; ich lache lieber kindisch zu allem, was man mir entgegnet, ich mag nicht dulden, daß die, welche ich doch nicht eines Bessern überzeugen kann, noch den Wahn von mir hegen, ich sei gescheuter als sie. Wenn sich zwei verstehen sollen, dazu gehört lebenvolles Wirken von einem dritten Göttlichen. So nehm ich auch unser Sein an, als ein Geschenk von den Göttern, in dem sie selber die vergnüglichste Rolle spielen; aber meine innere Fühlungen folgelosen Behauptungen ausstellen, dazu leiht mir weder die blauäugige Minerva noch *Areus der Streitbare** Beistand. Ich gebe Dir aber recht, es wäre besser, ich könnte mich mannhafter betragen und dürfte diesen *groß-*

* Dem die Jungfrauen einen Widder opferten, wenn sie öffentlich einen Wettlauf hielten.

mächtigen Weltsinn in dem Sittenleben mit andern nicht mir untergehen lassen. Aber was willst Du mit einer so Zaghaften aufstellen, die sich immer noch fürchtet, im Stift das Tischgebet laut genug herzusagen. — Lasse mich und vertrage mich, wie ich bin; hab ich das Herz nicht, meine Stimme zu erheben gegen allen Unsinn, so hab ich auch dafür an diesem harten Fels keine kleinste Welle Deiner brausenden Lebensfluten sich brechen lassen. Er steht trocken und unbeschäumt von Deinen heiligen Begeisterungen, so kannst Du auch unbekümmert darum Dein Leben dahinfließen. — Ich weiß, daß es Dir weh tut, weil wir den Hölderlin nicht besuchten. St. Clair ist gestern abgereist; er war noch vorher bei mir, er sah Deinen dicken Brief, er war so sehnsüchtig, etwas daraus zu vernehmen, und die *Zaghafte* war kühn genug auf ihr richtiges Gefühl hin, ihm die Stelle zu lesen, wo die Bettine über den Ödipus spricht. — Er wollte es abschreiben, er mußte es abschreiben, seine Seele wär sonst vergangen, und die Zaghafte war zu mutlos, es ihm abzuschlagen. Er sagte: »Ich lese es ihm vor, vielleicht wirkt es wie Balsam auf seine Seele, und wo nicht, so muß es doch so sein, daß die höchste Erregung, durch seine Dichternatur erzeugt, auch wieder an ihm verhalle, so wie er verhallte. Ich muß es ihm lesen, es wird doch zum wenigsten ihm ein Lächeln abgewinnen.« — Nun sieh mich schon wieder voll Zagheit, daß Dir meine Kühnheit mißfalle, aber doch — betrog mich mein Ohr nicht, so war jener Hymnus auf dem Taubenschlag dem armen Dichter gesungen, daß er solle dort mit in sein zerrißnes Saitenspiel eintönen.

Ich hab jetzt so viele Gesellschaftsnot, ich muß diese Woche schon zum zweitenmal in den schwarzen Stiftstalar kriechen; auch dahinein verfolgt mich meine närrische Feigheit, ich komme mir so fremd drin vor, es ist mir so ungewöhnlich, eine angelehnte Würde öffentlich zu behaupten, daß ich immer den Kopf hängen muß und muß auf die Seite sehen, wenn ich angeredet werde. Gestern haben wir in corpore beim Primas zu Mittag gespeist; da verlor ich mein Ordenskreuz, es lag unterm Stuhl, ich fühlte es mit der Fußspitze; das machte mich so konfus, und denk nur, der Primas selbst hat

es aufgehoben und bat um Erlaubnis, es anzuheften auf die Schulter; dazu kam unsere Duenna und nahm die Mühe auf sich, Gott sei Dank — ich konnte doch die ganze Nacht nicht vor der Geschichte schlafen, ich muß rot werden, wenn ich dran denke — dann war ich bei der Haiden — der Moritz im Kabriolett ist mir begegnet, von da in der Komödie in Eurer Loge, George führte mich hinein. Die Geschwister. — Es war sehr leer wegen der Hitze, George war fortgegangen, die Frau Rath saß ganz allein auf meiner Seite, sie rief aufs Theater: »Herr Verdy, spielen Sie nur tüchtig, ich bin da«; es machte mich recht verlegen; hätte er geantwortet, so wär ein Gespräch draus geworden, in dem ich am Ende noch eine Rolle hätte übernehmen müssen. — Im Parterre saßen keine fünfzig Menschen, Verdy spielte recht gut, und die Rath klatschte bei jeder Szene, daß es widerhallte; Verdy verbeugte sich tief gegen sie; es war gar wunderlich, das leere Haus und die offnen Logentüren wegen der Hitze, durch die der Tag hereinschien; dann kam Zugwind und spielte mit den lumpichten Dekorationen, da rief die Goethe dem Verdy zu: »Ah, das Windchen ist herrlich«, und fächelte sich, es war doch grad, als spiele sie mit, und die zwei auf dem Theater so gut, als wären sie allein in vertraulich häuslichem Gespräch; dabei muß ich an den größten Dichter denken, der nicht verschmähte, so prunklos seine tiefe Natur auszusprechen. — Ja, Du magst recht haben, es ist was Großes darin, und es ist schauerlich und daher tragisch gewesen diese Leere, diese Stille, die offnen Türen, die einzige Mutter voll Ergötzen, als habe ihr der Sohn den Thron gebaut, auf dem sie weit erhaben über den Erdenstaub sich die Huldigung der Kunst gefallen läßt. — Sie spielten auch recht brav, ja begeistert, bloß wegen der Fr. Rath; sie weiß einen in Respekt zu setzen. Sie schrie auch am Ende ganz laut, sie bedanke sich und wolle es ihrem Sohn schreiben. Darüber fing eine Unterhaltung an, wobei das Publikum ebenso aufmerksam war, die ich aber nicht mit anhörte, weil ich abgeholt wurde. Morgen wird sie wohl in der ganzen Stadt herumkommen.
Ich bin nicht wohl, sonst wär ich heut hinausgekommen — so sehr interessiert mich Dein Brief; Du hängst Dich an die

Gipfel der Lebenshöhen wie das junge Gefieder und siehst Dich gleich um, wie am besten nach der Sonne zu steuern sei, dann zerstreust Du Dich ebenso leicht wieder. Wenn ich wohl bin, so komme ich die Woche noch; ich glaube, die Angst vor dem Aderlassen macht mich krank, ich kann mich nicht dreinfinden; wenn ich denk, daß ich Blut vergießen soll, so wird mir übel. — Schreibe mir doch heute noch von der Schwebe-Religion, was das heißen soll, daß ich was zu denken und zu faseln hab, weil ich nichts anfangen kann und das Zimmer hüten muß.

Karoline

An die Günderode

Ach, lasse doch ja nicht zur Ader, aus tausend Gründen, denn (vielleicht): wenn einer nur *einmal* zur Ader gelassen hat, so kann er kein Soldat mehr sein, kein Held! man kann gar nicht wissen, was so ein Eingriff in die Natur für Veränderung im menschlichen Geist macht und wozu er als die Fähigkeit verlieren kann. Ich bitte Dich, lasse nicht zur Ader; im Kloster, da, wenn der Tag kam, wo das Aderlaßmännchen im Kalender steht, ich glaub, es war grad in der heißen Zeit wie jetzt, da ließen die Nonnen alle am linken Fuß zur Ader, da kam ein Chirurg, ich war immer im Anstaunen seiner Häßlichkeit verloren, er hieß Herr Has. — Eine alte Nonne sagte einmal, man könne in seine Pockengruben, in denen sehr viel erdiger Schmutz war, Kresse säen, so würde er einen grünen Bart bekommen; ich hielt also immer Kresse bereit und paßte auf die Gelegenheit, ihm den Samen einzustreuen, und habe auch einen Augenblick, wo er über dem Warten auf die Nonnen eingeschlafen war, benutzt, und Du magst's glauben oder nicht, die Kresse hatte einen sehr günstigen Boden, sie begann mit Macht emporzuschießen, man brauchte ihn nur mit Essig und Öl einzuseifen, so hatte man den trefflichsten Salat von seinem Bartschabsel. Aber gelt, Du *gläubest* nicht? — Aber hör, da fällt mir ein, esse doch eine recht tüchtige Schüssel voll Salat, das kühlt das Blut ab; aber wenn Du bei einer Entzündung noch Blut verlierst, so wird natürlich diese verstärkt, denn wenn Du ein Dippen mit Wasser kochend hast und schüttst einen Teil davon weg, so kocht's viel stärker. — Die Hahnen krähen, es ist schon Mitternacht, und nun will ich Dir fortschreiben bis morgen früh, daß Du recht viel zu lesen hast auf Deinem Krankenlagerchen; gleich fang ich von der neu Religion an, aber erst will ich Dir noch was erzählen; wie der Jud kam mit Deinem Brief, das war vier Uhr, da dacht ich auf was, was Dir recht gut wär, da dacht ich gleich, die Aprikosen in der Großmama ihrem Garten müßten Dir gesund sein; da ging ich um die Bäum herum und erspähte die besten und lernte sie alle auswendig, wo sie hingen, und so spazierte ich in einem Wiederholen meiner Lektion, bis die Sonne unterging; denn bei Tag konnt ich sie nicht stehlen, ich mußte warten, bis alles am Spieltisch saß; es war Dir das schönste Pläsier, diese Aprikosen zu stehlen; erstens die Angst ist ein wahrer Spaß, das Herz klopfte mir so, ich mußte so lachen vor Freud; Herzklopfen ist so was Angenehmes, und denn war's grad, als ließen sie sich recht gern stehlen, sie fielen mir in die Hand, ich hatte mir ein Tuch um den Hals gebunden, da warf ich sie hinein, zwanzig! — ich war recht froh, wie ich sie all hatte und glücklich auf meiner Stube war; da hab ich sie alle in die jungen Weinblätter gepackt, die sind vom zweiten Schuß und haben einen so weichen Samt auf der linken Seite. Da liegen sie in der Schachtel und gucken mich an, als hätten sie Appetit auf einen Biß von meinem Mund; aber da wird nichts draus, sie sind all für Dich, sie müssen sich's vergehn lassen, von mir gespeist zu werden. Esse sie, Günderod, sie sind gut, Gott hat sie geschaffen für Entzündungen, damit die aus dem Blut wieder in den Geist zurückgehen soll, aus dem sie eigentlich nur ausgetreten war ins Blut. Laß nur nicht zur Ader, denn, wie gesagt, es ahnt mir, daß dadurch etwas im Menschen zugrunde gehen könne, vielleicht das echte Heldentum; wer weiß, ob nicht einer, der einmal Ader gelassen hat, hierdurch nicht seine ganze Nachkommen um die Tapferkeit gebracht hat, und daß diese Tugend eben darum jetzt so rar ist. — Das Aderlaßmännchen ist der Teufel, der hat sich so ganz sachte in den Kalender geschlichen, um die Menschen um das einzige zu betrügen, was ihm Widerstand leisten kann, um den Stahl im Blut, der übergeht in den Geist und den fest macht, daß er tun kann, was er will. Weisheit und Tapferkeit! der Mensch will immer die Weisheit, er hat aber *den Mut nicht,* sie durchzusetzen. Eins bedingt das andere, denn wenn der Mut dazu wäre, so wär auch die Weisheit da. Denn es ist nicht möglich, daß, wenn Kraft in der Seele ist, das Höchste zu tun, daß in ihr nicht auch der Same der Weisheit aufblühen sollte, der das höchste Tun lehrt. Wer zum Beispiel Mut hat, das Geld zu verachten, der wird bald auch Weisheit haben, zu erkennen, welch fürchterlicher Wahnsinn aus diesem grausamen Vorurteil hervorschießt und wie Reichtum und Macht so sehr, sehr arm sind. Weisheit und Tapferkeit müssen einander unterstützen. Ach, in unsrer Religion soll die Tapferkeit obenan stehen — denn wenn wir nur darüber wachen, daß wir kühn genug sind, das Große zu tun und die Vorurteile nicht zu achten, so wird aus jeder Tat immer eine höhere Erkenntnis steigen, die uns zur nächsten Tat vorbereitet, und wir werden bald Dinge beweisen, die kein Mensch noch glaubt. Zum Beispiel: man kann nicht von der Luft leben! — Ei, das könnt doch sehr möglich sein, und es ist eine sehr dumme Behauptung, die der Teufel gemacht hat, um den Menschen an die Sklavenkette zu legen des Erwerbs, daß man nicht von der Luft leben könne, daß er nur recht viel habe. Wer viel hat, der kann vor lauter Arbeit nicht zur Hochzeit kommen; und von der Luft lebt man doch allein, denn alles, was uns nährt, ist durch die Luft genährt, und auch unsere erste Bedingung zum Leben ist das Atemholen. Und Gott sagt damit: du teilst die Luft mit allen, so teile auch das Leben mit allen, und wer weiß denn, wie sehr die Natur sich noch ändern kann, und kann sich dem Geist anschmiegen, wenn er einmal die Seele mehr regiert, ob dann der Leib nicht auch mehr Luft bedarf und weniger andere Nahrung. Alle alberne Gedanken, Begierden und verkehrte Einbildungen, die machen so hungrig nach tierischer Nahrung; ich weiß an mir, daß, wenn mir etwas durch den Geist fährt, dem ich nachgehen muß, aus Ahnung, daß es Lebensluft enthalte, so hab ich gar keinen Hunger, und die Franzosen, wenn sie witzig sind, so haben sie immer auf was Petillantes oder Gewürztes Appetit; es käme also sehr auf den Geist an, daß wir am End gern von der Luft leben. — Und unser Tischgebet soll heißen: Herr, ich esse im Vertrauen, daß es mich nähre, und die alten Küchenzettel und Bratspieß- und Backgeschichten all dem Teufel in die Garküch geschmissen, daß er den Hals drüber bricht; wir haben keine Zeit, uns dabei aufzuhalten, geh zum Nachbar und nehm Brot von ihm und nehme die Frucht vom Baum dazu und vom Opfermahl ein weniges und dulde nicht, daß sich Bedürfnisse des Mahls bei Dir einnisten zu dieser oder jener Stunde oder sonst Dinge, die den Leib abhängig machen. Da fällt mir noch etwas ein, mit dem verdammten Zugwind oder mit der Nachtluft, alle Augenblick heißt's: »Hier zieht's!« — und dann reißen die Leute aus, als ob ihnen der Tod im Nacken säß, oder der Nachtwind hindert sie, die nächtliche Natur zu genießen, oder der Abendtau ist ihnen gefährlich, und doch — hat man je bei einem Gefecht in der Schlacht gesehen, daß ein Held vor dem Nachttau ausreiße? — also auch, über die Verkältung hinweg im Nachtwind wie im Sonnenschein sein eigner Herr bleiben, das muß ein Gesetz unsrer schwebenden Religion sein. — Ich weiß nicht, es duftet mir ordentlich im Geist, als würden wir auf sehr wunderbare Entdeckungen kommen. Jetzt haben wir schon entdeckt, daß man nicht Aderlassen muß, damit der Stahl im Blute nicht abgelassen werde, der die Begeisterung der Tapferkeit erzeugt — da könnte einer sagen, durch eine Wunde im Krieg könne denn auch dieser Geist des Stahls entfliehen, so daß ein Tapferer könne zu einem Feigen werden — dem ist aber nicht so, denn bei einer Wunde, die in der Begeistrung selbst empfangen wird, da haucht das Blut selbst Unsterblichkeit aus. Wenn nämlich die Tugend (die Tapferkeit) wach ist in dem Menschen, das heißt: wenn der Genius in sein Blut gestiegen ist und kämpft, und er geht auf die Wunde los, die empfangen soll, da ist die Kühnheit so Herr, daß keine sklavische Entweichung stattfinden könne, denn dann ist grad aller Stahl im Blut in den Geist übergegangen — denn wie Gott immerdar in jedem Hauch erzeugt, weil er ganz Weisheit ist, so erzeugt auch das Genie, weil es mit Gottes elektrischer Kette verbunden ist, ewig seine Schläge empfängt und wieder einschlägt ins Blut. — Ich bitte Dich, wie willst Du denn die elektrische Kraft erklären, anders, als daß durch Gottes Geist die Natur zuckt und bis ins Blut geht, wo sie im Menschen wieder den Weg in die Begeistrung findet, weil *der* Geist hat. — Und siehe da! — die Kraft empfängt den Blitzstrahl, und *so* erzeugen Weisheit und Tapferkeit sich ineinander. — Was hab ich im vorigen Brief gesagt: — Gott sei die Poesie, und heute, daß er die Weisheit ist — das ist schon eine alte Geschichte, das haben, glaub ich, die Kirchenväter herausgestellt und haben deswegen großen Respekt vor Gott. Aber heute haben wir herausgekriegt, daß Gott die große elektrische Kraft ist, die durch die Natur fährt und ins Blut des Menschen und von da sich als Genius in den Geist des Menschen hinüberbildet. Der Genius steigt aus dem Stahl auf im Blut, und dort dringt er auch wieder ein, wenn er wirkend ist in den Sinnen. Wer keinen Stahl im Blut hat, kann auf die Weise Gott nicht empfangen. Es ist schon drei Uhr; wenn ich so fortschreib, ich glaub, ich brächt allerlei kuriose Sachen heraus, die mich selbst verwundern. — Ich wittre schon den Tag, mein Licht brennt ganz nüchtern. Ich sollt schlafen gehen, aber ich will Dir doch für einen ganzen Tag zu denken geben, weil Du allein bist. — Aber jetzt muß ich erst von der Religion abspringen und Dir was dazwischen erzählen. — Du schreibst, der Moritz hat Dich im Kabriolett begegnet, ich bedanke mich, aber ich hab grad auf vierzehn Tag, wo ich noch hier bin, ein Gelübd getan und kann also Deiner Mahnung kein Gehör geben; sag's ihm, wenn Du ihn siehst. — Der Bernhards Gärtner ist ein junger, schlanker Mann, er hat eine feingebogne Nase, blaue Augen, schwarze Wimpern, schwarze Haare und hat eine sanfte Stimme — zum wenigsten gegen mich, denn wie er letzt den Hund wollt zurückhalten, der mich anbellte, da hatte er eine sehr kräftige Stimme. — Dem Moritz wird das wunderlich vorkommen, aber mir ist es keine Scheidewand, weil er von der gebildeten Klasse übersehen wird. Ein Mensch von Rasse müßte seine Rasse auch unter der Sklaventracht wittern, aber das ist die Unechtheit des Adels; denn gewiß ist, daß das echte Blut zerstreut ist in der Welt und viel ungestempelt herumläuft, und doch will man nur das gelten lassen, was gestempelt ist, aber das sag ich Dir, ich halte alle Menschen für unadelig, die ihre Rasse nicht erkennen auch im Kittel. — Der Gärtner also, der mir immer Arbeit gibt morgens früh, Du weißt — ich hab ihm die abgeblühten Federnelken von den Rabatten geschnitten, ich hab die Erdbeeren umgesetzt, ich hab die Reben ausgelaubt, ich hab das Geißblatt binden helfen, ich hab die Pfirsich spaliert, ich hab die Nelken gestengelt, ich hab die Melonenräuber ausgebrochen, und noch mancherlei anders hab ich immer morgens früh tun helfen, wenn ich in der Früh zum Mainufer lief, weil ich schreiben wollt oder dichten für den Clemens, und es wollt nicht gehen, weil mir nicht einfiel, weil die Natur zu groß ist, als daß man in ihrer Gegenwart sich erlaubte zu denken; da hab ich denn mit dem Gärtner lieber Erbsen gepflückt, als auf der Lauer nach großen Gedanken — da hat mir der Gärtner als immer einen Strauß verehrt, erst recht schön voll und seltne Blumen, dann weniger und einfacher, ich denk, weil ich alle Tag kam, es wär ihm zuviel, aber zuletzt — es war grad am Tag, wo ich Zuckererbsen brach, da gab er mir bloß eine Rose und — — —

Morgens
Da hab ich so nachgedacht und bin drüber eingeschlafen. Die Rose hab ich mit ins Bett genommen. — Was soll sie im Glas langsam welken — überall sollt man ein Heiligtum der Natur mit herumtragen, das frei macht vom Bösen; wer kann in Gegenwart einer Rose nicht mit edlen Gedanken erfüllt sein, ich hab's lieb, das Röschen, mit dem ich geschlafen hab — es war matt; nun hab ich's ins Wasser gestellt, es erholt sich. — Ich bin so dumm, ich schreib so einfältig Zeug — der arme Gärtner. —

An die Günderode
Der Jud kommt heut um fünf Uhr und sagt, er hat den

Brief heut morgen im Stift abgegeben und hat nichts von Dir gehört; der ungeheure Esel mußte heute wie ein Windspiel herumlaufen, er hätt müssen Paradiesäpfel zum Laubhüttenfest einkaufen, da hätt er nicht warten können. Der Kerl sah so närrisch aus; aus seinem Sack guckten lange Palmzweige über seinen Kopf, mit der einen Hand hielt er seinen langen Bart fest, mit der andern stellt er seinen langen Stab weit von sich und schwört immer bei seinem Bart und keuchte unter der Last. Ich ließ ihn eine Weile stehen, so gut gefiel's mir, ihn anzusehen, ein Bild, wer's verstünd zu malen. Diesmal haben also meine Religionsdepeschen wegen der Laubhüttenangelegenheit nicht können befördert werden; — wenn Du nur gesund bist, wieder. — Heut abend mußt ich mit der Großmama spazieren gehen am Kanal im Mondschein. Sie erzählte mir aus ihrer Jugendzeit, wie sie noch mit dem Großpapa in Warthausen beim alten Stadion wohnte und wie der den Großpapa weit lieber gehabt als die andern Söhne und wie der ihn erzogen hat, gar wunderlich mit großer Sorgfalt. Er ließ ihn als Jüngling von nicht achtzehn Jahren schon eine große und ausgebreitete politische Korrespondenz führen, er gab ihm Briefe von Kaiser und König, von allen Reichsverwesern und Staatsbeamten aller Art zu beantworten, es kamen Verhandlungen über alle mögliche Staatsangelegenheiten vor, Handel, Schiffahrt, alte Anrechte, neue Forderungen, Länderteilung, Verrätereien, Umtriebe, klösterliche Stiftungen, Geldangelegenheiten, kurz alles, was einem großen Staatsminister obliegt, zu untersuchen und zu ordnen, dies alles besprach der Stadion mit ihm, ließ ihn seine Meinung drüber darstellen — Aufsätze darüber machen; dann mit eignem Beifügen von Bemerkungen ließ er diese von ihm ins reine schreiben, Briefe an verschiedne Potentaten schreiben, namentlich führte er die Korrespondenz mit Maria Theresia, zuvörderst über Thronbesteigung, über Mitregentschaft ihres Gemahls, dann über die leere Schatzkammer, dann über die Heereskraft des Landes, über Mißvergnügen des Volks, über die Ansprüche von Bayern an die östreichischen Erblande, und wie die Kurfürsten wollten die Erbfolge der Theresia nicht anerkennen, über den Krieg mit

Friedrich dem Zweiten, mit England, Anträge um Hilfs-
gelder; Briefe an einen französischen General Belle-Isle,
dann einen Briefwechsel mit Karl von Lothringen, mit dem
Kardinal Fleuri, mit dem östreichischen Feldherrn Fürsten
Lobkowitz, dann endlich einen Briefwechsel mit der Mar-
quise de Pompadour, immer im Interesse der Kaiserin; diese
letzte Korrespondenz war erst ins Galante und endlich ganz
ins Zärtliche übergegangen, es kamen Briefe mit Madrigalen
als Antwort, worauf der Großpapa im Namen Stadions wieder in französischer Poesie antworten mußte. Da habe der
Großpapa manche Feder zerkaut, und der Stadion habe ihm
gelehrt, die Politik mit einfließen zu lassen, und hat Anspielungen machen müssen auf Reize, auf blonde und braune
Locken — und dem Stadion ist's häufig nicht zärtlich genug gewesen. Die Antworten sind dann mit großer Freude
vom Stadion ihm mitgeteilt worden, besonders wenn sie
Empfindlichkeit für des Großpapas Galanterien hatten spüren lassen, da hat der Stadion so gelacht und ihn angewiesen,
wie die feinste Delikatesse zu beobachten sei. — Und endlich
einmal, als nach der Thronbesteigung der Maria Theresia
und ihrer Krönung als Kaiserin die Gratulationen abgefertigt
waren, an seinem einundzwanzigsten Geburtstage, da schenkte
Stadion dem Laroche einen Schreibtisch, worin er alle seine
Briefe, in drei Jahren geschrieben, die er über Land und
Meer gegangen wähnte, noch versiegelt wiedergefunden und
die Antworten, welche von Stadion selbst erfunden waren
und von verschiedenen Sekretären abgeschrieben, dazu, und
er sagte ihm, daß er ihn so habe zum Staatsmann bilden wollen. Dies hat den Großpapa erst sehr bestürzt gemacht, dann
aber ihn tief gerührt, und hat diese Briefe als ein heilig
Merkmal von Stadions großem, liebevollem Geist sich aufbewahrt. Die Großmama hat diese Briefe noch alle und will
mir sie schenken. — Sie war gesprächig heut, sie wird alle
Tage liebevoller zu mir, sie sagt, mir erzähle sie gern, obschon manches in die Erinnerung zu wecken ihr schwer
werde. Sie sprach viel von der Mama, von ihrer Anmut und
feinem Herzen, sie sagte: Alles, was ihr Kinder an Schönheit
und Geist teilt, das hat eure Mutter in sich vereint; und dann

hat sie zu sehr geweint, um von ihr weiter zu sprechen, die Tränen erstickten ihre Stimme. — Sie legte die Hand auf meinen Kopf, während sie sprach, und als der Mond hinter den Wolken hervorkam, da sagte sie — wie schön dich der Mond beleuchtet, das wär ein schönes Bild zum Malen. — Und ich hatte in demselben Augenblick auch den Gedanken von der Großmama; es war gar wunderlich, wie sie unter einem großen Kastanienbaum mir gegenüberstand am Kanal, in dem der Mond sich spiegelte, mit ihren großen silberweißen Locken ihr ums Gesicht spielend, in dem langen schwarzen Gros-de-Tours-Kleid mit langer Schleppe, noch nach dem früheren Schnitt, der in ihrer Jugendzeit Mode war, lange Taille mit einem breiten Gurt. Ei, wie fein ist doch die Großmama, alle Menschen sehen gemein aus ihr gegenüber; die Leute werfen ihr vor, sie sei empfindsam, das stört mich nicht, im Gegenteil findet es Anklang in mir, und obschon ich manchmal über gar zu Seltsames hab mit den andern lachen müssen, so fühl ich doch eine Wahrheit meistens in allem. — Wenn sie im Garten geht, da biegt sie alle Ranken, wo sie gerne hinmöchten, sie kann keine Unordnung leiden, kein verdorbenes Blatt, ich muß ihr alle Tage die absterbenden Blumen ausschneiden. Gestern war sie lange bei der Geißblattlaube beschäftigt und sprach mit jedem Trieb: »Ei, kleins Ästele, wo willst du hin«, und da flocht sie alles zart ineinander und band's mit roten Seidenfaden ganz lose zusammen, und da darf kein Blatt gedrückt sein, »alles muß fein schnaufen können«, sagte sie — und da brachte ich ihr heute morgen weiße Bohnenblüten und rote, weil ich ihr gestern eine Szene aus ihrem Roman vorgelesen hatte, worin die eine Rolle spielen, sie fand sie auf ihrer Frühstückstasse. Sie ließ sich aus über das frische Rubinrot der Blüte, hielt's gegen's Licht und war ergötzt über die Glut — mir ist's lieb, wenn sie so schwätzt — ich sagt ihr, sie komme mir vor wie ein Kind, das alles zum erstenmal sehe. — »Was soll ich anders als nur ein Kind werden, sind doch alle Lebenszerstreuungen jetzt entschwunden, die dem Kindersinn früher in den Weg traten, so beschreibt das Menschenleben einen Kreis und bezeichnet schon hier, daß es auf die Ewigkeit angewiesen ist«, sagte sie, »jetzt, wo mein Leben vollendet, so gut als mir's der Himmel hat werden lassen – so viel der schönen Blüten sind mir abgeblüht, so viel Früchte gereift, jetzt, wo das Laub abfällt, da bereitet sich der Geist vor auf frische Triebe im nächsten Lebenskreislauf, und da magst du ganz recht ahnen.« – Ach, Günderode, ich will auch erst wieder ein Kind werden, eh ich sterb, ich will einen Kreis bilden, nicht, wie Du willst, recht früh sterben, nein, das will ich nicht, wo ist's schöner als auf der schönen Erde, und dann als Kind, wo's am schönsten ist, wieder hinüber, wo die Sonne untergeht. Die Großmama erzählte auch noch eine schöne Geschichte, die ich Dir hierher schreiben will, weil ich sie nicht gern vergessen möchte, von dem Vater des Stadion, der habe einen Löwen gehabt, der sei zahm gewesen, der habe nachts an seinem Bett geschlafen, da sei er eines Morgens aufgewacht, weil ihn der Löwe gar hart an der Hand leckte, da war er von seiner rauhen Zunge bis aufs Blut geleckt, und dem Löwen hat das Blut sehr gut geschmeckt; der Stadion hat sich nicht getraut, die Hand zurückzuziehen, und hat mit der andern Hand nach einer geladnen Pistol gegriffen, die am Bett hing, und dem Löwen vor dem Kopf abgedrückt. – Und als die Leut auf den Lärm hereingedrungen waren zu ihrem Herrn, da hat der Stadion über dem toten Löwen gelegen und ihn umhalst und ihn ganz starr angesehen und hat einen großen Schrei getan: »Ich hab meinen besten Freund gemordet«, und da hat er sich mehrere Tage in sein Zimmer eingeschlossen, weil es ihn so sehr gekränkt hatte. – Ach, ich hätte dies Tier lieber nicht umgebracht und hätt auf seine Großmut gebaut, ob der Löwe mich gefressen hätt, ich glaub's noch nicht, und mir wär lieber gewesen, die Geschichte wär nicht so ausgegangen. – Sie erzählte noch manches von ihm, was seine große Gegenwart des Geistes bewies, und sprach so weise über diese große Eigenschaft, daß ich ganz versunken war im Zuhören; sie sagte, daß die Menschen als lang sich abmühen, was Genie sei, sie kenne kein größeres Genie als in dieser Macht über sich selber, und daß die endlich über alles sich ausbreite, da man alles beherrschen könne, wenn man sich selber nicht mit Zaum und Gebiß durchgehe, »wie du, kleines Mädele«, sagte sie zu mir, »so steil hinansprengst mit den Füßen wie mit dem Geist und der Großmama Schwindel machst«; — und wenn je große Herrscher gewesen, so wären sie durch diese Geisteskraft allein hervorgebildet worden, die sie in einem früheren Leben genötigt waren zu üben. — Die Großmama glaubt, die Seele, das Wesen des Menschen gehe aus einem Geistessamen in ein ander Leben über, dieser Same sei, was er während einem Leben in sich reife und dann sich durch allmähliche Erkenntnis, durch geübtere Fähigkeiten immer in höhere Sphären zeuge. Dann erzählte sie mir von dem Ahnherrn unseres Großvaters, der im Drei-ßigjährigen Krieg sei auf dem Schlachtfeld gefunden, bei Tuttlingen, wo die Franzosen eine große Niederlage erlitten, als Fahnenjunker die Fahne um den Leib gewickelt und die Stange durch Brust und Leib gestoßen und eingehauen, und sein Bruder auch tot über ihm gelegen, der hat die Fahne schützen wollen und mit seinem Leben bezahlt; sie waren in französischen Diensten, das hat der große Condé gesehen und gesagt: ferme comme une roche, da sie sonst Frank von Frankenstein geheißen, so haben sie jetzt sich genannt La-roche, weil der König der Witwe seines Bruders, der auch in jenem Gefecht geblieben, ein Landgut im Elsaß geschenkt hat und ihnen drei Fahnen zu dem Fels ins Wappen gegeben. Über diese letzte Geschichte hab ich meine eignen Betrach-tungen angestellt; eine so einfache und doch so große Hand-lung hab ich mir im Geist dargelegt, er war Fahnenjunker, dieser Ahne von mir, und haben eine unsterbliche Tat getan, beide Brüder, indem sie die Fahne, zu der sie geschworen, treu verteidigten, und ließen ihr Leben dafür. Da der Junker die Fahne sich um den Leib gebogen und so den Tod fand, so schützte sie sein Bruder, der Wachtmeister war, noch im Tod mit seinem Leib, und retteten dem Heer die Fahne des Condé, daß sie nicht als Siegeszeichen in die Hände des kaiserlichen Tilly komme, obschon sie von Geburt Deutsche waren. — Ein Schwur muß doch Erwecker einer großen Kraft im Menschen sein, und die gewaltiger ist wie das ir-dische Leben. — Ich glaub, alles, was gewaltiger ist wie das irdische Leben, macht den Geist unsterblich. — Ein Schwur ist wohl eine Verpflichtung, eine Gelobung, das Zeitliche ans Geistige, ans Unsterbliche zu setzen — da hab ich's gefunden, was ich mein, was der innerste Kern unserer schwebenden Religion sein müßt. — Ein jeder muß ein inneres Heiligtum haben, dem er schwört, und wie jener Fahnenjunker sich als Opfer in ihm unsterblich machen — denn Unsterblichkeit muß das Ziel sein, nicht der Himmel, den mag ich denken, wie ich will, so macht er mir Langeweile, und seine Herrlichkeit und Genuß lockt mich nicht, denn die wird man satt, aber Aufopferung und Not, die wird man nicht müde. — Und im Glück, im Genuß wird der Mensch nicht wachsen, in dem will er immer stille stehen. Und was ist denn das wahre, das einzige Fünklein Glück, was von dem großen Götterherd herübersprüht ins Leben? — Das ist Gefühl, daß Bedrängnis das Feuer aus dem Stahl im Blut schlägt, ja, das ist's allein; — die geheime innerliche Überzeugung der lebendigen Mitwirkung aller Kräfte, daß alles tätig und rasch sei in uns, einzugreifen mit dem Geist und die eigne irdische Natur wie ihr Besitztum und alles dranzusetzen. — Nun wohl, geistige Kraft, die die irdische zum eignen Dienst verwendet, die ist das einzige menschliche Glück. — Ja, ich glaub, Besitz ist nur insofern Glücksgüter zu nennen, als sie uns gegeben sind, damit wir sie verleugnen können um der höheren Bedürfnisse der inneren Menschheit willen. — Dies Verleugnen, dies Dahingeben, daß es durch jene Glücksgüter in die Hand gegeben ist, uns über sie hinauszuschwingen, das deucht mir göttliche Gabe, ach! ach! die lassen wir aber fallen; wir lassen die Begeisterung, die im Göttertrank des Glücks unsre Sinne durchrauschen dürfte — und fürchten uns davor, und wenn wir schon lüstern wären, doch deucht es gefährlich, wie ein Gott trunken den Becher in die Weite hinzuschleudern, wenn er ausgetrunken ist. — Merk's, zu unserer schwebenden Religion gehört das auch, daß wir den Wein den Göttern trinken und trunken die Neige mitsamt dem Becher in den Strom der Zeiten schleudern. — So ist's, sonst weiß ich nichts, was glücklich wär zu preisen, als nur tatenfroh immer Neues schaffen und nimmer mit Argusaugen Altes bewachen. — Außerdem wüßt ich nichts, was mich anfechte, was ich möcht sein oder haben, als nur mit meinem Geist durchdringen. — Von mir soll niemand hören, ich sei unglücklich, mag's gehen wie's will, und was mir begegnet im Lebensweg, das nehm ich auf mich, als sei's von Gott mir auferlegt. Merk's wieder, das gehört auch noch zu unserer schwebenden Religion — und mein inneres Glück, das mach ich mit den Göttern ab. Diese Momente, wo ein Gefühl: Göttertriebe seien in uns wach, dem Stolz das Gefieder aufblättert, daß die Gedanken Respekt vor uns haben, die gemeinen — und uns aus dem Weg gehen. Ach, das ist's — dann steigt man allein auf die Berggipfel und atmet die Lüfte ein im Nachtwind, in denen der Genius uns anhaucht vor Lust und Dank, daß er ohne Sünde, ohne Verleugnung wiedergeboren ward in uns; und dann weiht man aufs neue sich ihm und verschwistert sich mit sich selber, alles zu tragen, zu dulden. Nichts ist zu klein, was solche große Seelenkräfte in Anspruch nimmt, denn eben diese zu üben ist ja das Große; und versäumen kann man nicht das Höhere um das Geringere, denn eben daß an das Geringe alle Seelenkraft gewendet werde, mit Fürsorge gleich der des Lebenspenders, das ist das wahre Opfer, was uns göttlich macht. ›Man muß alles dem lieben Gott überlassen‹, sagen die guten Christen — jawohl, von ihm nehme ich an, was er mir zuerst entgegensendet, wozu die erste Regung meines Geistes mich mahnt, und laß auf dem Zeitenstrom mich dahinschwimmen, den er mir geschenkt, und ob ich da Früheres versäume oder Größeres, das kann ich nicht wissen, und wenn's ein Bienchen wär, das ohne meine Hilfe ertrinken müßte, so reich ich erst den Zweig ihm, sich zu retten, das ist das Fundament von meinem innerlichen Glück; überhaupt, was sollt ich doch um irdisch Glück für Not haben, es ficht mich nicht an. Soll sich einer glücklich preisen, ich müßt ihn auslachen. — Sagt mir einer, dir geschieht nichts, die Tage gehen vorbei, und kannst dein Wirken nicht vereinen mit der Zeit, sie will nichts von dir und läuft ihren Weg, sie hat taube Ohren im Gebrause aller, deren jeder einer für sich sorgend seine Stimme will geltend machen und sich durchfechten. Nun, das ist mir nichts. — Ob handelnd oder fühlend, tiefempfindend mit dem Genius umgehen, das ist dasselbe, was ist denn Handeln anders, als fühlbar werden das Rechte und es tun. Handeln ist nur der Buchstabe des Geistes, es ist noch nicht so süße als die heimliche himmlische Schule des Geistes. Wo ich auch hinaus denk, mich deucht nichts glücklicher als im Schatten liegen jener großen Linde unter ihren fallenden Blüten und durch ihr rauschend Gezweig dem Geliebten entgegenlauschen, dem Heiligen Geist. Der ist mein Geliebter, der kommt und besucht mich jetzt in der heißen Jahreszeit, wenn ich im Boskett lunze, und es regnet Lindenblüten auf mich mit jedem leisen Lüftchen. Ach, er macht kein Wesen von der Weisheit, von Gottesgelahrtheit, von Tugend, von Religion. — Ich bin ihm recht, wie ich bin, er lacht mich aus, wenn ich belehrt sein will, und bläst mich an; — da hast du Weisheit, sagt er. — Dann spring ich auf und glüh im Gesicht von seinem Hauch — ich lauf ins Haus, ich denk, wie bin ich doch glücklich! — ich werf mich auf die Erd mit dem Angesicht und küß die Erde. Das ist mein Gebet — wie soll ich ihn umfassen als bloß, wenn ich die Erde küß? — Einsam — bin ich nicht — ist der Schatz überall — die dritte Person in der Gottheit überall; auch im Blumenstrauß vom Gärtner, der an meinem Bett steht, vom Mond beleuchtet in der Nacht, wenn's alles still ist und tief schläft alles und kein Licht mehr brennt in den Nachbarhäusern, da fangen diese bunten Farben das Mondlicht auf; — wenn ich den anseh, dann sag ich: »Gelt, das ist deine Rede zu mir, Heiliger Geist, dies Farbenspiel in den Blumen?« — das leugnet er nicht, daß ich ihn versteh. Dir kann ich's alles sagen, denn durch Dich hab ich ihn fassen gelernt, wenn ich Dir gegenübersaß, und Du lasest mir vor am Morgen, was Du am Abend gedichtet hattest; da sah ich mich immer nach dem um, der Dir's wohl vorbuchstabiert hätt, der Klang, der riß mich hin, ich ahnte, es war der Geist, der auch mir begegnet draus, wenn ich auf der Höhe steh, und er braust von ferne daher, beugt die Wipfel auf und nieder und kommt näher und näher und fährt grad auf mich zu — umschlingt mich! wer soll's sein? — wer kann's wehren? — ich fühl seine Weisheit, seine Liebe ist Rhythmus. — Was ist Rhythmus? — Widerhall der Gefühle am großen Himmelsbogen, daß es schallt! — zurück! macht sich uns hörbar, was wir fühlten, daß es zärtlich anschlägt ans Ohr der Seele bis tief ins Herz, das ist Rhythmus, das ist der Heilige Geist; aus der eignen Gedankenkelter gibt er uns zu trinken, süßen Most, der süße Heilige Geist.

Am Mittag

Ach, Günderode, ich weiß, was das ist, die Weltseele, ich hab oft gedacht, was doch so braust, wenn ich ganz allein sitze in der Mittagssonne, denn da ist das Brausen am stärksten; das ist mein Geliebter, der unter der Linde mit mir ist und im Abendwind. — Der Heilige Geist ist die Weltseele. — Er berührt alles, er weckt von den Toten auf, und hätt ich ihn nicht, so wär alles tot. — Und Leben ist Leben wecken, ich war verwundert, als der Geist mir's sagte. — Ich besann mich, ob ich Leben wecke oder ob ich tot sei. — Und da fiel mir ein, daß Gott sprach: Es *werde*, und daß die Sprach Gottes ein Erschaffen sei; — und das wollt ich nachahmen. Ich ging am Mainufer am Abend, ich sah in der Ferne den blauen Taunus und sah ihn drauf an, daß er lebendig solle werden. Wie bald war mein Wille erfüllt! Du hättest sehen sollen und fühlen den Strom lebendigen Atems, der herüberwallte von ihm auf mich, wo ich saß. — Die Schwalben kamen vorausgeflogen, die Nebel stiegen herab, die Abendstrahlen überleuchteten ihn flüchtig, und die Wiesen am Abhang, die Blumengärten, alles strömte er hinab aus seinem Talschoß mir zu und enthüllte sich vor mir, daß der Blick ihn deutlich fassen konnt; wie sah mein Aug gewaltig. — *Aha!* — sonst hab ich weiter nichts gedacht, er war mir der langerwartete, innigbekannte Geliebte! — so wandelt sich denn der Geist in alles, was ich mit lebenweckendem Blick anseh. Und keiner wird mir begegnen, mich zu lieben, es ist der Heilige Geist, der aus ihm zu mir spricht. — Ach ja! — ich kann von Glück sagen! — Seelenlauschen! himmlische Grazie! Du trägst mich ins Liebesbett, auf den grünen Rasen! Was du weckst, das weckt dich wieder — und was uns weckt, das ist der Heilige Geist, der an ferne Gipfel über den Nebeln mir aufstieg, denn weil ich gern mit Augen ihn sehen wollt. — Wie vertiefte sich doch mein Blick in ihn und merkte nichts vom Abenddunkel und daß er mich im Schleier fing der Nacht und ganz drin einwickelte. Ja, wecke Du das Leben, so ist's gleich selbständig und überrumpelt Dich. Und Du gehörst ihm, statt es Dein gehöre. — Ich hab aber noch was ganz anders im Schild, das will ich Dir hier sagen: je stärker die Gewalt, je lebendiger ist sie; drum ist Schönheit der lebendige Geist, denn sie weckt allein Leben — alles andre weckt den Geist nicht. Ach, wie schmachtet doch die Seele nach Schönheit, nach Leben — die Schönheit ist Lebensnahrung der Seele. Das ganze Unglück ist, wenn nicht alles Schönheit um uns ist, da stirbt alles ab, und auch für die Ewigkeit ist alles verloren, was nicht Keim der Schönheit ist. Sehnsucht ist Schönheitskeim, der sich entfaltet. — Sehnsucht ist inbrünstige Schönheitsliebe. Heute nachmittag brachte der Büri der Großmama ein Buch für mich — Schillers Ästhetik — ich sollt's lesen, meinen Geist zu bilden; ich war ganz erschrocken, wie er mir's in die Hand gab, als könnt's mir schaden, ich schleudert's von mir — meinen Geist bilden! — ich hab keinen Geist — ich will keinen eignen Geist; — am Ende könnt ich den Heiligen Geist nicht mehr verstehen — wer kann mich bilden außer ihm! — Was ist alle Politik gegen den Silberblick der Natur! — Nicht wahr, das soll auch ein Hauptprinzip der schwebenden Religion sein, daß wir keine Bildung gestatten — das heißt, kein angebildet Wesen, jeder soll neugierig sein auf sich selber und soll sich zutage fördern wie aus der Tiefe ein Stück Erz oder ein Quell, die ganze Bildung soll darauf ausgehen, daß wir den Geist ans Licht hervorlassen. Mir deucht, mit den fünf Sinnen, die uns Gott gegeben hat, könnten wir alles erreichen, ohne dem Witz durch Bildung zu nahe zu kommen. Gebildete Menschen sind die witzloseste Erscheinung unter der Sonne. Echte Bildung geht hervor aus Übung der Kräfte, die in uns liegen, nicht wahr? — Ach, könnt ich doch alle Ketten sprengen, die uns

daran hindern, jeder innern Forderung Genüge zu leisten; –
denn dadurch allein würden die Sinne in ihre volle Blüte
aufbrechen. –
Ich lese eben meinen Brief durch und wundre mich über den
Paradegaul von prahlerischen Gedanken, der drin an der
Leine im Kreis läuft. – Ein philosophischer Harttraber, ich
fühl mich nicht bequem, wenn ich ihn reite, was kommt mir
doch so viel in den Kopf, was ich selbst gar nicht wissen
mag – könnt ich nur immer von der Himmelsleiter des
Übermuts herab unter die Philister speien. – Gute Nacht –
das ist der vierte Tag, wo ich nichts von Dir weiß, jetzt wenn
morgen kein Brief kommt, so frag Dich doch selber, was ich
dann denken soll. –

An die Bettine

Gestern abend kam ich von Hanau, wo ich drei Tage in pro-
saischen Geschäftsaufträgen verbrachte. Deine zwei Briefe
lagen auf meinen Kopfkissen und einer von Clemens, der
nach Dir frägt, weil er die ganze Zeit nichts von Dir gehört
habe, keine Antwort auf mehrere Briefe. Er meint, Du könntest krank sein; hast Du ihm denn gar nicht geschrieben? –
Versäume doch nicht, gleich zu schreiben; er frägt nach Deinen Studien und meint, Dein Generalbaßeifer, von dem Du
mit so viel Begeistrung ihm geschrieben, sei wohl auch wieder ins Stocken geraten. Ich soll Dein faselig Wesen zur Be-
sonnenheit bringen, und schilt mich einen Faselhans und
klagt mich an, ich versäume Dich; ich mache mir selber Vorwürfe und kann doch nach allem Überlegen zu keinem besseren Resultat kommen, als eben Dich ganz Dir selber überlassen. – Der Clemens meint, Du habest ein *enormes* Talent
zu jeder Kunst, und es müsse die Steine am Wege erbar-
men, Dich so dahinschlampen zu lassen; Deine Selbstzufriedenheit hänge davon ab, daß Du Dich mit Leib und Seel
einmal drangebest, es sei der Schlüssel Deines ganzen Lebens. –
Ich darf ihm nicht sagen, daß Du ein Religionsstifter bist
und die ganze Menschheit auf Dich genommen hast und
willst sie lassen von der Luft leben und bildungslos daher-
tappen und willst nichts Gekochtes mehr essen, von lauter

rohen Mohrrüben und Zwiebel leben und die Bratspieße alle zum Teufel werfen und Dir das ganze Taunusgebirg zur Gesellschaft bitten und daß Deine Religion schweben solle und daß Du in dem Gärtner einen adeligen Herrn entdeckt hast, das darf ich ihm doch alles nicht sagen. Was soll ich ihm denn sagen? — Da helf mir doch einmal ein bißchen drauf. — Der rasche Wechsel von Anregungen in Deinen Briefen würden dem Clemens die Haare zu Berge stehen machen, und Dein zärtlicher Umgang mit dem Heiligen Geist, wie Du das nennst, den Du gleich einem Jagdhund witterst, das würde ihm unsägliche Sorgen machen. Er frägt mich, was Du mir schreibst, denn er wisse, daß ich enorm lange Briefe von Dir bekomme. Wo er das her weiß, das ist mir ein Rätsel; ich hab mit niemand davon gesprochen. Ich mein, daß der Clemens recht hat, denn wenn Du auch ein neues Leben ausgefunden hast, indem Du mit Dir selber zusammentriffst, wie Du sagst, so mußt Du doch auch fühlen: so gut wie in jenen Naturerscheinungen, die Dein Genius, wie Du meinst, benutzt, um zu Dir zu gelangen, so würde er jede Kunst wohl auch benutzen dazu, wenn Du ihm nur die Pforte öffnen wolltest, aber der Arme! ich glaube, Du würdest ihn eher zerquetschen, ehe Du ihn da durchließest. — Was Dich einen Augenblick anregt, wozu sich wirklich Dein Feuer sammelt, das zerstreust Du mit allem Fleiß wieder und gibst es den vier Winden preis. Du kannst nicht leugnen, daß die Musik mit allem, was Anregung in Dir bedurfte, übereinstimmt. Du hast mir selber geschrieben, Dein eigner Lebensgeist rufe Dir immer zu, eine Geige nimm und verstärke den Strom der Harmonien, sonst kannst Du nimmer glücklich werden. Dies war's oder doch was ganz Ähnliches, was Du mir vor vier Wochen geschrieben, und daß Du fühlest, die Musik sei der Urgeist aller Elemente, und sie allein wecke den Geist im Menschen, und Geist könne nur Musik sein, und was dergleichen prahlerische Gedanken mehr waren, die, wie ich sehe, aber gänzlich aus Deinem Kopf verschwunden sind. — Wo ist nun Dein musikalischer Urgeist jetzt hin? — ich will Deinem Lebensweg gar nicht in den Weg treten, aber daß Du dem Geist, der Dir auf geheimen Wegen entge-

genkommt, den Du so liebst, daß Du meinst, in allem sei nur
er es, den Du je lieben werdest, daß Du dem zulieb nicht
einmal eine Kunst üben willst, Dich zu nichts anstrengen, kein
Buch lesen, nur spazierengehen, auf Dächer klettern und über
die Hecken auf Nebelpfaden umherschweifen, schwebende
Religionen zu erfinden, das ist ein wahrer Jammer! Wie gern
wollte ich alles an Dir versuchen, was Clemens als meine
Pflicht mir vorhält, aber Du stehst mir ja doch nicht Rede
und haspelst wie ein Schmetterling über Dich selber hinaus.
— Wie lang bleibst Du noch draußen? — Die Tonie läßt Dir
sagen, sie werde Dich am Mittwoch abholen abends um halb
neun Uhr auf einen Ball, den der Moritz in Niederrad gibt;
sie konsultierte mit Marie und Claudine über Deine Kleidung, weil Du keinen Ballanzug in Offenbach hast, eine
weiße Krepp-Tunika, eine breite blaue Schärpe und blaue
Achselschärpe, meinte Claudine, und was auf den Kopf? —
Du trügest nichts auf dem Kopf, meinte die Marie — ich will
aber doch diesmal Dich auffordern, daß Du Dir einen Kranz
von Aschenkraut aufsetzest, das muß gar gut stehen, der
Moritz will Dir einen Strauß schicken. Heute haben wir Samstag; am Mittwoch also, wenn Du nicht abschreibst.

An die Günderode
Ich schreib nicht den Ball ab, ich freu mich recht drauf. Ich
bin jetzt schon vier Wochen recht vergnügt hier und will
auch durchaus noch bei der Großmama bleiben, bis die Tante
aus dem Bad kommt; wir haben uns gar sehr ineinander gewöhnt, die Großmama und ich, ich hab sie um Erlaubnis gefragt, ob es ihr nicht unlieb sei, wenn ich auf den Ball gehe.
Sie sagt: Nein, gut Mäuschen, hast lang genug hier ausgehalten, wann kommst Du wieder? — Denn Du wirst doch wohl
den andern Tag in Fr. bleiben? — ich sagte, ich wolle noch
in der Nacht wieder herauskommen, denn ich sah ihr an,
daß sie fürchtete, ich möchte in der Stadt bleiben, und das
könnt leicht kommen, daß die Brüder mich dann nicht wieder
herauslassen, und ich will doch nicht eher fort, bis die Großmama selber will und nicht mehr allein ist; richte es also
mit Tonie und Marie so ein, daß die zusammen fahren und

ich mit dem George seinem Gig herausfahren kann, denn ich fürcht mich nicht vor der Nachtluft, das weißt Du ja, daß das ein Gesetz ist in unserer schwebenden Religion. — Und Dein fürchterlich Gebrummel, davor fürcht ich mich gar nicht, denn ich weiß doch, daß es Dir grad so gefällt, und mach dem Clemens weis, was Du willst, aber sag ihm nichts wieder aus meinen Briefen; wer's ihm gesagt hat, daß ich Dir so lange Briefe schreib, das war der St. Clair, dem hast Du ein Stück aus meinem längsten Brief gezeigt und abgeschrieben; wenn er ihm nur nicht auch vom Inhalt gesprochen oder ihm gar mitgeteilt hat, dann weiß ich gewiß, daß mich der Clemens lang ansehen wird und wird mit Fragen hintenherum kommen; ich weiß gewiß, er wird allerlei Kuriosigkeiten fragen und so lang über mich hinausfahren ins Kreuz mit Segensprüchen, um mich von der Behexung loszumachen. Wie ich Dir sag, mit dem Clemens führ ich ein ganz ander Leben, es ist ein ander Register, das da aufgezogen ist, wenn ich an ihn schreib, es hat gar denselben Ton nicht wie mit Dir.

Es ist noch nicht aus mit der Musik, es sind noch keine erstarrten Grillen. Ich bin aufrichtig, und die einzige Tugend der Wahrheit geht durch mein Nervensystem, alles ist in ihr aneinandergereiht wie's menschliche häusliche Leben in meinem Geist. Wenn ich Dir den großen Einfluß, den die Musik auf mich hat, zu verschiedenen Malen mitgeteilt hab, so kannst Du denken, daß ich dabei nicht stehenblieb; allein wenn man Wege betritt, die noch zu keinem Ziel geführt haben, wo alles noch wüste ist, noch keine Lösung hat, noch selber mir nicht einleuchtet, was kann ich da viel sprechen. — Die Bekanntschaft mit dem innern Leben einer Musik wird von den Virtuosen ganz auf eine Weise gemacht, die bloß auf Auseinandersetzung ihrer einzelnen Teile geht, und sie wissen sich recht viel mit ihrer gelehrten Unterhaltung darüber; sie wirbelt mir auch nicht wie ein blauer Dunst durch den Kopf — mir geht noch zugleich ein romantisch oder geistig Bild dabei auf, das eine gibt mir Stimmungen, das andre wohl Offenbarungen — erst gestern wurde im Boskett unter verschiedner neuer Musik, die mich gar nicht anregte, eine Symphonie aufgeführt von Friedrich dem Zweiten. Gleich vorne steigt er mit klirrenden Sporen in Steifstiefeln mutig auf; von allen Seiten her tönt's ihm wieder, er müsse keck über die schüchterne Menschheit weggaloppieren, und bald macht er sich kein Gewissen mehr draus; nur die einzige Muse, die Tonkunst, tritt ihm fest entgegen, sein Roß hat ihn in die einsamste Öde getragen, fern von den Menschen, die er wie eine Koppel Hunde mit einem Pfiff lenkt. Hier sinkt er vor der einzig Übermächtigen nieder, hier bekennt er die weite Leere seines Gemüts, hier will er Balsam auf alle Wunden gelegt haben, ungeduldig und zärtlich, demutsvoll küßt er die Spuren ihres Wandels, und mit Vertrauen beugt das gekrönte Haupt sich unter ihrem Segen. — Gereinigt, getröstet, wie wenn nichts geschehen wär mit ihm, kehrt er aus diesem Flöten-Adagio wieder zu den Seinigen in das brillante Geklirre der Violinen und Hoboen zurück. — Ich aber spür's, was die Kunst für Weisheit übt. Wo keine Hand hinreicht, wo keine Lippe sich öffnet, kein Gedanke sich hinwagt, da tritt sie als Priesterin auf, und das Herz bricht vor ihr, legt flehend seine Bekenntnisse dar, will jedes Fehls sich zeihen, will ganz im Busen ihr aufgenommen sein. Ja, Musik — sie schrotet Gold und Stahl, kein Helm sitzt so fest auf dem Haupt und kein Harnisch auf der Brust, sie dringt durch, und es gelobet sich ihr der König wie der Vasall.

Wie aber ist's mit der Symphonie von Beethoven, die gleich drauf folgte? — Willst Du mit hinüber unter jenes Ölwalds gleiche Stämme mit Laub wie Samt, schwimmend im Wind, der Wellen schlägt in ihren grünen Schleiern und sanft auf flockigem Rasen den einsam lautlosen Tritt Dir umflüstert! — Komm! — schau die Sonne im Feuerpanzer, ihre Pfeilstrahlen vom Bogen strömend ins ewige Blau. — Bald vom Wechsel der Wogen getragen schwankt unter Dir das unendliche Meer. Der Wind fährt daher zwischen türmenden Wellen — bahnt Weg silbernen Göttern, die aufrauschend sich umschlingen mit Dir nach himmlischen Rhythmen, Dir aus der Brust geboren. So nah ist alles verwandt Dir. — Doch ohne End wechselnd dies Meer, fährt es dahin, in seiner Launenverzückung durchschlüpft Färbung auf Färbung sein

Wellenspiel, fesselt Dein Schauen — durchdringt Deine Sinne, schmachtend und dann feurig, lächelnd, weinend, blendend und verhüllt wieder — so rasch vorüber streift's wie von geliebten Augen der Begeistrung Blick; kannst ihn nicht fassen, nicht lassen von ihm. — — Rein von Gewölk der Himmel, sein Hauch sanft jagt vor sich her Wellchen — unzählige — eins ums andere, und sterben am Ufer alle mit leisem Geseufz. — Ach! — süßer Moment, herrschend über der Leidenschaften Meer! — Da stockt Dein Atem, und möchtest halten — ganz und immer, was jeden Augenblick ohne Aufhören Dir alles entschwindet. —

Was ist's, die Seele im Meer der Musik? — fühlt sie Schmerzen? — hat sie Wonnen, die wunderbar bewegliche? — Kein Gedanke mag ihr folgen — fühlt sie mit durch Rückwirkung alle Regungen? — Liebt sie, wenn wir lieben? — Schmeichelt's ihrem Schäumen, wenn unsre Tränen hinein sich mischen? — Oh, ich möcht hinein mich werfen in die smaragdnen Lagunen, über die leise hingetragen durchs ungeheure Meer bis zu seiner Höhe uns zwei verwandte Seelen harmonisch der Kahn wiegt bis zum letzten Ton — und dann — dieselbe Luftstille, dieselbe Himmelsreinheit, derselbe Atem, süß — unberührt — dasselbe Sonnenlicht im Geist — trunken von süßem Schwanken der Töne, die durch den Busen wühlen. Doch bald erhebt sich's! Der große Geist des Erschaffens — Du hörst im Brausen seine Stimme, der alles sich schmiegt, veratmen — dann hebt im Schauer Deiner Brust ihr Hauch sich wieder — und jetzt — gewaltig — in unermüdlichem Steigen und Sinken strömt sie schäumend den Winden entgegen, die dröhnen — in Abgrund sich wühlend — sie zurück. — Ja, das ist Beethovens Meer der Musik, von Himmel zu Himmel steigen die Töne und kühner, je öfter hinab sie wieder strömen, und fühlst hoch über diesem Doppelschall Dich geborgen auf freiem Fels, umkreist von jenen wütenden Orkanen, jenen Wogen, die ohne Ende Dir ans Herz steigen und ohne End zurückgeworfen, ohne Aufhören wiederkehren mit erneuter Macht, Dich umschmettern einander überwogend und doch sich wieder teilend im Sonnenozean der Harmonie. Und endlich die sehnenden Stimmen

all, tummelnd in fröhlicher Verwirrung des Jauchzens der
Wehmut und der tausend Gefühle, die von seiner Meisterhand ein einzig leises Zeichen — alle zugleich einstimmen:
jetzt ist's genug! —

Ach, wie ist's doch da in der Brust? — ja, gesteh! — ist
sie nicht das Meer, die Musik? — und er, der Beethoven,
ist er es nicht, der ihm gebietet? — Und fühlst nicht auch
hier: das Göttliche, was den Geist des Erschaffens gibt, sei
die ungebändigte Leidenschaft? — Und glaubst nicht, daß
Gottes Geist sei nur lauter Leidenschaft? — Was ist Leidenschaft als erhöhtes Leben durchs Gefühl, das Göttliche sei
Dir nah, Du könnest es erreichen. Du könnest zusammenströmen mit ihm? — Was ist Dein Glück, Dein Seelenleben, als
Leidenschaft, und wie erhöht sich Deines Wirkens Kraft,
welche Offenbarungen tun sich auf in Deiner Brust, von
denen Du vorher noch nicht geträumt hattest? Was ist Dir
zu schwer? — welches Deiner Glieder würde sich nicht regen
in ihrem Dienst — wo bleibt Dein Durst, Dein Hunger? —
siehst Du wohl, da fängst Du schon an, von der Luft zu leben;
leicht wie ein Vogel übersteigst Du Unersteigliches, und in
die Ferne hinüber sendest Du Deiner Unsterblichkeit Flammen, und die entzünden Ewiges, und es weiht sich Deinem
Dienst, ergießt sich auch in Leidenschaftsströmen in den großen Ozean, über dem die ewigen Sterne Dir leuchten und
die Nacht in ihrem Glanz erbleicht und die Morgenröten
freudig aufwachen. — Ja, drum! — der Irrtum der Kirchenväter, Gott sei die Weisheit, hat gar manchen Anstoß gegeben; denn *Gott ist die Leidenschaft.* — Groß, allumfassend
im Busen, der alles Leben spiegelt wie der Ozean, und alle
Leidenschaft ergießt sich in ihn wie Lebensströme. Und sie
alle umfassend ist Leidenschaft die höchste Ruhe.

Jetzt will ich Dir was sagen: ich will nicht mehr haben, daß
Du voll Angst seufzest um mein Nichtstun! ich weiß wohl —
und wenn ich's beim Licht betracht, so konnt ich meine Zeit
besser zubringen als sie zu dem verdammen, was mein Herz
nicht erfüllt; so hätt ich mir selbst mehr gewonnen, und
meine Liebe zum Besten, zum Höchsten hätt die Ungerechtigkeit nicht zur Stütze gehabt; ich weiß wohl, daß ich im

Eifer allem, was mir nicht unmittelbar Lebensnahrung war, unrecht getan hab. Ich hab mich immer im voraus gewaffnet, da ich nicht wußt, ob es Streit geben werde; ich hab hundertmal die Wahrheit selbst über die Klinge springen lassen, wenn ich sagte, dieses oder jenes rege meinen Geist nicht an, denn alles regt ihn an, ja alles, und ich fühle Deinen Beruf, mich zu leiten, mich zu lehren, mit einer innern Stimme zusammentönend, die mich eben mahnt wie Du; aber der Drang, mich meiner Leidenschaft zu überlassen, ist so mächtig in mir, daß ich glaub, eine so starke Stimme überwinden zu wollen, ist Unsinn! Nicht möglich — nein, nicht möglich ist mir's, auf irgend etwas auch nur mehr acht zu geben als nur im Vorüberschiffen, so wie man die Ufer kommen und schwinden sieht; — mein Blick fängt sie auf und fasset sie scharf, daß ich sie fest mir einpräge, aber im innern Gefühl nur vorüberstreifend. Das Weiterziehen liegt mir im Herzen, das Abschiednehmen, wo ich kaum anlange, liegt schon im Willkomm; und das Geringste, was meine Fahrt belangt, sei's nur ein Schiffsseil teeren, tu ich mit mehr Genuß, als an jenen Ufern der Kunst und des Wissens mich aufhalten, sollte ihr Sand auch lauter Gold sein, ihre Felsen Diamant und ihr Tau Perlen. — Und wo will ich hin? — auf die Insel, wo's Äpfel und Birn gibt, hätt ich bald gesagt. — Aber ja, freilich — dorthin, wo's Moos duftet, wo's Blüten regnet, wo die Himmelslüfte sprechen, wo der Sommerwind die Äste schüttelt, wo die Wälder die Nacht in ihren Schatten hüten, daß sie sich gefangen gibt, solange der Tag weilt, wo auf blühender Wiese die Adler niederfahren und holen die Jünglinge hinan zum Allvater, daß er ihnen kose einen Augenblick und wieder sie entlasse zum Spiel am Bach. — Wo die Bienenscharen von Dichterlippen und in seinen blumensprossenden Tritten Honig sammeln und wo Geister lichte Berggipfel umtanzen, wo die Seele sich aufschließt leis wie eine Knospe und des Geistes Strahlen, in ihrem Kelch eingebettet wie die goldnen Staubfäden in der Rose, ihr Leben entwickeln und auch beenden. Dort will ich hin, das liegt mir im Sinn, nichts wie Blütenmeer, Duft einatmen, Birn speisen und reife Trauben und süße Pfirsich, geteilt mit mir von Doppellippen, ich *die* Hälfte und die *er*, der heute noch am Scheideweg meiner harrte, als die Sonne hinunter war. Was ist's? — es wird mich schon erziehen, Tränen wird's geben, das weiß ich, aber auch Lust, so ist's immer, wo Schönheit reifen soll, und das ist alles, was ich verlang vom Schicksal, es soll mich scheiden vom Schlechten, es soll keine Sünde in mir dulden — in meinen unaufhörlichen Träumen nur möcht ich eine Vollendung empfinden — der Liebe, der Schönheit — das ist mein Ziel, und mein Geist strebt, eine Natur da herauszufinden, in dem ich dem Schönen fortwährend begegne. Das ist's und nichts anders. Und alles, was ich erfahre von der Kunst, von Poesie und Wissen, das schlägt an wie Echo in den unbekannten Tiefen meiner Brust, da erschreck ich, daß es doch wohl wahr sein möge, was manchmal nur wie Traum in mir wogt, da toben alle Pulse vor Hoffnung, es sei ein Doppelleben, was wirklich auch Doppelliebe kann haben, und daß, wenn ich heiß mich sehne, verstanden zu sein, daß ich dann verstanden sei, wo? — wie — ach, was weiß ich's! — vom Nebel, der dort flattert, vom Wind in der Ferne, vom letzten Lichtstreif, wenn die Nachtkuppel schon sich senkt über mir — kurz, ich weiß nicht, alles, was ich ansch, das müßte Geist haben, liebenden Geist — wahrlich, sonst tut mir's unrecht. Welche Wege übernehme ich doch? — Welche Gefahren besteh ich im Geist? — — da schwimm ich im Dunkel in uferlosen Fluten, eine Woge stürzt mich auf die andre, aber ich vertrau, und eine Stimme in mir, daß ich dem Genius zulieb so kühn bin! — oh, das lebendige Feuer, und trotz dem Stürmen halt ich die Palme hoch und eile dem leisen Schein des Morgenrots entgegen, weil das Er selber ist. —

Gott sei die Poesie, hab ich in meinem letzten Brief gesagt, und die Weisheit, sagen die Kirchenväter, ich hab's geleugnet und gesagt, Gott sei die Leidenschaft, die Weisheit, die kommt ihm zugut, das Leidenschaftsall zu bestehen, aber sie ist nicht er selber; meine Gründe: was sollte Gott mit aller Weisheit, wenn er sie nicht anbringen kann? Wenn aus allem, was geschaffen ist, sich Neues erzeugt, wenn keine Gewalt, keine Kraft überflüssig ist, sondern grad um ihrer höchsten Entwickelung willen sich ewig selbst anregend steigern muß, so kann die Weisheit Gottes nicht selbst die Hände in den Schoß legen wollen. — Himmel und Erde regieren, wo Sonn und Mond und alle Stern schon für die Ewigkeit angepappt sind, das kann der Weisheit kein Reiz sein; sich in Menschenangelegenheit mischen, ihre Gebete erhören, die alle verkehrt sind, das muß bei himmlischer Hofhaltung doch wohl von selber gehen. Sollte Gott sich des Dings selber annehmen — es wäre unweise — denn der Hauch Gottes überwiegt alles geistige Wehen der Menschheit, so würde diese denn nimmer der eignen Weisheit Keim lösen können in sich. Unser Geist ist feuermächtig, er soll sich selbst anfachen; wir haben die Leidenschaft, sie soll im Geistesfeuer gen Himmel steigen zum ewigen Erzeuger, in seiner Leidenschaften Glut mit allem übergehen; nicht umsonst steigt in der Leidenschaft der mächtige Geist der Unsterblichkeit auf, jeder Hauch, jeder Blick soll ewig währen, das sagt eine innere Stimme. Alles, was mich entzückt in der Natur, dem schwör ich ewige Treue, der Lüfte Liebkosungen, wie könnt ich ihnen den heißen Atem weigern, der heiß nur ist, um in der Lüfte Liebe sich zu kühlen. Die klaren schwankenden Wässer, wie sollt ich ihnen nicht vertrauen, die mich tragen, ruhig gebettet, auf ewig regem Leben, wie die Liebe das Geliebte trägt, und die sanfte, weiche Erde, wie sollten die Sinne ihr sich abwenden, die keine Regung ungeboren lässet, jeden Keim in die Lüfte trägt und Flügel gibt, heimlich in die Wiege alles Geschaffnen, die der Geist mächtig zum Himmel einst entfalte, wenn er gereift ist durch ihre Spende — sie, die himmlische Erde — auf der frohlockend sich alles Leben tummelt und alles trägt im Busen und über ihm — die sie auf sich herumtrappeln läßt all die Lebendigen — und gibt ihnen die Milch ihrer Kräuter und Früchte, die in so großer Fülle aus dem Busen ihr springen — ja, wie sollt ich nicht mit heißer Liebe sie lieben, die Doppelliebige? — Und dann — das Licht, das niedersteigt ins Dunkel, einsam drin zu spielen; — und der Einsamkeit Odem einbläset und der Erde Kräfte nährt und tränkt, die dann den Geist umspielen, daß er im verschlossenen Dunkel seiner selbst, des Lichtes Leidenschaft für ihn sich erinnere und auch ihm zuwachse, sich mit ihm zu küssen. Wenn Ihr alle dichtet von jenen Wahrheiten, so mächtig, so selbstlebend, daß sie dem Dichter den Busen bewegen, daß er ihr Element werde und sie ewig ausspreche, oh, so lasset sie für mich geboren sein, daß ich ihnen traue, daß ich mich ihnen hingebe und sie genieße; für was drängten sie sich ewig in Euren Geist, für was rührten sie Eure Lippen, die Ihr sie aussprecht, wenn sie nicht wahrhaft lebendig Leben wären, das durch Euch wiedergeboren soll werden in die Sinne der Menschen. Nun, meine Sinne sind fruchtbarer Acker, sie haben Euren Samen aufgenommen; oh, denket, daß nichts von Euch geahnet war, nichts, was Ihr nur in den Wolken gelesen, was mir nicht lebendig geworden. Das ist's! — Und was wollt ich doch sagen? — Ach, wie weit hab ich mich verlaufen und wollte doch nur sagen von dem Gott, und daß er nicht die Weisheit könne sein, sondern die Leidenschaft, die der Weisheit bedürfe, um kühn und tapfer zustande zu bringen, was in ihr gärt. — Wie sag ich Dir's doch, wenn Du's nicht von selbst verstehst, wenn Du nicht verstehst, daß alles Wesen durch Leidenschaft ausgesprochen sein wolle, ja selbst die Ruhe nichts anders sei als nur Leidenschaft, daß *der* Mensch nur mit einem Götterbusen geschaffen sei, in dem die Leidenschaften ihren Herd haben, dem Göttlichen ewig lebendige Glut zu opfern. — Wenn Du nicht dazu ja sagst, wie kann ich's Dir abdringen? — Drum komm und lasse uns Weisheit sammeln, um unserer Leidenschaften Glut damit zu schüren. —

Daß Gott die Weisheit sei, das haben wir protestiert, aber daß Weisheit und Tapferkeit ineinander verliebt seien — aber nicht die der Kirchenväter —, das ist *unsere* Lehre; sie sind der Herd, auf dem die Leidenschaften flammen; ohne sie kann Leidenschaft nicht atmen. — Und wenn es keine brennenden Leidenschaften zwischen der Kraft und dem Geist gäbe, wo sollt ihr Feuer herkommen? denn um nichts ist wieder nichts — sie würden sich schlafen legen und absterben, die Kräfte und der Geist — aber der heiße Trieb, ineinander zu schwelgen, einander zu besitzen, die schüren das Lebensfeuer in ihnen, da ist fortwährend innerlich Bewegen zueinander. Gefühl in jeder Regung, sie sei empfunden von der andern — das ist das innere lebendige Leben, und alles andre ist nicht lebendig in uns. Für was würde man sich vor sich selber schämen, wär nicht diese innerliche Liebesdespotin, die das Gefühl zur Rechenschaft forderte, daß man einem inneren Mächtigen die Treue gebrochen oder einer Schwäche sich hingegeben vor dem Geliebten. Was ist das Gewissen anders als der Minnehof des Geistes mit den Sinnen — wo sie sich einander hingeben und Opfer, Heldentaten füreinander tun und innerlichen Minnesold empfangen. Und dann jene Stimme, die jegliche Stimmung prüft; je tiefer und weiter sich dies Leben ausbildet, je fester gründet sie die Ansprüche und Berechtigungen, je leichter verletzbar. Ach, ich sag Dir, es liegt ein Adel, ein steigender Trieb in der Seele, der auf die Außenseite des Lebens zurückstrahlt, alles aus leidenschaftlicher Berührung der Sinne mit dem Geist; wenn Du schreitest, wenn Du Dich wendest, wenn Du die Stimme erhebst — was auch des geringsten nur Dich einen Augenblick aus der Gegenwart (Einwirkung) jener Lebensregungen entfernt, fühlst Du nicht Vorwürfe? — ein Stocken, eine Ohnmacht in Dir? — schlägt nicht Dein Herz in Pein, als müsse es rückkehren? — dahin, wo die Sinne sich geliebt wähnen vom Geist, sich zärtlich umarmen mit ihm. — Ach, ich muß solchen Unsinn reden — mit Tränen, denn ich bin so tief bewegt von etwas, wie soll ich Dir das sagen? — Der edle Mensch ein Tummelplatz von Leidenschaften, lauter Kräfte, die aufstreben ins Leben durch die Liebe untereinander! — Die regt jene auf, zärtlich oder feurig alle mitsamt glühen füreinander durch den Geist, und da glüht's und da sprüht's, und da scheint endlich der Alletagstag so nüchtern hinein und reißt die Feuer auseinander und löscht die Brände und macht den Alltagsmenschen aus einem; das ist Eure Not um mich, und diese Schicksale schweben mir in der Brust indessen und fordern Antwort jeden Augenblick. Ach, da gibt's Streit, Versöhnung, heimlich Glückspenden, und dies alles ist wie der laue Abendwind, der von selbst herübergeklettert kommt; ich hör ihn schleichen, sacht an mich heran, und mir am Herzen flattern, und dann bin ich schmerzzerrissen; von was? — ich kann's nicht sagen; — mein Herz — zu schwach ist's. — Daß es geliebt wär von einer höhern Macht, süß begehrend! es kann's nicht tragen. — Den Geist außer mir, in der Luftwelle oder im Mondglanz oder sonst — spricht der mit mir, das ertrag ich nicht — dann bitt ich, laß mich schlafen — Dir im Schoß. Denn ich kann ihm nicht ins Antlitz schauen und sag ihm, ich wolle sterben, er soll mich zudekken — mit grünen Zweigen, Er, der neben mir steht oder über mir und mich ansieht so still. Was ist Vernichtendes in der Liebe? — daß ich sag, ich wolle sterben? — denn ich hab nichts anders in der Seel als diese Sprache; denn meine Hände können nicht hinlangen. Wollt ich in die Luft reichen? — nein, ich darf nicht, er verschwindet, und mein Blick, der sieht nur auf, wenn's Nacht ist, nicht bei hellem Tag. — Aber in der Nacht im Finstern, da geh ich ihm entgegen, da treibt mich's oft eilig in die dunklen Laubgänge, und ganz am End da seh ich, wie wenn ich überzeugt sein dürfte, Er sei es. — Nicht freudig, nicht traurig — tiefe Stille in mir, manchmal schlägt's Herz bang, dann seh ich den Schatten vor ihm herstreifen über den Rasen. Dann ruf ich mich auf: laß mich doch denken können! — und sammle meine Sinne, und immer so vorwärts schreit ich, eilig und immer näher, dann am Baum leg ich mich nieder auf die Wurzeln, die küß ich, diese Wurzeln — es sind die Füße des Dichtergeistes über mir. — Aber ich muß schlafen gehen, zu müde bin ich — schon zweimal eingeschlafen während dem Schreiben.

Heut seh ich, daß ich Dir von nichts geschrieben hab, was Du mich frägst, und bin aus Mangel an Logik ins Geschwärm geraten. Und doch will ich Dir nur sagen, ich studier noch Geschichte fort, nur wollt ich Dir keine trocknen Auszüge mehr davon in meinen Briefen machen, dafür zeichne ich Landkarten und hab andre Spekulationen; so studier ich die Woche zweimal mit Hofmann Musik, nicht mehr Generalbaß, er meint, ich werd den von selbst in mich kriegen, ich soll lieber meine Melodien aufschreiben, auf die er einen Wert legt und mir gern zuhört, wenn ich abends sing, auch hat er mehrere Gänge mir abgehört und sie aufgeschrieben, und letzt hat er im Konzert phantasiert bloß auf Thema, die er von mir erlauschte; drum, es war mir auch so wunderlich, es stand mir die ganze Musik so spöttisch gegenüber, ich wußt gar nicht, was ich dazu sagen sollt, ich hatte es nicht erraten; am Morgen frug er, wie mir's gefallen hätte, ich sagt, es sei mir gewesen, als müsse ich ihm immer voranlaufen und wisse schon alles, wie's kommen werde; es sei gewesen, als haben seine Phantasien einen Verstand, den ich begreife. — »Ja, das war, weil es Ihre eignen Wege waren, die Sie gegangen sind«; und seitdem will er, daß ich aufschreiben lerne, das ist mir viel schwerer als alles andre, kein Gedanke hält eine Minute fest, und gelingt mir's, an einem Ende ihn zu fassen, dann reißt er mitten entzwei, und ich kann das andre nicht dazu finden, so wie es anfänglich aus meinem Geist hervorgegangen war; dann find ich wohl ein ander End, aber weil es nicht das erste war, was von selbst aus meinen Sinnen hervorgegangen, dann bin ich unruhig, als sei es falsch, und den Takt zu finden, das ist mir ganz unmöglich — der Hofmann will mir oft Taktteile zusammenrücken, das kann ich nicht wollen, oft geb ich's zu, dann will's mein Gefühl wieder anders; der Hofmann hat eine unsägliche Geduld mit mir und meint, dies alles werd sich finden, sowie ich erst gewohnt sei aufzuschreiben, da werde ich der Sache schon Meister werden; wenn er mir das sagt, das macht mich ganz traurig — ich mag nicht Meister werden, ich will mich bemeistern lassen von diesen Musikfluten, von denen ich nicht weiß, ob sie Wert haben können für ein ander Ohr, das schadet nicht, sie reden mit mir und sagen mir volle Lebensakkorde, die ich erkenne als eins mich machend mit der Natur, das ist's, was mich hindert. Es ist mir, als wolle ich in Weissagungen pfuschen. — — Ja, es wird schwer gehen mit dem Lernen. Und doch! — ich hab den Willen und tue das mögliche in dieser Einöde von Talentlosigkeit; — und von dem Geist, der Leben in mir ist, da muß ich Abschied nehmen, wenn ich lernen will; da sag ich mir, es sei nur auf Zeiten, er werde wiederkehren, der Geist, und dann fühl ich mich reif zum Abschied und sterb, wenn ich lernen will. Jetzt will ich Dir auch noch auf Deine letzte Frage antworten von der gemeinen Frau; das war, kurz ehe

ich von Frankfurt hier herauskam, da war ich allein von dem
Bockenheimer Tor aus dem Garten, wo die Tonie wohnt, her-
eingegangen in die Stadt. Da begegnete mir eine Frau, der
war das Band aufgegangen am Schuh, und sie konnte sich
nicht bücken, denn sie ging mit einem Kinde und seufzte sehr
unter ihrer Last; ich ließ sie ihren Fuß auf meine Knie stellen, um das Schuhband ihr zuzubinden, dann aber führte ich
sie nach ihrer Wohnung, weil sie so sehr jammerte über
Schmerzen; es war schon dämmerig, als wir in die Stadt
kamen, da begegnete mir eben auch die Frau Euler, welche
unser beider böser Dämon zu sein scheint, ich machte ihr eine
tiefe Verbeugung zu meinem Pläsier und schleppte die Frau
weiter, die fing aber an mir bang zu machen, denn sie seufzte
so schwer und ward so blaß, und der Schweiß trat ihr auf
die Stirn; da kam der gute Doktor Neville, dem übergab ich
die Frau, und als ich auf den Roßmarkt kam, da begegnete
mir der Moritz, der sagte: »Ach, wie blaß sehen Sie aus, es
fehlt Ihnen was.« — »Ich habe so großen Hunger«, sagte ich
— und es war auch wahr, die Angst mit der Frau hatte mir
Hunger gemacht; der Moritz griff in die Tasche, die hatte
er voll getrockneter Oliven, die esse ich gern, er leerte seine
Tasche in meinen Handschuh aus, den ich ausgezogen hatte,
um sie hineinzufüllen, da führt der Kuckuck die Lotte vorbei;
der Moritz ging, die Lotte kam an mich heran und fragte,
wie kannst du nur auf offner Straße mit dem Moritz Hand
in Hand stehen, das ärgerte mich, ich ging ins Stift zu Dir herein, wo ich meine Oliven speiste und die Kerne alle in eine
Reihe legte aufs Fensterbrett, Du standst neben mir und warst
ganz still versunken in die Dämmerung, und endlich sagtest
Du: »Warum bist du heute so schweigsam?« Ich sagte: »Ich
esse meine Oliven, das beschäftigt mich, aber du bist doch
auch stille, warum bist du still?« — »Es gibt ein Verstummen
der Seele«, sagtest Du, »wo alles tot ist in der Brust.« —
»Ist es *so* in dir?« fragte ich. — Du schwiegst eine Weile,
dann sagtest Du: »Es ist grade so in mir, wie da draußen im
Garten, die Dämmerung liegt auf meiner Seele wie auf jenen
Büschen, sie ist farblos, aber sie erkennt sich — aber sie ist
farblos«, sagtest Du noch einmal und dies letztemal so klang-

188

los auch, daß ich Dich im Nachtschimmer ansah verwundert
und verschüchtert, denn ich traute mich nicht mehr zu reden,
ich sann auf Worte, wie ich mit Dir anheben sollt; — ich
suchte in weiten Kreisen umher, nichts schien mir geeignet,
diese Stille zu unterbrechen, die immer tiefer und tiefer sich
wurzelte und mir wie ein Schlummer durch den Kopf strömte,
dem ich nicht mehr widerstand — ich legte mich träumend
auf die Fensterbank mit dem Kopf, und so wer weiß wieviel
Zeit verging; da kam Licht ins Zimmer, und als ich aufsah,
da standst Du über mir gebeugt und sahst auf mich, und
als ich Dich fragend ansah, da gabst Du zur Antwort: »Ja, ich
fühle oft wie eine Lücke hier in der Brust, die kann ich nicht
berühren, sie schmerzt«; ich sagte: »Kann ich sie nicht ausfüllen, diese Lücke?« — »Auch das würde schmerzen«, sagtest Du; da reicht ich Dir die Hand und ging, und lang verfolgte mich Dein Blick, der so still war und so innerlich und
doch nur wie über mir hinstreifte. Oh, ich hatte Dich im
Heimgehen so lieb, ich schlang meine Arme um Dich so fest
in Gedanken, ich dacht, ich wollte Dich tragen auf meinen
Armen ans End der Welt und dort Dich an einen schönen
moosreichen Platz niedersetzen, da wollt ich Dir dienen und
nichts Dich berühren lassen, was Dir weh tun könne; ja, so
war's in meinem kindischen Herzen, mit Gewalt wollt ich
Dich fröhlich machen und dachte einen Augenblick, es solle
mir gelingen, aber ich weiß wohl, daß mir so was nicht gelingen kann und daß es nur Verwechseln ist von meinen Sinnen, die wie Kinder Fernes und Nahes nicht unterscheiden
können, die auch meinen, sie können den Mond herablangen
mit der Hand und können den Spielkamerad damit trösten,
wenn er stumm und traurig ist. — Als ich nach Hause kam,
da waren alle beim Tee versammelt, und ich war stumm,
weil ich an Dich dachte, und setzte mich auf einen Schemel
am Ofen, und da ging ich tief in mein Herz hinein, wie ich
doch ein inneres Leben aus meinem Geist wecken wolle, das
Dich ein bißchen berühre, da Du mir bisher alles allein gegeben hast, und ich hab nie die Stimme in meiner Brust können vor Dir laut werden lassen; da dacht ich, wenn ich fern
von Dir wär, da würd ich in Briefen wohl eher zu mir selber

kommen, weil das vielfältige, ja das tausendfältige Getümmel in mir mich verstummen macht, daß ich nicht zu Wort komme vor mir selber. — Und ich erinnerte mich, daß, wie wir einmal von den Monologen des Schleiermacher sprachen, die mir nicht gefielen, so warst Du andrer Meinung und sagtest zu mir: »Und wenn er auch nur das einzige Wort gesagt hätte: der Mensch solle alles Innerliche ans Taglicht fördern, was ihm im Geist innewohne, damit er sich selber kennenlerne, so wär Schleiermacher ewig göttlich und der erste größte Geist« — da dacht ich, wenn ich von Dir fern wär, da würd ich in Briefen Dir die ganze Tiefe meiner Natur offenbaren können — Dir und mir; und ganz in ihrer ungestörten Wahrheit, wie ich sie vielleicht noch nicht kenne, und wenn ich will, daß Du mich liebst, wie soll ich das anders anfangen als mit meinem innersten Selbst — sonst hab ich gar nichts anders — und von Stund an ging ich mir nach wie einem Geist, den ich Dir ins Netz locken wollt. Am Abend hatte mir der Franz noch ein paar freundliche, aber doch mahnende Worte darüber gesagt, daß ich mit dem Moritz auf der Straß gestanden hatte und geplaudert; — die Lotte hatte es der Schwägerin gesagt; — ich antwortete ihm nicht darauf, denn verteidigen schien mir nicht passend, wie denn das meiner Seele ohnedem nicht einverleibt ist, daß ich solche Irrtümer aufklären möchte, und am Ende schien mir der Moritz doch wert, daß man freundlich mit ihm Hand in Hand stehe, obschon er mir bei jener Vermahnung sehr schwarz gemacht wurde; er begegnete mir am andern Morgen auf dem Vorplatz, und ich sah mich um, ob niemand mich erspähen könne, und zog ihn in die Ecke, wo die Wendeltreppe hinaufführt zu meinem Zimmer; da küßte ich ihn auf seinen Mund, zwei-, dreimal, und daß er meine Tränen auf seinem Gesicht fühlte, denn er wischte sie mit der Hand ab und sagte: »Was ist das? — was fehlt dir, Kind, was ist dir?« Ich riß mich los und sprang hinauf auf die Altan hinter die Bohnen — und war sehr schnell oben, daß er's nicht sah; er glaubte mich in meinem Zimmer und kam herauf und klopfte an, und weil er keine Antwort bekam, so machte er leise auf und weilte einen Augenblick im Zimmer; als er herauskam, sah er nach der Altan; mir war recht bang, er würde mein weiß Kleid erblicken, denn das schimmerte durch das dünne Bohnenlaub. Ich weiß nicht, ob er mich sah und mein Verbergen achtete, aber ich glaub's, und das gefiel mir so wohl von ihm; als ich ins Zimmer kam, fand ich auf meinem Tisch im Kabinett am Bett ein Fläschchen in zierlichem Brasilienholz mit Rosenöl; am Abend auf dem Ball bei seiner Mutter sprach er nichts zu mir – wie sonst – aber er kam in meine Nähe, und weil das Fläschchen so süß duftete hinter dem Strauß von Aschenkraut und Rosen, da lächelte er mich an, und ich lächelte mit, aber ich fühlte, daß gleich mir die Tränen kommen wollten; ich mußte mich abwenden, er merkte es und ging zurück und stellte sich unter die andern, er mußte auch tanzen mit den Prinzessinnen und hatte viel Geschäfte und mußte eine Weile mit dem König von Preußen sprechen, aber ich sah doch, daß er mich im Aug behielt den ganzen Abend, und selbst während er mit dem König sprach, sah er herüber, sehr ernsthaft immer, ich war heimlich vergnügt, aber doch hätt ich jeden Augenblick weinen mögen; als wir weggingen, flüsterte er mir ins Ohr: »Du gleichst der Sophie.« Was war das alles, was mir durch die Seele ging? – ich weiß es nicht. Am andern Tag, wo ich nicht wie gewöhnlich zu Dir kam, da hatte Moritz am Morgen seinen Gärtner geschickt mit einem Wagen voll schöner seltner Blumen, die stellte er ohne mein Wissen hinter der Bohnenwand auf – und als ich sie sah, war ich erst gar erschrocken und verstand nicht, wie die Blumen dahergekommen waren; aber bald verstand ich, er müßte mich doch wohl gesehen haben hinter der Bohnenwand am vorigen Tag. – – Ach, ich war während diesen Stunden so wunderlich bewegt gewesen: von Dir, von Kränkungen, von Mitleid, daß er verleumdet war; von seinem feinen Wesen zu mir und dann, daß er mir gesagt hatte so leise: »Du gleichst der Sophie«, die ihm doch gestorben war – daß ich nicht mehr wußte, was ich wollte. Am Nachmittag kam Christian Schlosser, vom Neville geschickt, der der Frau beigestanden hatte bei der Geburt von einem kleinen Mädchen, denn das war gleich in der Stunde auf die Welt gekommen; der ließ mich fragen, ob ich nicht wolle zur armen Frau kommen, die sei sehr krank und auch das Kindchen, und ich solle es aus der Tauf heben, der Christian Schlosser wolle mit Taufzeuge sein; ich ging mit, da war der Pfarrer, der taufte das Kind, und die Frau war sehr krank; wie der Pfarrer weg war, so nahm die Wartfrau das Kindchen auf den Arm und sagte: »Es wird gleich sterben«, da war mir so bang, ich hatte niemals jemand sterben sehen, und die kranke Frau im Bett weinte so sehr ums Kind, die Hebamme sagte: »Eben stirbt's« und schüttelte es, da war's plötzlich tot. — Ach, wie ich nach Hause kam, war ich so traurig — der Franz sagte: »Du siehst seit einiger Zeit so blaß aus, deine Gesundheit scheint mir gar nicht fest«, und als am Abend wieder das Gespräch auf den Moritz kam, wobei er gar nicht geschont wurde, da schrieb ich an die Großmama, sie solle mich vom Franz zu sich begehren nach Offenbach. Das war allen recht und mir auch; so war ich ihrer Meinung nach dem Moritz aus dem Weg geschafft, und ich, meiner Meinung nach, brauchte doch nichts Böses von ihm zu hören, denn ich will nichts Böses von ihm hören, nein, nimmermehr will ich was Böses von ihm hören. Aber hier in Offenbach war ich gleich wieder ruhig, und da ward mir mein Gelübde gleich wieder klar, das ich an jenem Abend vor Deiner Tür noch aussprach, als Du so kalt warst und so traurig — daß ich eine Gabe Dir wollt geben von meiner Seele, daß ich mein Innerstes wollt Dir zulieb zutage fördern, weil Du das so hochschätzest wie jener Schleiermacher. Und da hab ich in meinem Innersten Wege geschritten und bin dahin geraten, wo Du jetzt stockst und willst nicht weiter und fürchtest Dich, mich anzuhören; denn ich hab's wohl gemerkt an Deinem Brief, Du fürchtest Dich vor meinen Abwegen. Oh, fürcht Dich nicht, ich gab Dir treulich wie's Echo, was widerhallte aus mir. Ach! — Ich bin jetzt glücklich, sei Du's auch! — schöne Träume hab ich, und das ist ein Zeichen, daß die Götter mit mir zufrieden sind. — Im Herzen ist mir's, wenn ich erwache am Morgen, als ob ich von Dichterlippen geküßt sei, ja, merk Dir's, von Dichterlippen. Nein, ich fürchte mich nicht mehr vor der Zukunft! — ich weiß, durch was ich sie mir zum Freund mache,

ja, ich weiß es. Ich will auch wie die Großmama einen Ewig-
keitskreis mit meinem Leben schließen, nicht, wie Du gesagt
hast, jung sterben. Viel wissen, viel lernen, sagtest Du, und
dann jung sterben, warum sagst Du das? – mit jedem Schritt
im Leben begegnet Dir einer, der was zu fordern hat an Dich,
wie willst Du sie alle befriedigen? – Ja, sage, willst Du
einen ungespeist von Dir lassen, der von Deinem Brosamen
fordert? – nein, das willst Du nicht! – Drum lebe mit mir,
ich hab jeden Tag an Dich zu fordern. Ach! – wo sollt ich
hin, wenn Du nicht mehr wärst? – Ja dann, gewiß vom
Glück wollt ich die Spur nimmer suchen. Hingehen wollt ich
mich lassen, ohne zu fragen nach mir, denn nur um Deinetwillen frag ich nach mir, und ich will alles tun, was Du
willst. – Nur um Deinetwillen leb ich – hörst Du's? –
Mir ist so bang – Du bist groß, ich weiß es – nicht Du
bist's – nein, so laut will ich Dich nicht anreden – nein,
Du bist's nicht, Du bist ein sanftes Kind, und weil's den
Schmerz nicht tragen kann, so verleugnet es ihn ganz und
gar – das weiß ich, so hast Du Dir gar manchen Verlust
verschleiert. Aber in Deiner Nähe, in Deiner Geistesatmo-
sphäre deucht mir die Welt groß; Du nicht – fürchte Dich
nicht – aber weil alles Leben so rein ist in Dir, jede Spur so
einfach von Dir aufgenommen, da muß der Geist wohl Platz
gewinnen, sich auszudehnen und groß zu werden. – Verzeih
mir's heut, ein Spiegel ist vor meinen Augen, als hätte einer
den Schleier vor ihm weggezogen, und so traurig ist mir's,
lauter Gewölk seh ich im Spiegel und klagende Winde –
als müßt ich ewig weinen, weil ich an Dich denk – ich war
drauß heut abend am Main, da rauschte das Schilf so wunderlich – und weil ich in der Einsamkeit immer mit Dir
allein bin, da fragt ich Dich in meinem Geist: »Was ist das?
redet das Schilf mit *Dir*?« hab ich gefragt. Denn ich will
Dir's gestehen, denn ich möchte nicht so angeredet sein, so
klagvoll, so jammervoll, ich wollt's von mir wegschieben! –
Ach, Günderode, so traurig bin ich, war das nicht feige von
mir, daß ich die Klagen der Natur abwenden wollt von mir
und schob's auf Dich – als hätte sie mit Dir geredet, wie
sie so wehmutsvoll aufschrie im Schilf. – Ich will ja doch

gern alles mit Dir teilen, es ist mir Genuß, großer Genuß, Deine Schmerzen auf mich zu nehmen, ich bin stark, ich bin hart, ich spür's nicht so leicht, mir sind Tränen zu ertragen, und dann sprießt die Hoffnung so leicht in mir auf, als könnt wieder alles werden und besser noch, als was die Seele verlangt. — Verlaß Dich auf mich! — wenn's Dich ergreift — als woll es Dich in den Abgrund stoßen, ich werde Dich begleiten überallhin — kein Weg ist mir zu düster — wenn Dein Aug das Licht scheut, wenn es so traurig ist. — Ich bin gern im Dunkel, liebe Günderode — ich bin da nicht allein, ich bin voll von Neuem, was in der Seele Tag schaffet — gerade im Dunkel da steigt mir der lichte, hellglänzende Friede auf. — Oh, verzweifle an mir nicht, denn ich war in meinen Briefen auf einsamen Wegen gegangen, ja zu sehr, als such ich nur mich selbst, das wollt ich doch nicht, ich wollte *Dich* suchen, ich wollt vertraut mit Dir werden, nur um mit Dir die Lebensquellen zu trinken, die da rieseln in unserm Weg. — Ich fühl's wohl an Deinem Brief, Du willst Dich mir entziehen — das kann ich nicht zugeben, die Feder kann ich nicht niederlegen — ich denk, Du müssest aus der Wand springen, ganz geharnischt, wie die Minerva und müßtest mir schwören, meiner Freundschaft schwören, die nichts ist als nur in Dir. — Du wollest fortan im blauen Äther schwimmen, große Schritte tun, wie sie, behelmt im Sonnenlicht wie sie, und nicht mehr im Schatten traurig weilen. Adieu, ich geh zu Bett, ich geh von Dir, obschon ich könnt die ganze Nacht warten auf Dich, daß Du Dich mir zeigst, schön wie Du bist und im Frieden und Freiheit atmend, wie's Deinem Geist geziemt, der das Beste, das Schönste vermag. Eine Ruhestätte Dir auf Erden, das sei Dir meine Brust. — Gute Nacht! — sei mir gut — ein weniges nur. —

Montag

Jetzt hab ich schon drei Tage an diesem Brief geschrieben, und heute will ich ihn abschicken; ach, ich mag ihn nicht überlesen, geschrieben ist er, wahrheitsvoll ist er auch, wenn Du die augenblickliche Stimmung der Wahrheit würdigest, wie ich sie deren würdige und nur sie allein, obschon die

Philister sagen, sie sei die Wahrheit nicht, nur was nach reiflichem Überlegen und wohlgeprüft vom Menschengeist sie angenommen, das sei Wahrheit. Ach, diese Stimmungen, sie bauen das Feld, und was uns zukommt, als sei die Seele mit im Abendrot zerschmolzen oder als löse sie sich frei vom Gewölk und tue sich auf im weiten Äther — das bringt uns auch wie das fruchtbare Wetter Gedeihen. Ist mir's doch, da ich meinen Brief schließen will, als ob das schönste Leben uns bevorstehe, wenn Du nur willst, und willst so viel mich würdigen, daß Du ruhig Deine Hand in der meinen liegen lässest, wenn ich sie fasse. — Ich war heut morgen drauß und hab mir den Aschenkranz zum Ball bestellt — wie Du's gesagt hast — aber gelt, der Moritz hat Dir's gesagt, ich soll den Kranz aufsetzen? — Ich kam hin zum Gärtner, er stand zwischen der Tür vom Boskett und dem Blumengarten gelehnt; gewiß, er hat auf mich gewartet, denn ich war schon zwei Tage nicht dagewesen. Aber gestern abend, wie ich schlafen ging, da hatt ich mir fest vorgenommen, ich wollt gewiß keinen Menschen unglücklich machen, oder besser, ich wollt gewiß jedem geben an Glück, was ich kann. — Und mir soll nichts zu gering sein, und was ist ehrender, als wenn Du mit einem Blick oder Wort wohltun kannst? — Nun hör nur mein lieb Gespräch mit dem Gärtner an. — Weil ich kam, so sagt ich: »Ich hätt wohl eine Bitte an den Anton. (Denn ich rede ihn nicht anders an, denn ich mag ihn nicht Gr. nennen.) Ich geh auf den Ball heut, und da möcht ich einen Kranz, und weil ich gar nicht vergnügt bin, daß ich zum Tanz soll gehen, so wollt ich einen traurigen Kranz gern haben von Aschenkraut, und keine Blumen wollt ich gar nicht. Ist wohl so viel Aschenkraut da, daß wir einen Kranz können machen, ohne die Büsche zu verderben?« — da ging er voran und brach mir eins nach dem andern, und ich band's am Draht fest. Er hatte mir doch noch kein Wort gesagt und legte mir die Sprossen nacheinander auf den Schoß, ich saß auf der Blumenbank am Treibhaus, er rückte die Blumen über mir und um mich her zusammen, während ich meinen Kranz flocht, und holte noch mehrere aus dem Treibhaus, daß ich wohl

merkt, ich war ganz eingerahmt, und da war eine große purpurrote Passionsblume, die hing herab an meiner Seite, er schnitt sie ab und legte sie schweigend an das Geflecht, ich band sie auch schweigend mit ein, ich probierte ihn auf, er war weit genug, er nahm ihn mir aus der Hand, streifte sich den Ärmel auf, maß am Arm die Länge vom Kranz und band ihn selber fest, schnitt die überflüssigen Stiele und Blätter ab und gab ihn mir. Das alles war schweigend geschehen. »Es ist heut so schönes Wetter«, sagte ich — »find ich Euch morgen im Garten — wenn ich früh komme?« — »Oh, das werden Sie wohl verschlafen, weil Sie die Nacht durchtanzen.« — »O nein, um halber zwölf fahr ich schon wieder zurück, und Ihr könnt mich heimfahren hören an Eurer Wohnung vorbei — ich fahr im Kabriolett, nur mit einem Pferd hier vorbei, da könnt Ihr hören, ob ich Euch nicht Wort halt, da! ich geb Euch meine Hand drauf.« — Er ward rot, der Gärtner, als ich ihm die Hand reichte und's Schnupftuch fallen ließ, das er mit der andern Hand auffing und mir reichte; ich sah es an, nahm's ihm aber nicht ab. — Ich sagte: »Der Kranz ist unbezahlbar, Ihr habt ihn aus der Mitte von jedem Busch geschnitten — wir werd ich's Euch lohnen, ich werd ihn Euch wiedergeben müssen!« — »Ja«, sagt er plötzlich — »der Kranz gehört mein« — »Nun«, sagt ich, »verlaßt Euch drauf, ich bring ihn wieder.«
Gestern um halb acht Uhr fuhr ich mit der Tonie auf den Ball; auf dem Weg nach dem Forsthaus waren die Leute vom Moritz mit Fackeln zu Pferd und begleiteten die Wagen; von weitem war's ergötzlich, all die Fackeln galoppierend durch den hochstämmigen Weg im Wald. Das Wäldchen war mit bunten Lampen erleuchtet. Ach, wie schön war's! — und dazu lächelten die unendlichen Sterne! — der Moritz empfing uns — ich sagte: »Ach, wie schön ist's hier!« — »Ja? — gefällt dir's? — du bist auch schön!« — und so ging er wieder. — Ach, ich war so vergnügt — ich mußte lächeln mit mir — es weckte mich aus dem Traum, als ich tanzen mußte, und der Traum war so schmeichelig selbstvergessen — mitten im Getümmel ein Wonnegrab, da kamen die Grabesschauer mir nachgeflogen und weckten Gedankenseelen, in der Brust

begraben, die gaukelten über mir im Blauen, und der Tag heut spiegelt die Nacht und die Nacht wieder den Tag, die ist so hellglänzend, daß die Sterne erblassen, und der Tag so schattig, so kühl, daß die Sonne nichts vermag. —
Beim Nachtessen kam der Moritz, wir saßen an kleinen Tischen, ich am allerletzten mit der Pauline Chameau und Willig. Der Moritz setzte sich neben mich, er fragte: »Wer hat heut Ihre Toilette besorgt, so einfach, so originell? — die blaue Schärpe! was bedeuten die blauen Bänder? — und der graue Kranz! — wer hat den aschgrauen Kranz besorgt?« — ich sagte: »Der Widerhall.« — »Gris de cendre, joyeux et tendre, so muß denn der Widerhall freudiger Zärtlichkeit an Ihr Ohr geschlagen haben?« — er ging. — So ein Liebesgespräch, mitten an offener Tafel, von keinem verstanden, nur von mir, so leicht — so luftig — wie nimmst Du's? — ist's nicht Blütenstaub, vom lauten Westwind Dir ins Gesicht geweht! — ja, alles müssen wir der Natur vergleichen, was voll heiteren Entzückens uns durchdringt, nichts anders kann's aussprechen noch wiedergeben im Bild. Will ich mir von jenen Worten die Regung im Herzen lebhaft wieder in die Sinne rufen, so muß ich doch an Blütenbäume denken, die ihre Geschenke dem Morgenwind auf die Flügel laden für mich, und dann schauert's mich so frühlingsmäßig, wenn ich das denke. — Als wir alle wegfuhren, die Schwägerinnen im Stadtwagen zuerst und ich ins hohe luftige Gig vom George, da ließ der Moritz seinen Mantel holen, mir auf die Füße zu werfen, weil's kühl sei; er fragte, ob ich froh gewesen sei? — »Ja!« sagte ich, alles war schön und stimmte ineinander, der Rasenteppich und die bunten Lichter und die Sterne am Himmel, rauschende Bäume und die Musik der Geigen und Flöten, und auch die der süßen Reden. — Er drückte mich an sich und sagte: »Du warst die Königin vom Fest, dir hab ich die Lichter angezündet und die Flöten rufen lassen, es schmeichelt mir unendlich, daß du Gefallen hattest dran, und schenk mir was zum Lohn und zur Erinnerung der schönen Nacht.« — »Ich hab nichts, was soll ich Ihnen geben?« — »Der Kranz steht dir zu gut, den will ich nicht, gib mir die blaue Schärpe, ich will sie

heut Nacht um den Hals schlingen.« Ich gab sie ihm — er hob mich ins Gig, warf mir seinen Mantel über, vier Reiter jagten mit Fackeln voran durch den Wald. Wie war mir's doch? ein Zauber — so schnell die Schatten der Bäume — im Flammenschein verschwindend — und wieder da gleich, im stillen Nachthimmel; ich freute mich — es dauerte so eine Weile, daß die Sterne mit den Fackeln um die Wette mich auffingen, und als wir vor den Wald kamen, da war der Mond aufgegangen, da waren die Reiter ebenso schnell wieder in den Wald zurück und jagten wie die Pfeile, ich sah ihnen nach, mein Blick war ganz trunken vom Flammenwind, der da durchbrauste. Schreib dir's ins Herze, sagt ich mir heimlich, das ist dein Leben, wie ein fliegender Feuerdrache ist dein Geist, er leuchtet die heilige Natur an, ihre dunklen Räume; mit heißer, durstiger Zunge leckt er an ihr hinauf, aber er versehrt sie nicht — der Drache ist nicht wild und giftig, nein! zahm und sanft auch; er schwingt sich in zärtlicher Unruh im Kreis und strömt seine Feuer in sanften Laven in die Bäche am Weg, und sein glühender Atem erlischt in den Nachtnebeln. Ja, der Drache ist zärtlich und liebend auch, nicht giftig und tötend; nur will ihn keiner verstehn, und alle fürchten sich vor ihm, aber nicht Du, meine Günderode, Du scheust den Drachen nicht, Du kosest ihn und legst seinen Flammenrachen zärtlich in Deinen Schoß. — Jetzt war ich aufgewacht aus meinen Träumen, ich nahm dem Reitknecht an meiner Seite die Zügel und jagte durch die breite Ebne, ganz im Mondlicht schwimmend. — Ach, wie lustig! — allerlei Glücksempfindung! — Mit Dir hab ich den Pindar gelesen, Du hast auf Deinen Lippen die Begeistrung aufgefangen und mir auf die Seele geträufelt. Wenn der Sänger mit sausenden Schwingen dahinflog, an uns vorüber! — Weißt Du's noch? — ›dahin raste der heißbrausende Hymnensturm, Latonens Sohn zum Preis!‹ — Weißt Du's, Günderode, noch? — das Licht war ausgebrannt, Du lagst auf dem Bett, die Seele voll Klang, und wiederholtest die Verse in festerprägenden Rhythmen, wo ich das Versmaß sinken ließ, und bei der Nachtlampe las ich weiter:

›Hört mich, ihr Söhne stolzer Helden und der Götter! —
Denn ich verkünde diesem meergepeitschten Land,
Einst werde Epaphus Tochter eine Städtewurzel pflanzen
Auf des Hammoniers Boden, den Sterblichen zur Wonne,
Die kurzbefiederten Delphine vertauschen alsdann
Mit schnellen Rossen werden sie, die Ruder mit Zügeln, —
Und fahren auf sturmfüßigen Wagen dahin.‹

Ich nahm diese letzten Zeilen zwischen die Lippen von Zeit
zu Zeit und stieß sie im Gesang hinausrufend in die weit
schlafende einsame Weite, und der Mond eilte mit hinter
leichtem Gewölk hervor. Hörst du auch wieder die alten
Hymnen, Latone, deinen Söhnen gesungen? rief ich — und
so füllten sich allmählich meine Sinne und rauschten auf, als
seien sie von einem Harfenrührer erschüttert mit goldnem
Plektron und jugendbrausendem Mut. — Glückliche Nacht,
wo die Gedanken wie Blüten im Südwind sich auftun fröhlicher Hoffnung voll — und ein Gefühl heitern Geschickes
wie glänzende Strahlen aus den feurigen Blitzen sich ergießt,
die der Drache in die kühlen Mondlüfte spie!

So kamen wir nach Offenbach; ich wendete links ab, statt
in die Domstraße zu fahren, der Reitknecht wollt mir in die
Zügel greifen, weil ich den Weg verfehle, ich wehrte ihm,
und so fuhr ich rasch am Boskett vorüber, wo die Pappeln
so anmutig sich neigten, so schüchtern rauschten, als wollten
sie mich grüßen. Ich lenkte in den engen Weg nach des Gärt-
ners Haus; ich hatte gesagt: um halb zwölf Uhr, es war drei
Uhr in der Nacht, der Tag war im Aufwachen, der Gärtner
stand vor seiner Tür und nahm die Mütze ab, als er mich
kommen hörte. »Guten Morgen«, sagte ich, »heut werd ich
nicht in den Garten kommen, ich will ausschlafen, da ist
Euer Kranz« und lenkte wieder um voll Vergnügen, daß ich's
durchgeführt hatt mit dem Kranz, denn ich war unterwegs
voll Zweifel, ob ich's tun solle oder nicht. — Dem Moritz
den Gürtel, dem Gärtner den Kranz, sagte ich mir immer; aber eine innere Stimme sagte mir, warum soll der
Gärtner den Kranz entbehren, er gehört doch sein, und er
war ihm früher versprochen, und dann fühlt ich, wie weh
es ihm tun werde, wenn ich mein Versprechen nicht halten

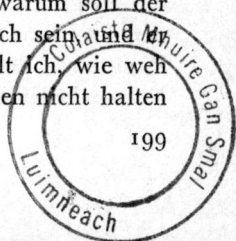

würde, und wie das ohne Lüge nicht abgehen könne, ich müsse ihm sagen, der Kranz sei verloren oder zerrissen, und das wäre eine doppelte Unachtsamkeit und müsse ihn doppelt verletzen, nein, ich mußt ihn ihm geben. Meine Seele war ordentlich leicht, als er hingeworfen war und er ihn mit der Hand auffing; er errötete so freundlich, grad mit der Morgenröte! – die aufstieg. – Dem Moritz den Gürtel, ihm den Kranz! ja, beiden gehört's. – Denn beide sind freundlich gesandt vom Dichter-Genius, der in der lautlosen Stille, wenn's von Menschen nicht gewußt oder nicht bedacht, mir durch's Labyrinth der Brust schweifet in der Nacht. –

Zu Haus im Bett, wie war mir's da? – Letzt sah ich dem Franz sein Kindchen an der Amme trinken, da mußte es so schnell schlucken, es konnt nicht eifrig genug trinken, so strömte ihm die Milch zu. Grad so war mir's im Herzen, ich schluckte süße Milch, alle süße Erinnerung strömte, sowie meine Gedanken nur einen Augenblick wollten an ihr saugen, und wie's Kindchen sich von einer Brust zur andern wendet, weil sie zu voll strömen, bis es vor Ermüdung des Saugens einschläft, so wendete ich mich von einer Seite zur andern und schlief auch endlich vor Ermüdung des Genießens ein. – So hab ich geschlafen bis Mittag, da brachten sie mir einen Strauß, der war mir aus dem Boskett geschickt worden. – Hör nur, was das für ein Strauß war und wie witzig der Gärtner ist; und wie gebunden und was das bedeuten mag – in der Mitte eine Moosrosenknospe, da herum Vergißmeinnicht und Heidekraut, die einen Kranz bilden, dann rundherum höher herauf Wacholderzweige und Nesseln, die schirmt wieder allerlei Dornwerk und Laub, was höher steigt, so zierlich gebunden wie ein Kelch, in dessen tiefster Mitte die Moosrose glüht. Das lese ich so: Die Moosrose ist mein Geschenk, der Kranz, das Heidekraut, was die Rose schirmt, das ist der bescheidne Gärtner; eine Blume, wie sie unzählig sich auf dem Feld ausbreitet, die Vergißmeinnicht, das ist das ewige Andenken; er wird's nimmer vergessen, daß ich ihm den Kranz geschenkt hab; der Wacholder ist der schlichte Weihrauch, den er meiner Gabe als Opferrauch duftet; die Nesseln bedeuten, daß es ihm im Herzen brennt und schmerzt;

das Dornwerk und das Laub, was rundum in Kelchform aufsteigt, die Rose zu verbergen, die sagen, daß es in seinem
Herzen soll geheim bleiben und daß er es im Herzenskelch
vor aller Augen still bewahren wolle. — Der St. Clair ist
wieder zurück, hat mir die Tonie gesagt. War er bei Dir?
— Was hat er vom Hölderlin erzählt?

An die Bettine
Der St. Clair war bei mir, er kam von Mainz, heut erst geht
er nach Homburg, bleibt acht Tage oder länger dort; wenn
er zurückkommt, das wird am Sonntag sein, will er nach
Offenbach kommen; er glaubt, Du werdest dann am Morgen
wohl ein paarmal mit ihm im Garten auf und ab gehen, da
will er Dir vom Hölderlin alles erzählen.
Am Mittwoch reise ich auf drei Wochen zur Nees auf ihr
Gut bei Würzburg; von dort will ich Dir deutlicher schreiben; hier, im Augenblick von kleinen Reiseangelegenheiten
gestört, kann ich nicht, wie ich wohl möchte, antworten
auf Deine Liebe, der ich eben auch vertrau wie dem untadeligen Grund Deiner Seele. Schon fühl ich mich bewogen,
Deine Empfindungen, Dein Tun ohne Einwurf gelten zu lassen; tue, wie Dir's der Geist eingibt, weil es das beste und
einzige ist, wo keines Menschen Rat auslangt; und auch weil
Du so nur den unberufnen Vorkehrungen und Ratgebern
kannst ausweichen; das ist, was hier zu befahren ist — nicht
Dein kühner Sinn; Dein sicher abwägendes Gefühl haben wir
nicht zu befahren, aber das Messen mit dem Maßstab, der
nirgendwie mit Dir zusammenstimmt. Ich selber weiß oft
nicht, mit welchem Winde ich steuern soll, und überlasse
mich allen. Hab Geduld mit mir, da Du mich kennst, und
denke, daß es nicht eine einzelne Stimme ist, der ich zu widersprechen habe, aber eine allgemeine, die, wie die lernäische
Schlange, immer neue Köpfe erzeugt. Was Du sagst und
treibst und schreibst, geht mir aus der Seele oder in die
Seele; ich fühle zu nichts Neigung, was die Welt behauptet;
und mustere ich gelassen ihre Forderungen, ihre Gesetze und
Zwecke, so kommen sie allesamt mir so verkehrt vor wie
Dir — aber Deine absurdesten Demonstrationen, wie sie

Deine Gegner nennen, habe ich noch nie in Zweifel gezogen, ich hab Dich verstanden wie meinen eignen Glauben, ich hab Dich geahnt und begriffen zugleich, und doch muß ich in die Sünde verfallen, Dich zu verleugnen; es ist mir nicht gleichgültig, daß ich diese Schwäche habe; kannst Du sie mir ausrotten helfen, so bin ich willig zur Buße. Das sei Dir genug zum Fühlen, wie die Vorwürfe, die Du Dir um mich machst, mich nur drücken können. Das Produkt jener Stunde, wo Deine Liebe dieser gewaltsamen Stimmung in mir so streng entgegentrat, leg ich Dir hier bei. — Dichten in jedem Herzensdrang hat mich immer neu erfrischt, ich war nicht länger gedrückt, wenn ich mein Verstummen konnt erklingen lassen.

DES WANDRERS NIEDERFAHRT

Wandrer

Dies ist, mich hat der Meister nicht betrogen,
Des Westes Meer, in dem der Nachtwind braust.
Dies ist der Untergang, von Gold umzogen,
Und dies die Grotte, wo mein Führer haust. —
Bist du es nicht, den Tag und Nacht geboren,
Des Scheitel freundlich Abendröte küßt!
In dem sein Leben Helios verloren,
Und dessen Gürtel schon die Nacht umfließt.
Herold der Nacht! bist du's, der zu ihr führet,
Der Sohn, den sie dem Sonnengott gebieret?

Führer

Ja, du bist an dessen Grotte,
Der dem starken Sonnengotte
In die Zügel fiel.
Der die Rosse westwärts lenket,
Daß sich hin der Wagen senket
An des Tages Ziel.
Und es sendet mir noch Blicke
Liebevoll der Gott zurücke,
Scheidend küßt er mich;
Und ich seh es, weine Tränen,
Und ein süßes stilles Sehnen

Färbet bleicher mich;
Bleicher, bis mich hat umschlungen
Sie, aus der ich halb entsprungen,
Die verhüllte Nacht.
In ihre Tiefen führt mich ein Verlangen,
Mein Auge schauet noch der Sonne Pracht,
Doch tief im Tale hat sie mich umfangen,
Den Dämmerschein verschlingt schon Mitternacht.

Wandrer

O führe mich! du kennest wohl die Pfade
Ins alte Reich der dunklen Mitternacht;
Hinab will ich ans finstere Gestade,
Wo nie der Morgen, nie der Mittag lacht.
Entsagen will ich jenem Tagesschimmer,
Der ungern nur der Erde sich vermählt,
Geblendet hat mich trügerisch nur der Flimmer,
Der Irdsches nie zur Heimat sich erwählt.
Vergebens wollt den Flüchtigen ich fassen,
Er kann doch nie vom steten Wandel lassen,
Drum führe mich zum Kreis der stillen Mächte,
In deren tiefem Schoß das Chaos schlief,
Eh, aus dem Dunkel ewger Mitternächte,
Der Lichtgeist es herauf zum Leben rief.
Dort, wo der Erde Schoß noch unbezwungen
In dunkle Schleier züchtig sich verhüllt,
Wo er, vom frechen Lichte nicht durchdrungen,
Noch nicht erzeugt dies schwankende Gebild
Der Dinge Ordnung, dies Geschlecht der Erde!
Dem Schmerz und Irrsal ewig bleibt Gefährte.

Führer

Willst du die Götter befragen,
Die des Erdballs Stützen tragen,
Lieben der Erde Geschlecht.
Die in seliger Eintracht wohnen,
Ungeblendet von irdischen Sonnen,
Ewig streng und gerecht;
So komm, eh ich mein Leben ganz verhauchet,

Eh mich die Nacht in ihre Schatten tauchet.

———

Horch! es heulen laut die Winde,
Und es engt sich das Gewinde
Meines Wegs durch Klüfte hin.
Die verschloßnen Ströme brausen,
Und ich seh mit kaltem Grausen,
Daß ich ohne Führer bin.
Ich sah ihn blässer, immer blässer werden,
Und es begrub die Nacht mir den Gefährten.
In Wasserfluten hör ich Feuer zischen,
Seh, wie sich brausend Elemente mischen,
Wie, was die Ordnung trennet, sich vereint.
Ich seh, wie Ost und West sich hier umfangen,
Der laue Süd spielt um Boreas' Wangen,
Das Feindliche umarmet seinen Feind
Und reißt ihn fort in seinen starken Armen:
Das Kalte muß in Feuersglut erwarmen.
Tiefer führen noch die Pfade
Mich hinab zu dem Gestade,
Wo die Ruhe wohnt,
Wo des Lebens Farben bleichen,
Wo die Elemente schweigen
Und der Friede thront.

Erdgeister
    Wer hieß herab dich in die Tiefe steigen
    Und unterbrechen unser ewig Schweigen?

Wandrer
    Der rege Trieb: die Wahrheit zu ergründen!

Erdgeister
    So wolltest in der Nacht das Licht du finden?

Wandrer
    Nicht jenes Licht, das auf der Erde gastet
    Und trügerisch dem Forscher nur entflieht,
    Nein, jenes Ursein, das hier unten rastet
    Und rein nur in der Lebensquelle glüht.

Die unvermischten Schätze wollt ich heben,
Die nicht der Schein der Oberwelt berührt,
Die Urkraft, die, der Perle gleich, vom Leben
Des Daseins Meer in seinen Tiefen führt,
Das Leben in dem Schoß des Lebens schauen,
Wie es sich kindlich an die Mutter schlingt,
In ihrer Werkstatt die Natur erschauen,
Sehn, wie die Schöpfung ihr am Busen liegt.

Erdgeister

So wiß! es ruht die ewge Lebensfülle
Gebunden hier noch in des Schlafes Hülle
Und lebt und regt sich kaum,
Sie hat nicht Lippen, um sich auszusprechen,
Noch kann sie nicht des Schweigens Siegel brechen,
Ihr Dasein ist noch Traum —
Und wir, wir sorgen, daß noch Schlaf sie decke,
Daß sie nicht wache, eh die Zeit sie wecke.

Wandrer

O ihr! die in der Erde waltet,
Der Dinge Tiefe habt gestaltet,
Enthüllt, enthüllt euch mir!

Erdgeister

Opfer nicht und Zauberworte
Dringen durch der Erde Pforte,
Erhörung ist nicht hier.
Das Ungeborne ruhet hier verhüllet
Geheimnisvoll, bis seine Zeit erfüllet.

Wandrer

So nehmt mich auf, geheimnisvolle Mächte,
O wieget mich in tiefem Schlummer ein.
Verhüllet mich in eure Mitternächte,
Ich trete freudig aus des Lebens Reihn.
Laßt wieder mich zum Mutterschoße sinken,
Vergessenheit und neues Dasein trinken.

Erdgeister

Umsonst! an dir ist unsre Macht verloren,

Zu spät! du bist dem Tage schon geboren,
Geschieden aus dem Lebenselement.
Dem Werden können wir und nicht dem Sein gebieten,
Und du bist schon vom Mutterschoß geschieden,
Durch dein Bewußtsein schon von Traum getrennt.
Doch schau hinab, in deiner Seele Gründen,
Was du hier suchest, wirst du dorten finden,
Des Weltalls sehnder Spiegel bist du nur.
Auch dort sind Mitternächte, die einst tagen,
Auch dort sind Kräfte, die vom Schlaf erwachen,
Auch dort ist eine Werkstatt der Natur.

Der Tonie hat Clemens geschrieben, er komme in wenigen
Tagen — er hofft mich hier zu finden; ich kann's nicht ändern, daß ich fortgehe, grade wie er kommt, es tut mir leid,
wie gern ich ihn gesprochen hätte. — Du, sag's ihm doch,
in drei Wochen bin ich zurück, bitte ihn, daß er so lange
bleibe, ich werde gewiß um keinen Tag zögern, es liegt mir
daran, ihn zu sehen; das einliegende Blatt gib ihm, er hat's
von mir verlangt, es ist ein Gedicht, was ich schon früher
gemacht habe. Clemens wird zu Dir hinauskommen; ich
glaube, Du tust wohl, noch solang in Offenbach zu bleiben,
bis ich wieder zurück bin, Du bist vergnügt dort, und niemand legt Dir was in den Weg, hier würden Sitten- und
Splitterrichter Dich verdrießlich machen, Clemens würde
dabei manche Frage an Dich tun, die Dir unlieb sein dürfte,
und mir ist's unangenehm, wenn er Dich ins Gebet nimmt.
Du schreibst mir doch! — schicke Deine Briefe ins Stift, dort
ist am Samstag und am Donnerstag drauf Gelegenheit, etwas
an mich zu schicken. — Ich wäre gern noch hinausgekommen,
glaubst Du, daß George mich im Kabriolett hinausfahren
ließe? — Wolltest Du wohl bei ihm drum fragen? —
Was Dir die Großmama aus ihrem Leben erzählt, das merk
Dir doch alles, wenn's auch nur mit wenig Zeilen ist, später
ist es einem gar interessant. Adieu und bleib mir gut, ich
will Dir's abzuverdienen suchen.

Karoline

Ist alles stumm und leer,
Nichts macht mir Freude mehr,
Düfte, sie düften nicht,
Lüfte, sie lüften nicht,
Mein Herz so schwer!

Ist alles öd und hin,
Bange mein Geist und Sinn,
Wollte, nicht weiß ich was,
Jagt mich ohn Unterlaß,
Wüßt ich wohin? —

Ein Bild von Meisterhand
Hat mir den Sinn gebannt,
Seit ich das Holde sah,
Ist's ewig fern und nah
Mir anverwandt. —

Ein Klang im Herzen ruht,
Der noch erfüllt den Mut
Wie Flötenhauch ein Wort,
Tönet noch leise fort,
Stillt Tränenflut.

Frühlings Blumen treu
Kommen zurück aufs neu,
Nicht so der Liebe Glück,
Ach, es kommt nicht zurück,
Schön, doch nicht treu.

Kann Lieb so unlieb sein,
Von mir so fern, was mein? —
Kann Lust so schmerzlich sein,
Untreu so herzlich sein? —
O Wonn, o Pein.

Phönix der Lieblichkeit,
Dich trägt Dein Fittich weit
 Hin zu der Sonne Strahl —
Ach, was ist dir zumal
Mein einsam Leid?

An die Günderode

Warum Du aufs Landgut grade gehst, wie wir im besten Verkehr sind, das begreif ich nicht; es war schon, als hätt ich Wurzel gefaßt in diesem schönen Briefleben, wie die Erdbeeren beim Erröten fühlt ich einen aromatischen Duft in mir, wenn ich mich heiß geschrieben hatte, Du bist immer unterwegs, ich begreif nicht, wo Du Zeit hernimmst zu allem! — Dies schöne Gedicht! — Wann hast Du's geschrieben? — Es dreht sich im Tanz und spielt sich selbst dazu auf — so leicht, als ob sich's so nur aus Deiner Brust atme ohne Anstoß. — Dein Gedicht, was Du in der klanglosen Stunde geschrieben, ist doch klangreich, es schöpft die Töne aus der Brust und stimmt sie zu Melodien. — Doch weile ich lieber bei dem ersteren, denn das hast Du doch später gemacht, nicht wahr? und fühlst auch wie ich, daß die Schmerzen im Geist immer mit auf die Pein der Langeweile gegründet sind. — Denn nehm's, wie Du willst; bräche das Leben sich mit einmal eine neue Bahn, und wär sie auch noch so uneben und holperig, die Verzweiflung hätt ein Ende. Denn alles Schmerzgefühl, alle Sehnsucht kommt doch nur daher, weil die grade Bahn des Lebens gehemmt ist. — Besinn Dich doch auf unsere Reise-Abenteuer, die wir den Winter miteinander durchmachten; keiner von uns hatte eine trübe Minute, den ganzen Winter nicht, Deine Sehnsucht ins Innere von Asien hinein brachte uns immer unter die wilden Tiere. Tiger und Löwen und Elefanten haben uns Schabernack gespielt. Was haben wir für Sonnenhitz ausgestanden mitten im Eis; erst später merkte ich, wie sehr wir uns in dies Leben vertieft hatten, da alle Leute diesen Winter als einen der kältesten durchgehustet haben. Weißt Du, am Neujahrstag kam ich zu Dir! alle Räder pfiffen an den vielen Staatswagen, die gepuderten Kutscher mit den rotgefrornen Gesichtern! — da kam ich zu Dir in die Stube herein und sagte: Gott, es ist so heiß hier in Asien, daß wir nur so hinschmachten, und drauß vor der Tür in Frankfurt da hängen dem Kutscher die Eiszapfen am Knebelbart. — Was haben wir gelacht, Günderode; — und haben unter Zimmetbäumen eine Tasse Schokolade getrunken, die wir in Deinem Öfchen kochten mit wohlriechendem Sandelholz; und da kam ein Salamander ins Feuer und färbte sich da in allerlei Farben und warf die Schokoladenkanne um, und wir melkten die weiße Elefantin, die ihr Junges in unserer Nähe säugte, und machten Elefantenbutter; ich wollt als immer Löwenbutter machen, das littest Du nicht, denn Du warst sehr vorsichtig, Du meintest, es sei zu viel Gefahr dabei, die Löwin könne mir einmal wild werden über dem Melken. — Und die Erlebnisse am Ganges und Indus, die schönen Knaben, die uns da begegneten, wo wir uns versteckten und sahen sie vorübergehen und sich waschen in den heiligen Fluten und Gebete tun; da sagtest Du, es müssen wohl Tempelknaben sein, wir müssen nach dem Tempel hier in der Gegend suchen. Da führte eine Allee von großen Tulipanen hin, die hab ich entdeckt; wir brachten stundenlang hin mit der Bewundrung der Blumen, und da waren Goldfurchtbäume und Trauben und Melonen, alles das wuchs in schönster Fülle rund um die Säulen der Tempel, zu denen wir fremde Völkerstämme hinwallen sahen; da sagtest Du einen Hymnus her, den hätten sie gesungen beim Sonnenaufgang: Ätherwüste! — so fing Dein Hymnus an, und ich machte eine Melodie drauf, die ließest Du Dir vorsingen zur Zither von mir — und Du hörtest zu so still, als wär es indischer Tempelgesang; abends im Mondschein, das war unsre beste Zeit, wo wir phantasierten, und hielten uns einander bei den Händen, wenn wir die Berge hinanstiegen, und ruhten unter Dattelbäumen aus; Du machtest immer die Reiseroute, weil Du die Kenntnisse des Landes hattest, und da stiegen wir auf einen Berg, der hieß Bogdo, von da aus, sagtest Du, könne man alle Gebirgsketten übersehen, da eilte ich mich, voranzukommen, um zuerst oben zu sein, und da schrie ich Dir entgegen, ich sähe das rote Korallenmeer mit der Todespforte. Da hatte ich mich aber geirrt, denn Du bewiesest mir, daß man es von da aus nicht sehen könne, da es an der Grenze von Afrika liege, und der Bogdo liege in der Mitte von Hochasien. — Wir waren doch so glücklich; wie schwärmte mein Kopf von brennenden Farben der Blütenwelt, wie waren wir entzückt vom Duft, der uns umwallte! — das dauerte den ganzen Winter, und kein Mensch wußte,

daß wir in einer südlichen Welt lebten, wir gingen grade in den Gärten von Damaskus spazieren, ganz entzückt von dem Blumenparadies und trunken von ihrem Duft, da kam der alte Herr von Hohenfeld und brachte Dir das erste Veilchen, was er auf seinem Spaziergang im Stadtgraben gefunden hatte. Ach, da verließen wir Damaskus und ließen uns von Hohenfeld hinausführen, wo er das Veilchen gefunden hatte, und suchten noch mehrere; und von da an war der Zauber aufgehoben, und wir lachten recht, daß uns das Veilchen so schnell aus Asien herübergezaubert hatte nach Frankfurt auf die alten Festungswälle, denn wir gingen von nun an in den schönen Frühlingstagen jeden Mittag hinaus und machten uns Kränze, die standen Dir so schön, so war die geringste Wirklichkeit schon wieder ein Paradies für uns. Sieben Spaziergänge haben wir so gemacht, Günderode, ich hab mir sie gezählt, sie kamen mir wie das Köstlichste im Leben vor. Du saßest immer unter der großen Eiche und bedauertest Deinen arabischen Renner, daß Du den nicht mit aus Asien herübergebracht hattest; während ich am Abhang niederkletterte, wo Du immer Furcht hattest, daß ich hinunterfalle; am Neujahrstag war ich wirklich da hinuntergekollert, ich war mit George da spazierengegangen, es war Glatteis, ich glitt aus, und er den Augenblick, ohne sich zu besinnen, mir nach, da faßte er mich und hielt sich mit der andern Hand an einer Wurzel fest. Er war ganz blaß und wankte, denn er konnte schwer das Gleichgewicht halten. Oben sagte er: »Jetzt wären wir beide zerschmettert, hätte Gott mir nicht beigestanden; denn ich hätte mich dir nachgestürzt.« — Ich war bis dahin gar nicht erschrocken gewesen, denn ich bin so faselig und merk nie Gefahr. — Aber das erschütterte mich, daß des Bruders Leben an dem meinen hing wie an einem Haar und daß es Gott nicht reißen ließ. — Wie Geschwister doch aneinander hängen, wie Glieder eines Leibes, eins stürzt dem andern nach in den Abgrund; eins rettet das andere. Möge ich's doch nie vergessen, daß Vater und Mutter mir den Bruder geschenkt haben. —
Was wollt ich Dir doch sagen! — ja, daß damals mir zuerst der Gedanke kam, wie das Leben nur als Notbehelf

vernutzt werde. Ich dachte, daß wir Gedanken haben so rasch und daß die Zeit hintennach kommt und mag nichts erfüllen und daß die Melancholie allein aus dieser Quelle des Lebensdrang fließt, der sich nirgend ergießen kann. — Die Welt muß voll dessen sein, was unser Leben entwickelt; kämen die Taten und überflügelten unsere Sehnsucht, daß wir nicht immer ans Herz schlagen müßten über den trägen Lebensgang — nicht wahr, Du fühlst es auch? — das wär die wahre Gesundheit, und wir würden dann scheiden lernen von dem, was wir lieben, und würden lernen die Welt bauen, und das würde die Tiefen der Seele beglücken. So müßte es sein, nichts am rechten Platz. — Und was ich niemand sage wie nur Dir, ich mein immer, ich müsse die ganze Welt umwenden, ja, ich sage Dir, es liegt mir so nahe, daß ich oft in Träumen mich nach dem Zepter umsehe, wo Gott den für mich hingelegt hat, und würde gewiß die Verwirrung lichten. Nur ein einzig Ding, am rechten Ende angefaßt, zieht eine Menge andere nach sich, die von selbst dann ins rechte Geschick kommen würden. Die Menschen lernen dann allmählich auch das Rechte denken, wenn sie erst eine Weile das Rechte haben tun müssen. Denn ich sage nur immer so: konnten sie so fest in der Unnatur sich einwurzeln, wieviel fester und kräftiger dann im Boden, der ihre höhere Natur erzieht. Sollt ich irren? — Menschengeist horcht auf Göttergebot in der eignen Stimme; *horcht auf jene heilige Urphilosophie, die ohne Lehre als Offenbarung jedem sich gibt, der mit reinem Willen zur Wahrheit betet.* — Das hast Du selber gesagt, es sind Deine eignen Worte. Wie oft hab ich doch einsam um Wahrheit gefleht! — und wie unermeßlich ist doch Vollendung über die Sterne hinauf — und die Zeit darf nicht mehr sein da, wo wir sie gegenwärtig fühlen. — O bessere Tage, wo seid ihr? O kommt uns entgegen, laßt nicht immer nur harren auf euch, daß nicht auch wir nur wie Schattenbilder an euch vorübergehen. Lasset euch dienen, ihr Tage, die ihr den Geist der Liebe sollt hinüberschiffen, still und heimlich euch landen helfen und den Genius aufnehmen, lehren die Menschen, daß sie ihn nimmer verschmähen, der in allem allein nur darf gelten! — so red ich das Morgenlicht an, das mich weckt, und denke dabei Deiner und meiner. — Was sind Freundschaftsbande? — Was ist Zusammenleben und Austausch der Gedanken, wenn der Dritte nicht niedersteigt, der Göttliche — der herab sich läßt, um das Leben genesen zu machen? — Ach — so deutlich steht es geschrieben in meiner Brust! — gefaßt und besonnen muß der Geist sein — das weiß ich — und das Herz ist oft ein ungeduldiger Kranker, aber der Geist wird auch alles für es aufbieten, und eine Höhe muß es geben, wo grade durch den Geist es mit allem Leiden versöhnt werde. — Das denke, wenn es zu hart Dich bedroht, lasse Dir nicht schwindeln und denk, daß Begeistrung immer das höchste Erdenschicksal ist und daß die aus dem Schmerz sich erzeuge wie aus der Freude. — Und mag's kommen, wie's will, so sollen zu Helden wir uns bilden, mit der Freude wie mit dem Schmerz unsre Freiheit erkaufen. — Oh, kommt mir das Feld der Schicksale doch vor wie der Blumengarten Gottes, wo jede Knospe in ihren eigentümlichen Farben sich erschließt, der weise Gärtner gibt Schatten den einen und Kühle und harten Boden, den andern Sonne und furchtbare Erde, so wie jedes bedarf zum Blühen. — Und das Blühen ist ja die Erfüllung aller Sehnsucht. Drum lasse uns das Leben lieben, weil es uns zu dieser Blüte bringt, und denken, die Wolke über uns schütte sich aus, den Staub von uns abzuwaschen, und daß dann die Sonne aufs neue uns anglänzt.

Ich bin traurig — ich kann nicht von Dir los — Dein Lied schmerzt mich — ja, es weckt Melodien — aber so schmerzliche, daß ich in ihrem Gesang den Widerhall Deines Wehs empfinde und mich schäme, daß ich so heiter war diese Zeit über, an jedem Weg mir Blumen sammelte und Dir zuwarf in Scherz und Übermut, und das war schlecht lieben gelernt von mir; wo ich doch herausgezogen war, um dieser Schule mich ganz zu widmen.

Was werd ich dem Clemens sagen, wenn er auf meine Bildung zu sprechen kommt? — Ich freu mich sehr auf den Clemens, das wird mich für Dein Fortlaufen trösten; ich mag gar nicht dran denken, daß Du mit so viel Menschen umgehen kannst, mit denen ich kein ungescheut Wort zu sprechen vermag. Wie ist mir doch Hören und Sehen verkürzt durch dein Weggehen! — Gestern abend noch blies mir die hundertjährige Cousine das Licht aus; ich solle nicht die ganze Nacht durch schreiben, meinte sie, oder sie wolle es der Großmama sagen, daß ich meine Gesundheit verderbe; ich hatte einen Schachteldeckel vors Licht gestellt, daß sie's nicht sehen sollt durchs Schlüsselloch, aber sie bemerkte den Widerschein; — ich sagte: »Sie alte Hundertjährige, was will Sie mit mir auf der Welt, Sie kann doch unmöglich noch einmal hundert Jahr leben, dann gehen wir zusammen.« — »Nein, wenn du's so machst, dann kannst du mir nit emal Quartier bestellen, ich überleb dich hundertmal.« Ich mußt mir's gefallen lassen, das Licht war aus, ich nahm sie aber dafür auf den Arm und trug sie mitsamt ihrem Laternchen hinunter auf ihren Ledersessel. Sie schrie erst, ich werde sie der Treppe herunterwerfen, aber mitten in der Todesgefahr war sie vor Angst ganz still, unten auf dem Sessel wollte sie anfangen zu zanken, ich nahm aber ihr Federbett und warf's ihr auf den Kopf und lief fort. — Jetzt kommt sie gewiß nicht wieder. — Obschon ich müde war, hätt gern noch geschrieben, was ich jetzt nicht mehr weiß, heut schwärmt mir's nur vor Augen und Ohren, daß Du nicht mehr auf Deinem alten Plätzchen meine Briefe bekommen sollst. Die Großmama hatte gestern einen Anfall von Schwindel, ich mag nicht nach Frankfurt verlangen, und auch mag ich nicht hin, was soll ich dort, wenn Deine Haiden, Deine Holzhausen, Dein Nees Dich in Beschlag nehmen! — Ich glaubte, ja wahrhaftig, ich glaubte, ich wär Dir lieber wie die andern, und es wär Dir ernst mit unsrer religiösen Welt-umwälzung, wie's auch mir ist, und so war's auch recht von Gott angeordnet, daß wir beide nicht beisammen und doch so nah waren, daß jeden Tag unsere Briefe sich erreichten, so kam es doch zu Papier, sonst hätten wir's verschwätzt. Was hilft's! — Übermorgen gehst Du bis Würzburg, das liegt außer der Welt, und läßt mich hier auf dem Dach vom Taubenschlag schmachten. — Wenn Du gut sein willst, so komm morgen früh um sieben Uhr auf die Gerbermühl; hier-her komme nicht, weil die Großmama unwohl ist, da ich jetzt immer in ihrem Vorzimmer bin, aber bis morgen um zehn Uhr, wo ich erst zu ihr gehe, kann ich mit Dir sein; um sechs Uhr geh ich auf die Gerbermühl, der George läßt Dich hinfahren, ich hab's ihm geschrieben. Hinter der Mühl in dem langen Heckengang auf dem Stein am Kreuz wollen wir uns ein bißchen hinsetzen zusammen; Du kannst nach der Stadt zurückfahren, Du kannst auch das Kabriolett zurückschicken und zu Wasser heimfahren, das wär mir lieber, damit Du nicht ängstlich sein sollst, ums Kabriolett halten zu lassen, solang mir beliebt. Ach, am Sonntag hab ich auch eine Wasserfahrt gemacht mit Jeannot und Dorwille auf Bernhards Nachen hinter dem Schiff mit der Harmonie; alles war in Scherz und Liebesreden begriffen, wenn die Musik pausierte, ich aber hatte keinen Anteil dran, der Gärtner saß am Steuer, dem wollt ich nicht leid tun, er hatte schöne feine Hemdärmel und mein Schnupftuch um den Hals geknüpft. —

An die Günderode nach Würzburg
Weil ich jetzt weiß, daß Du außer der Welt bist, so hab ich ein ganz ander Leben angefangen, und mein Sinn hat sich geändert. — Ich möcht auch fort in die Welt, ja, ich möcht fort! — Ich bin doch in meinem Leben noch auf keinen Berg gestiegen, von wo aus man die ganze Welt übersieht, und in meiner Seel überseh ich doch die Welt. — Du zankst, daß ich alles besser wissen will, und ich weiß doch alles besser, und ich kann doch nichts davor, daß mir's anders und besser einfällt. — Ja, mir kömmt vor, als sei mein Bewußtsein ein Gesang meiner Seele, dem ich mit Vergnügen zuhör, denn wenn ich einmal etwas nicht weiß, so ist es nur, als hätt ich's vergessen gehabt, aber ich hatte es doch schon einmal gewußt. — Nur bei kleinen Dingen steht mir manchmal der Verstand still, zum Beispiel gestern bei einer wilden Kastanie, die ich aus ihrer grünen Hülse losmachte, da lagen drei Kastanien ineinander gefügt, noch unreif, blendend weiß, da mein ich immer, ich müßt mit Gewalt wissen lernen, was alle diese Formen sprechen; denn gewiß ist's, alles Geschaffene ist durch den Heiligen Geist erzeugt. Es ist unmöglich, daß eine Form sei, sie ist denn durch Gottes

Wort ›Es werde‹ hervorgegangen. Nun, was durch den ewigen Erzeugungswillen hervorgeht, das muß doch eine Selbstsprache haben, das muß sich nämlich aussprechen und sich auch beantworten. Dein Leben muß doch eine Sprache führen, denn sonst ist es ja nichts. Also, wen Gott liebt, mit dem führt er Gespräche, also bloß Liebesgespräche — ja, was ist auch Gespräch als bloß die Liebe — so ist denn alle Form in der Natur ein Ausdruck der Liebe. Die Sprach der Lieb ist also Sprach Gottes. Gott ist der Liebende — ist denn Gott persönlich? — hat er ein Antlitz? — kann ich ihm die Hand reichen? — wo find ich ihn, daß ich Liebesgespräch mit ihm führ? — Meine Lieb zu Menschen ist Mitleid, ich muß um sie trauren, daß es so und nicht anders ist. — Liebe ist, glaub ich, nur Göttergespräch. — Weil ich weiß, daß ich alles weiß, nur kann ich's nicht finden, so such ich alles in mir, das ist ein Gespräch mit Gott. Das ist also Liebesgespräch, wenn ich mich aufs Gesicht leg im Schatten und hör den Bach rauschen neben mir, was der redet alles, und Antwort drauf geben muß! und streck die Arm aus im kühlen Gras überm Kopf und frag in meine Seele hinein alles, was ich wissen will. Da wird mir Antwort, ich kann sie aber nicht gleich in Worte übertragen. Aber es gibt auch ein Gespräch ohne Worte. Aber Liebe ist wohl doch bloß Gottheitsgespräch? — Ja, was soll sie anders sein? — Frage und süße Antwort; könnt ich aufhören danach mich ewig zu sehnen? — ich wär mir selber gestorben. Und die Seele, die mich am tiefsten versteht — mir am sehnsüchtigsten Antwort gibt, mich wieder frägt um Antwort, die muß ich lieben. — Wissen wollen ist ja schon Wissen, es ist Anschauen; und wenn ich anschaue, so nehm ich ein Bild in mich auf, und das ist Wissen. Wie kann sich doch der Mensch nicht enthalten, irgendwas anders sein zu wollen als ein Liebender? — Wie komm ich doch darauf? — das ist von heut früh auf der Gerbermühl unser Gespräch; — ich sag Dir, wenn ich geschwiegen hab, so ist das, weil mir die Worte nicht wohltönend genug vorkamen, ich seh mich im Geist um nach Klang, wenn ich etwas sagen will, da find ich keinen Ton, der stimmt, und Du kannst mir's glauben, manches laß ich ungesagt, weil ich's nicht edel genug auszusprechen vermag, durch Musik hab ich's herausgefühlt, daß aller Geist im Menschen liegt, daß er aber nicht die Melodie dazu findet, ihn auszusprechen. Denn jeder Gedanke hat eine Verklärung, das ist Musik, die muß Sprache sein, alle Sprache muß Musik sein, die erst ist der Geist, nicht der Inhalt, der wird nur Liebesgespräch durch die Musik der Sprache. — Geist ist größer wie der Mensch, immer will der an ihm hinauffragen, spricht er ihn aus, so hat er selber sich in den Geist übersetzt; Geist ist Musik, so muß auch die Sprache, durch die er uns in sich aufnimmt, Musik sein. Wie könnten wir ihn begreifen mit den Sinnen zugleich, in unwürdiger Gestalt! — Nein! — Geist ist verinnigt mit Schönheit, er ist nur dann Geist, wenn er Schönheit ist. — Durch den Dichter spricht er sich aus, denn der hat's Gefühl, daß Geist nur Schönheit ist. Alle schöne Handlung, alles Große ist ein Gedicht des Geistes. — Ach, ich streck die Händ zum Himmel und möcht was anders, als was die Menschen tun. Denn ich fühl wohl, mein Nichtstun ist Sünde. — Aber was soll ich tun, was mich weckt? — Die Kunst, meint der Clemens! — so ist's bloß, weil er mich innerlich nicht kennt, mit was ich alles zu tun hab. — Denn das muß wohl meine größte Anlage sein, was mich am schnellsten aufregt und mich ganz mit sich fortnimmt. — Nun, obschon ich keine Weltgeschicht studieren mag und bei dem Zeitunglesen vor Ungeduld mich kaum zusammennehmen kann, so ist's doch die Welt, die ich regieren möcht, und mich reißt's hin, darüber nachzudenken. Wenn Du an den Clemens schreibst, so sag ihm's, das scheine mir mein entschiedenstes Talent, die Welt regieren; weiß er Gelegenheit, mich darin zu üben, so will ich fleißig sein Tag und Nacht. Schon jetzt nehmen mir die Regierungsgedanken den Schlaf, von allen Seiten, wo ich die Welt anseh, möcht ich sie umdrehen. Eine Zeitlang hat alles, was ich im Leben erfahren hab, wie eine hölzerne Maschine auf mich gewirkt. So der ganze Religionsunterricht, der machte mich völlig dumm. — Z. B. die Lehre, mit welchen Waffen die Ketzer zu bekämpfen, mit welchen Grundsätzen sie bekämpfen? — da kam mir Ketzer und Waffe und Glaube alles wie ein Unsinn vor, und hätt ich nicht meine Zuflucht dazu genommen, gar nicht zu denken, so wär ich ein Narr geworden. — Wie denn wirklich alle Menschen Narren sind, mein großer Courage, dies zu glauben und ohne viel Sperenzien sie auch danach zu respektieren, das hat mich frei gemacht von der Narrheit. — Und wie sollt doch einer aus dem Schlamm des Philistertums herauskommen, als von frischem sich in die Hände Gottes geben, der hat nicht umsonst den Menschen aus Lehm gemacht, da er ihn nur anzuspeien braucht, daß er wieder feucht wird, um ihn von Grund auf neu durchzukneten und seine erste reine Gestalt wiederzugeben. — Woran erkennt man einen katholischen Christen? — am Zeichen des heiligen Kreuzes! — dies schlug mir den ersten widerspenstigen Funken aus dem Geist. Denn was braucht doch der natürliche Mensch ein katholischer Christ zu sein und sich bekreuzigen? — ist das der nächste Weg, Gott ähnlich zu werden? — ist Gott ein katholischer Christ? — oder ist er wie Du ein Ketzer? — und warum machen wir doch das Kreuz, als bloß, um wie die Hunde dem Ketzer die Zähne zu fletschen? — Als wir aus dem Kloster zurückgeholt wurden ins väterliche Haus, da ließ uns die Frau Priorin vor sich kommen und schärfte uns ein, ja nicht den katholischen Glauben zu verlassen, wenn wir zu unsrer Großmutter kommen, die eine lutherische Dame sei, sondern wir sollten alles dran wenden, sie zu bekehren. Sie sagte das mit so viel Herzenswärme, ich hätte ihr die Hand drauf geben wollen, aber ich wußte nicht, was katholisch sei — ich half mir; alles, was nicht lutherisch ist, das sei katholisch. Alles, was man lernen muß, hüllt den Verstand in eine Nebelkappe, daß die Wahrheit uns nicht einleuchte. Alles, was wir zu tun bewogen sind, ist Eselei. — Meinungen von geistreichen Männern zu hören, was der Großmama ihre Passion ist, das scheint mir leeres Stroh, liebe Großmama — »Du kannst doch nicht leugnen, liebes Kind, daß sie die Welt verstehen und dazu berufen sind, sie zu leiten?« sagte sie gestern. — »Nein, liebe Großmama, mir scheint vielmehr, daß ich dazu berufen bin.« — »Geh, schlaf aus, du bist e närrischs Dingle.« Bei der Großmama wird jetzt abends allerlei Politisches unter den

Emigranten verhandelt, da wird die Umwälzung des großen Weltkürbis von allen Seiten versucht, er deucht ihnen angefault. Außer Choiseil, Ducailas, d'Allaris, die immer das Wort führen, kamen gestern noch ein Herr von Marcelange und Varicourt, dieser letztere besonders schön von edler Haltung, ritterlich, ich könnt keinen Augenblick glauben, daß ihm je etwas Unebenes in den Sinn komme; er wendete sich immer zu mir, als ob er um meinen Beifall werbe — Ai-je raison? Seine Reden machten mir Eindruck, er war in Begleitung einer Herzogin von Bouillon (Hessen-Rotenburg) und einer Prinzeß Biron, die mittags auch die Großmama besucht hatten, durch Frankfurt gekommen; ein Graf Catalan hat ihn zur Großmama geführt, die litt nicht, daß die Emigranten wie gewöhnlich Politik sprechen, weil sie meistens geteilter Gesinnung sind; später erzählte sie, daß sein Bruder jener Varicourt sei, der als Garde du roi am 6. Oktober 1790 in Versailles an der Tür der Königin ermordet wurde, als er ihr zurief: Königin, retten Sie sich, es ist der letzte Dienst, den ich Ihnen leiste! Die Großmama erzählte mir von seiner Mutter, die sie kurz nachher in der Schweiz auf einem verfallenen Landsitz bei Nyon getroffen hatte in einer düstern, großen Vorhalle, die zugleich Küche war, mit alten wollnen Tapeten so faltig behangen, ein altes Ruhebett, auf dem der Hut ihres Sohnes mit weißer Kokarde lag, ein paar Strohstühlchen, ein ungeheuer großer Kamin mit einem kleinen Feuer von einigen Rebenreiser, wo ein Kesselchen mit Teewasser für die kranke alte Frau kochte, eine schlafende Katze zu ihren Füßen, ein einziges schmales, hohes Fenster in diesem zerfallenen Wohnsitz einer ausgestorbenen Familie, da habe die Frau den Hut ihr gezeigt und gesagt: es war eine Zeit, wo das weiße Band ganz Frankreich zum Gehorsam für seinen König aufrief etc. — Ich hörte der Großmutter gern zu, solang sie dies erzählte; dabei brachte sie aber noch so manches andre vor, was keinen Zusammenhang damit hatte; so sprach sie von einer Herde mehrerer hundert Kühe, die man damals an einem Ort zusammengetrieben, wo sie wegen einer Seuche alle totgeschossen wurden; — sie jammerten und tobten bei den ersten Schüssen, als aber der Bulle niedergeschossen war, hat keine Kuh sich mehr gewehrt, alle haben ruhig den Tod erwartet, vergleiche: Emigranten und ihren König — dann hat die Großmama noch Unendliches von *unschätzbaren Leuten* erzählt; von Seidespinnerei, von 360 Kokons eine Unze Seide, von 2893 ein Pfund, so viel Simmer Seidenwürmer spinnen an 5 Pfund Seide — fraßen zu viel Maulbeerblätter, man gab ihnen Latuk, Spinat und Blätter von Johannistrauben, welches sie mit Vergnügen fraßen, recht gut Seide spannen, nur daß sie etwas grüngelb wurde; zuletzt erzählte sie mir noch aus dem Leben der heil. Jutta, welche Naturgeschichte und Seelenlehre studiert hatte, und dies führte sie auf den Mirabeau; als ich zu Bett ging, war ich ganz verwirrt und konnt an nichts Liebes mehr denken, ich mußt gleich einschlafen. — Wie's doch in der Großmama ihrem Kopf aussehen mag? — so viel aneinander gehängt, wozu kein Mensch die Lösung fände; ob ich wohl auch so bin? — Das Haus wird jetzt nicht leer an merkwürdigen Leuten, alle französische Journale werden gelesen und besprochen, ich muß wider Willen Anteil nehmen an ihren Witzen über Hof und Hofstaat, Kostüm, Livreen, Uniformen, Schmuck und Spitzenbehänge des weiblichen Personals, alles wird durchgemustert, dann die allgemeine große Ablaßannonce von dreißig Tagen, um die Franzosen aus des Teufels Sklaverei zu befreien. Ich stehe unter den Disputierenden wie unter einer Traufe; Protestant, Philosoph, Enzyklopädist, Illuminat, Demokrat, Jakobiner, Terrorist, Homme de sang, alles regnet auf mich herab, worunter man immer dasselbe versteht. »Von oben herab verkennen sie alles«, sagte der Varicourt, »von unten ist alles Bosheit und Lüge der Hinanklimmenden« und sprach noch über die ungeheuren Schmeicheleien, die Bonaparte einschlucke: »Ce n'est pas du bon style que d'avaler de si gros mensonges, la véracité est le seul moyen de cultiver la nature humaine; pour la grandeur il y fait faute, il n'a point le sens céleste pour l'avenir pour lequel seul s'immolera un grand cœur; il est le grand monstre de la médiocrité encombrant un monde qui s'ignore soi même.« Die Emigranten hörten ihm feierlich zu, als spreche er von der Kanzel herab. »Nous n'avons que trop bien pu comprendre ce que c'est que l'esprit régénérateur, ce n'est que lâcheté que de nous soumettre à une tyranie, qui a recours aux moyens puérils dont se sert Buonaparte pour captiver une nation qui a sacrifié son meilleur sang pour la liberté. C'est une juste punition pour avoir attenté au sang inviolablement sacré des rois, que de n'avoir pas reconnu ce que le grand génie de Mirabeau nous avait prophétisé. La révolution faite, la première des lois était d'honorer la loi, mais point cet expédient des têtes bornées, qui pour maintenir leur pouvoir, ne font que faire trembler; il faut gagner les cœurs, et puis c'est si facile! — le peuple est déjà reconnaissant si ses supérieurs ne lui font pas tout le mal qui est en leur pouvoir; ce n'est que la bêtise qui punit, la véritable grandeur prévient les fautes; c'est abuser du pouvoir que d'agir autrement, il est maladroit de ne point se servir des hommes tels qu'ils sont, c'est la sagesse qui est souveraine, elle exploite le bien du mal, mais non pas en tranchant les têtes!! — Les lois doivent être tracées par la génie de l'humanité, ce que Buonaparte ne sera jamais.« — Und ich möchte auch über allen Plunder von menschlichen Zurüstungen hinausstiefeln können, ihre Zankäpfel ihnen aus den Händen winden und ihnen dafür Selbstbeschauung, Selbsterzeugung empfehlen. Ja! ist's nicht der einzige Zweck der menschlichen Natur, daß sie lerne sich selbst erzeugen? — Und ist die Wahrheit nicht das Geheimnis, aus der die Selbsterzeugung hervorgeht? Und wenn ein Herrscher aus sich hervorgehen könnte ins reine Licht der Wahrheit, würde er nicht die ganze Menschheit regenerieren? — Ich frag Dich! Besinn Dich — hab ich nicht recht? es schwebt mir so dunkel vor, als ob aus dem Geist des einen die Wiedergeburt aller hervorgehen müsse. — Ach, ich würde gar nicht drum verlegen sein, dies keck anzugreifen, denn verderben kann man nichts, alles, was noch grünt und zu blühen scheint, steckt doch im Sumpf der Dummheit, und ist es eine so große Sache, klüger zu sein. — Wie soll einem da nicht der Verstand aufgehen, wenn man rund um sich her sieht, wie alles Narrheit ist. — Und liegt es nicht in der gesunden Menschennatur, die Idee einer göttlichen Menschheit in sich zu ent-

wickeln? — Und was ist doch alles Denken als bloß diese
ideale Richtung? — Und ist doch ein Mensch geboren, dessen Aufgabe es nicht wär, sein eignes Ideal zu erzeugen? —
Und wenn das ist, wie soll mir da nicht jeder unschuldige
Mensch wichtig sein, ihm meine Gedanken mitzuteilen? —
Man braucht mich auch nicht zu beschuldigen, daß ich alles
durcheinander werfe und von einem zum andern spring, es
gibt etwas, was andre gar nicht fassen, von dem spring ich
eben nicht ab, mein Geist bildet sich selbst seine Übergänge. — Sobald der reine Wille in uns liegt, das Göttliche
zu suchen, so ist die Religion da, von der ich meine, daß
sie den Menschen allein entwickeln könne, denn ohne sein
Zutun ist es der ihn erfüllende Gott, der aus ihm redet, und
dies eine ist es allein, was mir Religion deucht; und wie aus
einem edlen Samen alles sich bildet, wie es organisch muß,
so bin ich gewiß, daß aus einem Geist, der bloß das Göttliche
denkt um sein selbst willen, auch alles folgerecht sich entwickelt und in der menschlichen Handlung nichts mir ein
Anstoß sein würde. Denn gegen Denken ist das Handeln
nichts, denn der Gedanke selbst ist Gott, hingegen Handeln ist nur sich nach Gott richten; wenn ich also Gott durch
mein Denken suche, empfinde, erlebe, wie sollt ich da verlegen sein ums Handeln, ums Regieren? — Ei nein! das ging
ganz von selbst, ich würd mich auch keinen Augenblick besinnen, denn wer den Geist der Wahrheit einatmet, wie sollte
der ihn nicht auch aushauchen? — Nebenabsichten muß der
Menschengeist gar nicht haben, er muß eine heilige Richtung haben. — Der Mensch ist sich immer eine Hauptneben-
absicht, drum muß er sich ganz verleugnen, sonst erreicht er
sich selber nicht; das lautet zwar ganz verkehrt und ist doch
wahr. Das wahrhafte Ideal des Menschen ist die lautere
Selbstverleugnung, aus ihr auch allein kann alle Weisheit
hervorgehen in allen Handlungen, die das Schicksal erheischt;
zu derselben Selbstverleugnung sind wir berechtigt, alle
Menschen aufzufordern, denn sei das Resultat eines solchen
Tun, was es wolle — sie handeln in Gott, und das ist Religion, und da mach's Kreuz, oder sei Ketzer oder Heid oder
Jud. — — — Himmlischer Sinn fürs Unsichtbare, Unend-

liche, aus dem allein die wahre Religion hervorgeht, weil dies allein zur Gottheit führt. — Das alles fällt mir so ein, wenn ich meine Gespräche mit dem Franzosen in Gedanken weiterführe. — Ich brauch nur auf eine Natur zu treffen, die mir liebreizend scheint, so bin ich gleich voller Gedanken, die mich belehren, als seien sie geweckt von jenem; so jagt der Franzose in seinem adeligen Wesen jetzt eine Begeistrung nach der andern in mir auf, und ich glaub: keine Frage, die ich nicht beantworten könnte, sobald ich mir innerlich denke, er höre mir zu, keine Handlung, die ich nicht kühn genug wäre zu vollbringen, wenn er mir zusähe, und was das auch sein möge, was mich so anreizt — gewiß ist es was Großes, was ganz Göttliches, daß der Mensch, wo er das Göttliche ahnt, das Schöne und Große gewahr wird, gleich harmonisch mit einstimmt und alle Feuer in ihm aufflammen. Ach, ich denk mich schon in eine Schlacht, auf einem Schimmel neben ihm herreitend zwischen allem Donner der Geschütze, Rauch und Pulverdampf, in der Verwirrung großer entscheidender Momente, wie seinem sicheren Blick vertrauend ich alles glücklich vollende, ich denk noch mehr, alles, was glühender Ehrgeiz nur zu unternehmen wagt, das fährt durch meine Seele, ich erleb's — ich bin glücklich, freudig, jauchze im Gelingen, und alles Volk umringt mich mitjauchzend und harrt meiner, daß ich ihm Labung zuträpfle heiliger Freiheit. All dies erleb ich mit dem Franzosen, der sich vor meinen Augen zum Heros entwickelt. — Ich möchte doch wissen, wenn man alle Erlebnisse sich zusammenrechnet, ob da nicht diese eingebildeten auch gelten, sie glühen und damaszieren doch die Seele durch diesen feinen Stahl der Begeistrung, der mit ihr zusammengeschweißt, gebeizt und geätzt wird und mir edler deucht wie jede andre Politur und besser zu benützen, zäher, fester, der Kraft des Willens nachgebend und ihr folgend. Kühne, feste Handlung, Tatkraft muß doch auch einen Samen haben in die Seele geborgen, ist dies nicht Same? mich deucht, etwas gedacht zu haben, ist Samen im Boden der Seele, der ans Licht dringt und sich erschließt, heute oder morgen.

Da ging die Tür auf, Clemens kam herein, große Freud! —

sie stärkt — es blitzt innerlich. — Ist mein Verstand mir verloren und such ihn an der leeren weißen Wand und find ihn nicht, aber in dem schönen großen Aug von Clemens find ich ihn. Du sagst, Du kannst ihm nicht in die Augen sehen, weil er einen verzehrenden Blick habe, ich nicht, ich schöpf Freude drin, und ich weiß nicht was, von lebendiger Nahrung Unübersetzbares. — Vor allem möcht ich Herr werden über mein Denken; daß ich nämlich die Zeit ausfülle mit lebendigem (lebengebendem) Denken. Es gibt ein Denken, was verlebt, und eins, was erlebt. — Wie mich sammeln, daß ich meinen Geist immer auf das Erleben richte? — Dies eine nur! und das Auffahren gen Himmel ist mir gewiß.

Das Schlafen kann mit dem Denken in Rapport gesetzt werden, das Schlafen, was aus dem Denken entspringt, erzeugt wieder Denkkraft — so kann sich der denkbeflißne Geist erschaffen. — Überall mit Geist durchdringen, so ist das Schlechte gesprengt, denn es hat keinen Platz mehr, denn es ist zu schwach und zu eng, um Geist zu fassen.

Ich wundre mich über meine Gedanken! — Dinge, über die ich nie etwas erfahren, die ich nie gelernt, oder vielleicht gerade das Gegenteil davon, stehen hell und deutlich in meinem Geist. — Kann ich denn wissen, ob ich nicht vielleicht von einem Geist besessen bin? — und ist Besessensein nicht vielleicht ein Aufgeben der Individualität, und sind die Widerspenstigen, die sich dem Geist widersetzen, nicht vielleicht individuell stärker als die vom Geist Durchdrungnen? — Ach, liegt wohl die Stärke im Hingeben? — Ist nicht manches im Geist und in der Seele Wirkung anderer Welten? — Die Liebe, die Leidenschaft, ist die nicht Anziehungskraft von der Sonne? —

Wir saßen auf der Hoftreppe, ich und der Clemens, in der Dämmerung und schwätzten allerlei. — »Es ist alles recht lieblich, was du da vorbringst«, sagte er — »aber werd nur nicht faselig, manchmal ängstigt mich's, was aus dir werden soll, du zersplitterst deinen Geist, mit dem du dir eine so herrliche Freiheit erringen könntest. — Ach, kannst du dich denn nicht auf eins hinwenden mit deinen fünf Sinnen und das *ganz* auffassen? — Wenn du sprichst, bist du gescheut und gibst manchen Aufschluß, von dem die Philosophen noch nichts wissen. — Schreib doch was! — hast du mir nicht Kindermärchen versprochen? — schreib doch alles auf, was du im Kloster erlebt hast, du kannst so schön davon erzählen. — Was treibst du denn mit der Günderode? — Lernst du mit ihr? — Ich hab so große Sorge um dich, ich muß manchmal die Hände ringen, daß alle Anmut deines Geistes den vier Winden preisgegeben ist.« — Der liebste Clemens! — ich mußte ihn küssen in der stillen Nachtdämmerung auf seine leuchtende Stirn unter den schwarzen Locken für seine Liebe. Es ward windig, da saßen wir beide, in seinen Mantel gewickelt, und sahen den Wolken zu, wie sie sich eilten; da sagte der Clemens so viel von Dir, was Dich gewiß freut, Du seist so hell wie der Mond. — Das flüchtige, unstete Wesen, was Dich oft befalle, sei nur wie Wolken, die über den Mond hinziehen und verdunkeln — aber Du selber seist reines, poetisches Licht, und Du drängest tief ins Gehör, der Klang Deiner Gedichte sei Geistesmusik — und dies sei jetzt nur der Eingang zum Geisteskonzert, in dem sich immer und nach allen Seiten Melodien entfalten; und es sei so edel, sich innerlich einem solchen Leben hingeben, und so könnte und sollte ich auch mich sammeln, daß ich meinen Geist nicht wegwerfe und ein Leben führe, das würdig sei. — Was meinst Du, daß ich zu all diesem gesagt hab? — Nichts! — mir wird bang einen Augenblick, daß ich so selbstverlassen bin und daß sich mein Geist nichts um mich bekümmern will, in die Weite hinausschweift, wo eine Biene sich unscheinbare Blüten sucht, von denen nippt — aber Honig will er nicht machen, er verzehrt alles selber. — Da nun die Biene aus Instinkt Honig macht, mein Geist aber nicht, so wird der wohl nicht überwintern, wo er dann keinen Vorrat braucht — er gehört wohl ins Land, wo ewiger Frühling ist. Der Clemens ist eben wieder in die Stadt, der ganze Himmel ist überzogen — da regnet's schon so gewaltig — ob er wohl schon in der Stadt ist? — er geht in ein paar Tagen zu Schiff nach Mainz und Koblenz und bleibt drei Wochen am Rhein, also wirst Du ihn sehen.

Bettine

Ich hab ihm versprechen müssen, daß ich bei seiner Rückkehr was wollt geschrieben haben, ich werde nie besser verstehen lernen, wie die Welt mit Brettern zugenagelt ist, als wenn ich versuche, ein Buch zu schreiben, und wenn nun gar der Clemens von einer freien Zukunft spricht und daß ich ohne ein Buch zu schreiben nie meine Zukunft werde genießen! — Ein Buch ist dick und hat viel leere Seiten, die alle voll zu schreiben, kann ich doch nicht aus der Luft greifen, mir deucht dies erst recht eine Fessel meiner Freiheit. — Wenn ich mich an den kienernen Schreibtisch setze, und es fällt mir gar nichts Extraes ein, und ich schneide mit dem Federmesser eine dumme Fratze nach der andern in den Tisch, die mich alle auslachen, daß mir nichts einfällt, da werf ich mein Buch weg, wo lauter Versanfänge drin stehen und kein Reim drauf. — Es ist wirklich eine Unmöglichkeit. Ich möcht dem Clemens alles zulieb tun, was er will, aber ich hab einmal keine Gedanken; andre Leute waren schon vor mir da, ich bin zuletzt gekommen, also was ich auch vorbringen könnt, so haben's andre schon früher erlebt; ich ging einmal mit dem Clemens dies Frühjahr spazieren, da waren allerlei neu aufgeblühte Kräuter, die ich nicht kannte, die wollt ich brechen; er sagte: wenn du bei jedem Mauseöhrchen oder Vergißmeinnicht hockenbleibst, so werden wir nicht weit kommen; daran denke ich jetzt immer, wenn ich was Neues in mir selber erfahr, daß andre dies alles wohl schon wissen und nichts Neues mehr für sie sein mag, wie jene Violen und Gänseblümchen am Weg, die ich mir sammeln wollte. So schreib ich's denn nicht auf, und auch, weil die Gedanken sich an mich hängen wie Schmetterlinge an die Blumen, wer soll sie haschen? — sie merken's gleich und fliegen davon, und fasse ich einen, so hab ich bald seine schöne Farbe abgewischt mit dem Schreibefinger, oder seine Flügel erlahmen. Und so ein Gedanke in der Luft flattert so lustig, aber auf dem Papier kann er sich nicht wiegen wie auf der Blume, und kann sich nicht auf die Rosen setzen von einer zu andern, er sitzt da wie angespießt. Ich seh's ja an denen paar, die ich so erwischt und aufgeschrieben hab. — Da war ich grad am End vom Garten, ich lief eilig hinein, weil ich ihn geschwind ins Buch schreiben wollt, eh ich ihn vergesse, und jetzt, sooft ich das Buch aufmache, lacht mich der Gedanke aus und sagt: du bist recht dumm. Jetzt will ich Dir nur gleich das Blatt herausreißen, und da les die Gedanken, die ich wie Hasen auf einer dürftigen Jagd hab zusammenschießen müssen, und bin mit jedem einzelnen aus meinem Gedankenwäldchen nach Haus gelaufen, um ihn aufzuschreiben, und immer die drei Treppen hinauf. — Weißt du was? — die drei Treppen waren mir nicht zu hoch, aber ich hab mich geschämt vor den drei Treppen, wahrhaftig, ich hab die Augen zugedrückt, weil ich dacht, sie merken's, daß ich so eine kümmerliche Natur hab und bring da die armen nackten Gedanken-Pfeilmuter an; so heißen im Tirol die Schmetterlinge, ich hab's vorm Jahr auf der Messe gelernt bei dem Tiroler, der im Braunfels Handschuh verkauft, der mit dem schönen schwarzen Bart, Du weißt, Du sagtest, der hab ein Antlitz und kein Gesicht, ich fragte: was ist das, ein Antlitz? — Du belehrtest mich, das sei noch aus der Form Gottes, nach seinem Ebenbild geschaffen, aber Gesichter, die seien nur so nachgepetert, wo die Natur nicht hat wollen mit dabei sein und die Philister allein sich erzeugen lassen; und da hab ich Dich gefragt: »Hab ich ein Antlitz?« — da hast Du gelacht und gesagt: »Es stickt noch zu tief in der Knospe, ich kann's nicht erkennen.« Noch an jenem Abend hab ich mich vor den Spiegel gestellt und gebetet, Gott soll mich doch aus der Knospe herauslassen mit einem Antlitz und nicht mit einem Gesicht; denn wenn ich kein Antlitz hab, wie kann ich da einem Antlitz gefallen? Noch an jenem Abend fragte ich die Frau Hoch, weil Wartfrauen von Schönheitsmitteln manches wissen, sie meinte, wenn man keine Sünde tue, so könne man nicht unschön werden, und wenn es darauf ankomme, so werde ich gewiß mich vor allen Sünden hüten; wie aber die Frau Hoch drauß war, um dem Kindchen die Suppe zu kochen, da kletterte ich vors Fenster auf das Blumenbrett und hockte mich ganz klein zusammen; wie sie wieder hereinkam, war's ganz still, es war dunkel und noch kein Licht angezündet, da meinte die Hoch, sie wär allein und wollte ihr Abendgebet hersagen, weil das Kindchen noch schlief. — »›Jetzt geh ich ins ewige Leben‹, sprach er mit freudiger Seele, neigte das Haupt und erbleichte.« Das hörte ich auf dem Blumenbrett vom Gebet der Frau Hoch. Ich dachte, ob es wohl unrecht sein möge, sie zu belauschen, und da fiel mir meine Antlitzknospe ein, ob die vom Meltau der Sünde hierdurch könne angegriffen werden, denn so gescheut war ich wohl, daß dies keine Kapitalsünde sei; aber weil ich absolut wollt wunderschön sein und ohne den geringsten Tadel, so hielt ich mir die Ohren mit beiden Händen zu, um nichts zu hören; da ließ ich die Stange los vom Brett und wär schier in den Hof gefallen. Ich konnt mir die Ohren nicht versperren, wenn ich nicht fallen wollt, und da hört ich sie noch singen:

> Wenn der güldne Morgen blinkt,
> Der zu dieser Hochzeit winkt,
> Wo die reinen Seraphinen
> Bei der hohen Tafel dienen. —

Da sang ich die zweite Stimme; die Hoch sieht sich in allen Ecken um, holt Licht, sucht oben auf dem Ofen, auf dem Vorhanggestell und überall und kann mich nicht finden. Ich pflückte eine Nelke vom Stock und stellte mich in den Fensterrahm, den stieß ich auf und reicht ihr die Nelke. Da stand sie mit ihrem kleinen Wachsstock und beleuchtet mich und meint, ich wär eine Erscheinung. Ich bin ihr aber um den Hals gefallen, denn ich hab die Frau sehr lieb. Ich fragte, ob's eine Sünde sei, daß ich ihr zugehört hab, die sagte: »Das ist grad keine Sünde, aber Sie hätten können in den Hof fallen, und da wollen wir lieber ein Danklied singen, daß Sie nicht gefallen sind.« — Hier hast Du das Lied, zu dem ich eine Melodie gemacht hab.

> Der du das Land mit Dunkel pflegst zu decken,
> Ach reine mich von jedem leisen Flecken.
> Reich mir der Schönheit Kleid,
> Daß ich an jedem Morgen meiner Blüte
> Erkennen mag, wie deine Gnad sie hüte. —

> Obschon die Sonne entzogen ihre Wangen,
> Obschon ihr Gold der Erde ist entgangen,

Das kränket mich nicht sehr.
Erleucht in mir nur deines Geistes Licht,
Dadurch der Schönheit Geist wird aufgericht.

Kann ich des Nachts gleich nicht zum Schlafen kommen,
So mag dies meiner Schönheit dennoch frommen,
Das endet, wenn man stirbt.
Gib nur, o Gott, daß ich so Nacht wie Tag
Der Schönheit Ruhe mir erhalten mag.

Wenn du mich willst, o Schöpfer, einst genießen,
Muß über mich der Born der Schönheit fließen,
Wie wollt ich fröhlich sein! —
Sonst acht ich nichts, was Mut und Blut beliebt,
Noch was die Welt, noch was der Himmel gibt.

Die Hoch sagt: »Sie haben das Lied schön verketzert, kein
Mensch wird's für ein Andachtslied erkennen.« — Ich hab
es doch mit wahrer Andacht gesungen; ist es eine Sünde, so
wollen wir lieber ein Bußlied singen, damit mir nicht gar
noch ein Bart davon wächst. Die Hoch sagte: »Ach, gehn
Sie doch, das wär Ihnen grad recht, wenn Ihnen ein Bart
wüchse.«
Am andern Morgen ging die Tonie zum Tiroler, und ich ging
mit, um mir sein *Antlitz* einzuprägen; ich dachte, wenn man
sich was tief in die Seel schreibt, so blüht's am End mit
einem auf, und weil die Tonie Handschuh aussuchte, setzte
sich ein Schmetterling, der vom Main herübergeflogen kam,
auf den Strauß an seinem Hut. »Ach, guck den Schmetterling, den haben die Blumen an deinem Hut herbeigelockt!« —
Der Tiroler fragte: »Was ist das für ein Ding, ein Schmetterling?« und sieht ihn fliegen und ruft: »Ei was, das ist ja ein
Pfeilmuter und kein Schmetterling. Du bist ein Schmetterling« und kriegt mich um den Hals und küßt mich auf den
Mund. Die Tonie macht ein bös Gesicht und kauft gleich
keine Handschuh mehr bei ihm und geht fort. »Na«, ruft er
ihr nach, »nehm Sie's nit übel, das Madel nimmt's ja auch
nit übel auf«, und die Tonie mußt lachen und die Handschuh
kaufen. Die Geschicht wollt ich als immer aufschreiben, weil
sie mir gefällt, aber zu einem Buch paßt sie nicht, denn sie

ist ja gleich aus, und was soll dann weiter passieren? — Der Clemens meint, ich soll alles schreiben, was mir durch den Kopf geht, er denkt, es wär Markt da; er schreibt, ich soll aus dem Kloster alles aufschreiben, aber nun les nur erst die dummen Gedanken, die in meinem Buch stehen, ob man da was Vernünftiges dran schreiben kann, und hab's noch dazu auf den Deckel inwendig geschrieben, weil ich meint, ich wollt's recht voll schreiben; ja, hat sich was, ich bin schon über vier Wochen noch immer am Deckel. Da steht erstens obenan:

Ob Tugend nicht auch Genialität sein möchte
und ob wir vielleicht nur deswegen so mühselig
hinanklettern zum Erhabenen, weil wir kein
Genie haben.

Das war auf der Pappel, an der ich so bequem hinaufklettern kann, ich sah die Vögel geflogen kommen und dacht in mir, du hast kein Genie, du mußt mühselig zu allem hinanklettern, und dann kannst du dich nicht oben erhalten, mußt immer wieder hinunter. — Und da fühlt ich recht in mir, wie alles in mir schwankt, nichts erreichen kann, wie ein Feuer in mir braust, jede Kunst liegt in mir so nah, ich mein, ich hätte sie schon in mir, die Wangen glühn mir gleich so hoch, sie brennen mir, wenn ich nur in die Ferne denk, da liegen mir goldne Berge. Ich steh da, als hätt ich nur den Zauberstab in der Hand, alles inwendig im Geist, aber wenn's heraus soll, da bleib ich beim Buchdeckel und muß mühselig Sandkörnchen für Sandkörnchen zusammentragen. Wie ich von der Pappel herunter der Trepp herauf war und hatt meinen ersten papiernen Gedanken aufgeschrieben, der mich noch immer anlachte — so wollt ich doch noch ein bißchen im Abendschein mich wiegen, denn beim Wiegen kommen mir Gedanken. Kaum war ich der halben Pappel hinaufgeklettert, so fiel mir schon wieder was ein, ich klettert also gleich wieder herunter und wieder die Trepp hinauf und schrieb auf:

Der ganze Mensch muß in sich einverstanden sein,
nämlich Herz und Kopf und Hand und Mund.

Da stand ich noch so eine Weile vor dem Gedanken still und dacht, vor dem hätt ich immer auf der Pappel können sitzen

bleiben, und es tat mir schon leid, daß ich das Buch mit be-
kleckst hatte; aber weil der Clemens gesagt hatte, ich soll
alles schreiben, was mir durch den Kopf geht, so wollt ich's
durchsetzen. Jetzt gefällt mir aber doch etwas in dem Gedanken, ich kann ihn ja zu was Großem machen, wenn ich
einen großen Sinn hineinlege, und wenn ich alles, was ich
so schreib, ohne zu wissen warum, mit Gewalt wahr mache. —
Ja, ich fühl, es hängt mit dem ersten Gedanken zusammen,
es ist die Genialität der Tugend, wenn der ganze Mensch
in sich einverstanden ist, und es ist gewiß, was die meisten
nicht tun. Ach, nun kommt mir gar die Moral in Weg, laß
mich nur lieber die Gedanken weiter abschreiben, dann kleb
ich den Deckel zu vom Buch, daß ich sie nicht mehr seh. —
Dann fallen mir vielleicht bessere Sachen ein, die nicht so
steifstellig sind. Ich bin also wieder auf meine Pappel geklettert, denn es ist mir grad, als kämen mir nur da oben Gedanken; aber kaum war ich droben, so mußt ich auch schon wieder
herunter, und der kam mir ganz begeisternd vor, so daß ich
mit großen Freuden meine drei Treppen herauf gesprungen kam.

Den Geist nähren, das ist Religion.

Ja, wenn ich das könnt, dacht ich, wie ich wieder auf meiner
Pappel saß und jetzt nicht mehr herunter wollt, denn es war
so schön geworden der ganze Himmel, Abendrot, und der
Luftkristalle unendlich viele, die schnell in Purpur anschos-
sen, was hab ich alles gesehn von Farben und von wogenden
Wipfeln, die sich einschmelzenden Farben und Lichtglanz in
der Ferne, und wie war die Natur so gütig gegen mich, grad
als ob ich sie nicht verleugnet hätt gehabt mit meinem Aberwitz auf dem Papier. Alles Selbstdenken kommt mir wie
Sünde vor, wenn ich in der Natur bin; könnt man ihr nicht
lieber zuhören? — ja, Du meinst, davon denkt man ja, daß
man ihr zuhört, nein, das ist doch noch ein Unterschied.
Wenn ich der Natur lausche, zuhören will ich's nicht nennen,
denn es ist mehr, als man mit dem Ohr fassen kann, aber lauschen, das tut die Seele. — Siehst Du, da fühl ich alles, was
in ihr vorgeht, ich fühl den Saft, der in die Bäume hinaufsteigt bis zum Wipfel, in meinem Blut aufsteigen, ich steh
so da und lausch — und dann — da empfind ich — ich denk

aber nicht grad oder doch nicht, daß ich's wüßt, aber wart nur einmal, wie's weiter geht. — Alles, was ich anseh — ja, das empfind ich plötzlich ganz — grad als wär ich die Natur selber oder vielmehr alles, was sie erzeugt, Grashalme, wie sie jung aus der Erd heraustreiben, dies fühl ich bis zur Wurzel und alle Blumen und alle Knospen, alles fühl ich verschieden. — Seh ich den großen Rosenstrauch an da auf dem Inselberg, er hatte beinah schon abgeblüht, jetzt ist ein Nachschuß da, das betracht ich alles, das dringt mir alles mit etwas ins Herz, soll ich's Sprach nennen? — mit was berührt man denn die Seel, ist die Sprach nicht die Lieb, die die Seel berührt, wie der Kuß den Menschen berührt? — Vielleicht doch; nun, so ist das, was ich in der Natur erfahr, gewiß Sprache, denn sie küßt meinen Geist, — jetzt weiß ich auch, was küssen ist, denn sonst wär's nichts, wenn's das nicht wär, jetzt geb acht:

Küssen ist, die Form und den Geist der Form in
uns aufnehmen, die wir berühren, das ist der Kuß;
ja, die Form wird in uns geboren,

und darum ist die Sprache auch küssen, es küßt uns jedes Wort im Gedicht, alles aber, was nicht gedichtet ist, das ist nicht gesprochen, das ist nur gegautzt wie die Hunde. Ja, was willst Du denn anders mit der Sprache, als die Seele berühren, und was will der Kuß anders, er will die Form in sich saugen und die Seele berühren, alles das ist eins, ich hab's von der Natur gelernt, sie küßt mich beständig, ich mag gehn und stehn, wo ich will; sie küßt mich, und ich bin auch schon so ganz dran gewöhnt, daß ich ihr gleich mit den Augen entgegenkomme, denn die Augen sind der Mund, den die Natur küßt; siehst Du, so fühl ich auch, daß mich eine Knospe anders küßt als eine Blume, denn warum? sie sind verschieden in der Form, dies Küssen ist aber Sprechen, ich könnt sagen: Natur, dein Kuß spricht in meine Seele hinein — ja, das ist auch ein Gedanke, den ich ins Buch geschrieben hab, aber den wollt ich stehenlassen, an ihn kann ich noch weiteres anknüpfen. Ach, wenn ich mich so umseh, wie sich alle Zweige gegen mich strecken und reden mit mir, das heißt küssen meine Seele, und alles spricht, alles, was ich anseh, hängt sich mit seinen Lippen an meine Seelenlippen, und dann die Farbe, die Gestalt, der Duft, alles will sich geltend machen in der Sprache; nun ja, die Farbe ist der Ton, die Gestalt ist das Wort, und der Duft ist der Geist, so kann ich wohl sagen, die ganze Natur spricht in mich hinein, das heißt, sie küßt meine Seele, davon muß die Seele wachsen, es ist ihr Element, denn alles hat sein Element in der Natur, was Leben hat. Der Seele ihr Element ist also das Schauen, das ist das Lauschen, sie saugt alle Form, das ist die Sprache der Natur. Aber die Natur hat nun auch selbst eine Seele, und diese Seele will auch geküßt sein und genährt, grad wie meine Seele von ihrer Sprache genährt wird, wenn ich so durchdrungen war von ihr (denn es gibt Augenblicke, wo die Seele wie ein Feuer ist von Leben, wo sie ganz und gar nur das ist, was sie in sich aufgenommen, nämlich Selbstsprache der Natur, da erkennt sie die Natur wieder als nahrungsbedürftig), so hab ich vor ihr gestanden und hab mich wieder in sie hineingesprochen, ich hab sie geküßt mit meinen Seelenlippen. Sieh, das war Geist, der war nicht gedacht, der war ursprünglicher Lebensgeist ohne Erdform, Gedanken ist die Erdform des Geistes — aber mein Geist hat diese Form nicht angenommen, als er mit ihr sprach, es war nicht Gedanke, es war nicht Gefühl oder Empfindung, denn das deucht mir auch noch verschieden, es war Wille — ja Wille war's, der sah so rasch und fest die Natur an, als wolle er ihr nun wieder schenken alles, was sie ihm gab, nämlich Leben. — Das ist's, alles ist ein Wechselwirken, alles, was lebt, gibt Leben und muß Leben empfangen. — Und glaub nur nicht, daß alle Menschen leben, die sind zwar lebendig, aber sie leben nicht, das fühl ich an mir, ich leb nur, wenn mein Geist mit der Natur in dieser Wechselwirkung steht. — Da weiß ich auch, daß Tränen noch gar keine Folgen von Schmerz zu sein brauchen oder von Lust — sie können auch eine natürliche Folge sein, wie auch Schlaf die Folge ist vom aufgeregten Geist. — Denn ich muß oft plötzlich weinen, ohne vorher gerührt zu sein, das ist also gewiß, wenn die Natur mich so erfaßt, heimlich meine Seele erschüttert, daß sie weinen muß. Und oft leg ich mich auch am Boden auf die sammetschwarze, aufgepflügte Erde, die so warm von unten auf dampft, und das wärmt mich, weil ich dann frier — ja, der Geist friert in mir, da leg ich mich am Boden hin, da wird gleich der ganze Geist wieder warm, da fühl ich's, wie's durch den Kopf zieht und durch die Brust, und da muß ich gleich die Hände betend zusammenhalten. Siehst Du, das ist alles nicht gedacht und ist doch Geist — Geist, der mit der Natur in Wechselwirkung ist. — Ich bin ordentlich froh, daß ich heut das Wort gefunden hab, ich hätt schon früher mit Dir davon gesprochen, aber ich fand die Worte nicht — aber ich könnt Dir noch ganz andere Sachen sagen — ach nein, ich fürcht mich gar nicht vor Dir, daß Du mich schelten solltest, Du wirst wohl auch mit mir einverstanden sein, daß, soweit der Geist seinen Flug erheben mag, so weit darf er auch; warum hat ihm Gott Flügel gegeben? Geist ist ja eigentlich Fliegen. — So muß ich lachen über die Lotte, wenn die von Konsequenz spricht, das ist kein Geist — Inkonsequenz ist Geist — im Flug hin und her schweben, alles, was er berührt, gleich mit ihm zusammenfließen, das ist Geist, daß er gleich sich verwandle in das, was er berührt, so verwandelt der wahre Geist sich in die Natur, weil die ihm begegnet allüberall, weil ihr Berühren mit ihm allein Geist ist, er wär nicht, wär die Natur nicht leidenschaftlich seiner bedürftig, das eben ruft ihn jeden Augenblick ins Leben, Geist ist fortwährendes Lebendigwerden, um die Natur zu küssen, seine Formen in sie prägen; die Natur saugt die Geistesformen in sich, davon lebt sie, und Geist fließt durch alle Gestalten mit ihr zusammen; so faßt die Natur sich selber in ihren Formen, das ist eben der ganz göttliche Reiz an ihr. Reiz ist Zauber, wo kann Zauber her entstehen als durch das Sichselbsterfassen? — ja, das ist schon wieder was Neues, das wollen wir morgen besprechen. Heute abend tut mir der Nacken weh vom Schreiben — das wollt ich nur noch sagen: mein Geist, oder durch mich spricht der Geist mit ihr, und dabei bin ich ganz unregsam, ich besinn mich nicht, ich denk nichts, ich hab keine Betrachtung, aber nachher kann ich davon erzählen, wie Du siehst, heut zum erstenmal, also erzeugt das Ineinanderfließen des Geistes mit der Natur doch Gedanken, die man nachher hat. — Was sind das aber vor Gedanken, einer könnt sagen, es sind Lügen oder Dummheiten, Fabeleien und also keine Gedanken, denn was kann ich's beweisen, oder zu was frommen und führen diese Gedanken? Ja, das ist es eben, Geistesgedanken berühren nichts, was schon da ist, sie erzeugen neu, da siehst Du wieder, daß ich recht hab; weil der Geist und die Natur sich einander berühren, so sind sie fortwährend lebendig und erzeugen fortwährend neu, denn wir sollen übergehen in ein neu Leben nach diesem Leben, wie sollen wir's aber anfangen, wenn der Geist sich nicht selber hinübererzeugt in die andre Welt? — er muß sich also selbst wie ein klein Kind im Mutterleib tragen, er muß mit sich gesegnet (guter Hoffnung) sein und muß sich nähren, bis er selbst als Frucht in sich reif wird, dann bringt er sich zur Welt, wo, wie und wann — das ist alles einerlei; eine reife Frucht kommt allemal zur Welt, die Welt ist da vor der Frucht, sie kann nicht aus jener Welt, in das ihr Leben überstrebt, herausfallen, sie kann nur in sie geboren werden. Der Geist also, der fortwährend mit der Natur sich küßt, das heißt, der ihre Sprache trinkt, der nährt sich selbst in ihr, um sich zu gebären; die Natur tut das auch, sie reift sich für die künftige Frucht des Geistes, in ihrem Berühren mit ihm, und so wird die neugeborne Frucht des Geistes in die Welt einer höher gereiften Natur übergehen, denn Gott läßt nie von der Natur, überall ist sie es, die der neugebornen Seele wieder begegnet, wieder ihre Formen ihr zu küssen gibt, das heißt ihre Sprache, die ihr in die Seele spricht, wovon die Seele sich nährt; so ist es gewiß mit allen lebenden Kreaturen, die so weit sind, daß der Geist schon gelöst ist und selbst denken kann. — Alle Menschen erleiden dieselbe Berührung von der Natur, sie wissen's nur nicht, ich bin grade wie sie, nur der Unterschied ist, daß ich bewußt bin, denn ich hab das Herz gehabt, dringend und mit leidenschaftlicher Liebe zu fragen, andre Menschen lesen's wohl als poetische Fabel, daß die Natur um Erlösung bitte, andre Menschen empfinden wohl eine Unheimlichkeit, wenn sie so in der lautlosen, stillen Natur dastehen, es bedrängt ihr Herz, sie wissen weder den Geist zu wecken in sich noch zu bezwingen; da gehen sie ihr fühllos aus dem Weg, ihr Inneres sagt ihnen wohl, hier geht was vor, du solltest dich dem hingeben, dann überkommt sie eine Angst, und sie ziehen sich wieder ins Gewohnheitsleben, wo eine Mahlzeit die andere verabschiedet, bis der Schlaf obendrauf sich einstellt, und dann ist der Tag und die Nacht herum; und dafür hätte man gelebt? — Nein, das ist nimmermehr wahr! — der Gedanke hat mich schon lang verfolgt: ›Warum lebst du doch?‹ — besonders eben, wenn ich so manchmal bei Sonnenuntergang spazierenging — im Wald auf der Homburger Chaussee, da stand ich als still und fragte mich das, da hörte ich diese traurige Stille der Natur, da lag eine Scheidewand zwischen mir und ihr, da fühlt ich deutlich, daß ich nicht bis zu ihr drang; da dacht ich, wenn's nicht eine lebendige nähere Beziehung gab zu ihr, so würdest du das nicht so deutlich empfinden, du fühlst ja ordentlich in deiner Seele, wie sie traurig ist, also geht sie doch lebendig an dich heran, und du fühlst, daß sie einen Geist hat, der ihr allein angehört und der sich mitteilen will, da faßt ich mir einmal ein Herz und wollte sprechen, da wußt ich nicht, sollt ich laut mit ihr sprechen, wie mit den Menschen, denn ans Küssen ihrer Form und so mit ihr sprechen, das war mir nicht deutlich, obschon gewiß ich es unbewußt im Kloster getan, denn vom Kloster da kann ich Dir gar wunderliche Dinge sagen. — Ich dachte an einem Sonntagmorgen, als wir den Weg von Bürgel aus der Kirche zurückkamen, heut wollt ich am Nachmittag mir einen recht einsamen Platz suchen und wollt da mit ihr sprechen ganz laut, wie man mit den Menschen spricht, und es war mir ganz schauerlich, als ich aus einem großen Garten, wo wir zusammen mit andern waren, herausschlich und längs der Chaussee am Wald ging, dann den Bach verfolgte, der mir entgegengerauscht kam, und so kam ich an eine Stelle, wo Felssteine liegen, und der Bach teilt sich und muß Umwege machen und schäumt und braust; da blieb ich eine Weil stehen, das Brausen war mir grad so ein Seufzen, das lautete mir, als wär's von einem Kind; da redete ich auch zu ihr wie zu einem Kind. »Du! — Liebchen — was fehlt dir?« — und als ich's ausgesagt hatte, da befiel mich ein Schauer, und

ich war beschämt, wie wenn ich einen angeredet hätte, der
weit über mir stehe, und da legt ich mich plötzlich nieder und
versteckte mein Gesicht ins Gras, und im Anfang war ich
ganz betäubt, daß ich gar nicht wußte, warum ich dahergekommen war, aber nach und nach besann ich mich, und nun,
wo ich an der Erde lag mit verborgnem Gesicht, da war ich
einmal zärtlich; ach, ich sag Dir — — tausend süße Dinge
drängten sich aus meinem Seelenmund, ein Begehren, sie zu
lieben; ich weiß nicht, wie's nachher gewesen ist, ich konnt
ungern vom Platz aufstehen, aber da ward mir so heiß auf
dem Kopf, und wie ich ihn aufhob, schien die Sonne so kräftig,
und nichts war mehr düster und traurig, alles lebendig, ich
war in der Seele, als hab ich ein neu Leben empfangen, und
die Wellen im Bach, die über die Steine sich teilten, schienen
mir voller zu rieseln und lauter, und ich mußte alles so tief
ansehen, und da lernt ich gleich ihre Formen fassen, ich sah
sie viel kräftiger an, und ich hatte unter zwei Tannen gelegen,
die ihre Äste noch bis zum Erdboden hängen hatten, und
guckte die feinen Nadeln an, wie sie so gleichmäßig gereiht
waren, und wie sie die klebrigen Knospen so schützend in
ihrer Mitte tragen. Da dacht ich, ist doch kein Gedanke so
kräftig und so wahr wie dieser Baum, und ich hab noch
nichts gehört von Menschen sagen, wo der Gedanke gleich
schon seine Knospe der Zukunft in sich bewahrte; und drum
ist auch alles platt und kein Leben drin, denn alles, was
lebendig ist, das muß die ganze Zukunft in sich tragen, sonst
ist es nichts, und alles Tun der Menschen muß so sein, sonst
ist's Sünde, und da dacht ich, wie ist es möglich, daß jede
Handlung gleich den Keim der Zukunft in sich fasse? aber
da wußt ich's gleich, nämlich jede Handlung muß den höchsten Zweck haben, und ein hoher Zweck ist ja doch die Knospe
der Zukunft. Oh, ich wollt gleich die Welt regieren, und die
Leute sollten sich verwundern, das hab ich in jenem ersten
Moment gelernt von der Natur, wie ich das machen soll, und
glaub nur, ich würde nie fehlgehen, im Anfang würde es viel
Staub setzen, wenn ich gegen das alte Gemäuer anrennen
ließ, wenn aber erst die Staubwolken sich gelegt hätten, dann
um so schönerer, hellerer Himmel. — Aber als ich am Boden

lag, da mischten sich auch meine Träume mit dem Erdreich, aber der Nacken tut mir so weh, ich kann nicht mehr schreiben, und ich wollt Dir doch noch so viel sagen! — Es ist schon Morgen, die Sonn kommt schon, gute Nacht.

Montag

Ich hab heut im Schlaf gedacht, ich bin doch recht glücklich; alles, was ich Dir gestern aufgeschrieben hab, das war in meinem Buch mit folgendem ledernen Gedanken bezeichnet:

> Alle Form ist Buchstabe, wisse die Formen zusammenzusetzen, so hast Du das Wort (Kuß), und durch dieses den Sinn (Gedanken), Liebesnahrung des Geistes. —

Nein, daraus würde wohl keiner klug werden! — und auch keiner sich drum kümmern, so ein Gedanke, den man aufbewahrt, ist wie eine gedürrte Pflaume, ganz verhutzelt und verkohlt. Nein, es ist eine Unmöglichkeit, ein Buch zu machen aus dem, was mir durch den Kopf geht, es ist ungehobeltes Zeug, was sich sperrt, wenn's in Gedanken soll gefaßt werden. — Und kein Mensch kann's brauchen, selbst der Clemens würde fürchten, daß ich übergeschnappt sei, von Dir erwart ich, daß Du mich ungestört anhörst, es ist doch einmal nicht zu ändern, Ihr gebt Euch Mühe, meine Gedanken zu *konzentrieren* (auf etwas fest richten soll das, glaub ich, heißen), das ist aber grad, was nie geschehen wird, denn ich selbst kann's nicht erzwingen von mir, ich sag mir oft, nur jeden Tag eine halbe Stunde Geduld, so wirst du gewiß Herr über alles, was du lernen magst. — Aber wenn ich das denk, so schaudert's mich, als ob ich gesündigt hätt mit dem Gedanken. Gestern nahm mich die Großmama ins Gebet über meine vermöglichen Fähigkeiten, sie sagt: »Wer den Most nicht fassen kann in Gefäße, der kann ihn nicht bewahren«; da hielt sie mich mit beiden Händen und sah mich groß an, da versprach ich ihr alles; da sagte sie: »Lern doch Latein«, und ich versprach's ihr, aber gleich befiel mich eine frevelige Angst, und mir klopfte das Herz vor Ungeduld, daß sie mich loslassen solle, aber aus Ehrfurcht bleib ich vor ihr stehen, und wie sie sah, daß meine Wangen so brennten, da sagt sie: »Geh hinaus, liebs Mädele, in die Luft, und morgen wollen wir weitersprechen.« — Gleich klettert ich aufs Dach von der Waschküch und erwischte so einen Akazienzweig und kletterte hinüber auf den Akazienbaum und hab ihn umhalst und wieder abgebeten, daß ich gesagt hab, ich wollt Latein lernen.

Bettine

An die Bettine
Ich habe Deine Briefe erhalten, die Du seit meiner Abreise mir schreibst. Ich muß mich kalt machen, daß Deine Flammen mich nicht angreifen, doch such ich Dir nachzuempfinden, und meine Mühe ist nicht ganz umsonst — doch staun ich, wie gewaltig Dich alles ergreift und daß dies alles nicht Deine Gesundheit aufreibt; denn wie mir einleuchtet, so kannst Du unmöglich viel schlafen? — Und dabei dies unruhige Leben, wo jeder Augenblick Dich aufs neue reizt — ich glaub selber, daß Du einen Dämon hast, der Dich wieder stärkt, wie könntest Du sonst alles fassen? — und Dein Herz, ist es nicht voll zum Überlaufen, der Gärtner, der Moritz, der Franzose, der Clemens und ich doch auch — und Deine frühen Wanderungen im Boskett, Du schläfst nicht aus, es wird nicht lange so fortdauern können — ich selbst fühl mich hier anders wie sonst. — Die Zukunft leuchtet mir nicht helle, und ich hab so große Lust nicht mehr am Lebendigen, an der Märchenwelt, die unsre Einbildung uns damals so üppig aufgehen ließ, daß sie die Wirklichkeit verschlang, doch wird sich's ändern, gewiß, wenn wir wieder zusammen sind; diesen Winter denk ich ernstlich mich zu überwinden, ich hab mir einen Plan gemacht zu einer Tragödie, die hohen spartanischen Frauen studier ich jetzt. Wenn ich nicht heldenmütig sein kann und immer krank bin an Zagen und Zaudern, so will ich zum wenigsten meine Seele ganz mit jenem Heroismus erfüllen und meinen Geist mit jener Lebenskraft nähren, die jetzt mir so schmerzhaft oft mangelt, und woher sich alles Melancholische doch wohl in mir erzeugt. — Doch fürchte nichts für mich, es sind nur Minuten, wo mich's überfällt wie starker Frost, doch Deinen frühlingsheißen Briefen

widersteht er nicht. — Heut und gestern war ein Grünen und Blühen in mir — und ich lese sie gern wieder, dann bin ich immer wieder glücklicher gestimmt, ich danke Dir dafür. — Auch von Clemens sagst Du mir, was mich freute. — Lebe wohl. — Dein Naturbrief besonders hat mir Freude gemacht, er ist wie das Zwitschern junger Vögel, die sich noch im Nest der Ätzung freuen, die die Mutter in Fülle ihnen gibt; sind sie erst flügge, dann werden vielleicht auch da Geistesgesetze herausfliegen, von der Natur gegründet für den Geist, der sie als göttlich zu fassen vermag, aber sie werden wohl nimmer im Buchstaben können gefaßt werden, zum wenigsten nicht in unserm Jahrhundert. —

Ist denn das alles von Gedanken, was Du in Dein Buch aufgeschrieben? o verliere nichts. Hier sende ich Dir ein paar Lieder; lese sie, wie man Gedichte liest, ohne zu großen Affekt. Denk, daß der Reim auch die Stimmung leitet, und glaub nicht gleich, ich sei zu traurig. — Gedichte sind Balsam auf Unerfüllbares im Leben; nach und nach verharscht es, und aus der Wunde, deren Blut den Seelenboden tränkte, hat der Geist schöne rote Blumen gezogen, die wieder einen Tag blühen, an dem es süß ist, der Erinnerung Duft aus ihnen zu saugen.

Die Pilger hab ich vor acht Tagen geschrieben, auf das letzte: Der Lethe Fluß, hatte Dein Emigrantenverkehr Einfluß; ich weiß nicht wie.

Ist St. Clair noch nicht zurückgekehrt? war er bei Dir? —

Beilage

Die Pilger

Der eine Pilger

> Ich bin erkranket
> An Liebespein,
> Möcht nur genesen,
> Wolltst mein Du sein.
>
> Dein liebreich Wesen,
> Dein Lippenrot

Hält mich gefangen
Bis an den Tod.

Mein Aug ist trübe,
Meine Jugend verdorrt,
Muß Heilung suchen
An heilgem Ort.

Ich greif zum Stabe,
Ich walle zum Meer,
Es brausen die Winde,
Es tobet das Meer.

Die Vöglein fliegen
So lustig voran,
Sie suchen den Frühling
Und treffen ihn an.

Es hält mich die Liebe,
Ich bliebe so gern,
Doch ziehet mich Wehmut
Zum Grabe des Herrn.

Mich sehnet, o süße
Geliebte, nach Dir,
Doch wähl ich das Grab mir
Des Heilands dafür.

Da knie ich nieder
Voll bitterem Schmerz,
Da kann ich Dich lassen,
Da bricht mir's Herz.

Lebt wohl denn, ihr Augen
Voll freundlichem Schein,
Mein Blick soll zum Himmel
Gerichtet nur sein.

Die Heilung ist bitter,
Der Weg ist wohl weit,
Doch greif ich zum Stabe
Und ende mein Leid.

Der andre Pilger

> Ich scheide froh vom Vaterland
> Und suche den geliebten Strand,
> Wo Jesus Christus wallte,
> Wo er in Demut angetan
> Des Erdenlebens schwere Bahn
> Mit stillem Sinne wallte.
>
> Was ist die Herrlichkeit der Welt
> Und alles, was dem Sinn gefällt? —
> Ich will ihm froh entsagen.
> Die irdsche Kette fällt von mir,
> Und Jesu! — nur zu Dir! zu Dir! —
> Will ich mein Sehnen tragen.
>
> Die Märterkrone windet mir
> Und Seligkeit wohl für und für,
> Wenn ich vollendet habe.
> O süße Buße! himmlisch Leid!
> In frommer Einfalt, Seligkeit
> Ihr wohnt am heiligen Grabe.

Lethe

Du rollst, o Bach, mit stillem Stolz die Flut,
Und düstergrün umhüllen dich Gesträuche,
In deiner Well erstirbt die Rosenglut,
Die lieblich glänzt vom fernen Geisterreiche.

Dir schmeichelt nicht die Gunst der Gegenwart
Mit Blütenduft, mit Zephirs kühlem Säuseln,
Kein Glück, das in der Zukunft Schleier harrt,
Wird deine Wog in holden Spielen kräuseln.

Erbebend schaut es die Vergangenheit,
Wann deine Flut der Schatten Heer umweben,
Wie die Gebilde der entflohnen Zeit
Zum öden Nichts auf deiner Well entschweben.

Du wallest stolz! — des Helden Lorbeerkranz,
Die Myrte durch Cytherens Hauch erzogen,

Der Tugend Palm in des Olympos Glanz
Verlieren sich in deinen düstern Wogen.

Entführt durch sie dahin, wo Zeit und Raum
Verschwinden, wo in trüber Nebelferne
Dein dumpfer Fall ertönt, dein weißer Schaum
Im Chaos strahlt statt lichtbegabter Sterne.

Hinweg von dir! — die blütenreiche Luft,
Der Zauber in Elysiums Gefilden
Verführ mich nicht, der rosenfarbne Duft
Mag sich umsonst an deinem Ufer bilden.

Vergebens weht hier magisch süß ein Ton
Zu mir herab aus seliger Geister Chören,
Erschiene selbst Latones großer Sohn,
Sein Phöbusauge wird mich nicht betören.

Für Seligkeit, die ich noch nie genoß,
Sollt ich in Lethe meine Lust versenken?
Und Schmerzen, die ich lang in mir verschloß,
Für unbekannte Freuden hinzuschenken.

Nein! jed Gefühl, zur Qual und auch zur Lust,
Vom Hauch der Erdenluft in mich geboren,
Die Leidenschaft bekämpft in meiner Brust —
Den Siegerstolz! — ich geb ihn nie verloren.

Es drückt das Herz, wenn eine fremde Macht
Ihm Gottheit gibt, es sträubt sich dieser Würde,
Mit höherem Stolz entsagt es dieser Pracht
Und schmiegt sich liebend seiner Erdenbürde.

Kann ich die Seligkeit auf jener Flur
Nur durch den Tod von diesem Ich erringen,
So leite fern von ihrer Zauberspur
Mich die Erinnerung auf ihren zarten Schwingen.

Ich trag im Busen mein Elysium,
Und dieses blühe mir auf Blumenmatten
Elysischer Gefild! ich bringe stumm
Es sonst zum Styx, zu ungeweihten Schatten.

Dich aber fleh ich an, Erinnerung!
O Göttin! die den Gram um Freuden tauschet,
Und wie ein Lilienduft mit leisem Schwung
Durch die Verzweiflungsnacht zum Troste rauschet.

Nimm deinen Wanderstab und schlage kühn
Der stolzen Lethe Flut, daß ihre Wellen
In Nichts verdürstend, ewig schüchtern fliehn,
Elysiums Strand nicht spottend mehr umschwellen.

Die Schatten jauchzen dann, im Götterglanz
Der Tugend Traum entfaltend, wie der Fehler Bürde,
Wo Lethe floß; umschwebt vom ewigen Tanz
Der Anmutschwestern, in ihrer Selbstheit Würde.

————

Der Kuß im Traum

Es hat ein Kuß mir Leben eingehaucht,
Gestillet meines Busens tiefes Schmachten,
Komm, Dunkelheit, mich traulich zu umnachten,
Daß neue Wonne meine Lippe saugt.

In Träume war solch Leben eingetaucht,
Drum leb ich, ewig Träume zu betrachten,
Kann aller Freuden Glanz verachten,
Weil mir die Nacht so süßen Balsam haucht.

Der Tag ist karg an liebesüßen Wonnen,
Es schmerzt mich seines Lichtes eitles Prangen,
Und mich verzehren diese heißen Gluten.

Drum birg dich, Tag, dem Leuchten irdscher Sonnen,
Hüll dich in Nacht, sie stillet dein Verlangen
Und heilt den Schmerz, wie Lethes kühle Fluten.

An die Günderode

Schon zehn Tage bist Du fort, alle Tage kommt der Jud mit
dem leeren Sack; ich ließ ihn heut den Sack um und um keh-
ren, weil ich dacht, es müsse sich Dein Brief drin finden,
den ich so sicher erwartete, aber es war nichts herausgefallen
als Brotkrümel, und kein Krümelchen Deiner Feder für mich —

wonach ich gar nicht so hungrig bin, wenn ich nur weiß, daß alles noch beim alten ist und daß Du gesund bist — Weißt Du mir nichts zu schreiben, so such ich mir aus meinen Briefen meine Religionsprinzipien zusammen, ich hab noch allerlei Nachgedanken berauschender Quellen der Natur hervorströmen, und mir deucht, ich sollte sie auch noch zu schöpfen versuchen. —

Bei der Großmama ist ewiger Besuch, heute spazierte man zu siebzehn Fürstlichkeiten im Garten auf und ab, die Groß- mama zum Bewundern in Anmut und Würde alle überstrah- lend, Isenburg, Reuß, Erbach und etliche Hessische Durch- lauchten und nebenbei noch der Herzog von Gotha, der schon längere Zeit täglich Brot ist, im Haus, nämlich alle Mittag um drei Uhr kommt er herausgefahren und läßt sich von mir die Depeschen vorlesen und Journale; dann geht er in den Garten, wo er Bohnen gepflanzt hat, die muß ich ihm begießen helfen. Die Großmama spricht von seinem Genie, mir gefällt, daß er mit mir umgeht wie mit einem Kind, er nennt mich Du! fragt mich nie nach was anderm, als was ich mit ja oder nein beantworten kann, weiter hab ich ihm nichts gesagt bis jetzt. — Im Garten läßt er mich in der Son- nenhitze den Regenschirm tragen, und er trägt die Gießkanne; letzt war er so matt, daß er sich hinstellen mußte, ich sagte, er solle den Parapluie tragen, ich wolle die Gießkanne neh- men; er meinte, die sei wohl zu schwer für mich; als er aber sah, daß ich sie mit ausgestrecktem Arm weit ab durch die Luft trug, um mein Kleid nicht naß zu machen, so nennt er mich seitdem die starke Magd. — Seine roten Haare, die einen verzweiflungsvollen Schwung haben wie ein schweres Ährenfeld, das der Hagel verwüstet hat, und sein blasses Angesicht geben ihm in der Abenddämmerung das Ansehen von einem Geist; ich hab mich vor ihm gefürchtet, wie er mich abends durchs Boskett begleitete. Die Großmama hatte alle Fürstlichkeiten an der Wagentüre begrüßt und dagegen protestiert, daß sie unter das Dach ihrer Grillenhütte kom- men; sie wollten aber absolut in die Grillenhütte herein, und so ward diese bald zu eng. — Im Garten machte der Herzog selbst eine Weinkaltschale mit Pfirsich, denn er pantscht gern;

ich mußte dazu alles herbeiholen in die Geißblattlaube; da er mich nun immer starke Magd nannte, so passierte ich bei der hohen Gesellschaft für ein so seltnes Monstrum; zuletzt sagte er noch: geh an unsern Bohnenstangen und sorge, daß die breitfüßigen und krummbeinigen Spaziergänger sie nicht umtreten; ich holte mir die Schawell und setzte mich mitten ins Bohnenfeld, wo ich nicht mehr bemerkt wurde, es war mir eine Labung, denn ich war betäubt und müde; alles kann ich ertragen, nur nicht das Brausen der Menschenreden, die kein Feuer, keinen Zweck haben und immer in der Luft herumgreifen und nichts fragen und nichts anregen; besser wär's, schweigen. Bis das Ton wird, was unendlichen Vorteil bringen mag, da kann noch viel Wasser den Main hinunterfließen; am Abend ging alles ins Boskett, die Musik zu hören, es war mit bunten Lampen erleuchtet, die Orangerie auf der Terrasse am Main jetzt in ihrem schönsten Flor, ach, ich war so müde und betäubt – was ich geträumt habe, weiß ich nicht mehr, es war schön, denn ich wachte auf, wie trunken von Behagen, aber doch so schwindlig, daß sich die starke Magd an der Hand vom Herzog nach Haus führen ließ; er fuhr in die Stadt, er rief mir noch aus dem Wagen zu: leg dich zu Bett, starke Magd, du siehst ganz blaß aus. –

17ten

St. Clair war heute hier, zwischen zehn und ein Uhr, ich lag noch zu Bett, ich hatte die Großmama um Erlaubnis fragen lassen auszuschlafen, weil mich am Abend der Duft der Orangerie ganz betäubt hatte, er wartete auf mich hinter der Pappelwand. Es gibt Weh, darüber muß man verstummen; die Seele möchte sich mit begraben, um es nicht mehr empfinden zu müssen, daß solcher Jammer sich über einem Haupte sammeln könne, und wie konnte es auch? – Oh, ich frage! und da ist die Antwort: weil keine heilende Liebe mehr da ist, die Erlösung könnte gewähren. Oh, werden wir's endlich innewerden, daß alle Jammergeschicke unser eignes Geschick sind? – daß alle von der Liebe geheilt müssen werden, um uns selber zu heilen. Aber wir sind uns der eignen Krankheit nicht mehr bewußt, nicht der erstarrten Sinne; daß das

Krankheit ist, das fühlen wir nicht, und daß wir so wahnsinnig sind und mehr noch als jener, dessen Geistesflamme seinem Vaterland aufleuchten sollte — daß die erlöschen muß im trüben Regenbach zusammengelaufner Alltäglichkeit, der langweilig dahinsickert. — Hat doch die Natur allem den Geist der Heilung eingeboren, aber wir sind so verstandslos, daß selbst der harte Stein für uns ihn in sich entbinden lässet, aber wir nicht — nein, wir können nicht heilen, wir lassen den Geist der Heilung nicht in uns entbinden, und das ist unser Wahnsinn. Gewiß ist mir doch bei diesem Hölderlin, als müsse eine göttliche Gewalt wie mit Fluten ihn überströmt haben, und zwar die Sprache, in übergewaltigem raschen Sturz seine Sinne überflutend und diese darin ertränkend; und als die Strömungen verlaufen sich hatten, da waren die Sinne geschwächt und die Gewalt des Geistes überwältigt und ertötet. — Und St. Clair sagt: ja, so ist's — und er sagt noch: aber ihm zuhören sei grade, als wenn man es dem Tosen des Windes vergleiche, denn er brause immer in Hymnen dahin, die abbrechen, wie wenn der Wind sich dreht — und dann ergreife ihn wie ein tieferes Wissen, wobei einem die Idee, daß er wahnsinnig sei, ganz verschwinde, und daß sich anhöre, was er über die Verse und über die Sprache sage, wie wenn er nah dran sei, das göttliche Geheimnis der Sprache zu erleuchten, und dann verschwinde ihm wieder alles im Dunkel, und dann ermatte er in der Verwirrung und meine, es werde ihm nicht gelingen, begreiflich sich zu machen; und die Sprache bilde alles Denken, denn sie sei größer wie der Menschengeist, der sei ein Sklave nur der Sprache, und so lange sei der Geist im Menschen noch nicht der vollkommne, als die Sprache ihn nicht alleinig hervorrufe. Die Gesetze des Geistes aber seien metrisch, das fühle sich in der Sprache, sie werfe das Netz über den Geist, in dem gefangen er das Göttliche aussprechen müsse, und solange der Dichter noch den Versakzent suche und nicht vom Rhythmus fortgerissen werde, solange habe seine Poesie noch keine Wahrheit, denn Poesie sei nicht das alberne sinnlose Reimen, an dem kein tieferer Geist Gefallen haben könne, sondern *das* sei Poesie: daß eben der Geist nur sich rhythmisch ausdrücken könne, daß nur im Rhythmus seine Sprache liege, während das Poesielose auch geistlos, mithin unrhythmisch sei – und ob es denn der Mühe lohne, mit so sprachgeistarmen Worten Gefühle in Reime zwingen zu wollen, wo nichts mehr übrigbleibe als das mühselig gesuchte Kunststück zu reimen, das dem Geist die Kehle zuschnüre. Nur *der* Geist sei Poesie, der das Geheimnis eines ihm eingebornen Rhythmus in sich trage, und nur mit diesem Rhythmus könne er lebendig und sichtbar werden, denn dieser sei seine Seele, aber die Gedichte seien lauter Schemen, keine Geister mit Seelen. –

Es gebe höhere Gesetze für die Poesie, jede Gefühlsregung entwickle sich nach neuen Gesetzen, die sich nicht anwenden lassen auf andre, denn alles Wahre sei prophetisch und überströme seine Zeit mit Licht, und der Poesie allein sei anheimgegeben, dies Licht zu verbreiten, drum müsse der Geist und könne nur durch sie hervorgehen. Geist gehe nur durch Begeisterung hervor. – Nur allein dem füge sich der Rhythmus, in dem der Geist lebendig werde! – wieder: –

Wer erzogen werde zur Poesie in göttlichem Sinn, der müsse den Geist des Höchsten für gesetzlos anerkennen über sich und müsse das Gesetz ihm preisgeben. *Nicht wie ich will, sondern wie du willst!* – und so müsse er sich kein Gesetz bauen, denn die Poesie werde sich nimmer einzwängen lassen, sondern der Versbau werde ewig ein leeres Haus bleiben, in dem nur Poltergeister sich aufhalten. Weil aber der Mensch der Begeisterung nie vertraue, könne er die Poesie als Gott nicht fassen. – Gesetz sei in der Poesie Ideengestalt, der Geist müsse sich in dieser bewegen und nicht ihr in den Weg treten; Gesetz, was der Mensch dem Göttlichen anbilden wolle, ertöte die Ideengestalt, und so könne das Göttliche sich nicht durch den Menschengeist in seinen Leib bilden. Der Leib sei die Poesie, die Ideengestalt, und dieser, sei er ergriffen vom Tragischen, werde tödlich faktisch, denn das Göttliche ströme den Mord aus Worten, die Ideengestalt, die der Leib sei der Poesie, die morde – so sei aber ein Tragisches, was Leben ausströme in der Ideengestalt (Poesie) – denn alles sei tragisch. – Denn das Leben im Wort (im Leib) sei Auferstehung (lebendig faktisch), die bloß aus dem Gemordeten hervorgehe. – Der Tod sei der Ursprung des Lebendigen. –

Die Poesie gefangennehmen wollen im Gesetz, das sei nur, damit der Geist sich schaukle, an zwei Seilen sich haltend, und gebe die Anschauung, als ob er fliege. Aber ein Adler, der seinen Flug nicht abmesse – obschon die eifersüchtige Sonne ihn niederdrücke – mit geheim arbeitender Seele im höchsten Bewußtsein dem Bewußtsein ausweiche und so die heilige lebende Möglichkeit des Geistes erhalte, in dem brüte der Geist sich selber aus und fliege – vom heiligen Rhythmus hingerissen oft, dann getragen, dann geschwungen sich auf und ab in heiligem Wahnsinn, dem Göttlichen hingegeben, denn innerlich sei dies eine nur: die Bewegung zur Sonne, die halte am Rhythmus sich fest. –

Dann sagte er am andern Tag wieder: es seien zwei Kunstgestalten oder zu berechnende Gesetze, die eine zeige sich auf der gottgleichen Höhe im Anfang eines Kunstwerks und neige sich gegen das Ende; die andre, wie ein freier Sonnenstrahl, der vom göttlichen Licht ab sich einen Ruhepunkt auf dem menschlichen Geist gewähre, neige ihr Gleichgewicht vom Ende zum Anfang. Da steige der Geist hinauf aus der Verzweiflung in den heiligen Wahnsinn, insofern *der* höchste menschliche Erscheinung sei, wo die Seele alle Sprachäußerung übertreffe, und führe der dichtende Gott sie ins Licht; die sei geblendet dann und ganz getränkt vom Licht, und es erdürre ihre ursprüngliche üppige Fruchtbarkeit vom starken Sonnenlicht; aber ein so durchgebrannter Boden sei im Auferstehen begriffen, er sei eine Vorbereitung zum Übermenschlichen. Und nur die Poesie verwandle aus einem Leben ins andre, die freie nämlich. – Und es sei Schicksal der schuldlosen Geistesnatur, sich ins Organische zu bilden, im regsam Heroischen wie im leidenden Verhalten. – Und jedes Kunstwerk sei *ein* Rhythmus nur, wo die Zäsur einen Moment des Besinnens gebe, des Widerstemmens im Geist, und dann schnell vom Göttlichen dahingerissen sich zum End schwinge. So offenbare sich der dichtende Gott. Die Zäsur sei eben jener lebendige Schwebepunkt des Menschengeistes, auf dem der göttliche Strahl ruhe. — Die Begeisterung, welche durch Berührung mit dem Strahl entstehe, bewege ihn, bringe ihn ins Schwanken; und das sei die Poesie, die aus dem Urlicht schöpfe und hinabströme den ganzen Rhythmus in Übermacht über den Geist der Zeit und Natur, der ihm das Sinnliche — den Gegenstand — entgegentrage, wo dann die Begeisterung bei der Berührung des Himmlischen mächtig erwache im Schwebepunkt (Menschengeist), und diesen Augenblick müsse der Dichtergeist festhalten und müsse ganz offen, ohne Hinterhalt seines Charakters sich ihm hingeben — und so begleite diesen Hauptstrahl des göttlichen Dichtens immer noch die eigentümliche Menschennatur des Dichters, bald das tragisch Ermattende, bald das von göttlichem Heroismus angeregte Feuer schonungslos durchzugreifen, wie die ewig noch ungeschriebene Totenwelt, die durch das innere Gesetz des Geistes ihren Umschwung erhalte, bald auch eine träumerisch naive Hingebung an den göttlichen Dichtergeist oder die liebenswürdige Gefaßtheit im Unglück; — und dies objektiviere die Originalnatur des Dichters mit in das Superlative der heroischen Virtuosität des Göttlichen hinein. —

So könnt ich Dir noch Bogen voll schreiben aus dem, was sich St. Clair in den acht Tagen aus den Reden des Hölderlin aufgeschrieben hat in abgebrochnen Sätzen, denn ich lese dies alles darin mit dem zusammen, was St. Clair noch mündlich hinzufügte. Einmal sagte Hölderlin, alles sei Rhythmus, das ganze Schicksal des Menschen sei ein himmlischer Rhythmus, wie auch jedes Kunstwerk ein einziger Rhythmus sei, und alles schwinge sich von den Dichterlippen des Gottes, und wo der Menschengeist dem sich füge, das seien die verklärten Schicksale, in denen der Genius sich zeige, und das Dichten sei ein Streiten um die Wahrheit, und bald sei es in plastischem Geist, bald in athletischem, wo das Wort den Körper (Dichtungsform) ergreife, bald auch im hesperischen, das sei der Geist der Beobachtungen und erzeuge die Dichterwonnen, wo unter freudiger Sohle der Dichterklang erschalle, während die Sinne versunken seien in die notwendigen Ideengestaltungen der Geistesgewalt, die in der Zeit sei. — Diese letzte Dichtungsform sei eine hochzeitliche, feierliche Vermählungsbegeisterung, und bald tauche sie sich in die Nacht und werde im Dunkel hellsehend, bald auch ströme sie im Tageslicht über alles, was dieses beleuchte. — Der gegenüber, als der humanen Zeit, stehe die furchtbare Muse der tragischen Zeit; und wer dies nicht verstehe, meinte er, der könne nimmer zum Verständnis der hohen griechischen Kunstwerke kommen, deren Bau ein göttlich organischer sei, der nicht könne aus des Menschen Verstand hervorgehen, sondern der habe sich *Undenkbarem* geweiht. — Und so habe den Dichter der Gott gebraucht als Pfeil, seinen Rhythmus vom Bogen zu schnellen, und wer dies nicht empfinde und sich dem schmiege, der werde nie weder Geschick noch Athletentugend haben zum Dichter, und zu schwach sei ein solcher, als daß er sich fassen könne, weder im Stoff noch in der Weltansicht der früheren noch in der späteren Vorstellungsart unsrer Tendenzen, und keine poetischen Formen werden sich ihm offenbaren. Dichter, die sich in gegebene Formen einstudieren, die können auch nur den einmal gegebenen Geist wiederholen, sie setzen sich wie Vögel auf einen Ast des Sprachbaumes und wiegen sich auf dem nach dem Urrhythmus, der in seiner Wurzel liege, nicht aber fliege ein solcher auf als der Geistesadler, von dem lebendigen Geist der Sprache ausgebrütet.

Ich verstehe alles, obschon mir vieles fremd drin ist, was die Dichtkunst belangt, wovon ich keine klare oder auch gar keine Vorstellung habe, aber ich hab besser durch diese Anschauungen des Hölderlin den Geist gefaßt als durch das, was mich St. Clair darüber belehrte. — Dir muß dies alles heilig und wichtig sein. — Ach, einem solchen wie Hölderlin, der im labyrinthischen Suchen leidenschaftlich hingerissen ist, dem müssen wir irgendwie begegnen, wenn auch wir das Göttliche verfolgen mit so reinem Heroismus wie er. — Mir sind seine Sprüche wie Orakelsprüche, die er als der Priester des Gottes im Wahnsinn ausruft, und gewiß ist alles Weltleben ihm gegenüber wahnsinnig, denn es begreift ihn nicht. Und wie ist doch das Geisteswesen jener beschaffen, die nicht wahnsinnig sich deuchten? — Ist es nicht Wahnsinn auch, aber an dem kein Gott Anteil hat? — Wahnsinn, **merk** ich, nennt man das, was keinen Widerhall hat im Geist der andern, aber in mir hat dies alles Widerhall, und ich fühle in noch tieferen Tiefen des Geistes Antwort darauf hallen als bloß im Begriff. Ist's doch in meiner Seele wie im Donnergebirg, ein Widerhall weckt den andern, und so wird dies Gesagte vom Wahnsinnigen ewig mir in der Seele widerhallen.

Günderode, weil Du schreibst, daß Dir mein Denken und Schreiben und Treiben die Seele ausfüllt, so will ich nicht aufhören, wie es auch kommen mag, und einst wird sich Dir alles offenbaren, und ich selber werde dann, wie Hölderlin sagt, mich in den Leib des Dichtergottes verwandeln, denn wenn ich nur Fassungskraft habe! — denn gewiß, Feuer hab ich — aber in meiner Seele ist es so, daß ich ein Schicksal in mir fühle, das ganz nur Rhythmus des Gottes ist, was er vom Bogen schnellt, und ich auch will mich bei der Zäsur, wo er mir ins eigne widerstrebende Urteil mein göttlich Werden gibt, schnell losreißen und in seinem Rhythmus in die Himmel mich schwingen. Denn wie vermöcht ich sonst es? — Nimmer! — Ich fiel' zur Erde, wie alles Schicksallose. —

Und du, Günderode, so adelig, wie Du bist in Deinen poetischen Schwingungen! Klirrt da nicht die Sehne des Bogens des Dichtergottes und lässet die Schauer uns fühlen auch in diesen leisen träumentappenden Liedern: —

> Drum laß mich, wie mich der Moment geboren,
> In ewgen Kreisen drehen sich die Horen,
> Die Sterne wandeln ohne festen Stand.

Sagst Du nicht dasselbe hier? — klingt nicht so der Widerhall aus der Öde in Hölderlins Seele? —

Ach, ich weiß nicht zu fassen, wie man dies Höchste nicht heilig scheuen sollte, dies Gewaltige, und wenn auch kein Echo in unseren Begriff es übertrage, doch wissen wir, daß der entfesselte Geist über Leiden, die so mit Götterhand ihm auferlegt waren, im Triumph in die Hallen des Lichts sich schwinge, aber wir! — Wissen wir Ungeprüften, ob je uns Hellung werde? — Jetzt weiß ich's, ich werd ihm noch viel müssen nachgehen, doch genug zwischen uns davon; eine Erscheinung ist er in meinen Sinnen, und in mein Denken strömt es Licht. —

ANHANG
Gedichte der Günderode
I
Darthula nach Ossian

Nathos schiffet durch den Sturm der Wogen,
Ardon, Althos, seine Brüder mit,
Caibars, Erins König, Zorn zu meiden,
In geheimnisvolle Schatten kleiden
Dunkle Wolken ihren fliehnden Schritt.

Wer? o Nathos! ist an deiner Seite!
Traurig seufzt im Wind ihr braunes Haar,
Lieblich ist sie, wie der Geist der Lüfte,
Eingehüllt in leichte Nebeldüfte;
Schön vor allen Collas Tochter war.

Ach, Darthula! deine irren Segel
Eilen nicht dem waldgen Etha zu.
Seine Berge heben nicht die Rücken,
Und die seeumwogten Küsten bücken
Turas Felsen schon dem Meere zu.

Wo verweilet ihr, des Südes Winde?
Schwelltet Nathos weiße Segel nicht?
Trugt ihn nicht zum heimatlichen Strande?
Lange blieb er in dem fremden Lande,
Und der Tag der Rückkehr glänzt ihm nicht.

Schön, o König Ethas! warst du in der Fremde;
Wie des Morgens Strahl dem Angesicht.
Deine Locken, gleich dem Raben, düster,
Deine Stimme wie des Schilfs Geflüster,
Wenn der Mittagswind sich leise wiegt.

Deine Seele glich der Sonne Scheiden,
Doch im Kampfe warst du fürchterlich.
Brausend wie die ungestümen Wogen,

Wenn vom Nord die stürmschen Winde zogen,
Stürztest du auf Caibars Krieger dich.

Auf Selamas grau bemoosten Mauern
Sah dich Collas Tochter, und sie sprach:
Warum eilst du so zum Kampf der Speere?
Zahlreich sind die düstern Caibars Heere.
Ach! und meiner Liebe Furcht ist wach.

Freuen wollt ich dein mich, deiner Siege,
Aber Caibars Liebe läßt mich nicht.
So sprachst du. Jetzt haben dich die Wogen,
Mädchen! und die Stürme dich betrogen,
Nacht umringt dein schönes Angesicht.

Aber schweiget noch ein wenig, Winde!
Überbraust Darthulas Stimme nicht!
Fürst von Etha! sind dies Usnoths Hallen?
Jene Ströme, die von Felsen fallen,
Sind es Ethas blaue Ströme nicht?

Hier empöret Erin seine Berge,
Ethas Felsenströme brüllen nicht.
Dennoch ruh hier an des Ufers Hügel,
Denn mein Schwert umgibt wie Blitzes Flügel
Dich, du Liebliche, du schönes Licht.

Nathos: sagt das braungelockte Mädchen,
Niemand hat Darthula außer dich,
Denn die Freunde sind mir früh gefallen,
Laß um sie noch meine Klage schallen,
Hör der Trauer Stimme, höre mich.

Abend ward einst, in der Wehmut Schatten
Bargen meines Landes Ebnen sich,
Über hoher Wälder Wipfel schritten
Einzle Lüfte, die aus Wolken glitten,
Da umgaben Trauerschatten mich.

Die Gestalten meiner Freunde gingen
Traurig, Geistern gleich, an mir dahin,
Da kam Colla mit gesenktem Schwerte,

Seinen Blick geheftet an die Erde,
Brennend glühte noch die Schlacht darin.

»Collas letzte einzge Hoffnung«, sprach er;
»Braungelocktes Mädchen! Truthil fiel.
Siegreich kehrt dir nicht der Bruder wieder,
Zu Selama naht Erins Gebieter,
Mit ihm Tausende im Schlachtgewühl.«

Ist des Kampfes Sohn gefallen? seufzt' ich!
Hat der lange Schlaf sein Aug verhüllt?
Oh! so schütze mich der Jagden Bogen,
Glücklich oftmals meine Pfeile flogen,
Tödlich für das dunkelbraune Wild.

Freud umstrahlt den Greisen. Ja, Darthula!
Deine Seele brennt in Truthils Glut,
Geh, ergreif das Schwert vergangner Schlachten!
Also Colla: seine Worte fachten
Höher noch in mir des Kampfes Mut.

Wehmutsvoll verging die Nacht, am Morgen
Schimmerte im Stahl der Schlachten ich. —
Caibar saß zum Mahl in Lonas Wüste,
Als Selamas Waffenklang ihn grüßte;
Seine Führer rief er da zum Krieg.

Warum soll ich, Nathos! dir erzählen
Von des Kampfes schwankendem Geschick?
Ach! umsonst bedeckt von meinem Schilde,
Sank der Vater mir im Schlachtgefilde,
Und in heißen Tränen schwamm mein Blick.

Treulos zeigte da des Mädchens Busen,
Caibar mein zerrissenes Gewand;
Freundlich naht' er, sprach der Liebe Worte,
Führte mich zu meiner Väter Pforte,
Aber Trauer meine Stirn umwand.

Da erschienst du, Nathos! meinen Augen
Freundlich wie ein abendlich Gestirn.
Caibar schwand vor deines Stahles Sprühen

Wie der Nachtgeist vor des Morgens Glühen,
Doch es wölbte Trauer deine Stirn?

Meine Seele glänzte in Gefahren,
Eh ich dich, du schönes Licht! gesehn.
Aber unsre Segel sind betrogen,
Wolken kommen gegen dich gezogen.
Und du wirst in ihrer Nacht vergehn.

Oskar weilet noch an Selmas Küste!
Oskar schiffe durch das dunkle Meer!
Oh, daß Winde deine Segel schwellten!
Zittern würden dann Temoras Helden.
Friede wäre um Darthula her.

Wo wird Nathos deinen Frieden finden?
Wo, Darthula! wo ist für dich Ruh?
Geister der Gefallnen! sprach Darthula:
Truthil! Colla! Führer von Selama!
Winkt ihr mir aus euren Wolken zu!

Nathos! reiche mir das Schwert der Tapfern,
Vater! ich will deiner würdig sein,
In des Stahles Treffen werd ich gehen,
Nimmer Caibars düstre Hallen sehen,
Nein! ihr Geister meiner Liebe! nein!

Freude glänzt in Nathos bei den Worten,
Die das schöngelockte Mädchen sprach:
Caibar, meine Stärke kehret wieder!
Komm mit Tausenden, Erins Gebieter!
Komm zum Kampfe! meine Kraft ist wach!

Ja, er kommt mit Tausenden! rief Ardan;
Schreckbar tönet ihrer Schwerter Schall. —
»Laß zehntausend Schwerter sich empören:
Usnoth soll von Nathos Flucht nicht hören,
Ardan! sag ihm: rühmlich war mein Fall.

Winde! warum brausen eure Flügel?
Wogen! warum rauscht ihr so dahin?
Wellen! Stürme! denkt ihr mich zu halten?

Nein, ihr könnt's nicht, stürmische Gewalten,
Meine Seele läßt mich nicht entfliehn.

Wenn des Herbstes Schatten wiederkehren,
Mädchen! und du bist in Sicherheit,
Dann versammle um dich Ethas Schönen,
Laß für Nathos deine Harfe tönen,
Meinem Ruhme sei dein Lied geweiht. —

Nathos blieb gestützt auf seinem Speere;
Schaurig pfiff der Nachtwind um ihn her,
Aber bei des Morgens erstem Strahle
Drang er vorwärts mit gezücktem Stahle,
Mit dem Führer eilt Darthula her.

Komm zum Zweikampf! ruft er, Fürst Temoras!
Für Selamas Mädchen! — Caibar spricht:
Stolzer, du entflohst mir mit der Schönen,
Wähnst du, Caibar kämpft mit Usnoths Söhnen?
Nein, er kämpft mit Unberühmten nicht.

In des königlichen Nathos Augen
Glänzen Tränen; und er wendet sich
Zu den Brüdern, ihre Speere fliegen
Rache dürstend und gewiß zu siegen,
Erins Reihn verwirren schwankend sich.

Da ergrimmet Caibars finstre Seele,
Und er winket, tausend Speere fliehn,
Usnoths Söhne sinken wie drei Eichen,
Die zur Erde ihre Wipfel neigen,
Wenn des Nordens Stürme sie umziehn.

Gestern sah sie noch der Wandrer blühen,
Ihre stolze Schönheit freute ihn,
Heute beugte sie der Sturm der Wüste,
Sie, die gestern noch die Sonne grüßte.
Sprachlos starret Collas Tochter hin.

Höhnend naht' ihr Caibar: »Mädchen, sahst du
Nathos Land, in fernes Blau gehüllt?
Oder Fingals dunkelbraune Hügel?

Ha! entrannst du auch des Sturmes Flügel,
Über Selma hätte meine Schlacht gebrüllt.«

Caibar sprach's. Da rauscht ein Pfeil, getroffen
Sinkt sie, und ihr Schild stürzt vor sie hin.
Wie des Schnees Säule sank sie nieder,
Über Ethas schlummernden Gebieter
Spreiten sich die dunklen Locken hin.

Da versammelten die hundert Barden
Caibars um Darthulas Grabmal sich,
Ihr Harfen rauschten um den Hügel,
Und es schwang sich des Gesanges Flügel
Für der Mädchen Erins Schönste! dich!

Trauer schreitet an Selamas Strömen,
Schweigen wohnet in den Hallen nun.
Collas Tochter sank zum Schlafe nieder,
Oh, wann grüßest du den Morgen wieder?
Schöngelockte! wirst du lange ruhn?

Weit entfernet ist dein Morgen, nimmer
Stehst du mehr in deiner Schönheit auf;
Ach, die Sonne tritt nicht an dein Bette,
Spricht: »Erwach aus deiner Ruhestätte!
Collas schöne Tochter! steig herauf!«

Junges Grün entkeimet schon dem Hügel,
Frühlingslüfte fliegen drüberher.
Sonne, birg in Wolken deinen Schimmer!
Denn sie schläft, der Frauen Erste! nimmer
Kehret sie in ihrer Schönheit mehr.

II
Don Juan

Es ist der Festtag nun erschienen,
Geschmücket ist die ganze Stadt.
Und die Balkone alle grünen,
In Blumen blüht der Fürstin Pfad.

Da kommt sie, schön in Gold und Seide
Im königlichen Prunkgeschmeide
An ihres neu Vermählten Seite.

Erstaunet siehet sie die Menge
Und preiset ihre Schönheit hoch!
Doch einer, einer im Gedränge
Fühlt tiefer ihre Schönheit noch.
Er möcht in ihrem Blick vergehen,
Da er sie einmal erst gesehen,
Und fühlt im Herzen tiefe Wehen.

Sein Blick folgt ihr zum Hochzeitstanze
Durch all der Tänzer bunte Reihn,
Erstirbet bald in ihrem Glanze,
Lebt auf im milden Augenschein.
So wird er seines Schauens Beute,
Und seiner Augen süße Weide
Bringt bald dem Herzen bittres Leiden.

So hat er Monde sich verzehret
In seines eignen Herzens Glut;
Hat Töne seinem Schmerz verwehret,
Gestählt in der Entsagung Mut;
Dann könnt er vorgen Mut verachten
Und leben nur im tiefen Schmachten,
Die Anmutsvolle zu betrachten.

Mit Philipp war, an heilger Stätte,
Am Tag den Seelen fromm geweiht,
Sein Hof versammelt zum Gebete,
Das Seelen aus der Qual befreit;
Da flehen Juans heiße Blicke:
Daß sie ihn *einmal* nur beglücke!
Erzwingen will er's vom Geschicke.

Sie senkt das Haupt mit stillen Sinnen
Und hebt es dann zum Himmel auf;
Da flammt in ihm ein kühn Beginnen.
Er steigt voll Mut zum Altar auf.

Laut will er seinen Schmerz ihr nennen
Und seines Herzens heißes Brennen
In heilger Gegenwart bekennen.

Laut spricht er: Priester! lasset schweigen
Für Tote die Gebete all.
Für mich laßt heiße Bitten steigen;
Denn größer ist der Liebe Qual,
Von der ich wen'ger kann genesen,
Als jene unglücksel'gen Wesen
Zur Qual des Feuers auserlesen.

Und staunend siehet ihn die Menge
So schön verklärt in Liebesmut.
»Wo ist, im festlichen Gepränge«,
Denkt manche still, »die solche Glut
Und solches Wort jetzt hat gemeinet?«
Sie ist's, die heimlich Tränen weinet,
Die Juans heiße Liebe meinet.

War's Mitleid, ist es Lieb gewesen,
Was diese Tränen ihr erpreßt?
Vom Gram kann Liebe nicht genesen,
Wenn Zweifelmut sie nicht verläßt.
Er kann sich Friede nicht erjagen;
Denn nimmer darf's die Lippe wagen,
Der Liebe Schmerz ihr mehr zu klagen.

Nur einen Tag will er erblicken,
Der trüb ihm nicht vorüberflieht,
Nur eine Stunde voll Entzücken,
Wo süße Liebe ihm erblüht,
Nur einen Tag der Nacht erwecken,
Es mag ihn dann, mit ihren Schrecken,
Auf ewig Todesnacht bedecken.

Es liebt die Königin die Bühne,
Erschien oft selbst im bunten Spiel,
Daß er dem kleinsten Wunsche diene,
Ist jetzt nur seines Lebens Ziel.

Er läßt ihr ein Theater bauen,
Dort will die reizendste der Frauen
Er noch in neuer Anmut schauen.

Der Hof sich einst zum Spiel vereinet,
Die Königin in Schäfertracht
Mit holder Anmut nun erscheinet,
Den Blumenkranz in Lockennacht.
Und Juans Seele sieht verwegen
Mit ungestümem, wildem Regen
Dem kommenden Moment entgegen.

Es winkt, und Flamm und Dampf erfüllen
Entsetzlich jetzt das Schauspielhaus;
Der Liebe Glück will er verhüllen
In Dampf und Nacht und Schreck und Graus;
Er jauchzet, daß es ihm gelungen,
Des Schicksals Macht hat er bezwungen,
Der Liebe süßen Lohn errungen.

Gekommen ist die schöne Stunde;
Er trägt sie durch des Feuers Wut,
Raubt manchen Kuß dem schönen Munde,
Weckt ihres Busens tiefste Glut.
Möcht sterben jetzt in ihren Armen,
Möcht alles geben ihr! – verarmen,
Zu anderm Leben nie erwarmen.

Die eilenden Minuten fliehen,
Er merket die Gefahren nicht
Und fühlt nur ihre Wange glühen:
Doch sie, sie träumet länger nicht,
Sie reißt sich von ihm los mit Beben,
Er sieht sie durch die Halle schweben –
Verhaucht ist der Minute Leben.

Mit sehnsuchtsvollem, krankem Herzen
Eilt *Juan* durch die Hallen hin.
In Wonne, Gram und süße Schmerzen
Versinket ganz sein irrer Sinn,

Er wirft sich auf sein Lager nieder,
Und holde Träume zeigen wieder
Ihm ihr geliebtes, holdes Bild.

Die Sonne steiget auf und nieder;
Doch Abend bleibt's in seiner Brust.
Es sank der Tag ihm, kehrt nicht wieder,
Und sie, nur sie ist ihm bewußt,
Und ewig, ewig ist gefangen
Sein Geist im quälenden Verlangen,
Sie, wachend träumend, anzuschaun.

Und da, erwacht aus seinem Schlummer,
Ist's ihm, als stieg er aus der Gruft,
So fremd und tot; und aller Kummer,
Der mit ihm schlief, erwacht und ruft:
O weine! sie ist dir verloren,
Die deine Liebe hat erkoren,
Ein Abgrund trennet sie und dich!

Er rafft sich auf mit trüber Seele
Und eilt des Schlosses Gärten zu;
Da sieht er, bei des Mondes Helle,
Ein Mädchen auf ihn eilen zu.
Sie reicht ein Blatt ihm und verschwindet,
Eh er zu fragen Worte findet,
Er bricht die Siegel auf und liest:

»Entfliehe! wenn dies Blatt gelesen
Du hast, und rette so dich mir.
Mir ist, als sei ich einst gewesen,
Die Gegenwart erstirbt in mir,
Und lebend ist nur jene Stunde,
Sie spricht mir mit so süßem Munde
Von dir, von dir, und stets von dir.«

Er liest das Blatt mit leisem Beben
Und liebt's und drückt es an sein Herz.
Gewaltsam teilet sich sein Leben
In große Wonne — tiefen Schmerz.

Soll er die Teuerste nun meiden?
Kann sie dies Trauern ihm bereiten?
Soll er sie nimmer wiedersehn?

Er geht nun, wie sie ihm geboten;
Da trifft ein Mörderdolch die Brust.
Doch steigt er freudig zu den Toten,
Denn der Erinnrung süße Lust
Ruft ihm herauf die schönste Stunde,
Er hänget noch an ihrem Munde —
Entschlummert sanft in ihrem Arm.

———

ZWEITER TEIL

Wenn Dich eine höhere Vorstellung durchdringt von einer Menschennatur, so zweifle nicht, daß dies die wahre sei, denn alle sind geboren zum Ideal, und wo Du es ahnst, da kannst Du es auch in ihm zur Erscheinung bringen, denn er hat gewiß die Anlage dazu.

Wer das Ideal leugnet in sich, der könnte es auch nicht verstehen in andern, selbst wenn es vollkommen ausgesprochen wär. — Wer das Ideal erkannte in andern, dem blüht es auf, selbst wenn jener es nicht in sich ahnt.

Die Günderode im Jahr 4
Mahomets Traum in der Wüste

Bei des Mittags Brand
Wo der Wüste Sand
Kein kühlend Lüftchen erlabet,
Wo heiß, vom Samum nur geküsset,
Ein grauer Fels die Wolken grüßet,
Da sinket müd der Seher hin.

Vom trügenden Schein
Will der Dinge Sein
Sein Geist, betrachtend hier, trennen,
Der Zukunft Geist will er beschwören,
Des eignen Herzens Stimme hören
Und folgen seiner Eingebung.

Hier flieht die Gottheit,
Die der Wahn ihm leiht,
Der eitle Schimmer zerstiebet.
Und ihn, auf den die Völker sehen,
Den Siegespalmen nur umwehen,
Umkreist der Sorgen dunkle Nacht.

Der Sehers Traum
Durchflieget den Raum
Und all die künftigen Zeiten,
Bald kostet er, in trunknem Wahne,
Die Seligkeit gelungner Plane,
Dann sieht er seinen Untergang.

Entsetzen und Wut
Mit wechselnder Flut
Kämpfen im innersten Leben,
Von Zweifeln, ruft er, nur umgeben

Verhauchet der Entschluß sein Leben!
Eh Reu ihn und Mißlingen straft.

Der Gottheit Macht,
Zerreiße die Nacht
Des Schicksals vor meinen Blicken!
Sie lasse mich die Zukunft sehen,
Ob meine Fahnen siegreich wehen?
Ob mein Gesetz die Welt regiert?

Er sprichts; da bebt
Die Erde, es hebt
Die See sich auf zu den Wolken,
Flammen entlodern den Felsenklüften,
Die Luft, erfüllt von Schwefeldüften,
Läßt träg die müden Schwingen ruhn.

Im wilden Tanz
Umschlingt der Kranz
Der irren Sterne die Himmel;
Das Meer erbraust in seinen Gründen,
Und in der Erde tiefsten Schlünden
Streiten die Elemente sich.

Und der Eintracht Band,
Das mächtig umwand
Die Kräfte, es schien gelöset.
Die Luft entsinkt der Wolken Schleier,
Und aus dem Abgrund steigt das Feuer
Und zehrt alles Irdsche auf.

Mit trüberer Flut
Steigt erst die Glut,
Doch brennt sie stets sich reiner,
Bis hell ein Lichtmeer ihr entsteiget,
Das lodernd zu den Sternen reichet
Und rein und hell und strahlend wallt.

Der Seher erwacht
Wie aus Grabesnacht,
Und staunend fühlt er sich leben,

Erwachet aus dem Tod der Schrecken,
Harrt zagend er, ob nun erwecken
Ein Gott der Wesen Kette wird.

Von Sternen herab
Zum Seher hinab
Ertönt nun eine Stimme:
»Verkörpert hast du hier gesehen,
Was allen Dingen wird geschehen.
Die Weltgeschichte sahst du hier.

Es treibet die Kraft,
Sie wirket und schafft
In unaufhaltsamem Regen;
Was unrein ist, das wird verzehrt,
Das Reine nur, der Lichtstoff, währet
Und fließt dem ew'gen Urlicht zu.«

Jetzt sinket die Nacht,
Und glänzend ertagt
Der Morgen in seiner Seele.
Nichts! ruft er, soll mich mehr bezwingen:
Daß Licht nur werde! sei mein Ringen,
Dann wird mein Tun unsterblich sein.

———

An die Günderode   Frankfurt
Günderödchen, der Clemens läßt Dich tausendmal grüßen.
Ich muß es zuerst schreiben, denn er steht hinter mir und
zwingt mich dazu; er spricht von einem Dompfaffen oder
Blutfinken, der in Dich verliebt sei, und er sei so anmutig
dumm, daß er Dir prophezeit, Du werdest ihm nicht widerstehen, denn die Dummheit sei Deine Schwäche; Du fallest
drüber her wie ein Raubvogel über ein neugeboren Gänschen,
und er hab Dich mehrmals sehen lauern und schweben mit
gierigem Blick über Dummheitsphänomenen, und die würdest
Du Dir auch nie haben abjagen lassen, und Du seist gewiß
im Rheingau auf der Jagd danach, während hier die merkwürdigsten Exemplare Dir in die Hände laufen würden und
auch mehrere für ein Geringes an Geld zu sehen sind.

Alleweil hat er den Hut genommen, um zu dem Puppenspiel Plätze zu bestellen; er will die Pauline hineinführen, um ihr augenscheinlich zu machen, wie es in ihrem Magen aussieht. Denn sie habe ein Puppenspiel im Leib, und wenn sie mit ihm spricht, so antwortet er dem Pantalon, dem Scaramutsch, dem Hanswurst, der Colombine etc. — und sooft sie was sagt, so oft antwortet er einer andern Person vom Puppenspiel und so passend, daß das Puppentheater, nämlich der Pauline Magen, am meisten vom Lachen erschüttert wird. Er ist unerschöpflich an Witz, und alles läuft ihm nach. Daß Du nicht hier bist, hat ihn merklich betroffen; er wollt, ich könnt Dich bewegen zu kommen, aber Du wirst die Gärten des Dionysos nicht verlassen, wo Du jeden Morgen reife Beeren kostest, die der Gott Dir zum Fenster hinanreicht, um hier auf der schmutzigen Meß die Bären tanzen zu sehen. Hätt der Clemens nicht hier auf mich gewartet, so hätt ich mögen mit Dir im Rheingau bleiben, der Franz hätt's wohl erlaubt, ich hab mehrmals dran gedacht; wie schön wär's gewesen, da wären wir herumgeschweift — überall — wo andre Menschen nicht hinkommen; — oft ist ein klein verborgen Plätzchen, das niemand kennt, das schönste von der Welt. — Ich sag Dir, wir hätten Quellchen entdeckt tief im Gras und Gestein und einsame Hüttchen im Wald und vielleicht auch Höhlen — ich durchforsche gar zu gern die Natur Schritt vor Schritt. Ich dächt, wir sähen uns auch einstweilen um, nach einem Ort, wo wir unsere Hütten bauen wollen — Du auf dem Berg weit ins Freie hinaus, und ich im Tal, wo die Kräuter hoch wachsen und alles versteckt, ist, oder im Wald, aber nah beisammen, daß wir uns zurufen können. Du rufst durchs Sprachrohr: »Bettine, komm herauf!« und da komm ich, und der Kanarienvogel fliegt voran, der weiß schon, wo's hingeht, und der Spitz kommt nachgebellt, denn im Tal muß man einen Hund haben. Hör! — und im Frühjahr nähmen wir unsre Stecken und wanderten, denn wir wären als Einsiedler und sagten nicht, daß wir Mädchen wären. Du mußt Dir einen falschen Bart machen, weil Du groß bist, denn sonst glaubt's niemand, aber nur einen kleinen, der Dir gut steht, und weil ich klein bin, so bin ich als Dein kleiner Bruder, da muß ich mir aber meine Haare abschneiden. — So eine Reise machen wir im Frühjahr in der Maiblumenzeit, aber da versäumen wir die Erdbeeren! Denn im Tal wär als alles übersäet, erst mit Veilchen und dann mit Erdbeeren, davon leben wir sechs Wochen; Kohl pflanzen wir nicht. — Im Herbst sind wir wieder da und essen die Trauben; ach, könnt's nur einen Sommer wahr werden! — mir kömmt's vor, als könnt man so immer und immer sein wollen. Denn wahrhaftig, mir strömt alle Weisheit aus Deinem Angesicht, ich hab mehr als zuviel, was in mich hineinspricht, wenn ich Dich seh, und wenn Du auch nur stillschweigst, so redst Du doch, Du bist ein groß Geheimnis, aber ein offenbares, aber ich schlafe in Deiner Gegenwart, Dein Geist schläfert mich ein, so träum ich, daß ich wache, und empfinde nur alles im Traum, und das ist gut, denn sonst würd ich verwirrt sein.

Wie der Clemens nach Haus gekommen war, hat er gleich nach meinem Brief gefragt, er wollt auch dran schreiben, ich hab ihn aber zerstreut durch allerlei, was ich von Dir erzählte, denn ich wollt ihn nicht gern lesen lassen, daß ich als Einsiedler mit Dir leben wollt, denn er hätt's gewiß im Puppenspiel angebracht; so erzählt ich ihm von unsrer Rheinfahrt in der Mondnacht mit der Orangerie auf dem Verdeck, das machte ihm so viel Freude, er frug nach allem, was noch vorgefallen, nach jedem Wort, nach den Ufern, nach dem Mond; und ich erzählte ihm alles, denn ich wußte alles, jed Lüftchen, was sich erhoben hatte, und wie der Mond durch die Luken und Bogen hinter den Bergfesten geschimmert hat, und alles, und er frug auch, was wir gesprochen, ich sagte: nichts oder nur wenig Worte, denn es sei die ganze Natur so schweigend gewesen. — Und wie er alles ausgeforscht hatte, da ging er fort und sperrte mich ein und sagte, ich sollt ein Gedicht davon machen, grad so, wie ich's erzählt habe, und sollt es nur aufschreiben immer in kurzen Sätzen, wenn es sich auch nicht reime, er wolle mich schon reimen lehren, und so ging er hinaus und schloß die Tür ab, und vor der Tür rief er: nicht eher kommst Du heraus, bis Du ein Gedicht fertig hast. — Da stand ich — ganz widersinnig im Kopf. — Ans Aufschreiben dacht ich nicht. — Aber ich

dacht an das Versmachen, wie seltsam das ist. — Wie in dem
Gefühl selbst ein Schwung ist, der durch den Vers gebrochen
wird. — Ja, wie der Reim oft gleich einer beschimpfenden
Fessel ist für das leise Wehen im Geist. Belehr mich eines
Besseren, wenn ich irre, aber ist es nicht wahrscheinlich, daß
Reim und Versmaß auf den ursprünglichen Gedanken so ein-
wirke, daß er ihn verfälscht? — Überhaupt, was seelenberüh-
rend ist, das ist Musik, das hab ich schon lang in mir erfahren, denn es kann nichts die Sinne rühren und durch diese
die Seele, als nur Musik; was Dich bewegt, gibt Klang, der
weckt seine Mittöne, die rühren das Echo doppelt und allseitig, und die ganze Harmonie erwacht, — und zwischen dieser
durch wandelt der Gedanke und wählt sich seine Melodie
und offenbart sich durch die dem Geist. — Das deucht mich
die Art, wie der Gedanke sich dem Geist vermählt. Nun
kann ich mir wohl denken, daß der Rhythmus eine organische
Verbindung hat mit dem Gedanken und daß der kurze Begriff des Menschengeistes, durch den Rhythmus geleitet, den
Gedanken in seiner verklärten Gestalt fassen lernt und daß
der den tieferen Sinn darin beleuchtet und daß wie die Be-
geistigung dem Rhythmus sich füge, sie allmählich sich reiner
fasse, und daß so die Philosophie als höchste geistige Poesie
erscheine, als Offenbarung, als fortwährende Entwicklung
des Geistes und somit als Religion. Denn was soll mir Religion, wenn sie stocken bleibt? — aber nicht, wie Du sagst,
daß Philosophie endlich Poesie werden soll, nein mir scheint,
sie soll sein oder ist die Blüte, die reinste, die ungezwungenste,
in jedem Gedanken überraschendste Poesie, die ewig neu
Gottessprache ist in der Seele. — Gott ist Poesie, gar nichts
anders, und die Menschen tragen es über in eine tote Sprache,
die kein Ungelehrter versteht und von der der Gelehrte
nichts hat als seinen Eigendünkel. — So wie denn das Machwerk der Menschen überall den Lebensgeist behindert, in
allem, in jeder Kunst, daß die Begeistrung, durch die sie das
Göttliche wahrnehmen, von ihnen geschieden ist — und ich
muß mich kurz fassen, sonst wollt ich mich noch besser besinnen.
Die Berührung zwischen Gott und der Seele ist Musik, Ge-

danke ist Blüte der Geistesallheit, wie Melodie Blüte ist der Harmonie.

Alles, was sich dem Menschengeist offenbart, ist Melodie in der Geistesallheit getragen, das ist Gottespoesie. Es enthüllt sich das Gefühl in ihr, sie genießend, empfindend, keimt auf in der Geistessonne, ich nenne es Liebe. Es gestaltet sich der Geist in ihr, wird Blüte der Poesie Gottes, ich nenn es Philosophie. Ich mein, wir können die Philosophie nicht fassen, erst die Blüte wird in uns. Und Gott allein ist die Geistesallheit, die Harmonie der Weisheit. — Ach, ich hab das alles nicht sagen wollen, der Kopf brennt mir, und das Herz klopft mir zu stark, wenn ich will denken, als daß ich deutlich sein könnt. Ich wollt vom Reimen sprechen.

Mir kommen Reime kleinlich vor, so wie ich sie bilden soll, ich denke immer: ›ach, der Gedanke will wohl gar nicht gereimt sein, oder er will wo anders hinaus, und ich stör ihn nur — was soll ich seine Äste verbiegen, die frei in die Luft hinausschwanken und allerlei feinfühlig Leben einsaugen, was liegt mir doch daran, daß es symmetrisch verputzt sei. Ich schweife gern zwischen wildem Gerank, wo hie und da ein Vogel herausflattert und mich anmutig erschreckt oder ein Zweig mir an die Stirne schnellt und mich gedankenwach macht, wo mich die alte Leier eingeschläfert hätt.‹ Und ist nicht vielleicht die Gedankenseele selbst Rhythmus, der die Sinne lenkt; und sollen wir dem nicht nachstreben? Nun kurz, aus meinem Gedicht ist nichts geworden, wie hätt ich unsre orangenblühende Nacht, unsre selige Alleinigkeit verpfuschen sollen, sie, die in jeder verlebten Minute jenes Gefühl aussprach, was ich da oben Gottespoesie, Weisheitsgefühl nenne. — Nein, ich wollt nicht ein so süß Dämmern zu einzelnen Gedankenschatten zusammenballen. Laß es fortdämmern oder sich verflüchtigen, aber nicht in engherzige Verse einklammern, was so weiche Zweige in die Luft ausstreckt, laß es fortblühen, bis es welkt; Du siehst, ich mache mir diese poetischen Unbemerkungen (Ungeheuer) bloß in Beziehung auf mich, ich lieb die Poesie, sie erfüllt mich in Dir und in andern mit Begeisterung, aber nicht in mir.

Als der Clemens mich aus der Prison entließ, hatt ich das Märchen gereimt von der alten Frau Hoch, vom Hofnarren, der seinem König lehrt Fische fangen und ihn selber im Hamen fängt und ins Wasser taucht und sagt: so fangen die Narren Fische, aber der König im Hamen wird keinen fangen. Im Puppenspiel war Clemens von beseligtem Humor, die Witze echappierten ihm, wie wenn ein Feuerwerk ihm in der Tasche sich entzündet hätt, jeden Augenblick flog eine Rakete auf, bis endlich das Puppenspiel ihn übermannte, wo er vor Lachen nicht mehr witzig sein konnt.

Gestern wanderten wir durch die Judengasse, es liefen so viel sonderbare Gestalten herum und verschwanden wieder, daß man an Geister glauben muß, es ward schon dämmerig, und ich bat, daß wir nach Haus gehen wollten, der Clemens rief immer: seh den, seh da, seh dort, wie der aussieht, und es war, als liefen sie mir alle nach, ich war sehr froh, als wir zu Haus waren.

Leb wohl, es ist mir nicht geheuer hier, daß Du nicht da bist, wo ich mich erholen kann, wo ich zu mir selbst komme; es ist mir so fremd. —

Bettine

An die Bettine
Liebe Bettine, so wie Dein Brief anfängt mit den tausend Grüßen von Clemens, so beantworte sie ihm doch auch in meinem Namen, es tut mir auch recht leid, daß ich nicht mit Euch bin, allein die Luft und die Trauben tun meinen Augen so gut und ist mir wohltätig im ganzen. — Obschon mich Euer Treiben höchlich ergötzen würde und namentlich das Puppenspiel; — ich übergehe alles — was Du vom Rhythmus sagst, leg ich Dir so aus: Du ahnest ein höheres rhythmisches Gesetz, einen Rhythmus, der Geist ist im Geist, der den Geist aufregt und zu neuen Offenbarungen leitet. Du glaubst, daß der Reim die geringste, ja oft erniedrigende Stufe dieses metrischen Sprachgeistes ist und oft die Ahnung oder die Gewalt des Gedankens brechen könnte, daß der sich nicht zu jener Höhe entwickelt, zu der er ursprünglich berufen war — das will ich nicht widersprechen, denn Du

kannst recht haben; nämlich, Du kannst recht haben, daß es ein höheres musikalisches Gesetz gebe, daß die Anlage zu diesem in jedem freien Gedanken liege und durch den Versbau mehr oder weniger unterdrückt werde.

Du wirst aber auch zugeben, daß im Dichter auch eine Begeistrung waltet, die von höherer Macht zeugt, da diese kindlichen Gesetze, zu denen er sich bequemt, ihn gerade zur Kunst anleiten, die an sich schon ein höherer Instinkt ist. Du sagst zwar in bezug auf Kunst, das Machwerk der Menschen behindre überall den Lebensgeist, das glaube doch ja nicht, daß jene, die vielleicht kein hohes Genie im Gedicht entwickeln, nicht hierdurch zu Höherem gebracht würden, denn erst werden sie doch auf eine Kunst vorbereitet, sie haben eine Anschauung von Gedanken oder Gefühlen, die durch Kunstform eine höhere sittliche Würde erlangen oder behaupten, und dies ist der Beginn, daß der ganze Mensch sich da hinübertrage; es ist nicht zu verachten, daß im Unmündigen sich der Trieb zum Licht regt. — Und darum mein ich, daß kein Gedicht ohne einen Wert sei.

Gewiß jedes Gefühl, so einfach oder auch einfältig es geachtet werden könnte, so ist der Trieb, es sittlich zu verklären, nicht zu verwerfen, und manchen Gedichten, die keinen Ruf haben, habe ich doch zuweilen die Empfindung einer unzweifelhaften höheren Wahrheit oder Streben dahin angemerkt — und es ist auch gewiß so. Die Künstler oder Dichter lernen und suchen wohl mühsam ihren Weg, aber wie man sie begreifen und nachempfinden soll, das lernt keiner — nehme es doch nur so, daß alles Streben, ob es stocke, ob es fließe, den Vorrang habe vor dem Nichtstreben. — Gute Nacht, für heut kann ich nicht mehr sagen; nicht alles ist mir gleich deutlich in Deinem Brief, Du sagst mir wohl über manches noch mehr oder dasselbe noch einmal. — Der Ton in der Sprache tut auch viel zum Verstehen; wären wir beisammen, würde sich leichter und vielseitiger ergeben, was wir wollen und meinen, und auf den Sprachgeist vertraue ich auch schon, daß der uns nicht verlassen würde. — Himmlische Nächte sind hier — winddurchbrauste, und Gewitter, die Sommer und Herbst auseinanderdonnern. —

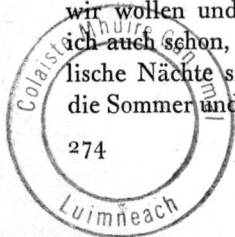

274

An die Günderode

Du führst eine heilige Sprache, Du bist heilig, wenn Du sprichst; in Dir fühl ich den Rhythmus, der Deinen Geist trägt zu höherer Erkenntnis; — und ich fühl, daß die Güte, die Milde die Erzeugerin ist all der reinen Wahrheit in Dir, wie Du ihr Abdruck bist; wollt ich doch nicht alles auf einmal sagen, so wär ich deutlicher, Du bist mäßig, drum ist alles so überzeugend, was Du sagst; wüßt ich doch noch, was ich Dir geschrieben hab, nur um Dich wieder zu hören, mag ich denken, nur daß Du aus dem Anklang meines Geistes Melodien bildest. Jeder Ton besteht für sich, aber er bildet durch den Anklang mit andern Tönen Melodien, Gedanken. Aus allen Melodien, aus allen Gedanken besteht die Geistesallheit, die Gottespoesie, die Philosophie. — Es ist Gottespoesie, Harmonie, die den Gedanken, die Melodie erzeugt, sie hebt sich aus dieser, wie aus den Frühlingselementen die Blüte steigt, der blühende Geist steht mitten im Frühlingsgarten der Poesie. —

Musik ist sinnliche Natur der Geistesallheit. Wir möchten wissen, was Musik ist, die so fühlbar und doch so unbegreiflich — das Ohr rührt und dann das Herz und dann den Geist weckt, daß der tiefer denke. Sie ist die sinnliche Geistesnatur; aller Geist ist sinnenbewegter Leib des Geistigen, ist also auch Musik, drum sind Gedanken in der Musik unwillkürliche, sie erzeugen sich in dieser Sinnenregung der Seele. — Ach, Worte fehlen — und zu allseitig dringt es auf mich ein — und es bangt mir um den Ausdruck von dem, was mir in der Seele blitzt — und hab Angst, der könne meinen Begriff umtauschen — und — ›*o gib vom weichen Pfühle träumend ein halb Gehör!*‹, so leiert's im langweiligen Hintergrund meiner schlummernden Denkkraft, und dann wühle ich mich ein bißchen aus meiner Faulheit heraus und lausch träumend dem Traum, und dann singt's wieder *bei der Gedanken Spiele — ach schlaf, was willst du mehr.* Wenn eine schlummernde Ahnung wach wird in der Musik, da breiten sich alle Gefühle mächtig aus, und jeder Ton spricht verstärkte Empfindung aus, und ein inneres Streben zum Höheren, zum Bemächtigen gewaltigerer Fähigkeiten begleitet den rhythmischen Gang, ja wird von ihm geleitet, ich hab's erfahren: *Bei meinem Saitenspiele segnet der Sterne Heer die ewigen Gefühle.* —

Und so wahr ist's, daß aller Geist sinnliche Musik ist, daß wie in der Harmonie jedes Bewegen eines Tons neue Wege öffnet, oder wenn ich in andern Beziehungen nur augenblicklich vorempfinde, so dringt die Harmonie wie durch neu geöffnete Bahn mächtig ein, so ist im Geist jedes Vorempfinden eines inneren Zusammenhangs mit Fernerliegendem ein ewiger Harmonienwechsel, und die Melodie der Gedanken weicht aus den engeren Schranken zu höherer Anschauung. *Die ewigen Gefühle heben mich hoch und hehr aus irdischem Gewühle.* —

Und so ist alles, was unabweisbare Wahrheit ist, in ewig wechselnder Lebensbewegung — und ich fürcht mich vor dem Denken so allein. — Wenn wir beisammen wären! da teilen wir uns, und durch Dein Begreifen gibst Du meinem Geist die Fassung, der muß nach dem sich richten, und dann hab ich auch Ruhe und Versichrung im Geist, daß ich mich ausdrücken lerne: *Vom irdischen Gewühle trennst du mich nur zu sehr, bannst mich in diese Kühle.*

Und könnten wir doch immer zusammen sprechen, der lieblichen Unordnung entsteigt alles. — Ja, da fühl ich, wie das ist, daß der Geist aus dem Chaos aufstieg, nehmt's nicht zu genau. *Gib nur im Traum Gehör, ach, auf dem weichen Pfühle schlafe! was willst du mehr.*

An die Bettine
Denn: wie auch das Allebendige sich berühre, es entsteigt Wahrheit aus ihm; aus dem chaotischen Wogen und Schwanken entstieg die Welt als Melodie? —

Karoline

An die Günderode
Ja! und alle Sterne sind Melodien, die im Strom der Harmonie schwimmen, Weltseelen, die den Geist Gottes hervorblühen, Töne, die mit verwandten Tönen anklingen, und wenn wir zu den Sternen aufsehen, so klingen unsere Ge-

danken an mit ihnen; denn wir gehören in die Sippschaft ihnen verwandter Akkorde; — und wie jeder Gedanke, jede Seele Melodie ist, so soll der Menschengeist durch sein All-umfassen Harmonie werden — Poesie Gottes — nehm's nicht zu genau und gib es deutlicher wieder, als ich's sagen kann.

An die Bettine
So wär der Menschengeist durch sein Fassen, Begreifen be-fähigt, Geistesallheit, Philosophie zu werden; also die Gott-heit selbst? — denn, wär Gott unendlich, wenn er nicht in jeder Lebensknospe ganz und die Allheit wär? — so wär jeder Geistesmoment die Allheit Gottes in sich tragend, aus-sprechend? —

Karoline

An die Günderode
Ja! das beweist die Musik, jeder Ton spricht seinen Akkord aus, jeder Akkord spricht seine Verwandtschaften aus, und durch alle Verwandtschaft strömt der ewig wechselnde Gang der Harmonien zu, der ewig erzeugende Geist Gottes. Den-ken ist Gottaussprechen, ist sich gestalten in der Harmonie — ich wage nicht, einen Seitenblick zu tun, aber ich fühl's, daß im Begreifen der Geist Gottes sich erzeugt im Menschen-geist, und zu was wär dieser Keim der Gotteserscheinung im Menschengeist, wenn er nicht durch ewiges Streben ihn ganz entwickeln sollte? — der einzige Zweck alles Lebens, Gott fassen lernen! und das ist auch unser innerer Richter. Was Gott nicht entwickelt, das bliebe lieber ungeschehen, denn es ist nicht Melodie; — was aber unmelodisch ist, das ist Sünde, denn es stört die Harmonie Gottes in uns; es klingt falsch an, aber alle große Handlung weckt die Harmonie, alle Sterne klingen mit ein, drum ist groß Denken, groß Han-deln auch so selbstbefriedigend; es löst die gebundnen Akkorde in uns auf in höhere Harmonien, und steigern sich die musika-lischen Tendenzen durch allseitiges Erklingen aller mit-tönenden Akkorde. — Aber ich kann nicht mehr weiter drüber denken; ich träume nur und schlafe tiefer über dem Saitenspiel meiner Gedanken ein, und mir entschlüpft alles

ungesagt. — Du lebst und schwebst in freier Luft, und die ganze Natur trägt Deinen Geist auf Händen; ich dräng mich durch zwischen Witz und Aberwitz, und hier und dort nimmt mich die Albernheit in Beschlag; und wenn ich abends zum Schreiben komm und muß das Unmögliche denken, was unmöglich ist auszusprechen, dann bin ich gleich traumtrunken, und dann schwindelt mir, wenn ich die Augen öffne; die Wände drehen sich, und der Menschen Treiben dreht sich mit. — Und ob's doch nicht noch in der Sprache verborgne Gewalten gibt, die wir noch nicht haben? — noch nicht zu regieren verstehen; das schreib mir, ob Du es auch glaubst und ob wir da hindringen könnten, das Ungesagte auszusprechen, denn gewiß so, wie die Sprache sich ergibt, so muß der Geist hereinströmen, denn der ganze Geist ist wohl nur ein Übersetzen des Geist Gottes in uns. Gute Nacht.

Bettine

An die Bettine
Du meinst, wenn Du taumelst und ein bißchen trunken bist, das wär unaussprechlicher Geist? — und Du besäufst Dich aber auch gar zu leicht — weil Du den Wein nicht verträgst; Du meinst, es müßten neue Sprachquellen sich öffnen, um Deine Begriffe zu erhellen. Werd ein bißchen stärker oder trinke nicht so viel auf einmal, wolltest Du Dich fester ins Auge fassen, die Sprache würde Dich nicht steckenlassen.
Von der Sprache glaub ich, daß wohl ein Menschenleben dazu gehört, um sie ganz fassen zu lernen, und daß ihre noch unentdeckten Quellen, nach denen Du forschest, wohl nur aus ihrer Vereinfachung entspringen. Den Rat möchte ich Dir geben, daß Du bei Deinem Aussprechen von Gedanken das Beweisen aufgibst, dies wird Dir's sehr erleichtern. Der einfache Gedankengang ergießt sich wohl von selbst in den Beweis, oder was das nämliche ist: die Wahrheit selbst ist Beweis. Beweislos denken ist frei denken; du führst die Beweise zu Deiner eignen Aushilfe. Ein solches freies Denken vereinfacht die Sprache, wodurch ihr Geist mächtiger wird. Man muß sich nicht scheuen, das, was sich aussprechen will, auch in der unscheinbarsten Form zu geben, um so tiefer und

unwidersprechlicher ist's. Man muß nicht beteuern, weil das Mißtrauen gegen die eigne Eingebung wär — nicht begründen, weil es eingreift in die freie Geisteswendung, die nach Sokrates vielleicht Gegenwendung wird, und nicht bezeugen oder beweisen wollen in der Sprache, weil der Beweis so lang hinderlich ist, dem Geist im Wege ist, bis wir über ihn hinaus sind, und weil diese drei Dinge unedel sind sowohl im Leben wie im Handeln wie im Geist. Es sind die Spuren des Philistertums im Geist.

Freier Geist verhält sich leidend zur Sprache, und so verhält sich auch die Sprache leidend zu dem Geist, beide sind einander hingegeben ohne Rückhalt, so wird auch keins das andre aufheben, sondern sie werden sich einander aussprechen ganz und tief. — Je vertrauungsvoller, um so inniger. Wie es in der Liebe auch ist. — Was sollte also die Sprache am Geist zu kurz kommen? — Liebe gleicht alles aus. — Trete nicht zwischen ihre Liebkosungen, sie werden einander so beseligen, daß nur ewige Begeisterung aus beiden strömt. — Und hiermit wär Deine Ahnung von der Gewalt des Rhythmus wohl auch berührt, beweisen wollen wir ja nicht. —

Alles, was wir aussprechen, muß wahr sein, weil wir es empfinden. Mehr müssen wir für andre auch nicht tun, denn das sondert jene nur von dem kindlichen ursprünglichen Begriff. — Wir müssen des andern Geist nicht als Gast in unsre Begriffe einführen, so wie ein Gast auch weniger das Heimatliche begreift; er muß selbst durch das Mangelnde im Ausdruck auf die Spur des Begriffs geleitet werden, da nur im unverfälschten Vertrauen oder im vollkommnen Hingehenlassen, selbst in scheinbar Nachlässigem (was doch nur vertrauungsvolle heilige Scheu der Liebe ist) sich der Geist oft erst orientiert; zum wenigsten wird's ihm viel leichter. — Mag nicht oft tiefere Wahrheitsspur verschwunden sein, wo nach ihrer Bekräftigung suchend ihr ursprünglicher Keim verletzt wurde.

Haben nicht die geistschmiedenden Zyklopen mit dem einen erhabenen Aug auf der Stirne die Welt angeschielt, statt daß sie mit beiden Augen sie gesund würden angeschaut haben? — Das frag ich in Deinem Sinne die Philosophen, um somit hier alle weitere Untersuchung aufzuheben, und erinnere mich zu rechter Zeit an Deine leichte Reizbarkeit.

Leb wohl! an meinem Fenster gibt's heute zu viel Einladendes, als daß ich widerstehen könnt der Muse, die mich dahin ruft. – Leb wohl! ich habe Dich recht lieb.

Karoline
Mit Dir kann ich so sprechen, Du verstehst es, kein andrer wahrscheinlich. – Oder wer müßte das sein? –

An die Günderode
Ich war heut draußen bei der Großmama, sie war allein, den ganzen Nachmittag, und wir sprachen erst von Dir; die Großmama war einen Augenblick beschäftigt, so lief ich in den Garten, um ihn nach langer Zeit wiederzusehen, aber wie war ich da erschrocken, wie ich auf die Hoftreppe kam, ich erkannte den Garten nicht wieder; denke! – die hohe, schwankende Pappelwand, die himmelansteigenden Treppen, die ich alle wie oft hinangestiegen bin, um der Sonne nachzusehen, um die Gewitter zu begrüßen; durchgeschnitten! – zwei Drittel davon in grader Linie abgesägt! – ich wußte nicht, wie mir geschah, und alles will ich gern begreifen und lernen, was soll mir das schaden, aber diese Pappeln, diese Zeugen meiner frühesten Spielstunden, die mich als Kind von drei Jahren mit ihren Blüten beregneten, in die ich hinaufstaunte, als ob ihre Höhe in den Himmel reiche. Ach, was soll ich da dazu sagen, daß die als Stumpfe mit wenig Ästen noch versehen nebeneinanderstehen, gemeinsamen Schimpf und Leid tragend. – Ach, ihr Baumseelen, wer konnte euch das tun? – nun ziehen alle frühen Kindheitsmorgen an mir vorüber, wo ich ihre Wipfel von weitem im Gold glänzen sah, und daß sie mir winkten, ich soll mich eilen und kommen, und wie hab ich oft ihre jungen Blättchen betrachtet und keins abgebrochen je! – ach, es schneidet mir ins Herz – es war, als könnten sie nicht mehr sprechen, als sei ihnen die Zunge genommen, denn sie können ja nicht mehr rauschen. So war ihr Stummsein eine bittere, bittere Klage zu mir, die ich ewig mit mir herumtragen werde und keinem sagen als nur Dir. Du weißt, wie Du oft sagtest, wenn wir

da gingen, daß ihr Rauschen mitspreche, und wie sie uns absonderten von der ganzen Welt, und wie sie einen Dom über uns bauten, und gegenüber die hohe Rosenhecke, die über die Wand vom Boskett hereinschwankte, die steht jetzt auch ohne Schutz und die Nachtigallen, die das heilige Dunkel gewohnt waren; wie wird's da sein, wenn die im Frühjahr wiederkommen. — Ach, ich bin betrübt darüber. — Die Kindertage, wo ich dort mit dem reinlichen Kies spielte und mit rosenfarbnen Steinchen und schwarzen und gelben, bunte Reihen um ihre Stämme legte. — Und konnte so versteckt hinüberklettern ins Boskett, wie kann einem doch das Paradies, wo die Seele all ihren Zauber einpflanzt, so jämmerlich zerstört werden? — aber bedaure Du mich nur nicht, denn hör nur: — als ich zurückkam zur Großmutter — da sah ich blaß und zerstört aus, und sie sah wohl die Spuren von meinen Tränen. — Sie sah mich an ein Weilchen — und sagte: »Du warst im Garten?« — da reichte sie mir die Hand. — Was sollt ich sagen? — ich schwieg, und sie auch. — Sie sagte: »Ich werd wohl nicht mehr lang leben!« — ich wagte nichts zu sagen — aber bald darauf machte sie das Nebenzimmer auf, von wo man nach dem Garten sieht, und sagte: »Das Rauschen im Abendwind war meine Freude, ich werd's nicht mehr wieder hören; ich hätt mir's lassen gefallen, wenn ich unter ihrem Rauschen am letzten Abend wär eingeschlafen! sie hätten mir diesen feierlichen Dienst geleistet, die lieben Freunde, die ich jeden Tag besuchte, die ich mit großer Freude hoch über mir sah; — du hast sie auch geliebt, es war dein liebster Aufenthalt — ich hab dich oft vom Fenster sehen in ihrem Wipfel abends steigen und glaubtest, es säh es niemand — nimm meinen Segen, liebes Kind, ich hab an dich gedacht, wie man sie trotz der schmerzlichen Verletzung meiner Gefühle verstümmelte.« — Ich wagte nicht zu fragen, wer die Schuld trüge, denn das wär zu kränkend für die Großmama gewesen, und ich wußte auch gleich, daß nur aus grausenhaftem Philistersinn solche Untat geschehen konnt, denn der ahnt nicht die tiefsten Wunden, der hält alles für Empfindelei, was mit den geheimsten geistigen Bedürfnissen zusammenhängt; — wie könnte der eine wahrhafte Liebe denken zu einem leblosen Ding, denn so nennt der Philister die Pflanzen, die Bäume, die ganze Natur — wie könnte der ahnen, daß ein höchst geistiger Umgang mit ihren schönen untadeligen Erzeugnissen stattfinden könne? — Ein Wechseltausch von Empfindungen, der eine reine Leidenschaft zu ihr nährt und beglückt; — wie könnte dem je begreiflich werden, daß ein innerliches Dasein sich in sie überträgt und daß, während die ganze Welt vergeblich unter Mitgeschöpfen herumschwärmt, von Liebe, von Freundschaft faselt, der beglückte Besitzer eines Baumes, der vor seiner Tür steht, in ihm den Freund gefunden hat. —

Die alte hundertjährige Bas kam mir vor der Tür auch damit entgegen: »Ist's nicht barbarisch? — und daß die Großmama stillschweigt dazu — wärst du nur hier gewesen, es wär nicht geschehen.« —

Ich bin noch einmal in den Garten gegangen, wie es dunkel war; denn am Tag hingehen schien mir beleidigend für die edlen Bäume; — ich hab Abschied genommen vom Garten, ich mag nicht wieder hineingehen. — Ich habe auch den Gärtner besucht im Boskett, der sagte mir, es habe ihn sehr betrübt, daß diese Bäume abgehauen wären, er habe so manches sich immer gedacht dabei, jetzt könne er nichts mehr von ihnen sehen und hätt auch die Lust verloren, die Rosenhecke zu pflegen. — »Nun!« — sagte ich, »aber in Gedanken können wir immer alles sehen, was wir lieb haben?« — das gab er zu — so gebt doch auch die Rosenhecke nicht auf, je höher sie wächst, je mehr könnt Ihr Euch dabei denken, daß im Gedächtnis alles Schöne fortblüht. — Das bewilligte er mir, und er meinte, ich solle gewiß nicht klagen, daß er sie versäumt hätte, wenn ich wiederkäm. — Im Gärtner liegt wahres Genie zu einem solchen Umgang mit seiner Umgebung in der Natur. — Noch kurz eh ich mit Dir bekannt war, hab ich manchmal oben in den Baumwipfeln meine Stimmungen über die Naturerscheinungen aufgezeichnet; so kindisch und unvermögend mich auszusprechen, ich hab sie in einer Mappe aufgehoben, da schreib ich Dir eines auf zur Gedächtnisfeier.

Vor zwei Jahren geschrieben am Ostermontag.
O himmlisch Grün, das unter Eis und Schnee in brauner
Hülle sich barg und jetzt dein glühend Haupt im Antlitz der
Sonne krönt. Geliebter Baum! könnt ich umwandeln doch,
in dein sanft rauschend Laub, jene flüsternde Sprossen, die
mit glänzendem Finger die Muse bricht himmlischer Glorie
voll, die Stirn zu umflechten dem Liebling, der mit Helm
und Speer oder bogengerüstet, wo viel goldne Pfeile dahin-
fliegen, oder Rosse jagend oder mit leichtem Fuß zwölfmal
umrennend das Ziel, oder aufleuchtend mit der Flamme des
Lieds, um sie wirbt.

O Baum! dich umdrängt heut der Bienen Schar, sie ziehen
dem Duft nach, der honigregnenden Blüte, sie sammeln ihren
befruchtenden Staub und versummen die Tagesglut in deiner
Krone kühlem Rauschen. Aber dann würd in deinem Schatten ruhn, der König ist am Mahle des Geists, und nähren
würde deine Wurzel die Flut, die den eignen Gott im Busen
ihm begeistert zu alleroberndem Triumph.

Begegne dir nichts, was dich beleidigt, o Baum! den keiner
der Unsterblichen umwandelt. Ich zwar träume den Frühling
in deinem Schatten, und mir deucht von Unnennbarem
widerhallen zu hören rings die Wälder und die Hügel.

An die Günderode

Ich lese Deinen Brief und schäme mich vor Dir, wie Du so
edel und einfach mein verwirrtes Denken zurechtrichtest,
und ich kann nicht ans Antworten denken, weil ich so voll
Unruh bin. Die Bäume kränken mich; ich kann's nicht begreifen, wie die Großmama sich nicht besser gewehrt hat,
das ist ihre zu tiefe Empfindlichkeit, unterdessen hat man
ihren Lieblingen den Hals abgeschnitten, man muß sich wehren für die Seinigen und dem Schlechten in den Arm greifen,
der es antastet. Alles Erhabne und Schöne ist Eigentum der
Seele, die es erkennt, und durch die Erkenntnis ist sie schutz-
verpflichtet. Alles ist der Teufel, es sei denn reine, freie
Gewissenswahrheit, und ich weiß keine höhere Anweisung an
den Geist als: *frag dich selber!* und wenn da einer nicht das
Rechte findet, so ist er ein Esel, und alles, was sich Schrek-

kendes dem inneren Willen entgegenwirft, das muß bekämpft und verachtet werden, er ist der Ritter, der das Wasser des Lebens zwischen feuerspeienden Drachen und eisernen Riesen schöpft, vor seiner Verachtung und seinem Mut werden sie ohnmächtig. In Feenmärchen ist die heiligste Politik und auch die mächtigste; ich wollt der größte Staatsmann werden und die ganze Welt unter meinen Fuß bringen, bloß daß die blaue Bibliothek mein geheimer Kabinettsrat wär; und die Leut würden sich erstaunen, was ich als für Weisheit besäß. – Der Großmama möcht ich's sagen, sie wird es ganz gut aufnehmen; und ich brauch sie auch nicht zu schonen. – Was ist? – die Großmama hat eine tiefe Seele – andre nennen's Empfindsamkeit; Tiefe ist allemal Gewalt, aber sie ist gebunden, und die Gewalt weiß nicht, wie leicht sie die Fessel abwerfen kann, hab ich mir doch manchmal den Atem fast ausgeblasen, wenn wir morgens im Wald uns ein Feuerchen wollten machen zu unserm Pläsier, und es ist immer wieder ausgegangen, und ich hab's immer am kleinsten Köhlchen wieder angezündt; ich will auch blasen in der Großmutter ihr Judizium, warum ist sie betrübt, wenn es nicht ist, daß sie dadurch begreifen lernt, was sie den Bäumen schuldig war, alle Kraft ist man der Welt schuldig, und dem, der uns am nächsten steht, am ersten. Alle Anregung ist ein Aufwühlen des inneren Herzgrund, und das Unkraut muß untergepflügt werden, daß es die Wahrheit muß düngen, ich weiß nicht, was ich sagen wollt; ich bin unruhig, verzeih mir's, ich kann Dir nicht auf Deinen Brief antworten, ich wär so gern heut wieder nach Offenbach, aber alles fuhr nach Rödelheim, und wir haben, im großen Himmelspurpurmantel mit eingehüllt, auf der Wiese uns amüsiert, bis es Nacht war, ich ging mit dem Franz zu Fuß nach Haus, die andern fuhren, der Franz hat mir allerlei Schönes und Gutes gesagt unterwegs, ich hing mich mit beiden Händen an seinen Arm und verhopste alles; wie wir an die Bockenheimer Wart kamen, sagte er, häng dich doch jetzt an den linken Arm, denn der andre ist mir schon eine viertel Elle länger gereckt, damit der doch auch so lang wird.

Die Meline geht mit Savigny nach Marburg und sagt, ich
soll auch mit, ich sag nicht ja, aber die Meline sagt: »Wer
soll für dich sorgen, wenn ich's nicht tu, du wirst hier alles
verschlampen, alles vergessen, alles verreißen, alles ver-
schenken, alles verderben, du mußt mit.« — Kommst Du früher, als die gehen, so bleib ich hier, denn da hab ich einen
Altar, an den ich mich festhalte, kommst Du aber nicht, so
weiß ich, daß ich auf dem Glatteis, wie mir's unter den Fuß
kommt, dahinfliege ohne Widerstand, es führt mich ja auch
ebenso schnell zurück zu Dir, aber der Savigny schreibt, ich
soll Dir sagen, daß er in den Sternen gelesen habe, Du werdest nach Marburg kommen. — Da leg ich Dir noch ein Blatt
aus meiner Pappelbaum-Korrespondenz bei, ich hab doch
alle Pfingsten, der ich mich erinnere, unter diesen Pappeln
zugebracht — dies schrieb ich ihnen am letzten Pfingstfest,
die schönsten Tage im Jahr ist Pfingsten, der Frühling feiert
gekrönt seinen Sieg. Wie war ich so seelenzufrieden an jenen
Tagen, alles ging aus ins weite Feld spazieren, alles fuhr
über Land in schönen Kleidern, ich war auch weiß geputzt,
und die Haare schön gelockt und mit flatterndem Band und
gelben Schuhen besucht ich schon früh den Baum; heut konnt
ich nicht hinaufklettern, ich hätte Schuhe und Kleid verdorben, darum dauerte mich der Baum, so fuhr ich lieber nicht
mit spazieren und hielt ihm Gesellschaft, und weißt Du, was
mich der Natur so anhängig macht? — daß sie manchmal
so traurig ist — andre nennen das Langeweile, was einem
zuweilen so mitten im Sonnenschein wie ein Stein aufs Herz
fällt, ich aber leg es so aus: plötzlich steht man, ohne es zu
wollen, ihr, der Allgöttin, gegenüber, ein geheim Gefühl der
unendlich zärteren Sorge, die sie auf uns verwendet, als auf
alle anderen Geschöpfe, macht uns schüchtern; alles umher
gedeiht, jed Stäudchen, jed klein Käferchen zeigt von so tiefer feingegliederter Bildung, aber wo ist auch nur ein Knöspchen in unserem Geist, was nicht vom Wurm angenagt wär;
sind wir nicht vom Staub befleckt, und zeigt sich ein Blättchen unserer Seele in seinem glänzenden Grün? — Wenn ich
einen Baum begegne, der vom Meltau oder vom Raupenfraß

erkrankt ist, oder eine Staude, die verkeimt, dann mein ich, das ist Sprache der Natur, die uns das Bild einer ungroßmütigen Seele zeigt – und wären alle Fehler des Geistes überwunden, wären seine Kräfte in voller Blüte, wer weiß, ob dann in der Natur noch solcher Mißwachs oder schädlich Unkraut wär, ob der Brand noch ins Kornfeld käm, ob noch giftige Dolden wüchsen, wer weiß, ob noch solche traurige Augenblicke in ihr wären, die einem das Herz spalten; und man wendet sich ab, weil man nicht ahnen will, was tief im Herzen schmerzlich mit wehklagt. Nein, sie findet kein Gehör, die Mutter, obschon ihre Vorwürfe so zärtlich sind, daß sie einen gleich in ihren Schleier hüllen möcht, und das Gift der Krankheit möcht sie mit ihren Lippen aussaugen und aus ihrem Blut Balsam mischen, uns zu heilen.

›Beweislos denken ist frei denken!‹ dies eine nur laß mich Dir mit einem Beweis noch bekräftigen zum Beweis, daß ich Dich versteh! – Denken selbst ist ja von der Wahrheit sich nähren, sonst wär's faseln und nicht denken; denken ist, jenen Balsam trinken, den die Mutter aus ihrem Blute mischt, der uns von Schwächen heilt, ist ja Gehör geben ihren zärtlichen Vorwürfen; und durch Beweis dem eignen Herzen die Liebe darlegen wollen, die so ohne Rückhalt sich uns ergibt, ist Beweis genug, daß sie das Herz nicht rührte. – Die Wahrheit rührt das Herz, ist Geist, der augenblicklich höher steigt im Empfangen der Wahrheit selbst und sich nach Höherem umsieht. Du bist höher gestiegen in dieser Erkenntnis der reineren Geistesform, Du hast seine Krücken weggeworfen. – Sie sagen: »Wie will der Geist fortkommen ohne Krücken? – er hat ja keine Füße! – er wirft des Anstands enges Wams auch noch ab.« – »Seht, ich habe Flügel!« und Deine Verteidigung, wie willst Du die führen, wenn Du keine Waffen hast, fragen die Philister. – »Ich bin Gottathlete, wer mit mir ringen wird, der mag meinen Triumph ohne Waffen um so tiefer fühlen; ich bin dann, und sie sind nicht mehr, die mit mir ringen; und wen ich nicht überwinde, der reicht auch nicht an mich heran, mich zu bekämpfen.« – Ja, ich fühl's deutlich, wie tief recht Du hast; es ist einzig reine und heilige Sprachquelle, die Wahrheit ohne Beweis führen. Sprach und Geist müssen sich lieben, und da braucht's keiner Beweise füreinander; ihr gegenseitiges Erfassen ist Liebe, die sich in ewigen Gefühlen zu den Sternen hebt — Du bist überwunden, Du bist ein Gefangener des Geistes — er besitzt Dich und tritt vor und spricht Dich aus. — Gute Nacht! schon sehr spät. —

Vor zwei Jahren geschrieben am Pfingstmontag
Bäume, die ihr mich bergt, mir spiegelt in der Seele sich euer dämmernd Grün, und von euren Wipfeln seh ich sehnend in die Weite.
Dorthin fließt der Strom und hebt nicht zum Ufer die Wellen, und es jagt nicht mit den Wolken, seinen fröhlichen Schiffen, der Wind.
Der hellere Tag flieht, und mein Gedanke lauscht, ob Antwort vielleicht ein sausender Bote von dir ihm bringe, Natur!
O du! — du, der ich rufe, warum antwortest du nicht? — Immer gleich Herrliche! Allebendige!
Schauder über Schauder flößt mir, Herr! Herr! deine Natur ein. Da senkt sich der Wagen des Donnerers, die Berge hallen, es braust und duftet und weht! — Wohin, ihr Nebel? — ihr Rauchsäulen? — Wohin wandelt ihr alle? — Warum bin ich? — Warum mich an deinen Busen, Natur, wenn nicht erquickend mir's quillt aus deinen Tiefen, wie aus den Bergen quellen die rauschenden Wasser.
Ich hör dich, Donnerer, langsam ziehn am windstillen Tag übers Gebirg, in meiner Seele Saiten tönt's nach, sie bebt, die Seele, und kann nicht seufzen.
Lust und Hoffnung, ihr habt oft mich gewiegt wie die rauschenden Wipfel, ihr schienet endlos mir einst, wie jetzt mein düsterer Tag.
Da brechen die Wolken und strömen unter dir, Befreier! — und rings trinkt die Erde — und deine Donner — wohin? — Und ihr atmet wieder, Wiegengesang flüstert, wogt in eurem Laub, das mich umfängt.
Und ich will gern wieder leben mit euch allen, ihr Bäume, die ihr trinkt, segnende Ströme vom Himmel, und fröhlich wieder säuselt im Wind.

An die Günderode

Heut morgen wach ich auf vom Rufen der Italiener, die Parapluies feiltragen, die wahre Lockstimme für mich — unwiderstehlich, ich denk gleich, der Italiener mag Regen wittern, denn sonst gehn sie nicht so früh herum, ich laß die Lisbeth den Mann heraufholen und lauf zur Meline — die liegt noch im Bett — ob wir nicht einen Parapluie wollen kaufen, mitzunehmen nach Marburg? die Meline kriegt einen Schrecken — sie glaubt, ich hab's Fieber, daß ich nach einem Parapluie frag, unterdessen war il signor Pagliaruggi vor der Tür und ein grünseidner Regenschirm gekauft, den ich auch gleich probieren wollt, so ging ich vors Tor in die Meß am Main, und so blieb ich bei den Klickerfässern stehen und kauft an dreißig Klicker, einer schöner wie der andre, von Achat und Marmor und Kristall, damit ging ich hinunter am Main, wo die Steinergeschirrleut halten, und besuchte die in ihren strohernen Hütten, und die Esel, die mit herzlichem Geschrei mich begrüßten, und die kleinen Hemdlosen, die da herumlaufen und klettern — und teilt ihnen meine Klicker aus, sie hatten keine Taschen, weil sie nackend laufen, so mußt ich ihnen meine Handschuh geben, daß sie die Klicker konnten aufheben, die banden sie sich mit Bindfaden um den Leib fest; das war kaum geschehen, so rief mich ein Schiffer an, ob ich nicht wollt überfahren — ich frag: »Es wird wohl regnen?« — »Nun, was schad's, Sie haben ja ein Wetterdach bei sich.« Wie ich drüben war, so denk ich, ich will nach Oberrad gehn, zur Großmama ihrer Milchfrau und da Milch trinken, wie ich an der Milchfrau ihr Haus komm, so sagen die Leut, alleweil ist die Annemarie fort mit der Milch nach der Gerbermühl, wie ich auf die Gerbermühl komm, so läuft mir die Annemarie schon fort nach Offenbach mit der Milch, ich sag, ich will mit ihr gehen, sie hat ihre zwanzig Gemüskörb auf dem Kopf und ihre Milchkann am Arm, und so schlendert der groß Gemüsturm und ich als hintereinander durch die Hecken, sagt die Annemarie: »Es fängt schon an zu trepele, es werd gleich e dichtiger Schitel komme warte Se, ich will Ihne ans von dene klene Körberchen gebe, des könne Se uf den Kop setze, do kommt Ihne ken

Regen an.« — Nun fällt mir ein, daß ich doch das Wetterdach, den Parapluie, mitgenommen hab, wo ist der geblieben? entweder ich muß ihn haben bei den nackigen Büberchen lassen stehn, oder ich hab ihn im Schiff liegen lassen, beides ist gleich möglich, ich konnt ihn also die Wasserprob nicht halten lassen; so setz ich der Milchfrau ihr rundes flaches Gemüskörbchen mit Blumenkohl auf den Kopf, sie sagt: »Sie sehn so schön drunter aus wie die schönst Pariser Madam.« — Es war recht lustig, es begegneten mir allerlei Leut, die dachten, ich wollt balancieren lernen, der Regen hatte bald wieder aufgehört, so war ich, ohne dran zu denken, bis Offenbach gelaufen, an der Kastanienallee nahm ich den Korb ab. In der Stadt war recht Sonntagswetter, alles voll Sonnenschein, und in der Domstraß lag auf jeder Haustrepp vor der Tür ein Jolie mit dem blauseidnen Halsband, alle Jolies kennen mich, sie kamen an mich herangebellt, und da kamen die Spitze auch und Bommer und endlich auch dem Anton Andree seine englische Dogge mit siebzehn Jungen, die schon ziemlich herzhaft bellen. Die Milchfrau blieb ein paarmal stehen, um das Springen und Toben der Hunde zu sehen, und auch aus Furcht, sie möchten ihr den Gemüsturm aus der Balance bringen. »Ei«, sagte sie, »der türkisch Kaiser kann nicht schöner begrüßt werden, die bleiben ja in einem Vivatrufen.« — So klingelten wir an der Haustür, die Cousine meldete, daß die Großmama noch schlief, in den Garten wollt ich nicht gehen, ich blieb vor der Tür stehen bei den Hunden, da kam mein guter Herr Arenswald vorbei, er nahm den Hut ab, ich sagte ihm nicht, daß er ihn wieder aufsetzen solle, denn ich hatte gesehn, daß ein Loch drin war, und wollte diese Wissenschaft gern vor ihm verbergen. Er erzählte mir, er habe diesen Sommer eine Reise nach der Schweiz gemacht, weil er seinem Drang, die Natur dort zu betrachten, nicht habe widerstehen können, er bereue es auch gar nicht, obschon es ihm viel gekostet, ja er *glaube,* es sei sein letzter Heller drauf gegangen, ich war etwas beschämt und wollte ihm bei dieser vertrauten Mitteilung nicht grad ins Gesicht sehen, meine Augen fielen auf seine Stiefel, da präsentierte sich ganz ungerufen der kleine

Schelm, sein großer Zehe, welchen Arenswald durchaus nicht bei der Audienz dulden wollte, denn er drückte ihn unter den Absatz vom andern Stiefel, der leider wie ein schlechtge-schloßner Laden vom Wind auffuhr, wo sollt ich meine Augen hinrichten? – ich sah auf seinen Bauch, da fehlten alle Knöpfe, und die Weste war mit Haarnadeln zugeklemmt wo er die mag her erwischt haben, denn er trägt einen Cali-gula, welches bekanntlich die höchste geniale Verwirrung im Haarsystem ist, wozu man weder Pomade, noch Kamm, noch Haarnadel braucht, sondern nur Staub und Stroh, damit die Schwalben und Sperlinge immer Material für ihre Bauten da finden. Unterdes erzählte er mir, es sei ihm in der Schweiz was Sonderbares geschehen, man habe ihm nämlich erzählt, daß es in waldigen Berggegenden eine Art Schnecken gäb, die sehr schmecken, und daß es auf dem Weg von Luzern irgendwohin auf einem Berg sehr viel solcher schmeckender Schnecken gibt, er habe solche auch in Masse im Wald an-getroffen und einen so starken Appetit danach bekommen, daß er ihrer mehrere gegessen und ganz satt davon geworden sei, als er ins Wirtshaus zurückkam, verbat er sich sein Mit-tagessen, weil er zu viel von den so gut schmeckenden Schnecken gefunden, und habe sie mit so großem Appetit verzehrt, daß er unmöglich noch was genießen könne.
»Wie?« – sagte der Wirt, »Sie haben die schmeckenden Schnecken gegessen?« – »Nun ja, warum nicht, sagten Sie nicht selbst, daß die Schnecken sehr wohl schmecken und daß die Leute gewaltig danach her sind, sie zu sammeln?« – »Ja! *sehr schmecken* hab ich gesagt, aber nicht: *wohl! schmecken* heißt bei uns *stinken,* und die Leute sammeln sie für die Gerber, um das Leder einzuschmieren.« – So hab ich also dieses Gerbemittel gespeist und mich sehr wohl dabei befunden, erzählte Herr Arenswald, während ich sehr errötet in die Luft guckte, denn es war kein andrer Platz da, ohne auf eine grobe Sünde des gänzlichen Mangels zu stoßen. – Die Schneckenmahlzeit mag nun wahr sein oder auch erfun-den, um mir auf eine feine Art verstehen zu geben, daß ihn der Hunger dazu gezwungen. Die Cousine rief mich her-ein, und Arenswald nahm, wie bei hohen Potentaten, rück-

wärtsgehend Abschied von mir, woraus ich schloß, daß es von hinten auch nicht besser mit ihm bestellt sein möge. Also erst die Begrüßung bei meinem Einzug, der Jubel war türkisch-kaiserlich nach der Milchfrau, der Gemüskorb mit Blumenkohl war meine Kron, den Baldachin, den Parapluie, hatt ich im Schiff gelassen, die erst Audienz war auch mit allen kaiserlichen Ehrenbezeugungen vor sich gegangen, unterwegs hatte ich großmütige Geschenke gemacht an die nackigen Büberchen, Arenswalds Audienz war auch eine untertänigste Ansherzlegung des menschlichen Elends. Was will ich mehr? — immer hat's mir im Sinn gelegen, ich werde noch zu hohen Würden steigen. —

Ich werd auch geruhen, des schmeckenden Schneckenfressers außerordentliche Verdienste um die Selbsterhaltung zu belohnen, durch den Jud Hirsch, der morgen nach Offenbach geht; wenn mir's nur nicht bis morgen aus den Gedanken kommt wie der Parapluie, ein Fehler, den ich mit allen hohen Häuptern gemein hab. — Die Großmama war mir sehr freundlich, wir sprachen von Dir, sie will, daß Du sie besuchst, wenn Du zurückkehrst. Ich sagte ihr, daß ich, wenn sie es erlaube, nach Marburg gehen werde mit der Meline, diese kleine Ehrfurchtsbezeugung, um ihre Einwilligung zu bitten, schmeichelte ihr sehr, sie gab mir ihren besten Segen dazu, nannte mich ›Tochter ihrer Max, Kindele, Mädele‹, ringelte mein Haar, während sie sprach, erzählte im schwäbischen Dialekt, was sie nur in heiterer Weichherzigkeit tut und einem Ehrfurcht mit ihrer Liebenswürdigkeit einflößt, ihr Bezeigen war mir auffallend, da ich vor vier Tagen sie so tief verletzt, beinah erbittert fand über die Schmach, die ihrem gütigen Herzen widerfahren war. — Sie zeigte mir ein Wappen in Glas gemalt in einem prächtigen silbernen Rahmen mit goldnem Eichelkranz, worum in griechischer Sprache geschrieben steht: *Alles aus Liebe, sonst geht die Welt unter*, es ist dem Großpapa von der Stadt Trier geschenkt worden, weil er als Kanzler in trierischen Diensten sich gegen den Kurfürsten weigerte, eine Abgabe, die er zu drückend fand, dem Bauerstand aufzulegen; als er kein Gehör fand, nahm er lieber seinen Abschied, als seinen Namen unter eine unbillige Forderung zu schreiben; so kamen ihm die Bauern mit Bürgerkronen entgegen in allen Orten, wo er durchkam, und in Speier hatten sie sein Haus von innen und außen geschmückt und illuminiert zu seinem Empfang. Die Großmama erzählte noch so viel vom Stadionischen Haus, worin sie so lang mit dem Großpapa lebte, wenn ich's nur alles behalten hätt, doch vergeß ich die Beschreibung ihrer Wasserfahrten nicht auf dem See von Lilien, wo immer ein Nachen vorausfuhr, um in dem Wald von Wasserpflanzen eine Wasserstraß mit der Sense zu mähen, wie da von beiden Seiten die Schilfe und Blumen über den Kahn herfielen und die Schmetterlinge — und alles weiß sie noch, als wenn es heut geschehen wär. — Der Pappeln wollt ich nicht gedenken, die jammervolle Person des Arenswald, der so munter und grün über sein Elend hinaussteigt ins Freie, hatte mich aus den Angeln der Empfindsamkeit gehoben, ich will wetten, jetzt wo er Waldschnecken fressen kann, daß er noch viel mehr wagt, und wenn er nur so viel hat, daß er seine Beine reisefertig kriegt, so muß das andre mit und muß allerlei andre Dinge noch dazufressen lernen. Die Großmama fing aber von selbst von den Bäumen an, bei Gelegenheit des Wappens, sie erzählte, der Spruch sei wirklich Ersatz dem Großvater geworden, und er habe oft bei der Einschränkung, in der er später leben mußte, gesagt: »Besser konnt ich mir's nicht wünschen.« — Das Wappen hing über seinem Schreibtisch, und da er bei Bauer und Bürger in großem Ansehen stand, so kamen sie oft zu ihm in schwierigen Angelegenheiten, da hat er denn durch den Spruch vom Wappen manchen zur Gerechtigkeit oder zur Nachsicht bewogen, er sei dadurch so im Ansehen gestiegen, daß sein Urteil mehr wirkte wie alles Rechtsverfahren, und mancher, der dem Buchstaben des Gesetzes nach sich durchfechten konnte, hat, um nicht das Urteil des Großvaters gegen sich zu haben, sich verglichen, und der Kurfürst hat sich auch wieder mit ihm versöhnt und ihm vollkommen recht gegeben, aber der Großvater schlug seine Anstellung aus, die der Kurfürst ihm wieder anbot; er sagte: ›Hat mir Gott das Hemd ausgezogen und gefällt's ihm, mich schon auf Erden nackt und bloß herumlaufen zu sehen, so will ich mir keine Staatslivree als Feigenblatt für den menschlichen Ehrgeiz vorhalten, dem Herrn Kurfürst steh ich zu Diensten in allen gerechten Dingen, so wie mich Gott geschaffen hat, und der sich nicht vor ihm zu schämen braucht; ich mag nicht aus meinem Paradies heraus, denn ich mag mich mit keinem Feigenblatt inkommodieren; ich bin der unverschämteste Kerl von der Welt, und der Kurfürst ist die sittsamste Jungfer, die unter den geistlichen Würden zu treffen ist, er will keinen seiner Freunde nackt und bloß herumlaufen oder vor sein Angesicht kommen lassen; aber mir gefällt es besser, ganz nackend mit seinen Mummenschanzern herumzuspringen, denn da hab ich den Vorteil, daß sie sich selbst nicht mehr kennen, denn sie wissen so wenig, was das ist, ein Mensch sein, daß einer, der ohne Bemäntlung ihnen die Natur eines Menschen, wie sie vor Gott bestehen kann, darstellt, ihnen natürlich zeigen muß, daß sie selber Mißgeburten sind.‹ – In dieser Art hat der Großpapa auf des Kurfürsten Anträge geantwortet. – Die Großmama besitzt noch eine Korrespondenz, wo mehrere Briefe von des Kurfürsten eigner Hand dabei sind, mit den Abschriften vom Großvater; – der Großvater hatte ein Buch gegen das Mönchswesen geschrieben, was gar viel Aufsehen in damaliger Zeit machte, ins Französische übersetzt wurde, das hat mir die Großmama geschenkt; es war die erste Veranlassung zur Unzufriedenheit zwischen dem Kurfürsten und ihm, weil darin so viel Skandal der Mönche aufgedeckt ist, und war auch die erste Veranlassung zur Versöhnung, denn der Kurfürst gibt ihm in einem Brief sehr recht und sagt: ›Wir werden diesem Ungeziefer, das mich mehr plagt als den armen Lazarus, dem ich mich gar sehr vergleiche, seine Schwären, noch eine Umwälzung in unserer Religion zu verdanken haben, es vergehet keine Woch, daß nicht verdrießliche Berichte dieser unflätigen Mönche einlaufen; der Mantel der christlichen Kirche, unter dem sie alle ingekeilt stehn wie ein Ballen Stockfische, reicht nicht mehr zu, ihren Unflat zu bedecken.‹ – Schreibt der Großvater hierauf einen wunderschönen Brief über Religion und Politik, den ich nicht behalten hab, worin mir aber jedes Wort wie Gold klang. — Er sagt: ›In einem großen Herzen müsse die Politik bloß aus der Religion hervorgehen, oder sie müßten vielmehr ganz dasselbe sein, ein tätiger Mensch, der seine Zeit anwende, zu was sie ihm verliehen sei, habe sie nicht übrig, sie in verschiednes zu teilen, so müsse denn seine Religion als vollkommner Weltbürger in ihm ans Licht treten‹ — usw. — Dieser Brief ist so herrlich, so seelenrein, so über alles erhaben, wonach kleinliche Menschen zielen, aber auch so lebendig, daß ich glauben muß, aus einem lebendigen Herzen entspringt alle Philosophie, aber mit Fleisch und Bein und klopfendem Herzen fürs Gute, die sich ewig regt und das irdische Weltleben reinigt, gesund macht wie ein Strom frischer, gewürzreicher Luft; — das tut doch die Philosophie nicht, die aufs Dreieck sich stützt, zwischen Attraktion und Repulsion und höchster Potenz einen gefährlichen Tanz hält, die dem gesunden Menschenverstand die Rippen einstoßen, und er als Invaliden-Krüppel sich endlich zurückziehen muß. Und einmal ist doch die natürliche Geschichte unseres Lebens auch unsere Aufgabe, und ich denke, daß, wenn der Scharfsinn sich von Hoffart unbeleibter Spekulation losmachte und sich ganz auf den Zustand der sinnlichen Tagesgeschichte wendete: dann müßte kein Gedanke so tief oder erhaben sein, der nicht im irdischen Treiben sich Platz verschaffte und in sittlichem Sinn sich bekräftigt und aufwächst. — So wie der Großvater möcht ich sein, dem alle Menschen gleich waren, Fürsten und Bauern gleichmäßig auf den Verstand anredete, und nur allein durch diesen mit ihnen zurechtkam, dem nie eine Sache gleichgültig war, als läge sie außer seinem Kreis; er sagte: ›Was ich mit meinem Verstand beurteilen kann, das gehört unter meine Gewalt, unter mein Richteramt, und ich muß laut und öffentlich entscheiden, wenn ich mich vor Gott verantworten will, daß er mir den Verstand dazu gegeben, wer sein Pfund benützt, dem wird noch mehr dazu, und er wird Herr über alles gesetzt.‹ — Ja, das bin ich überzeugt, aber ich glaub nicht, daß die Philosophen dies Ziel erreichen werden, ich glaub eher, daß man auf dem Großvater seine Weise die tiefste Philosophie erwerbe, nämlich den Frieden, die Vereinigung der tiefsten geistigen Erkenntnis mit dem tätigen Leben. —

Der Großvater schrieb noch in einem andern Brief an den Kurfürst über den Mißbrauch der vielen Feiertage und Verehrung der Heiligen, er wollte, daß eine reinere Grundlage eine verbesserte Religion sei. — Statt so viel Heiligengeschichten und Wundertaten und Reliquien, alle Großtaten der Menschen zu verehren, ihre edlen Zwecke, ihre Opfer, ihre Irrungen auf der Kanzel begreiflich zu machen, sie nicht in falschem, sondern im wahren Sinn auszulegen, kurz, die Geschichte und die Bedürfnisse der Menschheit als einen Gegenstand notwendiger Betrachtung dem Volk deutlich zu machen sei besser, als sie alle Sonntagnachmittag mit Brüderschaften verbringen, wo sie sinnlose Gebetverslein und sonst Unsinn ableierten; — und schlägt dem Kurfürst vor, statt all dieses mattherzige, zeitversündigende Wesen unter seinen Schutz zu nehmen, so soll er doch lieber eine Brüderschaft stiften, wo den Menschen der Verstand geweckt werde, statt sie zu Idioten zu bilden durch sinnlose Übungen; da könne er ihnen mit besserem Gewissen Ablaß der Sünden versprechen, denn die Dummheit könne Gott weder in dieser noch in der andern Welt brauchen; aber Gott sei ein besserer Haushalter wie der Kurfürst, der lasse den gesunden Geist in keinem zugrunde gehen, aber in jener Welt könne nichts leben als der Geist, das übrige bleibe und gehöre zur Petrefaktion der Erde. — —

Es ist eine einfache edle Korrespondenz, wo der Großpapa seinen Charakter nicht *einmal* verleugnet, der Kurfürst schreibt schön und edel, und schon das ist ein Verdienst, daß er ein Wohlgefallen an so tüchtigen Wahrheiten findet; — man hielt ihn wegen seinem dicken Leib für gar nicht besonders geistbeweglich. — Ich frug die Großmama, ob der Großvater denn Einfluß gehabt habe auf ihn. — Sie sagte: »Mein Kind, die geringste Luft hat ja Einfluß auf die menschliche Seele! warum sollte der reine uneigennützige Geist deines Großvaters keinen Einfluß auf den Kurfürst gehabt haben, der eben noch durch die Anerkenntnis des ganzen Landes auf einer so hohen Stufe stand, so daß der Kurfürst gegen

sein eignes ungerechtes Verfahren es zugestehen mußte.« —
Schon dies beweist auch, daß im Kurfürsten eine edle Grundlage war, es war auch gar nichts Geringes, was der Großvater aufopferte. — Er hatte in hohem Ansehen und Würden
gestanden, hatte fünf Kinder, die noch so jung waren, und
er vertauschte alles mit einer kleinen Hütte in Speier, wo
er am Wasser ein kleines Gärtchen pflegte und in der Beschäftigung mit diesem sich gar glücklich fühlte; Der Großvater war auch ein besonderer Liebhaber von dunkelroten
Nelken, ich habe mich sehr gefreut, weil ich eine Ähnlichkeit mit ihm hab. Ich war zwei Jahr alt, als er starb. Er
hatte einen Stock mit goldnem Knopf und ließ mich mit
dem Stockband spielen, ich erinnere mich noch deutlich, wie
er mich anlächelte und seine großen schwarzen Augen mich
verwunderten, daß ich darüber den Stock fallen ließ und
ihn anstarrte, das war das erste- und letztemal, wo ich ihn
sah — denn noch an demselben Abend ward er vom Schlag
gerührt. Von diesen Erzählungen der Großmama ward mein
Gedächtnis so lebhaft geweckt, daß ich glaubte, mich aller
seiner Gesichtszüge deutlich zu erinnern, er trug einen zimt-
farbigen Samtrock und sogar einen kleinen dreieckigen Hut
mit goldnen Borten, besinn ich mich, den er vom Kopf nahm
und mir aufsetzte und mich damit vor den Spiegel trug, daran hatte ich niemals gedacht, und jetzt weiß ich diesen Um-
stand ganz genau. — Ist das nicht wie eine Geistererschei-
nung? — und mag die Liebe nicht Geister beschwören können? — denn in jenem Augenblick war ich so begeistert und
voll Liebe für ihn, daß ich meinte, ich müsse einen Geister-
umgang durch die Kraft meiner Einbildung möglich machen
können, worin mir der Großpapa alles Gute, was mir wach
würde im Kopf, einflüstern werde, und ich glaub es auch;
sollte denn das Wirken so wahrhafter Gesinnung mit dem
Tode für uns aufhören müssen? ich sagte dies der Großmama, die antwortete: »Der Geist deines Großvaters regiert
mich ja jetzt noch, wie hätte ich den Schmerz meiner lieben
Bäume so bald verwinden können, wenn ich mich nicht seiner
Lehren erinnert hätte; darum hab ich ja das Wappen der
Stadt Trier hervorgesucht und diese Briefe des Kurfürsten.

Und besonders diesen, wo der Kurfürst ihn wegen seinem Unrecht um Verzeihung bittet und dein Großvater so wahrhaft großmütig und doch heiter antwortet. Denn er schrieb dem Kurfürsten, er werde nie vergessen, daß er der Gründer seines Glücks sei, er habe ihm hierdurch Gelegenheit gegeben, sich selber in seiner Gesinnung zu erproben, und da er sich glücklich durchgekämpft habe, so fühle er sich jetzt wohl und in besonderer Glücksstimmung.« Sie sagte: dies bewege sie zur Nachsicht gegen die, welche sie beleidigt haben; — es komme drauf an, wie hoch eine Beleidigung aufgenommen werde; man solle keine stärkere Schuld dadurch auf andre wälzen, Verzeihung sei Aufheben der Schuld, und Gott sei versöhnlich durch menschliche Großmut. — Der Großvater habe gesagt: »Was dir geschieht, das rechne für gar nichts! keine Rüge gilt etwas, sie sei denn zum Besten dessen, den man straft, sonst ist jede Strafe unnütze Rache, nur um den elenden Sünder noch elender zu machen«, und nutzlose Rache sei eine viel ärgere Sünde am Verbrecher, der dem Menschen heiliger sein müsse, insofern er so gut seiner Gnade anheimgegeben sei wie der Gnade Gottes, und Gott sei versöhnlich aus menschlicher Großmut, so müsse man aus Liebe die Welt nicht untergehen lassen und allen verzeihen, wozu der Spruch auf dem Wappen auffordere. — Und sie tue es ihrem Laroche zulieb, daß sie ohne Bitterkeit es ertrage. Die Bäume seien dies Jahr abgehauen, sie selber werde gewiß sie nur kurze Zeit noch vermissen und wolle durch den Verdruß, den sie dabei beweise, keine spätere Reue veranlassen, denn sie wolle, daß alle Menschen glücklich seien und am meisten die Ihrigen, für die sie so viele Opfer schon gebracht. — Vom Großvater erzählte sie mir noch, das ganze Land habe ihm Unterstützung angeboten, und er habe auf einem großen Fuß leben können, wenn er gewollt hätte, doch all diese Bezeigungen, die mit so viel Adel der Seele verbunden waren und von so reiner Gesinnung ausgingen, habe er ausgeschlagen von den Reichen, aber von seinen Bauern, denen er noch vieles geholfen, habe er angenommen, was ihm nötig war, denn, sagte er: »Das Scherflein der Witwe muß man nicht verschmähen«. — Sie hat mir noch manches zu erzählen versprochen von ihm, als ich so feurig danach war, so werd ich nächstens wieder zu ihr kommen. — Das Wappen wollt sie mir aufheben und mir vor ihrem Tod noch schenken, ich hätte lieber den Briefwechsel gehabt. — Ich glaub, zu so etwas hätt ich Verstand, es einzuleiten und zu bereichern für den Druck, da wollt ich wohl noch viel hinzufügen; mir kommt immer nur der Verstand, wenn ich von andern angeregt werd, von selbst fällt mir nichts ein, aber wenn ich von andern großes Lebendiges wahrnehme, so fällt mir gleich alles dazu ein, als sei ich aus dem Traum geweckt, vielleicht könnt ich hierdurch dem Clemens ein Genüge leisten, der mich zu so manchem aufgefordert hat, was mich ganz tot läßt. Erfinden kann ich gar nichts. Aber ich weiß gewiß, wenn ich diese Briefe des Großpapa durchläse, es würde mir alles einleuchten, was dazu gehört, ich weiß noch so viel von ihm, und die Großmama würde mir noch manches erzählen, ich hab sie noch nie ordentlich ausgefragt, und besonders hab ich mich gescheut, sie über ihre religiösen Ansichten zu fragen, weil ich fürchtete, sie zu beleidigen, aber bei diesem Gespräch sagte sie von selbst: »Siehst du, mein Kind, so trägt die goldne Au der Vergangenheit die Ähren, ohne welche so mancher an Geistesnahrung Hunger sterben müßte, und rund um uns, wo die Sonne ihren Lauf öffnet und wo sie ihn schließt, wo sie mit sengendem Strahl die Fluren brennt und wo sie lange ihr freundlich Antlitz verbirgt, allenthalben keimen Blumen, deren vereinter Strauß uns ein Andenken ist an die Kindheit unseres Geschlechts. So gehört die Vergangenheit zum Tag des Lebens. Sie ist die Wurzel des meinen. Dein Großvater war guter Mensch und guter Staatsbürger, der hat als solcher auf Fürsten und Untertanen gewirkt und auch bis heute noch auf seine Frau. Eine Vergangenheit ist also nicht für das wahre Gute, es wirkt ohne Ende, es kommt aus dem Geist, wie dein Großvater sagte, und alles andre, was vergänglich ist, das ist auch geistlos.« —

Es war Mittag, ich wär gern den ganzen Tag bei der Großmama geblieben, wenn man in Frankfurt gewußt hätte, wo ich war. — An der Gerbermühl begegnete mir Clemente mit

meinem verlornen Parapluie, er war gleich hinter mir über-
gefahren und hatte ihn vom Schiffmann mitgenommen, war
aber bei Willemers geblieben, jetzt fuhren wir zusammen im
Sonnenschein unter aufgespanntem Baldachin auf dem Main
zurück. Der Clemens geht morgen nach Mainz, er besucht
Euch am End. — Beim Primas gestern große Parade, alle
altadeligen Flaggen wehten. — Über die fünf Ellen lange
Schleppen mußten die Herren mit hocherhobenen Beinen
hinaussteigen, der Primas führte mich ins Kabinett, wo die
Blumen stehen, und ließ zwei Sträuße binden für mich und
die Meline, dies war als eine hohe Auszeichnung bemerkt
worden, man hatte großen Respekt, der sich noch sehr stei-
gerte, als mir der Primas beim Abschied ein Paket gab, sehr
sauber in Papier eingesiegelt. Alle glaubten, es sei ein fürstlich Präsent, vielleicht ein Schnupftabakdosen-Kabinett-
stück. Kein Mensch bedachte, daß der Primas zu witzig ist,
um mir eine solche Albernheit anzutun. Nun wunderte man
sich, daß ich mein Geschenk, so ohne Umstände, ohne mich
zu bedanken, unter den Arm geklemmt habe; ich hatte tausend Spaß, die vielen Glossen zu hören, und konnte am End
vor Vergnügen über die Neugierde nicht umhin, im Vorzimmer zu tanzen, während mich alles umringte mit Bitten, es
zu öffnen, wozu ich mich nicht bewegen ließ, sonst wär der
Spaß aus gewesen. Besonders quälte die Neugierde den Moritz, im grünen Sammetrock, der den ganzen Abend alle
Spiegel mit der eignen Bewunderung seiner Person besetzt
hielt. Sowie er die Überreichung dieses mystischen Pakets
gewahr ward, lief er mir nach, dem hätt ich's aber grad nicht
gesagt, im Paket war nichts, als was Du wohl schon denken
kannst, ein paar alte Judenjournale und die Drusenfamilie
für die Großmama; ich soll's lesen, was mir eine harte Nuß
ist. — Sagt ich's, so würde man den Primas wohl eher für
einen Narren halten, daß er auf mein Urteil einen Wert legt,
als mich für gescheit genug, dieser Auszeichnung Ehre zu
machen, so mag's denn die Leut mir im Respekt halten; wüßten sie, es sei nur Papier und keine Dose, hielten sie mich
zum Narren gehalten vom Primas.
Heut nacht fiel mir ein, daß ich meinen Kanarienvogel dem

Bernhards Gärtner geben will, der hebt ihn gewiß gut auf, und macht ihm Freud, dann weiß er doch, daß er wieder was von mir erfährt, es waren doch liebe Tage, wo er mich pfropfen lehrte, Du weißt noch gar nicht alles, was ich da lernte, vom Fortpflanzen der Orangenbäume mit einem Blatt, von Nelken — und dann will ich ihm auch meine Granatbäume schicken und den Orangenbaum und den großen Myrtenbaum, er gibt sich gewiß Müh, daß er den zum Blühen bringt, ich hab so immer fürchten müssen, daß sie verdarben im Winter. — Das eine tut mir auch leid, daß ich von der Großmama weg muß, weil sie sich's in den Kopf gesetzt hat, sie werde nicht mehr lang leben wegen den Bäumen, sie sagt, sie wolle nicht erleben, diese Bäume, die sie so lange Jahre gepflegt habe, im nächsten Jahr im Ofen knattern zu hören. — Jetzt möcht ich gern noch so viel von ihr wissen, ich schäm mich, daß ich die ganze Zeit so leichtsinnig war, was hätte sie mir alles von der Mama erzählen können, von der ich so wenig weiß, als bloß, daß sie angebetet war. — Die Großmama sagte: »Sei versichert, hätte die Venus-Urania noch ein Kind gehabt außer dem Amor, so mußte es das Ebenbild deiner Mutter sein.« — Manchmal zweifle ich, ob ich noch nach Marburg mitgehen soll, meinst Du nicht auch, es wär besser, ich blieb hier? — Es ist doch auch schön, wenn ich noch das letzte Lebensjahr der Großmama recht freundlich mit ihr zubrächt, mich durstet nach dem Segen alter Leut; seitdem ich vom Tod weiß, so deucht mir die letzte Lebenszeit eines Menschen etwas Heiliges, und wie ich als Kind so gern Spielsachen, Dinge, die ich liebte, in die Erde vergraben hab, so möcht ich auch meine Geheimnisse, mein Sehnen, meine Gedanken und Ahnungen gern in die Brust legen von Menschen, die keine Forderungen mehr ans Irdische haben und bald unter der Erde sein werden, schreib mir doch darüber! Auf der andern Seite reizen mich die Briefe vom Christian auch sehr, er freut sich drauf, daß ich ein halb Jahr mit ihm zusammen sein werd, wir sind zusammen in unserer Kindheit gewesen und seitdem nicht wieder, er verspricht mir so viel von meinem Dortsein, und was und wie er mir alles lehren will; les die beiden Briefe von ihm an mich, und schreib mir, was Du willst, das will ich tun. — Adieu, und schreib recht bald. Es ist hier alles beschäftigt mit dem Empfang von Bonaparte, es wird ein großer Triumphbogen erbaut auf dem Rabenstein, wo der Galgen gestanden hat. —

An die Bettine

Was Du von Arenswalds außerordentlichem Heißhunger nach der Natur schreibst, so daß er darüber sich selbst zu speisen vergißt, dauert mich sehr, versäum's nicht, ihm zu helfen, und schreib mir's, ob Du's auch nicht vergessen hast. Die Geschichte von den Bäumen ist höchst betrübt; war's Deine Schilderung, oder sind auch mir diese Stimmen, die so friedlich mitrauschten, wenn wir dort wandelten, so zu Herzen gegangen, ich kann mich auch nicht darüber trösten. Wir waren gestern auf dem Ostein, da rauschten die Eichen königlich. — Die Großmama und die Geschichten vom Großvater haben mich gefreut und gerührt, wenn ich auch nicht so viel Interesse an solchen erlebten Dingen hätte, als ich wirklich habe, so würde mir eine solche Beschäftigung, als diese Erzählungen aus der Großmutter Mund zu sammeln, für Dich sehr schön erscheinen und lieblich. — Alles, was das Gemüt anregt, erfrischt und erfüllt, ist mir heilig, sollte auch im Gedächtnis kein Monument davon zurückbleiben; hier aber, wo Du zugleich Dich üben würdest, etwas in konsequenter Ordnung zu behandeln, Deinen eignen Geist in seinen Anschauungen zu entwickeln, würde es noch mehr Wert haben. Ich hab immer Biographien mit eigner Freude gelesen, es ist mir dabei stets vorgekommen, als könne man keinen vollständigen Menschen erdichten, man erfindet immer nur eine Seite, die Kompliziertheit des menschlichen Daseins bleibt unerreicht und also unwahr, denn alle Momente müssen immer den einen bestimmen oder begreiflich machen. — Dein Verhältnis zur Großmama würde auch schön sein, Dein Sammeln von Deiner Mutter Kinderzügen, ein Werk der Pietät, was Dir jetzt und vielleicht später noch ein großes Interesse gewährt, besonders wenn es Dir gelänge, es mit dem Dir so eigentümlichen Geist des unmittelbaren Mitfühlens niederzuschreiben, das alles sehe ich recht gut ein — aber ich bin dennoch nicht entschieden, ob ich Dir dazu raten soll; wenn ich überleg, welcher ungeheuren Zerstreutheit Du in Eurem Haus ausgesetzt bist, der Du unmöglich entgehen kannst; alles Durchreisende, was zu Euch kommt, der Primas, der Dich vorzieht, und wo Du gar nicht ausweichen kannst hinzugehen — — was das alles die Zeit zersplittert, und wenn Du auch nicht selbst viel Umstände mit Deiner Toilette machst, so wirst Du in dem Nest voll schöner Frauen doch alle Augenblick Dich der gemeinsamen Beratung hingeben, und bei Deiner Lebhaftigkeit und Deinem Talent zum Malerischen seh ich schon den Winter vergehen, bloß mit Putz wählen und dergleichen, und die Großmama wird wenig von ihren Schätzen Dir mitteilen können. — Marburg ist im Gegenteil ein Nest, wo Du ganz als Einsiedler wirst leben können, zum wenigsten kannst Du keiner Zerstreuung dort ausgesetzt sein, die Briefe vom Christian versprechen so viel Gutes für Dich, Du hast lange nicht mit ihm gelebt; es ist doch auch schön mit ihm, der so viel großes Genie hat, so reine Begriffe von der Wissenschaft und so tief und so würdigend mit Dir spricht, wieder eine Weile zusammen zu sein; ein Bruder wird oft auch von der Schwester weggerissen durch allerlei Schicksale, sie begegnen sich vielleicht nicht zum zweitenmal, so muß man denn einen so glücklichen Zufall nicht leichtsinnig verscherzen, und im ganzen genommen, welche Lage deucht Dir edler: jene in der winterlichen Einsamkeit in Marburg in dem engen beschränkten Kreis, aber mit dem lieben Savigny, der so viel höher steht wie andre, der Dir dann so nah ist und Deine Gegenwart auch zu seinen freundlichen, erquickenden Momenten rechnet und Dich gegen Deine eignen Launen verteidigen wird, die so oft ins Träge und Melancholische spielen.

Und ich denke mir darin einen großen Genuß für Dich, daß Du die große weite Natur im Winterkleid vor Dir hast, denn die Gegend von Marburg ist sehr schön und lacht einem zum Fenster herein — oder, ist es Dir lieber, in jener Zerstreuung bald dies bald jenes beginnend und endlich mit Verdruß an

Dir selber verzweifelnd, daß Du zu nichts gekommen bist? — Ich glaub, daß Du alle Deine guten Vorsätze sehr erleichtern könntest und Deine Zwecke erreichen, wenn Du von Marburg aus einen korrekten Briefwechsel mit der Großmama führtest, Deine Briefe würden ihr gewiß Freude machen, sie würde nicht versäumen, Deine Fragen nach der Jugend und dem Geist Deiner Mutter zu beantworten sowie nach Deinem Großvater, Du könntest Deine eignen Bemerkungen hinzufügen und brauchtest nur die Vorsicht zu haben, Deine Briefe von irgendeinem unschuldigen Kopist abschreiben zu lassen, so hättest Du als Nebenarbeit und wahrscheinlich viel vollständiger und gelungener, wozu Du vielleicht vergebliche Anstalten in Frankfurt machen würdest — das ist meine Meinung, jedoch will ich nicht damit einen Machtspruch getan haben. Leb wohl.

Karoline

An die Günderode
Bonaparte ist durch und hat seinen Tempel nicht gesehen; der Galgen ist abgeschlagen worden und auf das alte Postament ein Tempel gebaut, ich glaube gar mit einer Bildsäule, und das Ganze ist illuminiert worden zum Volksfest, wobei noch allerlei Belustigungen vorfielen; daß das Galgenfeld zu diesem Platz ausersehen war, machte besonders den Sachsenhäusern Spaß. —
Clödchen ist krank und liegt auf dem Kanapee, ich bin meistens den ganzen Tag bei ihr und wache auch nachts, wenn sie sich unwohler fühlt. Es geht hier wieder alles nach der alten Leier, Dein Brief kam zu rechter Zeit, um mit allen Umständen zusammen mich zu überzeugen, daß Du recht hast, die Engländer sind Hauptperson hier; abends wird im Teezimmer vom Moritz die ›Delphine‹ von der Stael vorgelesen, für mich das Absurdeste, was ich hören kann, ich mach einen Plumpsack von meinem Schnupftuch und amüsiere die Kinder derweil, das hat den Lekteur nicht wenig verdrossen, ja ich muß fort. — Am Montag war Ball bei Leonhardi, um seine neue Einrichtung zu zeigen, lauter ägyptische Ungeheuer hat er an die Wand malen lassen. —

Gestern war schon wieder Cour beim Primas, ich war's so satt, daß ich mich versteckte beim Wegfahren; sie suchten mich überall; ich war in meinem Bett versteckt, und der Franz war bös, aber, um ihn wiedergutzumachen, hab ich mir eine besondre List ersonnen, ich fand in der Tonie ihrem Küchenrevier einen großen Korb mit weißen Rüben, den hab ich vorgenommen mit den Leuten, sie ganz dünn abgeschält und ausgehohlt inwendig, in jede ein Wachslicht gesteckt und so die ganze Treppe illuminiert und den Vorplatz — ich hab bis nach Mitternacht mit zu tun gehabt, es war recht dumm, es wär besser gewesen, ich wär mitgegangen, denn der Primas ließ mir sagen, weil ich nicht mitgegangen wär, so soll ich am Freitag mit ihm und dem Weihbischof zu Mittag speisen und Fasttag halten. Ja, ich geh fort, ich bin in Gedanken schon unterwegs, die Meline hat auch schon alle Vorkehrung getroffen, ja ich geh! — es tut mir nichts leid, als daß ich geh, eh Du wiederkommst, daß ich geh und daß Du hier bleibst, aber ich tu es, weil Du es sagst, weil ich Dich als meinen Genius anerkenne — nein, nicht Du — aber er nimmt Deine Stimme an, ich freu mich, wenn meine Empfindungen diesen Winter ein bißchen hart frieren — ich freu mich auf alles. —

Dem Arenswald hab ich, ohne mich im geringsten arm zu machen, Geld geschickt, ich hab beim Durchsuchen meiner Papiere allerlei verloren Geld zusammengefunden, von dem ich gar nicht wußt, daß es da war, ich hab alles in einem kleinen Beutel ihm geschickt und dem Gärtner den Kanarienvogel. Eh wir abreisen, geh ich noch mit der Meline hinaus zur Großmama, dann will ich sie bitten, daß ich, wie Du meinst, Briefe mit ihr wechsle. Adieu, vielleicht schreib ich Dir nicht mehr von hier. — Ich bin so lustig, daß ich fortgeh, ich freu mich so drauf auf die schöne Winterlandschaft, die Du mir beschrieben hast, die mir ins Fenster hereinsehen wird — ich weiß es schon, ich werd selig sein. — Ich hab keine Ruh zum Schreiben, das Reisen steckt mir in den Gliedern, ich spring treppauf, treppab; die arme Claudine, wer wird sie pflegen? sie hat mir aber versprochen, sie wollt, solang ich fort bin, nicht krank werden, denn ich bin eifersüch-

tig drauf, wie manche Nacht hab ich da gewacht und simu-
liert und hübsche Bücher gelesen, aber wenn sie krank wird,
so gehst Du wohl als zu ihr. — Drauß auf dem Wall war
ich auch, um noch von unserm Lieblingsspaziergang Abschied zu nehmen, die meisten Blätter sind schon gefallen,
ich ging in einem Rauschen durch, alle Bäume regneten noch
Blätter auf mich. — Der Moritz bleibt also mit seiner ›Delphine‹ hier sitzen, das macht mich auch ganz vergnügt,
daß ich das auch nicht mehr anzuhören brauch.

Bettine

Marburg

Weißt Du denn, wer meine erste Bekanntschaft ist, die ich
hier gemacht hab? — Ein Jud! aber was für einer? der
schönste Mann! ein weißer Bart von einer halben Elle, große
braune Augen, so schöne einfache Gestalt, die ruhigste Stirn,
prächtige, majestätische Nase, Rednerlippen, aber von denen
die Weisheit süß hervortönen muß. Unser Hauswirt, der Professor Weiß, rief mich und sagte: »Wollen Sie einen schönen
Juden sehen, so kommen Sie in meiner Frau ihr Zimmer, sie
verhandelt ihm eben ihr Hochzeitskleid.« Die Meline wollte
nicht mitgehen und war verwundert, daß Weiß uns einlud,
einem Handelsjud die Aufwartung zu machen, ich hab's aber
nicht bereut, es war ein Bild zum Malen, er saß in einem
sehr reinen Rabbiner- oder Gelehrten-Gewand am Tisch,
seine Hand guckte aus dem schwarzen weiten Ärmel, und
das Abendrot leuchtete durch die Scheiben; die Frau Pro-
fessorin stand vor ihm und hielt ihren Hochzeitkontusch oder
war's der von ihrer Mutter, denn es schien sehr altertüm-
licher Stoff, an beiden Ärmeln ausgebreitet, ihre Kinder standen zu beiden Seiten und hielten die Schleppe auseinander,
es war ein orangenfarbner Stoff mit silbernen Sträußen und
granatfarbnen Blumen durchwirkt, was sehr schön mit dem
starken Abendrot kontrastierte, es war das schönste Bild, und
gern hätt ich die Meline gerufen, es mit anzusehen, wenn
nicht eine Scheu, um nicht zu sagen Ehrfurcht, mich auf dem
Platz gehalten hätt, ich hätte diesen Mann nicht mögen als
Gegenstand der Neugierde behandeln. — Es hatte mir auch

was ganz Rätselhaftes, die Leute mit so großer Ehrfurcht vor ihm stehen zu sehen und ruhig seinen Ausspruch bei einem Handel abzuwarten. — Sie sprachen über eine Summe, wozu noch mehrere andre altertümliche Stoffe gehörten, die auf dem Tisch lagen. — Ich tat, als sei ich begierig, sie zu sehen, bloß um mit Anstand noch bleiben zu können, denn je länger ich ihn ansah, je mehr fühlte ich mich angezogen und doch schüchtern und der Weiß hätt mich gewiß nicht der Tür hinaus gebracht, solang er da war; der Jude ließ mir von seinem Enkelsohn, der hinter ihm stand, die Stoffe ausbreiten, ich tat, als wär ich höchlich erfreut über das Vert-de-pomme-Kleid mit Apfelblüte, und mein Alter sah mich unterdes von der Seite an, das merkt ich, das machte mir heimlich Freud. — Der Professor Weiß sagte: »Nun, Ephraim, müssen wir erst ein Glas Wein zusammen trinken, und Sie trinken auch mit«, sagte er zu mir, er schenkte dem Juden zuerst ein, der aber reichte mir sein Glas, ich sagte, daß ich keinen Wein trinke. Aber nippen können Sie doch wohl, sagte er — ich nahm's ihm ab und schluckte ein wenig davon, er dankte mir und trank es auf der Stelle aus, dann sah er mich lächelnd an, als wollt er sagen: freut's dich, daß ich dir so viel Achtung bezeige? ich lächelte mit ihm, und ich war ganz rot geworden vor Vergnügen. Weiß sprach noch allerlei mit ihm, was bewies, daß er ihn sehr in Achtung hält. — Weiß sagte von mir: »Was meint Ihr, Ephraim, daß wir jetzt so allerliebste Studenten haben, hier wird das erste Semester gehalten, und ich werd Euch bei so feinen Studenten empfehlen, das wär Euch wohl ein groß Vergnügen, diesem kleinen Studenten Unterricht zu geben?« — Es war ein so liebenswürdiger Adel in allem, was er sagte, und wie er den gutherzigen Scherzen des Weiß eine feine Wendung gab, daß sie mich nicht verletzen sollten, daß ich ganz eingenommen von ihm war und mich wirklich sehr in acht nahm, ihm solche Antworten zu geben, die ihm Interesse sollten für mich geben; zwei Stund hab ich so mit ihm geplaudert, und ich dacht schon drauf, wie ich's machen wollt, daß ich ihn öfter sehen könnt, so sagt ich, wie er wegging, an unserer Tür vorbei, daß ich da eine Schwester noch habe, und ich wünschte gar sehr, daß sie auch seine Bekanntschaft machen möchte, er versprach mir, daß, wenn er wiederkäme, so wolle er bei mir anklopfen. Ich freu mich recht drauf.

Von Frankfurt hab ich Abschied genommen, wie ein Has übers beschneite Feld jagt, man sieht kaum seine Pfötchen im Schnee, und es war auch kein Jäger da, der mich gern geschossen hätt. Beim Primas war ich sehr lustig auf der Fastenmahlzeit; wie ich Abschied nahm, sagte er: »Ich freu mich auf Ihre Wiederkunft« und nahm mich bei der Hand und begleitete mich durchs Vorzimmer. In Offenbach hab ich alles mit der Großmutter besprochen, aber in den Garten, der nicht mehr rauscht, konnt ich nicht gehen, um Abschied zu nehmen, so gern ich gewollt hätt und lieber als von allen andern, denn ich war vertrauter mit ihm; dann war ich auch beim Gärtner und fragte, ob er meine Bäume ins Winterquartier wollt nehmen, und wenn Du aus dem Rheingau kämst, so würdest Du den Kanarienvogel aholen; er fragte, ob ich den nicht bei ihm wollt lassen; ich versprach ihm, daß wenn Du einwilligst, so darf er ihn behalten, und einer kleinen Koketterie machte er mich aufs pläsierlichste schuldig: ich nahm den Vogel aus dem Käfig, küßt ihn auf sein klein Schnäbelchen und sagt: »Adieu, lieber Gärtner.« Als ich zur Großmutter zurückkam, war's schon bald Nacht, die Meline und Toni wollten zurückfahren; ich bat sie, noch eine Viertelstund zu bleiben, und wie es schon ganz Nacht war, da hab ich mich doch in den Garten geschlichen und hab die Augen zugemacht, bis ich an den Pappeln war, und hab sie alle getröst mit Worten, denn ich dacht, wer weiß, wie mir's geht, ob ich nicht auch einmal so trostlos dasteh; sollt sich da mein Freund vor mir scheuen, weil's ihm zu traurig ist? – und das Herz war mir viel leichter; ich würde auch jetzt wieder hingehen, wenn ich noch da blieb, denn wie könnt ich ihnen alles vergelten, wenn ich jetzt nicht wollt mit ihnen sein wie früher, und was wär doch das schönste Geheimnis dieses Umgangs mit ihnen, wenn ich sie jetzt verleugnen wollt, es wär grad wie eine ewige Liebe zum Helden, die wie Spreu auseinanderfliegt, weil der zum Krüppel geschossen worden. – Es ist mir da im Garten recht deutlich geworden und viel empfundner in der Seele, daß das Beleben Genie ist; — eine Seele, die aus meiner Seele aufsteigt und das, was mich erregt, bewohnt so zärtlich, so edel ich empfinden kann. Die rauschenden Bäume haben mich bewegt; davon ist meine Seele wach geworden und ist aufgestiegen und hat jene Bäume belebt, und sollte diese Seele ihnen jetzt absterben, weil sie irdisch elend sind? — Da würd ich mich ja selbst töten in ihnen. Nein, in jedem Unglücklichen soll man doppelt lebendig werden.—

Eh wir abreisten, hatte ich noch manchen Kampf mit den andern; man war nicht einig, ob ich dem Savigny nicht lästig sein würde, weil man glaubt und gewiß weiß, daß er nichts auf mich hält. Ich halte nun auch eben nichts Besondres von mir; ich hab ihn immer noch wie sonst lieb, und so scheu ich mich gar nicht, mit ihm zu leben, obschon er einen Widerwillen gegen meine Natur zu haben scheint, um so glanzvoller erscheint mir Deine Nachsicht mit mir; und er behauptet, ich sei hochmütig, — manchmal glaub ich's gar, weil er doch gescheuter ist als wir alle — und kann also einen Charakter besser beurteilen. — Und dann, kann ich Dir sagen, freu ich mich ordentlichermaßen über diesen Hochmut und denke, es muß doch wohl auch was hinter mir sein, denn ohne Ursache dazu würd er nicht drauf kommen; was glaubt er wohl, das mich so hochmütig macht? — Ha ha ha! — das heißt: ich lach! — über was? — daß der Savigny nichts weiß von meiner zärtlichen Neigung für den Jud — und wie ich alle vornehme Leut nicht leiden kann, weil sie mir zu gemein sind und weil kein Mensch im Haus weiß, warum ich als übermütig bin, und das ist heut einmal wieder, weil ich ein besonders angenehm Abenteuer hatte; ich war im Garten, der am Berg liegt, und guckte über die Mauer und sah den Ephraim den Weg heraufkommen. Ich lehnt mich über die Mauer und ließ mein Sacktuch im Wind fliegen, daß er mich sehn sollt; und wie er herankam, sprach ich mit ihm ein ganz Weilchen, aber nicht, wie gewöhnlich die Menschen sprechen. Ich sagte ihm, daß es mir Freude mache, ihn wiederzusehen, und auch darum, weil mir sein Wesen einen Naturmoment vergegenwärtige, mit dem sich mein Gesicht und mein Gemüt näher verwandt fühle als mit jedem andern; ich sagt ihm, das sei die Dämmerung am Abend; so komme mir sein Blick und sein ganz Wesen vor — wie Dämmerung, die über einer erhabnen Natur ausgebreitet sei; in solcher Stunde ist mein Gesicht schärfer und mein Gefühl sehr zum Vertrauen geneigt. — Du kannst wohl denken, daß es der Mühe wert ist, mit ihm zu reden, denn sonst wär ich darauf nicht gekommen, ihm so was zu sagen. Er sagte: »Die sichtbare Welt ist trüb, aber mit hellem Blick braucht einer nicht lang zu forschen; in wenig Zügen erkennt er, was ihm verwandt ist.« Ich sagte: »Aber wie erlangt man einen so hellen Blick?« — »Man muß allein die Natur anschauen und kein Vorurteil zulassen, das gibt einen hellen Blick.« — Ich frag: »Traut Ihr mir das zu, daß ich die Natur mit hellem Blick anschau und ohne Vorurteil?« — »Ja«, sagt er, »und ich weiß, daß ich nicht irre — und daß Sie scharfsichtig sind.« — »So hab ich also recht, wenn ich in Euch einen begeisterten Mann erkenne?« — »Zum wenigsten sind Sie dem Wahren näher als andre, die den Juden für einen gedrückten Mann halten; innerlich quillt die Freiheit, und ein Tropfen ist genug, über alle Verachtung uns zu heben.« — Ich hörte Leute den einsamen Weg heraufkommen und brach ab, weil mir das Geheimnis schon zu lieb war mit ihm. Ich sagte: »Leb wohl, Jude, denk an unser Gespräch, und wenn du von deiner Reise heimkehrst, komm zu mir.« Wer mag nun schärfer sehen, der Savigny meinen Hochmut oder der Jud meinen vorurteilsfreien, zutraulichen Blick? — Ich geb aber dem Savigny nicht unrecht, denn was ist doch die überglückliche, übermütige Lust, daß ich ihn mit dem Jud anführ, als nur Hochmut? — Es haben mir's auch schon mehr Leut gesagt; noch wie ich Abschied nahm, sagte der Moritz, ich sei hochmütig, weil ich behauptete, ich gehe von Frankfurt, daß er seine fünf Bände lange ›Delphine‹ abends vorlesen könne; wenn er damit fertig sei, wolle ich wiederkommen. Da schrie das ganze Teegewimmel auf mich ein, ich sei das hoffärtigste Ding von der Welt, für alles scheine ich mir zu gut, von nichts meint ich noch, was lernen zu können, die ›Delphine‹, von der ersten Schriftstellerin Europas geschrieben, die en-

nuyiere mich; wenn irgend jemand was Gescheutes vor-
brächt, so lege ich mich an den Boden und strample eine
Weile mit den Füßen oder schlafe ein, aber jeder dumme
Spaß mache mir Vergnügen. — Ich sag: »Ist das Hoffart?
das scheint mir eher Unverstand zu sein, daß ich Euch in
Eurem Genuß nicht nach kann.« — »Ja, Hoffart ist eben
Unverstand.« — Siehst Du! — es ist die allgemeine Ansicht. —
Sie haben am End den Savigny mit angesteckt. — Nächstens
schreib ich Dir von allem genauer, von der ganzen Gegend,
von den Leuten, von unserer Wohnung. Meline wohnt mit
mir ganz hoch oben am Berg, Savignys unten, alles ist hier
terrassenförmig. — Adieu, ich muß der Meline helfen einen
Diwan für uns zurechtpolstern.

Bettine

An die Günderode
Schon die dritte Woch ist's, und ich hab noch nicht geschrieben und Du auch nicht, was ist schuld dran? — Ich hab in
der Zeit die neugierig Gegend rund um mich durchspäht, auf
dem Boden nach allen Seiten durch die Gaublöcher mich
orientiert, im dichtesten Laubregen den Wald durchwall-
fahrtet von einem hohen Stamm zum andern. Bäume sind
Bäume, aber sie sehen doch verächtlich auf die Menschen
herab, die um der Gesundheit willen so hastig unter ihnen
herlaufen und nicht einmal den Blick zu ihnen hinaufrichten;
ich hab dort mit dem Savigny die ganze motionmachende
Fakultät begegnet; im mottenfräßigen Pelz, Nebelkappe, großen Filzschuhen und antiken Stiefelmanschetten durchkreuzten sie die Wege. Hügelichter Boden, dichtes Moos, überglast
vom Reif, reine kalte Luft, die herzhaft macht, alles neu,
überraschend, die Muse führte mich über Stock und Stein
und schenkte mir den ganzen Wald für Dich, ich hab auch
bei jeder vornehmen Waldkrone still gestanden und bis zum
Wipfel betrachtet und zum Zeichen der Besitznahme mit
dem Stock dran geschlagen, jetzt laß den alten Kurfürst von
Hessen-Kassel meinen, was er Lust hat, der Wald gehört
Dein, und wenn ich drin herumlauf, so hab ich meine Freud,
daß ich auf Deinem Grund und Boden bin. Im Frühjahr muß

es hier sein wie inwendig in der Seel; Frühling drauß, Frühling drin, ein Wille und ein Tun — blüht der Apfelbaum, so hab ich rote Backen, stürzt sich der eigensinnige Bach die Klippentrepp hinab, so setz ich ihm nach und spring kreuz und quer über ihn weg, ruft die Nachtigall, so komm ich gerennt, und tanzen die Mühlräder mit der Lahn einen Walzer ins Tal hinab, so pfeif ich auf dem Berg ein Stückchen dazu und guck über die rauchenden Hütten und über die schirmenden Bäume hinaus, wie sie ihren Mutwill verjuchzen, und der Müller und sein Schätzchen auch, die denken, kein Mensch säh's. — Morgenrührung, Abendwehmut wird nicht statuiert; in den Hecken blüht Frühlingsfeier genug, Schnurren und Summen und Windgeflüster. Aber weil's Winter ist und kein Frühling, so wollt ich nur sagen, wie alles so herzhaft und sorgenfrei ist in der Natur hier, so unverhehlte Lebenslust, man müßte sich schämen der Ahnungswehen und Sehnsuchtsträume, statt lustig mit zu grünen und zu sausen und zu plätschern; ich mein nur, es ist nicht möglich, hier mitten im drallen Hessenland anders zu sein als das heimatlich Fleckchen Welt selbst, was so kugelig unter Deinen Füßen, Dich kollernd, stolpernd hinab und hinan verlockt und doch überall so herzlich Dich einladend zum Sitzen, zum Ruhen am Rasen, am Berg und in Dir selber. — Es haben sich frühe Wintertage eingestellt, Meline leidet am Halsfieber, woran hier alles krank liegt, Gunda auch geht wegen Unwohlsein alle Tage vor Sonnenuntergang zu Bett. Savigny wohnt mit ihr in einem andern Teil des Hauses, der unter unserer Wohnung liegt, durch Terrassen und Hof geschieden; so bin ich ganz allein mit der Meline, die hübsch ruhig im Schlafzimmer nebenan liegt. Diese Einsamkeit erquickt und ergötzt mich. Der schwärmerische Hausarzt ist Poet, er bringt Gedichte, die er in der Dämmerungsstunde vorliest — Träume, Schäume, Liebe, Triebe gleiten sanft am Gestade meines Ohrs dahin; man reicht dem Dokter die Hand, er drückt sie mit stillem Ernst, mit seelenvoller Miene; weiter wird nichts gereicht von Lob. — So schwillt die Knospe des Leichtsinns leise, leise in der Brust, bald wird sie bersten und in einen fröhlichen *Blust* ausbrechen, so nennen die hessischen Bauern die Blüte. Nichts von Rührung, Erhabnem, Verinnigung, Wonnegefühl, Begeistrung und aller gebildeten Geisteswirtschaft. — Was ich an mir selber bin, das teil ich Dir mit und strenge mich nicht mit Verschönerungsprinzipien der Sittlichkeit an, ich muß einmal erproben, was meine Seele für einen Ton angibt, ob sie vielleicht von Natur so derb ist wie's liebe Hessenland. — Ich fang an zu glauben, daß ich gar nicht fürs Gesellschaftliche geboren bin, konnt ich je meiner Phantasie nachgeben, ohne mich zu erhitzen über den sinnlosen Widerspruch der andern? — und bin ich nicht eingeschlafen beim Primas über dem Gesumse von geputzten Leuten, und hab ich mir nicht eingebildet, meine liebsten Leut wären verrückt geworden mit dem Jabot von Point d'alencon, der eine halbe Elle vorstand und mit brillantnen Knöpfen und mit — und mit — einem Haarbeutel hinten angeklemmt, hab ich mich da nicht zu Tod geschämt, daß einer mit einem Haarbeutel so vergnügt herumlaufen konnt, als wär's ein Verdienst, und ist's nicht auch beschämend für die freie Seele, sich äußerliche Zeichen des Wahnsinns anzuhängen auf Befehl, daß Bonaparte damit geehrt soll werden? — der George hat seinen Haarbeutel aber abgerissen und ihn mitten in den Salon unter die Leut geworfen, die Königin von Holland schlurte ihn mit der Schleppe durch alle Zimmer, ich hab's gesehen und mich drüber heimlich erlustigt. Aber bloß um nicht zu sehen, was all für dummer Wahnsinn dort an der Tagesordnung ist, mag ich den Winter nicht hin, man kann sich nicht lang amüsieren mit den Albernheiten, die der Kreis von Menschen ausgehen läßt, der sich die gebildete Welt nennt und sonst keine Grundlage. Eine hat der andern dicht neben mir in ihr Halsband gebissen, um zu sehen, ob es wahr sei, daß ihre Perlen echt wären, und hat sich sehr geärgert, daß sie nicht entzwei gingen, und so ärgert sich alles über alles, was echt ist, und so konnt ich doch nichts Besseres und Christlicheres tun, als lieber einschlafen, ich hab's auch dem Primas gesagt, wie er mich geneckt hat; es sei, um Ärgernis zu vermeiden, denn ich sei *echt,* und es kommt mir ordentlich herabwürdigend vor, mich unter ihnen herumzutreiben. — Hier bin ich glücklich, durch die Freiheit in der freien Natur herumzuschwärmen, in deren Mitte ich wohne. Des Einsiedlers Klause in tiefer Wildnis kann nicht mehr mitten ihr im Schoß liegen als ich, ja ich darf mich selbst als einen Teil von ihr empfinden, was mich nicht beschämt wie die Gesellschaft, daß ich ihresgleichen bin, aber mich freudig und selbstfühlend macht, daß sie so gut gegen mich ist vor andern. Wenn ich aus dem Fenster im Schlafzimmer so grad auf den winterlich grünen Berg steigen kann und dann hinunter und hinauf, auf alten gefährlichen Mauern, die bald einbrechen, bald himmelan steigen, bis zum Wall vom alten, zerfallnen Festungsschloß oben auf dem Berg — über Löcher und Hecken, wo nur Kühnheit und Leichtsinn sich hinwagen, und nicht eine menschliche Erscheinung in der Weite umher; — so recht allein und laut hallend kann ich mit ihr sprechen, es hört's keiner, und jetzt, wo ich bekannt schon bin, nickt jeder Strauch mich freundlich an mit den paar braunen Blättern, die ihm der Winterwind noch nicht genommen hat, wenn ich wiederkomm und setz mich neben ihn auf die Mauer und schwindelt mir nicht; ach, welch Vergnügen zu klettern, wie entzückend die kecke Jugend! — wenn ich auch manchmal mit geschundnem Knie, wie heut, oder aufgerißnem Arm heimkomm, das fühl ich gar nicht, ja, wenn mir recht ist, freut's mich gar! — Werd hart, sagte der Schmied im Wald und schlug das glühende Eisen auf dem Amboß; das hörte der Thüringer Landgraf und ward hart wie Eisen. — Werd hart, rief ich heut auf der gefährlichen Mauer, von der ich hinabglitt, weil ich nicht anders hinunterkommen konnte, und da hat mir's auch gar nicht weh getan. Werd hart, sagt ich, wie ich zur Meline ins Zimmer eintrat, die gar erschrecken wollt, als sie die Blutspuren an meinen Kleidern sah; ich mußte leiden, daß sie mich ein bißchen heilte mit beaume de chiron; du wirst noch Hals und Bein brechen, prophezeite sie, wo jetzt so viel glatte Stellen am Berg sind vom schmelzenden Schnee. Ich schrieb's hierher, wenn's geschieht, so hat sie richtig prophezeit. Aber gewiß, solche Übungen, die einem die Natur lehrt, sind Vorbereitungen für die Seele, alles wird Instinkt, auch im Geist, er besinnt sich nicht, ob er soll oder nicht, es lehrt ihn das

Gleichgewicht halten wie im Klettern und Springen, es entwickelt eine Kraft, die degagiert und detachiert; das heißt: das Sehnen nach einem Pfeiler, sich in der Welt anzulehnen, oder nach einem Stock, um weiterzukommen, wird einem lächerlich; bald merkt man, daß man auf ziemlichen Wegen recht gut allein gehen kann, und auf steilem Pfad läßt sich durch Übung große Freiheit erwerben. Ängstlichkeit und Unerfahrenheit verleiten doch nicht, nach dem ersten Strauch am Weg zu greifen, der durch Biegen und Brechen zum Verräter wird und dem Vertrauen den Hals bricht; und ich möcht wissen, ob der ganze innere Mensch nicht deutlich und kräftig hervorgehen könnt aus dem äußern und ob ›auf dem Seiltanzen‹ nicht eine höhere diplomatische Kunstanlage entwickeln könnt wie all der Wust von Intrigengeist und Korrespondenz voll Leerheit und Observanzen, voll Kleinlichkeit — oder ›mit Anmut auf dem Eis Schlittschuhlaufen‹, ob das nicht lehren könnt, ohne Selbstverletzung eigner Würde, zwischen allen Verkehrtheiten mit leichter Grazie sich durchwinden; und ob ein wildes Roß bändigen, mit Kälte und Ruhe, nicht auch die Kraft in der Seele weckt, den eignen Zorn zu bändigen und mit Gelassenheit das Gute aus dem Bösen entwickeln in andern und zur Selbstbeherrschung in der Gefahr; oder auch eine rasche Flamme der Selbstbesonnenheit, mit der wir einen Entschluß fassen und freudig begrüßen das Höhere, sei's auch aus unmündigem Geist ersproßt; und nicht fort und fort die alte Schlangenhaut anbeten, die der Götterjüngling, der Genius, der über den Zeiten schwebt, längst von sich schleuderte. Ja — ob überhaupt dies freie Bewegen in der Natur, dies Üben aller Kräfte in ihren Reizungen, so wie es die Glieder ausbildet und stärkt, nicht auch die inneren Seelenkräfte stärkt, daß sie zu hoch, zu edel für diese erbärmliche Weltschule, der Schere entwachsen, die nicht mehr hinanreicht, um sie zurechtzustutzen, daß sie das Kleinliche nicht mehr ertragen, sondern übern Haufen stürzen. Ebenso wie ich in der einsamen Natur keinen frage, soll oder soll ich nicht da hinüberspringen, sondern mich auf den eignen Trieb verlasse; sollte eine innere Kraft nicht auch für den Geist gut sagen? — Und bedürfen oder suchen wir vielleicht nur deswegen Rat, weil wir furchtsam sind? – Kommt's uns zu fabelhaft vor, daß der Geist, *inmitten unserer,* aufsteigen könnte, der uns die Weisheit des Himmels kundtue? – nun, was vermag uns denn, lieber der unserem Instinkt fremden Macht des alten Vorurteils uns zu unterwerfen, als jenes Instinktes jungem Keim nur so viel Luft und Licht zu lassen, daß er aufblühen könne? – Der höhere Geist kann nur aus sich selbst erzeugen, denn der mächtige Trieb der Entwicklung in uns ist gerade nur, was uns der Entwicklung bedürftig macht, und also ist jedes freie Geistesregen schon ein Vorrükken des Keims, also: *den innern Geist walten lassen und keinen fremden,* ist, was ihn erzeugt. – Und wär's nicht tausendmal besser, wir fehlen aus eignem Irren als auf fremden Rat? – Wenn einer in die Heimat will und lauft über die Grenze, um nach dem Eingang zum eignen Haus zu fragen? – wie ist das? – werden da nicht die heiligen Kräfte, deren Gesamtmacht wir Gewissen nennen, im Keim erstickt; wird da nicht aller Ahnungstrieb stocken, des Geistes Spürkraft absterben? – Und wenn ich die eigne Stimme schweigen heiß und einer fremden folge, dann bin ich nicht mehr in eigner Macht und muß mir's aufbürden lassen, daß ich aus Rücksichten mein besseres Selbst verwerfe. Hör! *wenn ich eine schwierige Aufgabe im Leben hätte,* ich würde nicht zu erfahrnen Weltleuten gehen, die zu fragen, nicht zu solchen, die es verstehen, mit dem irdischen Leben einen Handel abzuschließen, nicht zu denen, die das Recht der Welt handhaben, ich würde die Unmündigen fragen; ich würde denken, die Kinder haben die himmlische Weisheit, zu der wir müssen zurückkommen, wenn wir das Rechte tun wollen, was eigentlich unser Teil am Himmelreich ist, denn wir bauen selbst den Himmel durch unser edles freies Tun, sonst kommt er nicht zur Welt; aber es ist Verwirrung in aller Sprache, jeder will das andere, und keiner versteht den andern, und drum kann die innere Stimme allein die Sprache des Rechts wieder lehren; oh, wer sie sprechen läßt, der tut Großes und bleibt dennoch einfache Natur, denn Natur ist groß, und der Mensch soll *groß werden;* wächst er am Leib und breitet seinen Stamm aus, so soll er auch am Geist wachsen und seinen

Stamm ausbreiten. Und wie in der sinnlichen Natur Nahrung, Pflege, Wachstum, Sicherung aus dem eignen Organismus sich hervorbildet, warum nicht im Geist? Was ist Geistesleben als sein Entstehen durch sein Erzeugen? — und was lassen wir weniger zu, als daß er sich frei bewege, und das geht schon so von Ewigkeit zu Ewigkeit, daß er uns mit den unwürdigen Ketten in den Ohren klirrt, und wir fürchten uns vor diesem Klirren und halten die Ohren zu, und ein reines Hervortreten des Geistes würde die Welt umstürzen, ja! aber wie himmlisch würde sie aus ihren eignen Trümmern aufblühen! — Ist Furcht nicht ein böser Dämon? — Furcht vor dem Irren ist Menschenfurcht; horchten wir auf die Kinderstimme in der Brust, dann würde die Furcht vergehen — ist Irren Irrtum? — kann's nicht bloß freies Wandeln sein? — Versuch, in einer urteilüberschwingenden Sphäre sich zu bewegen? — ist Urteil nicht ein Schlachtmesser, mit dem wir die neugeborne Geistesfrucht im Leib des Irrtums töten? — hat's einer so weit gebracht im Geist, daß er wie der kühne Gemsjäger ohne Schwindel über die Spalten und Schluchten setze, mit treffendem Sprung mit Leidenschaft das Wild ereilend? — Was ist doch Leidenschaft? — ist es nicht jene ungeübte Kraft, die sinnlich ausbricht und sich üben will! — sei's die Spur der Gemse, die der Jäger verfolgt, wenn nicht jener weißen Hindin mit goldnem Geweih, die lockend tausend Umwege macht, ihn ins Dickicht zu leiten, wo im Eingang von Labyrinthen rätselhafte Mächte ihn ergreifen, die sein Aug berühren und sein Ohr, daß er begreife, was nur unschuldvoller, kühner, sich selbst regender Geist ahnen und fassen kann. Ach, könnt ich nur ins Tirol reisen, um meinen Geist frei zu machen auf der Gemsjagd, dann würd ich gewiß mir selbst genug sein, und das Große, zu dem mein Geist Anlag haben könnt, sollte nicht zugrund gehen, es sollte recht, nach allen Seiten hin, mächtig sich zeigen. —
Der Molitor hat mir einen Erziehungsplan geschickt von Herrn Engelmann, weil ich so gern mit ihm in die Musterschule ging, muß er glauben, Erziehung interessiere mich überhaupt; das war aber nur wegen der armen Judenkinder, die dort mit den Christen zusammen ihr kleines Fleckchen

Anteil an menschlicher Behandlung hatten, und wenn ich sagen soll, so schien mir dies eine Alleinerziehung; nämlich: Kinder gleichen Alters, gleicher Fähigkeiten früh dran zu gewöhnen, daß sie auch gleiche menschliche Rechte haben, sie mögen Juden oder Christen sein; sei also so gut und mache den Molitor mit dem bekannt, was ich hier über meine eigne Erziehung sage, daß ich's mit Klettern zu zwingen suche, mich vor bösen Fallstricken zu bewahren, die meinen Geist darniederwerfen, um ihn nachher zu knebeln; daß aber die ›Gedanken über Erziehung und Unterricht, besonders der Töchter‹ von Engelmann mir nicht einleuchten, da die beste Erziehung die ist, wenn er sie Gott anheimstellt, so sind 90 Karolin zu viel. — Hier lege ich Dir ein Blatt ein, das gib dem Molitor und sag ihm beiläufig, ich zähle es zu den Philistertorturen, einen mit so was zu behelligen, Leute, die solche Erziehungspläne aushecken, mögen ihre eigne Verkehrtheit dransetzen, sie zu beurteilen, sie würden sich von mir nicht bedeuten lassen, sie würden schreien, ich schütte das Kind mitsamt dem Bade aus, und das tu ich auch, denn das Kind ist ein garstiger Moppel und soll nicht im Bad sitzen wie ein Menschenkind. — Es tut mir ordentlich leid, daß ich hierüber hab an ihn schreiben müssen, ich mag nicht meine Feder mit philisterhaftem Zeug besudeln, es ist mir Sünde, ich hab's diesmal nur aus Gutmütigkeit getan, aber ich schreib nichts wieder, tu mir den Gefallen und sag's ihm, er soll mich ungeschoren lassen mit allem, was schon da ist und was noch kommen wird, aber die Sulamith soll er schicken, sooft sie herauskommt, wenn's auch ungefüges Zeug ist; ich muß alles wissen über die Juden, wenn ich nach Frankfurt zurückkomm, der Primas liest's auch. Für den Primas will ich Dir einen Auftrag geben, richt ihn ja pünktlich aus, ich hab an die Großmama geschrieben, daß sie an Dich die ›Drusen-Weihe‹ zurückschicke, packe beiliegenden Brief an den Primas dazu und schicke es an den Weihbischof ins Taxische Haus, mache eine doppelte Adresse, die oberste an den Weihbischof, der wird's ihm zurückgeben oder nachschicken, wenn er in Aschaffenburg ist, verschieb's nicht.

Bettine

Ich hab unwillkürlich meinem Brief da mit Aufträgen ein End gemacht und wollte Dir noch so viel anders sagen über Moose und über Pflanzen, die ich im Wald gefunden hab, reine architektonische Figuren. Sind Worte nicht einzelne architektonische Teile? sind sie nicht symmetrisch zu ordnen im Gedanken? — Ein Wort ist immer schön an sich, aber Gedanken sind nicht schön, wenn die schönen Worte nicht in einer heiligen Ordnung ihn aussprechen; es gibt aber eine gewisse romantische Unordnung oder vielmehr Zufallsordnung, die so was Lockendes, ja ganz Hinreißendes hat in der Natur; die einen so mit Lust und Lieb durchdringt, daß sie allen Luxus und alle Erhabenheit weit überwiegt in ihrer Verwandtschaft mit der Seele; so hab ich mir immer gedacht, wenn in Feenmärchen über Nacht ein prächtiger goldner Palast entstand gegenüber der Hütte von zwei Bettelkindern, wie traurig es sei, daß die nun die Mooshütte verlassen müßten, um in den stolzen Palast zu ziehen, und dann war mir bang, er könne die Gegend verstecken, und nichts deucht mir schöner, als wenn die Natur ihre Launen zärtlich durchflechten kann, wo der Mensch etwas einrichtet; sollte das nicht im Gefühl, im Gedanken auch sein? — sollte Poesie nicht so vertraut mit der Natur sein wie mit der Schwester und ihr auch einen Teil der Sorge überlassen dürfen? — so daß sie manchmal ihre geheiligten Gesetze ganz aufgäb aus Liebe zur Natur und alle sittlichen Fesseln sprengt und ihr sich in die Arme stürzt voll heißem Drang, ungehindert nur an ihrer Brust zu atmen. Ich weiß wohl, daß die Form der schöne, untadelhafte Leib ist der Poesie, in welchen der Menschengeist sie erzeugt; aber sollte es denn nicht auch eine unmittelbare Offenbarung der Poesie geben, die vielleicht tiefer, schauerlicher ins Mark eindringt ohne feste Grenzen der Form? — die da schneller und natürlicher in den Geist eingreift, vielleicht auch bewußtloser, aber schaffend, erzeugend, wieder eine Geistesnatur? — Gibt's nicht einen Moment in der Poesie, wo der Geist sich vergißt und dahinwallt wie der Quell, dem der Fels sich auftut? daß der nun hinströmt im Bett der Empfindung voll Jugendbrausen, voll Lichtdurchdrungenheit, voll Lustatmen und heißer Lieb und beglückter

Lieb; alles aus innerer Lebendigkeit, womit die Natur ihn durchdringt? —

In *Deinen* Gedichten weht mich die stille Säulenordnung an, mir deucht eine weite Ebene; an dem fernen Horizont rundum heben sich leise, wie Wellen auf dem beruhigten Meer, die Berglinien, senken und heben sich wie der Atem durch die Brust fliegt eines Beschauenden; alles ist stille Feier dieses heiligen Ebenmaßes, die Leidenschaften, wie Libationen von der reinen Priesterin den Göttern in die Flammen des Herdes gegossen, und leise lodern sie auf — wie stilles Gebet in Deiner Poesie, so ist Hingebung und Liebesglück ein sanfter Wiesenschmelz tauchter Knospen, die auf weitem Plan sich auftuen dem Sternenlicht und den glänzenden Lüften, und kaum, daß sie sich erheben an des Sprachbaus schlanker Säule, kaum, daß die Rose ihren Purpur spiegelt im Marmorglanz heiliger Form, der sie sich anschmiegt; so — verschleiernd der Welt Bedeutung und geheime Gewalt, die in der Tiefe Dir quellen — durchwandelt ein leiser, schleierwehender Geist jene Gefilde, die im Bereich der Poesie Du Dir abgrenzest. — So ist mir immer, wenn ich mich erkühne, aus meinem kindischen Treiben hinaufzuschauen nach dem Deinen, als säh ich eine geschmückte Braut, deren priesterliche Gewande nicht verraten, daß sie Braut ist, und deren Antlitz nicht entscheidet, ob ihr wohl ist oder weh vor Seligkeit. — Mir aber liegt ein Schmerz in der Seele, den ich oft unterdrückte in Deiner Gegenwart, und was mir schwer war; aber eine geheime Sehnsucht, Dich Dir selber zu entführen, Dich Dir selber vergessen zu machen, nur einmal jene Säulengänge, vor denen die Myrte schüchtern erblüht, zu verlassen und in meiner Waldhütte einzukehren, auf ihrer Schwelle am Boden sitzend mit mir, von tausend Bienchen umsurret, die sich satt trinken in meines Gartens blühenden Kelchen, von den Tauben zärtlich umflattert, die unter mein Dach heimkehren am Abend und da mehr zu Haus sind, mehr Wirtschaft machen als Freundschaft und Liebe der Menschen, denn sie behaupten ihr Vorrecht, alle Gedanken zu übertönen mit ihrem Gegurre. Ja, so erschien ich mir im Geist gegen Dir über, Du, mein liebstes Gut! — so seh ich Dich dahinwandeln, am Hain vorüber, wo ich heimatlich bin; nicht anders als ein Sperling, vom dichten Laub versteckt, den Schwan einsam rudern sieht auf ruhigen Wassern, und sieht heimlich, wie er den Hals beugt, mit reiner Flut sich überspülend, und wie er Kreise zieht, heilige Zeichen seiner Absonderung von dem Unreinen, Ungemeßnen, Ungeistigen! und diese stille Hieroglyphen sind Deine Gedichte, die bald in den Wellen der Zeiten einschmelzen, aber es ist segenwallender Geist, der sie durchgeistigt, und es wird einst Tau niederregnen, der aufstieg von Deinem Geist. Ja, ich seh Dich, Schwan, ruhig Zwiesprache haltend mit den flüsternden Schilfen am Gestade und dem lauen Wind Deine ahnungsvolle Seufzer hingebend und ihnen nachsehend, wie er hinzieht weit, weit über den Wassern — und kein Bote kommt zurück, ob er je landete. Aber keinen Geist tragen die Schwingen so hoch, daß er die Weite erfasse mit einem Feuerblick, es sei denn, er fache das heilige Schöpfungsfeuer mit seinem Atem an; und so werden Flammen aufsteigen, bewegt vom Gesetz Deines Hauchs, aus Deiner Seele und zünden im Herzen jugendlicher Geschlechter, die, knabenhaft männlich sich deuchtend, nimmer es ahnen, daß der Jünglingshauch, der ihre Brust erglüht, niemals erstieg aus Männergeist. — Was denk ich doch? — Der Geist atmet, denk ich? — — ihn nähren die Elemente, er trinkt die Luft, dies feine Beben und Treiben in ihr. Auch in und unter der Erde zeugen Gesetze, sittliche und bürgerliche, der Natur. — Die Luft vermählt sich mit der Erde als Geist mit dem Wort; und daß des Windes Brausen, der Fluten Stürzen Lebensmelodien aussprechen und daß jedes Wesen in sich, auch jede Liebe, jede Sehnsucht und jede Befriedigung in sich trage und die Flamme die Pforte sprenge zu ewiger Verjüngung, das denk ich. — Dir mehr wie jedem gehört der goldne Friede, daß Du geschieden seist von aller Störung jener Mächte, die Dich bilden; und drum mein ich als, ich müsse Dich einschließen und Wächter vor Dir sein, und daß ich nächtlich möcht an Dein Lager treten und gesammelten Tau auf Deine Stirne tröpfeln — ich weiß nicht, was Du bist, es schwankt in mir, aber wo ich einsam gehe in der Natur, da ist es immer, als suche ich

Dich, und wo ich ausruhe, da gedenk ich Deiner. — Es ist
eine alte Warte hier am Ende des Berggartens, eine zerbrochne
Leiter inwendig, die keiner zu ersteigen wagt, führt da hinauf, ich kann mich aber hinaufschwingen mit einigen Kunst-
sprüngen, da bin ich also ganz allein und sehe wie weit? —
aber ich sehe nicht, ich trage mich hin, wo's in der Ferne
nur nebelt und schwimmt, und fordere nicht Rechenschaft
vom Auge, froh, daß ich allein bin und daß mein gehört,
soweit ich mich fühle. Da oben bin ich mit Dir, da segne
ich die Erde in Deinem Namen. Und leb wohl, bald schreib
ich mehr und deutlicher, ich fühl in diesem Brief ein elektrisch Beben, wie wenn ein Gewitter sich unter den Wogen
hebt, und doch weiß Jupiter Tonans noch nicht, ob er seinen
Konsens dazu geben soll.

Bettine

An die Bettine
Meine Abwesenheit von Frankfurt hat gedauert bis im Anfang dieser Woche, ich dachte sicher, Briefe von Dir zu finden, und bin etwas besorgt, doch sagt mir ein geheimer Geist,
Du wirst nächstens in Fluten angeströmt kommen und mich
wegschwemmen. Mein Aufenthalt in Heidelberg war angenehm und lehrreich, welches letztere Du wirst nicht gelten
lassen, wenn ich Dir aber sag, es waren die alten Mauern
und nicht die Menschen, die ihren Geist über mich ergehen
ließen, da wirst Du gleich gläubig sein. Du hast bei Deiner
Abreise Ostertags schlechte Übersetzung des Suetonius in
meine Behausung geschickt, vermutlich soll sie auf die Bibliothek zurück, noch in keinem Buch fand ich so viel Spuren
Deines fleißigen Studiums als in diesem; vier bis fünf Blätter
mit Auszügen, wo Du alle Missetaten der zwölf Kaiser auf
eine Rechnung gebracht hast. Was bewegt Dich zu solchen
Dir sonst ganz fremden Forschungen? ich such mir's zu er-
läutern, denkst Du in Ansehung jener, die als große Männer
nicht frei ausgingen von der Tyrannei Sünde, Deinen großen
Mann zu absolvieren? — Ich scherze, aber ich möchte doch
dabei in Dein Gesicht sehen, ob Du ganz frei von jener Begeisterung bist, die aus aufgeregtem Gefühl entsteht bei dem

ewigen Gelingen aller Schicksalslösungen und die ich lieber Schwindel nennen möchte und den andere Weltpatriotismus nennen und sich leicht verführen lassen, eine Rolle zu spielen, wenn sie ihnen geboten würde, weil es heißt, er hat einen Glücksstern, und da fühlt man sich gedrungen, dem zu frönen aus astralischem Emanationsgefühl, und da tritt man bald von der reinen Einfalt zum Götzendienst über. — Aber ich will Deinen Zorn nicht auf mich laden, sondern Dir offenherzig sagen, woher mir die bösen Gedanken kommen. Sie kommen nicht aus mir, die Leute sagen nämlich, Dich habe alles so aufgeregt, als der Kaiser durchkam, und Du habest geweint und seist ganz außer Dir gewesen, als Du ihn gesehen hattest, das hat die Claudine mir gesagt; ist's wahr, so braucht doch das nicht wahr zu sein, daß Du von ihm hingerissen bist, denn man kann erschüttert werden ohne Begeisterung für das, was uns erschüttert, mehr will ich Dich nicht mit diesen mißlichen Worten peinigen, die nur Scherz sein sollen und auch Dich ein wenig strafen, daß Deine Briefe sich verspäten.

Von Offenbach ist mir ein Pack Schriften zugekommen für Dich, die Novelle wahrscheinlich — soll ich sie Dir aufbewahren oder zurückschicken? — Von Clemens hab ich Dir auch noch viel zu sagen, Gutes und Vergnügliches, heiße Anhänglichkeit an Dein Wohl; — es ist sein tiefer Ernst, wenn er sagt, Du gehest durch Deinen Leichtsinn der Zukunft verloren, und dieser Ernst gehet so weit, daß er im Eifer meint, ich sei mit dran schuld. Einen Brief hast Du ihm geschrieben, wo Du meine Ansicht über Dich als Zeugnis zitierst, daß es nicht in Deinem Charakter liege, zu dichten oder vielmehr etwas hervorzubringen. Dies hab ich büßen müssen, denn er zeigte mir Deinen Brief und meinte, wer so schreibe, der dichte auch, ich hab schweigsam und bejahend alles über mich ergehen lassen; tue, wie Du kannst. Dort in Marburg hast Du wahrscheinlich wenig Zerstreuung, wer weiß, was Dir gelingt oder vielmehr einfällt, denn fiel es Dir ein, so fiel es Dir auch vom Himmel, aber dies schon so lang erharrte Phänomen will immer nicht sich ereignen. — Ich bitte Dich, schreibe bald, daß ich wieder ins Geleis Deiner Ereignisse und Erfahrungen komme; es ist mir ganz tot hier, meine Augen hindern mich sehr am Schreiben.

Karoline

An die Günderode

Lieber Widerhall, ich hab Dir was zu sagen von meiner schmerzlichen Langeweil, die ich bei allem empfinde, weil ich immer noch nichts von Dir weiß, ich mein, wann ich nicht rufe, so mußt Du rufen, aber nein, Du bist der Widerhall, und ich darf nun nicht eher hoffen, als bis mein Rufen bei Dir angeschlagen hat. Gestern hab ich meinen Brief zugemacht, dem Bedienten mit auf die Post gegeben und siehe, er brachte ihn mit einem großen Paket angekommener Briefe wieder zurück, in der Meinung, ihn dort für mich empfangen zu haben, jetzt ging er erst heute um vier Uhr ab, dies Verzögern, dies Vor-mir-Liegen meines Briefes, dem ich Flügel angewünscht hätte und den ich gewohnt bin, nie eher zuzumachen, als bis er die Reise antritt, war mir sehr unheimlich, ich bin so gedächtnislos, daß wenn ich den Brief schließe, ich schon nicht mehr weiß, was er enthält; und nur ein Nachgefühl läßt mir die Ahnung zurück, wie er Dich berühren werde; aber bald fang ich an zu zweifeln, ob's nicht lauter Einbildung sei, daß ich mir denke, Dir tiefe innere Anschauungen mitgeteilt zu haben, und so fühl ich ermattende Zweifel, und ich denk, was soll doch das dicke Briefpaket, da kann doch unmöglich lauter Klugheit drin stehen, wo soll ich's her haben, ist's doch so leer mir im Kopf! – und dann tut mir's so leid, daß ich Dir nicht meine Seele konnt hingeben, nackt und bloß, wie sie Gott zu sich aufnimmt, daß ich statt ihrer Dir einen Schwall von Worten schickte, die suchen und suchen, Dir eine Flamme aus den Wassern dieses bodenlosen Ozeans, in dem wir alle schwimmen, entgegenzuhauchen; da möcht ich den Brief aufbrechen und nur einen Augenblick wahrnehmen, daß ich's Herz auf der Zunge hatte und doch kommt er mir so versiegelt vor, als sei er Dein Eigentum schon, was mich nichts mehr angeht, weil's immer Gott gleich von mir nimmt, sobald ich's in der Glut meines Angesichts hingeschrieben hab. Ja es ist ein paarmal geschehen, daß ich einen Brief von mir bei Dir gefunden hab, so war er mir ganz fremd, und die Worte und Gedanken wunderten mich recht. Heute hab ich also Deinen Brief unverletzt entlassen aus wahrer Pietät, weil er Dein gehört und weil ich mich nicht in die Geheimnisse eindringen will, die Gott Dir durch meine Hand vertraut, denn sonst würde er nicht so schnell das Gedächtnis von mir nehmen, um so mehr kannst Du an das drin glauben, was vielleicht Dich berührt.

Christian, der mir nach Frankfurt so ernste und liebende Briefe geschrieben hatte, vor denen ich mich oft schämte, weil sie viel höhere Kräfte mir zutrauten und wecken sollten, als je erwachen werden, der geht hier um mich herum und betastet mein Ingenium und entdeckt, daß die Fundgruben des Genies zum Teil leer sind und die Felder des Wissens steinichter Acker und das Licht der Begeistrung lauter Nebel, doch verläßt er mich nicht und sorgt für Lehrer. Der Schäfer sollte Geschichte mit mir treiben, da er aber sehr ernst und gründlich ist und durchaus will, daß der freie, aufgeweckte Mensch mit vollem Interesse dabei sei, so konnte er's nicht mit mir aushalten, es ging gegen sein Gewissen, er hat dem Christian bedeutet, es sei besser, mich auf andre Weise zu beschäftigen; da ich eine nervenangreifende Empfindung habe, wenn ich Zahlen wahrnehmen soll, wenn ich das Frühere vom Späteren unterscheiden soll, wenn ich Namen behalten soll, so sei es nicht möglich, bei gutem Gewissen mir Zeit und Geld zu rauben. Es tut mir leid, daß auch der mit Blindheit geschlagen ist über mich und von der närrischen Idee besessen, ich lerne, um was zu wissen, um Kenntnis zu sammeln; Gott bewahr, da könnte ich nur innerlichen Raum mit Dingen ausfüllen, die mir im Weg sind, wenn sich ein Reisender viel Besitztum anschafft, so hat er erst die Not, alles unterzubringen, und hat er sich an Überflüssiges gewöhnt, so muß er einen Bagagewagen hinter sich dreinfahren haben. Den Mantel umgeschwungen und damit zum Fenster hinaus und alles Gerümpel dahintengelassen, das ist *meine* Sinnesart, lernen will ich, wie Luft trinken — Geist einatmen, wodurch ich lebe, den ich aber auch wieder ausatme, und

nicht einen Geistballast in mich schlucken, an dem ich erstik-
ken müßt. Das will mir aber keiner zugeben, daß solche Un-
vernunft naturgemäß sei. Ich würde am End freilich nichts
wissen, was ich ihnen gern zugebe, aber ich würde wissend
sein, was die mir nicht zugestehen — aber durchgeistigt sein
von des Wissens flüchtigem Salz, einen Hauch der Belebung
durch es empfinden, einen Kuß, wenn Du's erlaubst, einen
flüchtigen — dem ich eine Weile noch nachfühle, der in mir
sich verwirklicht, verewigt.

Wissen und wissend sein ist zweierlei, erstes ist eine Selb-
ständigkeit gewinnen in der Kenntnis, eine Persönlichkeit
werden durch sie. Ein Mathematiker, ein Geschichtsforscher,
ein Gesetzlehrer — gehört alles in die versteinert Welt, ist
Philistertum in einem gewissen tieferen Sinn. Wissend sein
ist gedeihend sein im gesunden Boden des Geistes, wo der
Geist zum Blühen kommt. Da braucht's kein Behalten, da
braucht's keine Absonderung der Phantasie von der Wirklichkeit, die Begierde des Wissens selbst scheint mir da nur
wie der Kuß der Seele mit dem Geist; zärtliches Berühren
mit der Wahrheit, energisch belebt werden davon wie Liebende von der Geliebten, von der Natur. — Die Natur ist
die Geliebte der Sinne, die Geistesnatur muß die Geliebte
des Geistes sein; durch fortwährendes Leben mit ihr, durch
ihr Genießen geht der Geist in sie über oder sie in ihn, aber
er führt kein Register über alles, er buchstabiert sich's nicht
und rechnet's nicht zusammen. Nun, was liegt mir dran? —
solang mir's so geht wie hier, kann ich nicht klagen, ich schwindel wie ein Bienchen herum, und wo ich ein offnes Kelchel-
chen find, da schwipp ich hinein und versuch und trink mich
satt, wenn mir's schmeckt. Der alt Professor Weiß, bei dem
wir im Haus wohnen, ist so ein kleiner Hausgarten, an dem
mir allerlei Blüten noch offenstehen. Der gute Alte klopft an
die Tür, da steht er mit der Zipfelmütze im Schlafrock und
will gern seine Pfeife anzünden, weil bei ihm noch kein Licht
brennt, ich spazier noch ein bißchen mit in den Garten, wo
er die Pfeife raucht, er zeigt mir die Sternbilder am Himmel,
der Orion, der Groß Bär und der Klein Bär, und pafft mir
den Rauch ins Gesicht; so hat er mich die drei Wochen unter-

halten, sooft gut Wetter war, von aller Planeten Tanz, und das hat grade mein Begehren, zu wissen, mäßig genährt; aber wissenschaftlicher Ansatz ist's nicht geworden, vielmehr Schleierlüften von geheimen Reizen des Geistigen. Und ich hab dann am Abend und in der Nacht noch Gedanken gehabt, Nachzügler — worüber ich beseligt einschlief. Weißt Du, was das ist, beseligt einschlafen? — das ist grad mit der Natur im süßesten Alleinsein sich befinden, wo sie allein den Blick auf Dich richtet und in Dich hineinschaut und Du in sie und *eine* Decke Euch umhüllt, wie zwei Kinder, die einer des andern Atem trinken. So ist's mit mir, wenn ich zufällig etwas von ihr gewahr werd; aber wenn's mir abgemessen wird, wenn ich Rechenschaft geben soll, dann fühl ich mich in der Seele beleidigt, denn ich mag nichts wissen, ich schäme mich und kränke mich, daß auf dem Spielplatz meiner Seele all das lustige, übermütige Springen und Schwingen nicht mehr sein soll, wo ohne Umsehens alles verfliegt, wie es gewonnen worden, und von keiner Aufspeicherung die Rede ist.

Da hab ich noch eine Lust — der alt Herr hat ein klein Treibhaus, eine Kammer mit zwei Fenstern, nach der Sonne hin, wo er selbsterzogne und Jahre lang gepflegte Gewächse bewahrt. Ich bin mit ihm gewesen und hab ihm helfen die Gewächse vom Staub reinigen, viele hab ich nicht gekannt, er sagte mir ihren Namen, ihr Vaterland, ihre Geschichte, wie er dazu gekommen, was er für Glück und Unglück mit ihrer Pflege gehabt, das alles ist lebendig und interessant, denn er ist alt und hat viel Kinder und also viel Sorgen und ist kränklich; und nun ist seine Freude aus der sogenannten Fülle dieses großen, weiten, wissenschaftlichen Lebens die paar südliche Pflanzen, die hier unter seiner Liebe Schutz ihr Leben im fremden Klima fristen, mit einer dürftigen Blüte ihn erfreuen; im Keim schon unterscheidet er, ob der Knospen bringen wird oder bloß Blätter, zählt alle, betrachtet alle Tage, wie sie vorrücken, da regt sich kein Blättchen, er sieht's und versteht's, Du solltest zuhören, wie er ihre Färbung, ihr Erschließen bemerkt, wie er ihnen das bißchen Licht ökonomisch austeilt, daß keins zu kurz kommt, und dabei geht als

sein altes ledernes Kolleg, was er nun schon im einundzwanzigsten Jahr jährlich zweimal den Studenten vorträgt, mit herabhängenden Ohren den gewohnten Weg zur Mühle; ob ein gesunder Menschenverstand es aushält, dies immer und immer das Erlernte, Erstudierte durchzukauen? – Nein, einmal muß es aufhören, und einer möcht wohl lieber aufs ewige Leben verzichten, als ewig das Erlernte wieder den Nachkommen mitteilen; so muß man es denn einmal abdanken, nicht wahr! – sollte man den alten Satz mit in die Ewigkeit zu nehmen gedenken? mitnichten, sowenig wie den Tressenrock, die Staatsperück, die Ordensbänder, die Titel, die Ehrenämter; man fühlt recht gut, daß sich solches Zeug vor Gott nicht schickt, aber wie der Geist übereinstimme mit der Natur, die seine Freundin, seine Geliebte ist, wie er in ihr und durch sie sich entwickelt hat, das ist vor Gott alles. Wenn denn alles Wissen, Haben übergehen muß in Nichtwissen, Nichthaben, was hat's denn auf sich, daß ich gleich alles verdampfen lasse?
Wissen ist Handwerker sein, aber wissend sein, ist Wachstum der Seele, Leben des Geistes mit ihr in der Natur; Leben ist aber Liebe. – Sei nachsichtig gegen mich, ich muß Dir alles zurufen, lieber Widerhall, keine Sorge um mich, wenn Dir's nicht wie gesunder Menschenverstand vorkommt, man ahmt ja wohl den Vogel im Busch nach oder den Wind zum Vergnügen oder das Wild im Wald. – Der Weiß hat mir ein botanisch Buch gegeben, wie er sah, daß ich so viel Freud hab an Pflanzen, ich hab mir die Moose herausgesucht, weil man die unterm Schnee noch finden kann, ich hab eine Lupe, ich betrachte sie, ich entdeck eine Welt, alles läuft und stürmt durch wie durch einen Forst, es fehlt nur der Jagdhörnerschall, das Hundgebell und der Schuß; so könnt man denken, man wär auf einer königlichen Jagd; ich hab noch das Pläsier von oben herab, wie Gott vom Himmel da hineinzusehen; wenn ich's dem Weiß vorerzähl, wie mir alles vorkommt, das hört er an wie's Evangelium, es erquickt ihn, die Lügen und Fabeln meiner Einbildung zu hören, er sagt: »Wenn ich nicht im Pflug gehen müßt, so schwätzt ich den ganzen Tag mit Ihnen.« – Das ist gut für mich, sonst wär mir's zu viel.

Der gestrige Abend war ein gedulderprobender, es war wieder Dämmerungsstunde, erfüllt mit allerlei Gaben der Muse. Schäfer, der ein feiner und geistreicher Mann ist, hörte mir zu; Savigny ist gar liebenswürdig mit seinen Freunden und Bekannten, die höchste Güte leuchtet aus ihm, so befindet sich alles kindlich wohl und heiter um ihn her. Es wurden Gedichte vorgelesen vom Autor; das ist schwierig für den Leser und für den Hörer, da sind zwei Fragen: wo kommen die Gedichte her, und wo wollen sie hin, die meisten behaupten ihre Abkunft aus dem Feuergeist der Liebe und behaupten ihr Recht, ins Herz einzukehren. — Ich saß in der Ecke und hörte ein lang Gedicht mit den Ohren, die Seele sehnte sich hinaus in den Schnee, in die sternenhallende Luft; die Sterne haben einen Ton, einen sprechenden Laut, der viel vernehmlicher ist in klarer Winternacht wie im Sommer; — vernehmlich nicht hörbar, wie denn alles in der Natur vernehmlich ist, wenn's auch die äußeren Sinne nicht gewahr werden. Ich dachte mich hinaus in alle Welt während dem Rollen auf der Versechaussee; meinem Nachbar mochte es wohl auch schwer auf dem Herzen liegen, denn er seufzte mehrmals und holte endlich sein Taschenbuch, worin er mit dem Bleistift was einkritzelte — ich nahm's ihm aus der Hand und probierte, Verse zu machen im Takt des Lesenden, das Gelesene schoß Worte zu, wie eine Fabrik, wo einer dem andern in die Hand arbeitet, und so setz ich Dir's der Kuriosität halber hin. Der Dichter las nämlich klagende Gespräche im Minneliederstil zwischen zwei Liebenden, die nicht zu Rande kommen können mit ihrer Sehnsucht, in Frühlings- und Sommerzeiten.

Es waren nicht des Maien wilde Blüten,
Violen süß und Rosen überall,
In grüner Lind die freie Nachtigall,
Die mich vor Sehnsuchtschmerzen sollten hüten.

Ich klage nicht die lichte Sommerzeiten,
Den kühlen Abend nach dem heißen Tag; —
Der meiner Träume Sinn verstehen mag,
Der wolle ihnen Störung nicht bereiten.

Nicht, daß sich bald das grüne Laub will neigen,
In dem der Vöglein muntre Schar sich wiegt,
Daß Sonnenschein und Blumenglanz verfliegt,
Macht, daß mein Herz sich sehnt und meine Freuden
         schweigen.

Der rauhe Winter nicht, der alle Lust bezwinget,
Die lustgen Gauen überdeckt mit Schnee,
Mir seufzt die Langeweil im Herzen Ach und Weh,
Die mit dem Dichter stöhnt und in den Versen
         klinget.

           Montag
Nun kam gestern ein Brief von Clemente an mich mit feierlichen Mahnungen, doch mein Leben nicht zu verscherzen,
so innig, so herzlich, als wär ich eine Blumenknospe, die auf
seinem Stamm wüchse, und der Stamm treibt sorglich alle
Kräfte dahin, daß sie sich auftue, aber die Knospe ist so fest,
daß nicht Regen und nicht Sonnenschein sie weckt – was
kann ich da? – Der Christian straft mich mit Worten, es
sei kein Ernst in mir, und wenn ich wollte nach Italien reisen,
so sollt ich Winckelmanns Kunstgeschichte studieren und
Italienisch lernen, das hab ich probiert, aber die Kunstgeschicht,
wie sollt ich mit der mich abgeben, wenn ich dran denk, daß
ich nach Italien reisen sollt. Ei, laß doch alles mit Augen
sehen, und wenn ich trunken bin vor Seligkeit, daß dort
andre Bäume, andre Blumen und Früchte sind, wenn ein
schönerer Himmel über mir wogt, wenn Menschen, Knaben,
Jünglinge, die mir verwandter sind im Blut, in der Faulheit
als die kalten deutschen, fleißigen Brotstudenten, mir begegnen auf der Straß, mich sanft grüßen, umkehren, mich noch
einmal grüßen, feuriger – ei, werd ich da noch das geringste
von Winckelmann, von der alten Geschichte wissen? Wenn
ring's die Schönheit der Erde aufwallt, da wär ich wohl
der närrische Pedant dazu? – Mit Dir, Günderode, möcht
ich Arm in Arm dahinschlendern, kommst du heut nicht, so
kommst du morgen, alle Zeit füllt sich ja so himmlisch, was
sollen wir sorgen, wo wir hinkommen? – Sturm und Gewitter

schreibt in die Brust Unvergängliches wie der heitre Tag; jeder Weg führt zu geheimen Reizen der Natur, warum sollen wir nicht, wenn's uns lockt, folgen dem strebenden Herzen, den Gestalten, dem Glanz der Fluren — irren hier und dort herum, wie die Lämmer weiden — warum nach einem Plan das Schöne aufsuchen? — am End ist doch der Zufall, der Reichen großmütigster; warum nicht ihm anhängen? — läßt sich Gott nicht in ihm an innigsten mit der Seele ein? befriedigt am liebendsten ihre geheimen Wünsche? Ich denk mich so oft mit Dir wandelnd, zum nächsten Tor hinaus, dem reizendsten Pfad entlang, der Clemens aber drängt mich an des Parnassus Stufen und will, ich soll hinauf, und so hab ich ihm geschrieben: ›Am Dichten hindert mich mein Gewissen, wenn ich denk, wie viel reiner, tiefer Sinn dazu gehört, um so weniger kann ich mir's zutrauen; manchmal wandelt es mich freilich an, ich sehne mich danach, wie ein eingesperrtes Kind nach dem Spiel in freier Luft, auf grüner Wiese im Sonnenschein; ja es schmerzt mich tief, daß ich nicht kann, wie ich will, und daß alle Sprache, mit der ich mein Sinnen festzuhalten versuche, nur wie dürres Holz in der Glut meines Herzens zusammenbrennt; wie oft hatte ich Momente, deren feierliche Mahnung mich auf etwas Ernstes, Tiefes vorbereiteten, die Poesie schien mir dann ein reifer Schmetterling, der mit dem leisesten Regen die leichte Hülle sprengte und auf in die Lüfte steigend, in den mannigfaltigsten Blüten meiner Seele schwelgend. Dann fühlt ich wie ein göttlich Unsichtbares, dem ich geboren, ich war stolz, und wenn die Natur rings mich mit feurigem Blick anglühte, dann war ich spröder und verschlossen gegen die Feuerkraft, und doch hätt ich mein Herz dargereicht dem ersten kühnen Augenblick, der mir die Sprache gelöst hätt, in der meine Lieder geflossen wären. Doch all dies Leben, dies innere Beben und Aufrauschen ging vorüber, ohne etwas festzuhalten oder zu erzeugen, und wird vielleicht noch tausendfach in mir erscheinen — und keine Spuren zurücklassen.‹

Das hab ich Dir abgeschrieben aus meinem Brief an ihn, weil's etwas Erlebtes ist, was sich mit unendlichen Modulationen mir im Geist wiederholt, ich hab Visionen, wenn ich die Augen zumache, ich seh nicht allein, ich hör auch entzückende Töne, wie wenn himmlische Empfindung zu Ton könnt werden; nun fehlt ja nur die eine Stufe, daß der Ton sich im Geist der Sprache übersetzte; aber in dies Inselland will's keine Brücke schlagen, im Gegenteil, alle Erscheinung zerfließt vor der Sprache. — Ich hab wohl einen dunklen Begriff, warum ich nicht dichte, weil eben das Tiefe, was mich gewaltig ergreift, so daß es elektrische Kraft auf die Sprache hätte, etwas ist, was sich in der Empfindungswelt nicht legitimiert, oder, um schneller und ohne Umweg mich auszudrücken, weil's Unsinn ist, was mir in der Seele wogt, weil's *Unsinn* ist, was meine Gedanken mir vorbeten, weil's Unsinn ist, der mich ahnend als höchstes Gesetz der Weisheit ergreift. — Wo ich hinsehe, wo ich hinspüre, darf ich nicht ankommen mit meinen Wahrnehmungen, ich weiß, daß, wenn der Dichterschwung mich ergriff, sich das Unendliche, das Ungeborne vor mir auftun würde, mich durchzulassen. — Ich seh! — und wenn ich was Wahres schaue, sei der Keim so klein noch, so in sich gedrängt, mich begeistert der ihm selbst bewußtlose Lichtweg, den er wandelt. — Du begeisterst mich, weil Dein einfaches Streben mir so deutliche Lehre gibt, Du seist der eignen Seele ewiger Wohllaut, der sie wiegt und schlummernd ihr die Gesetze der Harmonie einflößt. Ahnungen sollen dem Geistesblick Wahrheiten werden, soll eine Ahnung wirklich Dasein werden, so muß sich der Geist erst vermählen mit einem andern Geist — mit dem Genius — die Ahnung verwirklicht den Genius in uns. — Alles ist wirkliches Leben durch die Feier der Liebe mit dem Genius. — Alles verwirklicht sich durch Vermählung des höheren Lichts mit dem Geist — es strömt dem Geist herab, er darf's nur liebend wollen, es erfüllt ihn in tiefer Nacht gestaltlos, es strömt ihn an, es umschweift ihn ganz, oh, es ist kein zahmer Liebhaber, das Licht. — Und ist es ein Wunder, daß, wer ohne Grenze sich ihm ergibt, daß der dann sehe, wo andre nicht sehen? und sollt ich mich schämen vor Dir, die in manchen heiligen Augenblicken mir erschien, wie das Licht, zärtlich mit Strahlenkränzen sie umflocht, und krönte Dein Haupt mit doppelter Krone! — daß ich Dir sage, nicht die

Sprache ist zwischen mir und dem Licht, nein, es ist das Licht unmittelbar, es nimmt meine Sinne auf – nicht durch die Sprache meinen Geist! – drum kann ich nicht dichten. Dichten ist nicht nah genug, es besinnt sich zu sehr auf sich selber. – Ach, da red ich so, wo wir ausgemacht haben, daß Du niemals drauf eingehest, damit ich nicht vor der Zeit unsinnig werde – schweig, und ich will auch schweigen, der Dämon möcht mich sonst durch die Lüfte davontragen. – Dem Clemente hab ich geschrieben, daß ich hier sehr vergnügt bin, nicht sowohl um Savignys willen, dessen Gegenwart freilich einem Aufenthalt alle Reize verleiht, sondern um der reinen Einsamkeit halber, in der ich von aller Kleinheit entfernt lebe, die mich in Frankfurt immer bedrängte und meine Freiheit schmälerte, wenn ich so sagen darf. Hier kann ich doch leichtsinnig sein, ohne daß die Inkonsequenzen davon mich gleich erschrecken, und ruhig und ernsthaft, ohne daß man glaubt, ich sei verliebt oder krank, und verliebt in Himmel und Erd, die einzig und allein schön hier sind, ohne daß man mich der Koketterie beschuldigt. Da kommt Dein Brief, Du gibst ihn der Claudine, daß die ihn beischließe, und die hat ihn grad noch zwei Tage liegenlassen, denn so lang hat sie an ihrem Brief geschrieben – und nun schließ ich diesen, in dem keine Antwort steht, aber gleich würde ich antworten, wenn nicht es so in mir rumorte, was Du schreibst, ich mein, dieser Brief von Dir ist nicht an Deinem Schreibtisch, der ist an fremdem Tisch geschrieben, gewiß bei der Claudine. – Ich muß die Sonn untergehen lassen und mich besinnen auf morgen früh.

Bettine

Marburg. Dezember

Heut morgen bin ich aus dem Bett gesprungen, um das Eis mit meinem Hauch zu schmelzen. Um halb acht kamen die Studenten den Berg herauf gejubelt, es war noch dämmerig und der Nebel so dicht, daß sie wie Schatten bloß durchschimmerten. Die Meline und ich sehen jeden Morgen mit großem Gaudium, wie sie zu unserm Professor Weiß ins Kolleg marschieren – sie können uns nicht sehen, denn unsre

Fenster sind hart gefroren, wir steigen auf den Tisch und hauchen an der obersten Scheibe ein Löchelchen ins Eis, wo grad ein Aug durchsehen kann; ein jeder hat ein verschiednes Abzeichen, treiben sich immer eine Viertelstunde herum, bis sie im Gang nach dem Kolleg verschwinden, den der Professor Weiß präzis acht Uhr aufschließt, indessen treiben sie lauter Übermut, wir dachten schon, daß sie vielleicht aus Ehren die großen Sätze machen von einer Trepp zur andern, einer über des andern Kopf weg, sie können uns zwar nicht sehen, weil die Fenster verhängt sind und jetzt auch gefroren, so leuchten ihnen doch unsre grünen Vorhänge ganz mystisch in die Augen, uns macht's tausend Spaß, die Liebschaft mit dem ganzen Kolleg ist im besten Gang, wir haben sie geteilt, die Meline sagt, der ist mein, und ich, der ist mein, so haben wir zwei Regimenter, und ihre Balgereien werden mit großer Freude und Triumph belacht, jede Partei hat einen Hauptmann, der eine mit der roten Mütze, die er nie auf dem Kopf hat, sondern immer auf einem dicken Stock (der Student nennt ihn Ziegenhainer) herumschwenkt, ist meiner, er ist immer der erste auf dem Platz, die andern versammeln sich um ihn und hören zu, was er sagt, er mag wohl das Haupt einer Burschenschaft sein; er ist so jung und schön, er ist der größte von allen, wenn er den Mund auftut, kommt eine große Duftwolke heraus, die setzt sich gleich als Reif an seinen kleinen Bart, mit dem er sehr großtut, denn er zieht ihn alle Augenblick durch die Finger. Wir nennen ihn den Blonden, er hat braunes Haar, er hat aber ein so blondsonnig Gesicht, das mit seinen roten Backen so freundlich durch den Morgennebel lacht, und dann hat er auch einen hellen Rock. Der Meline ihrer heißt der Braune, der ist ganz blond, aber er hat einen braunen Rock, dieser trägt eine blaue Mütze mit einer Quaste, die ihm auf der Nase herumspielt, er sitzt gelassen auf der Mauer und sieht zu, wenn die andern sich mit Schneeballen werfen, ringen, übereinander wegspringen, dazu ringelt er sich seine blonde, strahlende Phöbuslocke über die Finger; ich beneid ihn oft der Meline und wollt ihm mit einem Ansehnlichen aus meinem Regiment umtauschen, aber sie will ihn nur gegen meinen General, den Blonden, herausgeben, das will ich nicht. Früh ist's im Hof wie im Elysium, der dichte Nebel, von der Morgensonne angestrahlt, in dem die Gestalten sich bewegen, die allerlei miteinander hantieren. Wenn's Kolleg aus ist, sehen wir sie wieder abziehen, da ist ihr Übermut noch größer. Ach, hätt ich doch so ein Regiment, da wollt ich Dir schon antworten auf Deinen Brief mit Deinen unsinnigen Anklagen über den Napoleon. — Betet, und ihr werdet erhört werden. Ich bete ohne Unterlaß, daß mir doch Flügel wachsen, ich wollt über die Scharen wegfliegen und ihm in die Zügel fallen. Ach Günderode, Deine fatale Idee, als habe ich eine närrische Ehrfurcht vor dem Napoleon, peinigt mich, das Roß des Übermuts tobt unter ihm, er setzt in wildem Feuer über Abgründe und durchfliegt in stolzem Selbstgefühl die Ebne, um über neue zu setzen, dahin eilt er, an den Zeiten vorüber, die umgewandelt sich nicht mehr erkennen. Die Menschen schlafen ohne Ahnung vom Erwachen, aber unter seinem brausenden Huf reißen sie plötzlich die Augen auf, und seine Glorie blendet sie, daß sie sich selber nicht begreifen, ihr dumpfer Schlaf geht in Taumel über, sie umjauchzen ihn im Gefühl ihrer Trunkenheit.

In mir ist's wunderlich. Vor Menschen versink ich in mir selbst, vor denen fühl ich mich nicht, nur wenn ich durch den ersten Schlaf in der Nacht abgetrennt von allem wieder erwache, dann stellen sich große ungeheure Fragen vor meine Gedanken, es sind Fragen in mein Gewissen, vor dem ich verstummen muß. — Tugenden! — Was sind die? — Denk ich doch an die letzte Zeit mit den Emigranten bei der Großmama, es ging alles durcheinander, es war, als ob das Unglück vor der Tür geschehen sei, mit dem Tod des Enghiens, was für bittere Tränen vergoß der alte Choiseul mit dem Ducailas und dem Maupertuis, wie rangen sie die Hände und riefen zu Gott um diesen jammervollen Tod, meinst Du, das habe mir nicht einen tieferen Eindruck gemacht als alles glorreiche Durchbrausen der Welt? — meinst Du, ich könne je dem Unrechterliegenden mich lossagen und auch nur in Gedanken übergehen zu dem Unrecht, das vor der Welt recht behält, ich fühle, es liegt größere Freiheit

darin, mit dem Unterdrückten die Ketten tragen und schmäh-
lich vergehen, als mit dem Unterdrücker sein Los teilen. Was
ist mir Talent, das seine Bahn bezeichnet mit Friedensbruch,
mit Meuchelmord? — ich würde selbst solche Bahn durch-
fliegen wollen? ja gewiß! — ich möchte hoch bauen, daß
keiner mir nahen könnt, er müßte denn fliegen, aber nicht
wie ein Raubvogel, der die Göttin Fortuna zerfleischt, um
sich satt an ihr zu fressen, und sie dann als Aas liegenläßt;
aber durch heiligen Friedensschluß, nicht durch Verrat an
ihm; durch Schutz der Kindlichen, nicht durch ihren Mord;
durch freie, heilige, unantastbare Posaunenstimme der
Wahrheit, nicht, daß ich ihr die Kehle zudrücke! — Dein
Scherz erzürnt mich, ich wollte mir Gelassenheit erschreiben,
aber ich muß durchglühen. — Der da! — eine schwindelnde
Eingebildetheit, ohne Scham, ohne Gefühl? — den Gekrönte
wie Ungekrönte wie Frösche umhüpfen, der von allen Schwächen hin- und hergezerrt, seine Abkunft verleugnet, sich um
ein paar silberne Sterne im Wappen streitet, alle Franzosen
wahnsinnig macht, der vergiftet, erdrosselt, erschießt, seiner
Brüder Familienbande zerreißt, für den der Taumel des
Volks sich erhält, weil ihm alle Frechheiten glücklich ablau-
fen, und dann meinst Du, ›ich fühle eine Neigung zu diesem
Treiben!‹ — ›mein aufgeregt Gefühl gehe mit mir durch‹ —
Du sagst alles im Scherz, es kränkt mich doch — aber der
Scherz kommt nicht aus Dir. — Du scherzest wie ein tauichter Zweig, der mich anspritzt, wie das Morgenlüftchen,
das mich neckt, aber nicht mit brandigen Hadern mich an-
dampft. — So viel prophetische Gabe kannst Du mir zutrauen, daß es mir ahnend im Geist liegt, diese Strohflamme,
so gewaltig sie um sich griff, so schneller wird sie verflackern;
bald wird alles in Asche versunken sein — und Du machst
mir's zum Vorwurf, daß ich mit des Ostertag schlechter
Übersetzung mich so lang geplackt hab — weil ich wolle die
großen Kaiserrollen studieren? freilich hab ich diese zwölf
Kaiser mit Interesse studiert und hab gefunden, was ich vorher hätte sagen können, daß alle Tyrannen arglistige, kleinliche Naturen waren, sie gaben Befehle, wo ihre Bitten genügt hätten, der Fortgang ihrer Macht entwickelt sich aus

des Pöbels Eitelkeit, überall war so viel Knechtsinn für Hofpracht, so viel Wahnsinn, die Seele diesem Götzen zu verschreiben, und wie denn alles Narrheit wird, so ergoß sich alles in die Quelle der Hoffart. — Das ist's, was ich in diesen zwölf Kaisern studierte, aber ich suchte nicht nach Ähnlichkeiten seiner Größe, sondern danach, ob nicht alle Tyrannen niederträchtig sind wie er? — ob nicht alle einen Toussaint Louverture vergiftet, einen Pichegru erdrosselt und Enghien erschossen haben, ob nicht alle durch Hofetikette das Halfter der Sklaverei auch ihren nächsten Freunden umwarfen? — ob irgendeiner einen freien Atemzug um sich dulden konnte? und ob diese Sklaven nicht bloß ihr Joch duldeten, um wieder die geringeren unterdrücken zu können; und siehe, bis auf den kleinsten Zug ist es immer wieder derselbe ungerechte, eigennützige Heuchler, immer dasselbe Ungeheuer der Mittelmäßigkeit; kein Trieb zum wahren Geist, keine Sehnsucht, die Weisheit als Ägide seiner Handlungen aufzustellen, keinen Verstand von dem Pflanzenboden der Künste und Wissenschaft, noch wie der Mensch sich erzieht; sogar gegen alles Selbstgefühl, ohne innere Zucht fährt er mit ungesitteten Spottreden heraus, und da schreit alles, *er hat einen Stern!* — Ach, er kann nicht ewig leuchten, und da wird alles mit erlöschen.

Schreib nicht mehr so ungefüg, sonst kriegst Du ungefüge Briefe; ich ärgere mich über alles, was ich so schreib, weil's ist, als ob ich einen Prozeß mit Deiner gesunden Vernunft führe und allen Zeitungswitz und Emigrantenpolitik zusammenhielt, um recht gegen Dich zu behalten.

Jetzt muß ich auf die alte Wart, es ist Neumond, ich muß sehen, wie er seine stumme, verzauberte Silberwelt anstrahlt. Die Meline schläft schon, ich steig zum Schlafzimmerfenster hinaus auf den Berg. — Heut war Speisemahl bei Savigny, da erzählten die Professoren von der Spitzbubenbande, die schon mehrmals eingebrochen hat in unserer Nachbarschaft, die Spitzbuben könnten sich da oben auf der Wart verstecken — ich fürcht mich, aber grad weil ich mich fürcht, so muß ich hinauf. — Die Menschen fürchten sich auch vor der Unsterblichkeit.

Ich bin gestern noch droben gewesen; beim Aufsteigen große Angst vor nichts, oben himmlische, große Befreiungsluft — Stille — allumfassende — tief schlummernd alles umher. — Ruhe und Freiheit winkten alle Sterne! — so einsam, so sicher! — so muß einem sein, der das Leben abgeschüttelt hat — unterwegs schreckten mich ein Kohlstrunk und ein krummer Ast, ich wußt, daß es nichts war, und fürchtete mich doch. So weiß der innerliche Mensch, daß alle Furcht nichtig ist, er muß das Reich der Einbildung durchkämpfen zur Wahrheit, die kann nicht fürchterlich sein, weil sie lebendig ist und frei und auch nur das Lebendige und Freie berührt, nicht den gebundnen Geist, der alles fürchtet, weil er es nicht faßt. Erkenntnis hebt jede Gegenmacht auf. Ich will Dir sagen, wie es ist beim Sterben, ich hab's auf der alten Warte gelernt. — Unten mit schwebender Angst hinaufgeklettert — die innerliche Wahrheitsstimme half mir die Einbildung, die so frech selbst mit Erscheinungen mich bedrängte, bezwingen, ein paarmal zagte ich zwischen Erd und Himmel auf der morschen Leiter, aber die Luft hauchte schon herab, so erhob ich mich plötzlich, und von allen Seiten atmete mich Freiheit an, so grad ist's beim Sterben; je weniger das Leben Licht erstritten hat, Geist geworden ist, je mehr scheut es den Geist, je mehr drängt sich am Lebensende die Einbildung ihm auf und beschränkt den Lichtkreis des Lebendigen, der Wahrheit. Der Mensch ist Sklave der Einbildung, die ihm sein Inneres leugnet, aber die göttliche Wahrheit haucht schon in den dunklen, baufälligen Turm zu ihm nieder, daß er die morschgewordne Leiter, die zur Freiheit führt, mit doppelter Kühnheit erschwingt, und unmöglich kann diese im finstern Turm mit dem Aufschwung ins Freie fortdauern, denn sie war Einbildung. — Man könnt vielleicht das, was ich vom Sterben sag, gering achten, weil's so einfältig ist und so fabelmäßig und vielleicht schon oft gesagt, ja, es war mir selbst nichts Neues, aber doch ist's was anderes, weil ich's erlebt hab und nicht bloß mit den äußeren Sinnen erfaßt, der freie Sternenhimmel hat mich's gelehrt, und ich war so vergnügt da bei der Sterbelektion, und ich werd noch mehr lernen da oben.

Heut hab ich Dir was Lustiges zu erzählen, es war Studenten-
komödie, und wir waren drin, unter dem Schutz von einer
großen Begleitung; das Stück war eine Selbsterfindung der
Studenten, worin drei Duelle vorkamen von Schuß, Stich und
Hieb; wie der Schuß vorkam, war der Meline schon nicht
wohl zumut, wie der Stich vorkam, ward uns grün und blau
vor den Augen, wie aber der Hieb kam, gab's ein Lärm und
Gepolter, und man sprang übers Orchester hinüber, über die
Öllampen weg, hinauf aufs Theater, die Öllampen gingen
zum Teil aus, und aus der bisherigen Dämmerung entwik-
kelte sich Finsternis; unsre Begleitung umstellte uns auf den
Bänken und hielt uns in ihrer Mitte, um uns vor jedem Unfall
zu schützen, bis wir wagen konnten, aus dieser Konfusion und
dem Ölqualm herauszukommen, und auf freier Straße wieder
Luft schöpften; die Verwirrung war daher entstanden, daß
der Pedell dem Rektor, der inmitten des Saals auf einem
Ehrensessel zusah, steckte, das Duell mit dem Hieber sei ein
wirkliches, er wollte es erlauscht haben, auch sah es sehr
gefährlich aus in ihrer Studentenarmatur; der Rektor hielt
für seine Pflicht, in grader Linie auf dies Wagnis loszuschrei-
ten, er bahnte sich einen Weg durch die Mitte des Orchesters,
wo die Baßgeige angelehnt war, vor dem Rektor umfiel und
einen schauerlichen Ton von sich gab, die Gesellschaft
schreckte auf, der Dekan und wie die hohen Universitäts-
chargen alle heißen, drängten sich über alle Hindernisse weg,
ihrem Rektor nach, wo denn den Pauken und Baß noch mancher unwillkürlicher Ton entlockt wurde. — Viel lautes Hin-
und Herreden unter den Damen, die bald das Unglück verhüten, bald es nicht mit ansehen wollten, viel Gelächter
unter den Studenten, die ihre Freude an der Verwirrung
hatten, am interessantesten war die Szene auf dem Theater:
der Rektor mit Beistand uns en face ganz feierlich: ein Student, der eine Dame vorgestellt mit langer Schleppe und
schon früher beim Stichduell die Hälfte davon verloren hatte,
wendete jetzt, wahrscheinlich aus Mutwill, dem Publikum
den Rücken, man sah große Kanonenstiefel, einen Hieber an
der Seite, der die halbe Schleppe trug und einen großen

Florschleier, der den Rücken hinabwallte und mit jeder Bewegung bald die paar Lampen zu erlöschen, bald sich zu entzünden drohte, so daß mehrere Stimmen riefen, der Schleier brennt. — Es war bald ausgemacht, alles sei nur blinder Lärm gewesen, indessen konnte das Stück nicht weiterspielen, die Lampen waren aus und die Honoratioren fort, eine Masse Straßengesindel hatte sich der Bänke bemächtigt, um zu sehen, was es gab. Am andern Morgen hörten wir von unserm Professor Weiß den Ausgang der Tragikomödie; es sei in Dubio geblieben, ob wirklich ein ernstlich Duell habe sein sollen, die Studenten haben es geleugnet, der Pedell aber beschworen, daß er ihre Unterredung auf dem Gang mit angehört habe und daß der eine, der die Dame vorstellte, der eine Sekundant und mein getreuer Hauptmann der andre sein sollen und daß sie vor der Tür ihre Klingen gemessen und daß er gehört habe, auf wieviel Gänge und wie sie ihre Halsbinden, ihre Stürmer und ihre Faustbinden besichtigt hätten. Die Studenten blieben dabei, sie hätten nur ihre Rollen repetiert, und das habe alles sollen auf dem Theater vorgestellt werden; es war nichts zu machen, man mußte sie laufenlassen, sie gaben dem Rektor ihr Ehrenwort, keine Händel anzufangen, hielten noch einen Kommers und jubelten bis spät in die Nacht. — Der Gang des Stücks hatte noch kein Licht auf seinen Inhalt geworfen, die eigentliche Pointe des Ereignisses war, daß sie die mangelnde Katastrophe desselben ersetzen wollten und daher in Gegenwart des Pedells, den sie nicht zu bemerken schienen und der sich hinter einen Schrank versteckt hatte, die ganze Geschichte ihm weismachten; sie hatten ihm schon früher Argwohn beigebracht und ließen so die ganze Versammlung mitspielen, die sich dabei auch höchlich amüsiert hatte, und gewiß hat sich jung und alt noch eine Weile von allem Komischen zu erzählen, was dabei vorfiel. Der Professor Weiß war entzückt über seine lieben Studenten, er sagte, man muß selbst Student gewesen sein, um ihnen nachzufühlen, welch Gaudium es ist, wenn so was gelingt; er blieb bei uns sitzen, wir erlaubten ihm, sein Pfeifchen zu rauchen, und er erzählte uns aus seinen Studentenjahren nichts wie dummes Zeug, was uns die

Zeit sehr anmutig vertrieb. — Heut morgen, als die Studenten ins Kolleg kamen, konnten wir deutlich bemerken, daß sie noch ganz entzückt davon waren, das Lachen war heut ihr einzig Exerzitium, und wir beiden, wie zwei unsichtbare Schutzgöttinnen hinter den gefrornen Fenstern, freuten uns der heiteren Laune unserer Lieblinge.

Bettine

An die Bettine

Wenn du recht behalten willst, so hast Du gewiß recht, ich will auch nicht noch einmal wiederholen, daß ich scherzte, denn dies ist ja grade doppelte Sünde, weil der ganze Scherz sich nicht zwischen uns beiden eignet; Du kannst es von mir am wenigsten ertragen, daß ich falsch in die Saiten greife — es war ein Erdenscherz und kein luftiger, leichter, und es war noch dazu ein Notanker, ich war verwirrt geworden durch das Reisen hin und her, vom Rhein zum Neckar und dann zum alten Haushalt; da ist mir so manches verronnen, was mir lieb und leid ist, der Winter hat mich auch doppelt hier betroffen.

Clemens hat mir geschrieben. Wie ein böser Traum sind mir manche bittere und trübe Erinnerungen von ihm vorübergegangen, sein Brief hat mich betrübt, weil er mir die verworrnen Schmerzen seines Gemüts deutlich und doch wieder dunkel darstellt; auch wenn ich ihn nie gesehen hätte, würde mich dieser kalte Lebensüberdruß tief und schmerzlich bewegen. — Er stellt sich so an den Rand der Jugend, als habe sie ihn ausgestoßen, wie mich das schmerzt, wollte er es doch anders sein lassen, lieber die vergangne Zeit zurückrufen und fortleben ewig frisch, jung und träumerisch, wie er es gewiß könnte; es wird und muß wieder so mit ihm werden, und Du mußt ihm jetzt recht anhänglich schreiben, Dein freieres Bewegen, wo Du sonst so von ihm abzuhängen schienst, wird ihm wohl auch ungewohnt und empfindlich sein; Du kannst es nicht ändern, aber ersetze es ihm, Du schriebst ja immer nur kurze Briefe an ihn, aber schreib doch öfter. — Sein Beifall an meinen Gedichten erfreut mich, und mehr wird es keiner. Er schreibt, Savigny habe die Nachricht aus Paris, daß eine Übersetzung dort vom Tian gemacht sei, ihm mitgeteilt, frag ihn doch und schreib mir etwas Näheres darüber.

Den Molitor habe ich Deine Ansichten über die Erziehungen lesen lassen, es freute ihn und verspricht, Dich nicht mehr zu stören, das ist mir lieb, denn wenn auch Deine Argumente, womit Du das Philistertum bestürmst, keinen Bodensatz haben und unleugbar aus der Luft gegriffen sind, so ist mir doch lieber, zu lesen, wie Du unmittelbar mit den Elementen verkehrst, als wenn Du Deinen Sinn im Widerspruch auf irgendein gegebenes Bestehendes anwendest. Deine Wahrheiten streifen wohl den inneren Sinn der Menschen; sie möchten Dir recht geben, aber was ist's damit? – bis einmal das Morgenlicht der Poesie in jeder Brust den Geist weckt, da wird wohl manches verstanden, und doch muß es wieder versinken; drum ist es mir lieber, Du selbst erschaffst Dich, bist Dir Lehrer und Schüler zugleich, weil es da was fruchtet und Deine Lehren einen so gründlichen, tiefen Eingang in Dich haben. – Hast Du Dich doch gegen die Philosophie gesperrt, und Deine Natur spricht sie doch so ganz persönlich aus, als Geist und Seele und Leib. Ich will damit Dich nicht auf Dich selbst zurückführen, es ist eine Bemerkung, die ich im Spiegel mache, und Du kannst ja gleich davonfliegen und den Spiegel leer lassen, auch gibt meine Bemerkung Dir recht; denn wenn Deine organische Natur ganz Philosophie ist, so wird sie sich nicht in der Anschauung erst erwerben sollen. – Sie wird einen Jugendleib haben, der mit einem anderen Frühling zusammentrifft, und ein anderes Verständnis haben mit dem Geistigen der Welt. – Um so mehr deucht es mir Mißgriff, wenn Du mit dem Wirklichen Dich begegnest und ihm Deinen Geist anmessen magst. Ich suche in der Poesie wie in einem Spiegel mich zu sammeln, mich selber zu schauen und durch mich durchzugehen in eine höhere Welt, und dazu sind meine Poesien die Versuche. Mir scheinen die großen Erscheinungen der Menschheit alle denselben Zweck zu haben, mit diesen möcht ich mich berühren, in Gemeinschaft mit ihnen treten und in ihrer Mitte unter ihrem Einfluß dieselbe Bahn wandeln, stets vorwärtsschreiten mit dem Gefühl der Selbsterhebung, mit dem Zweck der Vereinfachung und des tieferen Erkennens und Eingehens auf die Übung dieser Kunst, so daß, wie äußerlich vielleicht die hohen Kunstwerke der Griechen als vollkommne göttliche Eingebung galten und auf die Menge als solche zurückstrahlten und von den Meistern auch in diesem Sinn mit dieser Konzentration aller geistigen Kräfte gebildet wurden, so sammelt sich meine Tätigkeit in meiner Seele; sie fühlt ihren Ursprung, ihr Ideal, sie will sich selbst nicht verlassen, sie will sich da hinüber bilden. Du aber bist das Kind, geboren im Land, wo Milch und Honig fleußt, die Sorge ist da überflüssig, die Trauben hängen Dir in den Mund, alles ist Gedeihen und Klima Deiner Wiege, alles trägt Dich und nährt und schützt Dich, solang Du das Klima nicht wechselst, und ob das, was Du dadurch erbeutest, der Welt genießbar sei, darauf kömmt es hier fürs erste gar nicht an, wenn Du nur durch eigne Sünde nicht im Werden gestört wirst, denn das ist die einzige Sünde. — Schweig über Dich und gelte ihnen, für was sie wollen, versprich mir das heilig, denn sonst würden sie Dich aus Deinem ursprünglichen Land verpflanzen, sie würden Dich aus Deiner Kindheit herausheben und etwas aus Dir machen wollen. — Und wie klagevoll wär's, wenn Du selbst Deinem inneren Leben, Deiner eignen Religion, die so sanft, so glücklich Dir dient, Dich aus eigner Schuld entfremdetest, o nein, ich will's nicht hoffen, bleib immerdar mit Deinen Geistern im Bund, die Dir Speise bringen, und verwerfe sie nicht um fremde Kost. Ich hab mir schon oft Vorwürfe machen lassen um Dich, wie hätte ich mich wehren können? es wäre Verrat an Dir gewesen, nein, ich ließ Dich unberührt von ihren Augen. Was bist Du auch? — nichts als nur, wie die Natur sich tausendfältig ausspricht — wie jene Schmetterlingshülle, die Du diesen Sommer aus dem Schlangenbad mitbrachtest, die äußerlich so fest war, daß nichts Fremdes sie verletzen konnte, und beim geringsten Berühren des Schmetterlings sich auftat, ihn zu entlassen, und dann sich wieder schloß. Wenn die Natur sich so eigen dazu verwendet, jede Störung ihrer Bildungen zu verhüten, sogar die leere Kammer, woraus sie ihr geflügeltes Geschöpf entläßt, sorgsam wieder schließt, wie sehr muß da der Instinkt in dies lebende Wesen eingeprägt sein, daß es sich keiner fremden Gewalt hingebe. — Du verstehst die Natur ja mannigfach, so wirst Du mich auch hier begreifen, nicht *besser*, nicht *mehr* kommst Du mir vor als alles, was in der Natur lebt, denn alles Leben hat gleiche Ansprüche ans Göttliche; aber sorge nur, daß Du Dein eignes Naturleben nicht verletzest und daß es sich ohne Störung entwickle.

Dein klein Gedicht, was Du bei Gelegenheit der Langenweile gemacht, beweist mir, daß wir beide recht haben, für jeden andern wollt ich es als Gedicht rechnen, aber für Dich nicht, denn Du sprichst darin eine äußere Situation aus, nicht die innere, und ein Gedicht ist doch wohl nur dann lebendig wirkend, wenn es das Innerste in lebendiger Gestalt hervortreten macht; je reiner, je entschiedner dies innere Leben sich ausspricht, je tiefer ist der Eindruck, die Gewalt des Gedichts. Auf die Gewalt kommt alles an, sie wirft alle Kritik zu Boden und tut das ihre. Was liegt *dann* dran, ob es so gebaut sei, wie es die angenommne Kunstverfassung nicht verletze? — Gewalt schafft höhere Gesetze, die keiner vielleicht früher ahnte oder auszusprechen vermochte; höhere Gesetze stoßen allemal die alten um, und — wir sind doch noch nicht am End! — Wenn doch der Spielplatz, wo sich die Kräfte jetzt nach hergebrachten Grundsätzen üben, freigegeben wäre, um der Natur leichter zu machen, ihre Gesetze zu wandeln. Ich will nicht, daß Du auf meine Produkte in der Poesie anwendest, was ich hier sage; ich habe mich auch zusammengenommen und gehorchen lernen; und es war gut, denn es sammelte meinen Stoff in meinem Geist, der mir vielleicht als Inhalt nicht genügt haben würde, wenn mir die Form, die ich der Anmut zu verweben strebte, nicht den Wert dazu geliehen hätte; ich glaube, daß nichts wesentlicher in der Poesie sei, als daß ihr Keim aus dem Inneren entspringe; ein Funke, aus der Natur des Geistes sich erzeugend, ist Begeisterung, sei es aus welchem tiefen Grund der Gefühle es wolle, sei er auch noch so gering scheinend. Das Wichtige an der Poesie ist, was an der Rede es auch ist, nämlich die wahrhaftige, unmittelbare Empfindung, die wirklich in der Seele vorgeht; sollte die Seele einfach klar empfinden, und man wollte ihre Empfindung steigern, so würde dadurch ihre geistige Wirkung verlorengehen. — Der größte Meister in der Poesie ist gewiß der, der die einfachsten, äußeren Formen bedarf, um das innerlich Empfangne zu gebären, ja, dem die Formen sich zugleich mit erzeugen im Gefühl innerer Übereinstimmung.

Wie gesagt, wende nichts auf mich an von dem, was ich hier sage, Du könntest sonst in einen Irrtum verfallen. Obzwar ich grad durch mein Inneres dies so habe verstehen lernen. Ich mußte selbst oft die Kargheit der Bilder, in die ich meine poetischen Stimmungen auffaßte, anerkennen, ich dachte mir manchmal, daß ja dicht nebenan üppigere Formen, schönere Gewande bereit liegen, auch daß ich leicht einen bedeutenderen Stoff zur Hand habe, nur war er nicht als erste Stimmung in der Seele entstanden, und so hab ich es immer zurückgewiesen und hab mich an das gehalten, was am wenigsten abschweift von dem, was in mir wirklich Regung war; daher kam es auch, daß ich wagte, sie drucken zu lassen, sie hatten jenen Wert für mich, jenen heiligen der geprägten Wahrheit, alle kleine Fragmente sind mir in diesem Sinn Gedicht. Du wirst wohl auch dies einfache Phänomen in Dir erfahren haben, daß tragische Momente Dir durch die Seele gehen, die sich ein Bild in der Geschichte auffangen, und daß sich in diesem Bild die Umstände so ketten, daß Du ein tief Schmerzendes oder hoch Erhebendes miterlebst; Du kämpfst gegen das Unrecht an, Du siegst, Du wirst glücklich, es neigt sich Dir alles, Du wirst mächtig, große Kräfte zu entwickeln, es gelingt Dir, Deinen Geist über alles auszudehnen; oder auch: ein hartes Geschick steht Dir gegenüber, Du duldest, es wird bitterer, es greift in die geweihte Stätte Deines Busens ein, in die Treue, in die Liebe; da führt Dich der Genius bei der Hand hinaus aus dem Land, wo Deine höhere sittliche Würde gefährdet war, und Du schwingst Dich auf seinen Ruf, unter seinem Schutz, wohin Du dem Leid zu entrinnen hoffst, wohin ein innerer Geist des Opfers Dich fordert. — Solche Erscheinung erlebt der Geist durch die Phantasie als Schicksal, er erprobt sich in ihnen, und gewiß ist es, daß er dadurch oft Erfahrungen eines Helden innerlich macht, er fühlt sich von dem Erhabenen durchdrungen, daß er sinnlich vielleicht zu schwach sein würde zu bestehen, aber die Phantasie ist doch die Stätte, in der der Keim dazu gelegt und Wurzel faßt, und wer weiß, wie oder wann als mächtige und reine Kraft in ihm aufblüht. – Wie sollte sonst der Held in uns zustande kommen? – Umsonst ist keine solche Werkstätte im Geist, und wie auch eine Kraft sich nach außen betätigt, gewiß nach innen ist ihr Beruf der wesentlichste. – So fühl ich denn eine Art Beruhigung bei dem Unscheinbaren und Geringfügigen meiner Gedichte, weil es die Fußtapfen sind meines Geistes, die ich nicht verleugne, und wenn man mir auch einwerfen könnte, ich hätte warten dürfen, bis reifere und schmackhaftere Früchte gesammelt waren, so ist es doch mein Gewissen, was mich hierzu bewog, nämlich nichts zu leugnen, denn wenn je eine reine, selbstgefühlige Gestalt hieraus sich entwickelt, so gehört auch dies hinzu, und was ich bis jetzt auf diese Weise in mir erlebte, ist ja, was mich bis hierher führte, zu diesem Standpunkt meines festen Willens. –

Ich hab Dir jetzt genug gesagt, ich hab es aus Liebe zu Dir getan, so wie Du so manches aus Liebe zu mir gesagt und getan hast, und Du hast außerdem noch einen nahen Anteil an allem, wie denn dies nicht anders möglich ist. – Ich bitte Dich aber dringend, lasse es in Deine Stimmung nicht einwirken, sondern sorg, daß Du mir hübsch ganz Du selbst bleibst. Dein Manuskript ist an den Primas besorgt worden.

Karoline

Was hast Du denn für einen Brief an Voigt geschrieben von einem polnischen Juden?

An die Günderode

Das Wetter hat sich geändert, der grüne Bergrasen lacht das bißchen Schnee aus, was Winter sein will, ich bin den ganzen Tag nicht zu Haus. Die Sonn und der Mond gehn abends zusammen am Himmel spazieren, ich war gestern früher oben, um zu sehen, wo sie bleiben, ich guckte in die Luft, die so weich weht, und in die veränderte Landschaft, weil über Nacht der Schnee weggeschmolzen war, und konnt mich auf nichts mehr besinnen in der schmeicheligen Natur, so geht's gewiß den schneeentlasteten Tannen auch und den Wiesen; und die gelben Weiden und die Birken taumeln in dem lauen Wehen wähnend und schwankend, als könnt der Frühling wohl einmal den Winter überhüpfen; sie sind im Winterschlaf vom Frühlingstraum geneckt, ich auch — ob nicht alle Seligkeit hier Traum von später ist? sie ist so kurz, so zufällig. — Frühling ist Seligkeit, weil's Begeisterung ist von der Zukunft, Seligkeit ist Begeisterung zum Leben, das ist Frühling. Wer ewig zum Leben begeistert ist, der ist immerdar Lebensfrühling, das Leben ist aber bloß Begeisterung, denn sonst ist's *Tod;* und so ist das Leben heut und immer knospenschwankend im Wind, der die Zeit ist, knospenschwellend in den Sinnen, was die Natur ist, und knospenduftend im Geist, der die Sonne ist. Das ganze Leben ist bloß Zukunftsbegeisterung, nicht ein Moment kann aus dem andern hervorgehn, wär's nicht Begeisterung der Natur fürs Leben. Die Zeit würde aufhören, wär die Natur nicht mehr frühlingsbegeistert, denn bloß, daß sie ewig nach der Zukunft strebt, macht, daß sie lebt; und daß sie ewig den Frühling erneuert, das ist ihre Seele, ihr Wort, das Fleisch geworden ist. Sie öffnet die Lippen und schöpft Atem der Zukunft, das ist der Frühling, der blüht schnell alles heraus, das ist Ausatmen der Begeisterung, Frucht der Blüte, Bestätigung des begeisterten Lebensatmen, Sommer, wo der Busen der Natur atemerfüllt die Lebenskraft in die Frucht, im Apfel, in der Traube wieder aushaucht in den Herbst hinüber, in dem er reift, absetzt; das ist im Busen der Natur Winterpause, da regt sie sich einen Moment nicht, wie die Brust sich auch nicht regt zwischen Sinken und Steigen vom Atem; — und dann hebt sich der Busen ihr allmählich wieder, mächtig und mächtiger — trinkt Lebensbegeisterung heiligen Atems voll. So ist das Leben frühlingsbegeistert Atemschöpfen, und Sommer und Herbst sind der Begeisterung Aushauch, und der Winter ist nur Frühlingspause; in ihr sind alle Sinne schon wieder auf das Atemschöpfen hingewendet.

Alt ist keiner, als nur, wer die Zeit achtet als bestehend. — Die Zeit ist nicht bestehend — Schwinden ist Zeit. An Schwindendes kann sich Begeisterung nicht hängen, an nichts kann sie hängen, sie muß frei sein, bloß in sich; denn sonst wär sie kein Leben. Also die Natur atmet Begeisterung, das ist Frühling; Sommer und Herbst entströmen dem Atem der Natur, das ist, wo sie alles hingibt, um aufs neue den Frühling einzuatmen. — Da ist's deutlich, daß der Geist auch nur Frühlingsatem schöpft und daß Jugend nicht in Zeit sich einschränkt, die vergeht, da Lebenslust nicht vergehn kann, weil, wie Natur Frühling aufatmet, wir Lebensbegeisterung aufatmen. — Es ist dumm, was ich hier sag, ist nicht uneingehüllter Geist, der den Wahn vernichtet, aber unter der armseligen Hülle des zwanzigmal wiederholten Vergleichs liegt einer zerschmetternden Antwort Keim auf das, was Du mir schon mehr als einmal gesagt hast: »Recht viel wissen, recht viel lernen, und nur die Jugend nicht überleben. — *Recht früh sterben!*« Ach, Günderode, atme aus, um wieder aufzuatmen, Begeisterung zu trinken — denn: Ist Natur nicht bloß dieser Begeisterung Leben? — Und wär Jugend etwas, wenn's nicht ewig wär? — Wie ich auf der Warte saß gestern und sah, wie die Natur den Frühling schon vorausträumte — da fiel mir's ein, daß Jugend ja ein ewiger Lebensanspruch ist, wer den aufgibt allein, atmet nicht mehr auf, er läßt den Atem sinken. — Ich weiß nicht, was Du Jugend nennst? — ist's nicht jugendlich, den Leib dem Geist aufopfern? — strebt sie nicht mit allen Kräften Geist zu werden? Was ist denn also die Zeit? — nichts als Jungwerden. — Leben muß man immer wollen, denn wenn der Tod kommt, das ist grade, wo die Jugend sich mündig fühlt zur Unsterblichkeit; wessen Jugend aber früher abstirbt, wie kann der unsterblich werden? — Wer dächte: Ich will nicht über die Jahre hinaus, wo ich mit zwanzig zähle, denn mit dreißig ist der Jugend der Stab gebrochen, der müßte einer sein, der Zeit hätt, so was zu denken, und stünd ebensogut müßig am Ufer als Ladung für den Charonsnachen, mir deucht aber, Dein Geist, der wie die Natur blütenaufatmend ist, kann nicht vor späterer Zeit zurückweichen wollen. Nein!

— Geistessehnsucht bildet Frühlingskeime, und Lebenwollen ist Liebe zu diesen Keimen, des Geistes Lebensbegierde ist dasselbe Treiben, was in der Natur ist, wo Keim auf Keim aufsprießt; und eine Lebensmelancholie kann nur sein, wo der Geist stockt, wo er den Trieb verliert, der Natur gleich, mit heißem Blut seine Triebe zu nähren; das wär die Jugend aufgeben; — das ganze Leben ist nur einmal Frühlingsauf-atmen, und ob wir zwanzig oder dreißig oder hundert Jahr zählen, so lang muß der Atemzug aushalten, aufstrebend ins Leben, mit allen Kräften, in vollster, reichster Blüte den Duft ausbreitend, in die Weite auf schwingenbeladenen Winden. — Wie kannst Du da nur um Jugend Dich grämen? — und wer anders lebt, der ist kein Lebender im Geist. — Und an was denkst Du in Dir selber? — zu was empfindest Du Dich hin, als bloß zum Ziel! — zur Umarmung mit einem Ideal, was innerlich Dir vorschwebt — Du sehnst Dich ihm entge-gen, innerlich, alles, was Du tust ist Aufstreben; Kindschaft, Jünglingschaft das ganze Leben; wie kann da von der Jugend Ende auf Erden die Rede sein. — Jugend bricht in voller Blüte hervor, erst wenn's Leben am Ende ist. Hast Du nicht gesehen an manchen Pflanzen, daß die erste Hülle, die ihre Blüte verschließt, welken muß, eh jene aufbrechen kann? — und sollte man, um der jungen Kraft der Hülle wegen, die nur Schutzmantel ist der verschlossenen Blüte, den innern Keim ausbrechen wollen, damit die Narren nicht sagen, die Jugend sei verwelkt? — Das ganze irdische Leben ist nur einhüllende Mutterwärme, Hülle der Geistesblüte, wir wol-len sie ihr nicht rauben, wir wollen sie verborgen in dieser Hülle lassen, bis die zu Staub auf ihr verfällt — und die geheimen Lebenstriebe, mit denen Du mich durchdringst, von denen ich ohne Dich nichts empfunden haben würde, die laß sich verdoppeln tausendfältig — Du liebst! — anders kann ich Dich nicht ausdrücken — das ist ja nur Jugendblüte! — Da der Charakter Deines Geistes also Jugend ist, was hast Du für Not ums Altwerden? — und was tu ich   denn? — ich leb mit von der Wärme, die Deines Geistes Lebenskeim schützt und nährt, und alles, was in mir treibt, würde viel-leicht ohne Regung geblieben sein, wär es nicht in Dir vom

Lebensfeuer ergriffen; ja, ich bin ein Zweig, der am voll-
blühenden Stamm Deiner unsterblichen Jugend durch dies
Erdenleben mitgenährt ist. —

Erdenleben ist Mutterhülle der geistigen Jugend, mag sie uns
schützen, wie die Zwiebel den Keim des Narzissus schützt,
bis sie im Spiegel ihr eignes Ideal erkennt.

Am Mittwoch

Ich war gestern lustig, aber ein Brief der Claudine über
Dich, den ich fand, als ich vom Turm kam, hat mich bewegt, Dir so ernst zu schreiben; wenn's dunkel ist, kann man
sich allerlei weismachen, eben weil Gelegenheit ist, so man-
nigfaltig mit Schatten zu spielen; glaubt man auch nicht an
den verzognen Schatten, so duldet man doch nicht gern das
groteske und doch so ähnliche Bild, und man kann am wenigsten leiden, was man doch nicht glaubt; so nimm meinen
Brief; ich hab nie Deine Reden über Leben und Sterben leiden mögen, obschon ich weiß, daß es nur Schatten waren,
die an der Wand Deines Geistes spielten, gleichsam als wär
das Licht Deines Geistes schief gerückt, und sei mir gut und
laß mich's nicht entgelten, wenn ich nicht damit in deine
Träume eingreife, die vielleicht golden sind im verjüngten
Morgenglanz, während ich trübe Regenwolken wollte verscheuchen, mit denen weit in den Abend hinein mir Dein
Himmel überzogen schien, als mir die Claudine von Deinem
Trübsinn schrieb. Es ist ja natürlich, daß, wer Dich von außen
nur sieht, über Dein Inneres keinen treffenden Bericht kann
erstatten, von dem ich jetzt ahne, daß es heiter thront über
Wolken, die ihren Schatten zwar nach der Erde werfen, auf
denen Du aber, himmlisch getragen, im Licht schwelgst. Hier
leg ich Dir das Blatt bei, das ich, eh der Claudine Brief kam,
geschrieben hatte, am Montag, wo's auf dem Turm so frühlingsmäßig war, daß ich an keinen Winter mehr glaubte.

Erstes Blatt vom Montag

Der poetische Vortrag vom Sonnabend hat mir seinen wechselnden Rhythmus wie in eine Orgelwalze eingehämmert, der
sogar meine Reden einschnürt; so leicht kann eine fremde

Kraft meinen Geist überwältigen. Dem Weiß hab ich gestern
meinen Gutenachtgruß, wie er behauptet, in Hexametern
vorgestammelt, wundre Dich nicht, daß ich diesen Plaggeist,
weil ich so abendmüde bin, die Zügel schießen lasse und Dir
die Naturseltenheit eines frühlingsträumenden Winterabends
in aufdringlichen Rhythmen vortanze.

Eilt die Sonne nieder zu dem Abend,
Löscht das kühle Blau in Purpurgluten,
Dämmrungsruhe trinken alle Gipfel.

Jauchzt die Flut hernieder silberschäumend,
Wallt gelassen nach verbrauster Jugend,
Wiegt der Sterne Bild im Wogenspiegel.

Hängt der Adler, ruhend hoch in Lüften,
Unbeweglich wie in tiefem Schlummer;
Regt kein Zweig sich, schweigen alle Winde.

Lächelnd, mühelos in Götterrhythmen,
Wie den Nebel Himmelsglanz durchschreitet,
Schreitet Helios schwebend über Fluren.

Feucht, vom Zaubertau der heilgen Lippen,
Strömt sein Lied den Geist von allen Geistern,
Strömt die Kraft von allen Kräften nieder.

In der Zeiten Schicksalsmelodien,
Die harmonisch ineinander spielen
Wie in Blumen hell und dunkle Farben.

Und verjüngter Weisheit frische Gipfel
Hebt er aus dem Chaos alter Lügen
Aufwärts zu dem Geist der Ideale.

Wiegt dann sanft die Blumen an dem Ufer,
Die sein Lied von süßem Schlummer weckte,
Wieder durch ein süßes Lied in Schlummer.

Hätt ich nicht dem Göttlichen gelauschet,
Hätt ich nicht dem Göttlichen gelauschet,
Und ich säh den heilgen Glanz der Blumen,

Säh des frühen Morgens Lebensfülle,
Die Natur wie neugeboren atmet,
Wüßt ich doch, es ist kein Traum gewesen.

Weißt Du noch jenen Abend, im Frühjahrsanfang, wo der Arnim auf dem Trages seine Gedichte uns vorlas? – da hab ich mich auf dem Turm in dem laulichen, keimetreibenden Wetter wieder dran erinnert, und der Rhythmus, der, wie gesagt, noch aus jener Vorlesung mich verfolgt, schien mir dies alles, was hier auf dem Papier so ganz dürr aussieht, in großer Fülle auszusprechen; ich wollt es Dir auch nicht schreiben, aber wo soll ich hin mit? – Meine Briefe an Dich sind wie das Bett der Quelle, alles muß durchströmen, was in mir ist.

Meine Bemühungen, Lieder fürs Wunderhorn aufzufinden, haben mich mit wunderlichen Leuten zusammengeführt, die wie angenehme Schäferspiele mich ergötzen. – Ich brauch Überredungskünste, um ein Bauernmädchen dahin zu bringen, ihre Lieder herzusingen. Da kommen sie meistens zuerst mit verkruzten Opernarien, ich hab noch wenig Körnlein aus dieser Spreu gesammelt, die sie aus Mangel an Unschuld im Überfluß an Unwissenheit ersticken und vermodern lassen und die man endlich doch nur stückweise ans Tageslicht bringen kann; – ich tu's dem Clemens und Arnim zu Gefallen. Letzt war mir ein allerliebst Mädchen vom Pfarrer Bang geschickt worden, weil es sehr viel schöne Lieder kann; die ganze Familie gehört zu dem Singgeschlecht, die sich ernährt mit Kräutersuchen für die Apotheken in der Umgegend und im Frühjahr mit Erdbeeren- und Heidelbeerensuchen. Das Kind war zwei Tage bei mir, es schlief im Vorzimmer; so ein allerliebst Kind kannst Du Dir gar nicht denken, auch von Schönheit; ich nahm's mit hinaus, da hat's mich neue Wege geführt, wo ich noch gar nicht gewesen war; ich sagte, wir wollen einmal gradaus gehen, es mag in Weg kommen, was will, so ging's bergauf, bergab, bis wir hinter die Brunnenleitung in den Wald am See kamen, und ich war mutwillig übermäßig, bis ich mich endlich, überrascht, weil ich rückwärts ging, in einem Sumpf befand. –

Was mich am meisten ergötzt, ist die Kenntnis aller Kräuter und Wurzeln, die das Kind hat, ohne doch je gelernt zu haben; es ist eine traditionelle Botanik, die aber so vollständig ist und mit so viel historischen Belegen versehen und zu so manchen Vergleichen führt, daß wohl auf diese Weise ein groß Teil Gottesphilosophie auch in den unstudierten Bauern übergeht. Ich grub viel Wurzeln aus, die wußte das Kind alle zu nennen, und jedes verdorrte Hülschen, das noch einen Samen bewahrte, kannte es, das gute Kind. — Da war ein kleiner Storchschnabel im Winter ausgefroren, es holte ihn aus einer Felsritze hervor, wo die Pflanze ganz unverletzt geblüht hatte und so verdorrt war; dies Blumengerippe war so schön, wie die Blume gar nicht ist. In ihrer Einfachheit kann die Pflanze nicht größeren Anspruch machen als andre Feld- und Waldblumen, aber ihr feines Gerippe ist wie ein gotisch Kunstwerk. Der kleine Spieß, der aus der Blumenkrone hervorwächst, teilt sich von unten in fünf Fingerchen, die sich aufwärts schwingen und mit jedem in einem kleinen verschloßnen Becher ein Samenkörnchen der Sonne entgegen halten, das so fein und wunderschön geformt und geschliffen ist wie ein Edelstein; wenn nun die Sonne drauf scheint, so tun diese Samenkörnchen nach allen Seiten einen mutigen Sprung, so sind alle fünf um die Mutterstaude versetzt, ein bißchen Erde, ein bißchen vermodert Moos gibt ihnen Nahrung, daß sie im nächsten Jahr im Familienkreis aufblühen. — Nein! ich hab die Natur lieb, mag ich auch nur wie ein trockner Storchschnabel, das geringste aller Pflänzchen, später unter den Füßen des Wanderers zertreten werden, so will ich ihr doch mich hinhalten, solang sie ihren kunstfühligen Geist über mich strömen läßt; wollte sie doch meiner einfachen, unscheinbaren Blüte nach einen schönen Zepter aus mir bilden, der seine Kleinodien um sich streut, neues Leben zu verbreiten, und dann in die leeren Schalen Himmelstau sammelt; so denk ich mir, wird des Großmütigen Zepter die Welt berühren.

In allen Wandlungen der Natur deucht mich Salomonis Weisheit mit Geistesbuchstaben eingezeichnet, die klein oder groß — die Seele mit Schauer erfüllen, weil sie alle rufen:

»Hebe wie der Vogel die Schwingen über den Erdenstaub hinaus und fliege aufwärts, so hoch du vermagst. Der Vogel fliegt mit seinem Leib, du aber kannst mit dem Geist fliegen, dein Leib hat keine Flügel, weil du lernen sollst, mit dem Geist dich aufschwingen.« — Du weißt, wie oft wir uns besannen, warum die Sehnsucht zu fliegen, durch jeden Vogel rege werde. Hätten wir Flügel wie die Vögel, so würde diese Sehnsucht nicht wach sein, die jetzt uns bewegt, immer dran zu denken, und so unsern Geist befiedert, mit dem wir einst fliegen werden; denn alles Denken ist doch das im Geist, was das Wachsen und Treiben in der Natur ist. — Nun weißt Du auch, warum in meiner botanischen Taufe der Storchschnabel die Zepterblume heißt. — Mein botanisch Heft hat sich schon vergrößert bis zur siebzehnten Pflanze, die ich genau beobachtet und so bezeichnet hab, wie mein Beschauen es mir lehrte, bald ist's das Blatt, bald die Krone oder Wurzel, bald die Form der Staude, die mir irgendein Rätsel löst oder eine Zauberformel aufgibt; dem alten Weiß bring ich meine Exemplare, er muß sie mir einlegen und sauber ordnen; im Anfang meinte er, ich spaße, als ich ihm meine neue Botanik vortrug, als ich aber ganz ernsthaft dabei blieb, daß wie andre eine Botanik geschrieben, so könne ich auch eine schreiben, so sah ich ihm heimlich an, daß er mir meine Kinderunschuld nicht verderben wollt und sich hineinfügte; ich las ihm meine Entdeckungen vor, besonders erfreute ihn die Geschichte der Kuhblume, die ihren Samen wie eine Sternenkugel ausdehnt und von der ich ihm zu verstehen gab, daß die Sterne wohl auch mit einer so feinen Röhre auf dem Samenschaft der Gottheit haften, wenn die ausgeblüht hat und einer zuweilen dahinfliegt, um in einem neuen Boden zu blühen, und daß alle Himmelskörper reifende Samen sein könnten. — Der Weiß sagt: »Tolle Vergleiche, aber sie machen mir Freude und rücken mir die alte Pelzmütze vom Ohr und wehen mir frische Luft zu.« So bring ich denn manches zum Vorschein, woran ich nicht gedacht hätt, bloß um den alten Nachbar in Verwundrung zu setzen; es ist doch schön von ihm, daß er sich zu solchen Dingen, die er Narrenspossen nennt, so gerne hergibt. — Manchmal ruft er aus: »Das geht über alle Unmöglichkeit hinaus.« – Mit dem Erdbeermädchen bin ich noch einen Nachmittag im Freien am Waldrand gewesen, wo wir Feuer machten und wo die Sonne glühendrot unterging und wir durch die einsamen Felder auf dem Heimweg sangen; da hab ich ein paar schöne Lieder entdeckt, es hatt ihrer gewiß noch manche im Kopf stecken, Melodien, die wie durch einen Magnet mit dem Inhalt zusammenhängen, die tragen eines durchs andre die Stimmung auf einen über. –

Heute erhalte ich einen Brief von Dir, die Claudine schrieb mir, daß sie Dich schreibend getroffen, schon am zweiten Blatt, ich weiß, daß wenn ich meinen Brief jetzt fortschicke, daß mir der Bote einen zurückbringt, ich freu mich, unterdessen will ich auf den Turm laufen und meine freudige Ungeduld mit den Geistern verjackern. –

Bettine

An die Günderode

Ich habe große Liebe zu den Gestirnen, ich glaub, daß alle Gedanken, die meine Seel belehren, mir von ihnen kommen. Auf die Warte zu gehen, möchte ich keine Nacht versäumen, ich dächte, ich hätt ein Gelübde gebrochen, was sie mir auferlegten, und sie hätten dann umsonst auf mich gewartet. Was mir Menschen je lehren wollten, das glaubte ich nicht, was mir aber dort oben in nächtlicher Einsamkeit in die Gedanken kommt, das muß ich wohl glauben. Denn: der Stimme vom Himmel herab mit mir zu reden – soll ich der nicht glauben? – fühl ich denn nicht ihren Atem von allen Seiten, der mich anströmt? – das ist, weil ich hier einsam in der Nacht ihnen so ganz vertraue. Ich gehe den Weg, der mich ängstigt, um zu ihnen zu gelangen, ich komme zum dunklen Turm, da zittert mir das Herz, ich steig hinauf mit solcher Beklemmung – und auf der obersten Sprosse, wo ich mit der Hand mich aufstützen muß, um mich hinaufzuschwingen, da ist mir schon so leicht – da leuchten mir alle Sterne entgegen – und wen ich liebe, befehle ich ihrem Schutz, und Dich zuerst. – Wenn ich um Dich betrogen würde, dann wär's aus mit ihnen. – In den Schnee, der oben auf der Warte liegt, schreib ich Deinen Namen, daß sie Dich schützen sollen, das tun sie auch gewiß. — Dann setz ich mich auf die Brustwehr und verkehr mit ihnen lustig, nicht traurig. Du denkst wohl, ich wär da feierlich gestimmt? Nein, sie necken mich. »Hast du das Herz, da auf der schmalen Mauer im Kreis herumzulaufen, vertraust uns, daß wir dich nicht herunterfallen lassen?« — so fragen sie; und dann ist's, als könnt ich sie mit der Hand greifen, so nah sind sie mir. Denn wenn ich auf ihren Wink das Leben in ihre Hut geb, das muß mich mit ihnen vertraut machen. Ich weiß wohl, was Menschen denken würden von mir, wenn die so was wüßten, ich sag Dir aber, es ist eine Saat, die sie mir ins Herz säen, das hält so still und ist so hingebend wie das Erdreich, und es sammelt seine Kräfte, diese Saat zu nähren. Meinst Du, ich würde je zagen vor dem Geschick, wenn ein guter Geist mich heißt vorwärts gehen? — gewiß nicht! die Sterne haben's in mich gesäet, dies Vertrauen in das Rechte, ins Große, was so oft unterbleibt aus Mangel an kühnem Mut. Das ist die Blume dieser Saat, die blüht hervor; und meiner Brust prägt sich ein, daß ich nicht mehr nach der Menschen Rat frag oder auf ihre Meinung, ihren Willen mich berufe und mich so meiner inneren Stimme entziehe, die mir vielleicht befiehlt, was mich gefährdet, aber mir das Reine, Echte, Große, was auf kein Gerüste der Falschheit sich stützt, sondern rein aus der Brust mit Gottes Stimme ein- klingt, als heiligen Gegensatz aller menschlichen Vorsicht darstellt. Ein Inneres sagt mir: wie du den Sternen zusagst — so sage der innern Stimme auch zu, der nicht umsonst ein so dringender Laut eingeboren, die fühlbar macht das Unversöhnliche einer fremden Handlung mit diesem hei- teren Umgang der Natur. Nie könnt ich etwas tun, wo nicht mein eigner Geist ja dazu sagte, und nie sollten mich Folgen kränken, schienen sie auch noch so herbe, wären sie diesem Vertrauen in die innere Stimme entsprungen. — Denn Erden- schicksal! — Was ist Erdenschicksal? — Erhaben kann der Menschengeist nie genug handeln! — Alles kleinliche Den- ken und Treiben ist weit größeres Elend, vergeudet viel edleres Gut, als mir je könnt aus Schicksalstücke geraubt werden. Aber groß Handeln heißt nichts als die reine Gewissensstimme mit der Harmonie der Geister, der Sterne, der Natur einklingen lassen; klingt sie nicht ein mit ihr, so kann ich nimmermehr mich zu ihr wenden, nicht den Mond mehr zur Rede stellen, nicht die Sterne, nicht die Nebel, nicht die Finsternisse mehr durchwandeln und mit Geistern flüchtig durch Wies und Fluren schweifen wie mit bekannten und vertrauten Mächten; ich hab kein lebendig Gefühl mehr zu ihr, zur Natur. Bescheint mich die Sonne, so ist's nicht, weil sie ihren Geist auf mich richtet und meinem Durst den Kelch der Wahrheit von ihren Strahlen erfüllt darbietet, und überschau ich, wie heute, die frisch gefallne Schneedecke, über die Weite hingebreitet, so kann sie mich nur traurig anglänzen, die das Licht der Sterne so rein in ihren diamantnen Flächen spiegelt; und in meinem Geist, der von Gott gebildet ist, sein Bild aufzunehmen, ist dann dies Licht erblindet.

Was soll's, ob Jugend oder Alter mein Leben genannt werde, wenn die Natur ihre Sprache mir lehrt, die Geduld nicht mit ihrem Jünger verliert, wenn alles von Tag zu Tag feuriger mich begeistert bis zum letzten Tag. Welcher von denen, die mir Jugend absprechen, wird so elektrisch aufblühen, auf welchem Herd werden so hohe Flammen lodern, und wo wird des Lebens Fülle in hohen Wellen dahin sich ergießen als in meinem Lebensstrom? — lasse sie doch, die was wissen von Jugend? — lasse die kalte Welt, die Dich berechnet, kleinlich nach Jahren, sagen, Du seist alt oder jung, wer der Natur vertraut, der läßt von ihr sich umschmelzen, so oft und wie sie will. —

»Willst du was«, sagen die Sterne, »komm zu uns.« Das gelobe ich ihnen. — Wo sollt ich mich auch sonst noch hinwenden? — wo sollt ich suchen? — keines Menschen Arm ist so zärtlich umfassend als der Sterne Geist, er umfaßt mich und Dich, denn wenn ich mich sammle innerlich, so hab ich Dich im Sinn. Was ich mit ihnen spreche, das hör ich nicht, ich les es auch nicht, es ist ihr Geflimmer, das wirkt mir's ein, und mit meinem Zutrauen versteh ich's; — und wer könnt mir meinen Glauben nehmen? — Und wenn einer balsamtrunken ist und fühlt's in den Adern, wie könnt der zweifeln? — Es ist auch nicht, daß sie mir treffende Wahrheiten mitteilen oder daß ich was vernehm im Geist, was mir wie Weisheit dünkt. — Sie nicken nur meinen geheimen Wünschen Gewährung — Du weißt wohl, was das ist: innerlich siegend wegfliegen über alles; äußerlich nicht erkannt, nicht verstanden; ja, lieber verachtet als nur ahnen lassen, wie es ist — diese göttliche Dreieinigkeit zwischen mir und Dir und den Sternen. — Wenn ich für Dich mit ihnen was vorhab — ich streck die Hände aus zu ihnen, sie wissen's. —

Dein Brief hat heute einen Geisterring um mich gezogen, Du hast mich in einen tieferen Kreis eingelassen, das macht mich wehmütig, und doch macht es mich eifersüchtig auch, ich empfind, daß Du mich hinter Dir läßt, wenn Du mit Deinen großen weiten Flügeln Dich aufschwingen wolltest. — Du hast recht in allem, was Du sagst. Das heißt, ich versteh Dich — aber es drängt sich mir ein Gefühl auf, ein schmerzliches, das überwiegt alles Große, was Du mir über Dich sagst, allen heiligen Rat, den Du über mich gibst. — Der Freund, der weit über Land reisen wollt, würde so sprechen zum Abschied! es ist nicht wie Deine früheren Briefe, die mitten drin sind im Spiel meiner Gedanken, Du stehst auf der Höhe, übersiehst alles, befiehlst mir alles an, als wolltest Du von mir scheiden. Du sagst zwar, was ich von Dir schreibe, habe Dich gerührt, darum seist Du mir nähergerückt, und es ist auch eine tiefe Harmonie in dem, was Du von Dir sagst, mit meinem Gefühl von Dir, aber mich macht's traurig, daß Du willst, ich soll dem Clemens mehr schreiben, ich soll Dir heilige Versprechungen geben, meiner Natur treu zu bleiben, und am meisten tut mir's weh, daß Du so deutlich die Verschiedenheit unserer Geisteswege bezeichnest und Dir den angestrengten dornenvollen aneignest, von mir aber sagst, ich dürfe mich nicht bemühen, ich sei in dem Land von Milch und Honig. Soll ich nicht mit Dir sein, soll meine Milch und Honig, meine Früchte nicht Dir darbringen, für wen fließt dann diese Milch und Honig? — Ach, wenn nur diese Dreieinigkeit fortbesteht zwischen Dir und mir und dem Geist, der dem einen und dem andern mitteilt für beide, so bin ich befriedigt für immer, und mag mir geschehen, was da will, nur das Schicksal soll sich mir nicht aufdrängen, was diese Dreiheit scheidet. — Mit Deinem Brief ging ich auf die Warte. — Zu wem soll ich gehen, mit wem soll ich sprechen von Dir? — Mit welcher Sehnsucht ging ich hinauf, und die Sterne! — wie verwirrte mich da oben ihr Drängen um mich her, immer höher und höher hinauf unzählige, und alle winkten, soweit mein Auge reicht, und so ist's mit jedem Tag mehr, daß ich mich an sie wenden muß, und was Traum war, muß mit der Wirklichkeit vermählt werden, wenn ich mir durchhelfen soll. So ist's, wenn der Keim durchbricht, da genügt nicht mehr Wasser und Luft und Erde, da ist kein Wahrscheinliches mehr, kein Unwahrscheinliches, da ist kein Rat, kein Beweistum mehr gültig. —

Glaube ist Aberglaube — aber Geist ist Glaube. — Da könnte einer fragen, was mein Vertrauen in die Sterne ist, wenn nicht Glaube und also Aberglaube? Zwischen den Sternen und mir ist nur der Geist, ich fühl's, alle sind Spiegel des Geistes, der aus meiner Brust steigt; sie fangen ihn auf und strahlen ihn zurück; was du denkst, das einzig ist, die Wahrheit, sagen sie, klemme nicht deine Flügel ein, fliege so hoch und so weit dich deine Flügel tragen, ihre Kraft zu proben ist nicht Sünde; wie der Kolumbus dahinfuhr auf uferlosem Meer, so fürchte du nicht, die Ufer aus dem Aug zu verlieren, an denen Menschenwitz gelandet und furchtsam sich dran festklammert; nicht umsonst ist Gott überall, so darf der Menschengeist auch überall sein; denn er trifft mit Gott zusammen in der ungangbaren Wüste; das Umherschweifen nach einer neuen Welt, die deine Ahnung dir weissagt, ist nicht Sünde, denn der Geist ist geschaffen, der Welten unzählige zu entdecken, und diese Welten sind, und sind das Leben des Geistes, ohne diese würde er nicht leben, denn des Geistes Leben ist, Welten zu entdecken, und der Welten Leben ist, im Geist aufzusteigen. Denn alle sind im Geist geboren, die wollen zu Schiff und fort, um neue Welten zu entdecken. Aber die Menschenfurcht ist so groß vor dem Geist, daß sie den Hafen sperrt und duldet nicht, daß er die Segel ausspanne, sondern alle rufen: Steiniget ihn, steiniget ihn, denn seht, er will den Hafen verlassen, in dem wir gelandet sind, und so steinigen sie ihn und töten ihn, eh sie zugeben, daß er den Hafen verlasse, damit nie Gottes Weisheit den Menschenwitz auf freiem Meer geleite; denn sie wollen der neuen Welten keine zugeben, aber gewiß: so unendlich der Sterne Zahl, so unendlich auch die Welten, die der Geist noch zu entdecken hat; und wie aller Sterne Licht zu uns aus weiter Ferne niederstrahlt, so strahlt aller Welten Geist herab in den Menschengeist, und dies Licht ist der Keim, der aufgeht im Geist, daß er die Welten des Geistes entdecke. — Und wie alle Wahrheit *Fabel* ist, das heißt Gottes-Verheißung in der körperlosen Geistigkeit der Idee, und wie alle Geschichte Symbolik ist, das heißt Gottessprache mit dem Menschengeist, um ihn auf die Wahrheit steuern zu lehren, so ist denn auch die Geschichte des Kolumbus ein göttlich Bereden und Berufen des Menschengeistes, seine Segel aufzuspannen und kühn auf jene Welt loszusteuern, die er, sich selber weissagend, sehnsüchtig erreichen möchte; und die Fabel dieser wahrgewordnen Ahnung ist die Verheißung, daß auch des Menschen Geist glücklich landen werde, wenn er seinem Mut vertraut, denn wie wollten wir den Mut wecken und erziehen in uns, vertrauten wir nicht der eingebornen Kraft — dem Genius. Was Tugend ist, hat keine Grenze, es umspannt die Himmel, wir können ihm kein Ziel setzen: so können wir dem Geist kein Ziel setzen, er ist göttliche Kraft, und dieser vertrauen, das ist der Geisteskeim, der ins Leben tritt. Was aber der Mut erwirbt, das ist innere Wahrheit, was den Geist verzagen macht, das ist Lüge. — Verzagtheit im Geist ist gespensterhaft und macht Furcht. — *Selbstdenken* ist der höchste Mut. — Die meisten Menschen denken nicht selbst; das heißt, sie lassen sich nicht von der Fabel des göttlichen Geistes belehren, die alle Wirklichkeit durchleuchtet und zur Hieroglyphik sie bildet, durch deren weisheitbewahrende Rätsel der Mensch hinauftreibt zur Blüte und sich zeitigt in ihr, daß er vermöge, neue Welten organisch zu durchdringen und so sich selber ewig und ewig bis zur Gottheit zu erziehen. — Aber im engen Hafen eingeklemmt, aus Furcht vor dem Scheitern, da wird er die Gottheit auf hohem Meer nicht erkennen. Und ist doch alle

Geschichte Symbolik, das heißt Lehre Gottes, und wenn das nicht wär, so würde den Menschen nichts widerfahren. Wer wagt, selbst zu denken, der wird auch selbst handeln, und wer nicht selbst denkt, nicht aufs freie, uferlose Meer steuert mit seinem Geist, der wird die Gottheit nicht selbst erreichen, nicht selbst handeln, denn sich nach andern richten, das ist nicht handeln, handeln ist *Selbstsein,* und das ist: *in Gott leben. —*

So hab ich heute gedacht auf der Warte, weil mich Dein Brief ergriffen hat; ein Zorn ist in mir aufgelodert, der mir diese Gedanken zurief, es ist ein Fordern an Dich, Du sollst Dir und mir treu sein, da ein Geist sich mit uns beiden eingeschifft hat, so verlaß seine Flagge nicht, der Eid, den Du geschworen, heißt: *freudiger Mut,* da Geist in ihm nimmer verlorengehen kann und außer ihm aber erstirbt. — Nun versteh mich da heraus. — Der Traum leuchtet zu stark in mich herein, als daß ich nicht etwas verwirrt sollte reden müssen. — Ich kehre zurück in tieferen Schlaf; — wo ich's nicht mehr fasse, wie eben, was in mir webt und will. — Wie wär das Wunderbare möglich? — jawohl! wie wär der Geist möglich in der Menschenbrust, ohne alle Sterne? — sie alle leiten ihr Licht in ihn, sie alle sind seine Erzeuger, sie alle richten sich nach ihm, der in der Brust wie in der Wiege liegt, und sind Hüter seines Schlafs; so er erwacht, so nährt er sich von ihrem Geist, schlafend saugt er ihr Licht. Und siehst Du, ich spanne die Segel auf und fahr vorwärts und sprenge die Ketten, die den Hafen sperren, denn mein Wille ist, dem Gott auf offnem Meer zu begegnen, und dieser Wille ist rein und frei von Sünde, so ist er die Wahrheit und kann nicht trügen und wird Gott finden. — Mein Geist wacht noch nicht, er schläft aber doch unter ganz leiser Schlummerdecke, wie ein Kind mit süßem Bewußtsein schläft in der Sonne und fühlt ihren Schein.

Donnerstag

Ich muß Dir alles sagen, alles, was mit luftiger Eile sich mir durch den Kopf schwingt. — Ist mir's doch, als fahren wir auf Wolken dahin und meine Worte verhallen in der Weite, aber ich muß Dir rufen — wie ich Dich dahinschwimmen seh am Himmelsozean, als hätten Dich die Winde aufgerafft — und mich auch, und als flög Dein Wolkenpferd weit vor mir; — meine Stimme flattert an Dich heran: Du hörst doch? — so hell der Mond auch scheint im unendlichen Blau der Nacht, das Dich dahinnimmt? — Es gibt nichts wie die Liebe! — doch weißt Du wohl! — Menschen unterscheiden zwischen Lieb und Freundschaft und zwischen besonderer Treue für diesen oder jenen, aber nicht ich und Du? — Was spricht mich an? — das sag mir doch — vielleicht der Dämon — der findet mich hier auf der einsamen Warte und spricht mit mir von Dir? — und lehrt mich beten für Dich. Dich denken, wie Dein Geist sich höher und höher entfaltet, das ist beten. — Und warum wüßt ich von Dir, wie Du bist, nach was du dürstest, warum vernähm ich Dich so tief und fühlte Dein Sein? — Lieb will ich das nicht nennen — wenn's nicht ist, daß ich vor Gott Dich aussprechen lerne? — denn alles Sein ist Geist Gottes, und Geist will sich aussprechen, sich in den Geist übertragen, und die Sprache ist der Widerhall, das Gedächtnis des Seins. Ich spreche Dich aus vor Gott, so ist mein Gebet rein vor Gott, so hat es mich Dein Genius heute gelehrt oben auf der Warte — und hab ruhig, wie Du bist, mit den Sternen überlegt; und dann hab ich Deinen Namen eingezeichnet in den Schnee; und dann den Namen des Königs der Juden, der kindlich zu Gott ruft: *Vater!* hab ich Dir als Wächter hinzugeschrieben und dies Zeichen von Dir im kalten Schnee; da ist Dein Geist frei von bösem Wahn, da oben in reiner, kalter Luft, die Dich anweht. Und der Geist Gottes über Dir, und der menschgewordne Geist der Liebe Dich umschwebend — daß Du sein mußt — und nicht Dich aufgeben wollend auf dieser leuchtenden Bahn. — Ja, so muß es sein, denn Du bist ein Schoßkind Gottes, denn wenn ich in der kalten Nacht hinaufseh, dann seh ich Dich sanft hinaufschreiten, als sei es Dein gewohnter Weg, und gehest ein und vorwärts, aber Dein Geist verzweifelt nicht. — Leb doch wohl, jetzt bin ich wieder still — und fürchte nichts für Dich — eins will ich Dir sagen von meinen Briefen, ich lese sie nicht wieder — ich muß sie dahinflattern lassen wie Töne, die der Wind mitnimmt, ich schreib sie hin, versteh's, wie Du willst, sie sind ein tiefes Zeichen, wie mein Geist durch den Deinen schreitet und von ihm wieder durchdrungen wird, und sonst ist's nichts. — Und wenn es kein Geist ist, was ich damit mein, so ist's Ton — Geschrei meines Herzens nach Dir hin, es verhallt, oder es dringt bis zu Dir — da denkst Du, das ist der Bettine ihre Stimme, das ruft Dich, auf daß Du im Geist meiner wahrnehmest, wie kann ich anders mit Dir reden, was kann ich Dir zurufen? — Was versteht sich zwischen uns nur allein die Modulation des Gefühls, das andre wissen wir ja alle schon. —

Bettine

An die Bettine

Du wirst mir doch nicht übel deuten, daß ich mich ein wenig vor Dir fürchte? — und machst mir auch Furcht vor mir selber! — und dann fürchte ich auch für Dich, nimm Dich um Gottes willen in acht, daß Du nicht fällst. Deine Turmbegeisterungen erfreuen mich, aber ich will gewiß sein, daß Du keiner Gefahr ausgesetzt bist, sonst machst Du mich krank; schreib mir gleich, daß Du nicht mehr auf der Mauer herumlaufen willst, sonst kann und will ich nichts mehr von da oben hören, mir war's wohltätig, Deine Stimme von da oben herab, so frei und leicht, wie Wolken jagen, zu vernehmen, aber wollt ich doch, der Turm fiel eines Morgens ein, lieber, als daß Du am End in der Nacht selbst herunterfällst. — Ich weiß nicht, bist Du das Spiel böser Dämonen? — oder sichern Dich die Guten, so gib ihnen wenigstens nicht so viel zu tun, die bis zu mir dringen, ich soll Dich mahnen, nicht zu freveln. Liegt darin nicht schon der Beweis, daß sie Dich nicht schützen können? — Nehme ich Deine Weissagungen in mich auf und ergrüble das Tonspiel Deines Geistes, in das der Zufall so oft eingreift wie der Wind, der alle Töne auseinandersprengt, und sammle gern, was Du zerstreuest in die Lüfte: so folg mir doch auch — und ich bitte Dich darum, sonst kann ich nicht ruhig denken an Dich; — aber wenn Du es nicht lassen willst, oder wie Du meinst, daß Du es nicht lassen *kannst,* dann schweig lieber ganz, oder wie soll ich's machen, daß ich die Furcht überwinde. Du möchtest elend und unwillkürlich da hinab ins Grab stürzen.

Du hast eine Bangigkeit um mich, als läge mir was Trauriges im Sinn; das solltest Du ja nicht — es war im Gegenteil ein ganz freier Augenblick, wo alle störende oder zerstreuende Bilder erblaßt waren, wo ich mit hellen Sinnen mein Inneres vor Dir aufschloß. —

Warum ich Dich mahnte, an den Clemens zu schreiben, das will ich Dir hier offenbaren. Du sagst, Du liebst den Clemens, der Idee nach kann ich ihm auch herzlich gut sein, allein sein wirkliches Leben scheint mir so entfernt von demjenigen, das ich ihm dieser Idee nach zumute, daß es mir immer ein wahres Ärgernis ist, deswegen kann ich auch nie eine feste Ansicht über ihn haben — aber in Deiner Liebe zu ihm fasse ich auch wieder Glauben zu ihm und habe eine Art Zutrauen zu einem inneren Kern in ihm, der nur durch allerlei Unarten verborgen und zurückgehalten ist, wie wenn ein gesunder und reiner Born sich teilweise im Schlamm und Sand versickert; nun, mein ich, Dein Schreiben an ihn räumt diese trübenden und schmälernden Hindernisse wohl hinweg, da Du so grade an sein Herz gehest, wo ich vielleicht zu ungeschickt bin, durchzufinden. Es ist nur der Wille, mich selbst besser zu ihm zu stellen und alles, was sich immer durch seine Briefe aufs neue zwischen uns drängte, zu überwinden, warum ich wünsche, daß Du ihn nicht versäumst; dann ist es auch mein Gewissen, was mich auffordert, daß Dich ihm nichts entfremde, denn wenn ich ihn je als treu und aufrichtig fassen kann, so ist's Dir gegenüber; umsomehr muß ihm dies erhalten bleiben, es ist die Quelle, aus der er verklärt aus dem Bad steigt. Hier hast Du seinen Brief an mich, was er von Dir sagt, ist so aufrichtig, natürlich, innig; aber das andre ist um so wunderlicher, daß es mir ganz seltsam vorkam. Ich bestrebe mich immer, wenn ich an ihn schreibe, sehr faßlich zu sein und ganz wahr, allein es ist, als müsse grad dies dazu dienen, die verkehrtesten Ansichten bei ihm über mich hervorzubringen, es war mir, als ich den Brief gelesen hatte, und ist mir noch so, als ob er gar nicht für mich geschrieben sei. — Aber wenn ich ihm das schreibe, so muß ich schon gewärtigen, daß er es für eine künstliche Anstalt halte, obschon ich ihm versichere, daß es ganz von selbst so gekommen, denn er kann sich wohl unmöglich denken, daß sein tieferes Eingehen auf meine Natur, wo er mich lobt und wo er mich tadelt, mir ganz fremd erscheine. — Ich verstehe nur den Augenblick, in dem er mir geschrieben hat; — ich bin überhaupt nie weitergekommen, als seine Augenblicke ein wenig zu verstehen, von dieser Augenblicke Zusammenhang und Grundton weiß ich gar nichts. Es kommt mir oft vor, als hätte er viele Seelen; wenn ich nun anfange, einer dieser Seelen gut zu sein, so geht sie fort, und eine andre tritt an ihre Stelle, die ich nicht kenne, und die ich überrascht anstarre, und die statt jener befreundeten mich nicht zum besten behandelt, ich möchte wohl diese Seelen zu zergliedern und zu ordnen suchen. Aber ich mag nicht einmal an alle seine Seelen denken, denn eine davon hat mein Zutrauen, das nur ein furchtsames Kind ist, auf die Straße gestoßen; das Kind ist nun noch viel blöder geworden und wird nicht wieder umkehren, darum kann ich ihm auch nicht eigentlich von mir schreiben; sein Brief an Dich, über Wahrheit, hat mir viel Freude gemacht, und zugleich seh ich hell, was mir vorher nur dunkel und schwankend war, ich kann ihn viel besser durch Dich verstehen und ihm gerecht sein und auch liebend, wie er es zu bedürfen scheint. Das alles macht mich wünschen, daß, was ich ihm liebend antun kann, durch Dich befördert werde, sprich ihm von mir, wie ich ihm recht natürlich vorkommen muß, daß es sich gut zwischen uns gestalte, denn durch unmittelbare Berührung kann nichts werden.

Savigny hat mir selbst geschrieben, tue mir doch den Gefallen und schicke mir gelegentlich die Übersetzungen ins Französische, von denen er mir gesagt und sie mir auch versprochen hat. —

Und nun möcht ich wohl diesen Raum an Papier hier mit etwas ausfüllen, was Du nicht erwartest, weil es etwas Altes und oft Wiederholtes ist; aber doch liegt es mir auf der Zunge und auch immer im Geist, wenn ich *Deine* Briefe lese, mit denen mir's freilich ganz anders geht wie mit denen von Clemens, wo ich nur nachsinne und überlege, während ich bei

Deinen nur empfinde, und zwar so wohltätig, als käme mir ein Luftstrom aus dem Gelobten Land. Um so mehr wird Dich befremden, wenn ich frage, aber was wird bei Deinem *Zwischen-Himmel-und-Erde-Schweben* aus der Musik, aus dem Generalbaß, aus der Komposition? — ist es nicht dumm, daß ich so frage? — aber bedenk, wieviel Genuß es Dir schon in Offenbach gewährte, was Du Dir selber und dem, was Dir lieb war, schon zu Gefallen tun konntest, wie wohltätig wirkte es auf Dein Aufbrausen, wie oft beschwichtigtest Du es damit, wie schön versöhntest Du oft Deine Stimmungen in dem Unerreichbaren durch Dein Singen — und was hast Du mir alles selbst beglaubigt, wie tief Musik in Dich eingreife; sollte nun auf einmal dies alles verschwunden sein? oder hast Du nur versäumt, mir drüber zu schreiben? — Lebe wohl, Liebe, und ermüde doch nicht, mir zu schreiben.

Karoline

Deine Kolumbus-Ansicht erfreut mich ungemein und macht mich ganz scharfsinnig — schicke dem Clemens Deine rhythmische Vision, es macht ihm vielleicht Freude, ich empfinde darin mehr lebendige als gemalte Flamme, schon fließt die Abendschilderung und das Ganze aus lebendiger Erinnerung, die prophetischer Sang dem Untergang der Welt ist, und dem neu erblühenden tausendjährigen Reich erwartet. Prophezeit doch Apoll auch aus der Vermählung der Poesie und Philosophie. Ich erinnere mich noch des seligen Übermuts in dem Liede von Arnim: *Wie der trunkne Pag' in warmen Nächten in geheimnisvoller Liebe Mantel wohl verkappt der Herrin Lager suchend, taumelnd in die Höhle war geraten, wo die Löwin ihre Jungen säugte.*

An die Günderode
Hab ich Dir denn nicht vom Koch erzählt, der mich wöchentlich zweimal kreuzigt mit dem Generalbaßunterricht? — und daß er mir alles korrigiert, was ich komponiere? — er schneidet mir alles zurecht, bis nicht ein Ton mehr, nicht ein Taktteil am alten Fleck sitzt, und wenn er's so weit verputzt hat, daß es sich ausnimmt wie ein geschorner Blumenstrauß, so

hängt er ihm noch Manschetten an aus seiner eignen Garderobe. Arnims irdische Lieder werden da heilige Märtyrer unter meinem Musikstudium, und ihre Seligkeit kann ich weder durch Vor- noch Nachspiel ausdrücken und tröste mich damit, daß Seligkeit etwas ist, was nie eines Menschen Ohr gehört hat. — Aber mit meiner Musik geht es im ganzen schlecht, das leugne ich Dir nicht, das ist aber nicht far niente, es ist unüberwindliche Schweigsamkeit in meiner Kehle, ich muß vermuten, daß es für die Menschenarten wie die Vögelarten gewisse Zeiten gibt im Jahr, wo sie den Drang zum Singen haben. In Offenbach, das war im Juni und Juli, da wacht ich gleich mit Singen auf, und abends stieg ich immer hoch, wie die Vögel in den besonnten Gipfel fliegen, um der scheidenden Sonne nachzusingen, da war der Taubenschlag meine Tempelzinne, da kamen mir Melodien, sie entsproßten aus leiser Berührung zwischen Ton und Gefühl, sie lösten die Fesseln dem, was in meiner Brust wie im Kerker schmachtete, dem gaben sie Flügel auf einmal, daß es sich heben konnt und ganz frei ausdehnen. — Ich hab oft darüber gedacht, daß Musik so leicht und gleichsam von selbst sich melodisch ins Metrum füge, die doch vom Verstand weit weniger erfaßt und regiert wird wie die Sprache, die nie ohne Anstrengung das Metrum des Gedankens ergründet und entwickelt. Die Melodie, die so in der Singezeit auffliegt, in sich fertig gebildet der Kehle entsteigt, ohne von dem Geist gebildet zu sein, ist so überraschend, daß sie mir immer als Wunder erscheint. — Ist die Sprache eine geistige Musik und noch nicht vollkommen organisch gebildet? — sollen vielleicht Gefühl, Empfindung, Geist ineinander durch die Sprache der Poesie organisch verbunden werden als selbständige, wirkende Erscheinungen? — haben Gedichte nicht geistige Verwandtschaften? nicht Leidenschaften? reißt ein Gedicht nicht das andre mit Flammenglut an sich, sind Dichtungen nicht bloße Begeisterung, heiße Leidenschaft füreinander? — Spricht ein Gedicht Liebe aus, dann muß es ja in sich liebend sein — es entzündet ja! — Ich muß ja jeden Gefühlschritt, jeden Atemzug mitleben, ich lieb ja so heiß wie die gedichterzeugende Begeisterung der Liebe.

Es wär Frevel, wollt ich dichten, weil ich den Wein trinke und im Rausch den Gott empfinde, weil der Vergötterungstrieb des Geistes mich durchschauert. Ich kann's nicht erzeugen, das Göttliche, so sag ich Dir, und doch — es ist mir gewiß, daß ich es inbrünstig liebe und es auch im einfachsten Keim erkenne, aber ich selbst werd nicht Lieb erzeugen, so wenig als ein Gedicht, ich fühl's, und es liegt auch ein geheimer Widerspruch in mir, daß ich nicht gestört sein will in der inneren Werkstätte meines Geistes durch Gegenliebe. Es begegnet mir aber nichts oder wenig in der Menschenwelt, was einfach genug ist, was ganz reiner Lebenstrieb ist — was mich rührt wie der Grashalm — die frischen Spitzen der Saat, ein Vogelnest, mit Treue gebaut, das Blau des Himmels! — das alles ergreift mich, als ob's menschlich wär; und inniger wie das Menschliche, und die Entzückungen, die es mir erregt, von der Natur berührt zu sein, sind, als ob es eine mich mitfühlende Gewalt berühre, und das wird wohl der liebende Inhalt meiner Seele sein und nichts andres.

Es wird Dichtung meiner Natur sein, daß ich so liebe; — aufnehmend, hingebend, aber nicht aufgenommen werdend. — Drum! es ist die Liebe, die dichtet den Menschengeist und des Gedichtes Inhalt, ist Liebe ohne Gegenliebe — die höchste elektrische Kraft! — Geistestrieb! — — der meinige! — — Vielleicht sind Naturen Gedichtkeime, sie sollen ohne Fehl sich entwickeln, und ist das ihr einziger Beruf. Ich wollt, ich sproßt aus einem großen Dichtergeist, der allerhaben fühlt und menschlich doch auch; — keine üppige, schwärmende Aufregung, nein, süße Naturkraft, selbst bewußte — gefühlige — die aus Innigkeit mich erzeugte — aus beglückendem Reiz des Frühlingslichts! Ja, ich wollt, ich wär kein schlecht Gedicht. *Gedrängter quellet, Zwillingsbeeren, und reifet schneller und glänzendvoller! Euch brütet der Mutter Sonne Scheideblick, euch umsäuselt des holden Himmels fruchtende Fülle; euch kühlet des Mondes freundlicher Zauberhauch, und euch betauen — ach! — aus diesen Augen, der ewig belebenden Liebe vollschwellende Tränen.* Dies Gedicht, ist mir's doch, als sei ich es! so reifend unter den Berührungen der Natur und unter den Tränen des Dichters. Und wie oft hab ich in der Singezeit dies Lied gesungen und mich ganz drin gefühlt, die wachsende Beere, die der Tau der Liebesträne nährt, der nicht *ihr* geflossen ist.

Montag

Gestern waren wir in der Elisabetherkirch, der Reif um den Turmknopf war von der Sonn zum Diamant umgeschmolzen, in allen kleinen Rosetten hingen Diamanttropfen; und der Kreis von Rosen, der um die Pforten in Stein sehr fein gemeißelt ist, war ein Diamantkranz! Die Kirch sah aus wie im Brautschmuck. Auf dem Kirchhof spielten die Wipfel im spiegelnden Geschmeide. Die Kirch, von der Wintersonne außen so herrlich geschmückt, war so still innen, so einsam helldunkel, und der Teppich, von den heiligen Händen der Elisabeth gewebt, lag vor dem Altar, erblaßt von Farben ohne Prunk, nicht dem Aug erfreulich, nur der Seele rührend; und da sah ich mich um, daß nur ein blinder Mann an der Tür saß, sonst war die Kirch leer. Da fühlt ich mich elektrisch berührt, wie's der Geist der Poesie mir tut. ›Herbstgefühl?‹ ja — sollt ich meinen Erzeuger nicht lieben? — Die ich im Tau seiner heißen Tränen mich wachsend fühl! — es beredet mich in der Einsamkeit der Geist der Poesie, wenn der Mond mich anhaucht da oben in den Nächten und die Luft spielt um mich, dann fühl ich den Dichter über mir, der um Gedeihen für mich fleht zu ihnen und gibt die vollschwellende Träne hinzu. Nur den Zwillingsbeeren, die frisch und kindlich zu ihm aufstreben, keinem andern schenkt er der ewig belebenden Liebe Tau, so kann ich ja nichts anders sein wollen als die herbe Traube, die milde reift von seinen Feuertränen; ich hab mir's einmal so gesagt und sage mich nicht davon los, wie es auch mein inneres Sein ausspricht und mein Schicksal unter den Menschen.
Es ist ein großer Unterschied zwischen den Geistern der Poesie. Manches ist die Natur selbst, die mit deutlichen, sinnlichen Worten mich anredet, manches ist vom Genius nach allen Richtungen geprüfter Geist, der, in der Unsterblichkeit einfachem Stil, die Seele beruft, daß sie den Göttern den Herd weihe und nur immer des Göttlichen gedenke — der

Genius bleibend werd ein ihr in großen Gestalten heilig kühner Gedanken. Und so sind viele Bewegungen im Geist gar verschieden, als könne die Poesie die Seelen rühren wie Saiten, die erbrausen im Feuer und wieder still und schüchtern aufblühen, wie Keime, die sich umsehen im Lebenslicht, neu geboren, nicht begreifend dies Leben, aber zum Leben vereint. Wenn ich Dir dies sagen könnt, was mich ohnmächtig macht, daß ich schüchtern werd und mich wehre gegen den Eindruck, als müsse ich ihm mein Ohr versagen, und ihm doch heimlich lausche, weil's mich hinreißt, und weiß nicht, ob's der Klang ist oder der Inhalt, und wie beide wechselnd mich bewältigen und wie ich — ja, ich will Dir's sagen: — Ein göttlich persönlicher Geist dringt auf mich ein, den ich lieben will, lieben muß ich im Gedicht, daß ich herzzerrissen bin von großer Wehmut. — Nein, mehr! — Tiefer geht's: — daß ich ausbrechen muß in ein schmerzlich Ach. — Und wenn ich's nicht fühlte, dies Geistige, Persönliche in der Dichtung — über mir schwebend, wie beglückt über seinen Triumph, ich glaub, ich müßte wie wahnsinnig ihm nachirren — aufsuchen und nicht finden — und wiederkommen und mich besinnen und vergehen dran; und das ist der Goethe, der so wie Blitze in mich schleudert und wieder heilend mich anblickt, als tuen ihm meine Schmerzen leid, und hüllt meine Seele in weiche Windeln wieder, aus denen sie sich losgerissen, daß sie sich Ruhe erschlummere und wachse, schlummernd — im Nachtglanz, in der Sonne; und die Luft, die mich wiegt, denen vertraut er mich, und ich mag mich nicht anders mehr empfinden zu ihm als in diesem Gedicht, das ist meine Wiege, wo ich mich seiner Teilnahme, seiner Sorge nah fühle und seine Tränen der Liebe auffang und mich wachsend fühle. — Du hast gesagt, wir wollen ihn sehen, den Großen, Wolkenteilenden, Ätherdurchglänzenden, und ich hab gesagt, ja, wir wollen ihn sehen! — aber wie ich's gesagt hatte, aus Liebe und Mitfühlen mit Dir, da wurd ich eifersüchtig und weinte zu Haus in der Einsamkeit bittere Tränen, weil ich's gesagt hatte: wir wollen ihn sehen! — und das kommt daher, weil er so lange schon mächtig mir die Seele besaitet hat und dann hineingreift, sturmaufregend, und mich sanft wieder einlullt wie ein Kind — und ich bin gern das Kind, auf dem sein Blick befriedigt weilt. Und wär ich nicht genährt von der Natur und wie es aus tiefster Brust ihm hervorquillt! — wie könnt ich sein, wie ich bin? — und weiter will ich doch nichts sein. Und ich weiß gewiß, und nicht alle sind geeignet wie ich, daß der Geist persönlich aus der Dichtung hervor über mir walte und mich reife in seiner geheimsten Seelentiefe vollschwellendem Übermaß. Aber sag Du! wie könnt ich atmen und ruhen und keimen, wär's nicht in jener Wiege seines Gefühls, im Gedicht? Und nicht wahr, ich lieg wohl gebettet, und kannst mir's nicht süßer wünschen? ja, Du verstehst es, wie ich's meine; in den ›Manen‹ hab ich mich zurechtgefunden in Dir, daß Du alles Leben verstehst, und viel tiefer! — denn ich empfinde nur, was Deines Geistes Spur Dir lehrt, Du aber weißt alles.

Du sagst selbst, wo kein Wunsch uns hinzieht, das ist für uns verloren, und man hält wohl für unmöglich, was nur des Begehrens bedürfte, um wirklich zu sein. Und seit Du es mir gesagt hast — und Du sagst, Harmonie der Kräfte ist Verbindung — so hab ich mir's denn getraut, weil ich ihn liebe, so nehm ich alles willig hin, Schmerz und Entzücken; — denn es ist immerdar Entzücken, ihn empfinden! — denn er schenkt mir's, ihn zu fühlen, wie er aus seiner Dichtung Blüte mich anhaucht, das will er, das beglückt ihn — daß ich erschüttert bin, das begeistert den Dichtergeist, und andre kennen nur die verschloßne Knospe, mir aber öffnet sich die Blüte, und das nimmt mich weg! — drum bin ich ihm allein und er mir allein! und die ganze Welt mag sich seiner teilhaftig meinen, ich weiß, daß es anders ist, und muß drauf beharren, denn sonst verzehrt mich die Eifersucht. — Und Du hast gesagt, ›das Aufheben dessen, was eigentlich diese Harmonie ausmachte, müsse auch notwendig diese Verbindung aufheben.‹ Das wird mir nicht geschehen. Du sagst, ›das Geräusch der Welt, das Getreib der Geschäfte, die Gewohnheit, nur die Oberfläche zu berühren, die lassen dieses tiefste und feinste Seelenorgan nicht zur Ausbildung kommen.‹ — Was spricht mich denn an in dem Geliebten? — fühl ich denn nicht das Große und Gewaltige, was viel höher ist als ich selber? — ja, was mir höher oft vorkommt als der Geliebte selbst; und ist es nicht dies, dem ich nachgeh? — und erscheint dieses Gewaltige mir nicht auch ganz allein außer ihm? — und ist das nicht die Erinnerung an ihn und zugleich auch noch jene höhere Erscheinung, von der Du sagst, daß sie sich durch die Harmonie mit ihr offenbare? — und kann ich ihm untreu sein in dieser, wenn ich mich der hingebe? — und ist es nicht immer *dasselbe*, was Begeisterung zu erregen vermag? — Ach nein! man kann in der Liebe nicht untreu sein, nur außer ihr. — Ich fühl's an der Heiterkeit, die mich beflügelt, daß in der Begeisterung keine Untreue ist. — Ich weiß von keiner Untreue und glaube oft, ich versündige mich an was ich liebe, wenn ich nicht alles liebe. Es sind Dinge (Naturen, Geister), die muß ich lieben, weil sie mich nähren, wie die Pflanze vom Licht, vom Wasser, von Erde und Luft sich nährt. Alles, was mich begeistert, ist mir der Sonne Strahl.

Wenn die Sonne eine Blume durchglüht, da fühlt man wohl, daß sie die herablassende ist und daß die Blume von ihr mit heißer Leidenschaft zehrt. Wer wollte das nicht Liebe nennen, und ob die Sonne Gegenliebe genießt, wer weiß das? — ja, wer weiß, ob die Blume ihr wiedergibt? — Du weißt wohl, wenn die Sonne recht heiß brennt, dann duftet keine Blume, aber abends, wenn sie scheidet, dann duften ihr alle Blumen nach, und morgens, wenn sie kommt, dann duften ihr alle entgegen. — Ob das bis zu ihr hinaufsteige? — das frag ich mich, danach sehn ich mich. Und Du sagst, wonach der Wunsch uns hinziehe, das wird möglich, und das glaub ich Dir; gewiß steigt der Blume Duft zur Sonne; sind ihre Strahlen nicht Gefühlfäden? — kann mich was Lebendes berühren, ohne daß ich's wieder berühre? — sind ihre Strahlen nicht Saugrüssel, mit denen sie aus den Blütenkelchen den Duft saugt? — Und der Dichter, der sich durch seiner Begeisterung Strahlen die Blumen erschließt, saugt der nicht ihren Duft? — ist's Begeisterung nicht, wenn vor der Geistessonne die Wolken sich teilen und sie strahlt die Knospe der Seele an? — Ei, darum duften eben die Blumen nicht, grade wenn die Sonne auf ihnen liegt, weil sie dann mit ihren Strahlenlippen alles selbst trinkt. Nach einem Gewitter, da duftet alles. — Dann kommt sie eilig und wirft sich über sie her, und bald trinkt sie alle Kelche aus, wo denn der Duft nur in ihren Strahl übergeht; — und wenn sie scheidet, dann duftet ihr alles noch nach, und der Duft zieht nach über die Berge; denn wenn man bei Sonnenuntergang auf einem Berg steht, da fühlt man den Balsam aus den Tälern heraufsteigen, der Sonne nach; — das ist am Mittag in der heißen Zeit nicht, weil da die Sonne bis hinunter steigt und alles allein trinkt; so ist es zwischen beiden wie zwischen Liebenden — so können wir auch nicht an ihrer Seligkeit zweifeln. — Nun ist noch die Erde und das Wasser, die nähren noch die Pflanze, diese hält sie in ihrem Schoß, und jenes kommt zu den Wurzeln gedrungen und fällt vom Himmel herab auf sie; sie verwandeln ihre feinsten Nahrungskräfte, das Heilige ihrer Natur in eine sprechende Erscheinung. — Sind vielleicht Blüten und Kräuter Worte? — Sprache, in der die Gefühle, der Geist der Erde, des Wassers sich deutlich machen? — Ist der Duft der Blumen, ihr Schmelz, wohl das Sehnen der Erde — die Begeisterung des Wassers, die in den offnen Kelchen Freiheit hat, aufzusteigen zur Sonne, zu dem, was sie lieben? — Die dunkle Erde stößt aus dem Innersten ihre duftenden Seufzer auf aus den Kelchen ihrer Pflanzen, die aus ihrem Busen aufblühen, hinauf in die fessellose Freiheit. — Das Wasser, das von seinen kräuselnden Wellen sich immer weiter treiben läßt, hier in der Blume Stengel, im Saft des Baumes, gemischt mit allen Kräften der Natur, steigt, nimmt Gestalt an, wird zum Geist, zum Wort, das die Andacht seiner Triebe aushaucht. — Was ist denn aber die Luft? — ist die nicht Vermittler zwischen allen? der Genius der Welt, der leitet, Leben gibt, ewig den Geist durchatmet? — Was ist aber Geistesatem? — ist der nicht Erkenntnis, Streben, emporzusteigen, sich abzulösen vom Mutterschoß und aufzusteigen zum Geist? ist Atmen im sinnlichen Leben nicht dasselbe? — drängen sich die Gefühle nicht in Seufzern auf? — Ohne dies ewige Einsaugen des himmlischen Elements kann der Leib nicht leben, und der Geist stirbt jeden Augenblick ohne jenen leitenden Genius, der sein eigentlicher Lebensatem ist. Die Luft ist der Genius des Lebens, sein höheres Ich, so wie

Wasser und Erde seine Erzeuger sind. — Die Luft ist Vermittlerin zwischen dem göttlichen Liebesfeuer und dem jungen kindlichen Streben danach, küssen die Strahlen zu heiß, dann kühlt *sie* mit sanftem Wehen und erleichtert den verhaltnen Lebensatem; wie doppelt schlägt das Herz, wenn ihr Strom rascher eindringt! — — wie ganz gibt sich ihr das Leben hin, wenn es von mächtigeren Regungen bewältigt wird. Ja, ihr allein vertraut es sich, wenn es von sich selber nicht mehr weiß, sie umlebt das Erstorbene, bis Leben eindringt wieder, mächtiger und gewaltiger wie früher. So fühl ich deutlich, wenn mein Geist erstarrt war, es ist Genuß zwischen mir und der Gottheit, der mich weckt, die Luft, die mich nährt und erhält, ohne welche Geist erstorben wär, nie der Seele könnt Nahrung bringen, von oben. — Ja, alle Offenbarung ist die Geistesluft, die ihn durchatmet, ohne welche er nicht leben kann einen Augenblick, sondern müßte ersticken, und ob er schläft oder wacht, so atmet er doch immer den Genius, die Luft. — Ich bin so glücklich, Günderode, wenn ich hier auf den Bergen stehe und der Wind braust, daß er mich davontragen will — dann muß ich lachen vor Mutwillen und denk, ob mich der Geist doch auch versucht zu heben und *mit* mir aufzufliegen. —

Die Sonne hat einen heißen Schein, mit dem sie brennt, so hat der Geist auch ein heißes Licht, das brennt, wohin es leuchtet.

So kam heut einer nach dem andern zum Beichtstuhl geschlichen in der Kirche, und der Pater, der Beicht saß, guckte mich an, ob ich nicht auch kommen wollt? — und aus Blödigkeit geh ich in den Beichtstuhl und beicht, daß ich mich immer verwundern müsse, warum die heiligen drei Könige das göttliche Kind nicht in ihren Schutz genommen haben, sondern haben es im Stall liegenlassen und wären doch überzeugt gewesen, es sei Gottes Sohn, da noch obendrein ein Stern sich am Firmament aufgemacht, um sie hinzugeleiten, sie hätten das Kind sollen mitnehmen in ihr Land. Und doch wären sie weitergezogen, das käme mir nicht vor, als wenn sie heilig wären, sondern zerstreute Weltleute; der Beichtvater sagte: »So ist der Weltlauf, sie haben ihre Geschäfte gehabt wie heutzutag auch. — Aber«, sagte er, »das braucht man nicht zu beichten, das sind Sünden, wie für die Katz vom Tellerchen zusammengekratzt, da gibt Gott keinen roten Heller davor. — Da bet sie ein halb Vaterunser zur Buß oder meinetwegen ein viertel.« — Und wie ich aus der Kirche kam, in die frische Luft, da war's schon drei Uhr vorbei, die Sonne wollt schon bald untergehen. Da kam ich auf den Turm und besann mich, daß ich Dir wollt alles beichten, wie ich Eifersucht gegen Dich gehabt und hatte Dir nicht wollen gönnen, daß Du mit mir zugleich bei ihm wärst, ich wollt ganz allein mit ihm sein. Aber jetzt bin ich dieser Sünde los, und im Denken teilt sich alles Böse wie Nebel vor den Augen, daß man sieht, es war nur Wahn; alles, was nicht Großmut ist, das ist nur Wahn. Denn ich mein, der Dichter ist meine Sonne, so bist Du die Luft, die das Böse um mich her verweht und meinen Geist aufsteigen lehrt. Wie kann ich ohne Dich bestehen vor ihm? — so mag wohl jeder Menschengeist von Elementen genährt werden, die einer dem andern sein muß, und merk Dir's, daß Du meine Luft bist, ohne die ich nicht aufatmen kann auch nur einmal.

Bettine

An die Günderode

Dem Clemens hab ich geschrieben, einen langen Brief, und ihm auch von Dir gesagt, daß Du ihm gut bist und daß ich Dir lange Briefe schreibe, auf die Du nur kurz oder auch wohl gar nicht antwortest. Ich hab ihm erzählt, ich spreche zu Dir wie zum Widerhall, um mich zu fühlen, zu hören, und lege meinen Gedanken und Einbildungen keinen Zaum an; und daß es sei, als ob ein guter Genius diese Briefe hervorbringe; — so antwortet er: ›Um deine Briefe ist die Günderode zu beneiden, wenn sie das sind, was dein Genius hervorbringt, wenn sie aber so wenig antwortet, so ist das gar wunderlich, entweder ist nichts zu antworten oder alles schon abgetan.‹ —

Heute schreibt er mir den langen Brief über Dich, ich hab doch recht, er hat Dich lieb und hat Dich nicht wollen beleidigen, und seine Seelen alle sind doch nur eine *gute,* denn bist Du ein Kind, so ist er es auch zu Dir; aber Kinder lassen sich nicht drauf ein, empfindlich zu sein, sie sind gleich wieder gut und lassen den Strom vom Ufer wegspülen die Spielzeuge, die sie einander zerbrochen haben, und erfinden sich neue, ergötzlichere. Lese den Brief nicht mit Vorurteilen und denk, daß es neckende Stimmen sind in ihm von Kobolden, die ihm oft selber einen Streich spielen, aber die Seele — die eine gütige, die sie umschwärmen, die ist doch ein Kind wie Du, und was ein freier, himmelanstrebender Geist nicht in noch höherem Sinn nimmt als er selber ist, das ist für ihn kleinlich, und was kleinlich ist, das muß man gar nicht annehmen, sonst lernt man die Wahrheit nicht begreifen — Und ich denk: von allen Geschichten des Herzens und der Seele Berührungen geben wir den Leitfaden der Gottheit in die Hand, die leitet immer zum richtigen, unmittelbaren Verstehen. — Und wenn Du mißverstanden wirst, so sieh doch nur den Gott selber an in der Liebe, gegen den kannst Du alles wagen, denn der muß Dich verstehen. — Ich geb Dir Lehren, Günderode, die Dir nicht fremd sind, besinn Dich, auf dem Rhein, wie wir unsern Briefwechsel besprachen, da sagtest Du, es sei eine Seele, die uns mit Liebe an sich ziehe in jedem Verhältnis, es müsse eine Zeitigung erlangen in uns, sonst sei es Untreue, Mord, Ersticken eines göttlichen Keims. — Und wo eine Anziehungskraft sei, da sei auch eine Strebekraft, und wir sollten ihre Empfindung festhalten, dadurch allein könne die Seele wachsen, jede Berührung mit des andern Geist sei bloß Seelenwachstum, so wie alles Reizerweckende bloß sei wie das Erwecken und Entfalten des Pflanzenlebens. — Der Menschengeist breite sich auf die jüngste Stufe der Natur, auf die der Pflanze, während der Leib auf der letzten stehe, auf der des Tieres, der Leib ersterbe, aber im Geisterreich sei des Geistes erste Metamorphose die Pflanzenwelt. — Du meintest da, ich sei zerstreut und höre auf die Waldhörner am Ufer, nun hörst Du, daß ich doppelte Ohren hab und daß ich alles nicht allein für mich gehört hab, sondern auch für Dich, denn Du hast es vielleicht schon vergessen. — Du sagtest, Du liebst Dich selbst in mir; so lieb Dich doch auch selbst im Clemens; — ich weiß nicht, was ich Dir all sagen möcht. — Erzieh Dir ihn doch, wie Du ihn haben willst, wie Du fühlst, daß er sein müßte, um Dich *nicht* zu kränken, zu eben dem Leben, das Du ihm der Idee nach zumutest, es ist gewiß das wahre, was ihm zukommt, und Du selbst sagst ja damit, daß Du ihn der Idee nach höher stellst wie die andern, diese Idee ist ja doch der eigentliche Wirkliche, und denk doch an die andern, die Du der Idee nach gar nicht wohin stellen kannst, sondern mußt sie lassen, was sie sind. Und wenn Du einen Spielkameraden fändest mit so herrlichen großen Augen, mit so elfenbeinerner Stirn, und er hätte solche Momente, wo die Götter aus ihm prophezeiten, aber er wär unartig und tückisch im Spiel, er biß Dir in die Hand und kratzte Dich, wenn Du ihn streichelst, oder er schlüg Dich mit der Peitsche, wolltest Du bloß ihn als einen tückischen Knaben achten und wolltest die frühere Idee von ihm aufgeben? — so ließest Du ihn also laufen wegen einem Rippenstoß, den er Dir gab, und wolltest von der höheren Idee nicht mehr Notiz nehmen? — ach, laß Deine Rippen nicht so empfindlich sein! Tut's doch Gott nicht! — Er hält sich an das Hohe im Menschen, und alles andre ist nicht für Gott da. — So soll auch alles nicht für Dich dasein wie bloß das Gute, und wenn es Dir auch gar nicht mehr aufleuchtet, so sollst Du dennoch von ihm wissen und dran glauben. —

Entlasse ihn nicht, liebe Günderode, kämpf Dich mit ihm durch, der die Idee in sich trägt, die Du ihm zumutest und die so hoch ist, daß er hinter ihr zurückbleibt; denn die andern tragen gar keine Idee in sich und bleiben nicht zurück und kommen nichts vorwärts. —

Da hab ich mich so vertieft in Gedanken, daß ich einschlief, es geschieht mir so oft, daß ich einschlafen muß im besten Denken, wenn ich eben empfind, als wolle ein tieferer Geist in mir wach werden, wo ich höchlich gespannt bin zu erfahren, was sich in mir erdichten will, und statt daß es in mir erwacht, so muß ich drüber einschlafen, als ob eine idealische Natur mir nicht wolle wissen lassen, wie sie in mir denkt und empfindet —

Es ist ein Zauberer in uns, der sieht uns streben nach seinem Wissen, der macht all mein Streben zunichte; wenn ich nah bin und die Offenbarung schon durchschimmern seh, so schläfert er mich ein. — Ich lese jetzt zum zweitenmal den ›Wilhelm Meister‹; als ich ihn zum erstenmal las, hatte mein Leben Mignons Tod noch nicht erreicht, ich liebte mit ihr, wie ihr waren die andern in der Geschichte des Buchs mir gleichgültig, mich ergriff alles, was die Treue ihrer Liebe anging, nur in den Tod konnt ich ihr nicht folgen. — Jetzt fühl ich, daß ich weit über diesen Tod hinaus ins Leben gerückt bin, aber auch um vieles unbestimmter bin ich, schon so früh drückt mich mein Alter, wenn ich hier dran denke. — Ich hab mit ihr empfunden, ich bin mit ihr gestorben damals, und jetzt hab ich's überlebt und sehe auf meinen Tod herab. — Gewiß stirbt der Mensch mehr wie einmal, mit dem Freund, der ihn verläßt, muß er sterben, und wenn ich mit jenem Kind leiden und sterben mußte, weil ich sein Geschick als das meine in ihm empfand und weil ich es zu sehr liebte und konnte es nicht allein in den Tod gehen lassen. — Wenn Du das alles überlegst, so wirst Du nachsichtig sein, daß ich so furchtsam bin um Dich.

Ich hab auch jetzt schon lange wieder nichts von Dir gehört, auf den Klausner kann ich mich nicht verlassen, von Dir will ich keine Briefe fordern, Du hast viel zu denken, und vielleicht Deine Augen sind leidend, aber doch bin ich immer voll Sorgen, wenn ich an dem Tag keine Briefe von Dir hab, wo ich mir's in Kopf gesetzt hab; dann steigert sich's bis zur Angst, wenn noch ein Posttag vergeht, und dann hilft mir's nur, wenn ich in der Sternennacht auf der Warte an Dich denke, da trau ich's meinem Geist seinem mächtigen Willen zu, daß er Dich schütze. Die Nächte war so tiefer Schnee gefallen, daß ich mir erst am Tag einen kleinen Pfad zum Turm schaufeln mußte, denn solang ich vermag, wird mich nichts abhalten, daß ich da hinaufgeh und in Gedanken zu Dir dringe und für Dich bet, bis ich wieder bei Dir bin. — Im Rheingau hast Du mir auch geschrieben, nur kurz, weil Du Augenweh hattest, aber ich las doch in den zwei Zeilen, wie Du gestimmt warst, zutunlich.

An die Bettine

Deine Briefe haben mir viel Freude gemacht, zweifle nicht daran, liebe Bettine, weil ich Dir selbst so sparsam geschrieben habe, aber Du weißt, viel denken und oft schreiben ist bei mir gar sehr zweierlei; auch hab ich die Zeit schrecklich viel Kopfweh gehabt.

Du schreibst mir gar nichts von Gundel und Savigny, tue es doch.

Ich stelle mir Eure Lebensart recht still, vertraulich und heimlich vor. — Aber ich fürchte nur, Du kommst wieder zu gar nichts. — Dem Klausner hast Du geschrieben, Du treibst Mathematik mit einem alten Juden, und vielleicht werdest Du auch Hebräisch lernen, Du habest schon einen Teil vom ABC inne — mit der Geschichte treibst Du Dich herum wie ein Kätzchen mit einem Spielball, der am Faden hängt; Du wirfst ihn hin und her, solang es Dich ergötzt, und dann läßt Du ihn müßig liegen; was Du über Musik vorbringst, ist lauter Larifari, meinst Du, wenn etwas schlecht gelingt und sich gegen den Geist sträubt, das sei ein Zeichen, daß man es aufgeben solle? — da bin ich grade der entgegengesetzten Meinung, und wenn auch etwas Dir trivial erscheint, so ist deswegen die Sache es gar nicht, sondern Dein Begriff ist nicht gelichtet; an was willst Du Deine Kräfte üben, wenn nicht an dem, was Dir noch schwer dünkt? — ich glaube, so manches, was Du Dir jetzt fremd glaubst, würde seine innere Verwandtschaft zu Dir geltend machen. — Du hast Wissenstrieb ohne Beständigkeit, Du willst aber alles zu gleicher Zeit wissen, und so weißt Du keinem Dich ganz hinzugeben und setzest nichts recht durch, das hat mir immer leid an Dir getan. — Dein Eifer und Deine Lust sind keine perennierenden Pflanzen, sondern leicht verwelkliche Blüten. Ist es nicht so? — sieh, darum ist es mir gleich fatal gewesen, daß Dein Lehrmeister in der Geschichte Dich verlassen hat, die Begebenheiten unterstützen ordentlich Deinen natürlichen Hang, noch dazu, da er so geistreich und so faßlich und — so liebenswürdig sein soll — so nehm ich es ihm übel, daß er nicht mehr Interesse an Dir nahm. Übrigens muß ich Deine Ausschweifungen im Lernen wieder tragen; es wurde mir im vorwerfenden Ton mitgeteilt, und ich merkte, daß meiner Verwundrung hierüber und daß ich nichts davon gewußt habe, nicht Glauben beigemessen wurde.

Von Clemens weiß ich nicht, ob ich wohltun würde, ihm so nachzugehen, wie Du es meinst, es läßt sich da nicht einbiegen und ihm in den Weg treten, um ihm zu begegnen, wo ich ihm aber begegnen werde, da sei überzeugt, daß es nur friedliche und herzliche Gesinnung sein wird, ich bin weit entfernt, ihn aufzugeben, er steht mir vielmehr zu hoch für meine Kräfte, die nicht an ihn reichen. Mein Tadel ist, daß er diese hohen Anlagen alle vergeude, aber ich glaube Dir, daß dies kleinlich von mir ist, und hab mich auch schon gebessert. Ich weiß nicht, ob ich so reden würde, wie er meinen Brief in dem seinigen reden läßt; aber es kommt mir sonderbar vor, daß ich zuhöre, wie ich spreche, und meine eignen Worte kommen mir fast fremder vor als fremde. — Auch die wahrsten Briefe sind meiner Ansicht nach nur Leichen, sie bezeichnen ein ihnen einwohnend gewesenes Leben, und ob sie gleich dem Lebendigen ähnlich sehen, so ist doch der Moment ihres Lebens schon dahin; deswegen kommt es mir vor, wenn ich lese, was ich vor einiger Zeit geschrieben habe, als sähe ich mich im Sarg liegen, und meine beiden Ichs starren sich ganz verwundert an.

Mein Zutrauen war freilich kein liebenswürdiges Kind, es wußte sich nicht beliebt zu machen, nichts Schönes zu erzählen, dabei flüsterten ihm die Umstehenden immer zu: Kind, sei klug! gehe nicht weiter vorwärts, der Clemens wird dir plötzlich einen Streich spielen und dir die Schuld geben, daß er dich nicht mehr ausstehen könne. Da wurde das Kind verwirrt und ungeschickt, es wußte nicht recht, wie man klug sei, und schwankte hin und her, darf man ihm das so übelnehmen? — Aber eigensinnig ist das Kind nicht. Wenn es im Hause freundlich und gut aufgenommen wird, kehrt es sicher lieber um, als daß es länger auf der Straße verweile.

So kannst Du dem Clemens über mich berichten, auch daß seine Scherze über meine Art zu schreiben und die ungefügen Worte, die ich gebrauche, mich nicht verdrießen, ich muß mich bei dieser Stelle seines Briefs immer auslachen und werde das Wort Ratschläge gar nicht mehr gebrauchen können, überdem erinnert es mich auch noch an Purzelbäume. — Ich kenne wenig Menschen und vielleicht niemand ganz genau, denn ich bin sehr ungeschickt, andre zu beobachten. — Wenn ich daher einen Moment verstehe in ihm, so kann ich von diesem nicht auf alle übrigen schließen. Es mag wohl sehr wenige Menschen geben, die dies können, und ich wohl mit am wenigsten. Jetzt denke ich, es sei gut, den Clemens zu betrachten, und erfreulich; und er will, man solle ihn nur betrachten wollen. Ist diese Ansicht wahr oder falsch?

Karoline

Ich lese Deinen Brief und den meinen und erkenne, wie verschieden unsre Stimmungen sind, aber ich fürchte nicht, daß Du an mir zweifelst oder mein Übergehen unrichtig auslegtest; was soll man dazusetzen oder einfallen wollen, wo sich etwas frei und wahr ergibt, wie Deine Mitteilungen, aber das, was Du übergehest, das muß ich berühren. Du kommst mir vor wie ein Eroberer, der alle Waffen verschmäht aus Heldenmut, der alles verachtet, was ihn schützen, verteidigen könnte und jede Waffe, die er zum Erobern bedarf; ja, ich glaub, das Hemd möchtest Du abwerfen. Doch sind Wissen, Begreifen, Lernen nicht allein die Armaturen des Geistes, sie sind vielmehr seine Glieder, mit denen er sich wehrt und sich aneignet, was seinem Genie zukommt. Bedenk's alles und neige meinen Lehren ein herablassend Gehör. —
Dein Beichte hab ich mit Sanktion angehört und erteile Dir Absolution und verspreche Dir auch, Dich zu begleiten, wenn Du Deinen Erzeuger aufsuchst. Ich werde wohl nicht die erste Rolle übernehmen müssen bei dieser Überraschung langgehegten Begehrens.
Schreibe mir ein bißchen ordentlich über das Chaos Deiner Verwirrungen.

An die Günderode
Die Frankfurter haben mir geschrieben und haben mich schon ausgepelzt mit allerlei verwunderlichen Prophezeiungen. — Erstens: ich soll mir häusliche Tugenden angewöhnen. Zwei-

tens: wo ich einen Mann hernehmen will, wenn ich Hebräisch lern? — So was ekelt einem Mann, schreibt der lieb gut Engels-Franz, als wie die spartanische Suppe; an einen solchen Herd wird sich keiner niederlassen wollen, und eine Schüssel Mathematik, von einem alten schwarzen Juden assaisonniert, sei auch nicht appetitlich, darauf soll ich mir keine Gäste einladen, und der Generalbaß als Dessert, das sei so gut wie eingemachter Teufels-Dr... — Das wär eine schöne häusliche Tafel etc., und man spotte meiner allgemein, daß die Lullu eher geheiratet habe, und dann meint er ganz gutherzig, daß, wenn ich ebensoviel häusliche Tugenden geäußert hätte, ich gewiß auch einen Mann bekommen haben würde. — Ich schrieb ihm, er soll nur immer mitspotten, denn es sei jetzt nicht mehr Zeit, mich zu ändern; und der ganz Jud sei nur in meine Tagesordnung einrangiert, um mich vor dem Mottenfraß der Häuslichkeit zu bewahren, und ich hätt gemerkt, daß man in einer glücklichen Häuslichkeit sonntags immer die Dachziegel gegenüber vom Nachbar zähle, was mir so fürchterliche Langeweile mache, daß ich lieber nicht heiraten will. — Ich hab aber auch dem Doktor einen ironischen Lügenbrief wieder mit Lügen beantwortet und dem Klausner auch einen. Und es sind auch allerlei Anspielungen, recht liebliche auf Dich, die ich mit scharmantem Humor beantwortet hab. So kommst Du zuletzt an die Reih.
Dem Clemens hab ich alles übermacht. — Deine eigne Sorge um meine Ausschweifungen im Lernen, die lasse sich legen. Der Wind zaust mich und schüttelt mir alles aus dem Kopf. — Wenn Du meinst, ich könnt was dafür, daß ich nichts kann, da tust Du mir unrecht. Es ist nicht möglich, meine Lerngedanken zusammenzubringen, sie hüpfen wie die Frösche auf einem grünen Anger herum. Meinst Du, ich mach mir keine Vorwürfe? — meinst Du, ich raffel mich nicht alle Tage zusammen? — mit dem festen Vorsatz, es durchzunehmen, bis es mir ganz geläufig ist? — aber weißt Du, was mich zerstreut? — daß ich's allemal schon weiß, noch eh es der Lehrer mir ganz auseinandergesetzt hat, nun muß ich warten, bis er fertig gekaut hat, da nehmen unterdes meine Gedanken Reißaus, und dann ist es nachher nicht, daß ich es

nicht gelernt hab, sondern ich hab's nur gar nicht gehört, was er gesagt hat; mit dem Hofmann in Offenbach war's eine andre Sach, er lehrte so problematisch, er ließ mir hundert interessante Fragen, die er freilich oft unbeantwortet ließ, die oft zu ganz fremden Dingen führten, aber dies regte mich an, immer darauf zurückzukehren. Ich will mich damit nicht entschuldigen, ich weiß, daß es ein Fehler, eine Schwäche, eine Krankheit ist; ich geb's auch nicht auf, sie zu bekämpfen, und sollt ich bis an meines Lebens End damit zu tun haben, ich geb's nicht auf, das fortzulernen, was mir einmal Begierde, ja, ich kann wohl sagen, Leidenschaft erregt hat. – Generalbaß! – Wenn Du ahnen könntest, welches Ideal mir in diesem Wort vor den Sinnen schwebt, und welchen alten Manschettenkerl mir die Lehrer vorführen und behaupten, das sei er, Du würdest mich bedauern, daß ich den Genius unter dieser Gestalt sollte wiedererkennen müssen. Nein, er ist es nicht. Die ganze Welt ist eben Philistertum, so haben sie nicht eher geruht, bis sie auch das Wissen dahin gezerrt haben. Wär es frei behandelt mit Genie, dann wär sein Beginnen kindlich, nicht aberwitzig mit lauter Gebot und Verbot, die sich nicht legitimieren: das darfst du nicht, das mußt du – warum? weil's die Regel ist. – Nun aber! – ich fühl's, das soll mich nicht abhalten, und ich werde tun nach Kräften, und das andre wird der Gott meinen mangelnden Kräften zugut halten, und auch mußt Du etwas auf einen bestimmten Naturtrieb rechnen, der mich mit Gewalt zu andern Gedanken reizt, einen Vorteil hab ich davon, meine großen Anlagen werden jetzt sehr in Zweifel gezogen oder vielmehr mir gänzlich abgeleugnet, und meine Genialität gilt für Hoffart und mein Charakter für einen Schußbartel, dem man alle Dummheiten zutrauen kann, ohne ihm eine zum Vorwurf machen zu können. Da fühl ich mich sehr bequem in meiner Haut, und es ist mir noch einmal so behaglich unter den Menschen; – niemand denkt zwar dran, daß ich nie Prätension an jene hohe Eigenschaften machte, von denen man erwartete, daß sie aus dem Ei kriechen würden und daß es nur unser lieber Posaunenengel war, der all diese Dinge über mich hinter meinem Rükken in die Welt hinein trompetete, und man gibt mir die

Schuld, daß ich ein eingebildeter, aufgeblasner Kerl wär, der meine, seine Phantasie regne Gold; aber das kränkt mich gar nicht und beschämt mich auch nicht, und es steckt mich vielmehr an, daß ich allerliebst dumm sein kann und mich mitfreue, wenn sie mich auslachen, und da lacht man als weiter. – Du fragst nach Savigny. Der ist eben wie immer. Die höchste Güte leuchtet aus ihm, die höchste Großmut, die größte Nachsicht, die reinste Absicht in allem, das edelste Vertrauen zu dem Willen und Respekt vor der individuellen Natur. Nein, ich glaube nicht, daß es ein edleres Verhältnismaß gibt. Das stört mich also gar nicht, daß er mich hundertmal hoffärtig nennt und daß er über meine Albernheiten lacht und daß er mir noch größere zutraut und daß er keinen Glauben an meinen gesunden Menschenverstand hat, er tut das alles mit so liebenswürdiger Ironie, er ist so gutmütig dabei, so willenlos, einen zu stören, so verzeihend; ei, ich wüßt nicht, wie ich mir's besser wünschen könnte, als so angenehm verbannt zu sein, und ich komme mir vor wie ein Schauspieler, der sich unter einem Charakter beliebt gemacht hat und der diesen nun immer beibehält, weil er sich selbst drin gefällt. Der Clemens klagt zwar und meint, er habe immer keine Antwort von ihm erhalten auf all sein Vertrauen und habe sich immer zurückgestoßen gefühlt – und der Savigny ließe gleichsam das Tretrad der Studiermaschine so lang aus Höflichkeit stehen, bis einer ausgeredet habe; er habe sich oft geärgert, daß wenn er zu ihm ins Zimmer kam, um ihm was warm mitzuteilen, so habe er keine Antwort, nur Gehör erlangt, und kaum sei er drauß gewesen, so rumpelte die Studiermaschine wieder im alten Gleis. – Da hat aber der Clemens unrecht. Erstens ist Savignys Anteil am Leben außer seiner wissenschaftlichen Sphäre nur ein geliehener und vielleicht bloß gutmütig; und dann ist es ein Irrtum vom Clemens, der meint, er müsse ihm Mitteilungen machen, da er sie ihm nicht honoriert oder sich ihm mitteilen will, so Savigny einer anderen Ansicht über ihn zugetan ist. – Mir fällt's gar nicht ein, ihm etwas der Art sagen zu wollen, mir ist's ganz recht, daß er mir die Fehler und Albernheiten, die in mir nun einmal vorausgesetzt werden, noch als erträglich anrechnet.

— »Was willst du wieder für eine Dummheit vorbringen«, sagen sie oft oder: »Ich bitt dich, schwätz nicht so extravagant« oder: »Wie kannst du denn so was sagen, die Leute verstehn dich nicht.« — Und es fallen mir dann auch immer die Extravaganzen ein, und ich sag sie immer nur, um's zu hören, wie ich ausgezankt werd. — Da siehst Du also, es geht mir pläsierlich; und eifersüchtig darfst Du nicht sein, kein Mensch teilt dies Vertrauen, dies tiefere zu Dir — drum aber bin ich auch eifersüchtig auf Dich und oft auch bang, denn nicht allein die Menschen sind mir im Weg, ich fürchte auch jeden Zufall, jede Laune von Dir, jede Zerstreuung, ich möchte Dich immer heiter wissen. Wenn Du Kopfschmerzen hattest, so seh ich mich noch nach ihnen um wie nach frechen Gewalten, die ich noch auf dem Rückzug verfolgen möcht. — Wenn einer mir schreibt, Du seist still, oder man habe Dich nicht gesehen, oder man glaube, Du seist nicht in der Stadt, das alles kümmert mich, so leichtsinnig ich bin und sobald ich drauf vergesse, so kommt mir die Idee leicht wieder und steigert meine traurigen Gedanken über Dich, denn die hab ich als oft, das ist wahr.

Mein Lehrer in der Mathematik ist mein alter Herbst-Jud. Morgens, an meiner Tür in einem schwarzen Kleid, weißem Kragen, und der Bart spiegelglatt, stand er an meiner Tür und fragte um Erlaubnis, mich zu besuchen, ich freute mich über ihn, er sieht so viel edler aus als die andern Menschen, mit denen man täglich verkehrt, die man in großen Versammlungen sieht; ich hab im Schauspielhaus mich oft vergeblich nach einem erhabnen Gesicht umgesehen. Er setzte sich auch gleich in anständiger Bequemlichkeit an den Tisch, den Arm drauflegend, merkte meine Verwunderung über seine Angenehmheit, lächelte mich an und sah aus wie ein Fürst — ich fragte: »Wo sind Sie denn so lang gewesen?« — »Nun!« sagte er, »was reden Sie doch so fremd, bin ich nicht noch der Alte? — heiß ich nicht mehr: lieber Jud?« — Ich mußt ihm die Hand reichen, ich sagte: »Ja!« — Hättest Du nur die ironische Miene gesehen in dem erhabnen Gesicht und das milde herablassende Lächeln zu mir; — er sagte: »Nicht aus jedem Mund gefällt einem das *Ihr* oder *Du*, mit dem der Jude sich muß anreden lassen, aber Ihrem lasse ich's nicht gern abgewöhnen.« – Dir hätte der Mann so viel Freud gemacht, Günderod, er erzählte nur Gewöhnliches aus seinem Leben, von seinen siebzehn Enkeln, wie die sich gefreut haben, ihn wiederzusehen; ich frug nach allen, wie alt sie sind, wie sie aussehen; da sind ihm doch die fünf, die Vater und Mutter verloren haben, die liebsten; von denen sagte er: »Der älteste, der gleicht mir, der hat für nichts Sinn wie für die Mathematik und hält sich so apart.« – »Wie ist denn der dritte, gleicht der Euch auch?« – »Der ist noch ein klein Jüngelchen, aber er verleugnet den Großvater nicht, und die Töchter sind schon so hilfreich, die eine ist dreizehn und die andre elf Jahr, aber sie sorgen fürs Haus und für die Kleidung.« – Das waren alles gewöhnliche Reden, aber wie erfüllt von Herzlichkeit – ganz wie die Natur, mit Enthusiasmus Sorg und Plage tragend. – Er war früher bloß Lehrer der Mathematik und lehrte in Gießen, in Marburg die Studenten, und in der Ferienzeit ging er nach Haus zu den Seinen. – Zwei Söhne und eine Tochter verheiratet; seine Tochter starb, nachdem sie ihren Mann begraben hatte, den sie sehr liebte, und ließ die fünf Kinder zurück. – Der alte Ephraim konnt keinen andern Erwerbszweig ergreifen, sie zu ernähren, als an den er von Jugend gewohnt war, der seine Leidenschaft ist – worüber er so manches Schmerzliche hat vergessen, sagte er – so ist er denn auf dem Heimweg in den Ferien in den nächsten Orten herumgeschlendert und hat alte Kleider eingehandelt, um die seinen Enkeln mitzubringen, denn sie neu zu kleiden, dazu wollte sein Erwerb nicht hinreichen. Nach und nach hat sich der Handel erweitert, alte Hochzeitkleider aus dem vorigen Jahrhundert, verlegne, altmodische Spitzen, die die Kaufleute nicht mehr absetzen, verhandelt er jetzt nach Polen, so war er diesmal in Leipzig – und hat ein sehr gut Geschäft gemacht. – Du hörst, ich hab einen ganz kaufmännischen Stil – ich möcht mit dem Alten Kompagnie machen und die Enkel ernähren helfen, weil aber das doch Schwierigkeit hat, so hab ich einstweilen mathematische Stunde bei ihm, das macht ich ganz kurz, ich sagt ihm: da kommt nur die Woch auch zweimal zu mir, denn ich muß Mathematik lernen; er lachte und wollt's nicht glauben, ich holte ihm aber meine mathematischen Bücher hervor, die Christian mir hiergelassen, und mein Heft, was ich bei dem Christian geschrieben, das gefiel ihm sehr, denn es war meist alles vom Christian diktiert, der wohl der scharfsinnigste Mensch von der Welt ist. — Jetzt hab ich schon drei Stunden ausgehalten und auch allemal seine Aufgaben richtig gemacht, denn ich hab Respekt vor dem Alten, ich möcht um alles nicht ihm die Idee geben, als sei ich ein flatterhafter Schußbartel, wie mich die andern nennen, woran mir gar nichts liegt, aber an ihm liegt mir, weil er so ganz ohne Überspannung doch nicht an meinem Ernst zweifelt, weil er eine so schöne Liebe zu seiner Wissenschaft hat, daß er die für gering achten muß, die das nicht mitfühlen. Und meine Du, was Du willst; aber Du wirst mir recht geben, daß unter solchem Druck, unter so erniedrigenden Bedingungen der Adel des Lebens so frei und untadelhaft bewahrt, daß sie nicht einmal durch das niedrigste Geschäft sich gebeugt fühlt, für eine hohe Seele spricht; daß sie um so mehr recht hat auf unsere feierliche Achtung, als sie vielleicht dem Äußeren nach, der Mißdeutung, der Verachtung ausgesetzt ist; er nannte mich gestern sein liebes Töchterchen und legte mir die Hand auf den Kopf, wie er wegging; ich hielt so still, er strich mir über die Wangen und sagte: »Ja, so!« — das hieß so viel: nun, in dir ruht der Menschenkeim. — Er kommt zwischen drei und fünf, da wird's schon dämmerig, wenn er geht, ich führte ihn durch den Garten und zeigte ihm den Turm, von wo ich die Lande übersehe. — Da kann kein Mensch hinauf wie ich, denn seht, die Leiter ist zerbrochen, sagt ich, — und ich hab ihm vorgetragen, wie mir's geht mit dem Generalbaß, er sagt, das wär, weil ich nicht alles zu gleicher Zeit überschaue, warum meine Begriffe stockten; und manches, woran Menschen ihr Leben lang kauten, das müsse von andern in einem Blick erfaßt werden, sonst ging Zeit und Müh verloren; ich sagte, mir sei bang, so werde es mir auch ergehen. »Ich hab doch in meinem Leben noch keine kleine Eichel gesehen, der bang war, es werde kein Baum aus ihr wachsen«, gab er zur Antwort; und dabei legte er mir wieder die Hand auf den Kopf und sagte so freundlich: »Jetzt haben wir die Eichel in die Erde gelegt und gedeckt, und jetzt wollen wir sie ruhig liegenlassen und sehen, was Sonne und Regen tut.« Du glaubst gar nicht, wie fabelig mich der Mann macht, zu den andern darf ich nicht von ihm sprechen, das kannst Du wohl denken, denn sonst würde meine Andacht mir für Verrücktheit ausgelegt werden; aber die Patriarchenwürde strahlt mich an aus ihm, und ich spreche der Welt Hohn, daß solche einfache, große und heilige Charaktere nicht Platz finden unter ihren Lappalien, und überhaupt geh ich nach Vornehmheit, und diese hat der Mann; und seh doch nur einen auftreten in der menschlichen Gesellschaft, ob nicht aller mühselig erzwickter Rang ihn so des gesunden Verstandes beraubt, daß er nur als Narr sich selbst genugzutun glaubt. — Weise sein kann keiner, der der Narrheit eine höhere Überzeugung opfert, denn aller Verstand deucht mir ein Spiel von Aberwitz, wenn der heiligen Weisheit nicht alle Opfer gebracht sind. Das meine ich so: wenn nicht alle äußeren Vorteile, Würden und Ruhm, nichts gelten vor dem inneren Ruf zum Göttlichen. Ich bin noch jung, mir kommt es wohl noch einmal, daß mich das Schicksal frägt — und da werde ich des alten Handelsjuden Ephraim gedenken. — O pfui, wer seinen Umgang wollte richten nach dem äußeren Rang, von Vorurteilen sich wollte Fesseln lassen anlegen und mit denen prangen! — der einzige Stolz, den ich habe, der ist frei sein von ihnen — und der schon auf andern Wegen seinen Vorteil sucht, als in der heiligen Überzeugung seines Gewissens, der ist nicht mein Geselle. — Aber der Jude gibt mir keinen Anstoß, der ist frei von allem. — Adieu.

Bettine

Noch eins setz ich hierhin: Alles, was Dir geschieht, soll Dein Geistesleben befördern — so, auf die Weise begreif meinen Umgang mit dem Juden.

An die Günderode

Ein mathematischer Vergleich vom Jud: Begeisterung ist ein Reich des Seins, das wir zwar aus der Wirklichkeit verbannt haben, aber in dem wir seine Gewißheit fühlen. — Wie könnte dies Reich nicht wahrhaft sein, da der Geist die Wirklichkeit verläßt, denn wo soll der Geist leben als in der Begeisterung, da er immer nur lebt, wenn er begeistert ist. — Aus dieser Schlußfolge legte er mir nun aus, was er von mir gefaßt wollte wissen — und ich ergriff seine Hand und sagte: »Ach, Ephraim, jetzt weiß ich, wer Ihr seid, Ihr seid der Sokrates.« — »Ich bin der Sokrates nicht, aber er ist ein Stück von meiner Religion.« — »So?« sagt ich, »habt Ihr ihn studiert; wie seid Ihr denn dazu gekommen?« — »Da könnt ich ja wohl fragen, wie ist ein so junges Töchterchen dazu gekommen, von ihm zu wissen.« — »Ich hab ihn der Günderode stückweis vorgelesen, aber ich war zerstreut und weiß nichts von ihm als nur, daß er solche Schlußfolgen macht wie Ihr.« — »Wer ist die Günderode?« — »Meine Freundin, der ich alles von Euch erzähl, und auch, daß Ihr mich gefangen habt wie in einem Hamen, daß ich lernen muß, und daß Ihr der einzige Mensch seid, vor dem ich Furcht hab.« — »Wenn das nur wahr wär«, sagte er, »so wollt ich noch strenger sein.« — »Ach nein! zerreißt den Hamen nicht, er ist gar fein gewebt, laßt dem Fisch Platz, daß er ein bißchen schnalzen kann.« — Das macht ihm nun so viel Vergnügen, so ein Weilchen mit mir zu sprechen — er sagte: »Das ist alles gut, aber wir wollen einander nicht umsonst kennengelernt haben, und Sie sollen manchmal noch des alten Ephraim Spuren in Ihrem Geist verfolgen, wenn er schon lange nicht mehr lebt« — wahrlich, ich hatte auf der Zunge, ihm zu sagen, daß ich ihn unaussprechlich liebe und daß mir an seinem Segen mehr gelegen sei als an der ganzen Welt; aber ich schwieg still, was soll man so was sagen, er sieht's ja und fühlt's auch gewiß innerlich als Wahrheit. Ich frag ihn alles, was mir in den Kopf kommt, mir deucht gar nicht, daß es möglich sei, daß ihm sein Geist nicht alles klar und deutlich mache, — nur scheu ich mich, ihm zu sagen, wie sehr ich ihm vertrau; gestern sprachen wir vom Napoleon, ich sagte: »Mit Euch wollt ich Schlachten gewinnen! — ich hab mir oft gedacht, wenn ich Feldherr wär und von meiner Gegenwart des Geistes alles abhing, daß ich alles verantworten müßt, ob ich da nicht zwischen Begeisterung und Furcht schwanken würde; aber wenn ich Euch an der Seite hätt, dann wollt ich meiner Entschlossenheit gewiß sein.« — »Warum? — trauen Sie mir so viel Mut zu? — hab ich ihn doch noch nie bewiesen und vielleicht noch nicht Gelegenheit gehabt, ihn zu proben, denn des Juden Weg ist, sich zwischen Dorn und Disteln durchzuschleichen, mit denen der Christ ihm die Straßen verhackt, und er muß sich scheuen, daß die Hunde wach werden, die in die Dornen hinein ihn verfolgen, daß er nicht mehr vor- noch rückwärts weiß und oft im Schweiß seiner Mühen zugrunde geht und, was noch trauriger ist, seinen Gott nicht mehr im eignen Herzen findet«, und er faltete seine Hände und verfärbte sich — er ist eine fein organisierte Seele — es bewegte mich, ich sagte: »Ich hab nicht an Euren Mut dabei gedacht, aber mir deucht, in Euer Antlitz zu sehen, das würde meine zerstreuten Gedanken sammeln und meine Entschlossenheit festmachen wie einen Pfeiler, denn ich würde nie vor Euch beschämt stehen wollen; und dann fühl ich, daß Ihr in der Gefahr wachsen würdet, denn Ihr würdet gewaltig sein, wo es des Geistes bedürfte, weil böse Leidenschaften in Euch abwesend sind und Euren Geist nicht hindern, gegenwärtig zu sein, denn ich glaub, Gegenwart des Geistes hat man nur der Abwesenheit der Leidenschaften zu danken, die einem ins Handwerk pfuschen. Aber Ihr seid vollkommen ruhig und habt doch Euren Zweck im Auge und steht über den Vorteilen des Lebens und habt Jahre und seid so fest, so ernst, so gar nicht ermüdet von den strengen Prüfungen, Ihr klagt nicht, Euch ist das Leben gerecht, wie es Gott Euch gab; das ist Weisheit, mein ich.« — »Und doch ist der Ephraim nur ein Handelsjude«, sagte er. — »Ja, aber Ihr habt Euer Leben zum Tempel gemacht und seid hoher Priester darin.« — Das Gespräch führte noch weiter und endlich dahin — was ich mir für Dich aufschrieb: —

›Daß der Leib in sich begeistigt ist — einen Geist in sich habe, erkennen wir darin, daß er sich geheiligt empfindet im Denken. — Ein Denkender, ein geistig Erregter hat einen geheiligten Leib.‹

Dies war das letzte von unserem Gespräch, was dazwischen lag, weiß ich nicht mehr; — aber auf dem Turm in der kalten Winternacht plauderten die Sterne weiter mit mir: ›In der Liebe ist das erste, was wir weihen, der Leib — und dies ist die Wurzel und der Keim der Liebe — und ohne diese Weihe wird keine Liebe bestehen, sie welkt wie eine Blume, die man bricht, aber *durch* diese Weihe, *mit* ihr muß die Liebe bestehen, jede Erkenntnis des Höheren fängt mit dieser Weihe an; wenn der Geist göttlich empfindet, das heiligt den Leib.‹

›Jedes Annähern im Geist sucht den Sitz des Geistes im Innersten, und das empfindest du, umgeben vom Leib, wie du die Tempelhalle geweiht achtest, von der du weißt, daß inner ihren Mauern die Opferflamme lodert.‹

›Der Tempel stellt den eignen Leib dar und des Gottes Lehre den eignen Geist.‹

›Den Geist des andern empfinden, so wie *der* sich selber empfand, als er dachte, das befruchtet den Geist.‹ —

›Verstehen ist unmittelbares Berühren der Geister, und dies ist *Lebendigsein,* erzeugt selbständig Leben, und alles andre ist nicht Verstehen — und der geringste Keim, selbständig in der Brust, ist Offenbarung.‹

›Drum befruchtet das wahre Verstehen den Geist.‹

›Fürchte nicht, daß deine Liebe verloren sei, die Geister tragen sie hin, wo sie wirkt, wo sie erzeugt, wo sie ins Leben eindringt des Geistes. — Und das ist ja der Liebe einziger Bedarf, aufgenommen zu sein; und was nicht ihrer Empfängnis fähig ist, das ist auch nicht der Liebe Gegenstand, drum fürchte nicht, daß die Liebe ihr Ziel nicht fände, alles wahrhafte Leben hat ein Ziel.‹

›Also hast du eine lebendige, aus der Großmut entsprungne Liebe, so verfehlt sie nicht ihr Ziel, denn es liegt in ihr selber, wie der Atem in der Brust liegt.‹

›Alle Handlung, die nicht Großmut ist, ist Lüge, ist Scheinleben; alles, was nicht Geist ist, ist Lüge — Großmut muß Scheinleben in wahres Leben verwandeln.‹

›Was ist Großmut? — Geist! — Denken, Handeln und Fühlen zugleich. — Großmut muß aus dem tiefsten Geist sich entwickeln — Geist umfaßt alles, jede Regung fließt aus ihm. Je mehr du Geist ausströmst, je mehr strömt er dir zu.‹

›Großmut ist recht eigentlich sinnlicher Geistesstrom, alles, was die Großmut hemmt, ist geistlos.‹

Das waren so die Nachzügler von meinem Gespräch mit dem Juden. Bin ich nicht glücklich, Günderode, daß mir Gott einen solchen an die Tür geschickt hat in so verachteter Gestalt und daß seine Hoheit um so mehr drunter hervorleuchtet? – und der mir zu trinken gibt, wo mein Herz lechzt und nicht die Quelle finden konnt, denn gewiß, dieser Mann beschenkt mich fürstlich, und ich kann ihm nicht vergelten, und er hat mich gewiß auch so lieb wie seine Enkel, für die er mit Herz und Seele sorgt. Er gefiel mir gleich so wohl, wie ich ihn zum erstenmal sah, er zog mich an, und ich scherzte freundlich mit ihm, weil ich ihm wohltun wollte, da ich weiß, daß niemand freundlich mit solchen Leuten ist und nur ihrer spottet – jetzt aber denk ich jedesmal, wenn ich ihn seh, wie hoch er über mir steht und wie gütevoll und herablassend er gegen mich ist, er auch behandelt mich wie der Meister seinen Zögling, ich fühl jeden Augenblick seine Übermacht. – Während ich mit ihm rede, schreibt er immer kleine Sätze ins mathematische Heft, die er mir noch zuletzt anweist, wie ich sie herausfinden soll, das macht, daß unser Gespräch sich in Pausen einteilt und feierlich und langsam ist, das macht mir auch so viel Freud. –

Wenn ich zu Savigny hinunterkomm, da bin ich immer ganz ausgelassen lustig vor heimlicher Freud, daß ich einen so liebenswürdigen Meister hab, dem ich so von Herzen zugetan bin, ich würde für ihn durchs Feuer laufen – für Dich auch – ich hab immer die Studenten drum beneidet, wenn ich mir dacht, daß sie so ein Verhältnis zu ihrem Professor haben, daß sie so stolz drauf sind, seine Schüler zu sein und ihm die Stange zu halten; damit mein ich, daß sie sich ihm widmen mit ihrem ganzen jugendlichen Enthusiasmus. – Es ist nichts Schöneres in der ganzen Welt als dies. Wär ich ein weiser Meister: wenn mir die Studenten aus vollem Herzen ein freudig Lebehoch brächten, wenn sie im Fackelzug anmarschiert kämen, ja, das wär mir am liebsten von allen Ehrenkränzen. – Der Ephraim hat so einen Charakter, der imponieren und die Schüler anziehen muß, wenn der Philosoph wär, was er doch eigentlich ist, so müßten die Schüler mit Leidenschaft an ihm hängen — er sagt: »Meine Schüler lieben mich auch, aber die Vorurteile liegen wie unersteigliche Berge zwischen uns.« — Savignys fragen als: »Nun, war dein alter Mathematikus bei dir, hast du wieder Judenweisheit studiert? — bist du heut wieder klüger wie die andre Menschheit, hat dich dein Jud eingeweiht?« — ich sag: »Ja« und lach mit und freu mich, daß ich allein alles weiß von ihm. — Ich will Dir was sagen, ich hab ihm die ›Manen‹ vorgelesen und ihn darüber gefragt manches, er hat mit Bleistift drunter geschrieben: ›Du solltest Geister rufen, und sie sollten deinem Ruf nicht folgen? — das glaub nimmer.‹

Wenn ich abends auf den Turm geh, an Tagen, wo er da war, sind die Gedanken, die mir da oben von den Sternen kommen, immer so übereinstimmend mit seinen Reden, daß ich manchmal meinen muß, sie hätten's ihm eingegeben für mich. — Solche Gedanken, die mir lieb sind, schreib ich in ein Buch, um die schönsten draus zu wählen und Dir zu schreiben; am Tag vorher, als ich vom Turm kam — es war spät, ich war müde und schrieb eilig, ohne mich zu besinnen, was mir noch im Kopf schwärmte von da oben:

›Darum ist's auch oft, warum das Göttliche nicht in uns haftet, weil wir selbst schlecht werden, indem wir mit dem Bösen streiten; wir wurden boshaft, indem wir das Böse verfolgten.‹ —

›Gott hat den Adam nicht aus dem Paradies verjagt, der Adam ist ihm von selbst entlaufen. Wo könnt ein Engel eine gottgeschaffne Kreatur aus dem Paradies jagen wollen? — Alles Göttliche ist Steigen, was nicht mitsteigen kann, das sinkt.‹ —

›Wo könnte aber das Göttliche aufsteigen, wenn nicht aus dem Ungöttlichen? — Wie könnte das Göttliche vom Ungöttlichen sich sondern wollen? — nein, es ist recht seine göttliche Natur, sich nicht von ihm zu sondern; es mischt sich mit ihm und reizt es, des Göttlichen inne zu werden, nur Verachtung löst sich ab vom Göttlichen, nur der Tod löst sich ab, und vieles ist der Tod selbst, wodurch die Menschen sich vom Ungöttlichen absondern wollen, sich des ewigen Lebens teilhaftig machen wollen.‹ —

›Die Freiheit muß zur Sklavin werden des Sklaven, sie muß *sich* den Sklavensinn erobern, wie könnt sie sonst Freiheit sein? — in was kann Freiheit sich aussprechen als im Gebundensein und unterworfen dem göttlichen Trieb, das Ungöttliche göttlich zu machen! — Wer ist mächtig, die Ketten zu tragen, wenn nicht die Freiheit? — und wer kann die ohnmächtigen Sinne beleben als nur das Leben selbst?‹ —

›Man sagt zwar, das Göttliche vertrage nicht das Ungöttliche, aber es muß alles vertragen können, nur in ewigem Verwandeln in sich besteht das Göttlichsein.‹

Das hab ich heut auf dem Turm gelernt, und dann hab ich noch gedacht:

›Wenn du dich im Geist begegnest mit dem, was du liebst, so trete auf im Schmuck deiner Begeisterung, sonst würde es dich nicht erkennen.‹ —

›Daß dich der Geliebte berühre im Geist, kann nur aus Begeisterung geschehen, so kann auch nur Begeisterung zu ihm reden.‹ —

Als ich den Ephraim begleitet hatte, ging ich gleich auf den Turm, obschon das nicht gilt, wenn die Sterne noch nicht am Himmel stehen; aber ich mochte nicht wieder ins Haus, es war mir zu behaglich in freier Luft. Fühlst Du das auch, das Glücklichsein, bloß weil Du atmest — wenn Du im Freien gehst und siehst den unermeßlichen Äther über Dir — daß Du den trinkst, daß Du mit ihm verwandt bist, so nah, daß alles Leben in Dich strömt von ihm? — Ach, was suchen wir doch noch nach einem Gegenstand, den wir lieben wollen? — gewiegt, gereizt, genährt, begeistigt vom Leben — in seinem Schoß bald, bald auf seinen Flügeln; ist das nicht Liebe? ist das ganze Leben nicht Lieben? — und Du suchst, was Du lieben kannst? — so lieb doch das Leben wieder, was Dich durchdringt, was ewig mächtig Dich an sich zieht, aus dem allein alle Seligkeit Dir zuströmt; warum muß es doch grade dies oder jenes sein, an das Du Dich hingibst? — nimm doch alles Geliebte hin als eine Zärtlichkeit, eine Schmeichelei vom Leben selbst, häng mit Begeisterung am Leben selbst, dessen Liebe Dich geistig macht; — denn daß Du lebst, das ist die heiße Liebe des Lebens zu Dir; es allein hegt in sich den Zweck der Liebe, es vergeistigt das Lebende, das Geliebte. — Und alle Kreatur lebt von der Liebe, vom Leben selbst. Ja, so ein Gedanke, Günderode! einer könnt fragen, ob er nicht Einbildung sei? — aber mich kümmert's nicht, ob alle es nicht glauben, ich bin mir genug und brauch keine Beglaubigung dazu. Tiefere Wahrheit erkennen, ist ja das Leben verstehen — so empfindet man ja, daß große Taten die schönsten Momente des Lebens sind, also ein wirkliches, heißes Umarmen mit dem Leben selbst. Solche himmlische Momente, aus denen sich nachher die Gewißheit der Liebe ergibt. — Ja, eine große Tat allein ist Feier der Liebe mit dem Leben, und sind die Menschen nicht lebentrunken, wenn sie groß gehandelt haben, wie der Liebende trunken ist vom Genuß, von der Gewißheit, geliebt zu sein? — ist das nicht jene Seligkeit, deren jeder andere bar ist, der nicht den Mut hat, der heiligen Inbrunst des Lebens sich liebend hinzugeben, und an der großen Tat vorbeischleicht? — ja, was ist der innere Genuß solcher Beglückter, als trunken sein von Begeisterung, die zu ihnen strömt als Gegenliebe; denn rein und groß sein im innersten Gewissen, das ist von dem Leben durchdrungen sein. —

Man sagt, die große Tat belohnt sich selbst, oder, er hat den Lohn in der eignen Brust — und so ist keiner zu ermessen, in dessen Brust dies Verheißen ewiger Inbrunst zwischen Leben und Lebendem diesen Lohn erzeugt. Es ist der einsame, tiefverborgne Glücksmoment, der keinen Zeugen hat, der nie sich nachfühlen läßt, den jeder wahrhaft Liebende verschweigt, der ihn über alles Erdenschicksal hebt und der auch, über alles, was in der Welt anerkannt wird, ihn stellt, was ihm das Gepräg des Erhabenen gibt.

Ja, die Großtaten, die leidenschaftlichen Küsse des Lebens, lassen einen sichtlichen Eindruck zurück, der sich selbst, ich will's glauben, auf Kinder und Kindskinder vererbt, denn wo käme der Adel her? — ist der nicht aus der heiligen Kraft entsprossen, wo das Leben mit seiner Liebe den Geliebten errungen hat? — dies heimliche, innerliche Genießen einer den andern ungekannten Seligkeit? wo man alles aufgibt, bloß um dem Liebenden — dem Leben zu genügen? — ja,

das muß wohl auch in der Erscheinung — im Leib sich ab-
drücken; und man könnte darauf kommen, in den Gesichtern
alter Geschlechter nachzuspüren, was wohl für eine Art von
Begeisterung den Keim zu diesen veredelnden Zügen, zu dieser erhabnen Vornehmheit legte, ob es kühnes Tun, mutiges
oder selbstverleugnendes war, was diese Liebesopfer einst
vom Ahnen heischten — das ist mir schon bei Arnims Zügen
eingefallen — und ein Mann göttlicher Leidenschaft fürs Leben, der ist ein Gründer des erhabensten Geschlechts, der
ist ein Fürst unter den Menschen, und sollte er selbst in Lum-
pen unter den Menschen wandeln, und wer vor diesem Adel
nicht Ehrfurcht hat, das ist *der* Pöbel, der nimmer zum Adel
taugt, weil er das verkennt, was sein Ursprung ist, ihn also
nicht in sich erzeugen kann, er nenne sich Fürst oder Knecht. —
Das war mein Gespräch heut mit den Sternen.

Dienstag
Heute ist der siebente Tag, daß ich meinen ersten Brief ab-
schickte, am Samstag der zweite und heut? — soll ich diesen
schließen und Dir schicken? — ich mein als, es sei Dir zu
viel vielleicht — das wird aber nicht, ich hab Dir's versprochen, Dir alles von da oben zu schreiben, Du hast mich mehrmals dazu aufgefordert, was kann ich davor, daß mir so viel
in den Kopf kommt oder vielmehr in die Feder, denn wenn
ich glaub, mit einer Zeil fertig zu sein, so bring ich die selbst
nicht aufs Papier vor so viel hundert andern, die sich dazwischen drängen. So hatt ich gestern im Sinn, wie es doch so
dumm ist, wenn man sich über sein eigen Leben wollt besinnen und glauben, es läg schon hinter einem, was doch noch
nicht der Anfang ist vom Leben, sondern nur der Grund,
die Veranlassung dazu. —
Wenn der deutsche Kaiser gekrönt ist, vom Dom bis zum
Römer über eine Bahn von Scharlachtuch geht, so fällt das
Volk dicht hinter ihm über das Tuch her und schneidet es
unter seinen Tritten ab, zerreißt's in Fetzen und teilt es unter
sich, so daß, wenn er auf dem Römer ankommt, so ist nichts
mehr von der Scharlachbahn zu sehen. So scheint mir auch
aller Lebenseingang wie die rote Kaiserbahn gleich nach

jedem Schritt aufgehoben und *nichts* sein, bis das Leben dich wie den Kaiser in so große Verpflichtung nimmt, daß kein Augenblick mehr dein gehöre, sondern du ganz im Leben aufgehest, da kannst du erst deines Lebens Anfang rechnen, dann aber hebt sich das Sterbenwollen von selbst auf. Alles Leben, was sich mit dir berührt, hängt von dir ab, aber du bist kein abgesondertes Leben mehr — und wirkliches Leben ist ein Ausströmen in alles, das läßt sich nicht aufheben — wie's mich verwundert hat, wie Du sagtest, viel lernen und dann sterben, jung sterben! — es kam mir in den Sinn; als hätt ich wohl meine Zeit sehr vernachlässigt, daß ich nun schon so alt sei und noch gar nichts gelernt, so würd ich wohl das Jungsterben bleibenlassen müssen oder lieber gar nichts lernen. — Aber die kaiserliche Scharlachbahn! — ich sag Dir, alles, was Du Dir vom Leben abschneiden kannst, ist bloß das Präludium dazu, und das hebt sich von selbst auf, es ist vielleicht ein idealischer Voranfang; — willst Du mit diesem das Leben aufheben? — das heißt, den Kaiser mitsamt dem Tuch zerrissen. — Und doch ist das ganze Leben nur, daß Du eine Ehrenbahn durchwandelst, die Dich wieder ins Ideal ausströmt. Ich fühl's, wie kann man zu was Höherem gelangen, als daß man sich allen Opfern, die das Leben auferlegt, willig hingebe, damit der Wille zum Ideal sich in das Leben selbst verwandle — wie kann man *selbst* werden als durch Leben? — und so muß man auch willig das Alter ertragen wollen, und die ganze Lebensaufgabe muß aufgenommen sein und kein Teil derselben verworfen. — Wenn Du früh sterben willst, wenn Du es unwürdig achtest, weiterzugehen, wirst Du damit nicht jeden schmähen, der seine Lebensbahn nicht aufhob? — Die da mühselig ihre Last tragen, sind die zu schmähen? — Heldentum ist höher als Schmach! — Vor der Philisterwelt, die meinen Geist doch nicht begreift, schäm ich mich nicht, für sie nicht Jugend zu sein, die von den heiteren Frühlingstagen nichts weiß, welche der Geist durchlebt. — Weißt Du, was schlecht ist im Alter? — wenn es ein Aufbau, ein Übereinandertürmen rumpliger Vorurteile geworden, durch das die heilige Anlage der Jugend nicht mehr durchdringt, aber wo der Geist durch alles gehäufte

Elend des Philistertums, dieser ganz unwahren, aber wirklichen Wahrheit, durchdringt zur Himmelsfreiheit, zum Äther und dort aufblüht, da ist Alter nur das kräftigste Lebenszeichen der Ewigkeit. — Mir scheinen alle Menschen um mich wie nichts oder doch eine geringe und unzuverlässige Gattung von Naturen, eben weil der Geist nicht in ihnen liegt, die höchste Blüte im Alter zu erreichen — eine zernagte Blüte. — — Aber Ephraim deucht mir eine vollkommne Geistesblüte, die jetzt im Frühlingsregen steht; die Tage sind lau, aber trüb — aber die Ahnung ist voll himmlischem Jugendreiz, die andern fühlen und sehen ihn nicht, wo steht aber auch je ein Philister bei der knospenden Zeit still, voll Schauer, voll Gebet zur erwachenden Blüte? —

Was war's also mit Deinem Frühsterbenwollen? — wem zu Gefallen willst Du das? — Dir selbst zulieb? — also rechnest Du die scharlachne Kaiserbahn für Deine Jugendblüte, bloß weil sie so glanzvoll schimmert; aber sieh doch, die Welt achtet sie ja nicht, sie zerreißt sie in Fetzen, und Du stehst an ihrem End, und ist nicht mehr eine Spur davon, und da willst Du Dich mit zerreißen? aber der Trieb zu blühen ist erst dann wahre Geisteseingebung, wenn jene Scheinblüte Dich nicht mehr täuscht, wenn Du die Blüte ganz aus Dir selbst erzeugst, dann will ich sagen: ja, Du bist der Geist des Frühlings — aber mutlos das Leben verwerfen ist nicht Jugendgeist — ach, ich fühle wohl, daß ich hier weit mehr recht hab wie Du und daß ich Dir Trotz bieten kann; aber ich weiß auch, daß Du die tiefere Geisteswahrheit, die in meinem Vergleich liegt, deutlicher wahrnimmst als ich und daß Du gewiß Gewaltigeres ahnest als ich begreife. Es geht immer so zwischen unseren vertrauungsvollen Reden, daß ich stottere und daß Du mir dann reiner begreiflich machst, was ich wollte. — Mir steht hier nur der Jude vor Augen, der, über die sinkende Blüte der Eltern hinaus, die schweren Lebensbedingungen erfüllt, jeden mühevollen Weg zur Erhaltung der Enkel macht, keinen Tag mehr als den seinen verlebt, nicht um sich selber sich kümmert, in der Tagshitze zu den Seinen hinwandernd, sich mühsam beugt, um die Brosamen zu sammeln auf dem Weg und sie den verwaisten Kindern zu bringen. — Sein Weg war sonst Wissenschaft, Studium der alten Sprache, Philosophie; und nun! — wirft ihn das Geschick hinaus aus der Bahn, durch seine Aufgaben, die mehr mit dem wirklichen Leben zusammenhängen? — mir deucht nicht — mir deucht, es sei die erste heilige Blütezeit seines jugendsprossenden Geistes — so ist er auch friedevoll und ruhig im jungen Sonnenlicht keimend und treibend, lebenswarm ist der Boden — die Luft und sein Wille und sein Denken — und was er sagt, ist wie die Rebe, in die der Saft steigt einstiger Begeisterung — und ich weiß nichts mehr von Veralten, Verwelken, seit ich diesen Mann angeschaut hab; jeder Tag auf Erden ist ein Steigern der Blütebegeistigung, so nenn ich's, in der Eil weiß ich's nicht anders auszudrücken — und der letzte Tag ist immer noch lebentriebvoller wie der vorletzte. Wie es auch sei, es ist ein ewig Vorrücken in den Frühling — und unser ganz Leben, glaub ich, hat keinen andern Zweck. —

Die Sterne haben mir's gesagt für Dich. —

An die Günderode

Es ist ja noch gar nicht so lang, daß Du mir geschrieben hast, es sind jetzt vierzehn Tage, und wenn ich Deinen Schreibetag hinzurechne und die Reise und das Abgeben des Briefs, so sind es sechzehn oder siebzehn Tage; — Du bist nicht Herr Deiner Zeit wie ich — denn ich hab gar nichts anders zu tun, als alles Leben zu Dir hinzuschicken, ich wollt auch lieber gar nicht denken, wenn ich Dir's nicht wiedergeben könnt, mir kommt expreß alles in den Sinn wegen Dir. Aber ich weiß, daß es Dummheit ist, sich immer ängstigen zu wollen. Nur das eine kann ich nicht ausstehen, wenn sie mir schreiben, die Günderod läßt Dich grüßen. — Ich kann noch eher leiden, wenn sie sagen, man sieht die Günderod nicht. — Aber das eine nur, es ist mir wie ein Nebel zwischen mir und Dir, ich glaub Dich an meiner Seite und sprech mit Dir immerfort, und der Nebel ist so dicht, daß ich Dich nicht seh, und auf einmal ruf ich: ›Bist Du noch da?‹ — Du gibst keine Antwort. — Da ängstige ich mich und weiß nicht, wo mich hinwenden. Da mein ich als, alles, was ich Dir gesagt hab, sei nur ein Abirren von Dir, statt daß es mich hätt an Dich ziehen sollen; und da denk ich, deswegen hättst Du Dich von mir entfernt, weil ich Dir so manches sag, was Deine Seele nicht hören will, was sie stört. — Ach, Deine Seele, ich bin einmal geboren dazu, daß ich sie umflattere. Es ist mir zwar jetzt nicht mehr so heimlich auf dem Turm, weil mir immer zuerst einfällt, ob das, was mir da oben in den Sinn kommt, Dir auch recht sein mag, aber ich geh doch hinauf — nein, es treibt mich hinauf — wie der Wind da oben als geht, das glaubst Du nicht, er könnt einen gleich forttragen, das jagt alles — Wolken und Mond aneinander vorbei — jedes seinen Weg — recht zwieträchtig, ich weiß nicht, was ich dazu sagen soll. — Der Weg hinauf wird mir täglich ängstlicher. Ich war schon beinah dran gewöhnt und freut mich auf den Weg, und jetzt ist's wieder wie ein Stein, der auf mir liegt, manchmal bin ich so zerstreut, daß ich's gar vergeß und erst dran denk ganz spät, und jeder Schatten macht mir bang. Aber wo soll ich hin, ich muß doch hinauf, ich mein, ich muß da oben die Welt helfen festhalten. — Was das heut für ein Gestürm war! — es wächst da oben auf der Mauer ein Vogelkirschbaum, der hatte bis jetzt noch seine roten Beeren an sich hängen, ich hatte recht meine Freud dran, und ich dacht, das soll mir ein Zeichen sein, daß es zwischen uns beiden heiter ist und fröhlich. — Und die Beeren sollen hängenbleiben den ganzen Winter, ich hab sie auch zusammengebunden, daß sie der Wind nicht so leicht forttragen konnt; aber da war kein Halten, er drehte sich wie eine Kriegsfahne im Sturm, ich sprang auf die Mauer und wollte ihn schützen und nahm ihn in Arm und hab das Äußerste gewagt, ihn festzuhalten, bis der Wind sich legen wollt, und hätt ihn gehalten, wenn's bis zum Morgen gedauert hätt, aber da flogen mir die Beeren über den Kopf weg, einzeln und ganze Trauben, bis die letzte fort war, da hab ich ihn losgelassen. Da legte sich der Wind, und war's ganz hell und ruhig am Himmel — daß ich noch eine Weile so dasaß wieder — ganz ruhig, und mich verwunderte, wie ich eben noch so mitstürmen konnt und warum mir doch das Herz so geklopft hatte, da gerade sonst ich und Du immer so heimlich und so lustig waren, wenn wir manchmal auf freiem Feld einen Sturm mitmachten. — Aber ich mag Dir's gar nicht sagen, was mir alles vorkommt und sich mir weismachen will und an was für Dingen es hängt, daß meine Fröhlichkeit sich in Trübsinn verwandelt oder daß der sich wieder zerstreut. — Oft im Sommer, wenn ich einen Vogel singen hörte, war ich wie von einer freudigen Botschaft belebt. — Und oft, wenn ich die reifen Kornähren so vom Wind durchstürmt und geknickt sah, mußt ich in tiefen Gedanken stehen, mich besinnen, wie ich soll einen Boten schicken, der sich den Winden ins Mittel lege. So wollen wir auch meinen jetzigen Aberglauben auf diese Rechnung schreiben. — Es wird vergehen und wird wieder ruhig werden.

Am Sonntag hat der Bang hier gepredigt, ich versprach ihm zuzuhören, wenn er wollt von den Juden predigen, wie die Christen ihr *unchristlich* Herz gegen die verschließen, daß die Juden gar nicht das Christentum empfinden können. Der Bang predigte, wie Christus seine Jünger aufforderte, dem Volk das wenige, was sie an Nahrungsmitteln bei sich hatten, hinzugeben, ohne sich selbst zu bedenken. »Siehe! da war plötzlich Überfluß für alle! Und wenn es ein Wunder ist, daß der Überfluß in den Körben gesammelt ward, über das ihr staunt und Gott anbetet, so wollet doch auch als göttliches Wunder achten, daß die Liebe aus dem Herzen aller strömte wie durch elektrische Berührung der Liebe des Sohnes Gottes zu allen, so daß von Nachbar zu Nachbar sie einander mitteilten und wollten lieber darben als darben lassen. Und so waltete der Segen in den wenigen Broten, als jeder das Seine mit dem andern teilte, und kam daher der große Überfluß. Wenn ihr das nicht als Wunder bekennt, sondern es als ein natürliches Ereignis nicht würdig achtet, zu den göttlichen Wundern gezählt zu werden, ist es dann nicht um so mehr von denen zu erwarten, die sich seine Jünger nennen, daß dieses natürliche Wunder infolge des Göttlichen ersprieße? und da es doch zwischen euch, die ihr Jünger Christi seid, nicht auf die göttliche Weisheit ankommt, sondern bloß ums tägliche Brot euch streitet, so mag nun die göttliche Kraft des Wunders in den Broten gewirkt haben, daß sie sich mehrten, oder in den Herzen der Juden, daß sie aus Hunger nach dem göttlichen Wort der leiblichen Sorge nicht achteten und sich einander im christlichen Sinn, der schon in ihnen zu keimen begann: ›Liebet euch untereinander‹, die leibliche Speise mitteilten und gönnten, so liegen denn immer diese Lehren darin: ›Richtet die Seele auf göttliche Weisheit, so wird die Sorge um das Irdische von euch gehoben durch göttliche Kraft.‹ Oder auch: ›Die Sorge um Irdisches ist allein in die Welt geboren, damit ihr sie überwinden lernt um eurer Brüder willen und gemeinsam nach dem Göttlichen trachtet, was jedem zuströmt, soviel er zu fassen vermag.‹ Der göttliche Segen aber regnet über alle Lande, und euch brüderlich in den irdischen zu teilen, achtet ihr das nicht als göttliches Wunder in euren Herzen? —

Mögen doch eure Herzen geschickt sein, Bruderliebe zu üben, so ist euch gewiß, daß das Wunder göttlicher Weisheit in euch erblühen werde, was von innen als Fülle des Segens über alle gleich sich ergießt und nicht über diesen allein, weil er Christ ist, und über jenen nicht, weil er Jude ist. — Denn so oft wir den Segen, sei er irdisch oder himmlisch, abteilen wollen, so erstirbt er in uns, denn sein Leben ist: *Gemeinschaft des Heiligen.* Mit dem *inneren* Sinn sollen wir die Welt regieren, das äußere Regiment greift in ihre Gestaltung nur vorübergehend oder gar nicht ein und kann nur das Geistige, die wirkliche Entwicklung hindern, aber der innere Sinn, durchdrungen von dem höheren Regiment der Welt, breitet sich aus und greift um sich, ihm ist nicht Einhalt zu tun, erzeugt sich in allen Herzen, jeder pflanze den Kern dieser süßen Frucht ins eigne Herz, er ist der Frühling des Lebens, ohne den werden wir nicht ernten und keine Gewalt haben.« —

Bang sagte mir nach der Kirche, er habe wohl gemerkt, daß ihm niemand zugehört habe als nur ich allein, die ganze Kirch hab geschlafen. —

Ich hab von dieser Predigt in einem Brief an den Voigt geschrieben, weil ich ihm nichts Besseres zu erzählen wußte, so hat er mir geantwortet: ›Der innere Sinn greift mehr um sich wie alles Regiment der Welt, der Flügelsame des Geistes kann nicht abgesperrt werden, der treibt umher, und der

Wind der geistigen Natur überwältigt alle Vorkehrungen, drum ist's lächerlich, was die Menschen sich für Mühe geben, alles in der Zucht halten zu wollen oder durch etwas anders die Freiheit zu erkaufen als durch den Geist. Freiheit ist die strengste Zucht, denn sie greift da ein, wo kein Gebot noch Verbot was wirkt, sie zermalmt das Schlechte in der Wurzel; denn Freiheit ist eine göttliche Kraft, die nur Gutes wirken kann, aber die Menschen verstehen nicht, was Freiheit ist, sie wollen sich ihrer bemächtigen, das ist schon sie ertöten. Der Freiheit kann man sich nicht bemächtigen, sie muß als göttliche Kraft in uns erscheinen, sie ist das Gesetz, aus dem sich der Geist von selbst aufbaut. Innere Gebundenheit und äußere Freiheit sind doppelt schwere Ketten, weil die Trunkenheit noch dazu kommt, die die Sinne bindet und verwirrt.‹ — Das ist ungefähr das Bedeutendste, was ein zehn Seiten langer, sehr kritzlich geschriebner Brief enthält, ich wollt Dir ihn nicht schicken, ich fürcht, es möcht Deine Augen angreifen, ihn zu lesen. Er hat noch viel Hübsches und Freundliches geschrieben über Deinen *Franken in Ägypten.** — ›Er sei der Franke, aber das Mädchen werde er nimmer finden, das ihn in des Vaters Hütte führt, denn was ihm in der Seele woge, das sei nicht mit Schönheitslettern ihm ins Antlitz geprägt, seine fränkische Nase umschreibe kein schönes Profil.‹ Den Brief kann ich Dir einmal vorlesen, wenn das Füllhorn eigner Mitteilungen ausgeleert ist — aber wann wird das je sein? — Ach, ich hab das Herz so voll zu Dir, nur heut hab ich von fremden Menschen geredet statt von meiner Seele, weil ich Dich nicht betrüben will mit meinen Klagen. Aber gewiß ist es wahr, auf dem Turm kann ich nur Seufzer ausstoßen, und meine Gedanken sind wie abgerißne Zweige und zerstreute Blätter — Laub, das im Winterwind herumwirbelt! — ich kann keins haschen, und was mir zufliegt, das zerfällt und hat keine sibyllinische Zeichen; aber ich will nicht klagen, denn es ist ja doch nur Einbildung von mir, Du bist nur so schweigsam, weil Du so in Gedanken versunken bist, wie Du schon als diesen Herbst warst. Wolltest Du nicht

manchmal den Voigt sehen? — er ist doch gut, der könnt mir als von Dir schreiben. Er ist heiter und bescheiden und erzählt so viel Schönes aus seiner frühen Jugend, sein Leben ist Musik und Malerei, seine Bekanntschaft ist, wie wenn einer mit fröhlichem Gemüt umherschaut und einem unbefangnen Blick begegnet, dem er alles erzählt, was in seinem Innern vorgeht. Daß er schlecht geschrieben hat, will ich wohl glauben, aber es verdirbt mir ihn nicht, denn das war vermutlich die besessene Herd Schweine, die in die hohe Meeresflut gestürzt sind; wie es denn gewöhnlich bei guten Menschen geht, die was Schlechtes hervorbringen; es muß ihnen ganz leicht sein, wenn sie es los sind — so ist er auch ausnehmend vergnügt. Ich hab ihn kennenlernen, wie er als Schulrat in Frankfurt vorgestellt war, da hat er mich mit seinem witzigen Humor ergötzt, und es lag so viel Wahres und Richtiges, zum wenigsten mir Zusagendes in seinen Bemerkungen, daß ich immer meine, er würde das Beste gewirkt und geraten haben, er sagte aber damals zu mir: »Ach, ich bin ein Wickelkind, mir sind die Hände mit dem Wickelband festgebunden, ich kann nur Gesichter schneiden, und da meinen die Leute, ich lach und weine im Traum, sie meinen gar nicht, daß ich mit meinen fünf Sinnen dabei bin, wenn ich was sag.« — Wenn es Dir nicht störend ist, daß er Dich einmal besucht, so schicke ich ihm einen Brief an Dich. —
Vom Hölderlin hab ich auch erzählen hören, aber lauter Trauriges, was ich Dir jetzt nicht erzählen mag, denn wir beide würden nichts darüber erdenken können; und in meinem Herzen steht geschrieben: Streue die Saat der Tränen auf sein Andenken, vielleicht, daß aus diesen die Unsterblichkeit einst ihm aufs neue erblüht! — ach, auch er hat gesagt: *Wer mit ganzer Seele wirkt, irrt nie!* ja, wer unzerstreut und mit ganzer Seele dabei wär, der könnte wohl Tote erwecken, drum will ich mich sammeln und an Dich denken, daß ich Dich mir wach erhalte, daß Du mir nicht stirbst. — Aber ich will meinen Brief nicht so traurig schließen. — Ein Brief, den ich kürzlich von Goethe gelesen habe, den er Anno 1800 an Jacobi schrieb, wird Dich auch freuen: ›Seit wir uns nicht unmittelbar berührt haben‹, sagt er ihm, ›habe ich man-

che Vorteile geistiger Bildung genossen, sonst machte mich mein entschiedner Haß gegen Schwärmerei, Heuchelei und Anmaßung, oft auch gegen das wahre, ideale Gut im Menschen, das sich in der Erfahrung nicht wohl zeigen kann, oft ungerecht. Auch hierüber, wie über manches andere belehrt uns die Zeit, und man lernt, daß wahre Schätzung nicht ohne Schonung sein kann; seit der Zeit ist mir jedes ideale Streben, wo ich es antreffe, wert und lieb.‹ — So sehr ich sonst eine Sehnsucht hatte, allein und heimlich ihn aufzusuchen, jetzt ist's nicht mehr so; — ich möchte gar nicht zu ihm, wenn ich nicht Dich an der Hand führte — nur als zeigte ich Dir den Weg — und nur, daß ich mir den Dank von ihm und Dir verdienen will, denn was er im Brief sagt, berechtigt Euch gegenseitig, aufeinander Anspruch zu machen, denn wie freudig würd er erstaunen über das Ideal in Deiner Brust, so wie Du Dich aussprichst in jenem Brief, wo Dir auf einmal so hell dies Ideal erschien, als sähest Du voraus in Deine Unsterblichkeit. — Und mit was könnt ich ihm entgegenkommen? — ich hab keine Vorrechte, ich hab nichts als den geheimen Wert, von Dir nicht verlassen zu sein, sondern, angesehen mit Deinen Geistesaugen, die Gedanken in mich hineinzaubern, welche ich nie geahnt haben würde, läse ich sie nicht in Deinem Geist.

Gestern abend haben sich jung und alt beschert; mir sind die leeren Weihnachtsbäume zuteil geworden; ich hab mir sie ausgebeten, ich hab sie vor die Tür gepflanzt; man geht durch eine Allee von der Treppe über den breiten Vorplatz bis zu meiner Tür; diese grünen Tannen, so dicht an meiner Tür, beglücken mich — und die Welt ist noch so groß! ach, es steigt mir die Lust im Herzen auf, daß ich reisen möcht — mit Dir — wär das denn nicht möglich? — bin ich denn so ganz gefangen, kann ich mir hierin nicht willfahren? — Und willst Du auch nicht das Unglück meiden, jener, die sterben, ohne den Jupiter Olymp gesehen zu haben? — ich fühl, daß mir alle Sehnsucht gestillt könnte werden, hoch auf dem höchsten Berg die Lande, die Weite zu überschauen, ich würde mich wahrlich erhaben und mächtig fühlen, denn dessen das Aug sich bemeistert, dessen fühlt der Großherzige sich Herr. Ach, Günderode, ich weiß nicht, ob Du's auch schon gefühlt hast, aber mir ist jetzt vor allem der Sinn des Augs gereizt, sehen möcht ich, nur sehen. — Wie groß und herrlich die Kraft, mit dem Aug alles zu beherrschen, alles in sich zu haben, zu erzeugen, was herrlich ist — wie würden da die Geister uns umflügeln auf einsamer Stelle? — und dann kennen wir uns, wir würden ineinander so einheimisch sein, es bedürfte keiner Mitteilung, die Gedanken flögen aus und ein, in einen wie in andern, was Du siehst, das ist in Dir, denn ich auch, ich hab mich nicht vor Dir verschlossen; — ja, Du bist tiefer in meiner Brust und weißt mehr von meinem Seelenschicksal als ich selber, denn ich brauch nur in Deinem Geist zu lesen, so find ich mich selbst. Und wie glücklich hab ich mich doch hingehen lassen in Deinem Kreis? — als schütze Dein Geist mich, so hab ich alles Unmögliche gewagt zu denken und zu behaupten, und nichts war mir zu tollkühn, überall fühlt ich den Faden in Deinem klugen Verstehen, der mich durchs Labyrinth führte. Ach, ich möchte alles haben, Macht und Reichtum an herrlichen Ideen und Wissenschaft und Kunst, um alles Dir wiederzugeben, und meinem Stolz, von Dir geliebt zu sein, meiner Liebe zu Dir genugzutun. Denn diese Freundschaft, dies Sein mit Dir, konnte nur einmal gedeihen. Ich zum wenigsten fühle, daß keiner mit mir wetteifern könnte in der Liebe, und darum siegt auch meine Großmut — ich mag niemand eine Schuld aufbürden, um die er ewig büßen müßte.

Mein Brief ist zerstreut geschrieben, das ist, weil ich Dich suche — sonst stehst Du vor mir, wenn ich Dir schreibe, da spreche ich mit Dir; die Hälft sind da meine Gedanken und die Hälft Deine Antwort, denn ich weiß allemal, was Du antwortest, wenn ich Dir was sage; so lerne ich immer das Tiefere, das Weise, das Bestätigende aus Dir. — Die Post geht ab — ich lasse den Brief noch liegen, vielleicht kommt ein Brief, dann bitte ich Dir gleich noch in diesem meine Beschwerde ab. — Ach, käm doch ein Brief. —

Nein, es ist kein Brief gekommen.

Ich bin böse — aber nicht auf Dich — auf mich bin ich böse, woher kommt mir die Krankheit? — ja, es ist Krankheit, und schon lange lag es in mir; — es ist ja, als ob ich nichts von Dir wisse, so verzage ich ganz; war ich denn im vorigen Jahr so bang? — da sind doch auch Zeiten vergangen, wo Du nicht schriebst. Du hast mich verwöhnt mit Deinen kleinen Briefen aus dem Rheingau; ich kenne ja doch Deine große Ruhe, in die Du manchmal so schweigsam versunken warst, daß ich oft stundenlang mit Dir war, und Du sprachst nicht, so wird's jetzt auch sein — der Nachhall Deiner stillen Begeisterung ist's, oder es wiederholen sich tiefe Melodien Deiner Seele in Dir, denen horchst Du zu. Ja! wie's in jener himmlischen, zauberhaften Nacht war, auf dem Rhein, wo wir zusammen unter der blühenden Orangerie auf dem Verdeck saßen. — Wie schön war's doch, daß die grade von Köln nach Mainz fuhr und daß wir beide auf dem Schiff die einzigen waren, die in der Nacht da oben blieben, die andern fürchteten die kalte Nachtluft, das war ein rechtes Glück. Wir freuten uns, als der letzte hinabgeflüchtet war, und wir waren ganz allein, und bloß der Steuermann und die Ruder und die große Stille — und meinen Pelz warf ich um Dich und saß zu Deinen Füßen, und der deckte mich auch noch, und wie schön war die Mondnacht, es sollte nicht ein Wölkchen am Himmel sein, der unermeßliche Luftozean, in dem allein der Mond schwamm. — Da warst Du auch so stille, und wenn ich ein Wort sagte, so verlor sich's gleich im tiefen Schweigen — daß ich auch nicht mehr reden mochte aus Ehrfurcht vor der stillen Versunkenheit der ganzen Natur! — und wer kann's je vergessen, der in so heller Nacht auf dem Rhein schifft, wenn beide Ufer sich im Mondglanz baden; — und dann kam der Wind und rauschte erst leise in den Kronen und dann stärker, und es fielen Blüten auf Dich und mich, und da sah ich mich um nach Dir, hinauf zu Dir, da lächeltest Du, weil es zu schön war, was uns da widerfuhr, aber wir beide schwiegen still, um nicht zu stören alles, was sich an Schönheit rund um uns ausbreitete, und wir fuhren um die stillen Inseln und kamen näher ans Ufer, daß die Weiden herüberhingen und verwickelten ihre Zweige in unsere Bäume, und schüttelte über Dir die Krone, daß sie all ihre Blüten Dir in den Schoß warf, da warst Du erschrocken aufgewacht, denn Du warst eingeschlafen grade — einen Augenblick. — Ja, ich auch schlaf gern, wo es grad mir am seligsten ist, da ist immer die Ruhe über mir, als wäre Seligkeit nur eine Wiege und schaukelte die Seele und wiegte sie aus einem Traum in den andern hin und her, wo es schön und schöner wär. — Ich dachte da, es war ein köstlich Wohlgefühl in mir und betete es vor Gott, ich wollte nicht glücklicher sein in der ganzen Fülle der Welt als so, wie es uns beiden da beschert war, und ich fühlte mich so gestärkt und knüpfte mich getreuer an Dich. — Und gelobte mir, meinen Geist waffenfähig zu machen, und da gingen in Eile viele große kühne Taten vor mir vorüber, da ich all im Geist entschieden hatte, und da war ich so heiß einen Augenblick vor raschem Lebensentschluß und reiner Begeisterung. Und daher hab ich verstanden, was Du in Deinem Brief sagst von dem einfachen Phänomen, wo tragische Momente uns durch die Seele gehen, die sich ein Bild unsrer Lebensgeschichte auffangen, und wo die Umstände sich so ketten, daß man ein Tiefschmerzendes oder Hocherhebendes im Geist miterlebt. — Mein Gefühl aber war nicht tragisch, es war glorreich, es war jubelnd, überall war ich Sieger; — ja, recht wie ein Adler, der sich aufschwingt über den Erdenballast von allen Geschicken und der nur fliegen will, und so bin ich da auch ein paar Minuten über jenen Gelübden eingeschlafen, als wenn der Schlaf die Bestätigung aller Geisteserhebung wär! — oder ist es vielleicht im Schlummer, daß der Geist in seinen Gelübden aufsteigt? — So war's mir nach jenem kurzen Schlaf, als sei ich im Port meines Lebens angelangt und als brauche ich keine fremde Wege mehr zu suchen. — Es war, daß ich immer Dir verbleiben wollt, daß alles Glück, was uns entgegenkomme, nur Dein sein solle und daß ich's nur durch Dich genießen wolle. Drum schieden wir auch am Morgen so leicht und heiter, ich stieg in den Wagen, der mich am Ufer erwartete, um nach Frankfurt zu fahren, und Du bliebst auf dem Schiff, und ich hatte dir nicht einmal die Hand gereicht und rief nur hinüber, adieu, Günderode, und Du riefst meinen Namen. Und es war, als ob die Welt uns nicht trennen könne. — Aber wie ich eine Weile vorwärts gefahren war und sah Dein Schiff mit seinem südlichen

Garten noch von weitem, da fiel mirs auf einmal ein, daß ich Dir nicht die Hand gereicht hatte und Dich nicht geküßt hatte und Du mich auch nicht auf meine Stirn, was Du doch sonst immer tatst, und jeden Abend, wenn ich von Dir ging. — Und es war mir so angst drum, daß ich gern umgekehrt wär, wenn ich gedurft hätte. — Und jetzt, wenn ich an Dich denk und Du schreibst nicht, so fällt mir's ein und ängstigt mich. Aber doch ist es ja ein gutes Zeichen, ein so sicheres Gefühl, daß wir nicht getrennt seien, und wenn doch diese schönste idealische Nacht unseres Lebens die letzte war, die wir miteinander zubrachten, so wird uns auch der Genius wieder so zusammenführen — und hin durch heiße Länder, wo kein Sehnen ist und wo wir am Morgen nicht um den Abschied sorgen, weil wir uns nicht trennen werden. — Nur, daß ich jetzt in die beschneiten Felder sehe und daß mir der Winter so tot jetzt erscheint, wo mir eine italienische Sommerglut im Herzen wogt! —

Ja, wir wollen fort, Günderode, wir zusammen; — es war ein Schicksalsruf, jene himmlische Nacht unter südlichen Blüten — sie rief uns zu dem Land dort, wohin mein Sehnen geht, um das ich schon mit der Mignon meine Nächte verweint habe. — Das erste, wenn wir uns wiedersehen, soll es sein, daß wir einen festen und reifen Plan machen. — Es ist am End ganz lächerlich, wenn wir alles Schöne und Herrliche, von dem gesprochen wird, im Geist berühren und genießen, und wir sitzen in der Wirklichkeit wie eingefroren. Ich bin begierig, ob wir's nicht dazu bringen in der pappendeckelen Welt; das ist's eben, daß sie von Pappendeckel ist. — Da fällt mir wieder mein Kindertraum ein, wo ich auf einem backsteinernen Fluß auf der Reise war und die Ruderer vergeblich Wellen schlagen wollten, und nur mit den Stechstangen ging's langsam vorwärts — und das krachte so unangenehm, es pfiff, daß es mir zwischen den Zähnchen weh tat. Ach, und die Reisegefährten schnitten so fürchterliche Gesichter — da hab ich recht in natura gesehen und ohne Schleier, was ein Philister für eine fürchterliche Lebenslarve hat. — Der Trieb zur Schönheit ist doch wohl noch das einzige, was von einer höheren Natur übrig ist. —

Am Feiertag wollt ich, der Ephraim sollt mich besuchen, es war mein Lerntag, aber weil's Feiertag war, so konnt ich einmal die Stund verplaudern mit ihm, wozu ich so große Lust hatte, und mit meinen Tannenbäumen eine Laube um seinen Sitz gebaut, das hat mir groß Vergnügen gemacht, ich schenkte ihm auch Wein ein; da kam der Professor Weiß dazu, der hatte mit ihm zu reden wegen zwei Schüler, der sprach auch mit großer Achtung mit ihm, daß er so große Kenntnisse habe. Sein Enkel holte ihn ab und blieb noch eine Weile da, aber er setzte sich nicht vor seinem Großvater und blieb stehen, und von dem Wein nippte er nur — und ich will Dir gestehen, daß ich die ganze Zeit von Dir gesprochen hab, denn ich kann auch nicht gut von anderem sprechen, weil ich doch immer dran denk, ob ich bald einen Brief von Dir krieg. — Was soll ich noch von ihm erzählen, er hat eine eigne Art, es scheint nur Bescheidenheit, aber man fühlt, daß es Herablassung ist und Güte; ich möcht Dir auch gern noch manches von ihm sagen, aber weil ich gar nichts weiß von Dir, das bricht mir den Mut, ich weiß ja nicht einmal, ob Du es mit Anteil liest. — Er sagte mir, daß er bis nach den Feiertagen, bis nach Neujahr, eine kleine Reise zu den Seinigen machen wolle, weil seine Schüler alle fort sind. Es ist eine Reise von acht Meilen — bei Butzbach —, den Weg macht er zu Fuß in dem Wetter — es ist hier ein Sausen, davon hat man in der Stadt keinen Begriff; auf dem Turm kommt allerlei Gezweig vom Wald oder von unten aus der Allee angeflogen. Gestern setzte ich mich gleich an den Boden nieder, um nicht davongetragen zu werden. —
Ich fürchte mich für den Ephraim, oder ich wollt, ich könnt mit ihm gehen, so ein Stock in der Hand und immer vorwärts geschritten, in neue Lande, wo andre Luft weht, andre Bäume blühen — jetzt hat's aber noch eine Weile Zeit damit; — so — ruhig sprechend — mit einem Weisen aus Morgenland. — Ich bin von Natur so neugierig, wenn ich nur in ein unbekannt Dorf komm, da kommt mir alles so sonderbar vor, und die kleinen Reisen, die ich bis jetzt gemacht hab — wie war mir alles so auffallend — wenn wir im Dunkel vor einem Posthaus hielten, wie sah mich da der halb erleuchtete Gang so

seltsam an, als könnt er sprechen und erzählte mir: ja, hier gehen allerlei Geschichten vor! — und so eine Nacht, in unbekannter Gegend gefahren oder im fremden Nachtquartier, wenn man da aus dem Traum aufwacht, und hört die Glock schlagen und noch eine und dann wieder eine. Da dacht ich als: da sind also viele Kirchen, wie mögen die aussehen? und dann der Nachtwächter, der ein ganz fremd Lied singt mit heiserer Stimme, und die Schellen an den Häusern, die man noch läuten hört, und dann am Morgen sieht alles wieder anders aus und ist wieder so neu und überraschend, als wär die ganze Welt wie ein Spielsachenladen, und Häuser und der Markt vor der Tür und die Leute, die da wohnen und laufen, das sei lauter Spielzeug, und die Hunde, die herumspringen, die Brunnen, wo die Leut Wasser holen, das kommt einem alles vor bloß wie zum Vergnügen, lauter Bilder, man freut sich, daß alles so niedlich eingerichtet ist und gar nichts vergessen. So fremde Orte, sie sind wie Feenmärchen. — Das alles möcht ich mit Dir genießen! Es ist ja nur der Eingang, aber Himmel und Erde, im Freien — in die Weite hinaus —, wo man stumm steht und sieht die Berge sich aufrichten und mit dem Morgenlicht sich küssen und alles Unendliche, da vorgeht, was stumm macht und alle Weisheit überflüssig, denn wie's Kindchen, wenn ihm die Milch zuströmt aus der Mutter Brust, genug damit zu tun hat, sie zu schlucken, mit der Fülle fertig zu werden, so ist's auch mit der Natur, sie gibt so vollauf dem Blick, dem Herzen, daß es nicht zu Atem kommen kann. — Aber der Ephraim liegt mir am Herzen, daß der jetzt, wo die Natur schläft und nur aufrührerische Träume hat, die eisige, bergige Straße wandert, wo es so früh Nacht ist und wo er in schlechte Herbergen kommt; aber er sagt, er habe einen Tag schon versäumt wegen dem Wetter, und seine Enkel warten alle auf ihn, die würden so schon in großen Sorgen um ihn sein, und das Sturmwetter werde er schon ertragen, er habe es schon mehr mitgemacht, und sein Enkel trägt den Bündel. — Er muß die Kinder sehen; da muß man ihn nicht abwendig machen, er sah auch gar nicht sorglich aus. — Dürft ich nur, wie ich wollt, so hätt ich einen bequemen Wagen ihm vor die Tür fahren lassen; und ich hatte Lust dazu, hätt ich's nur heimlich tun können, aber ich fürcht, man hätt geschrien, ich wär extravagant, ich wollt die Sonderbare spielen, und gelitten wär's doch nicht worden, denn von Verkehrtheiten muß ich abgehalten werden. — Außer dem Clemens, der hätt das gewiß recht gern gewollt. — Nun hab ich diese acht Tage Sorge um Dich und um den alten Mann. — Ich fürcht mich vor dem Turm. Ich will aber oder ich muß hinauf. — Das ist zum dritten Male, daß mir so was begegnet, daß mich so was fesselt, nächtlich und geheim an einen Ort zu gehen, wo mich die Geister hinbestellen.

Wie ich ganz klein war, der Vater hatte mich am liebsten von allen Kindern, ich kann kaum zwei Jahr alt gewesen sein, wenn die Mutter was von ihm zu bitten hatte, da schickte sie mich mit einem Billett zu ihm, denn sie schrieben sich immer, sie sagte, wenn der Papa das Billett liest, so bitte, daß er ja schreibt, und er richtete oft nach meinen Bitten seinen Beschluß. Er sagte, mein liebes Kind, weil du bittest, so sag ich ja, ja. — Alle Kinder fürchteten sich vor dem Vater, denn so freundlich er war, so hatten alle eine Ehrfurcht, die sie hinderte, ihrer Lustigkeit nachzugeben, und ein ernstes Gesicht vom Vater machte, daß sie alle vor ihm wichen; ich hatte viel mehr Lust, mit ihm zu spielen, und wenn ich wußt, daß er nachmittags allein auf dem Sofa schlief, wo niemand sich ins Zimmer getraute, da schlich ich auf den Zehen herbei und kroch in den Schlafrock auf der einen Seite herein und konnt mich so geschickt um seinen Leib schmiegen und auf der andern Seite wieder heraus, das konnt ich so geschickt, da gab er mir allerlei italienische Schmeichelnamen im Schlaf und schlief dann weiter fort. — Er war niemals verdrießlich. — Wie die Mutter starb, da fürchteten sich alle Kinder vor seinem Schmerz, keiner wagte sich in seine Nähe. Abends war er allein im Saal, wo ihr Bild hing, da lief ich hinein und hielt ihm den Mund zu, wenn er so sehr schmerzvoll seufzte. — Ich besinn mich, daß ich als gern in der Karmeliter-Kirch war, wo niemand mehr hineinging, sie war immer leer, weil sie so düster ist und weil so viel Tote da begraben liegen; Vater und Mutter liegen auch da und viele Geschwister. Ich hab mich niemals gefürchtet vor traurigen

Orten. — Wie manchmal, wenn die Sonn drauß schien, da ging ich hinein, da war's so feucht und so trüb, daß man glaubte, es sei der traurigste Herbsttag. — Ich erzähl Dir's — ich wollt Dir nur sagen, ich scheu mich nicht vor traurigen Orten und auch nicht vor traurigen Menschen, und wenn Du was hast, was Dich trübsinnig macht, so brauchst Du mir's nicht zu sagen, aber scheu Dich doch nicht vor mir, ich weiß so still zu halten.

Gestern hatt ich mich den ganzen Tag gesehnt nach dem Abend, weil ich auch am Tag keine Ruh hab. Wenn ich doch ein einzig Wort von Dir hätt nur, über Dich! — Ich hab nur lauter Halbgedanken, sie kommen tief aus der Brust, aber ich mag sie nicht prüfen. — Wenn Du mir das einzige schreibst: ›Bettine, ich bin dir gut‹, das wär genug! wär ich doch wie die Uferfelsen, die den stürzenden, verspritzten Lebensstrom wieder im ruhigen Lauf sammeln, und jede Welle, jeder Gedanke in Dir würde freundlich an mir vorüberbrausen, ich wollt sie nicht fesseln. — Ach, ich sag nicht, daß ich Dich liebe, aber doch mein ich, ich wollt gern Dir mein ganz Leben aufopfern, und ich kenn niemand, dem ich das wollt, aber Dir wollt ich's. Aber wenn Du mir auch nicht vertrauen kannst, darum will ich nicht bitten. Es ist mir alles eine große Schrift in Dir, es ist mir alles Geist! — Mein Gott! was hast Du getan, gedacht, was ich nicht mit vollen Sinnen genossen hätt! — Und so oft hab ich in Dir erkannt, was ich in mir selber nicht zur Gewißheit bringen konnt! — wenn mir ahnte. Die ersten kühnen Gedanken, die zum ersten Male die engen Lebensgrenzen überbrausten, daß ich verwundert war, über Geist, und überrascht, wo hab ich sie doch gelesen? — sie standen auf Deiner Stirne geschrieben — wieviel sich kreuzende Stimmen hast Du doch entwirrt in meiner Brust und meine wilde Gedankenlosigkeit — Du hast sie so sanft eingelenkt und mir gelehrt, freudig mitspielen. — Der Sinn der Welt ist mir einleuchtend geworden durch Dich, ich hätt ihn nimmer geheiligt, ich hätt ihn immer verachtet. Denn früher dacht ich oft, zu was ich doch geboren sei? aber nachher, wie du mit mir warst, da hab ich nicht mehr so gefragt — da wußt ich, daß alles Leben ein Werden ist, und nur eine freudige Ungeduld hat mich zuweilen noch übermannt, ein übereilend Erharren der Zukunft, keine Trauer mehr, nein, ich weiß nichts mehr, was mich geschmerzt hätt seit dem Augenblick, wo ich Dich kenne. — Dort in Offenbach, der Tage erinnere ich mich; kann's dem Busen der Erde so üppig entkeimen als mir die Lebensfülle unter Deinem warmen, belebenden Hauch? — Oh, glaub mir's, ich taumelte oft im Geist, weil die Gedanken so weich sich mir unter das strömende Gefühl betteten, oft, wenn ich am Abend in die weite Purpur-Landschaft sah, dort, wo ich aufs Dach stieg, bloß um zu fühlen, wie's Leben doch tut in der Brust, es war mir ja noch so neu, da mußt ich denken, daß ich ganz alles mit sei, was ich sah — solche Purpurwogen durchwallten mich — und es war ein Reichtum, den ich in mir ahnte, und es war mir alles durch Dich geschenkt! — ja, ich zweifle nicht, es ist ein Kern, ein edler in mir, der wurzelt, und der mich mir selber wiedergibt. Du hast diesen Kern in mich gebildet; Mut! umsichtige Heiterkeit sind seine ersten Blüten gewesen, und jeden Tag will er mehr Blüten treiben wie der Baum inmitten wohltätiger Natur! — alles Schicksal nehm ich hin wie Wind und Wetter und kann's tragen, denn Du hast mich gesund gemacht — aber wenn ich nun ausgerissen wär aus dem Boden, das wird doch nicht sein? — nein, das kann niemals wahr werden. O kein Erdbeben! das den Berg verschlinge, dessen Gipfel den schwachen Stamm trägt — blühend weit hinaus in die Ferne! — und so wohl sich fühlt, weil er alle Güte der Sonne empfindet, weil ihm alle Echo erklingen von den weiten Bergen und weil er so weit umher die lachende Natur beherrscht, weil er so hoch steht, so einsam, so glücklich, und alles allein, weil er in Deinen Busen gepflanzt ist. — Dann bin ich schlafen gegangen, wie ich so weit geschrieben hatte, und hab vergessen, auf den Turm zu gehen, wo ich doch den ganzen Tag unruhig danach war, und schlief so fest ein. Ach, war ich denn krank gewesen, daß ich wieder so ganz gegen meinen eigentümlichen Willen nicht traurig zu sein, so an Dich schrieb? — aber wie ich aufwachte, da besann ich mich, daß es zum erstenmal war, wo ich den Turm versäumte, sprang auf und warf einen Mantel um, so war ich oben angelangt, noch eh ich mich besann, ob's nicht die Geisterstund sein könne, meine Hast war zu groß, als daß ich mich hätt fürchten können — denn ich dacht, wenn nun schon Mitternacht vorbei wär, so hätt ich einen Tag versäumt. Nein, das will ich nicht, ich hab Dich da oben in der freien Natur allen guten Mächten hingegeben, die Sterne wissen von Dir, und mag's gehen, wie es will, ich will nichts versehen bei meinen Gelübden. Ich hab zu ihnen gesagt von Dir und sie in Pflicht genommen über Dich, ich bleib ihnen zugetan, und mein Gefühl ihrer Erhörung, ihres Bewußtseins meiner heißen Lebensbedürfnisse, das will ich nicht schwächen, indem ich nicht feierlich mein Versprechen achten sollt. — Es war auch schön dort oben, der reinliche Schnee bewahrte noch Deinen Namen unverletzt vom vorigen Tag, und ich setzt mich auf die Mauer und lauschte in die Stille, und da schreib ich Dir hin, was mir so im Geist ist aufgegangen, so wie ein Sternbild nach dem andern ist hell geworden.

›Ich trinke die Liebe, um stark zu werden; wenn ich denke, so bewegt mich heimliche Begeisterung für meine eigne Erhöhung — wenn ich liebe, auch. — Nur: in der Liebe fühl ich mich flehend wie im Tempel, wenn ich denke, kühn wie ein Feldherr.‹

›Alles von sich selber verlangen, ist der nächste und unmittelbarste Umgang mit Gott; dem Göttlichen geben die Sterne die sicherste Gewährleistung für die Erfüllung eines höheren Willens — die dreiste Überzeugung, daß wir unserer Forderung genugtun sollen.‹ — So raten uns die Sterne. — Günderode, drum sei ja mutig zu allem, und endlich kann auch kein falscher Trieb sich dazwischen durchwuchern, denn die Seele ist ganz erfüllt vom eigenen Geist und allein für ihn tätig.

Das haben mir die Sterne für Dich gesagt, als ich sie fragte um die tiefen Lebensgeheimnisse in Deiner Brust, sie wollen, Du sollst Deinen Schild tragen — kühn und frei über die Lebensgipfel weg. Alles ist Höhe, nichts ist Tiefe. Du sollst sie schauen, die so hoch sind, vor denen nichts Abgrund ist, was ihr Licht nicht entbehrt.

›Es gibt eine Zauberkunst, ihre Hauptgrundlage ist des Gei-

stes fester Wille zum Mächtigen, der sich auflöst in die Übermacht dessen, was er im Geist erkennt.‹

So hast Du mir einmal gesagt, und die Sterne haben mich
gemahnt, ich soll Dich dran erinnern.

›Nie muß man dem Höheren gegenüber selbst etwas wollen,
sonst wehrt man sich gegen den eignen Willen.‹

Das haben die Sterne noch hinzugefügt und mich gemahnt,
ich soll Dir das scharf und eindringlich wiedersagen. — Ich
leg mir das so aus, der Mensch soll nicht dem eignen Schicksal nachgehen, denn es gibt kein Schicksal für den Geist als
das göttliche — diesem gegenüber sollen wir alles als klein
verachten. —

Noch sagen die Sterne: ›Ohne Zauber kann sich der innere
Mensch nicht erscheinen‹ — oh, die Sterne sind gütig, sie
sagen viel und Großes und bedeuten uns, daß wir selber groß
sind.

›Ach, das Endziel aller Wahrheit ist, sie hinzugeben an
höhere Wahrheit, sie ist Zauber, durch den der innere Mensch
sich erscheint, sie ist Entwickeln der göttlichen Natur; der
Himmel entwickelt sich aus der Sehnsucht, und aus des Himmels unendlichem Frieden wird höhere Sehnsucht sich entwickeln; die Wahrheit geht hervor aus der Wahrheit und
geht über in Wahrheit.

Das höchste, was die Wahrheit vermag, ist sich auflösen in
höhere Wahrheit; — ja, sie sagt *nein!* — verneint sich. —
Nie darf der Geist sich am höchsten halten, sondern jene
muß er höher halten, auf die er wirkt, denn die befördern
ihn, entwickeln ihn.

Die Wahrheit, die Lieb ist Sklave, *der* ist Herr, den sie
nährt.‹

So reden die Sterne, wenn ich mit ihnen von Dir spreche —
sie lieben Dich, sie sind Deine Sklaven, die höhere Erkenntnis,
die sich auf Dich herabblitzen, die entwickelt ihr Vermögen,
auf den Menschengeist zu wirken, das Hohe auszusprechen,
und sie werden mehr noch sagen, wenn's Dein Ohr trifft. —
Oh, sie sagten es mir für Dich in der Neujahrsnacht — —
und viel reicher war die Saat liebender Mahnungen, aber
ich konnt's nicht alles tragen in meinem Geist, was sie

sagen; — vertrau ihnen, und Du wirst erleben — schwere
Garben bring ich Dir heimgeschleppt; — da siehst Du, was
Leben ist, Keime der Erkenntnis säen die Sterne Dir in Geist,
und Du wolltest verzweifeln, weil Deine Füße am Boden
wurzeln. — Ja, das ist's, Deine Seele hat Licht getrunken
und will nun schlafen, so leg Dich doch und ruhe, ich will
sorgen, daß Du schlafen kannst und wachen zugleich — und
wart doch, was die Sterne endlich mit uns anfangen, bist Du
nicht neugierig? — was gottgesandte Boten Dir zuflüstern,
magst Du das nicht erlauschen, und kannst Du nicht alles
andere darüber vergessen? —

O hör, denn als sie so gesprochen hatten, da bekräftigte der
Schlag von Mitternacht, in die tiefe Einsamkeit hineinschall-
end, daß, so die Jahre hinabrollen, der Geist doch ewig blü-
hend am Himmel steht und daß unsere Begeisterung dieser
Jugend zuströme, das stürmte mir herauf aus der tiefen
Stadt, wo alles lebend, jubelnd die verjüngte Zeit begrüßte.
Warum rührten sie die Trommeln und schmetterten von den
Kirchtürmen — die Trompeten! — und warum erfüllte das
Jauchzen die Luft? als weil die ewig sich verjüngende Zeit
alle kindliche Freudenstimmen weckt über die unsterbliche
Jugend. — Mir war so selig dort auf der schwindelnden Höh,
wo die Studentenlieder wie ein Meer um mich himmelan
brausten und mich einhüllten in ihren Jubellärm wie in eine
Wolke und aufwärts trugen. Oh, wie schön ist's in der Welt,
denk doch, so viel junge Stimmen hier im kleinen Städtchen,
alle freudebrausend! — wer wollte im Leben wohl etwas beginnen, was dieses heitere Jugendleben zu schwerem, inne-
rem Verantworten niederbeugte! — O nein, schon wegen der
Jugend heiligem Recht, in Fülle den Strom auszubrausen,
möcht ich im eignen Busen die ewige heitere Lebenskraft
nicht ablenken. — Sieh, junge Günderode, Deine Jugend ist
die des heutigen Tages, Mitternacht hat's bekräftigt, die
Sterne mahnen Dich und verheißen Dir, daß Du ihnen Deinen Geist sollst zuströmen, die auffahren voll jubelndem
Feuer, in Chören ihre Begeisterungslieder herüberjauchzen
ins neue Jahr! — sie begrüßen Deine Zeit! — daß sie *Deiner*
Begeisterung geboren sind, das macht die junge Herzen

jauchzen, oh, verlasse die Deinen nicht und mich nicht mit ihnen; verlasse Dich auf den Genius, daß er aufrecht stehe in Dir und groß walte zwischen Geist und Seele.

Was könnte Dich doch verzagen machen? – sieh doch, wieviel Leben verdirbt, aber doch ist's nur scheinbar, es steht mit verschwisterten Gewalten wieder auf und versucht's von neuem. Aber das muß nicht sein, daß Du Dich aus ihren Reihen loskettest, denn alle gehören einander, und das muß Dich nicht traurig machen, daß manches, was sie als Tugend preisen, nur glänzende Fehler sind. Ist doch oft auch Tugend, was Fehler ist.

Ich mag diesen Brief nicht schicken; ich bin nicht zu entschuldigen, schieb's aufs Wetter in meiner Brust. Es ist Gewitterzeit in mir, wie konnt es so angstvoll in mir aufsteigen sonst? – Gewitter sind's, die über mich hinstürzen und alle blühende Kraft niederdrücken, und das Gewölk häng schwer über mir, und das Herz arbeitet und glüht und möcht sich Luft machen und zückt; denn sonst könnt ich nicht so schmerzvolle Augenblicke haben und immer so schwere Gedanken über Dich. Aber es ist auch traurig, heut erhalt ich erst Nachricht von der Claudine, daß Du sie beauftragt hattest, mir Deine Abwesenheit von Frankfurt zu schreiben, und daß Du bei der kranken Schwester bist. Mein Herz ist der brausende Brunnen, ein paar Tropfen Öl besänftigen ihn ja, ich war ganz verkehrt, ich erwache vom bösen Traum. Ach, Gott sei Dank, daß es anders ist. – Ich bin noch niedergeschlagen und seh die Träume unwillig dahinziehen am düstern Tag, sie hätten mich wohl länger noch gepeinigt. – Wie Du auch meine Briefe aufnehmen magst, ich will Dich der Mühe überheben, mich darüber zurechtzuweisen, und will's alles vor Dir aussprechen, was ich von mir denk. Ich hab Dir eine Reihe von Briefen geschrieben, ich weiß nicht mehr was; – sollt ich mir Rechenschaft geben, was ich damit wollte, enthielten sie selber eine Rechenschaft meines Seelenlebens? – ist ein einziger früherer Vorsatz drin nur berührt? – ist mir nicht alles fern abgeschwunden, was ich mir als heilig Gelübde auferlegte? hab ich nicht mir und Dir zugesagt, ich wolle mich streng den Bedingungen einer Kunst unterwerfen? hab ich nicht immer und immer aufs neue wieder alles Begonnene verfaselt? – und was konntest Du mit mir endlich anfangen? ich gestand Dir immer alles zu, ja, ich sagte mir täglich Deine wahren, Deine tiefen Begriffe vor, über die Anstrengung des Geistes in sich zu erzeugen, was noch ungeboren ist in ihm. Einmal sagtest Du: »Ich begreife aus dem Sehnen des Geistes, sich der Künste und Wissenschaften zu bemächtigen, daß die fruchtbare Erde nach dem Samen sich sehnt, den sie zu nähren vermag.« Und Du sagtest zu mir: »Deine ewige Unruh, Dein Schweifen und Jagen nach allem, was im Geist erwachsen könnt, selbst Dein Widerspruch dagegen beweist, daß Dein Geist fruchtbar ist für alles.« Und wolltest, ich sollte nur das eine Opfer bringen und eine Zeit mich einem ganz unterwerfen, dann werde sich zu allem Platz und Reife bilden. Und sagtest: »Was ist denn Zeit, wenn sie nicht ewiges Bilden der Kräfte ist? – Und ist eben die Mühe des Erwerbens nicht auch sein höchster Ertrag? und keine Anstrengung ist umsonst, denn am End ist jede Anstrengung die höchste Übung des Erzeugens, und wer seinen Geist mit Anstrengungen nährt, der muß zum Erschaffen, zum Wiedererzeugen verlorner Geistesanlagen, nicht allein in sich, sondern in allen seiner Zeit geschickt werden.« Und Du sagtest noch viel, wo ich voll Feuer war, Dir allein zu folgen und alles mir zuzumuten, ich mußte mir sagen, daß ich allein in Dir Licht fand über das Leben und daß Dein Geist heilige Religion sei und daß ich eine Ahnung faßte, zu was der Mensch geboren sei; ja, und daß er immerdar vereinigt sein soll mit Gott, das heißt, immer in heiliger Anstrengung begriffen, ihn zu fassen. Ja, was ist denn Kunst und Wissenschaft? wenn es nicht die Anlagen sind eines geistigen Weltgebäudes. Was ist denn irdisch Leben, wenn nicht der sinnliche Boden, aus dem eine geistige Welt sich erzeugt – und Du sagtest: »Wär man nicht zornig, wie könnt einer sanftmütig werden, und wär die Lüge nicht, wie könnten wir zu Helden der Wahrheit werden?« – Und weil ich Dich nicht verstand, so sagtest du: »Hätte die Welt nicht widerstanden, wie konnte Cäsar ein Eroberer werden?« – Da war mir plötzlich alles deutlich, und ich war so glücklich, mein eignes Selbst meiner Anstrengung zu danken zu haben, daß ich wohl begriff: *dies* sei die einzige göttliche Gewalt in uns, uns zu freien Naturen zu bilden, nämlich, alles aus eigner, freier Anstrengung zu erwerben, und was ist Freiheit, wenn nicht: Gott sein? Alles aus freier Anstrengung erwerben, ist die erste Bedingung einer göttlichen Natur.

Und diesen Forderungen von Dir habe ich geschworen, wie einer auf die Fahne schwört, und war meiner eignen Begeisterung so gewiß und hätte mir's zugetraut, alles mit Ernst und Treue zu verwalten, was die innere Stimme mir auferlegte, und dieser geheime Trieb, göttlich zu werden, durchdringt mich noch. Und wenn ich hundertmal eins ums andre verlassen hab, so verzag ich nicht, wieder zu beginnen. Ich will zu Dir, in Deinem Schoß will ich lernen; ich weiß, daß es so sein muß, daß wir beieinander sind. Wenn ich Dir nicht jeden Tag enthüllen kann, was für Gedanken in mir aufsteigen, dann bin ich gleich weggerissen. Ja, das muß ich Dir auch noch von mir sagen, daß ich's oft nicht weiß, wie es kommt, daß ich oft plötzlich weit von dem, wozu ich mich ganz hingewendet hab, hinweggerissen bin—nicht mit meinem Willen, aber ich bin dann erfüllt und bestürmt vom Denken, dem muß ich folgen; und ermüdet bin ich dann — aber so ermüdet, wenn ich mich wieder zu dem finde, was ich erlernen oder mir aneignen will. Und das ist meine Sünde. Ich sollte diese Schwäche abweisen. Der Geist soll nicht ermüdet sein, er soll die Müdigkeit abweisen. — Weiß ich doch, daß ich im Rheingau bei langen Wegen, die oft vier bis fünf Stunden weit waren, mir sagte, ich will nicht müde sein, und dann, als sei ich neu geboren, den Weg wieder zurücklegte. Das vermag der Geist über den Leib, aber über den Geist selbst, da ist der innerliche Geist, der ihn zähmt oder weckt, noch nicht stark. Ja, vielleicht bin ich's selbst, der ihn verleugnet, aber Dich nicht. In Dir konnt er mit mir sprechen. Und es ist nicht aller Tage Abend, betrachte alles als ein Vorspiel, als ein Strömen noch verwirrter und verirrter Gefühle und Kräfte. Ach, verzweifelst Du, daß je das Gewölk in meinem Geist sich teile? und das Licht Ordnung herabstrahle? — Ich hab Zuversicht, ich verzweifle nicht, ein ewiger Trieb, zu emp-

fangen, ein rasches Bewegen in meiner Seele, die sagen mir
gut. — Und Du wirst mich nicht verwerfen. — Es wird ja schon
wieder Tag! die Eos tritt aus der Dunstluft hervor, und mir ist
wohl geworden über dem Schreiben; ich träume nicht mehr, daß
der Donnerer mein Schiff zerschmettre und in die Wellen ver-
senke — weil es gefrevelt ist, an ihm, der auf hephästischen
Rädern die Rosse zum Sonnenmeer treibt, sie da zu baden.
Nein! ich führ neben Dir her, am Strand die reinen Lämmer
ihm entgegen; und ich gehöre zu Dir, wenn Du sein gehörst. —

Bettine

An die Bettine
Ich mußte abreisen und konnte Dir nicht einmal ausführlich
schreiben. Eine Schwester, die schon länger unwohl ist und
jetzt nach mir verlangte. Das wird mich auch wohl so bald
nicht dazu kommen lassen. Denke nicht, ich vernachlässige
Dich, liebe Bettine, aber die Unmöglichkeiten, dem nachzukommen, was ich in Gedanken möchte, häufen sich, ich weiß
sie nicht zu überwinden und muß mich dahintreiben lassen,
wie der Zufall es will; Widerstand wär nur Zeitaufwand
und kein Resultat, Du hast eine viel energischere Natur wie
ich, ja, wie fast alle Menschen, die ich zu beurteilen fähig
bin, mir sind nicht allein durch meine Verhältnisse, sondern
auch durch meine Natur engere Grenzen in meiner Handlungsweise gezogen, es könnte also leicht kommen, daß Dir etwas
möglich wäre, was es darum mir noch nicht sein könnte, Du
mußt dies bei Deinen Blicken in die Zukunft auch bedenken.
Willst Du eine Lebensbahn mit mir wandeln, so wärst Du
vielleicht veranlaßt, alles Bedürfnis Deiner Seele und Deines
Geistes meiner Zaghaftigkeit oder vielmehr meinem Unvermögen aufzuopfern, denn ich wüßte nicht, wie ich's anstel-
len sollte, Dir nachzukommen, die Flügel sind mir nicht dazu
gewachsen. Ich bitte Dich, fasse es beizeiten ins Aug und
denke meiner als eines Wesens, was manches unversucht muß
lassen, zu was Du Dich getrieben fühlst. Wenn Du auch wolltest manches Recht, was Du ans Leben hast, aufgeben, um
mit mir zusammenzuhalten, oder besser gesagt, Du wolltest
von dem Element, das in Dir sich regt, nicht Dich durchgären

lassen, bloß, um Dich meiner nicht zu entwöhnen; das wär ja
doch vergeblich. Es gibt Gesetze in der Seele, sie machen
sich geltend, oder der ganze Mensch verdirbt, das kann in
Dir nicht so kommen, es wird immer wieder in Dir aufsteigen,
denn in Dir wohnt das Recht der Eroberung, und Dich weckt
zum raschen, selbstwilligen Leben, was mich vielleicht in den
Schlaf singen würde, denn wenn Du mit des Himmels Sternen Dich beredest und sie kühn zur Antwort zwingest, so
würde ich eher ihrem leisen Schein nachgeben müssen, wie
das Kind der schlummerbewegenden Wiege nachgeben muß.—
Alle Menschen sind Dir entgegen, die ganze Welt wirst Du
nur durch den Widerspruch in Deiner Seele empfinden und
erfahren, keine andere Möglichkeit für Dich, sie zu fassen.
Wo wirst Du je eine Handlung, weniger noch eine Natur
treffen, die mit Dir einklänge? — es ist noch nicht gewesen
und wird auch nie sein (von mir will ich Dir nachher
reden). Was andern Menschen die Erfahrung lehrte, wozu
sie sich bequemen, das ist Dir der Unsinn der Lüge. Die Wirklichkeit hat als verzerrtes Ungeheuer sich Dir gezeigt, aber
sie hat Dich nicht gescheucht, Du hast gleich den Fuß draufgesetzt — und obschon sie unter Dir wühlt und ewig sich
bewegt, Du läßt Dich von ihr tragen, ohne nur der Möglichkeit in Gedanken nachzugehen, daß Du einen Augenblick mit
ihr eins sein könntest. Ich spreche von heute und mehr noch
von der Zukunft; ich wollte Dir wünschen, es kämen Augenblicke in Deinem Leben, wo Dir dieses Zusammenströmen
mit andern Kräften gewährt wär. Erinnerst Du Dich Deines
Traumes auf der grünen Burg, den Du mir in der Nacht er-
zähltest, wo ich Dich weckte, weil Du sehr im Schlaf geweint
hattest? Ein Mann, der zum Wohl der Menschheit — ich
weiß nicht mehr, welche Heldentat — getan hatte, sei zum
Richtplatz um dieser großen Tat willen geführt worden. Das
Volk habe in seiner Unwissenheit darüber gejubelt, und in
Dir sei große Begierde gewesen, zu ihm aufs Schafott zu gelangen, aber der Streich sei gefallen noch kurz vorher, wie
Du eben glaubtest, oben zu sein. Du kannst den Traum nicht
vergessen haben, Dein schmerzlich Weinen bewegte mich
mit, so daß ich kaum wagte, Dich zu erinnern, daß es nur

ein Traum sei, aber dies war eben, worüber Du untröstlich warst. Du meintest, nicht im Traum sei Dir's gegönnt, das auszuführen, was in Deiner Seele spreche, vielmehr noch verzweifelst Du an der Wirklichkeit. Damals, in der Nacht, hab ich gescherzt, um Dich ein wenig zu trösten, aber heute fühl ich mich bewogen, jene Frage, ob es nicht ein Verlust sei, nicht zusammen mit jenem Helden im Traum gestorben zu sein, wieder aufzunehmen; ja, es war ein Verlust, denn das Erwachen, das Fortleben nach so bestandner Prüfung Deiner tiefen, inneren Anlagen, die ja doch so selten in der Wirklichkeit sich bewähren und bestätigen, mußte Dir ein Triumph sein, einen Genuß gewähren, wenn es auch nur im Traum war; denn im Traum scheitert die edelste Überzeugung wie oft. — Und ich stimme mit Dir ein, daß es ein Streich war, den Dir Dein Dämon spielte, aber ein Weisheitsstreich; — wärst Du befriedigt worden im Traum, so wär Deine Sehnsucht, das Große getan zu haben, vielleicht auch befriedigt. Und was konnte daraus hervorgehen für Dich? — vielleicht jene nachlässige Zuversicht in Dich selber, was Savigny allenfalls Hochmut nennen würde? — nein, das wohl nicht, aber doch würde die Spannung wahrscheinlich nicht geblieben sein, die jetzt, ich wollt es wetten, bei der leisesten Anregung jener unerfüllten Sehnsucht sich wieder erneuen wird.

Ich wollte Dir wünschen, Bettine (unter uns gesagt, denn dies darf niemand hören), daß jede tiefe Anlage in Dir vom Schicksal aufgerufen würde und keine Prüfung Dir erlassen, daß nicht im Traum, aber in der Wirklichkeit Dir das Rätsel auf eine glorreiche Art sich löse, warum es der Mühe lohnt, gelebt zu haben. — Pläne werden leicht vereitelt, drum muß man keine machen. Das beste ist, sich zu allem bereit finden, was sich einem als das Würdigste zu tun darbietet, und das einzige, was uns zu tun obliegt, ist, die heiligen Grundsätze, die ganz von selbst im Boden unserer Überzeugung emporkeimen, nie zu verletzen, sie immer durch unsre Handlungen und den Glauben an sie mehr zu entwickeln, so daß wir am End gar nicht mehr anders können, als das ursprüngliche Göttliche in uns bekennen. Es gibt gar viele Menschen, die große Weihgeschenke der Götter mitbekommen haben und keines derselben anzuwenden vermögen, denen es genügt, über dem Boden der Gemeinheit sich erhaben zu glauben, bloß weil der Buchstabe eines höheren Gesetzes in sie geprägt ist, aber der Geist ist nicht in ihnen aufgegangen, und sie wissen nicht, wie weit sie entfernt sind, jenen Seelenadel in sich verwirklicht zu haben, auf den sie sich so mächtig zu gut tun. — Dieses scheint mir also die vornehmste Schule des Lebens, darauf zu achten, daß nichts in uns jene Grundsätze, durch die unser Inneres geweiht ist, verleugne, weder im Geist noch im Wesen. Jene Schule entläßt den edlen Menschen nicht, bis zum letzten Hauch seines Lebens. Dein Ephraim wird mir recht geben und ist ein Beweis dafür. Ich glaub auch, daß es die höchste Schicksalsauszeichnung ist, zu immer höheren Prüfungen angeregt zu sein. — Und man müßte wohl das Schicksal eines edlen Menschen aus seinen Anlagen weissagen können. — Du hast Energie und Mut zur Wahrhaftigkeit, und zugleich bist Du die heiterste Natur, die kaum das Unrecht spürt, was an ihr verübt wird. Dir ist's ein leichtes, zu dulden, was andere nicht ertragen können, und doch bist Du nicht mitleidsvoll, es ist Energie, was Dich bewegt, andern zu helfen. — Sollt ich Deinen Charakter zusammenfassen, so würd ich Dir prophezeien, wenn Du ein Knabe wärst, Du werdest ein Held werden; da Du aber ein Mädchen bist, so lege ich Dir all diese Anlagen für eine künftige Lebensstufe aus, ich nehme es als Vorbereitung zu einem künftigen energischen Charakter an, der vielleicht in eine lebendige regsame Zeit geboren wird. — Auch wie das Meer Ebbe und Flut hat, so scheinen mir die Zeiten zu haben. Wir sind in der Zeit der Ebbe jetzt, wo es gleichgültig ist, wer sich geltend mache, weil es ja doch nicht an der Zeit ist, daß das Meer des Geistes aufwalle, das Menschengeschlecht senkt den Atem, und was auch Bedeutendes in der Geschichte vorfalle, es ist nur Vorbereiten, Gefühl wecken, Kräfte üben und sammeln, eine höhere Potenz des Geistes zu erfassen. Geist steigert die Welt, durch ihn allein lebt das wirkliche Leben, und durch ihn allein reiht sich Moment an Moment, alles andere ist verflüchtigender Schatten, jeder Mensch, der einen Moment in der Zeit wahr macht, ist ein großer Mensch, und so gewaltig auch manche Erscheinungen in der Zeit sind, so kann ich sie nicht zu den Wirklichkeiten rechnen, weil keine tiefere Erkenntnis, kein reiner Wille den eignen Geist zu steigern sie treibt, sondern der Leidenschaft ganz gemeine Motive. Napoleon zum Beispiel. — Doch sind solche nicht ohne Nutzen fürs menschliche Vermögen des Geistes. Vorurteile müssen ganz gesättigt, ja gleichsam übersättigt werden, eh sie vom Geist der Zeit ablassen. Nun! welche Vorurteile mag wohl dieser aller Held schon erschüttert haben? — und welche wird er nicht noch bis zum Ekel sättigen? wie manches werden die zukünftigen Zeiten nicht mit Abscheu ausreuten, dem sie jetzt mit leidenschaftlicher Blindheit anhängen. Oder sollte es möglich sein, daß nach so schauderhaften Gespensterschicksalen der Zeit nicht gegönnt sei, sich zu besinnen? — Ich zweifle nicht dran, alles nimmt ein End, und nur was lebenweckend ist, das lebt. — Ich habe Dir genug gesagt hierüber, Du wirst mich verstehen. Und warum sollte nicht ein jeder seine eigne Laufbahn feierlich mit Heiligung beginnen, sich selbst als Entwicklung betrachtend, da unser aller Ziel das Göttliche ist, wie und wodurch es auch gefördert werde? — Ja, ich habe Dir genug gesagt, um Dir nahzulegen, daß jene Anlagen des höheren Menschengeistes das einzige wirkliche Ziel Deiner inneren Anschauung sein müsse, daß es Dir ganz einerlei sein müsse, ob und wiefern Dein Vermögen zur Tätigkeit komme. Innerlich bleibt nichts ungeprüft im Menschen, was seine höhere ideale Natur hervorbringen soll. — Denn unser Schicksal ist die Mutter, die diese Frucht des Ideals unterm Herzen trägt. — Nehme Dir aus diesen Zeilen alles, was Deine angehäuften Blätter berührt, beschwichtige Deine Ängstlichkeit um mich damit. Lebe wohl, und habe Dank für alle Liebe, und auch den guten Ephraim grüße in meinem Namen, und schreib mir von ihm, und sprich auch mit ihm von mir.

Deine Schwester Lullu fragte mich, ob Du wohl mit ihnen auf ein paar Monate nach Kassel gehen werdest. Tu es doch, mir ist's, als würde eine Unterbrechung Deines Lebens Dir jetzt gesund sein, obschon ich sonst nicht dafür sein würde.

Karoline

Ich hab einmal tief aufgeatmet. Dein Brief ist da! weißt Du, was ich getan hab? Drei Tag hab ich mich hingelegt und mich gestreckt und geruht, als wär ich einer schweren Arbeit los. — Ich will gewiß nie wieder so sein. Doch wer kann für solche Gewitterluft? Über Deinen Brief will ich gar nicht mit Dir sprechen, als bloß, daß ich Dich mit heimlichen Schauern gelesen hab. — Es ist vielleicht noch nachziehende Schwermut, ich weiß nicht, was es ist; ich will Dein Herz nicht anrühren, mir ist, als wollt es ausruhen in sich, mir ist der ganze Brief wie ein Abschluß — ach nein, das nicht — wie ein Ordnen vor dem Abschied, wo Du mich ins Leben schickst wie ein älterer Bruder den jüngeren, nicht wahr? — aber nicht auf lang? — Du willst nur, ich soll mich mit mir allein besinnen, damit ich auch lerne, mir selbst raten. Drum, vom Brief wollen wir nichts reden. Ich verstehe alles. Und entweder empfind ich manches noch mit Weh, weil ich noch verwundet mich fühl oder weil ich nicht stark bin, eine göttliche Stimme aus Dir zu vernehmen; mit Weinen horch ich auf Dich. Ich lese aus Deinem Brief Deiner Stimme Laut, dieser rührt mir die Sinne, sonst nichts. Ich bin ein krankes Kind von müd gewordner Liebesanstrengung, und so muß ich jetzt weinen, daß die Sorge, ach ja! die Verzweiflung mir genommen ist! — Dumm bin ich und launig! — So heftig klopfte mir das Herz, als Dein Brief da war, es war schon Nacht — ich nahm ihn aber mit auf den Turm und bat die Sterne, daß alles sehr gut sein möge, was drin steht, und hab gefragt, ob es mir wohl Ruh geben werde, was drin steht? Was mir die Sterne geantwortet haben? — ach, ich weiß es gar nicht! Aber ich wollt die Unruh einmal nicht wieder auf mich nehmen. — Günderode, wenn ich auch je verdiente an Dir, daß Du Dich von mir wendest, ich hab's im voraus abgebüßt. — Dein Brief kam mir wie Nebel vor — ja, wie Nebel — und dann war's, als wenn dadurch ein Altar schimmert mit Lichtern, dann ist es wie ein Flüstern, wie Gebet in diesem Brief. — Ein Zusammenfassen all Deiner Geisteskräfte, als wolltest Du den Geist der Trauer in mir beschwören. — — Als der Ephraim heut kam, ich war gar nicht geneigt zum Lernen; — ich vergaß, ihn zu grüßen, da er doch eben von der Reise gekommen war, er sprach aber von selbst von seinen Enkeln allen, er saß, und ich stand am Tisch; aber weil er so freundlich immer meine Stille durch sanfte, melodische Mitteilungen anglänzte, wie sanfter Abendschein eine Wolke anleuchtet! die Wolke war so weich geworden von dem Leuchten der scheidenden Sonne, daß sie weinen mußte; ich traute nicht, den Mann anzuschauen, den alles Schicksal zur Schönheit reifte — und sein Leben eine lautere Sprache mit dem Göttlichen. — Denn was konnt ich vorbringen, warum ich so war? — Ich sagte: »Bleibt noch«, als er glaubte, ich wollt gern allein sein; denn, sagt ich: »Die Wände da sagen, du bist für nichts auf Erden, wenn ich allein bin. — Aber wenn Ihr da seid, so tun sich die Wände auf, und ich seh hinaus in den unendlichen Osten.« Ich nahm seine Hand in die meine, die er festhielt, und nun sprachen wir von seinen Kindern, denn ich wollt mich nicht so hingehnlassen, es ist auch einerlei, von was man mit ihm spricht, denn sein Wesen und sein Sprechen ist geistige Menschheit, und so heilströmend ist diese ideale Gesundheit in ihm, daß man immer mehr von seinen reinen Worten trinken möcht. Ach, Du schreibst, ich soll Dir recht viel von ihm erzählen. Wärst Du doch selbst hier! — Vorgestern fiel mir's ein, wie die Abendröte schon dem Dunkel wich und das reine, kalte Blau durch die Fenster hereinleuchtete, daß es unendlich schön sein müßte, wenn wir drei zusammensäßen und sprächen so in die Nacht hinein. Alles Große spricht er so heiter aus, alles ist so einfach, so notwendig, als sei das Leben reiner geistig durchgebildet in ihm. Und das ist es auch. — Ich gab ihm Deinen Brief und sagte ihm, er solle es mir auslegen, warum ich mich nicht besinnen kann, und was es ist, daß ich mich nicht in die gewohnte Stätte sichern Vertrauens hineinfinde in diesem Brief, als sei die Pforte zu Deinem Herzen nebelverhüllt. Aber wie er wegging, war ich schon viel heiterer geworden, und am Tag vorher war ich auf dem Turm gewesen, aber die Sterne sagten mir nichts; ich besann mich nur da oben auf meine frühere Kindheit, auf meinen Vater, wie ich dem so schmerzstillend war. Wie die Mutter gestorben war und keiner sich zu ihm wagte, abends in den langen Saal, wo er im Dunkel allein saß vor dem Bild der Mutter, und die Laternen von der Straße warfen zerstreute Lichter hinein, da kam ich zu ihm — nicht aus Mitleid, denn ich weinte nicht mit ihm, grad wie Du in Deinem Brief sagst, es sei kein Mitleid, sondern Energie — oft hab ich mich selbst gewundert, daß ich immer kalt bin beim sogenannten Unglück, andere, denen es schwer auf der Seele liegt, die können oft nicht helfen, aber teilnehmen. Ich kann nicht teilnehmen, mich treibt's, die Dornen aus dem Pfad zu reißen. — Aber mit dem Vater war es anders. Ich glaub, es gibt vielleicht Augenblicke im Leben, wo ein rein Verhältnis zwischen Gottheit und Menschheit ist, so daß die Menschennatur sich dazu eignet, das zu übernehmen, was die Menschen Botschaft Gottes nennen, also das Amt der Engel verrichten. Denn ich lief unwillkürlich zum Vater hinein und umhalste ihn und blieb still auf seinen Knien sitzen, und solang es schon her ist und damals auch meine Gedanken nicht drauf gerichtet waren, so besinne ich mich doch der ruhigen Kälte in mir, und wie dem einsamen Vater die Schwere vom Herzen fiel, und er ließ sich von mir aus dem Zimmer führen. — Später im Kloster, in *Fritzlar,* als man uns seinen Tod mitteilte, da frug uns die Oberin, ob wir keine Anzeige von seinem Tod gehabt hätten? ich sagte: ja, ich habe im Springbrunnen es gelesen. Da weckte mich nachts der Mondschein, und ich ging einen sehr ängstlichen Weg durch viele dunkle Gänge, bis ich zum Garten kam an den Springbrunnen, weil ich mit der Seele meines Vaters im Wasser reden wollte. Und ich ging alle Nacht hinunter, da redeten die Wellen mit mir wie jetzt die Sterne; es waren aber Geister damals, denn ich sah sie herumgaukeln in der Luft, quer durch den Mondschimmer, und bald hier im Gras oder in den hohen Taxusbäumen. Wenn Du aber fragst, wie es aussah, was ich zu sehen meinte, so muß ich Dir sagen, es war mehr ein Gefühl von etwas Höherem als ich, von dem ich durch meine Augen gewahr ward, daß es sei, und wo mir's im Gefühl war, daß es mit meinen Lebensgeistern sich zu schaffen mache und was mir diese Erscheinungen oder Nichterscheinungen mitteilten. Das war so, daß ich ganz willenlos war, wie der Erdboden auch willenlos ist, in den man Samen streut. — Ich sah nur zu, daß diese Geister mein Schauen durchkreuzten, und ein reines Bejahen ihres Willens war in mir, ohne daß ich mir diesen Willen in Gedanken hätt übersetzen können. Oh, ich glaub gewiß, die Geister müssen den Geist in die Menschenseele legen. Denn alles Wahrhaftige, was man denkt, ist Geschenktes; es überrascht später als Gedanke den Begriff, wie die Erscheinung der Blüte aus der Erde hervor uns auch überraschen müßte. — Und dann ist es so seltsam, daß diese Geistesbezauberung einen gleichsam betäubt, daß man alles vergessen muß, daß es wie tiefer Schlaf ist eine Weile in der Seele und daß dann gar nichts erinnerlich ist. — Phantasie? — was ist Phantasie? — ist das nicht der Geister bunter Spielplatz, auf den sie Dich als freundliches Kind mitnehmen, und so sehr auch alles Spiel ist, so hat es doch Beziehung auf die Geheimnisse in der Menschenbrust. — Und die Menschen wissen's nicht, wie sie zum Licht des Geistes kommen, denn dies ist eins von den Lebensgeheimnissen. Aber wie weiß ich's doch? — vielleicht, weil ich gleich so festen Glauben in sie hatte, vielleicht ist's der Glaube, der die Geister fesselt, daß sie einem näher rücken müssen. Denn der Glaube bannt alles in einen hinein, und der Unglaube verjagt alles. — Aber — in Offenbach, bei der Großmama, da war's wohl schon zwei Jahr her, daß ich aus dem Kloster war, ich war schon zwölf oder dreizehn Jahr alt und guckte so um mich und hatte so ein dumpf Gefühl, als wenn alles närrisch wär rund um mich, alles Erziehungswesen, allen Unterricht, alle Sittenpredigt und Religionslehre, alles warf ich über einen Haufen, ich konnt's nicht begreifen als lebendig und konnt's nicht verwerfen, denn ich wußt nichts vom Leben. — Da war's auch so, daß ich in der Nacht fortgezogen wurde an eine ferne, öde Stätte, und da war's mir schon viel deutlicher, was ich erfuhr, es war mir viel gewisser, keinen Augenblick hatte ich mehr einen Zweifel, daß nicht alles nur beengende Narrheit sei, was um mich vorging, und was ich vom Leben, und wie man's nahm, gewahr ward — und niemals hätte mir irgendwer imponieren können, aber wie ich Dich sah, da war mir's klar in Dir, ich hätt nie an einem Wort können zweifeln, im Gegenteil war so manches, was wie Rätsel klang, als wenn jene Geister von Deiner Zunge mich anlispelten; und es dauerte auch gar nicht lang, so öffneten sich mir tiefe Lichtwege, und so, wie ich meinte, eben daß wohl die unmündigen, aber dem Göttlichen noch ganz vertrauten Sinne der Kinder zu Botschaftern göttlichen Einflusses auf die kranke Menschennatur sich eignen, so mögen wohl hochstrebende Naturen, deren Bahn sich nicht trennt vom Geist, wohl auch dazu taugen, daß die Geister sich mit Wort und elektrischer Wirkung durch sie mitteilen. So sind jene Geister meiner Kinderjahre durch Deinen Geist sprachselig zu mir geworden. — Ja, was wollt ich doch mit Dir reden? — das war, daß ich den ersten Tag, nachdem ich Deinen Brief empfing, nichts wie derlei Erinnerungen hatte und kein Reden mit den Sternen war; und gestern aber war ich so heiter geworden, und hier will ich Dir herschreiben, was ich da oben von den Sternen erfahren hab.

Der wahre Geist ist nicht allein, er ist mit den Geistern — so wie er ausstrahlt, so strahlt es ihn wider, seine Erzeugnisse sind Geister, die ihn wieder erzeugen.

Geist sind Sonnen, die einander strahlen — Licht nimmt Licht auf — Licht sehnt sich nach Licht — Licht geht über ins Licht — Licht vergeht im Licht. — Vielleicht ist das die Liebe. —

Was sich nach Licht sehnt, ist nicht lichtlos, denn die Sehnsucht ist schon Licht, die Rose trägt das Licht in der Knospe verschlossen. —

Die Schönheit, die sinnlich vergeht, die hat einen Geist, der sich weiter entwickeln will, der Rose Geist steigt höher, wenn ihre Schönheit verblühte. — Im Geist blühen tausend Rosen, die Sinne sind der Boden, aus dem das Schöne in den Geist aufblüht, die Sinne tragen die Rosen, sie blühen in dem Geist auf. — Der Geist ist Äther der Sinne — die Rose berührt den Atem, das Gesicht und das Gefühl! — Warum bewegt die Rose das Gefühl? — atme ihren Duft, und Du wirst bewegt; — gewiß war diese Seligkeit einmal die Deine — und jetzt, wo Du ihren Duft einatmest, fühlst Du den Geist der Rose, die längst verblühte, in Dir fortblühen.

Was ist Erinnerung? — Erinnerung ist viel tiefer als sich auf das besinnen, was wir erlebten. Auch in ihren Verwandlungen berührt sie ewig den Geist — sie ist unendlich — sie wird Gefühl — dann wird sie Gedanke, der reizt den Geist zur Leidenschaft; als Leidenschaft erzeugt sie den Geist aufs neue.

Aus jedem Lebenskeim entsteht Leben, Leben erzeugt fortwährend Lebenskeime, die alle blühen müssen. Alles Erlebte ist Lebenskeim, die Erinnerung trägt sie im Schoß.

Ich weiß wohl, warum von Rosen die Rede war mit den Sternen. — Einmal war ich heiter geworden, wie der Ephraim fort war — und dann schwamm noch rötlich Gewölk am Himmel, als ich oben auf der freien Warte ankam, und dann will ich nie wieder unfrei atmen! das ist nicht meine Sach, unter der Last keuchen! — setzest Du mir nicht einmal ums andere immer wieder neue Flügelpaare an, und die Sterne, wie lehren die mich doch die Flügel schwingen! und trag ich nicht Dein Leben in meiner Brust und meines auch? — und wenn ich so viel Flügel hab, was soll mir eine Last sein? — alles schwing ich auf gen Himmel, Schweiß wird mir's kosten, warum nicht Lasten tragen, wenn ich sie aufschwingen kann in die Himmel? — Was ist das, ein Athlete sein und nicht den Erdball auf den Fingern tanzen lassen? — Haben wir's nicht ausgemacht, wir wollen das gemeine Leben unter uns sinken lassen, haben wir nicht zueinander gesagt, laß uns schweben und nicht an diesem oder jenem festhalten? — und war's nicht das erste, worauf wir unser Sein begründeten, daß wir alles wollten wagen zu denken? — und ist der nicht unsinnig, der das Denken wollt vor die Türe stoßen, weist der nicht göttliche Botschaft ab? — und warum ist denn nur Geist, was frei schwebt, und was sich anlehnt, ist nicht Geist? — O ja! das begeistert mich, so zu denken, und der Nebel umflort Dich nicht mehr, und es ist hell, wie ich Dich denk — und wenn auch. — Wir können wohl über die Nebel hinaussteigen — Deine Fittiche wolle Dir nicht brechen lassen, ich sag Dir gut, daß ich die Erde und ihren Frevel am Geist in Banden halten werde. — Was ist? — was kannst Du gewinnen, was Du nicht wagst? — und was Du verlieren kannst, lohnt es der Mühe, es zu bewahren? Du verlierst nur, was Du nicht wagst. — Ein Held sein und sich vor nichts fürchten, da kommt der Geist geströmt und macht Dich zum Weltmeer. — Die Wahrheit erfüllt Dich, der Mut umarmt die allumarmende Weisheit. — Die Wahrheit sagt zum Mut: brich deine Fesseln — und dann fallen sie ab von ihm. — Der Schein ist Furcht, die Wahrheit fürchtet nicht; wer sich fürchtet, der ist nicht wirklich, der scheint nur. — Furcht ist Vergehen, Erlöschen des wahrhaften Seins. — *Sein* ist der kühnste Mut zu denken. Denken ist gottbewegende Schwinge. — Wie sollte das göttliche Denken sich an die Sklavenfessel legen? — Ist das, was Ihr für wahr ausgebt, Wahrheit, so schwing ich mich im Denken zu ihr auf. —

Wenn ich mich aufschwinge, so ist's in die Wahrheit, lieg ich an der Fessel, so bin ich nicht an die Wahrheit gekettet. Freisein macht allein, daß alles Wahrheit sei; von was ich mich fesseln lasse, das wird zum Aberglauben. Nur was geistentsprungen mir einleuchtet, das ist Wahrheit — was aber den Geist fesselt, das wird Aberglaube. Geist und Wahrheit leben ineinander und erzeugen ewig neu.

So hab ich mich frei gemacht von meiner Furcht, weil Furcht Lüge ist. — Und Mut muß die Lüge überwinden. Und ich bin wieder eins mit Dir.

Ach, wieviel Strahlen brechen sich doch heut in meiner Seele! Adieu, und der Lullu hab ich versprochen, daß ich mit nach Kassel geh, sie schreibt: *nur auf drei Wochen.* —

An die Günderode

Ich bin heut auf mancherlei Weise beglückt, erstlich hab ich heut wirklich einen Rosenstock in meinem Zimmer stehen, den mir einer heimlich hereingestellt hat, mit siebenundzwanzig Knospen, das sind Deine Jahre, ich hab sie freudig gezählt, und daß es grad Deine Jahre trifft, das freut mich so; ich seh sie alle an, das kleinste Knöspchen noch in den grünen Windeln, das ist, wo Du eben geboren bist. Dann kommt das zweite, da lernst Du schon lächeln und dahlen mit dem kleinen grünen, verschlossenen Visier Deines Geistes, und dann das dritte, da bist Du nicht mehr festgehalten, bewegst Dich schon allein — und dann winkst Du schon mit den Rosenlippen, und dann sprechen die Knospen, und dann bieten sie sich dem Sonnenlicht, und dann sind fünf bis sechs Rosen, die duften und strömen ihre Geheimnisse in die Luft, und dieser Duft umwallt mich, und ich bin glücklich. — Wer hat sie mir wohl ins Zimmer gestellt? — Heut morgen kamen die Studenten herauf, und gleich war aller Blick auf den Rosenstock am Fenster gerichtet — denn es ist was Seltnes um diese harte Winterzeit hier in Marburg, denn ich glaube wohl nicht, daß Treibhäuser hier sind.

Der Ephraim war nicht da heute, wo sein Tag ist, den er sonst nicht versäumt, und als ich abends auf den Turm wollt, da kam sein Enkel, mir zu sagen, daß er unwohl ist — ich sag: »Was fehlt ihm?« — »Nur matt ist er«, sagte der Enkel, »sonst ist er ganz wohl.« — Ich sag: »Sieh den schönen Rosenstock.« — Er sagt: »Ich kenne ihn wohl, der Großvater hat ihn heute morgen durch mich geschickt, und weil es noch früh war, so hab ich ihn vor die Tür gesetzt.« — Ich frag: »Habt ihr ihn denn selbst gepflegt?« — »Ja, der Großvater hat ihn schon zum zweitenmal zur Blüte gebracht.« —

Es ist schön, daß der Rosenstock mein ist; wär doch der Ephraim wieder gesund, denn Du hast mir ja geschrieben, ich soll mit ihm von Dir sprechen, das letztemal konnte ich nicht, weil ich zu bang war; — vielleicht aber ist's, daß er meint, ich wär zum Lernen nicht aufgelegt, warum er sich's verbietet zu kommen, ich hab ihn aber bitten lassen, zu kommen, wenn er besser ist; ich hab ihm auch alten Madeira geschickt, er wird schon besser werden; es war sehr schön heut auf dem Turm, es ist Frühlingsluft, und die Abende sind heiter und rein; ich geh früher jetzt, schon immer, wenn die Sonne untergegangen ist, eh ich nach Haus geh, ist doch schon sternige Nacht; nun werd ich den Turm bald verlassen, die Lullu schreibt, am siebzehnten wird sie kommen, Du hast's gesagt, ich soll mit ihr gehen, und ich wollt ihr's auch nicht abschlagen — es war schön hier und vielbedeutend, und was soll ich mich fragen, was in mir geworden ist. Mein

Geist ist voll geheimer Anregung, das ist genug, die Natur hab ich nicht beleidigt und meine innere Stimme auch nicht verleugnet.

Was den Geist verleugnet, das versiegt eine Geistesquelle — Buße ist ein Wiedersuchen, Wiederfinden dieser Quelle, denn echter Geist strömt Geist — Großmut verzeiht alles, aber duldet nicht, was gegen den Geist ist.

Großmut ist Stammwurzel des Geistes, durch die der Geist einen Leib annimmt, Handlung wird. Was nicht aus ihr hervorgeht, ist nicht Tugend.

Großmut dehnt sich willenlos aus über alles; wo sie sich konzentriert, da ist sie Liebe.

In der Liebe brennt Deine Seele in der Flamme der Großmut, sonst ist's keine Liebe. — Nur in der Großmut hat alles Wirklichkeit, weil in ihr allein der Geist lebt — so also nur kann die Liebe selig machen. —

Jede Liebe ist Trieb, sich selbst zu verklären. Wenn nicht dem Liebenden die Gottheit, die Weisheit das Haupt salbet und die königliche Binde umlegt, da ist's nicht die wahre Liebe.

Ein Liebender ist Fürst, die Geister sind ihm untertan; wo er geht und steht, begleiten sie ihn, sie sind seine Boten und tragen seinen Geist auf den Geliebten über. —

Das war meine gestrige Sternenlektion; seit die Rosen in meinem Zimmer blühen, sprechen sie als mit mir von Liebe. Heut morgen hab ich den Rosenstock wieder ans Fenster gestellt, eh die Studenten kamen, und hab hinter dem Vorhang gelauscht, ob sie wieder heraufgucken; sie haben sich bemüht, die Rosen zu zählen, einer zählte siebzehn, der andere fünfzehn, so viel sind grade zu sehen, die andern sind noch zu klein — könnt ich jedem eine hinunterwerfen, sie an seine Mütze zu stecken.

Heut war der Ephraim bei mir, er wußte, daß ich die andre Woche geh, wir sprachen von meinem Wiederkommen, denn ich bleib nur drei Wochen mit der Lullu aus. — Wir sprachen von Dir; er sagte so viel Gutes von Dir, er las auch meine letzten Blätter an Dich, er sagte, man müsse nicht fürchten, daß, was man liebe, einem verloren gehn könne, weil er wohl erkannte, etwas in Deinem Brief mache mir bang um Dich; er sagte, Du seist einzig in Deiner Art, Du habest eine große Bahn, und wer nicht andre Wege gehe als die schon gebahnten und angewiesenen, der sei nicht Dichter. Es sind nicht tausend Dichter, es ist nur einer, die andern klingen ihm nur nach — klingen mit. — Wenn eine Stimme erschallt, so weckt sie Stimmen. Dichter ist nur, der über allen steht. Der Dichtergeist geht durch viele, und dann konzentriert er sich in einem. Oft wird er nicht erkannt, und doch steht er höher als alle. — —

Wer nicht andre Wege geht als die schon gebahnten und angewiesenen, der ist nicht Dichter. Und wenn nicht auf eigenem Herd das Feuer brennt, das ihn erleuchte und wärme, der wird kein anderes dazu beraten finden. Lodert aber auf Deinem Herd die Flamme, dann wird jede Dir leuchten und alle Dich wärmen. — Man kann ruhen im Geist, man kann tätig sein im Geist; aber alles, was nicht im Geist geschieht, ist verlorene Zeit. — Es wird wohl selten dem Dichtergeist sein Recht getan, der kühne Adel jener Gedanken, die wir als Dichtung erfahren, sollte wie Helden uns wenig imponieren. — — — Und so schwätzten wir noch ein Weilchen, und nicht alles hab ich behalten, was sich da ergab — aber der Ephraim war blaß, und sein Enkel brachte ihm noch einen Mantel; einmal will ich ihn noch sehen. — Auf dem Turm gewesen, aber nichts aufgeschrieben; es tut mir leid, daß ich mich vom Turm trenne; wo wird's wieder so schön sein, und was hab ich den Sternen nicht alles zu verdanken? Sie haben mir Wort gehalten. Nicht wahr, sie haben uns beide zusammen gepflegt, und was sie mir sagten, das haben sie auch Dir gesagt — und wir waren beide recht verschwistert in ihrer Hut. — Wie wird's sein, wenn ich wiederkehre? — diese vier Monate meines Lebens, ich konnte sie nicht schöner zubringen. — Nicht wahr, Natur und tiefer Geist, die haben mich hier freundlich empfangen, die zwei Genien meines Lebens. Der Ephraim. — In was für einer Welt leb ich denn? — ich träume, jawohl, ich schlafe, und die großen Geister haben mich in den Traum begleitet und haben zwischen die irdische Welt sich gestellt und mich, und so hab ich ein himmlisch Leben geführt. Wenn ich in diese Zeit schau, so ist sie wie ein Diamant, der mir vielmal die Sonne spiegelt. — Du hast mir gleich gesagt, geh mit, und Du hast recht gehabt — so hast Du auch gewiß recht, daß ich mit nach Kassel geh, ich geh auch mit großem Zutrauen, nichts darf länger währen, als nur die leiseste Anregung es mochte gestatten.

Ihr guten Studenten! heut haben sie wieder nach den Rosen gesehen — ich möcht sie euch alle abbrechen, eh ich weggeh, und sie euch auf den Kopf werfen. —

Der Ephraim darf nicht mehr den Berg heraufkommen, es ermüdet ihn zu sehr; auf seiner Reise zu den Enkeln, da war's so kalt, da hat er sich zu sehr angestrengt, er darf nicht mehr herauf, vielleicht, wenn ich wiederkehr, ist er wieder gesund, einundsiebzig Jahr ist er alt, aber mir wird er gesund bleiben; — wenn wir dies Frühjahr zusammen auf dem Trages sind, Savigny meint, Du werdest hinkommen, dann wollen wir ihm zusammen Briefe schreiben, nicht wahr? — und recht heitere — dies wird der letzte lange Brief sein, den ich Dir von hier schreib.

Die Lullu hat mir viel Grüße von Dir gebracht und sagt, Du freust Dich, aufs Trages zu kommen, und Dein kleiner Brief bestätigt es auch, sie sagt, Du bist recht heiter, so bin ich auch ganz glücklich; ach, was hab ich Dich doch gepeinigt mit meiner Ängstlichkeit, die mir sonst nicht eigen ist, Gott weiß, wo's herkam, ich bin ganz lustig, ich begreif's nicht, daß ich so dumm war. Ich glaub, der Winterwind und die Sterne haben mich im Kopf und Herzen verwirrt gemacht; übermorgen reisen wir ab. —

Weißt Du, was ich getan hab? — ich ließ dem Ephraim sagen, ich werde zu ihm kommen, gestern, und ich hab mich zu ihm führen lassen um dieselbe Stund, wo er gewöhnlich kommt, aber es war gestern Freitag, und wie ich kam, saß er fein gekleidet auf seinem Sessel, und eine Lampe mit vier Lichtern war angezündet auf dem Tisch. Er wollte aufstehen, aber er ist müde. Und wie ist es doch? — ob er wohl heimgeht zu seinen Vätern? — Ich brachte ihm zwei Goldstücke für meinen Unterricht; er machte ein kleines Kästchen auf, wo ein Paar Trauringe drin liegen und allerlei Schmuck, er sagt, es sei von seiner verstorbenen Frau und von seinen Kindern. Er legte die Goldstücke dazu, das alles ist so fein, so edel. Welch ein geistig Gemüt! O Ephraim, du gefällst mir unendlich wohl. Ich hatte ihm seinen Rosenstock zurückgebracht, er sollt ihn aufbewahren, die Rosen sind viel mehr aufgeblüht, wie schön standen sie bei der hellen Lampe zu seinem schneeweißen Bart. Ich sagte: »Die Rosen und Euer Bart gehören zusammen, und ist mir lieb, daß ich keine abgebrochen habe, denn Ihr seid vermählt zusammen mit den Rosen, sie sind Eure Braut. Ich war ein paarmal versucht, sie abzubrechen und sie den Studenten hinunterzuwerfen, weil sie so lüstern danach hinaufsahen.« Er sagte: »Oh, wenn Sie es erlauben, so will ich sie schon unter den Studenten austeilen, es besuchen mich alle Tage welche, und dann werden schon mehrere kommen, wenn sie wissen, daß es Rosen bei mir gibt.« Das war ich zufrieden, und ich freu mich recht darüber, daß meine Studenten noch meine Rosen kriegen.

Er hat mich aber gesegnet, wie ich von ihm ging, und ich hab ihm die Hand geküßt; und wie ist doch der Geist so schön, wenn er ohne Tadel reift. Sein Enkel mußte mich nach Haus begleiten auf seinen Befehl, weil ich nur eine Magd bei mir hatte. Ich schickte ihn aber bald wieder zurück und hab dem Enkel gesagt, er soll dem Großvater sagen, daß er alle Tage meiner gedenke, bis ich wiederkomm. — Als ich wegging vom Ephraim, legte er mir die Hand auf den Kopf und sagte: »Alles Werden ist für die Zukunft.«

Ich ging zu Hause gleich nach dem Turm, weil ich mich noch einmal recht deutlich besinnen wollt auf dieses mächtige und doch so einfache, friedenhauchende Geistesgesicht, so wie ich ihn eben verlassen hatte im Schimmer der hellen, polierten, vierfachen Lampe, die Rosen bis zu seinem weißen Bart sich neigend, so hab ich ihn zum letztenmal gesehen. Deutet dies nicht auf seinen Abschied vom Erdenleben, das er so mühevoll, so friedlich, so freudevoll durchführte? denn auch mir hat er beim Abschied gesagt: »Sie haben mir viel Freude gegeben.« — Und wie ich eine ganze Weile an ihn gedacht hatte, so besann ich mich auf seine Worte: ›Alles Werden ist für die Zukunft.‹ — Ja, wir nähren uns von der Zukunft, sie begeistert uns. — Die Zukunft entspringt dem Geist wie der Keim der nährenden Erde. — Dann steigt er himmelauf und blüht und trägt Erleuchtung. — Der Baum, die Pflanze ist der Geist der Erde, der aufsteigt zum Licht, zur Luft. Der Geist der Erde will sich dem Licht vermählen, das Licht entwickelt die Zukunft.

Alles echte Erzeugnis ist Auffahren zum Himmel, ist Unsterblichwerden.

Und die Schönheit dieses Mannes leuchtete mir da in der letzten Stunde auf dem Turm so recht hell auf, denn das Bild mit den Rosen, es war, als hätt es mein Genius bestellt, daß ich's recht fassen solle, wie Du die Tempelhalle geweiht achtest, von der Du weißt, daß inner ihren Mauern die Opferflamme lodert, der Tempel ist nur dann heilig, wenn er den Menschen, den eignen Leib darstellt — und des Gottes Lehre den eignen Geist. — Das hat er einmal gesagt zu mir.

Und eben sah ich noch die Studenten ins Kolleg gehen, und sie waren recht verwundert, daß der Rosenstock nicht mehr da war. Ich sah's ihnen an, es war ihnen leid, sie hatten nun schon acht Tage hintereinander die Rosen gezählt. — Wartet nur, ihr werdet ihn bald ausfindig machen, und dann werden die Artigsten unter euch meine Rosen in der Weste tragen dürfen.

Bettine

Anhang
Der Franke in Ägypten

Wie der Unmut mir den Busen drücket,
Wie das Glück mich hämisch lächelnd flieht.
Ist denn nichts, was meine Seele stillet,
Nichts, was dieses Lebens bange Leere füllet? —
Dieses Sehnen, wähnt ich, sucht die Vorwelt,
Die Heroenzeit ersehnt mein kranker Geist.
An vergangner Größe will dies Herz sich heben,
Und so eilt ich deinem Strande zu,
Du, der Vorwelt heiligste Ruine,
Fabelhaftes Land, Ägypten, du!
Ha! da wähnt ich aller Lasten mich entladen,
Als der Heimat Grenze ich enteilet war.
Träumend wallt ich mit der Vorzeit Schatten,
Doch bald fühlt ich, daß ich unter Toten sei.
Neu bewegte sich in mir das Leben,
Antwort konnte mir das Grab nicht geben. —
Ins Gewühl der Schlachten
Warf ich durstig mich,
Aber Ruhm und Schlachten
Ließen traurig mich:
Der Lorbeer, der die Stirne schmückt,
Er ist's nicht immer, der beglückt.
Da reichte mir die Wissenschaft die Hand,
Und folgsam ging ich nun an ihrer Seite,
Ich stieg hinab in Pyramidennacht,
Ich maß des Möris See, des alten Memphis Größe;
Und all die Herrlichkeit, die sonst mein Herz geschwellt,
Sie reicht dem Durstigen nur der Erkenntnis Becher.
Ich dachte, forschte nur, vergaß, daß ich empfand. —
Doch ach! die alte Sehnsucht ist erwacht,

Aufs neue fühl ich suchend ihre Macht.
Was geb ich ihr? Wohin soll ich mich stürzen?
Was wird des Lebens lange Öde würzen?
Ha! Sieh, ein Mädchen! wie voll Anmut,
Wie lieblich, gut erscheint sie mir!
Soll ich dem Zuge widerstehen,
Doch nein! ich rede kühn zu ihr.
Ist dies der Weg der Pyramiden?
Oh, schönes Mädchen! sag es mir!

Mädchen

Du bist nicht auf dem Weg der Pyramiden,
O Fremdling! doch ich zeig ihn dir.

Franke

Brennend sengt die heiße Mittagssonne,
Jede Blume neigt das schöne Haupt,
Aber du, der Blume schönste, hebest
Jung und frisch das braungelockte Haupt.

Mädchen

Willst du in des Vaters Hütte dich erkühlen?
Komm, es nimmt der Greis dich gerne auf.

Franke

Welchen Namen trägst du, schönes Mädchen?
Und dein Vater, sprich, wo wohnet der?

Mädchen

Lastrata heiß ich; und mein guter Vater,
Er wohnt mit mir im kleinen Palmental;
Doch nicht des Tales angenehme Kühle,
Nicht Bächemurmeln, nicht der Sonne Kreisen
Erfreuet meinen guten Vater mehr.

Franke

Wie! freut den Vater nicht des Stromes Quellen,
Der Palmen lindes Frühlingssäuseln nicht?
Ich faß es; doch, wie es ein Gram mag geben,

Der deiner Tröstung möchte widerstreben,
Das nur, Lastrata, faß ich nicht.

Mädchen

Italien ist das Vaterland des Greisen,
Und vieles Unglück brachte ihn nur hierher.
Mit sehnsuchtsvollem Blick schaut er am Mittelmeere
Hinüber in das vielgeliebte Land.
Und seufzend sehn auch ich hinüber
Nach jenen blütenreichen Küsten mich.
Erkranket ruht mein Geist auf jener blauen Ferne,
Und schöne Träume tragen mich dahin.
Sag, wogt nicht schöner dort der Strom des Lebens?
Sehnt dort die kranke Brust auch sich vergebens?

Franke

Mädchen! ach! von gleichem Wunsch betrogen,
Wähnt ich: Schönes berg die Ferne nur,
Doch umsonst durchsegelt ich die Wogen,
Hat auch diese Ahnung mir gelogen,
Die du, Mädchen, jetzt in mir erweckt. —

Mädchen

Fremdling! kannst du diese Sehnsucht deuten?
Fühlst du dieses unbestimmte Leiden,
Dieses Wünschen ohne Wunsch?

Franke

Ja, ich fühl ein Sehnen, fühl ein Leiden.
Doch jetzt kann ich diese Wünsche deuten,
Und ich weiß, was dieses Streben will.
Nicht an fernen Ufern, nicht in Schlachten,
Wissenschaften! nicht an eurer Hand,
Nicht im bunten Land der Phantasien
Wohnt des durstgen Herzens Sättigung.
Liebe muß dem müden Pilger winken,
Myrten keimen in dem Lorbeerkranz,
Liebe muß zu Heldenschatten führen,

Muß uns reden aus der Geisterwelt. —
Mächtger Strom! ich fühlte deine Wogen,
Unbewußt fühlt ich mich hingezogen.
Nur wohin! wohin! — das wußt ich nicht.
Wohl mir! dich und mich hab ich gefunden.
Liebe hat dem Chaos sich entwunden.

ANHANG

Originalbriefe der Günderode

Der von Reinhold Steig im Nachlaß der Brüder Grimm aufgefundene und in der ›Deutschen Rundschau‹ Band 72, Seite 268, August 1892 veröffentlichte Brief der Günderode lautet:

Dein Brief hat mich gefreut und gerührt, auch glaube ich an den Ernst deines Willens, und deine Beharlichkeit; nur eins noch macht mir bange, es ist dies das in allem, was du mir bis jetzt von deinem Plane gesagt hast, mir nichts ausführbar, wenigstens für mich ausführbar erschienen ist; ich weis nicht wie viel du thun kanst, aber so viel ist mir gewiß, daß mir, nicht allein durch meine Verhältniße, sondern auch durch meine Natur engere Gränzen in meiner Handlungsweise gezogen sind, es könte also leicht kommen, daß dir etwas möglich wäre, was es darum mir noch nicht sein könte. Du must dies bei deinen Blikken in die Zukunft auch bedenken.

Thue mir doch den Gefallen und schikke mir gelegentlich die Übersetzungen ins Französische von denen Savigni mir gesagt, und sie mir auch versprochen hat.

Leb wohl Liebe und ermüde nicht fleißig zu sein.

Karoline

Mademoiselle Bettine Brentano
chèz Monsieur Le Professeur de Savigny

Maison de
M. le Professeur   Marbourg.
   Weis.

Den zweiten Teil des ersten Absatzes dieses Schreibens finden wir wieder Seite 420, während der zweite Absatz schon in einem früheren Briefe (364) Aufnahme gefunden hat. — Auch das Gedicht ›Liebst du das Dunkel tauichter Nächte‹ (S. 118) war Steig zugänglich; es ist wörtlich von Bettine übernommen.

Waldemar Oehlke hat einen Brief Bettinens an Claudine Piautaz aufgefunden, der als an die Günderode gerichtet (S. 310) wiederkehrt.

Die folgenden, von mir im ›Grundgescheuten Antiquarius‹ (hg. von Carl Georg von Maaßen, Verlag von Horst Stobbe in München, 1. Jahrg., Juni 1921, Heft 4/5) zuerst bekanntgemachten Briefe der Günderode an Bettine und Clemens Brentano sind mir durch Lujo Brentano freundlichst zugänglich gemacht worden.

1. Liebe Bettine!
Dein Brief hatt mir Freude gemacht und ist ein gesundes, munteres Leben darin, das ich immer lieb in Dir gehabt habe. Wenn Du einige Stunden in der Geschichte genommen hast, so schreibe mir doch darüber, besonders in welcher Art Dein Lehrmeister unterrichtet, und ob Du auch rechte Freude daran hast. An den Mährchen habe ich die Zeit sehr fleißig geschrieben, aber etwas so leichtes, buntes wie mein erster Plan war, kann ich wohl jetzt nicht hervorbringen, es ist mir oft schwer zu Muth, und ich habe nicht recht Gewalt über diese Stimmung. Grüße Gundelchen von mir und sage Savigni, ich würde ihm bald antworten.

Karoline

Mademoiselle Bettine Brentano

Der Brief ging nach Offenbach, wo Bettine bei ihrer Großmutter Sophie von la Roche weilte; er ist wohl 1802 anzusetzen. Abgedruckt in diesem Bande, Seite 101, und zwar, abgesehen von kleinen stilistischen Änderungen, wörtlich bis auf den letzten Satz, der charakteristischerweise auf Clemens bezogen ist. — Hinter dem ersten Satz ist von Bettine noch ein Stück eingeschoben worden.

2. An Bettine

Ich habe Dir zuletzt geschrieben liebe Bettine! ich glaube aber Du warst schon in Cassel als mein Brief ankam; denke also nicht ich sei so bequem als Du mich beschuldigst; es scheint überhaupt als habest Du meine Art zu sein vergessen und ein fremdes Bild dafür untergeschoben, denn Du sagst, ich würde wohl Deine Beschäftigungen für ein Nichtsthun erklären, und da irrst Du doch gewiß, alles was das Gemüth anregt, erfrischt und erfüllt ist mir achtungswerth, sollte auch im Gedächtnis kein Monument davon zurückbleiben. So habe ich immer Biographien mit eigener Freude gelesen, und es ist mir dabei stets vorgekommen als könne man keinen vollständigen Menschen erdichten, man erfindet immer nur eine Seite und die Complicirtheit des menschlichen Daseins bleibt stets unerreicht; und diese so recht wahrzunehmen hat mir immer an der Geschichte ein großes Interesse gegeben.

Ich werde sehr gerne mit Dir in Trages sein, denn ich sehne mich auch recht nach dem Frühling, und freue mich Dich zu sehen und um Savigni zu sein.

Du sagst, Du liebtest Clemens, der Idee nach kann ich ihm auch herzlich gut sein, allein sein wirkliches Leben scheint mir so entfernt von demjenigen, das ich ihm dieser Idee nach zumuthe, daß es mir immer ein wahres Ärgernis ist, deswegen kann ich auch nie eine feste Ansicht über ihn haben.

adieu Bettine.

A Mademoiselle Bettine Brentano   Karoline
       à Marbourg

3. An Clemens Brentano   E. 19. Mai

Es war mir ganz wunderlich zu Muth als ich Ihren Brief gelesen hatte; doch war ich mehr denkend als empfindend dabei: denn es war mir und ist mir noch so, als ob dieser Brief gar nicht für mich geschrieben sei. So bestehle ich mich selbst. Aber es ist keine künstliche Anstalt, daß ich so denke; es ist ganz von selbst so gekommen.

Ja ich verstehe den Augenblick, in dem Sie mir geschrieben

haben; ich bin überhaupt nie weiter gekommen als Ihre Augenblicke ein wenig zu verstehen. Von ihrem Zusammenhang und Grundton weis ich gar nichts. Es kömt mir oft vor als hätten Sie viele Seelen, wenn ich nun anfange, einer dieser Seelen gut zu sein, so geht sie fort und eine andere tritt an ihre Stelle, die ich nicht kenne, und die ich nur überrascht anstarre. Aber ich mag nicht einmal an alle Ihre Seelen denken, denn eine davon hat mein Zutrauen, das nur ein furchtsames Kind ist, auf die Straße gestoßen; das Kind ist nun noch viel blöder geworden und wird nicht wieder umkehren. Darum kann ich Ihnen auch nicht eigentlich von mir schreiben.

Ihren Brief an Bettine über Wahrheit habe ich gelesen und er hat mir viel Freude gemacht und zugleich um einige Ansichten reicher, die mir vorher nur dunkel und schwankend waren.

Bettine wird diesen Brief einschließen. Ich habe sie sehr lange nicht gesehen, sie hat mir auch nicht geschrieben wie sie mir versprochen hatte.

Ich bin fleißiger und zeichne auch wieder, kurz ich folge allen Ihren vernünftigen Rathschlägen.

Karoline

Anfang und Schluß des ersten Absatzes im Brief Nr. 2, ebenso der zweite kleine Absatz sind weggelassen, das Stück von: ›alles was das Gemüth anregt‹ bis ›unerreicht‹ finden wir Seite 301 fast genau wieder; wohingegen der letzte Absatz mit dem ganzen Brief Nr. 3 — mit Ausnahme der beiden Schlußsätze — an anderer Stelle verarbeitet, und zwar zusammengearbeitet ist: nämlich in dem stark ausgeschmückten Brief S. 363. In geschickter Weise hat Bettine das Urteil der Freundin über Clemens, durch eine längere Ausführung des im Brief Nr. 2 ausgesprochenen Gedankens überleitend, verbunden mit dem Brief Nr. 3, der gleichfalls eine treffende Charakteristik der problematischen Clemens-Natur enthält. Die äußerliche Änderung, als ob das Schreiben an sie, nicht an Clemens gerichtet sei, war ja leicht.

4. An Bettine

Deine Briefe haben mir viele Freude gemacht, zweifle nicht daran, liebe Bettine weil ich Dir selbst so sparsam geschrieben habe, aber Du weist, viel denken und oft schreiben ist bei mir gar sehr zweierlei; auch hab ich die Zeit schrecklich viel Kopfweh gehabt.

Du schreibst mir gar nichts von Gundel und Savigni, thue es doch.

Ich stelle mir Eure Lebensart recht still vertraulich und heimlich vor, aber ich fürchte nur, Du kommst wieder eigentlich zu nichts, mir ist als hättest Du zu vielerlei angefangen und setztest nicht recht durch, das hat mir immer leid an Dir gethan, Dein Eifer und Deine Lust sind keine perenierenden Pflanzen, sondern leicht verwelkliche Blüthen, ist es nicht so? sieh darum ist es mir wieder fatal, daß Dein Lehrmeister in der Geschichte Dich wieder verlassen hat, die Begebenheiten unterstützen ordentlich Deinen natürlichen Hang. Sei mir nicht böse, liebe Bettine, und lebe recht wohl.

A Mademoiselle Bettine Brentano   Karoline
à Marbourg

5. An Clemens Brentano

Ich weiß nicht, ob ich so reden würde, wie Sie meinen Brief in dem Ihrigen reden lassen: aber es kommt mir sonderbar vor daß ich zuhöre wie ich spreche und meine eignen Worte kommen mir fast fremder vor als fremde. Auch die wahrsten Briefe sind meiner Ansicht nach nur Leichen, sie bezeichnen ein ihnen einwohnend gewesenes Leben und ob sie gleich dem Lebendigen ähnlich sehen, so ist doch der Moment ihres Lebens schon dahin: deswegen kömt es mir aber vor (wenn ich lese, was ich vor einiger Zeit geschrieben habe) als sähe ich mich im Sarg liegen und meine beiden Ichs starren sich ganz verwundert an.

Mein Vertrauen war freilich kein liebenswürdiges Kind es wußte nichts schönes zu erzählen, dabei flüsterten ihm die Umstehenden immer zu: Kind, sei klug! gehe nicht weiter vorwärts. Da wurde das Kind verwirrt und ungeschickt, es wußte nicht recht, wie man klug sei und schwankte hin und her. Darf man ihm das übel nehmen? Aber eigensinnig ist das Kind nicht, wenn es im Hause freundlich und gut aufgenommen wird, kehrt es sicher lieber um, als daß es länger auf der Straße verweile.

Sagen Sie mir nichts mehr von Rathschlägen, ich muß mich bei dieser Stelle Ihres Briefes immer auslachen, ich werde das Wort gar nicht mehr gebrauchen können; überdem erinnert es mich auch noch an Burzelbäume; ich habe niemals recht verstanden, was Sie damit sagen wollten, es war mir nur lächerlich, ohne daß ich wußte warum.

Ich kenne wenig Menschen und vielleicht niemand ganz genau, denn ich bin sehr ungeschickt, andere zu beobachten: wenn ich Sie daher in einem Moment verstehe, so kann ich von diesem nicht auf alle übrigen schließen. Es mag wohl sehr wenige Menschen geben die dies können und ich wohl mit am wenigsten. Jetzt denke ich von Ihnen, es sei gut Sie zu betrachten und erfreulich; aber man solle Sie nur betrachten wollen. Ist diese Ansicht wahr oder falsch?

Karoline

Bei den Briefen Nr. 4 und 5 ist dasselbe Verfahren zu beobachten wie bei Nr. 2 und 3. Beide hat Bettine in *einen* Brief zusammengefaßt und nur zwei Stücke dazwischen eingefügt, einmal hinter den Worten ›Du kommst wieder eigentlich zu nichts‹, indem sie in reizvoller Selbstverspottung des vorgeworfenen ›zu vielerlei‹ aufzählt, und dann nach den Worten ›Deinen natürlichen Hang‹ eine kurze Bemerkung, von der sie auf Clemens übergeht. Daran schließt sich zwanglos der Brief Nr. 5, wieder so geändert, als sei Bettine die Empfängerin. Der dritte Absatz ist dann gleichfalls umgeändert worden.

Bettina im Urteil von Zeitgenossen

Stiefbruder Franz an Clemens am 4. Juni 1803:
Bettine ist ein herzensgutes Mädchen, aber étourdi und
leichtfertig bis ins Unbegreifliche, sie hasset so ganz alles,
was nur eine entfernte Ähnlichkeit mit sittlichem Zwang
hat.

Frau Rat Goethe an Christiane von Goethe am 16. Mai 1807:
Da hat den doch die kleine Brentano ihren Willen gehabt,
und Goethe gesehen — ich glaube im gegen gesetzten fall
wäre sie Toll geworden — denn so was ist mir noch nicht
vorgekommen — sie wolte als Knabe sich verkleiden, zu Fuß
nach Weimar laufen — vorigen Winter hatte ich ofte eine
rechte Angst über das Mägchen — dem Himmel sey Danck
daß sie endlich auf eine musterhafte art ihren willen gehabt
hat. Sie ist noch nicht wieder hir, ist noch so viel ich weiß
in Cassel — so bald sie kommt solt Ihr alles was sie sagt
erfahren.

Frau Rat Goethe an Christiane von Goethe am 19. Mai 1807:
Hirbey kommn ein Briefelein von der kleinen Brentano —
hiraus ist zu sehet daß Sie noch in frembten Landen sich
herum treibt — auch beweißen die Ausdrücke ihres Schreibens — mehr wie ein Alvabeth wie es ihr bey Euch gefallen
hat — auf ihre Mündliche Relation verlangt mich erstaunlich — wenn sie nur die allerkürtze Zeit bey Euch war; so
weiß ich zuverläßig daß kein ander Wort von ihr zu hören
ist als von Goethe — Alles was Er geschrieben hat, jede
Zeile ist ihr ein Meister werck — besonders Egmont — dagegen sind alle Trauerspiele die je geschrieben worden —

nichts — gar nichts — weil sie nun freylich viele Eigenheiten hat; so beurteilt man sie wie das gantz nathürlich ist gantz falsch — sie hat hir im eigentlichen Verstand niemand wie mich — alle Tage die an Himmel kommen ist sie bey mir das ist ihre beynahe einzige Freude — da muß ich ihr nun erzählen — von meinem Sohn — als dann Mährgen — da behaubtete sie denn; so erzähle kein Mensch u. s. w. Auch macht sie mir von Zeit zu Zeit kleine Geschencke — läßt mir zum Heiligen Christ bescheren — am ersten Pfingstfest schickte sie mir mit der Post 2 Schachtelen — mit 2 Süperben Blumen auf Hauben so wie ich sie trage — und eine prachtige porzelänerne Schocolade Taße weiß und gold.

Frau Rat Goethe an Bettina am 19. Mai 1807:
Gute — Liebe — Beste Betina!
Was soll ich dir sagen? wie dir dancken! vor das große Vergnügen das du mir gemacht hast! Dein Geschenck ist schön — ist vortreflich — aber deine Liebe — dein Andencken geht über alles und macht mich glücklicher als es der Todebustaben aus drücken kan. O! Erfreue mein Hertz — Sinn — und Gemüthe und komme bald wieder zu mir. Du bist beßer — Lieber — größer als die Menschen die um mich herum grabelen, den eigentlich Leben kan man ihr thun und laßen nicht nennen — da ist kein Fünckgen wo man nur ein Schwefelhöltzgen anzünden könte — sie spärren die Mäuler auf über jeden Gedancken der nicht im A. B. C. buch steht —

Wilhelm von Humboldt an seine Frau am 4. November 1808:
Eine junge Brentano, Bettina, 23 Jahre alt, Carl la Roche's Nièce, hat mich hier in das größte Erstaunen versetzt. Solche Lebhaftigkeit, solche Gedanken- und Körpersprünge (denn sie sitzt bald auf der Erde, bald auf dem Ofen), so viel Geist und so viel Narrheit ist unerhört. Das nach sechs Jahren in Italien zu sehen, ist mehr als einzig. Sie hat mir den Tod der Günderode erzählt. Man ist wie in einer andern Welt.

Ludwig Emil Grimm, der jüngste der Brüder Grimm, Radierer und Maler, schreibt in seinen ›Lebenserinnerungen‹ über seine Freundschaft zu Bettina während seines Studienaufenthaltes in München 1809:

Ich kam alle Tage zu ihr. Abends kochte sie an einem alten Kamin Schokolade oder sie prutzelte sonst was zu essen; ich machte Zeichnungen und Skizzen. Dann wurde mit einem allerliebsten Kätzchen gespielt. Am schönsten war es, wenn der alte kolossale Kapellmeister Winter kam und ihr Singunterricht gab. Wenn er kam, sagte sie ihm so viel Artigkeiten, daß der alte Riese ganz freundlich wurde, sich ans Klavier setzte und nun anfing auf dem Klavier herumzuschlagen und mit den großen Händen daraufloszuhämmern, daß jedesmal nachher der Flügel verstimmt, oft auch die Saiten gesprungen waren. Wenn sie nun neben ihm stand und sang, so sah sie aus wie ein klein Kind, da stellte sie sich einen Stuhl hinter ihn und stieg hinauf und schlug mit einer Rolle Noten den Takt auf seinem großen Kopf, der reichlich mit weißen Haaren bedeckt war, die aber abstanden wie bei einem Stachelschwein und auch so hart wie Schweineborsten waren. Neben ihm stand seine ebenfalls kolossale Schnupftabakdose, aus der er sehr häufig Prisen nahm, aber doch so viel danebenkommen ließ, daß, wenn er nach der Unterrichtsstunde aufstand, man genau die Form seiner großen Füße auf dem Boden sehen konnte. Manchmal wurde er über die Bettine ihren Mutwillen, besonders aber über das Taktschlagen auf seinem Kopfe mißmutig und stand erzürnt auf und wollte gehen. Wie der Blitz aber hatte die Bettine die Tür schon abgeschlossen, besänftigte ihn und ließ ihn nicht zu Worte kommen und nach einem Glas Zuckerwasser, das sie ihm recht süß machte, hörte der Vulkan auf zu toben, setzte sich, und die Stunde nahm ihren Fortgang. Ich saß dabei zeichnete Gruppen nach dem Winter usw.

Der Mediziner Johann Nepomuk Ringseis, der Bettina 1809 in Landshut kennenlernte und mit ihr zeitlebens verbunden blieb, schrieb über sie in seinen ›Erinnerungen‹:

Es hat mich nie ein zarteres Gefühl an sie gefesselt; wohl

453

aber beseelte mich bald staunende Bewunderung über ihre sprudelnde unvergleichliche Genialität, ihren tiefsinnigen Witz, für den sicheren Anstand, womit sie die geniale Freiheit ihrer Bewegung zu begleiten wußte, so daß ohne Zweifel ihr niemand unehrerbietig zu begegnen wagte, und warme Freundschaft erregte mir die wohlwollende Güte sowie die Rechtschaffenheit ihres Wesens, welche, die vielleicht zu kühnen, manchmal etwas zu schalkhaften poetischen Licenzen und dichterisch ausschmückenden Arabesken und Humoresken in ihren Schriften keinen Abbruch taten.

Der Jurist und Musiker Alois Bihler begegnete Bettina zur gleichen Zeit im Haus Savignys und schildert dieses Erlebnis in seinen Jugenderinnerungen, von denen ein Bruchstück in der ›Gartenlaube‹ von 1870 veröffentlicht wurde:
Selten wählte sie geschriebene Lieder, singend dichtete sie und dichtend sang sie mit prachtvoller Stimme eine Art Improvisation... Gewöhnlich saß Bettine während des Musizierens auf einem Schreibtisch und sang von oben herab wie ein Cherub aus den Wolken. Ihre ganze Erscheinung hatte etwas Besonderes. Von kleiner, zarter und höchst symmetrischer Gestalt mit blassem klarem Teint, weniger blendend schönen als interessanten Zügen, mit unergründlich dunklen Augen und einem Reichtum langer schwarzer Locken, schien sie wirklich die ins Leben getretene Mignon oder das Original dazu gewesen zu sein. Abgeneigt modischem Wechsel und Flitter, trug sie fast immer ein schwarzseidenes, malerisch in offenen Falten herabfließendes Gewand, wobei nichts die Schlankheit ihrer feinen Taille bezeichnete als eine dicke weiße oder schwarze Kordel, deren Ende ähnlich wie an Pilgerkleidern lang herabhing... Fast immer traf sie der Eintretende auf niedrigen Fenstertritten oder Fußbänken sitzend, bequem zusammengekauert, einen Band aus Goethes Werken auf dem Schoße haltend. Mit weiblichen Arbeiten scheint sie sich wenig befaßt zu haben. Wer diesem eigentümlichen Wesen jemals nahegetreten war, konnte es im Leben nicht mehr vergessen. Ihr reicher Geist, ihre sprudelnde Regsamkeit voll poetischer Glut und Phantasie, verbunden

mit ungesuchter Anmut und grenzenloser Herzensgüte, machten sie im Umgang unwiderstehlich. Großmut, diese gemeinsame Eigenschaft genialer Naturen, trat auch bei ihr in glänzender Weise hervor. So brach sie einmal, da sie veranlaßt war, eine unbemittelte Person zu unterstützen, rasch eine Rolle Geldes mitten auseinander und reichte, ohne zu überlegen oder nachzuzählen, der Betreffenden die eine Hälfte dar.

Neidhardt von Gneisenau schrieb 1820 an Bettine:
Auch ich, ehe ich Ihre Bekanntschaft zu machen die Ehre hatte, teilte die Vorurteile, die gegen Sie in der Gesellschaft umhergehen. Ihr tiefer philosophischer Blick, Ihr fertiger und leichtfertiger Witz fesselten endlich meine Aufmerksamkeit. Die edle Art, wie Sie von Ihrem Manne mündlich und schriftlich redeten, gewann Ihnen endlich mein Vertrauen, und ich legte jedes Vorurteil gegen Sie ab und hatte meine Freude an Ihnen, wie ein Vater an seiner geistreichen Tochter, wenn ich auch nicht immer Ihre Vernachlässigung der konventionellen Formen zu verteidigen vermochte . . .

Wilhelm Grimm in einem Brief nach Bettinas Besuch in Kassel 1824:
Wie hätte ich gewünscht, daß Sie diese wunderbare Natur gesehen und näher kennengelernt hätten. Sie gehört zu den Geistreichsten, die mir mein Lebtag begegnet sind, und wer sie frei und unbefangen beurteilen kann, muß eine große Freude empfinden, wenn er sie reden hört, es sei nun, daß sie erzählt oder daß sie ihre Gedanken äußert über das, was ein menschliches Herz bewegen kann und wovon das höchste ihr nicht fremd geblieben ist. Noch hat ihr Geist nichts von seiner Lebhaftigkeit verloren, und selbst kränklich — was sie vorher nie war —, ist er noch so tätig wie vor siebzehn Jahren, wo ich sie zuerst kennenlernte . . .

Clemens Brentano 1825 nach einem Wiedersehen mit Bettine an Joseph Görres:
Ich war sehr traurig in der Nähe dieses großartigsten, reichbegabtesten, einfachsten, krausesten Geschöpfes. In stetem

Reden, Singen, Urteilen, Scherzen, Fühlen, Helfen, Bilden, Zeichnen, Modellieren, Alles in Beschlag nehmen und mit Taschenspielerfertigkeit sich alle und jede platte Umgebung zurecht gewalttätigen, um das Gemeine als Modell zum Höheren in irgendeinem Akt zu stellen und das Ungemeine sich gesellig bequem zu setzen, in diesem ohne Ruhe und doch mit geheimem, nur befreundetem Aug zu entdeckenden Hintergrund des Nichtgenügenden in Allem, aber zu hochgestellt und zu allgegenwärtig im menschlichen Kreis, um diese eingemauerte bessere Sehnsucht zu befreien und vor Gott unter Tränen darzustellen, auf daß es eine gerettete Seele werde: ach es ist dies ein ganz vernichtendes Gefühl... Alle diese Dinge, die alle bewundern, interessieren mich nicht, weil ich die Anlagen dieser herrlichen Seele kenne.

Die Schwedin Malla Montgomery-Silfverstolpe bereiste 1825/26 Deutschland. Über ihre Bekanntschaft mit Bettina notierte sie:
...Bettina wirkt überaus wohltätig auf mich durch ihre Lebendigkeit und den hohen Standpunkt, von dem aus sie alles betrachtet und beurteilt — oft verstehe ich sie wohl nicht so ganz, aber die Bemühung, zu verstehen, tut mir gut, entwickelt die Gedanken und erfrischt das Gemüt... Mir kommt es wunderlich vor, daß die Gattin eines so ausgezeichneten Mannes wie Arnim, Mutter von sechs Kindern, in ihrem Herzen überdies noch Raum für eine so exaltierte Freundschaft hat [mit Schinkel]. Absonderlich!... Mit einem achtungswerten, ausgezeichneten, redlichen Gatten und sechs gesunden Kindern, meine ich, daß man eigentlich für sein Denken und Fühlen genug haben könnte! Und doch sucht Bettina außerhalb dieses Kreises! Das muß unrecht sein!

Leopold Ranke im Winter 1826/27:
Diese Frau hat den Instinkt einer Pythia; eine so strömende wahre Beredsamkeit in bewegten oder geistigen Augenblicken ist mir noch nicht vorgekommen; wer wollte ihr aber alles glauben? Sie hat Anmut und Eigensinn, Liebenswürdigkeit und nicht; ich habe schon recht schöne Abende da gehabt,

ich halte zuweilen bis 12 aus, bis Herr von Arnim nachhaus kommt. Auch ihre Kinder sind mir lieb.

Der Schweizer Rechtsgelehrte Johann Caspar Bluntschli lernte Bettina 1827/28 kennen und schreibt in seinen Erinnerungen ›Denkwürdiges aus meinem Leben‹:
Sie war allen anderen Frauen, die ich bisher kennengelernt hatte, durch blendenden Verstand, geistreichen Witz und gewandte Sprache überlegen. Gerade weil sie dieser Überlegenheit bewußt war, konnte auch das scheinbar naive Sichgehenlassen und die rücksichtslose Ungeniertheit, mit der sie sich über alles aussprach, leicht Anstoß erregen und verletzen. Indessen hatte sie ein gutes Herz, und die innere Menschenfreundlichkeit, die dem scharfen Auge nicht verborgen blieb, versöhnte wieder mit der originellen Erscheinung.

Die Schauspielerin Caroline Bauer, von 1824 bis 1829 am Berliner Theater, schreibt über Bettina in ihren Memoiren:
Mit Rahel hatte Frau von Arnim sehr viel Ähnliches, ja Gemeinsames: das Sprunghafte, Wirblige, Flatterhafte, Funkensprühende, Feuerwerkartige, Explodierende, Enthusiastische, Exzentrische, Elektrisierende, Kokett-Geistreiche, Jungherzig-Frische und Erfrischende — und auch das gute, ehrliche, menschenfreundliche Herz und die unermüdliche hilfreiche, wohltätige Hand. In schnell aufflammendem Mitgefühl für Notleidende und Unterdrückte konnte Bettine ebenso ehrliche Herzenstränen weinen wie Rahel, ebenso mitleidig klagen — aber auch ebenso geschäftig für die Unglücklichen laufen, schreiben, bitten, betteln, schier gewaltsam exekutieren, das Beste und Letzte hingeben und in den Hütten der Armen und Kranken selber die helfende und pflegende Hand anlegen.
Als ich Bettine bei Rahel kennenlernte, war sie schon vierzig Jahre, aber noch eine anmutige Erscheinung voll Jugendlichkeit, Leben und Grazie. Sie war klein, zierlich und hatte in ihrem Aussehen und in ihrer wirbelnden Beweglichkeit etwas Knabenhaftes. Dazu stimmten ihre kurzen dunklen Locken, die das Köpfchen frei umflatterten, ihre blanken großen

italienischen Augen und starken Augenbrauen, ihr dunkles einfaches Kleid mit dem altdeutschen weißen Klappkragen, ihre naive Kindlichkeit und ihre kecken, jungenhaften Manieren. Sie hüpfte trällernd durchs Zimmer, spielte mit einem Apfel Fangball, voltigierte kühnlich über einen Sessel, versteckte meiner Mutter das Strickzeug, bewarf mich beim Tee mit Brotkügelchen und machte einen Heidenlärm. Der ganze Eindruck war fremdartig, halb Puck, halb Sylphe.

Jacob Grimm an seinen Freund Blume am 4. 11. 1838:
Mitten im Auspacken traf Bettine ein, deren Besuch uns schon lange zugedacht war. Da wurden nun nicht länger Sachen ausgepackt und geordnet, sondern die mannigfachsten Erzählungen vernommen, die kühnsten Pläne über unsre Zukunft angehört und besprochen, auch eine neue Ausgabe von Arnims Werken, bei der wir mit anstehn sollen, überschlagen. Bettine sah aber doch unsre Unruhe und Unordnung ein und blieb mit ihren Kindern (dem ältesten Sohn und der liebenswürdigen Gisela) nur zwei Tage. Ihre Gedanken und Reden sind immer geistreich und aufregend, aber maßlos und über den Rand des Gefäßes fließend; sie erfreut, tröstet, aber kann doch nicht recht helfen. Jeder Mensch muß sich selbst helfen, der auswärtige Rat weiß oft nicht, wo er anschlägt, und kann hindern, wo er zu fördern meint.

Eduard Wiß, einer der Berliner Volkstribunen aus den Märztagen 1848:
Wir waren gewöhnlich gegen Abend bei ihr; sie war beim Sprechen — den Frankfurter Dialekt hatte sie beibehalten — stets in Bewegung, bald stehend, bald umhergehend, bald hier, bald dort sitzend. Wenn aber die Dämmerung hereinbrach und sie traulich und traumhaft von alten Erinnerungen erzählte, saß sie oft auf einem Fauteuil zusammengekauert, aber nicht auf dem Sitze, sondern oben auf der Lehne mit den Füßen auf dem Sitze, ein schwarzes seidenes Tuch um den Kopf geschlungen; der Gesichtsausdruck war dann bald wie der einer wahrsagenden Zigeunerin, bald, wenn sarkastische Raketen in ihrem Redestrom aufleuchteten, wie der

eines Mephisto in weiblicher Verkleidung. Vom ›Kinde‹ war aber nichts zu spüren, weder in ihren Worten noch in ihren Bewegungen; die wahre Natur des Weibes tritt immer am deutlichsten in Haltung und Bewegung hervor... Bettina hatte die Laune, uns ›ihre Demokraten‹ zu nennen und so vorzustellen. Eines Abends klopft es stark an der Türe; sie eilt selbst hinaus; wir hören rasches Gespräch, da stürzt sie auf einmal mit lautem dämonischem Gelächter herein, läßt aber die Türe halb offen, so daß der Draußenstehende alles hören kann; ›Denken Sie sich nur, da kommt der Savigny, um meine Töchter zum Hofball abzuholen; ich sag ihm er solle hereinkommen, ich wolle ihn mit meinen Demokraten bekannt machen; aber da bekam er Angst; und nun wartet und trippelt er draußen im Finstern herum‹... Mit ihrem satirischen Mutwillen, dem einzigen Zauber, der vom ›Kind‹ übrig geblieben war, verschonte sie auch Männer nicht, von denen sie sonst mit Verehrung sprach... Ihre reformatorischen Ideen... gipfelten in dem Ziel einer innigen Vereinigung des Königtums mit der Demokratie. Das Königtum, ganz in der poetischen Apotheose der Romantik, die Demokratie mit dem frischen jugendlichen Streben nach ungemessener Freiheit des Individuums, nach Erringung unveräußerlicher Menschenrechte; alle Gegensätze, die in diesem einen großen Gegensatze verborgen lagen, hat sie darin kinderleicht übersprungen...

Karl Gutzkow, ›Ein Besuch bei Bettinen‹ aus ›Öffentliche Charaktere‹:
Mit unruhiger Behendigkeit lief Bettina in dem fast möbellosen Zimmer von einer Reliquie zur anderen; da war Goethe im Kreise seiner Eltern gemalt, da hingen Gipsabgüsse von Schinkelschen und ihren eigenen Basreliefs, da lagen Mappen mit Kartons und Zeichnungen, ein Flügel stand in der Nähe, und wenn Bettina nicht von einem zum andern hüpfte, um mir etwas zu erklären, so saß sie unruhig auf dem Sofa und zerpflückte während des Sprechens eine Oblate nach der andern, die sie aus einem Kästchen langte. Eine so fiebernde Aufregung! Es ist in ihr alles Leben — und das

Lebenszeichen des Lebens ist Zerstörung. Sie hörte während zwei Stunden, wo ich sie sprach, nicht auf, Oblaten zu zerpflücken.

Diese zwei Stunden einer mir unvergeßlichen Unterhaltung rauschten wie Sekunden vorüber. Wir sprachen über alles und hätten doch, als wir schieden, erst anfangen mögen. Diese Vielseitigkeit, diese Gedankensprünge, diese geistreiche Formgebung im Momente, dieses neckische Spiel mit der Wahrheit oder mit dem Schein derselben — es bezauberte. Als ich aufstand und unten auf der Straße die wunderbaren Eindrücke zusammenhalten wollte, war es mir, als wär ich aus einem Tropfbade gekommen oder als hätte ich auf einer üppigen Weinranke schwebend gesessen und wäre von allen Seiten her wie aus unsichtbaren Felsenöffnungen mit einem ununterbrochenen Staubregen geneckt worden. Auch so frei und frisch, so gestärkt fühlte ich mich nach diesem geistigen Bade.

In der gleichen Veröffentlichung wird auch der Wirkung des ›Königsbuches‹ gedacht:

Das neue Königsbuch dieser merkwürdigen Frau ist kein Buch in dem Sinne, daß es wie herbstliches Geblätter eine Weile rascheln und unterm Winterschnee vergessen sein wird, sondern es ist ein Ereignis, eine Tat, die weit über den Begriff eines Buches hinausfliegt. ›Dies Buch gehört dem König‹, es gehört der Welt. Es gehört der Geschichte an, wie Dantes Komödie, Machiavellis Fürst, wie Kants Kritik der reinen Vernunft. Es sagt Dinge, die noch niemand gesagt hat, die aber, weil sie von Millionen gefühlt werden, gesagt werden mußten. Man wird diese Dinge bestreiten, man wird des Frauenmundes, der sie ausspricht, spotten, und man bestreitet und spottet schon lustig in den Allgemeinen und gemeinen Zeitungen unserer Tage.

... Es ist eine Adresse der Zeit, von einem Weibe, einer mutigen Prophetin verfaßt und deshalb von Tausenden von Männerunterschriften bedeckt, weil Bettina hier nur das Organ einer allgemeinen Ansicht, die kühne Vorrednerin ist, die Jeanne d'Arc, die nicht mit ihrem Arme, sondern mit ihrer Begeisterung, mit ihrem Glauben das Vaterland retten will. Traurig genug, daß nur ein Weib das sagen durfte, was jeden Mann hinter Schloß und Riegel würde gebracht haben. In diesem wunderbaren Zusammentreffen von Umständen, in diesem Zufall, daß ein Frau, der man die ›Wunderlichkeit‹ um ihres Genies und ihrer gesellschaftlichen Stellung willen nachsieht, aufsteht und eine Kritik unserer heutigen Politik, eine Kritik der Religion und der Gesellschaft veröffentlicht, wie sie vor ihr Tausende gedacht, aber nicht einer so resolut, so heroisch, so reformatorisch-großartig ausgesprochen hat, darin liegt etwas, was göttliche Vorsehung ist.

Christa Wolf

Nun ja! Das nächste Leben
geht aber heute an
Ein Brief über die Bettine

> Es ist viel Arbeit in der
> Welt, mir wenigstens deucht
> nichts am rechten Platz.
> *Bettina von Arnim*

Liebe D., anstelle des Briefes, den Sie erwarten, will ich
Ihnen über die Bettine schreiben. Vielleicht ist uns beiden
damit geholfen: Ich entkomme den Regeln, denen ein Nach-
wort sonst unterworfen ist. Sie erfahren etwas über eine Vor-
gängerin, die Sie noch nicht kennen; beide können wir
Grundthemen unseres Briefdialogs fortführen, indem wir sie
in Bettina von Arnims Briefroman ›Die Günderode‹ wiedererkennen und uns den Vorteil zunutze machen, den der histo-
rische Abstand uns bietet. Die Bettine selbst hat ja diesen
Abstand gebraucht: Die Briefe, aus denen sie ihr Buch im
Jahr 1839 komponiert, sind zwischen 1804 und 1806 geschrieben worden, in einer anderen Zeit, ja, eigentlich in einem anderen Leben. Keine zwanzig Jahre war die Bettine alt, als sie
die Karoline von Günderrode* bei ihrer Großmutter kennenlernte, der berühmten Schriftstellerin Sophie La Roche. Gleich
hat sie sich an die um fünf Jahre Ältere angeklammert, hat
sie täglich in ihrem Stiftszimmer in Frankfurt am Main besucht, hat ihr vorgelesen, ihre Gedichte notiert, weite Reisen
auf dem Papier mit ihr gemacht und ihr in allem vertraut,
weil sie sonst inmitten ihrer großen Familie allein, in der
guten Gesellschaft, der das vermögende Brentanosche Haus
angehörte, fremd und zu allerlei Grimassen gezwungen war.
›Lieber Arnim‹, schrieb ihr Bruder Clemens 1802 an Achim

---

* Die Familie selbst schrieb sich mit Doppel-r. Seit den sechziger
Jahren hat man sich wieder auf diese Schreibweise geeinigt.

von Arnim über seine Schwester, ›dieses Mädchen ist sehr unglücklich, sie ist sehr geistreich und weiß es nicht, sie ist durch und durch mißhandelt von ihrer Familie und erträgt es mit stiller Verzehrung ihrer selbst‹.

Aber die Bettine, hinter all ihren Maskeraden ein tapferer Mensch, hat sich selbst versprochen, daß sie sich niemals für unglücklich halten und, wenn die ideale Lebensform nicht zu haben wäre, ein Leben, das sich ihr bietet, annehmen und es sich so weit wie möglich anverwandeln würde. Darin unterscheidet sie sich von der Günderrode; die ist nicht nur, als Frau, dem bürgerlichen Lebenskodex unterstellt, sondern sie hat sich auch selber als Dichterin dem bürgerlichen Kunstkodex unterworfen, steht unter dem Doppelzwang eines empfindlichen Moralgefühls und eines empfindlichen Kunstgewissens und wird an jenen Punkt getrieben, da die Voraussetzungen für ein ihr lebbares Leben einander ausschließen. Eine Frau und Künstlerin ihrer Art nimmt sich nicht das Leben, weil der Mann sie im Stich läßt, auf den sie alles gesetzt hat. Fragen muß man: Warum hat sie alles auf ihn gesetzt?

Von der Bettine hat die Günderrode sich auf Drängen eben jenes Mannes, des Altertumswissenschaftlers Friedrich Creuzer, schon früher losgesagt, ihre Briefe aber muß sie ihr, wie die es sich erbeten hat, zurückgegeben haben. Da können Sie denn lesen, daß Bettine sich gegen die Vorhaltungen ihrer Familie zu verteidigen weiß, die sich sorgt, wie die Zwanzigjährige zu einem Mann kommen will, wenn sie sich häuslichen Tugenden nicht anbequemt und stattdessen bei einem ›alten schwarzen Juden‹ Hebräisch lernt. ›Sowas ekelt einen Mann‹, schreibt ihr der ›lieb gut Engels-Franz‹, ihr ältester Bruder und Haushaltungsvorstand, da beide Eltern früh starben. ›Ich schrieb ihm, ... es sei jetzt nicht mehr Zeit, mich zu ändern; und der ganze Jud sei nur in meine Tagesordnung einrangiert, um mich vor dem Mottenfraß der Häuslichkeit zu bewahren, und ich hätt gemerkt, daß man in einer glücklichen Häuslichkeit Sonntags immer die Dachziegel gegenüber vom Nachbar zähle, was mir so fürchterliche Langeweile mache, daß ich lieber nicht heiraten will.‹

Der Bettine Schrecken vor dem Philisterleben bleibt ihr; ebenso stark aber ist ihre Angst, unnütz zu werden (›lieber tot als übrig sein‹); 1811 heiratet sie Achim von Arnim, den Freund ihres sehr geliebten Bruders Clemens, und beginnt an seiner Seite in Berlin, der von Napoleon besetzten Hauptstadt Preußens, ein radikal anderes Leben, durchläuft beinahe klaglos die Schule der Selbstverleugnung. Zwanzig Jahre Ehe, sieben Schwangerschaften, sieben Geburten, Pflege und Erziehung von sieben Kindern, strapaziöse Umzüge, Geldsorgen, Haushaltsscherereien jeglicher Art und, nicht zuletzt, eine Beziehung zu ihrem Mann, die nicht ›einfach‹, nicht ungetrübt war — zu verschieden waren ihrer beider Naturen und Bedürfnisse —, der sie aber redlich gerecht wurde; sie hört nicht auf, in Arnim, den von der Entwicklung Preußens enttäuschten Patrioten, der sich resignierend auf sein Gut Wiepersdorf zurückzieht, von Verwaltungssorgen geplagt ist, den Dichter zu sehen, hört nicht auf, ihn zu drängen, daß er diese Gestalt hervortreibe, daß er werde, was er ›in Wirklichkeit‹, das heißt vor ihrem inneren Auge ist. Unbeachtet, vergessen ruhen, in welcher Schatulle auch immer, die Zeugnisse ihres ersten Lebens: Die Briefe der Freundin Günderrode neben den Briefen der Frau Rat Goethe, neben Goethes, Beethovens Briefen, neben den werbenden, oft überschwenglichen Briefen des Bruders Clemens, neben den eher pädagogischen des Schwagers Savigny, den sie in Berlin im preußischen Staatsdienst wiedertrifft. Verriegelt und verrammelt liegt in dieser angenommenen Schatulle der Geist ihrer Jugend, ohne sich zu verflüchtigen; im Werk der Fünfzigjährigen wird er seine nicht genug zu bestaunende Wiedergeburt erleben.

Dieses Buch hier, die Briefe, die ich Ihnen anempfehle, überbrücken im Leben der Bettine einen Zeitraum von fünfunddreißig Jahren. Keiner, der die Bettine als ekstatisches Kind, als ungebärdiges junges Mädchen gekannt, hätte ihr die Metamorphose in die Hausfrau und Mutter zugetraut, die all ihre geistigen Interessen, all ihre ausschweifenden Phantasien und Wünsche den Forderungen ihrer großen Familie unterwirft. Sie ist es dann, merkwürdigerweise, die in den dreißiger Jahren unbeschädigt aus dem Kreis der Romantiker wieder auftaucht und sich, gewiß nicht leicht, in der dumpfen Atmosphäre des preußischen Vormärz den Titel ›Vorrednerin‹ verdient; die bestimmte, herausfordernd naive Haltungen ihrer Kindheit und frühen Jugend wieder aufnimmt, weil nur einem Kinde zu sagen erlaubt ist: Der Kaiser ist nackt. Die — und das ist ja ein Grund, warum ich sie Ihnen anempfehle — die falschen Alternativen, in die ihrer aller Leben gepreßt ist, nicht annimmt, sich nicht damit abfindet, ein wirkungsloser Außenseiter oder ein angepaßter Philister zu sein; jene Alternativen, an denen ihre Generation — Nachkommen von Gedankenrevolutionären — sich abarbeitet und die Clemens Brentano um die Jahrhundertwende benennt: ›In der itzigen Welt kann man nur unter zwei Dingen wählen, man kann entweder ein Mensch oder ein Bürger werden, und man sieht nur, was man vermeiden, nicht aber, was man umarmen soll. Die Bürger haben die ganze Zeitlichkeit besetzt, und die Menschen haben nichts für sich selbst als sich selbst.‹

Das ist die Radikalität der frühen, der Jenenser Romantik, deren Geist die Bettine treulich bewahrt. Die Briefe an die Günderrode, die nicht zu den ›Romantikern‹ gehört, aber durch Freundschaften und geistigen Austausch mit ihnen verbunden ist, spiegeln in einzigartiger Weise den scheinbar spielerischen Umgang der Bettine mit jenen Sehnsuchtsmotiven eines anderen, besseren Lebens — zu einer Zeit, da die praktische Wirklichkeit endgültig eine andere Richtung eingeschlagen hat.

Sie kennt die Aura, die sie umgibt, und sie kennt die Angst, dieser Aura entkleidet, entzaubert zu werden zum Automatenmenschen, der in der Literatur jener Zeit gerade als Schrekkensvision auftaucht. Goethen, dem größten unter den Geliebten, die sie sich selbst erschuf, gesteht sie ihre Selbsteinsicht, ihre Angst und ihren Selbstverdacht. Am 29. Juni 1807 schreibt sie ihm — da ist die Günderrode ein Jahr tot —: ›Diese magischen Reize, die Zauberfähigkeit sind mein weißes Kleid; ... aber Herr, diese Ahnung läßt sich nicht bestreiten, daß auch mir das weiße Kleid ausgezogen werde, und daß ich in dem gewöhnlichen des alltäglichen Lebens umhergehen werde, und daß diese Welt, in der meine Sinne lebendig sind, versinken wird; das, was ich schützend decken sollte, das werde ich verraten; da, wo ich duldend mich unterwerfen sollte, da werde ich mich rächen; und da, wo mir unbefangen kindliche Weisheit einen Wink gibt, da werde ich Trotz bieten und es besser wissen wollen; — aber das Traurigste wird sein, daß ich mit dem Fluch der Sünde belasten werde, was keine ist, wie sie es alle machen; — und mir wird Recht dafür geschehen.‹

Alles das, was sie beschwörend von sich abzuwenden sucht (und abwendet), geschieht vor ihren Augen mit den Gefährten ihrer Jugend, bekannten und unbekannten, als der Seelenanimator Hoffnung entweicht. Manche sterben früh, wie Novalis; andre begehen Selbstmord, wie Kleist, Günderrode; wieder andre durchstreifen ganz Europa auf der Suche nach einem ihnen gemäßen Platz, wie August Wilhelm Schlegel; nähern sich, wie Friedrich Schlegel, mindestens zeitweise der politischen Reaktion, versinken, wie Clemens Brentano, in katholischen Mystizismus.

Bettine sieht Freundschaftsbünde unter dem Druck restaurativer Verhältnisse auseinanderbrechen, erlebt schmerzliche Trennungen und Entfremdungen — von der Günderrode, von Clemens, von Savigny, von Goethe, sieht zu, wie den Männern durch den Zwang zum Broterwerb Anpassung aufgedrängt wird. Einer von ihnen, Joseph Görres, der über viele Stufen hin vom Revolutionär zum Vertreter der klerikalen Reaktion wird, sagt noch 1822: ›Das ganze Geschlecht, das die Revolution gesehen, ... das durch alle Ehre und Schande durchgegangen, keiner von allen‹ werde ›das gelobte Land der Freiheit und Ruhe schauen.‹

Das Land Utopia, in dem es frei, gleich und brüderlich zugehn sollte, weicht in den deutschen Kleinstaaten, besonders in Preußen, der Realität der Heiligen Allianz und der Karlsbader Beschlüsse; zerbricht in öffentliche Reaktion und privates Biedermeier; geht unter in Demagogenverfolgung, Zensur und Bespitzelung, in der zähen Fortdauer eines Gesellschaftswesens, welches unter monarchistischem Regiment auf bürgerliche Weise produzieren und seine eigenen Widersprüche nicht zur Kenntnis nehmen will; wird von den radikalsten Literaten — Heine, Börne, Büchner — zwangsweise in die Emigration getragen, gerettet nur in ihren traurigen, schmerzlich fragenden, ihren ironischen, einsam aufbegehrenden Liedern, Stücken und Aufsätzen. Die deutschen Zustände, die der junge Karl Marx ›unter dem Niveau der Geschichte‹ findet, vereinzeln jene, welche das Zeug hatten, Stimme einer geschichtlichen Bewegung zu sein. Die Frau, von der hier die Rede ist, Bettina von Arnim, die sich in die Ehe zurückzieht, mit ihren ›Kindern ist wie die Katz mit den Jungen‹, die schweigt, Briefe schreibt, zeichnet, wird von dem gleichen Görres in den zwanziger Jahren, als er eines ihrer Blätter gesehen, hellsichtig charakterisiert: ›Antik ist's nicht, romantisch auch nicht, aber Bettinisch, eine eigne anmutige Mittelgattung.‹

*

Das unklassifizierbar Bettinische, das in kein Raster paßt, auch in keine der Bewegungen, mit denen sie in ihrem langen Leben in Berührung kommt; daß sie ›im Orden ihrer eignen Natur lebt‹ — es läßt sie dauern, macht sie aber auch zu einem der Nachwelt leicht unterschätzbaren Einzelfall. Sie eignet sich nicht als Objekt, irgendeine These zu demonstrieren. Die Späteren haben sich lange an das Zauberbild der jungen Bettine gehalten, wohl eigene unerfüllbare Sehnsüchte und Wünsche auf dieses koboldartige, unbezähmbare, scheinbar alterslose Wesen projiziert — eine jugendliche Schwärmerin, ein genialisches, etwas anstößiges, unreifes Kind, eine andre Mignon: zwitterhaft, rätselvoll, zwielichtig, zu frühem Tod bestimmt. Bettine, ganz gut bekannt mit der Versuchung, sich in dieses Geschöpf der Kunst zu versenken, womöglich zu verwandeln, bringt das schwere Kunststück fertig, den eignen Mythos, das trügerisch vollendete Jugendbildnis ihrer selbst zu zerstören und sich dem gewöhnlichen Ablauf eines ›gemeinen‹ Lebens auszusetzen. Wen kann es wundern, daß die Misere sie manchmal überwältigt. ›Ich habe die zwölf Jahre meines Ehestands leiblich und geistigerweis auf der Marterbank zugebracht, und meine Ansprüche auf Rücksicht werden nicht befriedigt‹, schreibt sie zu Neujahr 1823 aus Wiepersdorf an ihre Schwester Gunda von Savigny in Berlin. ›Was ich stets mit Geduld ertrug, weil ich mich kräftig genug fühlte, das trag ich jetzt mit Ungeduld, weil ich schwach genug bin. Mein Perspektiv ist das End aller Dinge.‹ Wie immer man solche Äußerungen relativieren muß — wir können uns ihre Verstrickung in Alltagsmühsal kaum zu tief, ihre Entfernung von den Träumen ihrer Jugend nicht weit genug denken. Dieses Bild der unter Versagung und Alltagslast stöhnenden Frau hat sich nicht erhalten. Ihm gerecht zu werden, gebe ich Ihnen noch ein paar Sätze aus dem gleichen Brief. ›Das Schreiben vergeht einem hier, wo den ganzen Tag, das ganze Jahr, das ganze liebe lange Leben nichts vorfällt, weswegen man ein Bein oder einen Arm aufheben möchte. Ich kenne kein Geschäft, was den Kopf mehr angreift als gar nichts tun und nichts erfahren; jeder Gedanke strebt aus der Lage heraus, in der man sich befindet, man fliegt und erhebt sich weit und mit Anstrengung über die Gegenwart und fällt um so tiefer, um so gefährlicher wieder zurück, daß es einem ist, als ob man alle Knochen zerschlagen habe. So geht mir's, die ganze Nacht brenne ich Licht, alle Stunden wache ich auf, ich vergleiche meine Träume mit dem, was ich gedacht hatte, und ich muß nur zu oft wahrnehmen, daß mich die einen wie die anderen in die Leerheit meiner täglichen Umgebung hinabziehen. Es macht nichts den Geist schwächer, als wenn er in seiner Eigentümlichkeit unaufgefordert bleibt ... Ach, wie sind meine Ansprüche an das Leben gesunken, und je weniger ich fordere, je mehr dingt es mir ab, und es wird mir nichts gewähren, als daß ich mich zum Schelm oder zum Lump mache.‹

Glut unter der Asche. Die gleiche Angst vor der einzigen Sünde der Selbstaufgabe wie sechzehn Jahre früher in dem Brief an Goethe. Aber nicht ganz, doch nicht ganz hat in diesen zwanzig Jahren der oft allzu aufdringliche ›irdische Gast‹ ihr den ›himmlischen Gast‹ austreiben können, wenn auch in den Briefen an Arnim die innigen Töne seltener, die gereizten, selbstverteidigenden Töne häufiger werden, da sie ihren Opferwillen als Mutter und Frau gegen seine allzu nüchterne, allzu spartanische Lebensweise in Schutz nehmen muß. Ihr Schmerz bei Arnims frühem Tod im Jahr 1831 ist tief und echt. Bettine ist sechsundvierzig. Arnim ist ihr einziger Mann geblieben. Nie hat sie sich, soviel ich sehe, später über die Zeit ihrer Ehe bedauernd, zurücknehmend, bereuend geäußert. Sie war, wie er, ein hochherziger Charakter; so konnte sie launisch und grillenhaft, nicht aber wehleidig, menschenfeindlich und bitter werden. Schon am Todestag Arnims, in den ersten Briefen an Freunde, sehen wir sie die irdischen Schlacken aus ihres Mannes Bild wegbrennen und eine neue Person auferstehen lassen, einem Heiligen ähnlich, den sie verehren kann. Aber neben der Schwärmerin ist in ihr eine todnüchterne Person, die die Forderung des Tages nicht aus den Augen verliert. Sie kümmert sich um die Verwaltung der Hinterlassenschaft für ihre Kinder; sie setzt die erste Ausgabe der Arnimschen Werke in Gang und arbeitet maßgeblich an ihr mit. Und sie wird, zur Überraschung aller, zum Mißfallen ihrer Frankfurter Familie, nach dem Tod ihres Mannes produktiv: Fünf Bücher in dreizehn Jahren; ein unveröffentlichtes Manuskript; Briefmengen, die Bände füllen; Notizen, Entwürfe. Bettine beginnt ihr drittes Leben.

›Ich bin sehr glücklich; gibt es etwas Beseligenderes, als aus der Einfalt der früher verlebten Jahre wie aus dem Zentrum der Glut in neu geweckte Flammen aufzuschlagen? — ... Ich konnte heute nacht nicht schlafen vor den vielen Blüten, die alle aus einer Gedankenwurzel meiner Kindheit sich hervordrängten.‹ Dies im Januar 35 an den Fürsten Pückler. Wem sie ihre Gefühle entgegenbringt, wer sie durch Zurückweisung enttäuscht — ist es wichtig? Ist es wichtig, daß sie sich auch vergreift? Instinktsicher nimmt sie sich, was sie braucht, ihre Schaffenslust anzuheizen. Die Inkubationszeit ist beendet, der Virus, der sich so lange still verhielt, wird rege und treibt seine Trägerin zu fieberhafter Tätigkeit. Ausgerechnet in dem versteinertsten Jahrzehnt des vorigen Jahrhunderts beginnt Frau von Arnim aktiv zu werden, macht ihre Wohnung im Herzen der preußischen Hauptstadt, Unter den Linden 21, zum Zentrum für unabhängige Geister, schert sich den Teufel um Bespitzelung, Postzensur und Observation, empfängt Durchreisende und Verehrer, bewältigt kaum ihren täglichen Posteingang, kümmert sich um die Cholerakranken ebenso wie um die Armen im ›Vogtland‹ vor dem Hamburger Tor. Und schreibt.

*

Das Jahr 39, in dem das Günderrode-Buch entsteht (Bettines zweiter Briefroman nach ›Goethes Briefwechsel mit einem Kinde‹), liegt im tiefsten Wellental, genau zwischen den Revolutionen von 1830 und 1848. Das können die Zeitgenossen nicht wissen. Keine Rede jedenfalls von einem ›Völkerfrühling‹, Zwielicht herrscht, Untergangsstimmung. Jeder Preuße, sagt Glaßbrenner, scheint mit einem ›inneren Gendarm‹ auf die Welt gekommen. Können Sie sich vorstellen, daß die Berliner Studenten der Bettine einen Fackelzug darbringen, nachdem ihr Günderrode-Buch 1840 erschienen ist? Sicher hatten sie nur die an sie gerichtete Widmung gelesen, und die hatten sie so verstanden, wie sie gemeint war: politisch. ›Die Ihr gleich goldnen Blumen auf zertretnem Feld wieder aufsprosset zuerst!‹ Eine schwärmerische Anrede, gewiß, vor allem aber ein kühner Text. Wagt er doch, die verbotenen Burschenschaften zu erwähnen (›der Burschen Hochgesang‹), auf ›der Zeiten Wechsel‹ zu vertrauen, den Jungen zu wünschen, daß ›ein milder Gestirn schützend über Euch hinleuchte‹. Solche Sprache versteht, wer weiß, daß das Berliner Kammergericht im Dezember 36 noch einundvierzig Greifswalder Studenten, Mitglieder der Burschenschaften, erst zum Tod, dann zu dreißig Jahren Festungshaft verurteilt hat; daß das ›Hambacher Fest‹ der Burschenschaften von 1832 durch Preußen mit einem neuen Demagogengesetz ›zur Aufrechterhaltung der öffentlichen Ruhe und gesetzlichen Ordnung‹ beantwortet wurde; daß nach der Niederschlagung vereinzelter demokratisch-republikanischer Aktionen in den dreißiger Jahren in den Deutschen Bundesstaaten, besonders in Preußen, Friedhofsruhe herrscht: Nach der rücksichtslosesten Verfolgung der Teilnehmer — meist Studenten — am aberwitzigen Frankfurter Wachensturm vom April 1833; nach der Konfiszierung des ›Hessischen Landboten‹ 1834, der Gefangensetzung Weidigs, der Flucht und Emigration Georg Büchners; nach dem bundesweiten Verbot aller Schriften des ›Jungen Deutschland‹. Ein gut durchorganisierter Staats- und Sicherheitsapparat erstickt jede freiere Regung der Gesellschaft. Wie immer, wenn die öffentliche politische Diskussion unterdrückt wird, reiben sich die verschiedenen Meinungen und Parteien ersatzweise an der Literatur. In den dreißiger Jahren war, Sie werden es kaum glauben, Goethe und seine Hinterlassenschaft ein brisantes Thema. Ausgerechnet ihm aber hatte in aller Unschuld Bettines erstes Buch gegolten. Unter dem Bann- und Zauberspruch ›Dies Buch ist für die Guten, nicht für die Bösen‹, kaum berührt vom Streit der Antagonisten, erschien 1835 ›Goethes Briefwechsel mit einem Kinde‹ und erregte ein ungeheures Aufsehen. Seine Autorin, mit einem Schlag berühmt, wurde von den Zeitgenossen als ein Natur- oder Geisterphänomen empfunden. Zum zweitenmal, seit ihrer Jugendzeit, stellte man sie außerhalb der Geschichte.

›An diesem räthselhaften Kinde‹, schrieb eine Zeitschrift des ›Jungen Deutschland‹, ›ist eine offenbare Verwirrung der Parteien unter uns ausgebrochen. Die, welche dafür sein sollten, sind dagegen, und die, welche dagegen sein sollten, sind dafür‹ – ein Signal, (wie wir gut wissen,) daß die ›Parteien‹ sich verrannt haben. Die ›Sybille der romantischen Literaturperiode‹, Bettine, wird von den Jungdeutschen ein ›genialer, romantischer, mystischer, prophetischer, wundersam herumirrlichtelirender Kobold‹ genannt; eine ›Rachefurie‹ heißt Börne sie, der von Paris her ihr Verehrungsbuch in ein Anti-Goethe-Buch uminterpretiert, und der Historiker Leopold Ranke erklärt: ›Die Frau hat den Instinkt einer Pythia.‹ Eine Art Monstrum könnte man aus den einander widersprechenden Merkmalen zusammensetzen; das deutet, scheint mir, weniger auf Bettines Charakter, ihr Wesen, ihre Erscheinung — es kennzeichnet vielmehr das Bedürfnis der Zeit nach einer außer- und überhistorischen Gestalt, der allein noch zuzutrauen war, etwas wie Gärung in den Sumpf der preußisch-deutschen Verhältnisse zu bringen.

In diesem Staat ist jeder Stuhl besetzt, jedes Amt eingenom-

men: vom Kultusminister bis zum Obercensurcollegienmit-
glied, vom Staatsrat bis zum Geheimen Regierungsbeauftrag-
ten an der Universität, vom Innenminister bis zum General-
postmeister (der dazumal übrigens Nagler heißt und es sich
nicht nehmen läßt, die perlustrierten Briefe der unter Kon-
trolle stehenden Literatur in löblicher Anteilnahme oftmals
selbst zu lesen); das Spektrum der geistig Tätigen reicht vom
Staatsdichter bis zum Demagogen, der in der gefürchteten
Hausvogtei, dem ›Blechkasten‹, gefänglich einbehalten wird,
und auch in der Opposition scheinen alle Rollen vergeben.
Ein einziger Platz, so kann man es nachträglich sehen, war
noch frei; eine Frau mußte ihn einnehmen, in gehobener
Stellung, doch kritisch denkend, keines Amtes fähig, keiner der
Parteiungen angehörig; gebildet und furchtlos sollte sie sein,
engagiert und mitfühlend, hellsichtig und traumtänzerisch.
Dies ist ein Phantombild, und es beschreibt die Bettine.
Staunen Sie gehörig, wie fein die äußeren Verhältnisse zu-
sammenspielen können mit den innersten Bedürfnissen einer
Person? Der Bettine Verdienst bleibt es, die Rolle angenommen zu haben, die ihr zufiel, sich in die Lücke gestellt und
nach den Folgen nicht gefragt zu haben. Nicht ohne geheime
Genugtuung sieht man ihr zu, wie sie den Vorteil zu nutzen
weiß, der in dem Nachteil, Frau zu sein, in Männergesell-
schaften zeitweilig verborgen ist – falls die Betreffende und
Betroffene es aushält, für leicht verrückt zu gelten. Darin hat
sie sich – Sie lesen es in den Briefen an die Günderrode –
beizeiten geübt. ›Närrisch‹ hat sie sich selbst oft genannt. In
ernsten Zeiten kann es ein Schutz sein, nicht ganz ernst genommen zu werden, Gutzkows Stoßseufzer aus Anlaß von
Bettinens ›Königsbuch‹ belegt es: ›Traurig genug, daß nur ein
Weib das sagen durfte, was jeden Mann würde hinter Schloß
und Riegel gebracht haben.‹ Wer, frage ich Sie, sperrt eine
Sybille, einen Kobold, eine Pythia ein?

*

Aber ist es denn um Schloß und Riegel je gegangen? Wir
stehen – Sie erinnern sich – immer noch bei der Widmung
des Günderrode-Buches an die Studenten, werden aber zu die-

sem Buch erst zurückkehren, nachdem wir uns in einem Vorgriff auf das Leben der Bettine dieser Frage angenommen haben. Ich zitiere Ihnen aus einem Konfidentenbericht aus dem Jahre 1847: ›Selbst in den Teegesellschaften wurden soziale Fragen behandelt. Die Tendenz dieser Teegesellschaften ist eine sozialistische, indem die Versammelten sich vorzugsweise über ein in Wesen und Form zu verbesserndes Leben unterhalten und besprechen. Vorzüglich ist es das weibliche Geschlecht, das sich nach Befreiung von den Fesseln des Herkommens, der Mode, der Konvenienz sehnt. Unter allen Frauen dieser Art in Berlin, die einen öffentlichen Ruf genießen, ist Bettina von Arnim unstreitig die erste und bedeutendste. Daß ihre Abendzirkel den bezeichneten Charakter haben, ist hier allgemein und selbst dem Hofe bekannt. Man läßt sie gewähren, da sie hier in allgemeiner Achtung steht und man ihr von Rechts wegen nichts anhaben kann.‹

Konfidenten sind jene vertrauenswürdigen und vertraulichen Berichterstatter der Mainzer ›Zentral-Informationsbehörde‹, auf deren Einrichtung – nicht zuletzt der unruhigen Studenten wegen – Fürst Metternich selbst gedrungen hatte (›. . . der Kampf des ewigen Rechts gegen das revolutionäre Prinzip ist nahe und unvermeidlich‹) – eine der ganz wenigen Institutionen, welche die innerdeutschen Grenzen überwand. An den deutschen Hochschulen, melden diese Vertrauensleute schon Ende der dreißiger Jahre, herrsche ein von den früheren Jahren sehr verschiedener Geist; es fänden nur noch Kneipereien statt. Immerhin herrscht in der Behörde – nicht nur in dieser – eine manifeste Intelligenzfeindlichkeit, so daß der preußische Staatsminister Wittgenstein nur ausspricht, was die anderen denken, wenn er die ›Stubengelehrten und rabulistischen Vielschreiber‹ einen wahren Krebsschaden der menschlichen Gesellschaft nennt, zu deren Bekämpfung er mit Vergnügen beitragen werde. Und an führender Stelle jenes ›Zentralkomitees‹, welches die Weisungen und Berichte der Mainzer Zentralbehörde empfängt, steht in Preußen der unsägliche Geheime Regierungsrat Tschoppe, ein Mann, der in schwerer Geisteskrankheit enden wird. Er liebt Effekte. ›Gestern waren Sie im Theater!‹ empfängt er eines Morgens, noch unter dem Barbiermesser, den verbotenen Schriftsteller Gutzkow, der antichambriert, um die Aufhebung des Verbots aller seiner Schriften zu betreiben. Der Mächtige, scheint es, weiß alles. Triumphierend zeigt er dem konsternierten Autor die Liste mit den Namen derjenigen, die am Abend zuvor Freikarten für die Königlichen Theater der Hauptstadt in Anspruch genommen haben.

Berlin wimmelt von Anekdoten und Witzen. Frau von Arnim, zu deren demokratischem Salon man sich drängt, wird die meisten von ihnen gekannt haben. Wie unzuverlässig die Schonung war, die sie, kraft ihres Ansehens in weitesten Kreisen, durch Polizei und Zensur genoß, war ihr natürlich überscharf bewußt; der Spielraum war ihr ja nicht geschenkt worden; sie hatte ihn sich durch Kühnheit, manchmal Tollkühnheit, erobert und erweitert. Man wußte nicht recht: War sie naiv? Stellte sie sich so? War sie vielmehr gerissen? Oder paßte womöglich ihre Art, nach Gutdünken zu handeln, einfach nicht in die Kategorien des sich selbst zensierenden Untertanendenkens?

Zum Beispiel mußte eine hohe Zensurbehörde es der inzwischen berühmten Autorin als einen raffinierten Trick auslegen, daß die ihr ›Königsbuch‹ 1843 dem König widmete (›Dies Buch gehört dem König‹ – Titel und Widmung zugleich) und so das eigentlich fällige Verbot umging. ›Rebengelände Entsprossene, Sonnengetaufte!‹ redet der geschmeichelte König die Verdutzte in seinem Antwortbrief an; ihr Buch aber hat er nur angeblättert, ganz im Gegensatz zu seinem Minister des Innern. Der sieht sich nach genauer Lektüre zu einem Brief an Friedrich Wilhelm IV. veranlaßt, dessen Kerngedanke in einem zitierenswerten bürokratischen Schachtelsatz Platz findet: ›Wäre das Buch nicht in dem für einen kleinen Leserkreis geeigneten Ton prophetischer Ekstase geschrieben, sondern in der dem größeren Publikum zugänglichen Form einfacher Logik und verständiger Reflexion, und trüge nicht der abenteuerliche Charakter der, wenn auch nicht genannten, doch bekannten Verfasserin dazu bei, die praktische Richtigkeit und Anwendbarkeit der darin enthal-

tenen Doktrinen in Zweifel zu stellen, so würde dasselbe den
gesetzlichen Bestimmungen nach vermöge der darin dargeleg-
ten und verteidigten Irreligiosität und vermöge des darin ge-
predigten heillosen Radikalismus für eine der gemeingefähr-
lichsten Schriften erklärt werden müssen.‹ Der Mann war
seinem Amte gewachsen.

Übrigens hat er recht behalten. Zwei Nachfolgeschriften, die
sich wesentlich kürzer hielten, übersetzten der Bettine ›prophetische Ekstase ‹in das schlichte politische Deutsch der Zeit.
Die eine, in Bern unter Pseudonym gedruckt, in ironischem Ton
gehalten, nennt vier Jahre vor dem Kommunistischen Manifest
den Kommunismus ein ›Gespenst‹ und bringt die Autorin des
›Königsbuches‹ mit ihm in Verbindung. (›So steht denn der
Teufel entlarvt vor uns in seiner ganzen Scheußlichkeit, und
der Name dieses finster drohenden Gespenstes ist: Kommunismus.‹) Die andere, die den ›angeblichen Sinn und Inhalt‹ des
Königsbuches in eine Flugschrift von 56 Seiten zusammen-
drängt, erscheint in Hamburg; prompt verfügt der König die
politische Beschlagnahme, das Oberzensurgericht das Verbot.
(›Neunzehn Bogen sind gefährlich, aber zwanzig machen ehr-
lich‹, spottete der Volksmund: Bücher über zwanzig Bogen
mit Verfasserangabe — welche die Bettine allerdings stets
verweigert hat — unterlagen nicht der Zensur.) Lehre für
die Bettine: In Zeiten, da aus Mangel an politischer Öffent-
lichkeit (die drei Berliner Tageszeitungen stehen unter Zensur und werden deshalb von der Bettine nicht gelesen) die
Literatur das Gewissen der Gesellschaft ist, hat sie mit immer schärferen Sanktionen zu rechnen, je mehr sie dem Volke
verständlich wird. Bettine 1844: ›Was soll man noch anderes
drucken lassen in Preußen als Traktätchen, ABC-Bücher und
Ammenmärchen!‹

Aber war denn ihre Widmung an den König wirklich ein
Trick gewesen? Es zeigt sich: Nicht nur ihre Popularität,
auch ihre Illusionen schützen die Bettine. Als Friedrich Wilhelm IV., auf den viele Demokraten Hoffnungen gesetzt hatten, im Juni 1840 den Thron bestieg, traute die Bettine ihm
Willen und Kraft zu grundlegenden Änderungen zu. ›Nein,
die Schmach der Geistessklaverei geht nicht von ihm aus!‹

Ihre Anhänglichkeit an die Idee vom Volkskönigtum hat etwas Phantastisches: ›Wir müssen den König retten!‹ Aber schon ein halbes Jahr nach der Krönung, im Dezember 40, notiert Varnhagen von Ense über sie: ›Sie ist außer sich über die Wirtschaft, die hier beginnt, sie mißbilligt alle Vertrauten und Lieblinge des Königs, sie will Konstitution, Preßfreiheit, Luft und Licht.‹ Doch offeriert sie allen Ernstes (allen Ernstes?) dem König in ihrem ›Königsbuch‹, er möge ›das alte Getriebe der Staatsmaschine‹ unter Umgehung seiner Höflinge und Minister, jenes ›heraldischen Tierkreises‹, mit Hilfe des Volkes ›unter das alte Eisen werfen‹, ›Denkfreiheit‹ an die Stelle der Geistessklaverei setzen und gemeinsam mit den bisher verfolgten Demagogen regieren.

Ist das naiv? Schlau? Illusionär? Nun: Der sicherste Weg, Illusionen zu verlieren, ist es immer noch, sie zu erproben. Hören Sie doch, wie sie neun Jahre später, im zweiten Band ihres ›Königsbuches‹ (›Gespräche mit Dämonen‹, 1852) ihre Staatsutopie sarkastisch formuliert: ›Ich meine keinen Staat, wo nur die Zensur meine Ansichten streichen kann, ich meine einen ganz andern Staat hinter dem Himalaja gelegen, der ein Widerschein ist von dem Staat, den ich meinen könnte; sollte aber auch *das* die Zensur streichen wollen, nun, so mein ich den auch nicht. Ich meine nichts, was könnte gestrichen werden.‹

Dazwischen lag der Vormärz, das Jahr 1848, die mißlungene Revolution. Lagen der Bettine andauernde Zusammenstöße mit der Zensur, die sie veranlaßten, einen eigenen Verlag zu gründen, der ihr eine Quelle neuer Sorgen und Querelen wurde: Die Arnimsche Verlagsexpedition; lagen immer massivere Verdächtigungen an ihre Adresse, unter anderen die, daß sie ›Communistin‹ sei (Gutzkow: ›Ist die heißeste, glühendste Menschenliebe Kommunismus, dann steht zu erwarten, daß der Kommunismus viele Anhänger findet‹.) (1842 soll sie übrigens in Bad Kreuznach mit Karl Marx und dessen Braut Jenny von Westphalen zusammengetroffen sein und zum Ärger der Jenny lange einsame Spaziergänge mit dem jungen Doktor gemacht haben.) Einmal — auch das liegt dazwischen — hat sie die Arbeit an einem Buch abgebrochen, weil sie es nicht hätte drucken lassen können: Der Innenminister Preußens, in typisch ministerieller Verwechslung von Ursache und Wirkung, hat sie 1844 beschuldigt, sie habe die schlesischen Weber ›aufständisch‹ gemacht. ›Allein den Hungrigen helfen wollen, heißt jetzt Aufruhr predigen‹, schreibt ihr warnend ein Freund. Da läßt Bettine ihr ›Armenbuch‹ liegen, eine Art erste soziologische Untersuchung über die Lebensbedingungen des vierten Standes, mit vielen Beispielen aus den Hütten der schlesischen Weber. Dieser Vorfall, sie muß es gewußt haben, markierte ganz genau die Grenze, die sie nicht mehr ungestraft hätte übertreten dürfen, den Punkt, an dem die sozialen Widersprüche und zugleich deren Unlösbarkeit unter dem Regime sich am schärfsten hervorkehrten. Die Kraft, welche die Gesellschaft umwälzen konnte, war unentwickelt, die Zeit zu mehr nicht reif als zu einer selbstaufopfernden, doch unwirksamen Haltung. Was bleibt? Mal wieder an den König schreiben: Er solle statt des Domes in Berlin lieber tausend Hütten in Schlesien bauen. Die Sache der Schlesier sei tragischer als Sophokles. — Finden Sie nicht, daß dies eine bedeutende ästhetische Aussage ist, wenn auch, wie nicht selten in der Geschichte der deutschen Literatur, auf Kosten einer eigentlich fälligen Aktion? Bedeutend, weil sie die aus den Konflikten der Oberschicht abgezogenen Regeln der Tragödie, einer ›hohen‹ Kunstform, als anwendbar auf die Lage der ›niederen‹ Schichten denkt: Das ist aber, Sie werden es sehen, in den Günderrode-Briefen angelegt.

›Bettina läßt sich durch ihre Humanität verleiten. Sie glaubt immer die Unterdrückten im Recht‹, bemerkt mit sanftem Tadel Gunda von Savigny, Bettines Schwester. Das hat sie wohl richtig gesehen. Unbehaglich ist es der Frau des Ministers für Gesetzgebungsrevision, wohin radikale Humanität die Schwester führt, nämlich zu einer Nichtachtung behördlicher Autorität, die sie nicht moralisch gegründet sieht: 1847 beantwortet sie die an den Haaren herbeigezogene Beschuldigung des Berliner Magistrats, sie habe sich bei der Eröffnung ihres ›Gewerbes‹ der Steuerhinterziehung schuldig gemacht, da sie es versäumt habe, die Bürgerrechte zu erwerben, mit einer geharnischten Gegenoffensive; sie wird zuerst zu drei,

dann, in der Revision, zu zwei Monaten Gefängnis verurteilt —
die höchstmögliche Strafe für Leute von Stand; einfluß-
reiche Personen, darunter besonders ihr Schwager Savigny,
erreichen, daß das Urteil nicht vollstreckt wird; Bettine aber
hat begriffen, daß ein Formfehler zum Vorwand genommen
wurde, ihr die Instrumente zu zeigen. Ein Zeuge überliefert,
was sie in Gesellschaft darüber sagt: Ihre Magistratsgeschichte
ist ihr von den Ministern eingerührt, die sie aus Berlin haben
wollen, ›weil den Ministern seiner romantischen Majestät
Hofnärrin empfindliche Unbequemlichkeiten verursacht‹.
Sie sehen, einmal ist es um ›Schloß und Riegel‹ doch gegangen; nun ist es aber ein Gesetz, daß eine reale Bedrohung je-
manden, der nicht auf Anerkennung durch die bestehende
Ordnung angewiesen, also nicht korrumpierbar ist, in seinen
Ansichten und Grundsätzen radikalisiert, ihn weitertreibt
über die Schranken, die seinem Denken durch Herkunft und
Lebensweise gesetzt zu sein scheinen. Der Bettine ist es so er-
gangen. Der Magistratsprozeß hat ihr zu einem unbestech-
lichen Urteil über die Struktur ihrer Gesellschaft und über
die in der Zukunft notwendigen Entwicklungen verholfen.
Als Beweis für diese Behauptung zitiere ich Ihnen einige Ab-
sätze aus dem Verteidigungsbrief, den sie dem Berliner Ma-
gistrat geschrieben hat: ›Was nun Ihre letzte Bemerkung an-
belangt, daß keine Veranlassung vorliege, mir das Bürgerrecht als ein Ehrengeschenk zukommen zu lassen, so gebe ich
dieses zu, da ich zumal das Bürgerrecht höher stelle als den
Adel . . . Ebenso stelle ich noch höher die Klasse des Proleta-
riats . . . Der Schatz der Armen besteht im angeborenen
Reichtum der Natur, das Verdienst des Bürgers im Anwenden und Ausbeuten dieses Naturreichtums, welches er ver-
mittelst seiner tätigen Gewandtheit und zum eigenen Vorteil
derjenigen Menschenklasse zuwendet, deren Hochmut, Ver-
wöhnung und geistige Verbildung alles verschlingt, eben weil
sie keine Produktionskraft hat. — Die Gründe also, warum
ich den Proletarier am höchsten stelle, ist, weil er der Gemeinheit enthoben ist, als Wucherer dem Weltverhältnis
etwas abzugewinnen, da er alles gibt und nicht mehr dafür
wieder verzehrt, als er eben bedarf, um neue Kräfte zum Ge-

spiration. ›Lange Jahre war ich getrennt von einer solchen Gewalt, die meine Liebe in früheren Jahren aufgerufen hatte ... Ach, ich war gar zu allein.‹

Ein Verjüngungserlebnis, ein pädagogischer Eros, der weiterglüht, nachdem der kurze heftige Gefühlsrausch für Döring einer Ernüchterung gewichen ist: ›Aber ich trau Dir nicht, Du bist kein echter Somnambuler, und die Wirklichkeit liegt hart in Deinem Herzen gefangen, Du drückst ihr den Daumen aufs Aug, sie darf sich nicht rühren, so schiebst Du den Riegel vor und spottest ihrer, daß sie Dir gefangen ist ...‹ — Warum zitiere ich Ihnen das? Müssen wir uns hineindrängen in der Bettine späte Herzensabenteuer? Müssen wir ihn wieder heraufholen, jenen schmerzlich angstvollen Ton ergreifenden Fragens, den sie Mitte des Jahres, wie aus einem Schlaf erwachend, in einem Brief anschlägt: ›Ich geb Dich nicht los — Du wirst mir doch nicht unter den Händen verschwinden? — Du kannst doch nicht bloß ein Phänomen meiner Phantasie sein; Du mußt doch leben? — Alles ist mir verschwunden. — Wie seltsam, wenn Du auch eine Illusion wärst.‹ Doch. Hören wir sie uns an, diese allerpersönlichsten Töne, weil ich sicher bin, daß sie in das Günderrode-Buch, wie es uns jetzt vorliegt, eingegangen sind; weil — inkonsequent, wie seelische Vorgänge sind — die Wiederholung des Abschieds von ihrer ersten Liebe der Bettine den Verzicht auf ihre letzte Liebe, auf Liebe überhaupt, erleichtert hat; weil sie nicht trennen kann und will zwischen ihrer Verfassung im Jahr 1839 und ihren Empfindungen und Phantasien von 1805; und weil eben gerade dieser Lebenszusammenhang, aus dem es hervorgeht, diesem Buch seinen Schimmer und Reiz, seine Zeittiefe gibt; es ist nicht aus einem Guß, baut sich aus übereinandergelagterten, ineinanderverlaufenden Schichten auf, aus Einlagerungen, deren Ränder nicht geglättet, sondern rauh geblieben sind; es hat ungenaue Übergänge, Unstimmigkeiten, Brüche. Und es verrät eben dadurch den unlösbaren Widerspruch und geheimen Schmerz des Lebens.

*

winn anderer sammeln zu können ... Und wenn ... ich daher die Bürgerkrone dem Ordensstern vorziehe, so würde ich dem allen noch vorziehen, vom Volke anerkannt zu sein, dessen Verzichtungen heroisch und dessen Opfer die uneigennützigsten sind.‹

*

Zurück zur Literatur, zum Günderrode-Buch, zum Jahr neununddreißig, in dem es entsteht. Ich möchte Ihnen glaubhaft machen, daß dieses eher stille Jahr der Bettine einen wichtigen Zuwachs an jener Erfahrung gebracht hat, welche sie auf die direkt politischen Auseinandersetzungen der vierziger Jahre vorbereitete, daß aber auch gerade der Bettine Hinwendung zu Ideen und Lebensgefühl des Jahrhundertbeginns ihr eine tiefere Sicht auf die Gegenwart eröffneten. Wie Sie in den späteren Handlungen und Schriften der Bettine ein treuliches Festhalten und Weiterentwickeln mancher Grundmotive finden werden, die das Günderrode-Buch anschlägt, so ist dieses Buch selbst in vielem ein Widerschein der Erschütterungen, die die Bettine in den Jahren 39/40 erlebt: Das Drama ihrer letzten Liebe und ihr leidenschaftlicher Einsatz für die gemaßregelten Brüder Grimm.

Gleichzeitig mit dem Roman, den die Bettine aus den Kernstücken ihres Briefwechsels mit der Günderrode zusammenstellt und weiterdichtet, entsteht in diesem Jahr ein zweiter Briefroman: die reale Korrespondenz der Bettine mit dem jungen Studenten Julius Döring aus Wolmirstedt bei Magdeburg, der ihr Anfang 39 als Verehrer ihres Goethe-Buches zu schreiben begonnen hat. Ihn hat es gestört, daß sie dieses Buch dem Fürsten Pückler zugeeignet hat, und er fordert von ihr, ihre nächste Publikation den Studenten zu widmen. Begeistert greift sie die Anregung auf: ›Es ist die Zeit, daß die Jünglinge mit Lust aus meinem Geist aufblühen, denn ich bin ein Baum, der trägt Jünglingsblüten. Die sind eben am Aufbrechen, und wie sollt ich nicht mit der Zukunft leben, da sie aus dem Mark meines Geistes hervorgeht.‹ Einem anderen jugendlichen Verehrer, mit dem sie mehr eine geistige, weniger eine erotische Faszination verbindet, schreibt sie: ›Ich bin

479

nichts, aber es weht so eine Luft um mich, von der ich glaube, die Jugend müsse sie wie mutige Gäule mit offenen Nüstern einschnaufen!‹

Es ist offensichtlich: Mit dem Günderrode-Buch will sie das Vermächtnis ihrer eigenen Jugend an die übernächste Generation weiterreichen. Aufgewühlt gibt sie sich den Gesichten aus ihrer Frühzeit hin, die sich bis zu beinah übersinnlichen Erscheinungen verdichten können. Im November 39 schreibt sie dem Döring, den sie über den Fortgang ihrer Arbeit auf dem laufenden hält, aus Wiepersdorf: ›Mich überhäuft die Arbeit so, daß ich keinem Schlaf mehr Raum geben kann, um 1 Uhr zu Bett, wo ich, zu aufgeregt durch Arbeit, nicht schlafen kann und oft noch ein Schauspiel lese oder sonst etwas; kaum daß der Saal warm ist, in dem ich arbeite, so bin ich beim Schreibtisch, und ohne aufzustehn, kaum 4 Minuten zum Mittagessen, so arbeite ich fort, und tu es, um Euch ein Monument hinzustellen, an dem feine Sinne alles wahrnehmen können, was ich Dir und andern nicht gesagt habe oder was Ihr mißverstanden habt. In vier Wochen hoffe ich so weit zu sein, daß ich in Berlin den Druck anfangen kann.‹ — Da irrt sie sich. Der Druck kann erst im Frühjahr 40 beginnen, nicht zuletzt, weil sie mitten in der heftigsten Arbeit das Manuskript beiseite schiebt und ihre große Auseinandersetzung mit dem Schwager Savigny beginnt, wegen der ›Grimm‹. So heißt es denn im Januar vierzig — wieder an Döring —, immer noch vom Günderrode-Buch: ›Ich hab bis jetzt angestrengt gearbeitet und seltsamerweise viel mehr bei dieser Arbeit des Schlafes bedurft als sonst ...; aber dafür sind die früheren Zeiten mir so wach geworden, daß ich nicht wie Thomas durfte sagen, lasse mich die Finger in Deine Wunde legen, wenn ich glauben soll, daß Du es bist. — Die Günderode steht vor mir, und sie ruft mich oft, wenn am Abend das Licht brennt, von meinem Platz. Dort in der Ecke, wo die grünen hohen Tannen stehen von Weihnachten her, die bis an die Decke reichen vor meinem Sopha, und da wickle ich mich in den Mantel, weil ich nicht widerstehen kann, ihr in Gedanken zu begegnen, und da überfällt mich der Schlaf ..., gleich als ob die Günderod schlief und ich müßt nun auch

schlafen, weil ich ihr durch die geweckte Erinnerung w[...] nah gekommen. — Aber am Tag fühl ich mich so na[...] allem Vergangnen, daß ich durch und durch von der [...] Gegenwart alles wirklich Erlebten überzeugt bin.‹

Der tiefere Sinn dieser im biblischen Vergleich beschri[...] Vision, die sie mit dieser Geisterbeschwörung verbind[...] der geheime Antrieb für ihre Arbeit ist Liebesgewinn[...] dies mein Buch liest und mich nicht liebt, der hat nie [...] im Herzen gehabt.‹ Ich will es sehr direkt ausdrück[...] die Verweigerung der Liebeserfüllung im Leben hält [...] schadlos in jenen Bezirken, über die sie uneinge[...] herrscht. Eine eigentümliche Befriedigung muß sie [...] haben, indem sie ihre letzte Liebe durch tausend [...] Fäden an ihre erste knüpft. Die über Fünfzigjähri[...] diesem durchschnittlichen jungen Mann, der dichte[...] sen glaubt, ihre überströmende erotische Zuneigung [...] (›Gehirnsinnlichkeit‹ hatte der alte Graf Pückler [...] zend genannt), erdichtete ihn sich zu ihrem Gelieb[...] net ihm die Geheimnisse ihres Innern (›Ich hab [...] benshauch mehr empfunden in der Poesie, seit [...] Sonne mir unterging, wie Goethe mich verworfe[...] weiht, zu biblischer Sprache sich aufschwingend, [...] Jungen zum neuen Goethe (›und ich will Dir'[...] Dichter!‹) — eine Priesterin, aus der ›der Ge[...] und die sich verzehrt nach einer späten Wiederl[...] ›schmerzlich süßen‹ Hingebung, jener traum[...] Szene, die sie mit Goethe erlebt haben will, da si[...] auf den Boden legte und sich nicht ›beruhigt, [...] den Fuß auf meine Brust, daß ich seine Schwere [...] Beseligt durch eine Selbsttäuschung gibt sie [...] einst, als Zweiundzwanzigjährige, geistig-se[...] hat, treibt einen fetischhaften Kult mit einem gi[...] lingsfuß an ihrem Bette, und durch diese geg[...] feuerung inspiriert, ist sie so empfänglich fü[...] atem‹ ihrer frühen Jahre; es entspringt nicht [...] tiven Willensakt oder politischem Kalkül, d[...] visionären Erinnerungen an ihr Zusammenle[...] gendfreundin überläßt, sondern eben dieser [...]

Zuerst aber — auf die Gefahr hin, daß Sie ungeduldig werden, beschäftigt uns der Fall der Brüder Jacob und Wilhelm Grimm, der die Bettine im Jahr 39 selbst so intensiv beschäftigte, daß sie, wie gesagt, ihr Günderrode-Manuskript liegen, den Druck aufschieben ließ, um sich seiner anzunehmen. Bärwalde-Wiepersdorf, 1. November 1839, an Döring: ›Ich hab eben eine Epistel an Savigny über die Grimm pp — und alles mögliche geschrieben. Sie ist 8 Bogen lang, es würde mir so interessant sein, daß Du sie lesen mögst — ja, es wär Dir gewiß für Dein ganzes Leben lang nützlich —, damit Du sähest, wie weit man mit der Wahrheit hinausgehen kann und soll.‹

Der Fall der Göttinger Professoren, zu denen ›die Grimm‹ gehörten, wird häufig zitiert und ist in seinen hoch interessanten Einzelheiten wenig bekannt; er muß hier wenigstens in seinen Umrissen beschrieben werden, weil die Bettine ihn aufs genaueste beobachtet und sich zu Herzen genommen hat. Im Oktober 1839 hatte sie die beiden Brüder, Jacob und Wilhelm, in ihrem Kasseler Zufluchtsort besucht. Schon länger kennt sie jene kleine Schrift ›Über meine Entlassung‹, die Jacob geschrieben hat — ausgerechnet Savigny hat sie ihr gegeben, von der Redlichkeit der Darlegung selbst überzeugt: ›Steht die Sache so . . .‹, soll er ihr gesagt haben, ›dann muß ich ihm freilich recht geben.‹ ›Warum hast Du Deine Überzeugung nicht dem König, dem Kronprinzen, dem Volk mitgeteilt?‹ fragt die Bettine ihren Schwager Savigny nun in eben jener berühmt gewordenen Epistel.

Ich wäre dafür, Jacobs Schrift in die Lehrpläne der Oberschulen aufzunehmen, als ein hinreißendes Beispiel für die stilbildende Kraft von Charakterfestigkeit und Überzeugungstreue. ›Der Wetterstrahl, von dem mein stilles Haus getroffen wurde, bewegt die Herzen in weitesten Kreisen‹, hebt er an, und ich versichere Sie, daß ich an mich halten muß, nicht aus dieser Schrift und der Bettine Epistel längere Passagen zu meinem und Ihrem ingrimmigen Vergnügen zu zitieren. — Der Hergang des Konflikts zwischen der Universität Göttingen und ihrem Herrscher, dem frisch gekrönten König Ernst August von Hannover, in Kürze: Im Sommer 1837 hatte eben jener König alle seine Staatsdiener, also auch die Göttinger

Professoren, von ihrem Eid auf die vergleichsweise progressive Verfassung des Jahres 1833 kurzerhand entbunden und in eigner Machtvollkommenheit das Grundgesetz aufgehoben. Dagegen nun hatten, nachdem sie lange geduldig abgewartet, einige Mitglieder der Landes-Universität in einer ›Untertänigsten Vorstellung‹ am 18. November geltend gemacht, daß sie, ohne ihr Gewissen zu verletzen, es nicht stillschweigend geschehen lassen könnte, daß das alte, nach ihrer Ansicht gültige Staatsgrundgesetz, ›allein auf dem Wege der Macht zugrunde gehe‹. Vielmehr müßten sie sich ihrem Eid ›fortwährend verpflichtet halten‹. Und was würde, fragen sie beinahe bieder ihren König, was würde Sr. Majestät der Eid ihrer Treue und Huldigung bedeuten, wenn er von solchen ausginge, die eben erst ihre eidliche Versicherung freventlich verletzt haben?

Ein starkes Stück, wie Jacob Grimm ohne Zorn und Eifer darlegt, warum unter dieser Petition am Ende nur die Namen von sieben Professoren stehen: Dahlmann, Albrecht, J. und W. Grimm, Gervinus, Ewald, Weber. Auf welche verschiedene Weisen die anderen, die gleich oder ähnlich dachten wie die sieben, sich zurückhielten oder zurückzogen; wie manche das falscheste, doch überzeugendste aller ›Argumente‹ — nämlich daß sie die Universität retteten, indem sie das Grundgesetz widerstandslos preisgaben — als letzten Anker, ihre Feigheit dran festzumachen, auswarfen. ›Die Charaktere‹, bemerkt Jacob lakonisch, ›fingen an, sich zu entblättern gleich den Bäumen des Herbstes in einem Nachtfrost.‹ Das übliche. Wie nun dieser Loyalitätskonflikt durch den Starrsinn der Macht, die nicht Einwände überprüfen, sondern Schuldbekenntnis und Unterwerfung erzwingen will, zu unglaublichen Dimensionen anschwillt, in das persönliche und staatsbürgerliche Leben eines jeden eingreift und, weil ein Königliches Universitätskuratorium den springenden Punkt, die Rechtsverletzung durch den König, schlechterdings nicht verhandeln kann, in absurden Beschuldigungen und Bestrafungen ausläuft — all dies schildert, ›glimpflich‹, aber ›frei und ungehemmt‹, Jacob Grimm. ›Nur die Wahrheit währt‹, behauptet er, und entwaffnend ist: Er glaubt daran. Wie die

Bettine daran glaubt. Unschwer stellen wir uns ihre Begeisterung vor über die würdige, beherzte Sprache eines Gleichgesinnten. ›Es gibt noch Männer, die auch der Gewalt gegenüber ein Gewissen haben.‹

Ein Lehr- und Musterstück, vom ersten bis zum letzten Satz. Es ist ja zur Entlassung der sieben und zur Ausweisung einiger von ihnen gekommen. (›Ich ziehe die Augen der Macht immer erst dann auf mich, wenn sie mich zwingt, das Feuer meines Herdes fortzutragen und auf einer neuen Stätte anzufachen.‹ J. Grimm) Für Insubordination? Nicht doch. Wir sind in der Zeit des nach-aufgeklärten Absolutismus. Das Universitätsgericht, vor das die sieben alsbald zitiert werden, behandelt gar nichts andres als die Frage, wie denn die Kunde von jener ›Untertänigsten Vorstellung‹ so schnell in eine englische Zeitung hat kommen können — wovon allerdings keiner der sieben etwas weiß. ›Man hat‹, berichtet Grimm, ›im Gefühl, es gebreche sonst an Ursachen, die schnelle Veröffentlichung jener Erklärung als etwas Strafbares aufzufassen gestrebt ... Sind wir daran schuld, wenn ein uns völlig unbekannter Korrespondent einer englischen oder französischen Zeitung von unserer Absicht hörte und davon meldete? ... Und hätten wir wirklich zu gestehen gehabt, die alsbaldige Veröffentlichung sei unmittelbar von uns ausgegangen, stand darauf Landesverweisung, überhaupt nur auf der Mitteilung einer Erklärung an die Behörde irgendeine Strafe?‹

Allerdings. Nicht der Inhalt ihres Schreibens an den König, nein, die briefliche Erwähnung seiner Existenz einem Dritten gegenüber wird der Anlaß, die Grimms auszuweisen. Die Bettine, vor Empörung bebend, hält es dem Savigny vor, daß er nicht, seiner ersten Regung folgend, alles getan, um den beiden, zwei der besten Wissenschaftler Deutschlands, an der Berliner Akademie die materielle Sicherung ihrer Arbeit unverzüglich zu verschaffen; daß er sie stattdessen mit der ›Entschuldigung‹, sie hätten sich irreleiten lassen, nur noch mehr verletzte. ›Als ich aus diesem unschuldvollen Hause, in dem der Segen Gottes heiteren Frieden verbreitet, scheiden mußte, da dachte ich Deiner, und daß es doch jammervoll sei, wie Du, der in der Blütezeit Deines Lebens in so edlem Verkehr mit ihnen stand, jetzt von ihnen getrennt bist ...‹ Wie sie, ihrem lange angestauten Zorn endlich freien Lauf lassend, dem preußischen Minister und Vormund ihrer Kinder die Leviten liest, ist eine Pracht. Sie mahnt ihn an die Rolle, die er in ihrer Jugend spielt, als er ihr ›freies Denken schirmte‹ – dem sie, anders als er, treu geblieben sei. Sie appelliert an seine Solidarität als Gelehrter mit zwei der hervorragendsten Vertreter seines Standes. ›Aber nein, Du wirst mich stecken-lassen und mir nicht helfen; denn seit Du Dein langes Haar abgeschnitten, ist Deine Stärke von Dir gewichen, und es heißt nicht wie bei Simnos: Philister über Dir, sondern: Du unter den Philistern.‹

Die Grimm sind übrigens, als der Kronprinz König von Preu-ßen geworden war, ein knappes Jahr später wirklich nach Berlin an die Akademie berufen worden. Der Bettine aber hat ihr Einstehen für deren Recht zu tiefen Einsichten in Denk- und Handlungsweisen von Königen, Politikern und deren Apparaten verholfen. Schlagartig ist diese ganze ver-kehrte Trennung von Staatsmoral und Alltagsmoral ihr auf-gegangen (eine Beobachtung, die ihr für ihre späteren Bücher nützen wird): ›Da sieht man doch, daß falsche Politik kei-nen Scharfsinn verleiht. – Und Metternich, der zu den han-növrischen Deputierten sagt: Wir geben Ihnen zu, daß Sie moralischerweise im Recht sind, allein unsere Politik ist nun einmal so, daß wir *gegen* Sie sein müssen. – Und auf solche Gesinnung stützt sich Preußen, die dem Staat nicht länger Dauer verleiht als der Eintagsfliege ... Ich weiß wohl, daß Du so nicht würdest zu dem König reden; denn einem Für-sten die Fehler mitteilen, die in seiner Regierung vorfallen, oder ihm einen höheren Standpunkt zuweisen, das wäre wider die Politik der Ehrfurcht, mit der Ihr die Fürsten be-handelt wie die Automaten, ja Ihr getraut Euch selbst nicht zu denken und verbergt Euch vor der Wahrheit wie vor einem Gläubiger, den man nicht bezahlen kann. Ihr haltet den Fürsten nur die Reden, auf die sie eingerichtet sind, zu antworten ohne aufzuwachen.‹

*

Wollen Sie den inneren – nicht nur zeitlichen – Zusammenhang solcher Ansichten mit dem Günderrode-Buch? So lesen Sie dort, was angeblich ein älterer Freund zu der jungen Bettine über jene Fürstendiener gesagt hat: ›Je dringender die Forderungen der Zeit ihnen auf den Hals rücken, je mehr glauben sie sich mit Philistertum verschanzen zu müssen und suchen sich Notstützen an alten, wurmstichigen Vorurteilslasten und erschaffen Räte aller Art, geheime und öffentliche, die weder heimlich noch öffentlich anders als verkehrt sind – denn das rechte Wahre ist so unerhört einfach, daß schon deswegen es nie an die Reihe kommt.‹ Es sollte mich wundern, wenn die ältere Bettine, über den Papieren der Günderrode, bei solchen Sätzen nicht in Wahrheit an den Savigny und an die Grimm gedacht hat.

Aber es sind nicht die Ansichten – nicht sie allein –, denen nachzugehen ich Sie bitte. Wenn ich mich frage, wie ich meine Empfehlung an den Verlag, dieses Brief-Buch der Bettina von Arnim neu herauszugeben, außer durch die abgegriffene Formel der ›Erbe-Pflege‹ begründen soll; wenn ich diese Texte wieder lese, zweifelnd eher denn zuversichtlich, daß der Leser, die Leserin von heute, gewöhnt, nüchtern und sachbezogen zu denken, diese dithyrambische Sprache, diesen oft schwärmerischen Ton, diese Ausschweifungen überhaupt ertragen werden; wenn ich überlege, ob sie ihr Befremden über die Beziehung zwischen den beiden Frauen überwinden, das Zeitgenössische in ihrem Dialog herausfinden können – dann denke ich an Sie und Ihre ungestillte Geschichtsgier ebenso wie an Ihre inständigen Versuche, mit Hilfe einer ungefesselten Sprache Schichten ungelebten Lebens abzutragen, die Ihren Geist, Ihr Bewußtsein, Ihre Empfindungen, Ihren Körper von sich selber trennen. Und ich denke darüber nach, wie die unerledigten Einlagerungen in unserer Geschichte, die produktiven Ansätze, über die sie mit ›ehernem‹ oder bloß geschäftigem Schritt hinweggegangen ist, und unsere Selbstentfremdung miteinander zusammenhängen. Wir müßten unser Leben ändern. Aber das tun wir nicht.

Ich sehe die ganze untilgbare Naivität und Anfechtbarkeit dieses Satzes. Aber unangefochten, das beweisen die Briefe der Bettine und der Günderrode, haben Mann wie Frau solche Sätze niemals ausgesprochen. Und doch. Soll ich verschweigen, daß sich in mir etwas in Neid und Trauer zusammenzieht, wenn ich lese und mir vorstelle, wie unschuldsvoll — was nicht heißt: leichthin und unbelastet — zwei junge Frauen, Deutsche, miteinander umgehn; denn Poesie, das eigentlich Menschliche, gedeiht nur bei Unschuldigen; jene hatten sie; wir haben Gedichte, doch Poesie als Umgangsform ist uns verwehrt; andre vermissen sie wohl an uns, wir schienen mit dem Verlust fertig zu sein, wenn nicht eine Art Phantomschmerz manche von uns umtriebe und die meisten sich mit auffälligem Eifer in gefühlsferne Redeweisen, Tätigkeiten und Handlungen stürzten. Vielleicht, muß ich denken, empfehle ich dieses Buch als ein Mittel, den Phantomschmerz wachzuhalten? Doch nein. Die Früheren nehmen uns nichts ab. Sie fügen uns etwas zu.

Was an diesem Brief-Buch am ehesten ins Auge fallen sollte, wird, da es nicht formuliert ist, am leichtesten übersehen: die Aussage, die in der Struktur des Buches liegt, seine Weigerung nämlich, sich einem ästhetischen Kanon zu unterstellen. Ich muß über die List unserer Sprache lächeln, die ›Literatur‹ und ›Ästhetik‹ — Instanzen, denen wir uns doch insgeheim unterwerfen — zu Wörtern weiblichen Geschlechts macht, obwohl der Anteil der Frauen an ihnen gering ist und obwohl, wie Sie es schmerzhaft an sich selbst erfahren, eine Frau, die es auf sich nimmt, ihre Eigenart hervorzubringen, sich nicht ungezwungen in ihrem großartigen Regelsystem bewegt. Denn eine der Errungenschaften dieser Ästhetik, zur Zeit der Romantiker eben durch die Klassik ausgebaut und befestigt, ist ja die Methode, das ›Werk‹ von seinem Hervorbringer zu trennen und es, losgelöst von den Lebenszusammenhängen, aus denen heraus es entstand, in eine andere Sphäre, die der Kunst, entschweben zu lassen. Die Briefe, die Bettine und Karoline miteinander wechseln, erheben nicht den Anspruch, ›Kunst‹ zu sein, und sind, als Buch, in ihrer Formlosigkeit eben jene Form, in der sie ihre Erfahrungen überliefern können, ohne sie deformieren zu müssen. Keine der schon erfundenen Gattungen — nicht der Briefroman à

la Werther, erst recht nicht der bürgerliche Roman — hätte dazu ausgereicht. Doch die Bettine, sich um die Mitte des Jahrhunderts der wieder vergessenen formalen Angebote der Romantiker erinnernd, hält sich auch nicht strikt an das ihr vorliegende Material: Die Mischform, die sich ihr aufdrängt, ist am ehesten imstande, Bewegungen mitzumachen, wie die beiden Frauen sie aneinander und miteinander erleben, und die Person ganz, inkommensurabel und widersprüchlich zu zeigen, wo die geschlossene Romanform hätte reduzieren, beurteilen, einteilen und richten müssen. Hier können Sie etwas über den Widerstand gegen die Vorherrschaft des Formenkanons lesen, dessen sich die beiden nicht nur bewußt sind; dem sie sich, besonders die Günderrode, auch als Maßstab unterwerfen, da doch ›bedeutend‹ werden als Dichter heißt, ihn zu bedienen. Auch als Dichterin? Die Bettine nimmt ihre Freundin in ihre Schule der Unbedeutendheit, bietet ihr Entlastung an von der tagtäglichen Strenge unangemessener Anforderungen, an denen die Günderrode sich überanstrengt. Der leichte Ton, in dem dies geschieht, soll uns nicht täuschen, wissen wir doch, was es heißt und immer hieß, die einseitige Dressur jener Fähigkeiten zu verweigern, die in der Welt ›bedeutend‹ machen. Zögernd beinahe nimmt die Günderrode an, der Bettine Jünger zu sein in Unbedeutendheit: ›So wie Du Dich für meinen Schüler hieltest, als ich einen starken Geist aus Dir bilden wollte. Jetzt, wo es rückwärts geht, mußt Du mein Lehrer sein.‹
Rückwärts? Man stutzt. Ein verräterisches Wort, unbewußt wohl dem Gefühl der Ent-Spannung nach überstarker Anspannung entnommen; die Günderrode hat einen Ausdruck gewählt, der anzeigt, was für sie ›vorn‹ ist. Die Bettine aber, trotz ihrer Klosterzeit weniger dem Normenzwang unterworfen, freut sich unbefangen: ›Ich bin so froh, daß ich unbedeutend bin, da brauch ich keine gescheute Gedanken mehr aufzugablen, wenn ich Dir schreib, ich brauch nur zu erzählen.‹ Sie sei nun mal kein ›philosophischer Kopf‹.
Was meint sie denn? Daß sie nicht denken kann? O nein. Die Bettine, wie man ihr auch zusetzt, besteht auf ihrem Kopf. Sie meint vielmehr, daß ›die Philosophen‹ falsch denken, was

heißt: unnatürlich. ›Aber ein Philosoph scheint mir so einer nicht, der (der Natur) am Busen liegt und ihr vertraut und mit allen Kräften ihr geweiht ist. — Mir deucht vielmehr, er geht auf Raub; was er ihr abluchsen kann, das vermanscht er in seine geheime Fabrik, und da hat er seine Not, daß sie nicht stockt, hier ein Rad, dort ein Gewicht, eine Maschine greift in die andere.‹ Die seelenlose Mechanik, die von dem aufkommenden Maschinenwesen auf die gesellschaftlichen Verhältnisse und den Menschen übertragen wird, ist ihr ein Greuel, und was den möglichen Irrweg der menschlichen Vernunft angeht, steckt sie voller vorgefühlter Einsichten, für die die Wissenschaft noch kein System, nicht einmal einen Namen erfunden hatte: Lesen Sie, wie sie der Günderrode den Philosophen schildert, der ›sein ganzes Denkwerk‹ zusammenzimmert, nicht, ›um sich selber zu verstehen‹, ›er will nur das Hokuspokus seiner Maschine Superlativa vortragen‹; es sei aber nur ›der müßige Mensch‹, der ›noch sich selber unempfundene‹, der ›davon gefangen‹ werde; der ›frustrierte‹ würde die heutige Psychologie sagen, ohne durch die Benennung eben viel zu gewinnen.

Das Hin und Her über diesen Punkt — ob einer denken muß, wie die Philosophen es vorschreiben und wie die Günderrode, anfällig für die Denkstrukturen jener ›Vernünftigkeit‹, es der Bettine versuchsweise anrät — dies ist die innere Fabel dieses ›Romans‹, so aufregend und beschreibenswert wie nur eine. Ob man in Philosophie, Geschichte, Kunst von sich selber absehen muß oder kann; ob man Denken und Schreiben als Mittel braucht, sich selber hervorzubringen, oder als Zweck, ein Ding zu verfertigen — Werk, System —, das sich am Ende gegen seinen Produzenten kehrt. Die Bettine, oft als faul gescholten, von der Günderrode zum Geschichtsstudium angehalten (›Wo willst Du Dich selber fassen, wenn Du keinen Boden unter Dir hast?‹), klagt über die ›Geschichts-Einöde‹, in die ihr Lehrer sie treibt. ›Indes brennt mir der Boden unter den Füßen um die Gegenwart, um die ich mich bewerben möchte, ohne mich gerad erst der Vergangenheit auf den Amboß zu legen und da plattschlagen zu lassen.‹ Aber ganz freiwillig studiert sie die ›zwölf Kaiser‹ — die römischen —, um sie mit dem drohend heraufziehenden Napoleon zu vergleichen und in jedem Tyrannen immer wieder ›dasselbe Ungeheuer der Mittelmäßigkeit‹ zu finden. Und das soll keine erstaunliche Einsicht sein, da ihr doch noch nicht einmal das Diktatoren-Material unseres Jahrhunderts zur Verfügung stand?

›Schon fühl ich mich bewogen, Deine Empfindungen, Dein Tun ohne Einwurf gelten zu lassen...‹ Sachte zieht Bettine die Günderrode auf die Seite ihres Gegen-Entwurfs, ihrer Weiberphilosophie, ihrer ›Schwebe-Religion‹, die, hätte sie nur eine geringe Chance gehabt, verwirklicht zu werden, die Männerkultur der Aggressionen nicht an den Rand der Selbstvernichtung getrieben hätte; denn diese beiden Frauen symphilosophieren über eine Religion der Lebensfreude, des Sinnengenusses und der Humanität, machen sich ›Regierungsgedanken‹, wie sie ›die Welt umwälzen‹ wollen ›mit lachendem Mund‹. Und sie gründen dazu einen Liebesbund — eines der ganz wenigen Beispiele (oder überhaupt das einzige?) in unserer Literatur, das sich den Männerbünden, den so überaus häufigen Lehrer-Schüler-Verhältnissen entgegenstellt. ›Ich kann nicht dichten wie Du, Günderrode, aber ich kann sprechen mit der Natur, wenn ich allein mit ihr bin; ...Und sowie ich zurückkomm, ...da stellen wir unsere Betten dicht nebeneinander und plaudern die ganze Nacht zusammen, ...und wir beiden Philosophen halten... große tiefsinnige Spekulationen, wovon die alte Welt in ihren eingerosteten Angeln kracht, wenn sie sich nicht gar umdreht davon. — Weißt Du was, Du bist der Platon, und Du bist dort auf die Burg verbannt, und ich bin Dein liebster Freund und Schüler Dion; wir lieben uns zärtlich und lassen das Leben füreinander, wenn's gilt, und wenn's doch nur wollt gelten, denn ich möcht nichts lieber als mein Leben für Dich einsetzen. ...Ja, so will ich Dich nennen künftig, Platon! — und einen Schmeichelnamen will ich Dir geben, Schwan will ich Dich rufen, wie Dich der Sokrates genannt hat, und Du ruf mich Dion... Gute Nacht, mein Schwan, gehe dort schlafen auf dem Altar des Eros.‹

Miteinander denken aus Liebe und um der Liebe willen.

Liebe, Sehnsucht als Mittel der Erkenntnis brauchen; denkend, erkennend nicht von sich selber absehn müssen; einander ›die Schläfe brennen‹ machen von ›heißem Eifer in die Zukunft‹. Einander Namen geben, Rollen spielen, die durch die Alltagswirklichkeit nicht gedeckt sind und sie doch aus sich heraustreten, über sich hinausgehen lassen. Mit der Sprache spielen, neue Wörter finden und einander zurufen: ›Geistesauge‹, ›Tagsnatur‹, ›Kunstgeflecht‹, ›Empfindnerven der Wirklichkeit‹ — Sie werden das und viel mehr noch selber finden; Sie und viele werden, glaub ich, diese Sprache, als hätten Sie von ihr geträumt, verstehen. Begreifen: Dieses Buch schildert ein Experiment, auf das zwei Frauen sich eingelassen haben, sich gegenseitig haltend, bestärkend, voneinander lernend. ›Utopisch‹, gewiß. Es wurde nicht weitergeführt. Aber wieso haben wir das Wort ›Utopie‹ zum Schimpfwort verkommen lassen?

*

Ich weiß schon. Wer hätte mehr Grund als wir, allen Spielarten des Irrationalismus den Weg zu verlegen. Doch, lesen Sie nur: Hier finden Sie eine Spielart — das Wort paßt! — aufklärerischen Denkens, die geschärfte Ratio und gesteigerte Empfindungsfähigkeit in einer Person zusammenbringen will; die — mit welchem Recht, können erst wir ganz ermessen — die Einseitigkeit des instrumentalen, sachbezogenen Denkens (eines anderen Irrationalismus!) fürchtet; die eine andre, persönliche Art, der Natur — auch der eignen — nahezukommen, den seelenlosen Mechanismen der ›geisttötenden‹ Philosophie entgegensetzt. Eine Alternative, ja. Gedacht und angeboten zu einer Zeit, da die Weichen gerade unwiderruflich auf Ausbeutung der Natur, auf die Verkehrung von Mittel und Zweck und auf die Unterdrückung eines jeden ›weiblichen‹ Elements in der neuen Zivilisation gestellt waren. Die Wehmut in den Fragen der Bettine deutet darauf, daß sie es spürte; der freiwillige Tod der Günderrode beweist ihre Entmutigung.

Natürlich hat die Bettine Goethes ›Faust‹ gekannt, soweit er gedruckt war — auch jenes vergebliche Ringen des Naturwissenschaftlers mit dem Erdgeist, ihn sich untertan zu machen. Wie anders redet sie zur Natur. ›Schon gar oft hab ich diese Empfindung gehabt, als ob die Natur mich jammernd wehmütig um etwas bäte, daß es mir das Herz durchschnitt, nicht zu verstehen, was sie verlangte ... Da blieb ich eine Weile stehen, das Brausen war mir grad so ein Seufzen, das lautete mir, als wär's von einem Kind; da redete ich auch zu ihr wie zu einem Kind. ,Du! – Liebchen – was fehlt dir?' und als ich's ausgesagt hatte, da befiel mich ein Schauer, und ich war beschämt, wie wenn ich einen angeredet hätte, der weit über mir steht, und da legt ich mich plötzlich nieder und versteckte mein Gesicht ins Gras, ... und nun, wo ich an der Erde lag mit verborgenem Gesicht, da war ich einmal zärtlich.‹

Welch andre Szene! Nicht die Kampfansage auf Leben und Tod, nicht die bedingungslose Unterwerfung der Natur; nicht die Hybris des ›faustischen‹ Menschen, der Fausts Zweifel abgestreift hat, der Erkenntnis nur gewinnt, indem er die Natur auf die Folterbank nimmt, ihr Geständnisse abzwingt mit Hebeln und mit Schrauben. Eine andre Art Fortschritt. Eine andre Art Magie als das Teufelswesen, dem Faust sich verschreibt und an dem er, ein sich selbst fremd Gewordener, zugrunde geht. Welch andren Widerpart schuf Gottvater sich in Mephisto, den Menschen zu zwiespältigster Schöpfung anzustacheln, als die Mutter Natur in ihrem nun unterdrückten, vermaledeiten, tabuierten Hexen-, Nymphen- und Geisterheer, dem die Bettine als späte Nachfahrin sich anschließt mit bebendem Herzen. Welch Gegen-Entwurf an den Wurzeln einer in die Irre gehenden Kultur. Welche Kühnheit im Gespräch der beiden Frauen.

*

›Hier auf diesem Erdenrund, wo die Menschen auseinandergleiten, als ob es mit Glatteis überzogen wär; wo sie nicht Macht haben, einen Atemzug lang aneinander zu halten, und doch immer von der Macht der Leidenschaft schwindeln. Wär Liebe wahrhaftig, so zeigte sie sich nicht als Gespenst in Form von Leidenschaften, sondern sie wär unser Element,

und da wär dann freilich nicht die Rede von Ansichhalten.
Sieh doch! Hab ich nicht recht, daß ich nichts nach Geliebt-
sein frage? — da einer sich selbst nichts zulieb tun kann,
geschweige einem andern; ich liebe nicht, ich tue aber alles
andern zulieb... Mein Ideal ist diese *Ironie in der Liebe*,
die dazu lächelt, daß sie es nicht erreicht, nicht aber ‚klagt‘,
daß sie verlassen ist.‹

Ich kenne keine treffendere Erklärung der sogenannten ›romantischen Ironie‹, die, psychologisch gesprochen, tapferes
Verbergen einer Wunde ist. Das Motiv der verweigerten
Liebe durchzieht als schmerzliches Wissen das ganze Leben
der Bettine, als Paradox, als Widerspruch, als ›innerstes Geheimnis‹. Was ich Ihnen eben zitierte, ist ihrem letzten Brief-
Roman entnommen (›Ilius Pamphilius und die Ambrosia‹,
1848), in den auch ihr Erlebnis mit Julius Döring eingegangen ist. Und, merkwürdig genug, dieses Wissen ist von früh
an verknüpft mit der Gewißheit, daß es ihr genauso verwehrt
ist, zu dichten wie zu lieben. Der Günderrode, die ihr ihr
›Apokalyptisches Fragment‹ geschickt, schreibt sie: ›Der Eifersucht Brand tobt in mir, wenn Du mir nicht am Boden bleibst,
wo auch ich bin... Ich kann keine Fragmente schreiben, ich
kann nur an Dich schreiben... Ich kann's auch gar nicht ändern, daß meine Sinne nur bloß auf Dich gerichtet sind... So
ist es einem, der von Feuer verzehrt wird, und kann doch kein
Wasser dulden, daß es lösche... Ich weiß wohl, wie mir's
gehen wird mein ganzes Leben, ich weiß es wohl.‹ Und strebt,
wie könnte es anders sein, inständig immer wieder nach Aufhebung dieses Spruchs.

Ein dunkler, bedeutsamer Zusammenhang besteht zwischen
diesen Zeugnissen eines erzwungenen Liebesverzichts und der
Bettine Weigerung zu dichten. Sie widersteht dem Drängen
des Clemens. So leichtsinnig sie scheint, sie beobachtet sich
genau, und Selbsterkenntnis verbietet ihr, ihr poetisches Talent zu verwerten. Sie spricht es erstaunlich klar der Günderrode gegenüber aus. ›Es wär Frevel, wollt ich dichten, weil
ich den Wein trinke und im Rausch den Gott empfinde, weil
der Vergötterungstrieb des Geistes mich durchschauert...
Ich selbst werd nicht Lieb erzeugen, sowenig als ein Gedicht,

ich fühl's, und es liegt auch ein geheimer Widerspruch in mir, daß ich nicht gestört sein will in der inneren Werkstatt meines Geistes durch Gegenliebe.‹

Nicht gestört, was auch heißt: nicht zerstört. Bedingungslose Hingabe macht wehrlos. Nichtkönnen mag also Nichtwollen sein. Jede auf ihre Weise haben die beiden Frauen eine rigorose Art, auch gegen sich selbst weiter und bis zu Ende zu denken, und diese Art Mut ist es, in der sie sich, auch ohne Worte, am innigsten verstehen und berühren. Viel Unausgesprochenes, absichtlich Zurückgehaltenes werden Sie vom Strom des Gesagten mitgetragen finden.

Die Bettine wittert, daß die Strukturen der ihr bekannten Ästhetik in irgendeinem wie immer vermittelten Sinn zusammenhängen müssen mit den hierarchischen Strukturen der Gesellschaft. Es ist ein unlösbarer Widerspruch, daß Literatur von den Ordnungen abhängt, die sie doch, um Literatur zu werden, dauernd überschreiten muß. Die Bettine sucht diese Falle zu umgehen. Weder der Liebe noch der Kunst liefert sie sich aus. Der Günderrode steht diese Strategie nicht zu Gebote. Ihre Briefe sind auf einen ernsteren Ton gestimmt. Sie kann sich nur ganz hingeben oder ganz verweigern, will Geliebte und Dichterin sein. So stellt sie sich in ein Gesetzeswerk, das, am männlichen ›Werk‹- und ›Genie‹-Begriff orientiert, ihr auferlegt, was sie nicht leisten kann: ihre Arbeit trennen von ihrer Person; Kunst schaffen auf Kosten des Lebens; die Distanz und Kühle in sich erzeugen, die ›das Werk‹ hervorbringt, doch die unmittelbare Beziehung zu andren Menschen tötet, weil sie sie zu Objekten macht. Könnte nicht, frage ich mich und Sie, der öfter, manchmal auch heuchlerisch beklagte Mangel an weiblichen Kunst-›Genies‹ außer mit den Lebensumständen der Frauen auch mit ihrer Untauglichkeit zusammenhängen, sich dem auf den Mann zugeschnittenen Geniebild einzupassen?

Ob nicht die Günderrode etwas dergleichen ahnt? Deutlich ist, daß sie sich, auch in der Dichtung, zwischen Unvereinbarkeiten gebunden sieht. Zwar hat sie niemals vergessen, daß in der Poesie ›nichts wesentlicher ist, als daß ihr Keim unmittelbar aus dem Innern entspringe‹; zugleich beklagt sie die Strenge der Konvention, die es den Gesetzen der Natur so schwer mache, sich durchzusetzen. ›Wenn doch der Spielplatz, wo sich die Kräfte jetzt nach hergebrachten Grundsätzen üben, freigegeben wäre, um der Natur leichter zu machen, ihre Gesetze zu wandeln ... Ich hab mich auch zusammengenommen und gehorchen lernen.‹

Könnte es nicht sein, daß sich das, was sie in sich, ›gehorchend‹, unterdrücken muß, eines Tages selbstzerstörerisch gegen sie erhebt? Daß sie sich erschöpft hat in dem Kampf um jene ›einfachen Formen‹, die sich ›zugleich miterzeugen im Gefühl innerer Übereinstimmung‹ und die, wie sie sagt, allein den ›größten Meister in der Poesie‹ kennzeichnen? Kein Zweifel, sie arbeitet sich ab an der Ästhetik der Meister-Werke, die zu schaffen sie nicht hoffen darf; (Haben Sie je den Ausdruck ›Meisterinnen-Werke‹ gehört?) — auf die sie um der Wahrheit willen bewußt, doch im Gefühl der Unterlegenheit verzichtet? ›Ich mußte selbst oft die Kargheit der Bilder, in die ich meine poetischen Stimmungen auffaßte, anerkennen, ich dachte mir manchmal, daß ja dicht nebenan üppigere Formen, schönere Gewande bereit liegen, auch daß ich leicht einen bedeutenderen Stoff zur Hand habe, nur war er nicht als erste Stimmung in der Seele entstanden, und so hab ich es immer zurückgewiesen und hab mich an das gehalten, was am wenigsten abschweift von dem, was in mir wirklich Regung war; daher kam es auch, daß ich wagte, sie drucken zu lassen, sie hatten jenen Wert für mich, jenen heiligen der geprägten Wahrheit, alle kleine Fragmente sind mir in diesem Sinn Gedicht.‹

Dies ist freilich ein Ansatz zu einer anderen Ästhetik, deren Splitter wir sammeln sollten. Georg Büchner werden wir ähnlich sprechen hören. Der Günderrode führt die Erfahrung, weder in der Liebe, noch in der Kunst ihre Eigenart ausleben zu können, zum Tod. Sie hat der Bettine ihre größere innere Freiheit geneidet. ›Ich selber weiß oft nicht, mit welchem Winde ich steuern soll, und überlasse mich allen. Hab Geduld mit mir, da Du mich kennst, und denke, daß es nicht eine einzelne Stimme ist, der ich zu widersprechen habe, aber eine allgemeine, die, wie die Lernäische Schlange, immer neue Köpfe erzeugt.‹

Mit diesem Bild will ich es genug sein lassen. Die allgemeine Stimme, die ihr ein Maß setzte, das nicht das ihre war, hat die Günderrode getötet. Sie kennen die Zeilen, mit denen sie sich verabschiedet hat: ›Erde, du meine Mutter, und du, mein Ernährer, der Lufthauch . . .‹ Verse, die in dieses Buch, in das Gespräch mit der Bettine gepaßt hätten, dessen ernster Grundton unter den heiter-spielerischen Arabesken, die beide tapfer benutzen, noch deutlicher wird. Wie es mit der Bettine weiterging, wissen Sie; wissen, wie sie nicht aufhören konnte, Vorschläge zu machen für eine andere, nichttötende Art, auf der Welt zu sein. — Ein schönes Dokument, eine anrührende Stimme aus einer lange vergangenen Zeit.

Sie wissen, wie und worüber die allgemeine Stimme heute mit uns spricht.

Dezember 1979

Literaturhinweise

Die Andacht zum Menschenbild — Unbekannte Briefe von Bettine Brentano, herausgegeben von Wilhelm Schellberg und Friedrich Fuchs, Eugen Diederichs Verlag, Jena 1942

Die Briefe der Frau Rath Goethe, Insel-Verlag, Leipzig 1976

Ingeborg Drewitz, Bettine von Arnim, Romantik Revolution Utopie, Eugen Diederichs Verlag, Düsseldorf–Köln 1969

Karl Gutzkow, Berliner Erinnerungen und Erlebnisse, Das Neue Berlin, 1960

ANMERKUNGEN
REGISTER

9 *Der Plaudergeist . . .:* Der Brief ist auf Trages, dem
  Landgut Savignys, geschrieben, wohin auch die Antwort
  der Günderrode(S. 10) gerichtet ist. Beide Briefe scheinen
  stark interpoliert und aus mehreren zusammengesetzt zu
  sein; sie entstammen in ihrem wesentlichen Teil nicht,
  wie ihre Stellung am Anfang des Buches vermuten ließe,
  dem Frühjahr 1804, sondern können erst im Mai 1806
  geschrieben sein.

11 *weil er geritten kam . . .:* Die Worte beziehen sich auf
  Moritz Bethmann, der der Gegenstand von Bettinens
  erster Jugendschwärmerei 1802 war.

15 *Du weißt, daß der Bostel hier ist . . .:* Clemens, Bostell,
  Arnim, Christian, Bettine, Meline und Savignys waren
  Mitte Oktober 1805 auf Trages, wohin auch die Günderrode etwa am 24. kam. Der erste Teil dieses Briefes ist
  also wohl auf Anfang Oktober 1805 anzusetzen; die folgenden Betrachtungen über Philosophie sind freilich wohl
  erst später entstanden, zum mindesten in der weiteren
  Ausführung.

18 *Wie ist Natur so hold und gut . . .:* Goethe, Gedicht ›Auf
  dem See‹.

19 Frankfurt, Oktober 1805. Vom Lederhandschuh Arnims
  (S. 21 f.) ist auch im ›Frühlingskranz‹ die Rede.

20 *Sorglos über die Fläche weg, wo vom kühnsten Wa-*
  ger . . .: Goethe, ›Mut‹.

24 Trages, Oktober 1805. Die Nachschrift S. 27 ff. gibt als
  Datum den 19. Mai an. Vielleicht ist das Jahr 1806 gemeint. Im April dieses Jahres war Bettine in Marburg, im
  Juni in Offenbach; möglicherweise ist sie auf der Rück-
  reise von Marburg einige Zeit auf Trages geblieben.

32 Von Frankfurt nach Schlangenbad gerichtet, wo ›Frau
  Residentin v. Brentano aus Frankfurt‹ am 27. Juli 1803
  eintraf und bis zum 8. September blieb. Der Anfang des
  folgenden Briefes (S. 37) ist ungenau, denn ›Ihre Königl.
  Hoheit die Kurprinzessin von Hessen, Prinzessin Caroline, Frau Oberhofmeister von Gundlach, Herr Kam-

merherr v. Bardeleben und Suite‹ trafen nach Ausweis der Kurlisten erst drei Tage nach den Brentanos in Schlangenbad ein.

48 *Der Voigt sagte, ihm sei das Lachen ... wo der Molitor ...:* Molitor kam erst 1806 an das Philanthropin. Diese Stelle ist also später verfaßt.

53 *... es ist heut Maria Himmelfahrt ...:* Das ist am 15. August, einem Montag im Jahr 1803; S. 58 folgt ein mit ›Montag‹ überschriebenes Stück, in dem es auf S. 61 heißt: *morgen vormittag geht die gute Kurprinzessin weg ...;* sie reiste aber schon am 13. August, also am Sonnabend, ab.

54 *Der Clemens hat mir aus Weimar geschrieben ...:* Er hatte sich damals gerade mit Sophie Mereau verlobt.

68 *... mich bewegten gerade Sorgen um Dinge ...:* Die Schwester der Günderrode starb am 6. April 1802. Im übrigen ist der Brief wie die folgenden wohl August 1803 zu datieren.

69 *Elle ne sera plus ce qu'elle a été:* Sie wird nicht mehr die sein, die sie gewesen ist.

74 *La voilà:* Da ist sie.

90 *immer neu und lebendig ...:* Dies Zitat aus einem Brief der Günderrode an Clemens ist wörtlich, ebenso das auf S. 93: *Sagen Sie nicht...* Den Originalbrief im Besitz der Staatsbibliothek in Berlin (Varnhagen-Sammlung) hat Ludwig Geiger in seinem Buch ›Karoline von Günderode und ihre Freunde‹ (Stuttgart 1895, S. 115) veröffentlicht; es enthält vieles aus dem Nachlaß der Günderrode, namentlich Briefe. Zum Lesen dieses Buches sollte man Steigs Rezension im ›Euphorion‹ 1895, S. 406, heranziehen.

101 Vgl. den Originalbrief Nr. 1, S. 446.
Die nächsten Briefe Bettinens sind sicher stark überarbeitet; die Vorlagen sind 1804 in Offenbach geschrieben, aber mit anderen aus dem Sommer 1802 verquickt.

125 *vox humana:* menschliche Stimme.

136 *St. Clair gab mir den Ödipus ...:* Moritz Carrière berichtet, daß er Bettine dies Buch gegeben habe, als sie an der

Herausgabe der ›Günderode‹ arbeitete. Die Eindrücke, die sie durch die Lektüre empfing, hat sie dann wohl eingefügt, wie sie ja auch viele Gedanken aus den Dichtungen der Günderrode in die Briefe der Freundin hineinarbeitete.

143 *...daß ich mit Dir nach Homburg reise....:* Dieser Reiseplan konnte nur in den Jahren 1804 bis 1806, in denen Hölderlin in Homburg wohnte, gefaßt werden; im übrigen paßt der Brief auf 1803.

147 Offenbach, Sommer 1803.

149 *comme il faut:* wie sich's geziemt.

151 Offenbach, September 1803.

...heut las ich bei der Großmama aus dem Hemsterhuis vor: Sophie von Laroche interessierte sich sehr für Hemsterhuis.

il faut que Dieu...: Gott muß den Menschen nach seinem Ebenbild geschaffen haben.

C'est fort singulier...: Es ist sonderbar, Monsieur, sich Gott mit einem menschlichen Gesicht vorzustellen, wie es gemacht ist für das Leben auf der Erde, zu dem er aber keine Beziehung haben muß, denn im Verhältnis zu seiner Kraft und Macht müßte die ganze Welt in Staub vergehen, sollte es dem lieben Gott beispielsweise einmal einfallen, von ganzem Herzen zu niesen.

155 Dieser Brief ist unzweifelhaft stark bearbeitet, namentlich ist die Anekdote von Frau Rat Goethe sicherlich übertrieben. Ein Datum läßt sich nicht annähernd feststellen.

156 *in corpore:* in Gesamtheit, insgesamt.

158 Offenbach, Sommer 1802. — Die Erzählungen Bettinens über ihren Großvater haben eine auffallende Ähnlichkeit mit Goethes Bericht über diesen ›heiteren Welt- und Geschäftsmann‹ im 13. Buch von ›Dichtung und Wahrheit‹.

168 *ferme comme une roche:* fest wie ein Felsen.

176 Wahrscheinlich Offenbach, Sommer 1802.

197 *Gris de cendre, joyeux et tendre...:* Aschgrau, fröhlich und zärtlich.

200 *wenn's von Menschen nicht gewußt ...:* aus Goethes
›Mondlied‹.

201 Frankfurt, August 1805. Karoline wollte am 12. August
zu ihrer Freundin Nees reisen; Clemens kam Anfang
August 1805 nach Frankfurt und ging von dort nach
Wiesbaden zur Kur.

208 Offenbach, 10. August 1805. Vielleicht ist auch ein Brief
aus dem Jahr 1803 hineingearbeitet.

214 Offenbach, 11. August 1805. Auch in diesen Brief spielen
Ereignisse aus dem Jahr 1803 hinein.

218 *Ai-je raison?:* Habe ich recht?
Garde du roi: Leibwache des Königs.

219 *Homme de sang:* Blutsauger.
Ce n'est pas du bon style ...: Es zeugt von keinem guten
Stil, so große Lügen einzuschlucken, da ist doch die
Wahrheitsliebe das einzige Mittel, die Menschen zu erziehen; aber es mangelt an menschlicher Größe, und es
gibt in Zukunft kein göttliches Ideal mehr, für das ein
großes Herz sich aufopfern könnte, allenthalben nur das
mächtige Ungeheuer Mittelmäßigkeit, das eine Welt
überschwemmt, die sich nicht selbst kennt.
Nous n'avons que trop bien ...: Wir haben nur zu gut
verstehen können, was das ist: der neue Geist. Es ist nur
die Feigheit, die uns einer Tyrannei unterwirft, welche
zu kindischen Mitteln greift, deren sich Bonaparte bedient, um eine Nation zu unterwerfen, die ihr bestes Blut
für die Freiheit geopfert hat. Es ist eine gerechte Strafe
dafür, sich an dem unantastbar heiligen Blut der Könige
vergriffen zu haben, nicht beachtet zu haben, was der
geniale Mirabeau uns prophezeit hat. Nach der Revolution hätte das erste Gesetz sein müssen, das Gesetz zu
achten, aber nicht dieser Ausweg dieser Engstirnigen,
die, um ihre Macht aufrechtzuerhalten, nur Furcht und
Schrecken verbreiten. Man muß die Herzen zu gewinnen
suchen, dann ist alles so einfach! – Das Volk ist schon
dankbar, wenn es von seinen Oberen mit dem Schlimm-
sten, was in ihrer Macht liegt, verschont wird. Allein die
Dummheit wird bestraft, echte Größe sieht Unheil und

Schaden voraus. Macht zu mißbrauchen ist keine sonderliche Tat, ja, es ist einfältig, sich der Menschen nicht so zu bedienen, wie sie sind. Unumschränkt ist allein der Kluge, denn er zieht sogar noch Nutzen aus dem Schaden, aber nicht, indem er die Köpfe abschlägt!! — Die Gesetze müssen durch ein menschliches Genie entworfen werden, aber das wird Napoleon nie sein.

224 *Der Clemens . . . geht in ein paar Tagen zu Schiff nach Mainz und Koblenz . . .:* Er ging in Wirklichkeit nach Wiesbaden (vgl. Briefwechsel Brentano—Mereau II, S. 171 ff., Insel-Verlag, Leipzig 1908).

243 *Schon zehn Tage bist Du fort . . .:* das paßt nicht zu dem auf S. 245 angegebenen Datum ›17ten‹; denn die Günderrode reiste am 12. August ab. Die Abhandlung über Hölderlin ist sicher später eingefügt.

266 Die Günderode im Jahr 4: Der Titel gilt nur für das Gedicht.

273 Wohl aus Sickershausen bei Würzburg, September 1805.

275 Die folgenden Briefe entstammen, falls sie überhaupt damals geschrieben worden sind, dem Herbst 1805.

275 *o gib vom weichen Pfühle . . .:* Goethe, ›Nachtgesang‹.

288 *il signor Pagliaruggi:* der Herr Pagliaruggi.

291 *Sie zeigte mir ein Wappen in Glas gemalt . . .:* Hier setzt Bettine die Familiennachrichten fort, über die sie sich auf S. 185 ff. verbreitet hatte. Es erscheint fraglich, daß sie der Freundin diese Mitteilungen schriftlich wiedergegeben hat, da doch Gelegenheit genug zu mündlichem Bericht war.

301 *Alles, was das Gemüt anregt . . .:* Vgl. den Originalbrief Nr. 2, S. 447.

305 Marburg, Oktober 1805; die folgenden Briefe sind in den nächsten Wochen geschrieben.

306 *Vert-de-pomme-Kleid:* apfelgrünes Kleid.

332 Marburg, Sonnabend, den 21. Dezember 1805.

340 Dieser Brief ist aus mehreren aus den Jahren 1802, 1804 und 1805 zusammengesetzt.

341 *Den Molitor hab ich . . .:* Vgl. S. 48. Die Günderrode hat Molitor gar nicht gekannt.

Register

Inhalt

Erster Teil

Zweiter Teil

Anhang

200 *wenn's von Menschen nicht gewußt...:* aus Goethes
   ›Mondlied‹.
201 Frankfurt, August 1805. Karoline wollte am 12. August
   zu ihrer Freundin Nees reisen; Clemens kam Anfang
   August 1805 nach Frankfurt und ging von dort nach
   Wiesbaden zur Kur.
208 Offenbach, 10. August 1805. Vielleicht ist auch ein Brief
   aus dem Jahr 1803 hineingearbeitet.
214 Offenbach, 11. August 1805. Auch in diesen Brief spielen
   Ereignisse aus dem Jahr 1803 hinein.
218 *Ai-je raison?:* Habe ich recht?
   Garde du roi: Leibwache des Königs.
219 *Homme de sang:* Blutsauger.
   Ce n'est pas du bon style...: Es zeugt von keinem guten
   Stil, so große Lügen einzuschlucken, da ist doch die
   Wahrheitsliebe das einzige Mittel, die Menschen zu erziehen; aber es mangelt an menschlicher Größe, und es
   gibt in Zukunft kein göttliches Ideal mehr, für das ein
   großes Herz sich aufopfern könnte, allenthalben nur das
   mächtige Ungeheuer Mittelmäßigkeit, das eine Welt
   überschwemmt, die sich nicht selbst kennt.
   Nous n'avons que trop bien...: Wir haben nur zu gut
   verstehen können, was das ist: der neue Geist. Es ist nur
   die Feigheit, die uns einer Tyrannei unterwirft, welche
   zu kindischen Mitteln greift, deren sich Bonaparte bedient, um eine Nation zu unterwerfen, die ihr bestes Blut
   für die Freiheit geopfert hat. Es ist eine gerechte Strafe
   dafür, sich an dem unantastbar heiligen Blut der Könige
   vergriffen zu haben, nicht beachtet zu haben, was der
   geniale Mirabeau uns prophezeit hat. Nach der Revolution hätte das erste Gesetz sein müssen, das Gesetz zu
   achten, aber nicht dieser Ausweg dieser Engstirnigen,
   die, um ihre Macht aufrechtzuerhalten, nur Furcht und
   Schrecken verbreiten. Man muß die Herzen zu gewinnen
   suchen, dann ist alles so einfach! – Das Volk ist schon
   dankbar, wenn es von seinen Oberen mit dem Schlimm-
   sten, was in ihrer Macht liegt, verschont wird. Allein die
   Dummheit wird bestraft, echte Größe sieht Unheil und

Schaden voraus. Macht zu mißbrauchen ist keine sonderliche Tat, ja, es ist einfältig, sich der Menschen nicht so zu bedienen, wie sie sind. Unumschränkt ist allein der Kluge, denn er zieht sogar noch Nutzen aus dem Schaden, aber nicht, indem er die Köpfe abschlägt!! — Die Gesetze müssen durch ein menschliches Genie entworfen werden, aber das wird Napoleon nie sein.

224 *Der Clemens ... geht in ein paar Tagen zu Schiff nach Mainz und Koblenz ...:* Er ging in Wirklichkeit nach Wiesbaden (vgl. Briefwechsel Brentano—Mereau II, S. 171 ff., Insel-Verlag, Leipzig 1908).

243 *Schon zehn Tage bist Du fort ...:* das paßt nicht zu dem auf S. 245 angegebenen Datum ›17ten‹; denn die Günderrode reiste am 12. August ab. Die Abhandlung über Hölderlin ist sicher später eingefügt.

266 Die Günderode im Jahr 4: Der Titel gilt nur für das Gedicht.

273 Wohl aus Sickershausen bei Würzburg, September 1805.

275 Die folgenden Briefe entstammen, falls sie überhaupt damals geschrieben worden sind, dem Herbst 1805.

275 *o gib vom weichen Pfühle ...:* Goethe, ›Nachtgesang‹.

288 *il signor Pagliaruggi:* der Herr Pagliaruggi.

291 *Sie zeigte mir ein Wappen in Glas gemalt ...:* Hier setzt Bettine die Familiennachrichten fort, über die sie sich auf S. 185 ff. verbreitet hatte. Es erscheint fraglich, daß sie der Freundin diese Mitteilungen schriftlich wiedergegeben hat, da doch Gelegenheit genug zu mündlichem Bericht war.

301 *Alles, was das Gemüt anregt ...:* Vgl. den Originalbrief Nr. 2, S. 447.

305 Marburg, Oktober 1805; die folgenden Briefe sind in den nächsten Wochen geschrieben.

306 *Vert-de-pomme-Kleid:* apfelgrünes Kleid.

332 Marburg, Sonnabend, den 21. Dezember 1805.

340 Dieser Brief ist aus mehreren aus den Jahren 1802, 1804 und 1805 zusammengesetzt.

341 *Den Molitor hab ich ...:* Vgl. S. 48. Die Günderrode hat Molitor gar nicht gekannt.

345 Marburg, etwa Januar 1806. Die folgenden Briefe schließen sich in den nächsten Wochen an.

362 Dieser Günderrode-Brief ist stark ausgeschmückt; vgl. die Originalbriefe Nr. 2 und 3, S. 446 f.

377 *Ich lese jetzt . . . den ›Wilhelm Meister‹. . . .:* Diese Stelle entstammt, wie Steig festgestellt hat, einem Brief Bettinens an Clemens vom Jahr 1804.

378 Vgl. die Originalbriefe Nr. 4 und 5, S. 448 f.

398 Marburg, Weihnachten 1805.

403 *Ein Brief . . . von Goethe . . . an Jacobi . . . :* Dieser Brief hat sich im Nachlaß der Günderrode gefunden.

463 *weil der Mann sie im Stich läßt . . . :* gemeint ist Georg Friedrich Creuzer (1771–1858), Philologe und Altertumsforscher, der sich dem Heidelberger Kreis der Romantiker anschloß. Sein Hauptwerk war die ›Symbolik und Mythologie der alten Völker, besonders der Griechen‹ (1810/12). Er wurde 1804 mit Karoline von Günderrode bekannt.

465 *der in der Literatur jener Zeit gerade als Schreckensvision auftaucht:* zum Beispiel in E. T. A. Hoffmanns ›Sandmann‹ (1816) und in Achim von Arnims ›Isabella von Ägypten‹ (1812).

469 *Fünf Bücher in dreizehn Jahren:* ›Goethes Briefwechsel mit einem Kinde‹ (1835), ›Die Günderode‹ (1840), ›Dies Buch gehört dem König‹ (1843), ›Clemens Brentanos Frühlingskranz aus Briefen ihm geflochten‹ (1844), ›Ilius Pamphilius und die Ambrosia‹ (1848); außerdem sind zu nennen: die Polenbroschüre, die 1848 bereits im Satz war und im Januar 1849 unter dem Titel ›An die aufgelöste preußische Nationalversammlung‹ erschien, und ›Gespräche mit Dämonen‹ (1852).

unveröffentlichtes Manuskript: das sogenannte ›Armenbuch‹, an dem Bettina von Arnim vor allem 1844 arbeitete, hat sie selbst aus dem Druck zurückgezogen. Teile, die sich im Nachlaß befanden, hat Werner Vordtriede 1969 im insel taschenbuch 541 (Frankfurt/M) herausgegeben.

470 *. . . im ›Vogtland‹ vor dem Hamburger Tor:* eine Berli-

ner Armensiedlung. Aufzeichnungen darüber von dem Schweizer Heinrich Grundholzer sind dem Königsbuch beigegeben.

475 *Zwei Nachfolgeschriften* ...: ›Ruchlosigkeit der Schrift ‚Dies Buch gehört dem König‘, ein untertäniger Fingerzeig, gewagt von Leberecht Fromm‹, Bern 1844; ›Bettina und ihr Königsbuch‹ von A. St., Hamburg 1844. Der Herausgeber war Adolf Stahr (1805–1876).
›Neunzehn Bogen sind gefährlich ...‹: Zeile aus dem Gedicht ›Preußens freie Presse‹ von R. E. Prutz (1816 bis 1872).

478 *Verteidigungsbrief:* Das Schreiben ist vom 19. Februar 1847 datiert. Vgl. dazu Gertrud Meyer-Hepner ›Der Magistratsprozeß der Bettina von Arnim‹, Weimar 1960 (Beiträge zur deutschen Klassik).

480 ... *wie Thomas durfte sagen* ...: Neues Testament, Johannes, 20, 25.

483 *Epistel an Savigny:* vom 4. November 1839 datiert; abgedruckt in ›Die Andacht zum Menschenbild — Unbekannte Briefe von Bettina Brentano‹, hrsg. von W. Schellberg und F. Fuchs, Jena 1942, S. 267 ff.
kleine Schrift: ›Jakob Grimm über seine Entlassung‹, Basel 1838.

486 *Dein langes Haar abgeschnitten:* Altes Testament, Richter, 16.

497 *›Erde, du meine Mutter* ...‹: Der von Karoline von Günderrode an ihrem Todestag aufgezeichneten Grabschrift liegt Herders Übersetzung ›Abschied des Einsiedlers‹ aus den ›Gedanken einiger Brahmanen‹ zugrunde, die 1792 in der vierten Sammlung seiner ›Zerstreuten Blätter‹ gedruckt worden sind.

Insel Verlag Frankfurt am Main 1982
Lizenzausgabe für die Bundesrepublik Deutschland,
West-Berlin, Österreich und die Schweiz
Gesetzt und gedruckt in der
Offizin Andersen Nexö, Leipzig
Schrift: Baskerville-Antiqua
Printed in the German Democratic Republic
ISBN 3-458-14002-6